CIDADES SITIADAS

COLEÇÃO
ESTADO de SÍTIO

STEPHEN GRAHAM

CIDADES SITIADAS

O NOVO URBANISMO MILITAR

Tradução de Alyne Azuma

© desta edição, Boitempo, 2016
© Stephen Graham e Verso (the imprint of New Left Books), 2011

Título original: *Cities Under Siege: The New Military Urbanism*

Direção editorial	Ivana Jinkings
Edição	Isabella Marcatti
Coordenação de produção	Livia Campos
Assistência editorial	Thaisa Burani e Camila Nakazone
Tradução	Alyne Azuma
Preparação	André Albert
Revisão	Clara Altenfelder
Capa	Ronaldo Alves
	Sobre foto de San Leandro Privacy, *Singapore Police - Urban Shield* [Polícia de Singapura - Defesa Urbana], 2014
Diagramação	Antonio Kehl

Equipe de apoio
Allan Jones, Ana Yumi Kajiki, Artur Renzo, Bibiana Leme, Eduardo Marques,
Elaine Ramos, Giselle Porto, Ivam Oliveira, Kim Doria, Leonardo Fabri, Marlene Baptista,
Maurício Barbosa, Renato Soares, Thaís Barros, Tulio Candiotto

CIP-BRASIL. CATALOGAÇÃO NA PUBLICAÇÃO
SINDICATO NACIONAL DOS EDITORES DE LIVROS, RJ

G769c
    Graham, Stephen
    Cidades sitiadas : o novo urbanismo militar / Stephen Graham ; tradução
Alyne Azuma. - 1. ed. - São Paulo : Boitempo, 2016.
    (Estado de Sítio)

    Tradução de: Cities under siege: the new military urbanism
    Inclui índice
    gráficos
    ISBN 978-85-7559-499-5

    1. Urbanismo. 2. Geografia. I. Título. II. Série.

16-33595   CDD: 711.4
                                               CDU: 711.4

É vedada a reprodução de qualquer parte deste livro sem a expressa autorização da editora.

1ª edição: agosto de 2016
1ª reimpressão: dezembro de 2021

BOITEMPO
Jinkings Editores Associados Ltda.
Rua Pereira Leite, 373
05442-000 São Paulo SP
Tel.: (11) 3875-7250 / 3875-7285
editor@boitempoeditorial.com.br
boitempoeditorial.com.br | blogdaboitempo.com.br
facebook.com/boitempo | twitter.com/editoraboitempo
youtube.com/tvboitempo | instagram.com/boitempo

SUMÁRIO

Apresentação – Cidades e militarização, de "Norte" a "Sul" 11
Marcelo Lopes de Souza

Agradecimentos 19

Introdução – "Alvo interceptado…" 23

1. A guerra volta à cidade 49
2. Mundos maniqueístas 91
3. O novo urbanismo militar 121
4. Fronteiras onipresentes 157
5. Sonhos de um robô da guerra 221
6. Arquipélago de parque temático 257
7. Lições de urbicídio 301
8. Desligando cidades 345
9. Guerras de carro 393
10. Contrageografias 443

Fonte das imagens 479

Índice remissivo 483

Sobre o autor 505

para Doreen e Margaret

Lutas políticas não se realizam na superfície da geografia, e sim em sua própria trama.

Steve Pile, "The Troubled Spaces of Frantz Fanon"

Hoje em dia, guerras são travadas não em trincheiras e campos de batalha, mas em salas de estar, escolas e supermercados.

Sultan Barakat, "City War Zones"

Apresentação

CIDADES E MILITARIZAÇÃO, DE "NORTE" A "SUL"

Não é nada incomum que livros importantes sejam traduzidos para o português somente muitos anos (ou mesmo várias décadas) após sua publicação na língua original. Nesses casos, quando o leitor lusófono que depende de tradução chega a ter acesso à obra, em geral é tarde para participar de determinados debates científicos ou filosóficos: a conjuntura intelectual já mudou, e a discussão se deslocou para outros terrenos. Em um país em que, ainda por cima, a regra é a importação pouco ou nada crítica de agendas intelectuais estado-unidenses e europeias, o trágico assume contornos de patético.

Felizmente, não é isso que ocorre com *Cidades sitiadas: o novo urbanismo militar*, de Stephen Graham, professor na Universidade de Newcastle. Publicado em inglês em 2010, o livro versa sobre uma temática atualíssima entre nós (e no mundo inteiro, e cada vez mais). Essa circunstância favorável, à qual se acrescenta a excelente qualidade do trabalho, não elimina, porém, a necessidade de alguns comentários de contextualização, uma vez que o lugar de enunciação de onde escreve Graham (seu "*locus* de construção discursiva") não é o mesmo vivenciado pelo público leitor de seu livro no Brasil.

Assim, pois, apresentar *Cidades sitiadas* para o leitor brasileiro exige certo distanciamento. O autor e eu temos preocupações e avaliações (e, em parte, também fontes de inspiração teórica) em grande medida convergentes, mas vivemos e trabalhamos em países, continentes e hemisférios diferentes. O foco de Graham é a problemática do "urbanismo militar" – ou do controle sócio-espacial[1], da securitização do quotidiano e daquilo que tenho chamado

---

[1] O leitor que porventura não esteja familiarizado com a distinção conceitual entre "socioespacial" e "sócio-espacial" pode ficar tranquilo: o uso, aqui, da segunda

12 • Cidades sitiadas

de "dimensão geopolítica supralocal da escala local"[2] e "militarização da questão urbana"[3] –, analisada com base no papel de países capitalistas centrais (mormente dos Estados Unidos, e secundariamente do Reino Unido) e desse peculiar país semiperiférico que é Israel. Encarada a partir do Brasil, da América Latina e do "Sul global"[4], a questão ganha feições específicas. Complementares, certamente; mas um tanto distintas. Senão, vejamos.

---

grafia não constitui desconhecimento das normas ortográficas em vigor. As duas formas, com e sem hífen, têm seu lugar ao sol. Muito embora o "espaço social" não deva ser reduzido à materialidade, ele também é, obviamente, materialidade: um estádio de futebol é uma realidade que exemplifica o espaço social, inclusive em seu sentido material. Quando desejamos nos referir ao espaço de um tal estádio, com as marcações do campo, suas arquibancadas etc., podemos falar de sua estrutura *socioespacial*, sem hífen: aqui, "social" apenas qualifica "espacial". Ou seja, não fazemos referência direta às relações sociais que produziram o estádio, ou àquelas que o animam durante uma partida (sejam as tensões e os confrontos entre torcidas, seja o jogo em si – bem como os interesses econômicos e políticos eventualmente por trás dele...). Entretanto, para compreender e elucidar o espaço, não basta compreender e elucidar o espaço. É preciso considerar, de forma profunda, não superficial, também as relações sociais. É necessário interessar-se pela *sociedade concreta*, em que relações sociais e espaço são inseparáveis, ainda que não se confundam. E é aqui que entra em cena o *sócio-espacial*, no qual "sócio", longe de apenas qualificar "espacial", é, para além de uma redução ao adjetivo "social", um indicativo de que estamos falando, direta e plenamente, também das relações sociais. Uma análise sócio-espacial de uma partida de futebol considerará, portanto, não apenas a estrutura socioespacial, mas examinará, como processos vivos, as interações que se desenrolam durante a partida, e até mesmo seu pano de fundo cultural, político e econômico, nos marcos de uma espacialidade determinada, que as referencia e, de certo modo, condiciona. *Sócio-espacial e socioespacial* são, assim, termos técnicos que designam conceitos diferentes e complementares.

[2] Vide, deste autor, *O desafio metropolitano: um estudo sobre a problemática sócio-espacial nas metrópoles brasileiras* (Rio de Janeiro, Bertrand Brasil, 2000), p. 95 e seg.

[3] Consulte-se, por exemplo, deste autor, *Fobópole: o medo generalizado e a militarização da questão urbana* (Rio de Janeiro, Bertrand Brasil, 2008).

[4] As expressões "Sul global" (*Global South*) e "Norte global" (*Global North*), populares entre os estudiosos anglo-saxônicos, são melhores que simplificações abusivas tais como "países pobres" *versus* "países ricos" (como se fizesse sentido generalizar os qualificativos "pobre" e "rico" em escala nacional, e como se países semiperiféricos como Brasil ou México pudessem, sem mais, ser adjetivados dessa maneira simplista), "países desenvolvidos" *versus* "países subdesenvolvidos" (indisfarçado tributo à ideologia capitalista do "desenvolvimento econômico") e "países industrializados" *versus* "países não industrializados" (como se todas as economias capitalistas não centrais fossem basicamente agrárias ou primário-exportadoras). Entretanto, as expressões

Na perspectiva do "Norte global" (que é a de Graham, ainda que de um ponto de vista eminentemente crítico), o problema fundamental é aquilo que o Estado e o capital privado protagonizam em meio à chamada "guerra ao terror" – que, como todos sabemos, não é travada apenas "em casa", mas também nos países e nas cidades do "Sul global". No "Sul", em contraste, a "militarização da questão urbana" tem sido impulsionada, acima de tudo, pelo combate à criminalidade violenta ordinária, seja aquela associada ao crime organizado (ou àquele "semiorganizado", que corresponde à maior parte do tráfico de drogas de varejo), seja a associada ao crime não organizado. Em um país como o Brasil, o pano de fundo da "militarização da questão urbana" são sentimentos difusos e cada vez mais presentes de medo e insegurança, reverberados e retroalimentados pela mídia (afinal, o horror quotidiano rende boas manchetes) e pelo sistema político-eleitoral (afinal, o medo generalizado costuma ser um bom instrumento de controle sócio-espacial). Sabe-se, porém, que a relação desses sentimentos com a incidência objetiva de crimes violentos (homicídios, assaltos, latrocínios etc.) está longe de ser linear.

É evidente que, no "Norte" (e em particular nos Estados Unidos), a criminalidade violenta "não terrorista" é preocupação antiga. Ela já suscitou diferentes abordagens de controle sócio-espacial, como os "espaços defensáveis" (*defensible spaces*) do arquiteto e urbanista Oscar Newman e, mais amplamente, o enfoque conhecido como "Prevenção de crimes através do desenho urbano" – *Crime prevention through environmental design* (CPTED) – ou, como preferem os autores anglo-saxônicos, "desenho ambiental". Ao mesmo tempo, preocupações esdrúxulas com o "terrorismo" não têm estado ausentes nem mesmo de um país como o Brasil: é o que demonstra a tentativa de setores políticos e jurídicos conservadores (e até de alguns não tradicionalmente vistos dessa forma) de tipificar o crime de terrorismo em nosso ordenamento jurídico, usando os megaeventos esportivos (Copa do Mundo de 2014 e Olimpíadas de 2016 no Rio de Janeiro) como principal

---

"Norte global" e "Sul global" não devem ser empregadas sem ressalvas. Elas constituem, em última instância, generalizações pseudogeográficas, que não só implicam várias incongruências (o México e a América Central, parte da África, o Oriente Médio e a Índia, por exemplo, estão no hemisfério Norte, mas são "Sul", ao passo que a Austrália e a Nova Zelândia, que se situam no hemisfério Sul, são "Norte") como também costumam trazer um olhar eurocêntrico. Contudo, por conveniência de comunicação e aproveitando o fato de que são utilizadas por Stephen Graham em seu trabalho, decidi, aqui, fazer uso dessas expressões.

pretexto[5]. Esses aspectos em comum não impedem, todavia, que o cerne da preocupação das elites dominantes (e das classes médias) seja bem diferente quando comparamos os quadros típicos do "Norte" e do "Sul".

Uma das epígrafes usadas por Stephen Graham nesta obra é uma forte observação extraída de um texto de Sultan Barakat: "Hoje em dia, guerras são travadas não em trincheiras e campos de batalha, mas em salas de estar, escolas e supermercados". Essa ponderação é sintomática de uma época em que o inimigo imediato não são apenas tropas armadas e uniformizadas, integrantes das Forças Armadas regulares, mas sim populações inteiras ou grandes fatias de toda uma sociedade, assimiladas indistintamente a insurgentes, rebeldes e guerrilheiros ou vistas como criminosamente coniventes com eles. Estratégias de terra arrasada não são novas na história da humanidade, mas Graham mostra, nos notáveis capítulos 7 e 8, a inusitada importância que a destruição maciça das condições de sobrevivência em países declarados como hostis vai ganhando, mediante o bombardeio de infraestrutura, ataques cibernéticos (*cyberattacks*) e congêneres. Um termo estranho e emblemático designa esse tipo de investida contra um país: "desmodernização" (*demodernisation*). Ao lado disso, sempre que o envio de tropas terrestres (*nem sempre das Forças Armadas*: o papel de mercenários vem crescendo assustadoramente) por parte de países capitalistas centrais for considerado inevitável, serão empregadas táticas de "guerra urbana de baixa intensidade" (*low-intensity urban warfare*), no jargão da contrainsurgência. Em analogia à ideia de "Estados fracassados" (*failed States*), um discurso conservador profundamente desconfiado em relação às grandes cidades tem encarado Bagdá e outras cidades como "cidades fracassadas" (*failed cities*), sem que seus autores façam qualquer exame crítico da responsabilidade histórica do colonialismo e do imperialismo nesses supostos "fracassos".

---

[5] A Lei nº 13.260, que "regulamenta o disposto no inciso XLIII do art. 5º da Constituição Federal, disciplinando o terrorismo, tratando de disposições investigatórias e processuais e reformulando o conceito de organização terrorista", foi decretada pelo Congresso Nacional e sancionada pela presidente Dilma Rousseff em 16 de março de 2016. Houve considerável pressão externa nesse sentido: o Grupo de Ação Financeira contra a Lavagem de Dinheiro e o Financiamento do Terrorismo, organização intergovernamental com sede em Paris e conhecida internacionalmente pela sigla Gafi (do francês *Groupe d'action financière*), ameaçava o Brasil com sanções internacionais caso a legislação não fosse aprovada.

Uma das mais interessantes linhas de costura entre "Norte" e "Sul", para além de fatores econômicos globais (de natureza tecnológica, por exemplo), reside nas entrelinhas das preocupações "oficiais" ou declaradas: lá como aqui, não são apenas terroristas e criminosos que estão na mira das "forças da ordem", mas sim qualquer agente potencialmente perturbador da ordem sócio-espacial hegemônica – a começar por movimentos sociais emancipatórios e protestos antissistêmicos em geral, desde resistências à gentrificação até demonstrações contra o G7, o Banco Mundial ou o Fundo Monetário Internacional (FMI). No que concerne ao "Norte", a relação entre terrorismo e criminalização de movimentos de protesto já havia sido enfocada em uma ótima coletânea organizada pelo próprio Stephen Graham em meados da década passada[6].

Quanto ao Brasil, o texto final da Lei nº 13.260/2016, que tipifica o crime de terrorismo, ressalva que o ali disposto "[...] não se aplica à conduta individual ou coletiva de pessoas em manifestações políticas, movimentos sociais, sindicais, religiosos, de classe ou de categoria profissional, direcionados por propósitos sociais ou reivindicatórios, visando a contestar, criticar, protestar ou apoiar, com o objetivo de defender direitos, garantias e liberdades constitucionais, sem prejuízo da tipificação penal contida em lei", assim avançando em relação ao anterior substitutivo do senador Aloysio Nunes (PSDB) ao Projeto de Lei da Câmara (PLC) 101/2015. A redação deste último, segundo a qual é terrorismo político "atentar gravemente contra as instituições democráticas", suscitou fundados temores de que a liberdade de protestar contra o Estado e governos específicos poderia vir a ser bastante cerceada no país. No entanto, não há motivo para os movimentos sociais emancipatórios ficarem tranquilos: o enquadramento "disciplinador" e a criminalização que ele possibilita não foram totalmente afastados.

No "Norte global" estamos diante de países capitalistas centrais que constituem vetores de processos de conteúdo imperialista em sentido clássico e estrito. No "Sul", a situação é diversa e diversificada. Por um lado, há a miríade de países econômica e geopoliticamente periféricos (e também uns tantos semiperiféricos) que são palco de processos basicamente exógenos (a despeito da indispensável associação com elites nacionais) de conteúdo imperialista; constituem, desse modo, o reverso do imperialismo, que, como se sabe, é um fenômeno em primeiro lugar

---

[6] Stephen Graham (org.), *Cities, War, and Terrorism: Towards an Urban Geopolitics* (Malden [MA], Blackwell, 2004).

16 • Cidades sitiadas

econômico, a despeito do destaque que merecem seus desdobramentos político-militares, amiúde espetaculares. Por outro lado, no entanto, países semiperiféricos não fazem parte do quadro geral apenas na qualidade de palcos de processos imperialistas exógenos. Como o Brasil muito bem ilustra, países semiperiféricos são potências regionais (as quais, vez por outra, aspiram à condição de potências globais, ainda que de "segunda divisão") que procuram, elas próprias, ser protagonistas de processos de conteúdo imperialista, a despeito do alcance bem mais restrito. Tendo o nosso país como principal "laboratório", Ruy Mauro Marini, brasileiro que acabou escrevendo a maior parte de suas obras no exílio mexicano, nos anos 1970 cunhou o termo e esboçou o conceito de *subimperialismo*[7]. Muito mais recentemente, o ensaísta uruguaio Raúl Zibechi descortinou as ações e as contradições por trás do "Brasil potência", não somente durante o regime militar (referência histórica concreta de Marini), mas também depois, e até mesmo durante os governos supostamente de esquerda dos últimos treze anos[8]. A atuação de empresas brasileiras na América Latina e na África, das grandes firmas de construção civil à Petrobras, evidencia o quanto, na verdade, o subimperialismo brasileiro atual é ainda mais significativo do que na época em que Ruy Mauro Marini produziu seus escritos seminais.

Para um leitor brasileiro, a problemática do subimperialismo é um pano de fundo indispensável contra o qual alguns aspectos da "militarização da questão urbana" podem ser mais bem compreendidos. Nesse ponto, a ideia de que guerras são travadas, crescentemente, em "salas de estar, escolas e supermercados" adquire uma feição familiar aos brasileiros, especialmente se pensarmos nas ruas e casas de espaços segregados, nas favelas e periferias. Stephen Graham, dialogando com Michel Foucault, chama a atenção para os casos de "efeito bumerangue", que ocorrem quando os governos de países capitalistas centrais empregam técnicas de controle social e espacial desenvolvidas e testadas em suas (antigas) colônias, da técnica de impressão digital a procedimentos de "controle de multidões". A dialética por trás

---

[7] Para um primeiro contato com a obra de Marini, o leitor brasileiro pode recorrer, por exemplo, a *Dialética da dependência* (Petrópolis, Vozes/Clacso, 2000), originalmente publicado em 1973.

[8] Ver, de Raúl Zibechi, *Brasil potencia: entre la integración regional y un nuevo imperialismo* (Bogotá, Ediciones desde Abajo, 2012) [ed. bras.: *Brasil potência: entre a integração regional e um novo imperialismo*, coord. trad. Carlos Walter Porto-Gonçalves, Rio de Janeiro, Consequência, 2015].

desse "efeito bumerangue", porém, não é exclusiva dos países imperialistas e colonialistas tradicionais; quanto a isso, o estudo de Graham necessita de uma complementação. Atente-se, por exemplo, para a "Conexão Rio de Janeiro-Porto Príncipe": chefiando uma "missão de paz" das Nações Unidas (ONU) no Haiti (Minustah), o Brasil tem aproveitado para treinar tropas que – como já vem ocorrendo, aliás – serão depois utilizadas na "guerra urbana de baixa intensidade" nas favelas brasileiras, combatendo o tráfico de drogas de varejo (e quem mais for declarado como novo "inimigo interno" neste complexo e confuso cenário pós-Guerra Fria). Quando, em 2007, o então ministro da Defesa Nelson Jobim anunciou que o Haiti era o "primeiro passo"[9], como parte de um esforço para robustecer a base legal para intervenções das Forças Armadas brasileiras em missões de "Garantia da Lei e da Ordem" (GLO), como o combate ao tráfico de drogas de varejo nas grandes cidades, o Rio de Janeiro já tinha testemunhado várias intervenções militares de larga escala em suas favelas, desde o início da década de 1990[10]. Naquele mesmo ano de 2007, aliás, consolidava-se a implantação, em Campinas (SP), do Centro de Instrução de Operações de Garantia da Lei e da Ordem, subordinado à 11ª Brigada de Infantaria Leve.

No "Norte global", por fim, a "militarização da questão urbana" visa ao controle sócio-espacial de minorias, quase sempre minorias étnicas estabelecidas há menos ou mais tempo dentro das fronteiras nacionais, tornadas alvos renovados de desprezo e desconfiança por motivos racistas e, também, por seu suposto papel de "viveiros de terroristas". Para os governos (e empresas) de países capitalistas centrais, lidar com ameaças reais ou presumidas em países onde a maioria da população é pobre e oprimida é algo que remete a suas intervenções externas. Em um país como o Brasil, diversamente, os pobres, isto é, aqueles dos quais a classe média desconfia e que são por ela estigmatizados (e temidos), não são uma minoria: são a franca maioria. Se a "militarização da questão urbana" tem a ver, no caso dos Estados Unidos, com a projeção geopolítica global de um "policial do mundo" (para além,

---

[9]   Eliane Cantanhêde, "Jobim no Haiti", *Folha de S.Paulo*, Opinião, 4 set. 2007.

[10]   Sobre o assunto, consultar também, além de meu livro *Fobópole*, cit., o ensaio de minha autoria "A 'reconquista do território', ou: Um novo capítulo na militarização da questão urbana", em *Dos espaços de controle aos territórios dissidentes: escritos de divulgação científica e análise política* (Rio de Janeiro, Consequência, 2015), originalmente publicado pelo site *Passa Palavra*, em 2010.

obviamente, da enorme repressão interna, com notório fundo racista), no caso do Brasil a referida militarização toma por objeto privilegiado o próprio povo. Aqui, o braço repressor do Estado atua como versão moderna e institucional dos capitães de mato da era escravocrata, em uma situação em que exploração de classe e racismo se misturam.

Diante de tudo isso, para os estudiosos e pesquisadores brasileiros, a melhor maneira de dialogar com *Cidades sitiadas* decerto não consiste em assimilar e repetir mecanicamente a análise de Stephen Graham. Isso seria um desserviço ao povo deste país, e tampouco seria um tributo adequado ao esforço do autor. Uma vez que todo conhecimento sobre a sociedade tem "sotaque", ou seja, tenta elucidar o mundo a partir de uma perspectiva histórico-geográfica determinada – ou seja, é histórica e culturalmente situado –, todo conhecimento teórico-conceitual sobre a sociedade precisa ser recontextualizado à luz da realidade de quem o recebe. Somente assim poderá ser verdadeiramente útil de um ponto de vista crítico, inspirando sem cobrar subordinação, iluminando sem ofuscar. Este será, assim quero crer, o destino da relevante obra que o leitor tem em mãos.

Marcelo Lopes de Souza
Departamento de Geografia
Universidade Federal do Rio de Janeiro (UFRJ)

Rio de Janeiro, maio de 2016.

AGRADECIMENTOS

Enquanto fiz parte do Departamento de Geografia da Universidade de Durham, tive a sorte de estar cercado por uma gama extraordinária de amigos e acadêmicos que tratam da política da geografia com verve, vigor e criatividade. Aprendi muitíssimo trabalhando com essas pessoas, que foram imensamente importantes para a gênese deste livro. Muitos fizeram a especial gentileza de comentar rascunhos e oferecer ideias. Agradeço, em particular, a Ash Amin, Louise Amoore, Harriet Bulkeley, Ben Anderson, David Campbell, Mike Crang, Angharad Closs Stephens, Stuart Elden, Alex Hall, Paul Harrison, Kathrin Hörschelmann, a todos no Ibru*, Francisco Klauser, Colin McFarlane, John Mendel, Christine McEwan, Gordon McLeod, Rachel Pain, Marcus Power, Joe Painter e Divya Tolia-Kelly.

Mais adiante, recebi incentivo vital e duradouro de colegas que tanto fizeram para alargar as agendas políticas que este livro assumiu. Também fui beneficiado por um amplo espectro de críticas, o que é especialmente importante para uma obra desta envergadura. Minhas dívidas aqui são numerosas demais para uma lista completa. Mas sou grato, em particular, a Rowland Atkinson, John Armitage, Kirstie Ball, John Beck, Zygmunt Bauman, Ryan Bishop, Alastair Bonnett, Neil Brenner, Judit Carrera, Bob Catterall, Greg Clancey, Jon Coaffee, Deborah Cowen, Jordan Crandall, Lieven De Cauter, Simon Dalby, Mike Davis, Ashley Dawson, Volker Eick, Keller Easterling, Ulrike Engel, Derek Gregory, James Harkin, Ken Hewitt,

---

* Ibru: Center for Borders Research [Centro de Pesquisa sobre Fronteiras], fundado como International Boundaries Research Unit [Unidade Internacional de Pesquisa sobre Fronteiras], por isso a sigla. (N. E.)

20 • Cidades sitiadas

Bryan Finoki, Omar Jabary Salamanca, Caren Kaplan, Maria Kaika, Roger Keil, Stephen Legg, Patrick LeGalès, Setha Low, David Lyon, Peter Marcuse, Eduardo Mendietta, Deborah Natsios, Clive Norris, Vyjayanthi Rao, Neil Smith, Michael Sorkin, Eric Swyngedouw, Nigel Thrift, Nick Turse, Robert Warren, Eyal Weizman, David Wood, Elvin Wyly, Alison Williams, Rachel Woodward, Steve Wright, Charles Zerner e Elia Zureik.

Meu profundo agradecimento também pelo apoio do Departamento de Sociologia da Universidade de Nova York – em especial a Neil Brenner e Harvey Molotch –, que me acolheu como professor visitante em novembro de 2007. Preciso enfatizar, claro, que todos os erros e todas as fraquezas do presente trabalho são meus.

Devo minha ampla gratidão ao Economic and Social Research Council [Conselho de Pesquisa Econômica e Social], por oferecer apoio ao projeto Contested Borders [Fronteiras em Disputa], que possibilitou muitos dos *insights* presentes no capítulo 5.

O material visual desta obra conta com o trabalho de um grande número de amigos e colegas. Muito obrigado a Lisa Benton-Short, Adam Broomberg, Oliver Chanarin, Ben Colebrook, Teddy Cruz, Keller Easterling, Ulrike Engel, Bryan Finoki, Mark Gillem, Francisco Klauser, Paula Levine, Deborah Natsios, Jeremy Németh, Clive Norris, Steve Rowell, Anne-Marie Schleiner, Elin O'Hara Slavick, John Young e Micah Ian Wright por gentilmente fornecer imagens. Também sou muitíssimo grato a Michele Allan e Chris Orton pelo excelente trabalho de preparo das tabelas, dos mapas e das figuras.

Em penúltimo lugar, é necessário explicar que versões anteriores de partes deste trabalho já foram publicadas nas seguintes formas: a Introdução, como um artigo na revista *City*[1]; o capítulo 6, como um estudo preliminar em *Crisis States*, da London School of Economics and Political Science (LSE), como artigo na *City*[2], e de diferentes formas em dois livros: *War, Citizenship, Territory* [Guerra, cidadania, território][3] e *Theorizing Surveillance* [Teorizando

---

[1] Stephen Graham, "Cities as Battlespaces: the New Military Urbanism", *City*, v. 13, n. 4, nov. 2009.

[2] Idem, "Robowar Dreams: US Military Technophilia and Global South Urbanization", *City*, v. 12, n. 1, abr. 2008.

[3] Idem, "Imagining Urban Warfare: Urbanization and US Military Technoscience", em Deborah Cowen e Emily Gilbert (orgs.), *War, Citizenship, Territory* (Routledge, Nova York, 2008).

Agradecimentos • 21

a vigilância][4]; o capítulo 7, em um formato muito diferente, na *New Left Review*[5]; o 8, também em formato muito diferente, na *New Left Review*[6]; e, finalmente, o capítulo 9, como um artigo na *City*[7] e, em diferentes formatos, como capítulos em dois livros: *Violent Geographies* [Geografias violentas][8] e *In the Nature of Cities* [Na natureza das cidades][9].

Finalmente, muito obrigado a Simon Marvin pelas cervejas em Haifa que deram início a isto, em 2002; a Tom Penn e Mark Martin, da editora Verso, pelo incentivo perfeito; a Avis Lang e Noah Eber-Schmid, respectivamente, pelas esplêndidas edição de texto e checagem de fatos; a Palma, Lynn e Sally, por me darem tempo para terminar; e, acima de tudo, a Annette, Ben e Oliver, pela luz e pelo amor que me permitiram completar essa jornada.

Stephen Graham, Newcastle.

---

[4] Idem, "Surveillance, Urbanization, and the US 'Revolution in Military Affairs'", em David Lyon (org.), *Theorizing Surveillance* (Willan, Cullompton, 2006).

[5] Idem, "War and the City", *New Left Review*, n. 44, mar.-abr. 2007.

[6] Idem, "Lessons in Urbicide", *New Left Review*, n. 19, jan.-fev. 2003.

[7] Idem, "Switching Cities Off: Urban Infrastructure and US Air Power, *City*, v. 9, n. 2, jul. 2005.

[8] Idem, "Demodernizing by Design: Everyday Infrastructure and Political Violence", em Allan Pred e Derek Gregory (orgs.), *Violent Geographies* (Nova York, Routledge, 2006).

[9] Idem, "Urban Metabolism as Target: Contemporary War as Forced Demodernisation", em Eric Swyngedouw, Nick Heynen e Maria Kaika (orgs.), *In the Nature of Cities* (Londres, Routledge, 2005).

Introdução
"ALVO INTERCEPTADO..."

Em 14 de novembro de 2007, Jacqui Smith, então ministra do Interior do Reino Unido, anunciou uma das mais ambiciosas tentativas já empreendidas por um Estado de rastrear e vigiar sistematicamente todas as pessoas que entrassem e saíssem do território por ele controlado. O altamente controverso programa e-Borders procura fazer uso de sofisticados algoritmos de computador e técnicas de mineração de dados para identificar indivíduos ou atitudes "ilegais" ou hostis antes que ameaçassem as fronteiras do território do Reino Unido. O programa utiliza uma tecnologia desenvolvida pelo consórcio Trusted Borders, liderado pela gigantesca corporação de defesa Raytheon.

O projeto e-Borders se baseia em um sonho de onisciência tecnológica: rastrear todos os que passem pelas fronteiras do Reino Unido, usando registros de atividades passadas e associações para identificar ameaças futuras antes que se materializem. Smith prometeu que, quando o sistema finalmente estivesse funcionando, em 2014 – ainda que muitos afirmem que é impraticável –, o controle e a segurança nas fronteiras do Reino Unido seriam restabelecidos, em um mundo radicalmente móvel e inseguro[1]. "Todos os viajantes que forem para a Inglaterra passarão pela filtragem de listas de pessoas barradas e listas de alvos a interceptar", ela previu. "Junto com vistos biométricos, isso vai ajudar a manter os problemas longe da nossa costa... Além da checagem dupla mais rigorosa na

---

[1] O Ministério do Interior do Reino Unido gastou pelo menos £ 830 milhões entre 2003 e 2015. Mas os projetos foram um fracasso porque os sonhos de controle absoluto eram excessivamente ambiciosos e, de fato, impraticáveis no contexto das fronteiras tão complexas e tão tensas.

fronteira, carteiras de identidade para estrangeiros que vivem no país logo fornecerão uma checagem tripla"[2].

A linguagem de Smith – "lista de alvos", "filtragem", "vistos biométricos" e assim por diante – é muito reveladora. A gigantesca proliferação global de projetos de vigilância governamental altamente tecnófilos como o programa e-Borders é um sinal da impressionante militarização da sociedade civil – a extensão das ideias militares de rastreamento, identificação e seleção nos espaços e meios de circulação da vida cotidiana. De fato, projetos como esse são mais do que reações do Estado a ameaças à segurança que estão em mutação. Em um mundo marcado pela globalização e pela crescente urbanização, eles representam tentativas drásticas de traduzir antigos sonhos militares de onisciência e racionalidade altamente tecnológicas para o controle da sociedade civil urbana.

Estando atualmente a segurança e a doutrina militar nos Estados ocidentais centradas na tarefa de identificar insurgentes, terroristas e uma vasta gama de ameaças ambientais no caos da vida urbana, esse fato se torna ainda mais claro. Além do mais, seja nas filas do aeroporto Heathrow, nas estações do metrô de Londres ou nas ruas de Cabul e Bagdá, a doutrina da vez enfatiza que é preciso encontrar maneiras de identificar tais pessoas e ameaças antes que seu potencial letal seja concretizado, dado que elas hoje são efetivamente impossíveis de distinguir em meio à população urbana mais ampla. Portanto, há um esforço nas cidades, tanto no coração capitalista do Norte global quanto na periferia e nas fronteiras coloniais do mundo, para estabelecer sistemas de monitoramento de alta tecnologia que vasculhem dados acumulados do passado para identificar ameaças futuras.

---

[2] Nicole Kobe, "£650 million e-borders contract to Raytheon group", *IT Pro*, 14 nov. 2007. Disponível em: <www.itpro.co.uk/139053/650-million-e-borders-contract-to-raytheon-group>. Acesso em: 21 maio 2016. Em uma curiosa ironia, outra forma de vigilância – um registro de fatura de material *pay-per-view* – quase forçou Smith a renunciar no fim de março de 2009, quando se descobriu que ela tentou declarar as despesas do hábito do marido de assistir a conteúdos pornográficos como um gasto parlamentar. No mesmo mês, um escândalo posterior de membros do Parlamento abusando desses gastos a colocou, e também a muitos de seus colegas, sob pressão. Smith acabou renunciando em junho de 2009.

Os filhos deles contra o nosso silício

Na raiz dessas visões de guerra e segurança no mundo pós-Guerra Fria estão fantasias em que o Ocidente faz uso de seu incontestável poder tecnológico para restabelecer sua declinante supremacia militar, econômica e política. "Em nosso território e lá fora", escreveram os estudiosos de segurança estado-unidenses Mark Mills e Peter Huber na publicação de direita *City Journal*, um ano depois dos ataques de 11 de Setembro, "vão acabar sendo os filhos deles contra o nosso silício. Nosso silício vai ganhar"[3].

Huber e Mills preveem um futuro próximo saído diretamente do filme *Minority Report – A nova lei*. Para eles, toda uma série de sistemas de vigilância e rastreamento emerge na esteira de modos de consumo, comunicação e transporte de alta tecnologia para permear todos os aspectos da vida nas cidades ocidentais. Comparando constantemente o comportamento atual dos indivíduos com vastos bancos de dados que registram eventos e associações passados, esses sistemas de rastreamento – de acordo com o argumento – vão sinalizar automaticamente quando os corpos, espaços e sistemas de infraestrutura das cidades estiverem prestes a sofrer um ataque terrorista. Assim, o que Huber e Mills chamam de "alvos confiáveis" ou "cooperativos" são constantemente separados dos "não cooperativos" e seus esforços de usar sistemas postais, elétricos, de internet, financeiros, aéreos e de transporte como meios de projetar resistência e violência. Aliás, a visão de Huber e Mills pede que sistemas de segurança e vigilância em estilo aeroportuário passem a abranger cidades e sociedades inteiras utilizando, em sua base, os meios de consumo e mobilidade de alta tecnologia que já estão estabelecidos nas cidades ocidentais.

Quanto às fronteiras coloniais resistentes, os autores, como muitos teóricos militares e de segurança estado-unidenses, sonham com um aparato de guerra contrainsurgente contínuo, automatizado e robotizado. Usando sistemas semelhantes àqueles empregados nas cidades norte-americanas, mas desta vez com o poder soberano para matar com autonomia, eles imaginam que as tropas estado-unidenses podem ser poupadas do trabalho sujo de lutar e matar em solo nas zonas fronteiriças em rápida urbanização. Enxames de pequenos *drones* armados, equipados com sensores avançados e em comunicação uns

---

[3] Mark Mills e Peter Huber, "How Technology Will Defeat Terrorism", *City Journal*, Nova York, v. 12, n. 1, 2002.

com os outros, serão então empregados para vagar permanentemente sobre as ruas, os desertos e as estradas. Huber e Mills sonham com um futuro em que esses enxames de guerreiros robotizados vão trabalhar sem descanso para "emitir poder de destruição com precisão, critério e a partir de uma distância segura – semana após semana, ano após ano, enquanto for necessário"[4].

Essas fantasias de onipotência *high-tech* são muito mais do que ficção científica. Além de desenvolver o programa e-Borders no Reino Unido, a Raytheon também é, por exemplo, líder na produção tanto de mísseis de cruzeiro quanto de *drones* não tripulados usados com regularidade pela CIA para realizar incursões assassinas pelo Oriente Médio e pelo Paquistão desde 2002. A Raytheon também está no centro de uma série de projetos militares estado-unidenses bastante reais, nos quais *softwares* são desenvolvidos para programar armas robotizadas a mirar e matar inimigos de modo autônomo, sem nenhum envolvimento humano, como Huber e Mills anteviram.

O novo urbanismo militar

A transição entre o uso militar e civil de tecnologia avançada – entre a vigilância e o controle da vida cotidiana nas cidades ocidentais e as agressivas guerras de colonização e de recursos – está no cerne de um conjunto muito mais amplo de tendências que caracteriza o novo urbanismo militar. Claro, os efeitos observados no cenário ocidental urbano são muito diferentes daqueles vistos em zonas de guerra. Mas, fundamentalmente, seja qual for o ambiente, esses atos de violência de alta tecnologia têm por base um mesmo conjunto de ideias.

A mudança paradigmática que torna os espaços comuns e privados das cidades, bem como sua infraestrutura – e suas populações civis –, fonte de alvos e ameaças é fundamental para o novo urbanismo militar. Isso se manifesta no uso da guerra como metáfora dominante para descrever a condição constante e irrestrita das sociedades urbanas – em guerra contra as drogas, o crime, o terror, contra a própria insegurança. Esse advento incorpora a militarização sub-reptícia de uma ampla gama de debates de política interna, paisagens urbanas e circuitos de infraestrutura urbana, além de universos inteiros de cultura popular e urbana. Leva à difusão furtiva e

---

4   Idem.

insidiosa de debates militarizados sobre "segurança" em todos os aspectos da vida. Juntos, mais uma vez, eles lutam para trazer ideias essencialmente militares de guerra, e de sua preparação, para o centro da vida citadina comum e cotidiana.

A militarização insidiosa da vida nas cidades ocorre em uma época em que a humanidade se tornou uma espécie predominantemente urbana pela primeira vez em seus 150 mil anos de história. Ela ganha força a partir dos múltiplos circuitos de militarização e securitização que, até o momento, não foram considerados em conjunto nem vistos como um todo. É a essa tarefa que este livro se dedica.

À guisa de introdução, e para oferecer uma amostra do impressionante leque de circuitos políticos, sociais e culturais que atualmente estão sendo colonizados pelo novo urbanismo militar, vale a pena apresentar suas cinco características principais.

Urbanização da segurança

Assim como as previsões de Huber e Mills para o futuro, o novo urbanismo militar, em toda a sua complexidade e o seu alcance, se apoia em uma ideia central: técnicas militarizadas de rastreamento e triagem precisam colonizar permanentemente a paisagem urbana e os espaços da vida cotidiana tanto na "pátria"* quanto nas cidades do Ocidente, bem como nas fronteiras neocoloniais do mundo. Para os mais recentes gurus militares e de segurança, isso é considerado crucial, a única maneira adequada de lidar com as novas realidades daquilo que chamam de guerra "assimétrica" ou "irregular".

Essas guerras colocam terroristas ou insurgentes internacionais contra a segurança de alta tecnologia, as forças militares e de inteligência de Estados-nação e seus leques cada vez maiores de aliados privados e corporativos. Sem fardas, de modo geral indistinguíveis da população urbana, guerreiros não estatais, milicianos, insurgentes e terroristas espreitam, invisíveis, graças ao anonimato oferecido pelas cidades em desenvolvimento do mundo (em

---

* No original, *homeland*, que pode ser tanto a terra natal de alguém quanto o território ou a área destinada ao povo de determinada nação, cultura, raça ou etnia. Assim, dependendo do contexto, o termo foi traduzido ora como "pátria", ora como "interior", ora como "interno", ora como "nacional" ou, quando nenhuma das opções em português dava conta do sentido completo, mantido no original. (N. T.)

especial os distritos informais em rápido crescimento). Eles exploram e miram os condutos em espiral e as artérias que conectam as cidades modernas: a internet, o YouTube, a tecnologia de GPS, os celulares, as viagens de avião, o turismo global, a imigração internacional, os sistemas portuários, as finanças globais e até os serviços de correio e as redes elétricas.

Os atentados terroristas em Nova York, Washington, Madri, Londres e Mumbai (para citar alguns alvos desses ataques), ao lado das agressões militares estatais a Bagdá, Gaza, Nablus, Beirute, Grozny, Mogadíscio e Ossétia do Sul, demonstram que a guerra assimétrica é o veículo para a violência política que atravessa espaços transnacionais. Cada vez mais, os conflitos contemporâneos ocorrem em supermercados, edifícios, túneis do metrô e distritos industriais, em vez de campos abertos, selvas ou desertos.

Tudo isso significa que, talvez pela primeira vez desde a Idade Média, a geografia localizada das cidades e os sistemas que as entrelaçam começam a dominar as discussões em torno da guerra, da geopolítica e da segurança. Na nova doutrina militar da guerra assimétrica – também rotulada de "conflito de baixa intensidade", "*netwar*", a "guerra longa" ou "guerra de quarta geração" –, locais prosaicos e cotidianos, áreas de circulação e espaços da cidade estão se tornando o principal "campo de batalha"[5] tanto em território nacional quanto no exterior.

Nesse contexto, a doutrina de segurança e militar ocidental está sendo rapidamente repensada de maneiras que obscurecem dramaticamente a separação jurídica e operacional entre policiamento, inteligência e militarismo; as distinções entre guerra e paz; e entre operações locais, nacionais e globais. Cada vez mais, guerras e mobilizações associadas deixam de ser restritas pelo tempo e pelo espaço e, em vez disso, se tornam, na mesma medida, ilimitadas e mais ou menos permanentes. Ao mesmo tempo, centros de poder estatal empregam cada vez mais recursos tentando separar figuras consideradas malignas e ameaçadoras daquelas consideradas valiosas e ameaçadas dentro dos espaços cotidianos e das infraestruturas que as entrelaçam. Em vez de direitos legais e humanos e de sistemas jurídicos baseados na cidadania universal, essas políticas de segurança emergentes se fundamentam na elaboração de perfis de indivíduos, locais, comportamentos, associações e grupos. Tais práticas atribuem a esses sujeitos categorias de risco baseadas em suas

---

[5] Ver Tim Blackmore, *War X: Human Extensions in Battlespace* (Toronto, University of Toronto Press, 2005).

supostas associações com violência, desordem ou resistência contra as ordens geográficas dominantes que sustentam o capitalismo neoliberal global.

No Ocidente, essa mudança ameaça reorganizar as concepções de cidadania e limites nacionais, fundamentais ao conceito de Estado-nação ocidental desde meados do século XVII. A obsessão cada vez maior com perfis de risco pode usar as ferramentas de segurança nacional para desmantelar ideias que alimentam a concepção de cidadania nacional universal. Por exemplo, os norte-americanos já estão pressionando a Inglaterra para introduzir um novo sistema de vistos para cidadãos do Reino Unido com vínculos próximos com o Paquistão que quiserem visitar os Estados Unidos. Em outras palavras, esses fatos ameaçam estabelecer práticas de fronteira *dentro* dos espaços dos Estados-nação – desafiando a definição do "interior" e do "exterior" geográfico e social de comunidades políticas. O processo se equipara, por sua vez, à erupção de pontos de fronteira dentro dos limites territoriais das nações, em aeroportos, portos de carga, terminais de internet e estações ferroviárias de trens expressos.

Ao mesmo tempo, o alcance dos braços de policiamento, segurança e inteligência dos governos também está indo além dos limites territoriais nacionais, conforme sistemas de vigilância global são criados para monitorar os sistemas aéreos, portuários, comerciais, financeiros e de comunicação mundiais. Os programas eletrônicos de fronteiras, por exemplo – como o da Raytheon no Reino Unido –, estão sendo integrados aos sistemas transnacionais para que os passageiros tenham seus dados de comportamento e associações minerados antes mesmo de tentarem embarcar em aviões para a Europa e para os Estados Unidos. Os poderes de policiamento também estão se estendendo para além das fronteiras dos Estados-nação. O Departamento de Polícia de Nova York, por exemplo, estabeleceu recentemente uma rede de dez escritórios no exterior como parte de seus crescentes esforços antiterrorismo. O policiamento extranacional prolifera nos encontros de cúpula política e nos eventos esportivos internacionais. Em um movimento paralelo, campos de refugiados e exilados cada vez mais se constituem de forma "*offshore*", para serem mantidos fora dos limites territoriais das nações capitalistas ricas, de modo que se armazene e lide de maneira invisível e a distância com corpos humanos considerados malignos, indignos ou ameaçadores.

A expansão dos poderes da polícia para além das fronteiras nacionais ocorre enquanto as forças militares estão sendo alocadas com regularidade cada vez maior entre as nações ocidentais. Recentemente, os Estados Unidos

30 • Cidades sitiadas

estabeleceram pela primeira vez um comando militar para a América do Norte: o Northern Command [Comando Norte][6]. Antes disso, essa era a única parte do mundo não coberta dessa maneira. O governo estado-unidense também reduziu de maneira gradual antigas barreiras legais ao posicionamento de militares dentro de cidades do país. Hoje em dia, exercícios de treinamento de guerra urbanos ocorrem com regularidade em cidades dos Estados Unidos, simulando crises de "segurança nacional", bem como desafios de pacificação de rebeliões nas cidades das periferias coloniais no Sul global. Além do mais, em uma convergência expressiva de doutrina e tecnologia, satélites *high-tech* e *drones* desenvolvidos para monitorar inimigos da distante Guerra Fria ou insurgentes estão sendo cada vez mais usados dentro das cidades ocidentais.

O bumerangue de Foucault

O novo urbanismo militar se alimenta de experiências com estilos de objetivos e tecnologia em zonas de guerra coloniais, como Gaza ou Bagdá, ou operações de segurança em eventos esportivos ou cúpulas políticas internacionais. Essas operações funcionam como um teste para a tecnologia e as técnicas a serem vendidas pelos prósperos mercados de segurança nacional ao redor do mundo. Por processos de imitação, modelos explicitamente coloniais de pacificação, militarização e controle, aperfeiçoados nas ruas do Sul do globo, se espalham pelas cidades dos centros capitalistas do Norte. Essa sinergia, entre operações de segurança nacional e internacional, é a segunda característica fundamental no novo urbanismo militar.

O pesquisador de estudos internacionais Lorenzo Veracini diagnosticou um dramático ressurgimento contemporâneo da importação de alegorias e técnicas tipicamente coloniais para a administração e o desenvolvimento de cidades nos centros metropolitanos da Europa e da América do Norte. Ele argumenta que esse processo está servindo para desfazer, de maneira gradual, uma "distinção clássica e antiga entre a faceta exterior e a interior da situação de colônia"[7].

É importante destacar, então, que o ressurgimento de estratégias e técnicas explicitamente coloniais entre Estados-nação como os Estados Unidos,

---

[6] Ver <www.northcom.mil>. Acesso em: 21 maio 2016.

[7] Lorenzo Veracini, "Colonialism Brought Home: On the Colonization of the Metropolitan Space", *Borderlands*, v. 4, n. 1, 2005. Disponível em: <www.borderlands.net.au>. Acesso em: 31 mar. 2016.

Introdução – "Alvo interceptado..." • 31

o Reino Unido e Israel no período "pós-colonial" contemporâneo[8] envolve não apenas o uso de técnicas do novo urbanismo militar em zonas de guerra no exterior, mas sua difusão e imitação por meio da securitização da vida urbana ocidental. Assim como no século XIX as nações colonialistas europeias importaram o uso de impressões digitais, as prisões panópticas e a construção de *boulevards* haussmannianos para implantá-los nos bairros rebeldes de suas cidades depois de os terem experimentado em fronteiras colonizadas, as técnicas coloniais hoje funcionam por meio do que Michel Foucault chamou de "efeito bumerangue"[9]. "Jamais deve-se esquecer", afirmou Foucault,

> que, enquanto a colonização, com suas técnicas e suas armas políticas e jurídicas, obviamente transportou modelos europeus para outros continentes, ela também teve um considerável efeito bumerangue nos mecanismos de poder do Ocidente e nos aparatos, nas instituições e nas técnicas de poder. Toda uma série de modelos coloniais foi trazida de volta ao Ocidente, e o resultado foi que este pôde praticar algo que se parece com a colonização, ou um colonialismo interno, em si mesmo.[10]

No período contemporâneo, o novo urbanismo militar está marcado por – e, na realidade, consiste em – uma miríade de chocantes casos de efeito bumerangue foucaultiano, elaborados detalhadamente em boa parte deste livro. Por exemplo, *drones* israelenses desenvolvidos para verticalmente subjugar e ter palestinos como alvo são rotineiramente utilizados hoje em dia pelas forças policiais na América do Norte, na Europa e na Ásia Oriental. Operadores privados das prisões de segurança máxima nos Estados Unidos estão bastante envolvidos na administração do arquipélago global que organiza o encarceramento e a tortura, em franco crescimento desde o início da "Guerra

---

[8] Ver Derek Gregory, *The Colonial Present* (Oxford, Blackwell, 2004); David Harvey, *The New Imperialism* (Oxford, Oxford University Press, 2005) [ed. bras.: *O novo imperialismo*, trad. Adail Sobral e Maria Stela Gonçalves, São Paulo, Loyola, 2005].

[9] Michel Foucault, *Society Must Be Defended: Lectures at the Collège de France, 1975-76* (Londres, Allen Lane, 2003), p. 103 [ed. bras.: *Em defesa da sociedade: curso no Collège de France*, trad. Maria Ermantina Galvão, São Paulo, Martins Fontes, 1999]. Sobre panoptização, ver Tim Mitchell, "The Stage of Modernity", em Tim Mitchell (org.), *Questions of Modernity* (Minneapolis, University of Minnesota Press, 2000), p. 1-34. Sobre planejamento haussmanniano, ver Eyal Weizman, entrevista com Phil Misselwitz, "Military Operations as Urban Planning", *Mute Magazine*, ago. 2003. Disponível em: <www.metamute.org>. Acesso em: 22 maio 2016. E, sobre impressões digitais, ver Chandak Sengoopta, *Imprint of the Raj: How Fingerprinting Was Born in Colonial India* (Londres, Pan Books, 2003).

[10] Michel Foucault, *Society Must Be Defended*, cit.

32 • Cidades sitiadas

ao Terror". Corporações militares privadas colonizam fortemente os contratos de reconstrução tanto no Iraque quanto em Nova Orleans. A perícia israelense no controle populacional é buscada por aqueles que planejam operações de segurança para eventos internacionais no Ocidente. E políticas de "atirar para matar" desenvolvidas para combater homens-bomba em Tel-Aviv e Haifa foram adotadas por forças policiais na Europa e nos Estados Unidos – um processo que resultou diretamente na morte de Jean Charles de Menezes pela polícia antiterrorismo londrina em 22 de julho de 2005.

Enquanto isso, o policiamento agressivo e militarizado em manifestações públicas e mobilizações sociais em Londres, Toronto, Paris e Nova York está começando a usar as mesmas "armas não letais" que o Exército de Israel em Gaza ou Jenin. A construção de "zonas de segurança" ao redor dos centros financeiros estratégicos e distritos governamentais de Londres e Nova York importa diretamente técnicas usadas em bases militares instaladas em outros países e em áreas internacionais. Por fim, muitas das técnicas usadas para fortalecer enclaves em Bagdá ou confinar permanentemente civis em Gaza e na Cisjordânia estão sendo vendidas mundo afora como "soluções de segurança" de ponta, comprovadas em batalha, por coalizões corporativas que conectam empresas e governos israelenses, estado-unidenses e de outros lugares.

Essencialmente, esses casos de efeito bumerangue que fundem doutrinas de segurança e militares nas cidades do Ocidente com aquelas das periferias coloniais são reforçados pelas geografias culturais que sustentam a direita e extrema direita política, junto com comentadores beligerantes dentro das próprias Forças Armadas ocidentais. Eles tendem a considerar as cidades em si espaços intrinsecamente problemáticos – os principais espaços de concentração de atos de subversão, resistência, mobilização, dissenso e protestos, desafiando a segurança nacional tanto dentro do país quanto fora dele.

Bastiões da política etnonacionalista, os movimentos da ascendente extrema direita em geral têm forte representação dentro da polícia e das Forças Armadas estatais. Eles tendem a ver áreas rurais ou os subúrbios abastados como espaços autênticos e puros de nacionalismo branco, associados a valores cristãos e tradicionais. Exemplos disso vão desde fundamentalistas cristãos norte-americanos e o Partido Nacional Britânico até o Partido da Liberdade austríaco, a Frente Nacional francesa e a Forza Italia. Em contrapartida, os bairros cosmopolitas que crescem e se espalham cada vez mais nas cidades ocidentais são muitas vezes colocados por esses grupos nos mesmos termos orientalistas que as megacidades do Sul do globo, como lugares radicalmente externos à vulnerável nação – territórios tão estrangeiros quanto Bagdá ou Gaza.

Introdução – "Alvo interceptado..." • 33

Paradoxalmente, no entanto, a imaginação geográfica que serve de base para o novo urbanismo militar tende a tratar fronteiras coloniais e "pátrias" ocidentais como domínios fundamentalmente separados – dois lados em um embate de civilizações, de acordo com a hipótese incendiária e muito controversa de Samuel Huntington[11]. Essa separação criativa coexiste de modo desconfortável com a progressiva fusão, em um todo indistinto, das doutrinas de segurança, militares e de inteligência que lidam com ambos os lados. Tais concepções procuram negar as formas pelas quais as cidades de ambos os domínios estão cada vez mais ligadas pela imigração e pelo investimento.

Considerar *todas* essas cidades como espaços problemáticos para além das zonas rurais e dos subúrbios prósperos habitados por comunidades nacionais autênticas cria uma consonância peculiar entre as periferias coloniais e os centros capitalistas. Por exemplo, a construção a partir de 2003, pelas forças norte-americanas, de enclaves sectários em Bagdá seguindo o modelo israelense foi amplamente descrita pela segurança dos Estados Unidos como o desenvolvimento de comunidades fechadas em estilo norte-americano no Iraque. Em decorrência da devastação de Nova Orleans pelo furacão Katrina no fim de 2005, oficiais do Exército norte-americano falaram sobre a necessidade de "retomar" a cidade dos "insurgentes" de inspiração iraquiana.

Então, como sempre, a maneira como a vida urbana nas áreas colonizadas é imaginada reverbera com força nas cidades dos colonizadores. De fato, a projeção das alegorias coloniais e dos exemplos de segurança das metrópoles pós-coloniais nos centros capitalistas é alimentada por um novo "orientalismo dos bairros pobres"[12]. Seu lastro é uma representação disseminada entre formadores de opinião de direita nas áreas de segurança, militarismo e política segundo a qual os distritos de imigrantes nas cidades do Ocidente são zonas "atrasadas" que ameaçam o corpo político das cidades ou nações ocidentais. Na França, por exemplo, o planejamento estatal trabalhou para conceituar os projetos habitacionais de massa da periferia (os *banlieues*) como reservas "quase periféricas", conectadas – mas distantes – aos centros metropolitanos do país[13]. Lembranças amargas dos argelinos e de outras

---

[11] Ver Samuel Huntington, *The Clash of Civilizations and the Remaking of World Order* (Nova York, Simon and Schuster, 1996) [ed. bras.: *O choque de civilizações e a recomposição da ordem mundial*, trad. M. H. C. Côrtes, Rio de Janeiro, Objetiva, 1997].

[12] Ver Sally Howell e Andrew Shryock, "Cracking Down on Diaspora: Arab Detroit and America's 'War on Terror'", *Anthropological Quarterly*, n. 76, p. 443-62.

[13] Stefan Kipfer e Kanishka Goonewardena, "Colonization and the New Imperialism: On the Meaning of Urbicide Today", *Theory and Event*, v. 10, n. 2, 2007, p. 1-39.

34 • Cidades sitiadas

guerras anticoloniais saturam o discurso da extrema direita francesa sobre a diminuição do poder "branco" e a "insegurança" causada pelos *banlieues* – um processo que levou a uma dramática mobilização das forças de segurança dentro e ao redor dos principais complexos habitacionais de imigrantes depois dos tumultos nas periferias em 2005.

Discutindo a mudança de colonização externa para interna na França, Kristin Ross aponta para a maneira como o país hoje "se distancia de suas (antigas) colônias, tanto no interior quanto no exterior". Isso funciona, ela continua, através de um "isolamento dos imigrantes, sua remoção para os subúrbios em uma grande reforma das fronteiras sociais de Paris e de outras cidades francesas"[14]. Os tumultos de 2005 foram apenas os mais recentes em uma longa trajetória de reações à militarização e à securitização crescentes dessa forma de colonização interna e "periferidade"* imposta no que Mustafa Dikeç chamou de "áreas ruins"**, da República Francesa[15].

---

[14] Kristin Ross, *Fast Cars, Clean Bodies: Decolonization and the Reordering of French Culture* (Cambridge, MIT Press, 1996), p. 12.

* No original, *peripherality*. A palavra "periferidade" (ou, ainda, "periferalidade") tem sido usada em português e talvez já não deva ser considerada um neologismo. Continua, no entanto, a causar certa estranheza, embora seja um termo muito importante, pois designa a condição de ser (ou sentir-se) periférico em relação a algo. Enquanto tal, aplica-se a uma multiplicidade de escalas geográficas e situações, desde o nível intraurbano até o global, da estigmatização cultural à dependência econômica. (Nota de Marcelo Lopes de Souza)

** O termo *badlands*, utilizado por Stephen Graham e traduzível literalmente por "áreas ruins", foi popularizado pelo livro *Badlands of the Republic: Space, Politics and Urban Policy*, publicado em 2007 pelo geógrafo turco (radicado na Inglaterra e com passagens também pelos Estados Unidos e pela França) Mustafa Dikeç. A expressão "áreas ruins", usada de modo irônico e provocativo por Dikeç, refere-se à periferia (*banlieue*) de cidades francesas como Paris, Lyon e Marselha. Embora o termo *banlieue* não se aplique exclusivamente às periferias pobres e com maciça presença de população imigrante, cuja estigmatização tem sido insuflada por políticos racistas e xenofóbicos – afinal, também há aqueles espaços situados nos arrabaldes de grandes cidades e que são chamados de *banlieue aisée*, "periferia confortável" ou "subúrbio confortável" –, de modo geral a mídia e não poucos políticos profissionais têm forçado, no imaginário coletivo, uma associação da *banlieue* não somente com pobreza mas também com criminalidade e desajustamento social. Com isso, tem-se construído uma imagem de "lugares-problema", ou "áreas ruins". (Nota de Marcelo Lopes de Souza)

[15] Mustafa Dikeç, *Badlands of the Republic: Space, Politics and Urban Policy* (Oxford, Blackwell, 2007). Ver também Kristin Ross, *Fast Cars, Clean Bodies*, cit.

De fato, tamanha é a fusão por parte da direita contemporânea entre terrorismo e imigração que simples atos de imigração hoje são tratados quase como atos de guerra. Essa mudança discursiva foi chamada de "armamentização" da imigração[16] – mudar a ênfase, que passa das obrigações morais de oferecer hospitalidade e asilo para a criminalização ou desumanização dos imigrantes, como se estes fossem armas contra bases supostamente homogêneas e etnonacionalistas de poder nacional.

Aqui, os debates mais recentes sobre a guerra assimétrica, irregular ou de baixa intensidade – em que nada pode ser definido fora das acepções ilimitadas e intermináveis de violência política – se confundem de maneira desconfortável com o crescente clamor de demonização feito por figuras da direita e da extrema direita das cidades diaspóricas e cada vez mais cosmopolitas do Ocidente. Levando sua tese sobre o conflito de civilizações ainda mais longe, Samuel Huntington atualmente argumenta que a própria trama do poder e da identidade nacional dos Estados Unidos está sob ameaça não só por causa do terrorismo islâmico global, mas porque grupos não brancos e, em especial, latinos estão colonizando, e dominando, as regiões metropolitanas estado-unidenses[17].

Adotando visões igualmente maniqueístas do mundo, o teórico militar norte-americano William Lind afirmou que atos prosaicos de imigração do hemisfério Sul global para as cidades do Norte agora devem ser considerados atos de guerra. "Na guerra de quarta geração", escreve ele, "a invasão pela imigração pode ser, no mínimo, tão perigosa quanto a invasão por um exército nacional". Lind argumenta que, sob o que ele chama de "ideologia venenosa do multiculturalismo", imigrantes nas nações ocidentais hoje podem criar "uma variedade doméstica da guerra de quarta geração, que é de longe o tipo mais perigoso"[18].

Considerando o trânsito de mão dupla dos modelos do novo urbanismo militar entre as cidades ocidentais e aquelas nas fronteiras coloniais,

---

[16] Ver Cato, "The Weaponization of Immigration", Center for Immigration Studies, fev. 2008. Disponível em: <www.cis.org>. Acesso em: 30 mar. 2016.

[17] Ver Samuel Huntington, *Who Are We: The Challenges to America's National Identity* (Nova York, Simon & Schuster, 2005); e, do mesmo autor, *The Clash of Civilizations and the Remaking of World Order*, cit.

[18] William Lind, "Understanding Fourth Generation War", *Military Review*, set.-out. 2004, p. 16. Disponível em: <www.au.af.mil/au/awc/awcgate/milreview/lind.pdf>. Acesso em: 31 mar. 2016.

36 • Cidades sitiadas

alimentado pelo antiurbanismo instintivo dos Estados de segurança nacional, não surpreende que cidades em ambos os domínios comecem a demonstrar similaridades impressionantes. Nos dois âmbitos, proliferam fronteiras rigorosas em estilo militar, cercas e postos de controle ao redor de enclaves protegidos e "zonas de segurança", sobrepostos à cidade ampla e aberta. Barreiras feitas de módulos de concreto, postos de controle de identidade, circuito interno de TV, fiscalização biométrica e formas militares de controle de acesso protegem arquipélagos de centros sociais, econômicos, políticos ou militares fortificados de um exterior considerado indomável, empobrecido ou perigoso. Nos exemplos mais extremos, isso inclui zonas internacionais, prisões militares, bairros étnicos sectários e bases militares; eles estão crescendo ao redor de distritos financeiros estratégicos, embaixadas, espaços de consumo e de turismo, complexos portuários e aeroportuários, arenas esportivas, comunidades muradas e zonas francas.

Nas duas esferas, esforços para identificar as populações urbanas estão ligados a sistemas similares que observam, rastreiam e têm como alvo indivíduos perigosos em meio à massa da vida urbana. Assim, enxergamos um paralelismo no uso de satélites de alta tecnologia, *drones*, circuitos internos "inteligentes" de TV, armas "não letais", mineração de dados e fiscalização biométrica nos contextos muito diferentes de cidades nacionais e estrangeiras. E, finalmente, nos dois casos, existe uma percepção semelhante de que novas doutrinas de guerra perpétua estão sendo usadas para tratar todos os moradores urbanos como alvos constantes, cuja natureza benigna, em vez de ser presumida, agora precisa ser constantemente demonstrada para complexas arquiteturas de vigilância ou tecnologias de mineração de dados conforme o indivíduo se desloca pela cidade. Tais fatos são amparados por suspensões legais paralelas que têm como alvo grupos considerados ameaçadores, com restrições especiais, prisões preventivas ou encarceramento *a priori* em campos de tortura e *gulags* ilegais mundo afora.

Apesar de funcionar de diversas maneiras, todos esses diversos arquipélagos se sobrepõem a tradições urbanas de sistemas de segurança de livre acesso que forçam as pessoas a provar sua legitimidade se quiserem se mover com liberdade. Urbanistas e filósofos hoje em dia se perguntam se a cidade como espaço-chave para protestos e mobilização coletiva dentro da sociedade civil está sendo substituída por geografias complexas criadas por vários sistemas de enclaves e campos conectados entre si e afastados do exterior urbano que existe para além dos muros ou sistemas de controle de acesso[19]. Nesse contexto, pode-se perguntar se a securitização urbana chegará, no futuro, a um nível que efetivamente desconecte o papel econômico estratégico das cidades como condutoras-chave da acumulação capitalista do papel histórico delas como centros para a mobilização de dissenso democrático.

Economia vigilante

Passando para nosso terceiro ponto de partida fundamental – a economia política do novo urbanismo militar –, é importante enfatizar que a colonização da prática e do pensamento urbanos por ideias militarizadas de "segurança" não tem uma fonte única. Aliás, essa colonização emana de uma gama complexa de origens, que englobam vastos complexos industriais multinacionais que se estendem para além dos setores militar e de segurança para abranger as indústrias da tecnologia, da vigilância e do entretenimento; um leque amplo de consultores, laboratórios de pesquisa e universidades corporativas que vendem soluções de segurança como balas de prata para solucionar problemas sociais complexos; e uma complexa massa de pensadores militares e de segurança que hoje argumentam que a guerra e a violência política se concentram esmagadoramente nos espaços e circuitos cotidianos da vida urbana.

Ainda que vagas e abrangentes, ideias sobre segurança infectam praticamente todos os aspectos das políticas públicas e da vida social[20]. Assim, esses emergentes complexos industriais e de segurança atuam juntos nos desafios altamente lucrativos de ter como foco constante atividades, espaços e comportamentos cotidianos nas cidades, bem como os condutos que conectam as conurbações. Em meio ao colapso econômico global, os mercados para serviços e tecnologias de segurança estão em ascensão como nunca antes.

Basicamente, como o exemplo da Raytheon mais uma vez demonstra, com frequência as mesmas constelações de empresas de segurança estão envolvidas na venda, na implantação e na supervisão das técnicas e práticas do novo urbanismo militar tanto em cidades das zonas de guerra quanto em seus países. Muitas vezes, como nas novas políticas de segurança da

---

[19] Ver Bülent Diken e Carsten Bagge Laustsen, *The Culture of Exception: Sociology Facing the Camp* (Londres, Routledge, 2005), p. 64; Stephen Graham e Simon Marvin, *Splintering Urbanism* (Londres, Routledge, 2001).

[20] Ver Giorgio Agamben, "Security and Terror", *Theory and Event*, v. 5, n. 4, 2002, p. 1-2.

União Europeia para toda a Europa, Estados ou blocos supranacionais não necessariamente introduzem meios militarizados e de alta tecnologia para rastrear imigrantes ilegais por ser esta a melhor forma de tratar de suas preocupações sobre segurança. Na realidade, muitas dessas políticas têm como objetivo ajudar a formar campeões da indústria local, desenvolvendo suas próprias empresas de defesa, segurança e tecnologia para poderem competir nos ascendentes mercados globais de tecnologia de segurança.

Nesse lucrativo mercado de exportação, a experiência israelense de bloquear cidades e transformar os Territórios Ocupados em campos prisionais urbanos permanentes está se provando especialmente influente. É a principal fonte de técnicas e tecnologias "comprovadas em combate". A nova cerca de alta tecnologia na fronteira entre os Estados Unidos e o México, por exemplo, está sendo construída por um consórcio entre a Boeing e a empresa israelense Elbit, cujas tecnologias de radar e direcionamento foram desenvolvidas no bloqueio permanente da vida urbana palestina. Também é impressionante o quanto as estratégias norte-americanas anti-insurgência no Iraque se basearam explicitamente em esforços para copiar o tratamento que Israel deu aos palestinos durante a Segunda Intifada.

As economias políticas que sustentam o novo urbanismo militar inevitavelmente se concentram no papel de um grupo de elite de cidades ditas "globais" como centros do capitalismo neoliberal e também como principais arenas e mercados para lançar novas soluções de segurança. Os principais centros financeiros do mundo, em particular, orquestram processos globais de militarização e securitização. Eles abrigam a sede de corporações militares, de segurança e de tecnologia globais, fornecem locais para as maiores universidades corporativas do mundo – que dominam a pesquisa e o desenvolvimento de novas tecnologias de segurança – e amparam a rede global de instituições financeiras que com tanta frequência trabalham para apagar ou se apropriar de cidades e recursos em regiões colonizadas em nome da economia neoliberal e do "livre comércio".

Desse modo, a rede de cidades globais através das quais o capitalismo neoliberal é fundamentalmente orquestrado – Londres, Nova York, Paris, Frankfurt e assim por diante – ajuda a produzir novas lógicas de desapropriação e aquisição colonial agressiva pelo capital multinacional, que opera em proximidade com exércitos e empreiteiras militares.

Com a diminuição dos monopólios estatais da violência e a proliferação de corporações mercenárias e militares de aquisição, tornam-se mais aparentes do que nunca a violência brutal "urbicida" e a expropriação que tantas vezes ajudam a promover os aspectos parasitários das economias urbanas ocidentais, bem como alimentar o capitalismo corporativo contemporâneo[21]. Em um mundo cada vez mais assombrado pelo espectro do iminente esgotamento de recursos, o novo urbanismo militar está, portanto, intimamente ligado à exploração neocolonial de recursos distantes, em um esforço de sustentar as cidades mais ricas e os estilos de vida urbanos afluentes. Nova York e Londres oferecem o poder financeiro e corporativo por meio do qual as reservas de petróleo iraquianas foram tomadas por empresas petroleiras ocidentais desde a invasão de 2003. O *land grabbing* – a transferência de terras para investidoras estrangeiras ou "estrangeirização de terras" – neocolonial para a produção de biocombustíveis para carros ou alimentos para populações urbanas cada vez mais precárias do Norte afluente também é organizado por meio de mercados de *commodities* globais concentrados nos grandes centros financeiros do mundo. Finalmente, o rápido crescimento global dos mercados de segurança de alta tecnologia está, em si mesmo, oferecendo um grande incentivo a essas cidades em tempos de colapso econômico.

Infraestrutura urbana, guerra urbana

A própria natureza da cidade moderna – sua dependência de complexas redes de infraestrutura, sua densidade e anonimato, sua dependência de água, alimentos e energia importados – cria a possibilidade de violência contra ela, e *por meio* dela.

Assim, a cidade é cada vez mais concebida como meio principal de travar guerras tanto para atores estatais quanto não estatais.

Muitos exemplos recentes demonstram como, com o intuito de projetar e ampliar enormemente o poder de sua violência política, atores não estatais ganham boa parte de seu poder se apropriando da infraestrutura técnica necessária para a vida urbana, moderna e globalizada. Insurgentes usam a infraestrutura da cidade para atacar Nova York, Londres, Madri ou Mumbai. Eles cortam redes elétricas, oleodutos ou sistemas de telefonia móvel no Iraque, na Nigéria e em outros lugares. Somalis que sequestram sistematicamente em rotas marítimas globais chegaram até a usar espiões na corretagem marítima de

---

[21] Ver Stefan Kipfer e Kanishka Goonewardena, "Colonization and the New Imperialism", cit.

Londres para obter informações privilegiadas para seus ataques. Ao fazer isso, esses atores conseguem subsistir com as armas mais básicas, transformando aviões de carreira, trens do metrô, carros, celulares, eletricidade e redes de comunicação ou pequenas embarcações em dispositivos letais.

No entanto, essas ameaças de terrorismo infraestrutural, ainda que bastante reais, mostram-se pálidas se comparadas aos esforços muito menos visíveis das Forças Armadas estatais direcionados a infraestruturas urbanas fundamentais. Por exemplo, as forças estado-unidenses e israelenses trabalham de modo sistemático para "desmodernizar" sociedades urbanas inteiras por meio da destruição da infraestrutura de Gaza, da Cisjordânia, do Líbano e do Iraque desde 1991. Governos substituíram a guerra total contra cidades pela destruição sistemática do abastecimento de água e eletricidade com armas – como bombas que dispersam bobinas de fios de grafite para provocar curtos-circuitos em estações de eletricidade – desenvolvidas especialmente para essa função.

Apesar de serem divulgadas para a mídia como um modo de exercer pressão política inexorável sobre regimes adversários, tais formas de guerra supostamente humanitárias acabam matando os membros mais vulneráveis da sociedade com tanta eficácia quanto o bombardeio de saturação, mas longe do olhar atento das câmeras. Esses ataques se desenvolvem por meio da geração deliberada de crises de saúde pública em sociedades altamente urbanizadas nas quais não há alternativas para o fornecimento moderno de água, tratamento de esgoto, eletricidade ou de medicamentos e alimentos.

O devastador cerco israelense a Gaza desde que o Hamas foi eleito em 2006 é um exemplo de peso. Ele transformou um denso corredor urbano, com 1,5 milhão de pessoas espremidas em uma área do tamanho da ilha de Wight, em um grande campo prisional. Dentro desses limites, a morte dos mais fracos, dos idosos, dos jovens e dos enfermos é invisível para o mundo externo. Os indivíduos mais fortes são forçados a viver algo semelhante ao que Giorgio Agamben chamou de "vida nua" – uma existência biológica que pode ser sacrificada a qualquer momento por um poder colonial que se reserva o direito de matar impunemente, mas recusa qualquer responsabilidade moral, política e humana sobre a população[22].

---

[22] Ver Giorgio Agamben, *Homo Sacer: Sovereign Power and Bare Life* (Stanford, Stanford University Press, 1998) [ed. bras.: *Homo sacer: o poder sobernano e a vida nua*, trad. Henrique Burigo, Belo Horizonte, Editora UFMG, 2010].

Cada vez mais, os objetivos de uma guerra infraestrutural formal, como meio de coerção política, se fundem por completo com a estrutura de competição econômica e a geopolítica de energia. A Rússia renascida, por exemplo, ganha boa parte de seu poder estratégico na atualidade não de seus movimentos militares formais, mas de suas contínuas ameaças de cortar subitamente o fornecimento de energia das cidades europeias.

Soldados-cidadãos

O quinto elemento-chave do novo urbanismo militar é a maneira como suas reivindicações de legitimidade estão imiscuídas a filões militarizados da cultura popular, urbana, eletrônica e material. Com muita frequência, por exemplo, as tarefas militares de rastrear, vigiar e ter como alvo não requerem sistemas tecnológicos inteiramente novos. Em vez disso, elas apenas se apropriam dos sistemas que operam em cidades para manter os meios mais recentes de viagem e consumo digitalmente organizados. Assim, como no centro de Londres, áreas de congestionamento logo se transformam em zonas de segurança. Interações e transações via internet fornecem a base para a mineração de dados em um esforço para revelar comportamentos supostamente ameaçadores. Sonhos de carros inteligentes ajudam a dar vida a sistemas de armamentos robóticos. Imagens de satélite e o GPS dão apoio a novos estilos de vida urbana civil com base nas mesmas estruturas da Força Aérea dos Estados Unidos que facilitam o bombardeio urbano "de precisão". E, como na nova iniciativa de segurança em Lower Manhattan, Nova York, câmeras de circuito interno de segurança desenvolvidas para fazer comerciantes se sentirem seguros são transformadas em sistemas de monitoramento "antiterroristas".

Talvez a série mais poderosa de cruzamentos civis-militares no cerne do novo urbanismo militar esteja sendo forjada nas culturas de entretenimento virtual e eletrônico e de grandes grupos midiáticos. Aqui, para tentar os recrutas habilidosos mais capazes de controlar os mais recentes *drones* e armas de alta tecnologia, o Exército estado-unidense produz alguns dos mais populares videogames de guerra urbana. Jogos de muito sucesso, como *America's Army*, do Exército, ou *Full Spectrum Warrior*, da Marinha dos Estados Unidos[23],

---

[23] Ver, por exemplo, <www.americasarmy.com>. Acesso em: 30 maio 2016.

permitem que os usuários matem terroristas em cidades fictícias e orientalizadas utilizando estruturas baseadas diretamente naquelas dos sistemas de treinamento das próprias Forças Armadas estado-unidenses. Para fechar o ciclo entre entretenimento virtual e assassinatos remotos, painéis de controle dos sistemas de armas norte-americanos mais recentes – como as mais modernas estações de controle para pilotos dos *drones* armados Predator, fabricados pelos nossos velhos amigos da Raytheon – agora imitam os consoles do PlayStation, que, afinal, são muito familiares para os soldados.

Um último circuito vital de militarização conectando a cultura popular urbana nas cidades nacionais à violência colonial em cidades ocupadas se concentra na bem estabelecida, mas cada vez mais intensa, militarização da cultura do automóvel. O símbolo mais poderoso disso é a popularidade do explicitamente militar Sports Utility Vehicle, ou SUV, um fenômeno notável nos Estados Unidos. A ascensão e queda do Hummer é um exemplo especialmente marcante. Como veremos, veículos para guerra urbana das Forças Armadas estado-unidenses foram convertidos em veículos civis hiperagressivos, comercializados como a personificação patriótica da Guerra ao Terror. SUVs modificados para civis, por sua vez, foram o veículo escolhido pelos mercenários da Blackwater nas ruas do Iraque, bem como o foco recente das campanhas de recrutamento norte-americanas voltadas para minorias étnicas urbanas. Além disso, tendências experimentais em direção a carros civis computadorizados se misturam intensamente com os impacientes esforços militares dos Estados Unidos de construir veículos de solo totalmente robotizados voltados para a guerra urbana. Claro, todas essas conexões se relacionam com as inseguranças e a violência perpetuadas pelo desregramento petrolífero norte-americano, que está forçando as Forças Armadas dos Estados Unidos a uma corrida espalhafatosa pelo acesso e controle de reservas e estoques em rápida diminuição.

Objetivos

Esse é o contexto em que *Cidades sitiadas* pretende apresentar uma ampla exploração e crítica dos contornos do novo urbanismo militar. Ao contrário dos debates convencionais dentro da política internacional, da ciência política e da história, esta obra não vê os espaços, a infraestrutura e os aspectos culturais da vida na cidade como mero pano de fundo para a imaginação e a propagação da violência ou da construção da "segurança".

Introdução – "Alvo interceptado..." • 43

Em vez disso, considera que a maneira como as cidades e os espaços urbanos são produzidos e reestruturados de fato ajuda a formar essas estratégias e fantasias, além de seus efeitos (e vice-versa).

Para que isso seja alcançado, *Cidades sitiadas*, de modo proposital, trabalha com uma gama atipicamente vasta de escalas geográficas. O livro enfatiza como o novo urbanismo militar opera estabelecendo a vida urbana tanto nos centros metropolitanos do Ocidente quanto nas cidades em desenvolvimento das fronteiras coloniais do Sul global. Ademais, ele revela como isso é feito por meio de processos e conexões que exigem a observação simultânea dos âmbitos transnacional, nacionais, urbanos e pessoais[24].

Esta obra tem como objetivo, em particular, unir dois discursos bastante diferentes e, em geral, distantes sobre as cidades e a vida urbana: o debate cada vez maior dentro dos estudos sobre segurança e política internacional sobre a urbanização da segurança; e os debates em geral mais críticos dentro do urbanismo, da geografia, da arquitetura, da antropologia e dos estudos culturais sobre como essas mudanças estão desafiando a política das cidades e da vida urbana em uma época de rápida urbanização.

A escrita deste livro foi motivada em parte pela falta de uma análise acessível e crítica que explorasse como o imperialismo ressurgente e as geografias coloniais características da era contemporânea conectam, de maneira umbilical, cidades nos centros metropolitanos e nas periferias coloniais[25]. Tal negligência é resultado da rígida divisão do trabalho dentro da academia. Isso significa que, em termos mais amplos, pesquisadores de política externa, dos assuntos militares, do direito e de relações internacionais têm se ocupado da tarefa de abordar as novas guerras imperiais na escala internacional. Ao mesmo tempo, um corpo totalmente separado de acadêmicos nas áreas de urbanismo, direito e ciências sociais têm trabalhado para explorar as novas políticas das cidades ocidentais que envolvem a mobilização da segurança nacional nas escalas urbana e nacional dentro das nações do Ocidente. Mas esses debates se mantiveram teimosamente afastados por suas diferenças de tradição teórica, e pelas orientações geográficas e escalares de ambas.

---

[24] Ver Michael Peter Smith, *Transnational Urbanism: Locating Globalization* (Nova York, Blackwell, 2001).

[25] Ver Derek Gregory, *The Colonial Present*, cit.

44 • Cidades sitiadas

Essa falha analítica em parte se explica pela maneira como investigações dominantes, conservadoras e realistas sobre a ligação entre globalização e segurança dividem a realidade contemporânea entre a civilização "doméstica" do Norte rico e moderno e a civilização distinta do Sul, caracterizada em grande parte pelo atraso, pelo perigo, pela patologia e pela anarquia[26]. De fato, como veremos, essas visões maniqueístas do mundo são, em si mesmas, uma força motriz do novo urbanismo militar. Tais perspectivas tendem a demonizar um Sul orientalizado como a fonte de toda a insegurança contemporânea. Elas também trabalham ativamente para negar as maneiras pelas quais a vida urbana e econômica do Norte global depende fundamentalmente de vínculos com o Sul pós-colonial – e, em alguns casos, neocolonial – e é formada por eles. No processo, esses discursos têm um papel-chave na produção da violência simbólica necessária para permitir que os Estados lancem mão da guerra e da violência de fato.

Além do mais, a obsessão com as rivalidades geopolíticas dos Estados--nação ou dos movimentos não estatais transnacionais faz com que essas perspectivas realistas e conservadoras ignorem por completo como as cidades e os processos de urbanização também oferecem formas territoriais fundamentais de dominação, hiperdesigualdade e insegurança e ajudam a propagar a violência. "Um dos determinantes fundamentais da experiência moderna pode ser encontrado na maneira como o imperialismo mascara e esconde a natureza do sistema", escreveu o teórico da cultura Fredric Jameson em 2003. "Em primeiro lugar, os poderes imperiais do antigo sistema não querem saber nem de suas colônias nem da violência e da exploração que constituem a base de sua prosperidade"[27].

Talvez surpreendentemente, as disciplinas acadêmicas que em tese lidam com questões urbanas estejam, elas mesmas, lutando para superar o legado de suas próprias histórias coloniais, o que inibe dramaticamente sua habilidade de compreender o novo urbanismo militar. A visão maniqueísta que

---

[26] Os textos de Robert Kaplan são exemplos fundamentais aqui. Ver "The Coming Anarchy", *Atlantic Monthly*, fev. 1994; *The Coming Anarchy: Shattering the Dreams of the Post-Cold War World* (Nova York, Random House, 2000) [ed. bras.: *À beira da anarquia: destruindo os sonhos da era pós-Guerra Fria*, trad. Bazán Tecnologia e Linguística, São Paulo, Futura, 2000].

[27] Fredric Jameson, "The End of Temporality", *Critical Inquiry*, v. 29, n. 4, 2003, p. 700, citado em Stefan Kipfer e Kanishka Goonewardena, "Colonization and the New Imperialism", cit.

caracteriza os textos conservadores sobre globalização também é perceptível no trabalho de muitos teóricos do espaço urbano. Em especial, o conceito de um mundo repartido em duas zonas hermeticamente fechadas – cidades "desenvolvidas", que são estudadas pela geografia urbana ou pela sociologia, e cidades "em desenvolvimento", estudadas pelos "estudos do desenvolvimento" – continua sendo impressionantemente difundido.

Isso significa que, com muita frequência, cidades no Ocidente e no chamado mundo em desenvolvimento se mantêm artificialmente separadas, com a atenção teórica esmagadoramente voltada para as primeiras. Isso faz com que cidades em expansão centrais do Sul sejam caracterizadas como um mero "outro", externo à cultura ocidental, um status que praticamente impossibilita que os teóricos compreendam como os dois tipos de cidade se constituem mutuamente dentro das geografias imperial, neocolonial ou pós-colonial[28].

O campo dos estudos urbanos tem sido especialmente lento em abordar o papel central das cidades no novo imperialismo – o ressurgimento de um militarismo agressivo, colonial, voltado para a apropriação violenta de terras e recursos do Sul[29]. De fato, hoje em dia as prósperas cidades do Norte são muitas vezes idealizadas por analistas e teóricos liberais como centros de migração e laboratórios de integração cosmopolita, características consideradas tão vitais para seus futuros econômicos de alta tecnologia quanto as conexões-chave da "economia do conhecimento global". Essa integração é vista por influentes gurus de políticas urbanas, como Richard Florida, como um motor vital de criatividade econômica dentro do capitalismo tecnologicamente avançado[30].

No entanto, essas perspectivas ignoram sistematicamente a maneira como as cidades globais do Norte costumam funcionar como parasitas econômicos ou ecológicos, pilhando o Sul, se apropriando de modo violento de energia, água, terras e recursos minerais, dependendo de condições de trabalho exploradoras em locais distantes, desencadeando processos de mudança

---

[28] Jenny Robinson, "Cities Between Modernity and Development"; artigo apresentado no encontro anual da Associação de Geógrafos Americanos, 2003, Nova Orleans, não publicado. Ver também, da mesma autora, *Ordinary Cities* (Londres, Routledge, 2006).

[29] Ver Kanishka Goonewardena e Stefan Kipfer, "Postcolonial Urbicide: New Imperialism, Global Cities and the Damned of the Earth", *New Formations*, v. 59, 2006, p. 23-33.

[30] Ver Richard Florida, *The Rise of the Creative Class* (Nova York, Basic Books, 2002).

46 • Cidades sitiadas

climática nocivos e gerando um fluxo em geral altamente prejudicial de turismo e resíduos. São ainda menos reconhecidas as maneiras como as cidades globais do Norte atuam como os principais locais de obtenção de fundos e orquestração do controle do mundo em desenvolvimento, o que está no cerne da extensão do capitalismo neoliberal[31]. As maneiras pelas quais as cidades ricas do mundo do capitalismo avançado se beneficiam da violência "urbicida", que tem como alvo deliberado as geografias urbanas do Sul global para sustentar a acumulação de capital, mal foram observadas. *Cidades sitiadas* é uma tentativa de reparar essa situação[32].

Estrutura da obra

Cidades sitiadas compreende três capítulos amplos e temáticos, seguidos por seis estudos de caso expandidos. O primeiro capítulo temático se debruça sobre como a guerra, a violência política e os imaginários militares e de segurança estão readentrando as cidades atualmente. Esse acontecimento sucede um longo período em que o pensamento militarista ocidental estava preocupado com o planejamento das interações nucleares pelo mundo entre superpotências ou enormes operações com tanques por áreas rurais. O capítulo também examina como a mais recente doutrina militar e de segurança está agindo para colonizar os ambientes cotidianos das conurbações modernas.

O capítulo 2 parte para um olhar sobre como os vários bastiões da direita política atuam cada vez mais para demonizar cidades como locais intrinsecamente ameaçadores ou problemáticos que requerem violência política, controle militarizado ou securitização radical. No capítulo 3, detalho as características específicas do novo urbanismo militar e uso algumas das pesquisas mais recentes nas ciências sociais para destacar características-chave da interpenetração cada vez mais profunda entre urbanismo e militarismo.

---

[31] Ver, por exemplo, Saskia Sassen, *The Global City*, (2. ed., Nova York/Londres/Tóquio/Princeton, Princeton University Press, 2002); Peter Taylor, *World City Network: A Global Urban Analysis* (Londres, Routledge, 2003).

[32] Para uma excelente discussão sobre isso, ver Stefan Kipfer e Kanishka Goonewardena, "Colonization and the New Imperialism", cit.; e, dos mesmos autores, "Postcolonial Urbicide", cit.

Os seis estudos de caso que se seguem abordam os circuitos através dos quais o novo urbanismo militar conecta a vida urbana no Ocidente com a existência nas fronteiras coloniais. Os três primeiros tratam, respectivamente: da proliferação de fronteiras e de sistemas de monitoramento na trama da vida urbana; das ambições das Forças Armadas dos Estados Unidos em relação a guerras urbanas e operações de contrainsurgência baseadas no uso de robôs armados, e das conexões entre entretenimento, simulação e a violência imperial e militar dos Estados Unidos. Os três capítulos finais exploram a difusão da tecnologia e da doutrina israelenses na guerra e na securitização urbanas; os elos entre a infraestrutura urbana e a violência política contemporânea; e as maneiras como a cultura dos SUVs, ou veículos esportivos utilitários, está incrustada em um cenário geopolítico e político-econômico que conecta cidades e espaços coloniais e domésticos.

Existem maneiras de desafiar as ideologias, as táticas e as tecnologias do novo urbanismo militar e defender e rejuvenescer visões democráticas e não militarizadas da existência urbana moderna. E é para essas possibilidades positivas que me volto no capítulo final, para uma variedade de ativistas, artistas e movimentos sociais "contrageográficos", cada qual buscando desafiar a violência urbana, como constituída atualmente, de diferentes maneiras e tentando mobilizar conceitos radicais de segurança como base para novos movimentos políticos. Em vez de maquinações de Estados de segurança nacional, esses novos movimentos devem se concentrar nas bases humanas, urbanas e ecológicas da segurança, em um mundo de crises crescentes de alimentos, água e ambiente, cidades em florescimento, rápida mudança climática e do nível do mar e combustíveis fósseis em rápida diminuição.

1
A GUERRA VOLTA À CIDADE

Planeta urbano

No despertar do século XX, uma em cada dez das 1,8 bilhão de pessoas da Terra viviam em cidades – uma proporção sem precedentes, ainda que a humanidade se mantivesse esmagadoramente rural e agrícola. Uma mísera fração da população urbana, em sua grande maioria localizada nas efervescentes metrópoles do Norte global, orquestrava os assuntos industriais, comerciais e governamentais de um mundo colonial cada vez mais interconectado. Enquanto isso, nas nações colonizadas, as populações urbanas se mantiveram relativamente pequenas, concentradas nos entrepostos e nas capitais provinciais: "As populações urbanas dos impérios britânico, francês, belga e holandês no zênite eduardiano provavelmente não passavam de 3% a 5% da humanidade colonizada", escreveu Mike Davis[1]. Isso posto, a população urbana do mundo em 1900 – algo como 180 milhões de almas – somava não mais do que a população total das dez maiores cidades do mundo em 2007.

No decorrer do meio século seguinte, a populaçao da Terra cresceu de maneira constante, mas não espetacular, chegando a 2,3 bilhões de pessoas em 1950. Apesar de ter quase triplicado, atingindo mais de 500 milhões de pessoas, a população urbana ainda compunha menos de 30% do total. No entanto, os eventos do meio século seguinte foram surpreendentes: o maior movimento de massa combinado com a maior explosão demográfica na história humana. Entre 1957 e 2007, a população urbana do mundo quadruplicou. Em 2007, metade dos 6,7 bilhões de pessoas do mundo podia ser

---

[1] Mike Davis, "The Urbanization of Empire: Megacities and the Laws of Chaos", *Social Text*, v. 22, n. 4, 2004, p. 4.

classificada como citadina. De uma hora para outra, o *Homo sapiens* tinha se tornado uma espécie predominantemente urbana. As cidades do mundo tinham levado quase 10 mil anos – de 8000 a.C. até 1960 – para abrigarem o primeiro bilhão de urbanoides; então, em meros quinze anos esse número aumenta de 3 bilhões para 4 bilhões[2]. Daca, capital de Bangladesh, uma cidade de 400 mil habitantes em 1950, terá inchado e se tornado uma área metropolitana de cerca de 22 milhões de habitantes em 2025 – um aumento de cinquenta vezes em menos de 75 anos. Considerando a densidade demográfica das cidades, mais da metade da humanidade está atualmente espremida em apenas 2,8% da superfície de terra firme do nosso planeta, e o aperto está aumentando a cada dia[3].

Conforme avançamos para o que tem sido chamado de "século urbano", parece não haver fim para essa urbanização apressada do nosso mundo. Em 2007, 1,2 milhão de pessoas somaram-se à população urbana mundial toda semana. Em 2025, de acordo com estimativas recentes, facilmente poderá haver 5 bilhões de urbanoides, dois terços dos quais viverão em nações "em desenvolvimento". Em 2030, a Ásia, sozinha, vai ter 2,7 bilhões de citadinos; as cidades da Terra estarão abarrotadas, com 2 bilhões de pessoas a mais do que acomodam hoje. Vinte anos mais adiante, em 2050, 75% dos estimados 9,2 bilhões de habitantes do mundo provavelmente vão viver em cidades[4].

Em outras palavras, em pouco mais de quatro décadas a Terra vai acomodar 7 bilhões de habitantes urbanos – 4 bilhões a mais do que em 2007. A maioria esmagadora deles estará em cidades em franco desenvolvimento e em megacidades da Ásia, da África e da América Latina. É claro que muitas cidades em nações desenvolvidas ainda estarão crescendo, mas esse crescimento será tímido se comparado com a explosão urbana do Sul global.

---

[2] Humansecurity-cities.org., "Human Security for an Urban Century", Vancouver, 2004, p. 9, disponível em: <humansecuritycities.org>. [Esse link, originalmente consultado pelo autor, não está mais acessível. O texto, no entanto, encontra-se disponível em: <https://docs.unocha.org/sites/dms/HSU/human_security_for_an_urban_century%20South%20America%20(1).pdf>. Acesso em: 3 jun. 2016. – N. E.]

[3] William M. Reilly, "Urban Populations Booming", *TerraDaily.com*, 27 jun. 2007. Disponível em: <www.terradaily.com/reports/Urban_Populations_Booming_999.html>. Acesso em: 30 mar. 2016.

[4] UN-Habitat, *State of the Worlds Cities 2006/7* (Nairóbi, UN-Habitat, 2007), p. 4.

Enquanto centros de gravidade demográficos, políticos, econômicos e talvez tecnológicos emergirem no Sul, enormes mudanças demográficas e econômicas inevitavelmente vão continuar. Num passado tão recente quanto 1980, treze das trinta maiores cidades do mundo ficavam no "mundo desenvolvido"; em 2010, esse número tinha diminuído para oito. Em 2050, é provável que apenas algumas das trinta principais megacidades estejam localizadas nas antigas nações "desenvolvidas" (Figura 1.1).

	1980		1990		2000		2010	
1	Tóquio	21,9	Tóquio	25,1	Tóquio	26,4	Tóquio	26,4
2	Nova York	15,6	Nova York	16,1	Cidade do México	18,1	Bombaim*	23,6
3	Cidade do México	13,9	Cidade do México	15,1	Bombaim*	18,1	Lagos	20,2
4	São Paulo	12,5	São Paulo	15,1	São Paulo	17,8	São Paulo	19,7
5	Xangai	11,7	Xangai	13,3	Nova York	16,6	Cidade do México	18,7
6	Osaka	10,0	Bombaim	12,2	Lagos	13,4	Daca	18,4
7	Buenos Aires	9,9	Los Angeles	11,5	Los Angeles	13,1	Nova York	17,2
8	Los Angeles	9,5	Buenos Aires	11,2	Calcutá	12,9	Karachi	16,6
9	Calcutá	9,0	Osaka	11,0	Xangai	12,9	Calcutá*	15,6
10	Pequim	9,0	Calcutá	10,9	Buenos Aires	12,6	Jacarta	15,3
11	Paris	8,9	Pequim	10,8	Daca	12,3	Délhi	15,1
12	Rio de Janeiro	8,7	Seul	10,5	Karachi	11,8	Los Angeles	13,9
13	Seul	8,3	Rio de Janeiro	9,7	Délhi	11,7	Grande Manila	13,9
14	Moscou	8,1	Paris	9,3	Jacarta	11,0	Buenos Aires	13,7
15	Bombaim	8,1	Moscou	9,0	Osaka	11,0	Xangai	13,7
16	Londres	7,7	Tianjin	8,8	Grande Manila	10,9	Cairo	12,7
17	Tianjin	7,3	Cairo	8,6	Pequim	10,8	Istambul	11,8
18	Cairo	6,9	Délhi	8,2	Rio de Janeiro	10,6	Pequim	11,5
19	Chicago	6,8	Grande Manila	8,0	Cairo	10,6	Rio de Janeiro	11,5
20	Essen	6,3	Karachi	7,9	Seul	9,9	Osaka	11,0
21	Jacarta	6,0	Lagos	7,7	Paris	9,6	Tianjin	10,0
22	Grande Manila	6,0	Londres	7,7	Istambul	9,5	Seul	9,9
23	Délhi	5,6	Jacarta	7,7	Moscou	9,3	Paris	9,7
24	Milão	5,3	Chicago	6,8	Tianjin	9,2	Hyderabad	9,4
25	Teerã	5,1	Daca	6,6	Londres	7,6	Moscou	9,4

1980		1990		2000		2010	
26	Karachi	5,0	Istambul	6.5	Lima	7,4	Bangcoc	9,0
27	Bangcoc	4,37	Teerã	6.4	Bangcoc	7,3	Lima	8,8
28	São Petersburgo	4,6	Essen	6,4	Teerã	7,2	Lahore	8,6
29	Hong Kong	4,6	Bangcoc	5,9	Chicago	7,0	Madras*	8,2
30	Lima	4,4	Lima	5,8	Hong Kong	6,9	Teerã	8,1

1.1 As trinta maiores cidades do mundo em 1980, 1990, 2000 e 2010 (projeção). A tabela ilustra o crescente predomínio de "megacidades" no Sul global.

* Bombaim passou a se chamar Mumbai em 1995; Calcultá passou a se chamar Kolkata em 2001; e Madras passou a se chamar Chennai em 1996. Porém, para efeito de comparação, mantivemos os antigos nomes em todas as colunas. (N. E.)

Mundo polarizado

Estamos descobrindo o que países de todo o mundo em desenvolvimento viveram no decorrer de três décadas: economias neoliberais instáveis e injustas levam a níveis inaceitáveis de ruptura social e privações que só podem ser contidas por uma repressão brutal.[5]

A rápida urbanização do mundo importa muito. Como a ONU declarou, "a maneira como as cidades se expandem e se organizam, tanto no mundo desenvolvido quanto no em desenvolvimento, vai ser decisiva para a humanidade"[6].

Enquanto cidades de relativa igualdade, como as da Europa ocidental continental, tendem a oferecer uma sensação de segurança, sociedades altamente desiguais são, com frequência, marcadas pelo medo, por altos níveis de crime e violência e pela militarização cada vez mais intensa. O predomínio de modelos neoliberais de administração nas últimas três décadas, combinado com a difusão de modelos punitivos e autoritários de policiamento e controle social, exacerbou as desigualdades urbanas. Como resultado, os pobres da cidade são muitas vezes confrontados com

---

[5] Madeleine Bunting, "Faith. Belief. Trust. This Economic Orthodoxy Was Built on Superstition", *The Guardian*, Londres, 6 out. 2008.

[6] Fundo de População das Nações Unidas (UNFPA), *The State of World Population 2007: Unleashing the Potential of Urban Growth* (Nova York, UNFPA, Rensslaer Polytechnic Institute, 2007).

redução nos serviços públicos, de um lado, e uma palpável demonização e criminalização, do outro.

O neoliberalismo – a reorganização das sociedades pela imposição disseminada de relações de mercado – fornece a atual ordem econômica dominante, ainda que aturdida pela crise[7]. Nesse contexto, as sociedades tendem a vender os bens públicos (sejam companhias de serviços públicos, sejam espaços públicos) e abrem os mercados domésticos para o capital estrangeiro. Estratégias de mercado para a distribuição de serviços públicos prejudicam e suplantam programas sociais, de saúde e bem-estar social[8].

Uma expansão extraordinária de instrumentos financeiros e mecanismos especulativos também é fundamental para o neoliberalismo. Todas as áreas da sociedade se tornam mercantilizadas e financeirizadas. Tanto Estados quanto consumidores acumulam dívidas financeiras drásticas, securitizadas por instrumentos arcanos das bolsas de valores globais. Em 2006, pouco antes do início da crise financeira global, mercados financeiros negociavam mais em um mês do que o produto interno bruto anual do mundo todo[9].

Na prática, os tão alardeados axiomas econômicos de "privatização", "ajuste estrutural" e o "Consenso de Washington" camuflam transformações preocupantes. Eles funcionam como eufemismo para o que Gene Ray chamou de "coerções coordenadas de prisão dos devedores globais, para a pulverização da mão de obra local e das proteções ambientais, e para escancarar todos os mercados para as operações não reguladas do capital financeiro"[10]. A riqueza foi arrancada das economias pobres e vulneráveis pelas predações flagrantes do capital global, organizadas a partir de umas poucas megacidades do Norte. Políticas de ajuste estrutural (SAPs, na sigla em inglês) impostas às nações pobres do mundo pelo Fundo Monetário Internacional (FMI) e pelo Banco Mundial entre o fim da década de 1970 e

---

[7] Ver Michael Pryke, "City Rhythms: Neoliberalism and the Developing World", em John Allen, Doreen Massey e Michael Pryke (orgs.), *Unsettling Cities* (Londres, Routledge, 1999), p. 229-70.

[8] Chris Wright e Samantha Alvarez, "Expropriate, Accumulate, Financialise", *Mute Magazine*, 10 maio 2007. Disponível em: <www.metamute.org>. Acesso em: 1º abr. 2016.

[9] Randy Martin, "Where Did The Future Go?", *Logos*, v. 5, n. 1, 2006.

[10] Gene Ray, "Tactical Media and the End of the End of History", *Afterimage*, v. 34, n. 1-2, 2006.

54 • Cidades sitiadas

o fim da de 1990 reorganizaram economias ignorando questões de bem-estar social e segurança humana. O resultado foi uma ruptura enorme, insegurança disseminada e um processo de urbanização gigantesco e informal. Condições deteriorantes em áreas agrícolas cada vez mais mercantilizadas – muitas vezes combinadas com a remoção forçada de sistemas de bem-estar social sob as restrições das políticas de ajuste estrutural[11] – forçaram muitas pessoas a migrar para a cidade.

Então, invariavelmente, "liberalização" tem significado um colapso nas oportunidades de emprego formal para populações urbanas marginais; um enfraquecimento das redes de segurança fiscal, social e médica, dos sistemas de saúde pública, das companhias de serviços públicas e dos serviços educacionais; e um gigantesco crescimento tanto do débito dos consumidores quando do setor informal das economias. Esses regimes fiscais e de débito com frequência tenderam a, nas palavras de Mike Davis, "dilapidar as finanças públicas de países em desenvolvimento e sufocar novos investimentos em moradia e infraestrutura". Assim, as políticas de ajuste estrutural funcionaram em muitos casos para "dizimar o funcionalismo público, destruir as indústrias de substituições de importação e deslocar dezenas de milhares de produtores rurais incapazes de competir com o agrocapitalismo altamente subsidiado dos países ricos"[12].

Tais processos têm sido uma força motriz fundamental por trás do aumento da desigualdade nas últimas três décadas. No mundo todo, fissuras sociais e polarização extrema – intensificadas pela disseminação global do capitalismo neoliberal e do fundamentalismo de mercado – tendem a se concentrar de modo mais visível e denso em cidades em desenvolvimento. A paisagem urbana está hoje povoada por alguns indivíduos abastados, uma classe média muitas vezes precária e uma massa de párias. Em quase toda parte, ao que parece, a riqueza, o poder e os recursos estão se tornando mais e mais concentrados nas mãos dos ricos e super-ricos, que se isolam cada vez mais em casulos urbanos murados e implantam seus próprios sistemas de segurança ou forças paramilitares para as tarefas de imposição de limites e controle de acesso. "Em muitas cidades mundo afora, riqueza e pobreza

---

[11] Ver Nigel Harris e Ida Fabricius (orgs.), *Cities and Structural Adjustment* (Londres, University College London Press, 1996).

[12] Mike Davis, "The Urbanization of Empire", cit., p. 2.

coexistem com muita proximidade", escreveu Anna Tibaijuk, diretora do Programa de Habitação da ONU (UN-Habitat), em 2008.

> Bairros ricos e bem cuidados e condomínios residenciais fechados muitas vezes estão localizados perto de favelas do centro ou da periferia que carecem dos serviços mais básicos. [A divisão muitas vezes é] claramente marcada por cercas elétricas e muros altos, com frequência patrulhados por empresas de segurança privada armada dotadas de cães assassinos.[13]

Essas tendências têm duas dimensões relacionadas. Por um lado, o neoliberalismo global acentuou desigualdades já escancaradas entre as nações ricas e as pobres. Quanto mais os mercados, bolhas especulativas e fusões aumentam o poder monopolístico do capital dominante, parcelas cada vez maiores de riqueza se acumulam nas mãos de um número cada vez menor de pessoas e nos enclaves urbanos em que elas se concentram. "O hiato entre a renda dos países mais pobres e a dos mais ricos continua aumentando", confirmam as Nações Unidas. "Em 1960, os 20% dos habitantes do mundo nos países mais ricos tinham trinta vezes a renda dos 20% nos países mais pobres; em 1997, 74 vezes"[14].

Até os economistas do Banco Mundial viram com preocupação, em 2002, que "o 1% mais rico do mundo tem tanta renda quanto os 57% mais pobres"[15]. Espantosamente, em 1988, os 5% mais ricos da população mundial tinham uma renda média 78 vezes maior do que os 5% mais pobres; apenas cinco anos depois, isso tinha aumentado para um múltiplo de 114. Ao mesmo tempo, os 5% mais pobres da população mundial na verdade se tornaram mais pobres, perdendo efetivamente um quarto de sua renda real[16].

Estima-se que, em 2006, 10,1 milhões de indivíduos mundo afora tinham um patrimônio líquido de mais de US$ 1 milhão, excluindo o valor de seus domicílios. Isso representou um aumento de 6% em relação

---

[13] Citada em UN-Habitat, "UN-Habitat Unveils State of the World's Cities Report", 23 out. 2008. Disponível em: <www.unhabitat.org>. Acesso em: 1º abr. 2016.

[14] Projeto de Desenvolvimento das Nações Unidas, *Human Development Report 1999* (Nova York, ONU, 1999), p. 36.

[15] Branco Milanovic, "True World Income Distribution, 1988 and 1993: First Calculations Based on Household Surveys Alone", *The Economic Journal*, v. 112, jan. 2002, p. 88.

[16] Ibidem, p. 51-92.

ao ano anterior. Cada indivíduo dentro desse grupo de elite tinha ativos que somavam, em média, mais de US$ 4 milhões. Essa "classe capitalista transnacional" hoje compõe o que os pesquisadores do Citigroup chamaram de "força motriz dominante da demanda" em muitas economias contemporâneas. Ela atua para ficar com "a nata das ondas de produtividade e dos monopólios de tecnologia, para depois gastar [...] suas parcelas cada vez maiores da riqueza nacional o mais rápido possível em produtos e serviços de luxo"[17]. No processo, gera enormes pegadas ecológicas e de carbono. Enquanto isso, em meio ao turbilhão do colapso dos sistemas financeiros, "a maior parte do mundo observa o grande banquete pela televisão"[18].

Por outro lado, e não é nenhuma surpresa, as desigualdades sociais também estão aumentando com rapidez no interior de nações, regiões e cidades. Muitos economistas concordariam com Giovanni Andrea Cornia quando ele diz que "a maior parte da onda recente de polarização de renda [dentro das nações] parece estar relacionada à tendência política em direção à desregulamentação doméstica e liberalização externa"[19]. Isso tendeu a concentrar riqueza em classes sociais, corporações e locais capazes de lucrar com a privatização e a extensão de capital financeiro, enquanto prejudicou salários, o patrimônio e a segurança de indivíduos e lugares mais marginalizados.

Nos Estados Unidos, por exemplo, o coeficiente de Gini – a melhor medida de desigualdade social – aumentou do nível já alto de 0,394 em 1970 para 0,462 em 2000. (Um índice 0 indica igualdade perfeita, em que todos têm a mesma renda; um resultado igual a 1 representa uma desigualdade perfeita, em que uma pessoa arrecada toda a renda e todos os demais têm renda zero. Acima de 0,3 implica uma sociedade extremamente desigual.) Assim, a polarização social nos Estados Unidos é hoje em dia excedida apenas por alguns países muito pobres da África e da América Latina[20].

Em 2007, a renda do um quinto mais rico da população estado-unidense estava calculada em US$ 168.170 por ano, enquanto o um quinto mais

---

[17] As duas citações vêm de: Mike Davis e Daniel Bertrand Monk (orgs.), *Evil Paradises: Dreamworlds of Neoliberalism* (Nova York, New Press, 2007), p. xi-xii.

[18] Ibidem, p. xiii.

[19] Giovanni Andrea Cornia, "The Impact of Liberalisation and Globalisation on Within-country Income Inequality", *CESifo Economic Studies*, v. 49, n. 4, 2003, p. 581.

[20] Pat Murphy, "Peak America – Is Our Time Up?", *New Solutions*, n. 7, 2005, p. 2. Disponível em: <www.communitysolution.org>. Acesso em: 30 mar. 2016.

pobre sobrevivia com uma média de US$ 11.352. Tem sido uma febre para algumas dúzias de super-ricos: os Estados Unidos tinham 51 bilionários em 2003 e 313 no ano seguinte[21]. "Nos Estados Unidos, essas concentrações extremas de riqueza são combinadas com níveis extraordinariamente altos de encarceramento entre os grupos mais pobres. Sendo a principal "democracia penal" do mundo[22], os Estados Unidos, com 5% da população do mundo, contavam com 24% do total mundial de prisioneiros (mais de 2 milhões de pessoas) em 2007[23].

Enquanto isso, o Reino Unido hoje é a nação mais polarizada da Europa ocidental com exceção da Itália. Sua desigualdade de renda – mais uma vez, medida pelo coeficiente de Gini – aumentou drasticamente desde o começo dos anos 1960, com a reforma da economia por uma radical rerregulamentação, privatização e neoliberalização. Para os 10% mais ricos da população do Reino Unido, as rendas aumentaram, em termos reais, em 68% entre 1979 e 1995. Sua renda coletiva hoje equivale à dos 70% mais pobres da nação. Durante o mesmo período, a renda domiciliar entre os 10% mais pobres do Reino Unido caiu efetivamente 8% (sem considerar os custos habitacionais). Isso rapidamente reverteu a redução da desigualdade alcançada durante o *boom* keynesiano no Reino Unido.

Considerando custos com habitação, os 10% mais ricos da nação aumentaram sua fatia de riqueza negociável do Reino Unido de 57% em 1976 para 71% em 2003. Ao mesmo tempo, de acordo com Phillip Blond, do jornal *The Independent*, "o capital especulativo que poderia ser alocado ou investido pelos 50% da base da população britânica caiu de 12% para apenas 1%"[24].

A imposição do fundamentalismo de mercado teve efeitos especialmente espetaculares no bloco ex-comunista Conselho para Assistência Econômica Mútua (Comecon, na sigla em inglês), depois do colapso do comunismo no fim dos anos 1980. Isso não só gerou um punhado de

---

[21] Holly Sklar, "Boom Time for Billionaires", *ZNet Commentary*, 15 out. 2004, citado em Henry Giroux, "The Conservative Assault on America: Cultural Politics, Education and the New Authoritarianism", *Cultural Politics*, v. 1, n. 2, p. 143.

[22] Joy James (org.), *Warfare in the American Homeland: Policing and Prison in a Penal Democracy* (Durham [NC], Duke University Press, 2007).

[23] Ashley Seager, "Development: US Fails to Measure Up on 'Human Index'", *The Guardian*, Londres, 17 jul. 2008.

[24] Phillip Blond, "Outside View: The End of Capitalism as We Know It?", *The Independent*, Londres, 23 mar. 2008.

58 • Cidades sitiadas

bilionários e oligarcas, mas, ao mesmo tempo, aumentou o número de pessoas vivendo na pobreza e na profunda insegurança: de 3 milhões em 1988 para 170 milhões em 2004[25].

Em termos globais, em 2007, bem mais do que um bilhão de pessoas – um terço de toda a população urbana – tinham uma existência muito precária em favelas e assentamentos informais de rápido crescimento[26]. Cada vez mais, o mundo em desenvolvimento está sendo dominado por populações empobrecidas de favelas cujas inseguranças diárias favoreçem a receptividade a ideologias e movimentos radicais violentamente antiocidentais. A maioria dos residentes de assentamentos informais leva uma vida especialmente precária porque constitui o que Mike Davis chama de "proletariado excluído": "Essa é uma massa da humanidade", escreveu ele, "estrutural e biologicamente redundante para o acúmulo global [de capital] e a matriz corporativa"[27]. Nem consumidores nem produtores, não integrados ao sistema corporativo dominante da globalização; em vez disso, eles tentam se beneficiar de modo indireto – por meio dos "mercados negros" e do trabalho informal – do centro urbano que literalmente cercam.

É bastante fácil para as elites políticas, corporativas ou militares retratarem os residentes de assentamentos informais como ameaças existenciais, até sub-humanas, à economia neoliberal "formal" e seu arquipélago de enclaves urbanos privilegiados de residência, produção, especulação, transporte e turismo. Em toda parte, as fronteiras urbanas entre os "interiores" e os "exteriores" da ordem econômica dominante do nosso planeta revelam espaços de militarização palpável, na medida em que forças de segurança estatais e corporativas tentam não apenas policiar, mas também, com frequência, lucrar com as relações entre os dois lados[28]. Favelas com frequência são demolidas por urbanistas estatais, forças policiais ou militares, seja para liberar a área para a modernização da infraestrutura ou para a especulação imobiliária, seja para lidar com supostas ameaças de crime ou doença, seja simplesmente para afastar as populações marginalizadas da vista dos enclaves.

---

[25] Mike Davis, "The Urbanization of Empire", cit., p. 12.

[26] Idem, *Planet of Slums* (Londres, Verso, 2006) [ed. bras.: *Planeta favela*, trad. Beatriz Medina, São Paulo, Boitempo, 2006].

[27] Mike Davis, "The Urbanization of Empire", cit., p. 11.

[28] Ver Loïc Wacquant, "The Militarization of Urban Marginality: Lessons from the Brazilian Metropolis", *International Political Sociology*, v. 2, n. 1, 2008, p. 56-74.

Está claro que, assim como políticas públicas, sociais e de saúde se provaram inadequadas para lidar com as inseguranças criadas por enormes assentamentos informais[29], as políticas e doutrinas de cumprimento das leis e os militares também estão mal preparados para lidar com o crescimento desses assentamentos. Esses lugares criam o que Mike Davis chama de "problemas únicos de ordem imperial e controle social que a geopolítica convencional mal começou a registrar". Ele faz a previsão solene de que "se o objetivo da guerra contra o terror for perseguir o inimigo dentro de seu labirinto sociológico e cultural, então as periferias pobres das cidades em desenvolvimento serão os campos de batalha permanentes do século XXI"[30].

Ao mesmo tempo, as políticas de segurança nacionais e internacionais se concentram em resguardar o arquipélago de enclaves urbanos em rápida fusão organizados por e para os mesmos grupos que mais se beneficiam da neoliberalização. Mesmo assim, os ancoradouros dos super-ricos são sempre frágeis, e essa classe emergente está na proa do desenraizamento transnacional. "As pessoas da 'camada superior' não aparentam pertencer ao local onde vivem", escreve Zygmunt Bauman. "Suas preocupações se assentam (ou flutuam) em outra parte"[31].

Ainda assim, determinadas cidades – em especial Londres – estão se transformando radicalmente, sendo redesenhadas como espaços primordiais para os *über*-ricos do mundo. Por meio de um urbanismo grandioso, outras cidades – notadamente Dubai – estão emergindo como a materialização supercarregada e hiper-real de extremos globais, com o objetivo principal de atrair os super-ricos para férias e talvez algo mais. Como escreveu Mike Davis, em Dubai as construtoras

> são convidadas a se conectar a *clusters* da alta tecnologia, zonas de entretenimento, ilhas artificiais, "montanhas de neve" cercadas por vidro, subúrbios no estilo de *O Show de Truman*, cidades dentro de cidades – o que quer que seja grande o bastante visto do espaço e esteja explodindo de esteroides arquitetônicos.[32]

---

[29] Ver Humansecurity-cities.org, *Human Security for an Urban Century*, cit., p. 9.

[30] Mike Davis, "The Urbanization of Empire", cit., p. 15.

[31] Zygmunt Bauman, *City of Fears, City of Hopes* (Londres, Goldsmiths College, University of London, New Cross, 2003), p. 16. Disponível em: <www.goldsmiths. ac.uk>. Acesso em: 30 mar. 2016.

[32] Mike Davis, "Sand, Fear and Money in Dubai", em Mike Davis e Daniel Bertrand Monk (orgs.), *Evil Paradises* (Nova York, New Press, 2007), p. 51.

Urbanismo do antigo militarismo

Olhando para as paisagens urbanas de Dubai, é fácil esquecer que muitas cidades do mundo surgiram, pelo menos em parte, como construções militares. A história da concepção, construção e ocupação dos espaços urbanos não pode ser contada sem levar em consideração o papel central deles como locais primordiais de poder e controle militar[33]. Nos tempos pré-modernos e no início da modernidade, cidades e cidades-Estado eram os agentes primários, bem como os principais alvos, da guerra. A pilhagem de cidades fortificadas, junto com o assassinato de seus habitantes, era o evento central da guerra[34]. Histórias em parte alegóricas desses atos compõem boa parte da Bíblia – em especial no Livro de Jeremias e no das Lamentações –, bem como outros textos antigos e clássicos. "Mitos de ruína urbana crescem da raiz da nossa cultura", afirma Marshall Berman[35].

Nos séculos XVI e XVII, os Estados-nação europeus modernos que emergiam – "repositórios de poder cercados" dentro dos primeiros sistemas de capitalismo imperial global – começaram a buscar um monopólio da violência política[36]. "Os Estados alcançaram o avanço das cidades como agentes de guerra", escreve Fernand Braudel[37]. As cidades metropolitanas e imperiais em expansão que ficavam no núcleo desses Estados-nação não mais organizavam seus próprios exércitos nem suas próprias defesas, mas mantinham seu poder e alcance político. Elas dirigiam a violência, o controle e a repressão, além da aquisição colonial de território, matérias-primas, riqueza e força de trabalho[38].

Desde então, as cidades se tornaram agentes centrais nas muitas formas de violência causadas pelo imperialismo capitalista. Um elemento crucial

---

[33] Ver Max Weber, *The City* (Glencoe [IL], Free Press, 1958); Lewis Mumford, *The City in History* (Nova York, MJF Books, 1961).

[34] Ver Christopher Gravett, *Medieval Siege Warfare* (Oxford, Osprey Publishing, 1990).

[35] Marshall Berman, "Falling Towers: City Life After Urbicide", em Dennis Crowe (org.), *Geography and Identity* (Washington, Maisonneuve Press, 1996), p. 172-92.

[36] Anthony Giddens, *The Nation-State and Violence* (Los Angeles, The University of California Press, 1987) [ed. bras.: *O Estado-Nação e a violência*, trad. Beatriz Guimarães, São Paulo, Edusp, 2001].

[37] Fernand Braudel, *Capitalism and Material Life* (Nova York, Harper Collins, 1973), p. 398.

[38] Ver Felix Driver e David Gilbert (orgs.), *Imperial Cities* (Manchester, Manchester University Press, 2003).

tem sido sua capacidade de *"centralizar* atividades militares, políticas e econômicas e, ao fazê-lo, atrair formações sociais de outra forma díspares para relações estruturais hierárquicas e de exploração em escalas espaciais de abrangências diversas"[39]. Mas a violência repressora em grande escala nem sempre foi necessária nas cidades coloniais que serviam para organizar os impérios das potências ocidentais; a classe média e as mais baixas muitas vezes eram integradas às economias coloniais de exploração e dependiam delas[40]. No entanto, a guerra, a eliminação e a supressão violenta de revoltas – contra guerrilhas revolucionárias rurais, contra movimentos de independência, contra indústrias e comunidades nativas, contra minorias demonizadas – eram igualmente indispensáveis para a conquista e a exploração colonial. Aliás, como Pierre Mesnard y Méndez escreve, a "base econômica para o triunfo do capitalismo foi a pilhagem da guerra colonial do século XV até o XVIII e XIX"[41]. Mais especificamente, a construção dos impérios imperialistas da Europa foi sustentada por um amplo espectro de guerras urbanas que avançavam entre a exploração e as persistentes lutas que aconteciam nas colônias, de um lado, e a política igualmente volátil das metrópoles imperiais no "coração do império", de outro[42].

Técnicas e tecnologias de repressão e guerra colonial urbana fazem um percurso de mão dupla entre fronteiras coloniais e centros metropolitanos europeus. (Foucault chamou esses vínculos de "efeito bumerangue", como discutido na Introdução deste volume.)

As potências europeias combateram rebeliões e insurgências nas cidades e zonas rurais nas franjas de seus impérios, ao mesmo tempo que operavam para proteger "suas capitais em crescimento explosivo contra rebeliões e revoluções domésticas alimentadas por lutas de classe"[43]. No processo:

---

[39] Kanishka Goonewardena e Stefan Kipfer, "Postcolonial Urbicide: New Imperialism, Global Cities and the Damned of the Earth", *New Formations*, v. 59, 2006, p. 23-33.

[40] Ver Mike Davis, "The Urbanization of Empire", cit., p. 9; Anthony King, *Urbanism, Colonialism and the World Economy* (Londres, Routledge, 1991).

[41] Pierre Mesnard y Méndez, "Capitalism Means/Needs War", *Socialism and Democracy*, v. 16, n. 2, 2002.

[42] Ver Henri Lefebvre, *The Critique of Everyday Life*, v. 1 (Londres, Verso, 1991); Stefan Kipfer e Kanishka Goonewardena, "Colonization and the New Imperialism: On the Meaning of Urbicide Today", *Theory and Event*, v. 10, n. 2, 2007, p. 1-39.

[43] Eyal Weizman e Phil Misselwitz, "Military Operations as Urban Planning", *Mute Magazine*, ago. 2003.

O campo de batalha se mudou dos descampados para os muros da cidade e se posicionou ainda mais no interior do coração urbano, como uma luta pela própria cidade. Se a histórica guerra de sítio acabou quando o valo da cidade foi rompido e invadido, a guerra urbana começou no momento de entrada na cidade.[44]

Essas guerras urbanas coloniais e efeitos bumerangue são lembretes contemporâneos dos perigos de tentar aplacar a resistência de guerrilha em cidades ocupadas por meio de poder militar superior, atos de brutalidade, violência urbicida ou reestruturação física agressiva. Experimentos espaciais no laboratório da cidade colonial muitas vezes prepararam o terreno para o replanejamento da metrópole colonial. Nos anos 1840, por exemplo, depois que o marechal Thomas Robert Bugeaud[45] conseguiu reprimir a insurreição em Argel combinando atrocidades e a destruição de bairros inteiros para abrir caminho para estradas modernas, suas técnicas de "planejamento urbano atravessaram o Mediterrâneo, do interior argelino, onde foram testadas, para as ruas e becos de Paris"[46]. Para minar o fermento revolucionário dos pobres de Paris, Bugeaud elaborou um plano para a violenta reorganização da cidade por meio da construção de amplas rodovias militares – um plano mais tarde implementado por um ávido leitor seu, o barão Haussmann[47].

No final do século XIX e no século XX, cidades industriais no Norte global tinham crescido em sincronia com o poder de destruição da tecnologia. Elas forneciam os homens e equipamentos para sustentar as enormes guerras do século XX, enquanto seus bairros e suas indústrias (muitas das quais com trabalhadoras mulheres) emergiam como os principais alvos para a guerra total. Assim, a cidade industrial se tornou

> [...] em sua totalidade um espaço de guerra. Em poucos anos [...] os bombardeios foram da destruição seletiva de locais-chave nas cidades para ataques amplos a áreas urbanas e, finalmente, para a aniquilação instantânea de populações e espaços urbanos inteiros.[48]

---

[44] Idem.

[45] Em 1847 Bugeaud escreveu talvez o primeiro manual ocidental de guerra urbana: *La Guerre des Rues et des Maisons* [A guerra de ruas e casas] (Paris, Jean-Paul Rocher, 1997).

[46] Eyal Weizman, Introdução, em Thomas Bugeaud, "The War of Streets and Houses", *Cabinet*, n. 22, 2006. Disponível em: <www.cabinetmagazine.org>. Acesso em: 30 mar. 2016.

[47] Idem.

[48] Martin Shaw, *War and Genocide* (Cambridge, Polity Press, 2003).

Às vezes, réplicas exatas da arquitetura vernacular das cidades eram construídas para serem bombardeadas, a fim de facilitar o aprimoramento do processo. Em Dugway Proving Grounds, em Utah, por exemplo, a Aeronáutica estado-unidense construiu réplicas exatas dos prédios de apartamentos de Berlim ao lado de povoados japoneses de madeira e papel de arroz, e os incendiou repetidas vezes para aperfeiçoar o projeto de suas bombas incendiárias[49].

O olho do artilheiro

Com a destruição mutuamente garantida da Guerra Fria, tais sutilezas se tornaram menos necessárias. Como escreveu Martin Shaw, "com os mísseis intercontinentais, a capacidade de destruir simultaneamente *todos* os principais centros de vida urbana se tornou um símbolo da degeneração da guerra"[50]. Contudo, grandes esforços foram feitos nos Estados Unidos durante a Guerra Fria para construir um bastião para se contrapor tanto ao Armagedom nuclear quanto à ameaça comunista[51]. Desses esforços surgiram a família nuclear, a casa no bairro residencial suburbano e o Estado nuclear, fundidos no bastião político-cultural da vida estado-unidense.

Até o começo do século XXI, a captura de cidades estratégicas e politicamente importantes continuou sendo "o símbolo maior da conquista e da sobrevivência nacional"[52]. Ademais, desde a falência dos sistemas óbvios de fortificações urbanas, o desenho, o planejamento e a organização das cidades foram moldados por questões estratégicas e geopolíticas – um tópico negligenciado nos estudos urbanos *mainstream*[53]. Além de fornecer a famosa "máquina para a vida" e trazer luz e ar para as massas urbanas, urbanistas e arquitetos modernistas imaginavam que situar torres residenciais dentro de parques seria

---

[49] Ver Mike Davis, *Dead Cities, and Other Tales* (Nova York, New Press, 2003), cap. 3.

[50] Martin Shaw, "New Wars of the City: Relationships of 'Urbicide' and 'Genocide'", em Stephen Graham (org.), *Cities, War and Terrorism* (Oxford, Blackwell, 2004), p. 143.

[51] Laura McEnaney, *Civil Defense Begins at Home* (Princeton, Princeton University Press, 2000).

[52] Martin Shaw, "New Wars of the City", manuscrito não publicado, 2001. Disponível em: <www.martinshaw.org>. Acesso em: 30 mar. 2016.

[53] Ryan Bishop e Greg Clancey, "The City-as-Target, or Perpetuation and Death", em Stephen Graham (org.), *Cities, War and Terrorism*, cit., p. 54-73.

uma forma de reduzir a vulnerabilidade das cidades a bombardeios aéreos. Essas torres também foram projetadas para colocar os urbanoides acima do gás mortal que à época se esperava que houvesse dentro das bombas[54].

Junto com o "êxodo branco" para os subúrbios residenciais, o urbanismo do começo da Guerra Fria nos Estados Unidos tentou enxergar as cidades do país "pelo olhar do artilheiro"[55] e ativamente estimulou a descentralização e o espraiamento como maneira de reduzir a vulnerabilidade da nação a um ataque nuclear soviético precedente[56]. E costuma-se esquecer que o enorme sistema de rodovias interestaduais norte-americano foi inicialmente chamado de um sistema "de rodovias de defesa" e em parte desenhado para auxiliar a mobilização militar e a evacuação no caso de uma guerra nuclear global. Anunciando o plano em 1954, o vice-presidente Richard Nixon argumentou que a maior razão de ser do projeto era "atender às demandas de uma catástrofe ou defesa, caso ocorra uma guerra atômica"[57]. Enquanto isso, novas cidades e novas capitais luminosas e modernistas foram erguidas mundo afora, tanto por urbanistas soviéticos e ocidentais quanto por programas de auxílio estrangeiros, como forma de manter o apoio geopolítico nas fronteiras mundialmente alargadas da Guerra Fria[58].

Enquanto isso, de volta aos Estados Unidos, gigantescos novos distritos de alta tecnologia, como o Vale do Silício, na Califórnia, foram forjados como motores de uma nova "economia do conhecimento" voltada para as cidades "globais" emergentes, como é bastante sabido. Muito menos reconhecido é o fato de que esses "tecnopolos" também eram forjas-chave das tecnologias de controle militar que sustentaram a Guerra Fria e, mais tarde, foram mobilizadas como base para a transformação das forças estado-unidenses através

---

[54] Ver Jose Luis Sert e Congressos Internacionais de Arquitetura Moderna, *Can Our Cities Survive?: An ABC of Urban Problems, their Analysis, their Solutions; Based on the Proposals Formulated by the C.I.A.M.* (Cambridge [MA], Harvard University Press, 1942).

[55] Peter Gallison, "War against the Center", *Grey Room*, n. 4, 2001, p. 29.

[56] Ibidem, p. 5-33; Michael Quinn Dudley, "Sprawl as Strategy: City Planners Face the Bomb", *Journal of Planning Education and Research*, v. 21, n. 1, 2001, p. 52-63; Matthew Farish, "Another Anxious Urbanism: Simulating Defense and Disaster in Cold War America", em Stephen Graham (org.), *Cities, War and Terrorism*, cit., p. 93-109.

[57] Citado em Dan McNichol, *The Roads That Built America: The Incredible Story of the US Interstate System* (Nova York, Sterling Publishing, 2006), p. 103.

[58] Michelle Provoost, "New Towns on the Cold War Frontier", *Eurozine*, jun. 2006. Disponível em: <www.eurozine.com>. Acesso em: 30 mar. 2016.

da "Revolution in Military Affairs" – ou Revolução dos Assuntos Militares[59]. Ao mesmo tempo, os imperativos que se apresentaram à nova ciência militar da cibernética logo se ampliaram do controle remoto de mísseis para a tarefa de organizar novas maneiras de reconstruir cidades norte-americanas durante os anos de eliminação em massa das "favelas" nas décadas de 1950 e 1960, bem como construir as primeiras redes de TV a cabo[60].

Também não podemos esquecer as implicações geopolíticas e de segurança internacional mais indiretas das geografias e arquiteturas de urbanização da Guerra Fria. A suburbanização subsidiada pelo Estado, por exemplo, foi o axioma central do "keynesianismo militar" que sustentou os Estados Unidos durante o período da Guerra Fria. Juntas, como argumentou Andrew Ross, a acelerada suburbanização subsidiada pelo Estado e a militarização e a pesquisa tecnológica no bojo da Guerra Fria podem, de fato, ser consideradas

> as âncoras econômicas gêmeas da Pax Americana, e, até o ponto em que ainda cabe, representam um perigo claro e presente para qualquer um que tenha o azar suficiente de ficar no caminho do combustível que abastece suas necessidades energéticas.[61]

Nas fronteiras coloniais e imperiais, enquanto isso, a Guerra Fria foi caracterizada por um complexo conjunto formado de guerrilhas urbanas bem "esquentadas", guerras por independência e por procuração. Guerras brutais em plena escala ou batalhas urbanas de baixa intensidade em Seul (1950), Argel (1954-1962), Hué (1968), Praga (1968), na Irlanda do Norte (1968-1998), na África do Sul (1948-1990), em Israel-Palestina (1948-) e em toda parte se fundiram com lutas dentro dos centros metropolitanos imperiais do Norte pelo "direito à cidade" – o movimento pelos direitos civis; movimentos sociais antirracismo, antiguerra, ambientalistas e pós-coloniais; revoltas urbanas[62].

---

[59] Ver Manuel Castells, "High Technology and the Transition from the Urban Welfare State to the Suburban Warfare State", em *The Informational City* (Oxford, Blackwell, 1989); Anne Markusen et al., *The Rise of the Gunbelt: The Military Remapping of Industrial America* (Oxford, Oxford University Press, 1991).

[60] Jennifer Light, *From Warfare to Welfare: Defense Intellectuals and Urban Problems in Cold War America* (Baltimore, The Johns Hopkins University Press, 2003).

[61] Andrew Ross, "Duct Tape Nation", *Harvard Design Magazine*, n. 20, 2004, p. 2.

[62] Ver Stefan Kipfer e Kanishka Goonewardena, "Colonization and the New Imperialism", cit.

66 • Cidades sitiadas

Para teóricos do militarismo ocidental, no entanto, eles sempre foram vistos como espetáculos secundários bastante irrelevantes diante da preocupação principal: planos para o "exterminismo" nuclear planetário[63], para a eliminação instantânea de sistemas inteiros de cidades da face da Terra, e para batalhas massificadas "Air-Land" (aéreo-terrestres) entre as forças soviéticas e as da Organização do Tratado do Atlântico Norte (Otan) pelo solo europeu. Assim, entende-se que o legado físico do urbanismo militar da Guerra Fria no Norte global seja dominado por extraordinários túneis subterrâneos criados para garantir a sobrevivência das elites políticas e de amostras da população mais ampla nos mundos "strangelovianos"* do futuro pós-apocalíptico[64].

Implosões globais

A guerra adentrou a cidade de novo – a esfera do cotidiano.[65]

Nas "novas" guerras da era pós-Guerra Fria – guerras que cada vez mais atravessam os "vãos tecnológicos" que separam nações industriais avançadas de combatentes informais –, as cidades em crescimento do mundo são espaços-chave. Aliás, áreas urbanas se tornaram os para-raios da violência política do nosso planeta.

A guerra, como todo o resto, está sendo urbanizada. As grandes disputas geopolíticas – de mudança cultural, conflito étnico e mistura social diaspórica; de rerregulamentação e liberalização econômica; de militarização, informatização e exploração de recursos; de mudança ecológica – estão, e em um grau cada vez maior, se reduzindo a conflitos violentos nos espaços estratégicos da nossa era: as cidades contemporâneas. As lutas geopolíticas

---

[63] Ver E. P. Thompson, "Notes on Exterminism: The Last Stage of Civilization", em E. P. Thompson (org.), *Exterminism and Cold War* (Londres, NLB, 1982) [ed. bras.: *Exterminismo e Guerra Fria*, trad. Denise Bottmann, São Paulo, Brasiliense, 1985].

* Referência ao filme *Dr. Strangelove or: How I Learned to Stop Worrying and Love the Bomb*, de 1964, dirigido por Stanley Kubrick e estrelado por Peter Sellers. No Brasil, foi lançado como *Dr. Fantástico*. (N. E.)

[64] Ver, por exemplo, Tom Vanderbilt, *Survival City: Adventures Among the Ruins of Atomic America* (Nova York, Princeton Architectural Press, 2002).

[65] Phillip Misselwitz e Eyal Weizman, "Military Operations as Urban Planning", em Anselm Franke e Eyal Weizman (orgs.), *Territories: Islands, Camps and Other States of Utopia* (Berlim, KW, Instituto de Arte Contemporânea), p. 272.

do mundo se articulam cada vez mais em volta de conflitos violentos sobre espaços urbanos estratégicos, e, em muitas sociedades, a violência em torno dessa guerra civil e cívica molda a vida urbana cotidiana.

No processo, guerras dentro de nações e guerras entre nações se tornam radicalmente indistintas, tornando os consagrados pares binários militar-civil cada vez menos úteis[66]. De fato, o que este livro chama de novo urbanismo militar tende a "presumir um mundo em que civis não existem"[67]. Assim, todos os elementos humanos são cada vez mais vistos como combatentes reais ou em potencial, terroristas ou insurgentes, alvos legítimos.

Estratégias para o ataque deliberado a sistemas e locais que servem de apoio para a vida urbana civil só se tornaram mais sofisticados a partir da aniquilação urbana em massa que caracterizou o século XX. A devastação proposital dos espaços de existência urbana, por atores estatais ou não, continua acelerada. Ela é alimentada por transformações múltiplas e paralelas que definem o mundo pós-colonial e pós-Guerra Fria.

Aqui, precisamos considerar uma verdadeira tempestade de fatores: o desencadeamento, desde o fim do sistema bipolar da Guerra Fria, de ódios étnicos anteriormente contidos; a proliferação de grupos religiosos fundamentalistas e grupos políticos etnonacionalistas motivados pelo ódio do cosmopolitismo urbano; a militarização de gangues, cartéis de tráfico de drogas, milícias, regimes políticos corruptos e agências de cumprimento da lei, todos efetivamente sabotando o monopólio de violência do Estado; o colapso de certos Estados nacionais e locais; a urbanização de populações e da geografia; o acesso cada vez mais amplo a armas pesadas; a crise da polarização social crescente em todas as escalas geográficas já discutidas; e o aumento na escassez de muitos recursos essenciais.

Na África, por exemplo, tem havido uma rápida urbanização, hiperdesigualdade social, proliferação de guerras por recursos globais fundamentais e mudanças radicais na economia política dos Estados nos últimos 25 anos. Com muitos Estados perdendo seu monopólio tanto da violência quanto de território, a coerção se torna uma *commodity* a ser comprada e vendida.

---

[66] Arjun Appadurai, *Fear of Small Numbers: An Essay on the Geography of Anger* (Durham [NC], Duke University Press, 2006), p. 1 [ed. bras.: *O medo ao pequeno número*, trad. Ana Goldberger, São Paulo, Iluminuras, 2009].

[67] Ibidem, p. 31. Ver também Derek Gregory, "Editorial: The Death of the Civilian?", *Environment and Planning D: Society and Space*, v. 24, n.5, p. 633-8.

"A mão de obra militar é comprada e vendida em um mercado em que a identidade dos fornecedores e compradores não significa quase nada", escreve Achille Mbembe. "Milícias urbanas, exércitos privados, exércitos de comandantes regionais, empresas de segurança privada e exércitos estatais, todos reivindicam o direito de exercer a violência ou de matar."[68]

A esse coquetel letal precisamos acrescentar os efeitos desestabilizadores das políticas de ajuste estrutural, as intervenções cada vez mais agressivas e violentas dos Estados Unidos em um leque cada vez mais amplo de nações, e seu apoio de longo prazo a muitos regimes brutais. Somada a isso, a dissolução de Estados comunistas ou autoritários desencadeou muitas vezes aspirações e ódios etnonacionalistas há muito reprimidos, que com frequência se manifestam na deliberação de tomar como alvo os espaços e símbolos da mistura cosmopolita: as cidades e suas materializações arquitetônicas da memória coletiva. Assim como nos Bálcãs no começo dos anos 1990, a violência genocida contemporânea é muitas vezes atacada com tentativas deliberadas de urbicídio: a matança de cidades e a devastação de seus símbolos e arquiteturas de pluralismo e cosmopolitismo[69]. Então, com muita frequência, as heterogeneidades e a fluidez inerentes à vida da cidade contemporânea entram na mira de um amplo espectro de fundamentalismos culturais que buscam alvos, bodes expiatórios, certezas e objetos passíveis de eliminação cultural ou arquitetônica. De fato, os próprios chamados à violência contra cidades devem ser vistos como tentativas de formar comunidades políticas baseadas na certeza e na simplicidade. Criar estereótipos e imagens de alteridade para a imensa complexidade da cidade, a fim de torná-la uma única identidade pura, constitui um prelúdio fundamental do chamado para a violência contra ela[70].

Coletivamente, hoje em dia, esses fatores estão forçando o que o antropólogo Arjun Appadurai chamou de uma "implosão de políticas globais e nacionais no mundo urbano"[71] – um processo que levou a uma

---

[68] Achille Mbembe, "Necropolitics", *Public Culture*, v. 15, n. 1, 2003, p. 32.

[69] Ver Robert Bevan, *The Destruction of Memory: Architecture at War* (Londres, Reaktion Books, 2006).

[70] Arjun Appadurai, *Fear of Small Numbers*, cit., p. 7. Ver também Jean-Luc Nancy, "In Praise of the Melee", em *A Finite Thinking* (Stanford, Stanford University Press, 2003).

[71] Arjun Appadurai, *Modernity at Large: Cultural Dimensions of Globalization* (Minneapolis, [MN], University of Minnesota Press, 1996), p. 152.

A guerra volta à cidade • 69

proliferação de guerras sangrentas e predominantemente urbanas. Muitas delas, por sua vez, estimularam não apenas vastas migrações, mas também a construção de campos de refugiados em escala equivalente à de cidades para acomodar as populações desalojadas, que já somavam cerca de 50 milhões de pessoas em 2002[72].

A permeação da violência política organizada dentro e pelas cidades e pelos sistemas citadinos é complicada pelo fato de que muitas mudanças urbanas "planejadas", mesmo em tempos de relativa paz, envolvem em si mesmas níveis bélicos de violência, desestabilização, ruptura, expulsão forçada e aniquilação de locais[73]. Em particular nos picos e quedas vertiginosos do urbanismo capitalista e neoliberal ou na implementação de programas de "renovação", "regeneração" ou "renascimento" urbano em grande escala, o planejamento estatal muitas vezes resulta na limpeza legitimada de vastas áreas das cidades em nome da remoção de entulho, da modernização, das melhorias, ou da organização, da concorrência econômica, ou da facilitação da mudança tecnológica e da acumulação de capital e da especulação[74].

Enquanto segmentos de cidades em expansão são muitas vezes eliminados por especulações desenvolvidas pelo Estado, as muitas cidades que estão encolhendo por causa da desindustrialização, da realocação industrial global e do esvaziamento demográfico também estão vulneráveis ao urbanismo de limpeza total. "Os processos de destruição criativa movidos econômica, política e socialmente por meio do abandono e do remodelamento", sugere David Harvey, "muitas vezes são atos de guerra tão destrutivos quanto arbitrários. Boa parte da Baltimore contemporânea, com suas 40 mil casas abandonadas, parece uma zona de guerra comparável a Sarajevo"[75].

---

[72] Ver Michel Agier, "Between War and City: Towards an Urban Anthropology of Refugee Camps", *Ethnography*, v. 3, n. 3, 2002, p. 317-41.

[73] Marshall Berman, "Falling Towers", cit.

[74] Para um exemplo excelente, ver Greg Clancey, "Vast Clearings: Emergency Technology, and American De-Urbanization, 1930-1945", *Cultural Politics*, v. 2, n. 1, 2006, p. 49-76.

[75] David Harvey, "The City as a Body Politic", em Jane Schneider e Ida Susser (orgs.), *Wounded Cities: Destruction and Reconstruction in a Globalized World* (Nova York, Berg, 2003), p. 26.

Guerra à solta

Nesse contexto, e considerando as desigualdades sociais cada vez mais extremas, não surpreende que os teóricos e pesquisadores do militarismo ocidental estejam hoje especialmente preocupados em relação a como as geografias das cidades, em particular das cidades do Sul global, estão começando a influenciar tanto a geopolítica quanto a tecnociência da violência política pós-Guerra Fria. Depois de longos períodos pregando que o conflito urbano fosse evitado ou, pelo contrário, que os centros urbanos fossem aniquilados a distância por meio de bombardeios estratégicos, a doutrina militar voltada aos desafios das operações militares dentro das cidades está rapidamente surgindo de baixo do que um coronel canadense, Jean Servielle, chamou há pouco tempo de "a poeira da história e o [...] peso da dissuasão nuclear"[76].

Aliás, um sistema paralelo de pesquisa urbana militar, quase despercebido nas ciências sociais urbanas "civis", está se estabelecendo rapidamente, subsidiado por orçamentos de pesquisa militar ocidentais. Como afirma Keith Dickson, um teórico militar estado-unidense de guerra urbana, a percepção cada vez mais comum dentro dos exércitos do Ocidente é a de que,

> para as forças militares ocidentais, as guerras assimétricas em áreas urbanas serão o maior desafio do século [...]. A cidade se torna uma área estratégica privilegiada – quem a controlar vai ditar o curso dos eventos futuros no mundo.[77]

O consenso entre os teóricos que defendem essa mudança é que "operações de combate urbano modernas vão se tornar um dos principais desafios do século XXI"[78]. Nessa vertente, o major Kelly Houlgate, analista dos Fuzileiros Navais estado-unidenses, nota que, entre 1984 e 2004, "dos 26 conflitos em que as forças estado-unidenses lutaram [...], 21 envolveram áreas urbanas, e dez foram exclusivamente urbanos"[79].

---

[76] Jean Servielle, "Cities and War", *Doctrine*, n. 3, 2004, p. 43-4.

[77] Keith Dickson, "The War on Terror: Cities as the Strategic High Ground", artigo não publicado, 2002.

[78] Defense Intelligence Reference Document (DIRC), *The Urban Century: Developing World Urban Trends and Possible Factors Affecting Military Operations*, MCIA-1586--003-9, Quantico, VA, Corpo de Fuzileiros Navais dos Estados Unidos, 1997, p. 11.

[79] Kelly Houlgate, "Urban Warfare Transforms the Corps", *The Naval Institute: Proceedings*, nov. 2004. Disponível em: <www.military.com>. Acesso em: 30 mar. 2016.

A ampla adoção da doutrina de guerra urbana vem depois de séculos em que planejadores militares ocidentais pregaram um mantra articulado em 1500 a.C. pelo filósofo chinês Sun Tzu, de que "a pior política é atacar cidades". Ela sucede uma Guerra Fria marcada por uma obsessão com eventos Air-Land gigantescos liderados pelas superpotências e centrados no norte da Europa, dentro e acima dos espaços entre cidades-regiões europeias intencionalmente evitadas. Ainda que as forças ocidentais tenham lutado numerosas guerras em cidades do mundo em desenvolvimento durante a Guerra Fria, como parte de lutas maiores contra movimentos de independência, movimentos terroristas e guerras por procuração, como já mencionado, esses conflitos eram vistos por teóricos do militarismo no Ocidente como espetáculos secundários atípicos em relação aos eventos aéreo-terrestres e nucleares, as supostas atrações principais.

Além da catástrofe militar e geopolítica que é a guerra esmagadoramente urbana no Iraque, existem operações militares emblemáticas, como as humilhações estado-unidenses com os Falcões Negros* em Mogadíscio em 1993, as operações norte-americanas em Kosovo em 1999 e em Beirute nos anos 1980, e diversas operações também estado-unidenses no Caribe e na América Central: Cidade do Panamá (1989), Granada (1983), Porto Príncipe (1994). Conflitos urbanos como os ocorridos em Grozny, na Chechênia (1994), em Sarajevo (1992-1995), na Geórgia e na Ossétia do Sul (2008), e em Israel-Palestina (1947-) também pairam sobre os atuais debates militares sobre a urbanização da guerra.

O foco das Forças Armadas estado-unidenses em operações na esfera urbana doméstica também está sendo fortalecido pela chamada Guerra ao Terror[80], que designa cidades – nos Estados Unidos ou estrangeiras – e suas principais infraestruturas como "campos de batalha". Vistos sob esse prisma, os protestos de Los Angeles de 1992; as diversas tentativas de securitizar os centros urbanos durante grandes eventos esportivos ou cúpulas políticas; a reação militar ao furacão Katrina em Nova Orleans em 2005; os desafios de

---

* No original, *Black Hawk Down*. Título do livro do jornalista Mark Bowden, publicado em 1999, que deu origem ao filme homônimo de Ridley Scott, lançado em 2001, sobre as batalhas na Somália. No Brasil, o filme recebeu o nome de *Falcão Negro em perigo*. *Black Hawk*, do título original, é o helicóptero. (N. E.)

[80] Ver Nathan Canestaro, "Homeland Defense: Another Nail in the Coffin for Posse Comitatus", *Washington University Journal of Law & Policy*, n. 12, 2003, p. 99-144.

72 • Cidades sitiadas

"segurança nacional" nas cidades estado-unidenses – todas elas se tornaram operações militares urbanas de "baixa intensidade" comparáveis à condução de uma batalha de contrainsurgência em uma cidade iraquiana[81]. Relatos de "lições aprendidas" elaborados depois do envio de militares com o objetivo de conter os protestos em Los Angeles em 1992, por exemplo, atribuem o "sucesso" da missão ao fato de que "o inimigo" – a população local – foi fácil de manipular, dadas suas táticas e estratégias de batalha simples[82]. Procedimentos de alta tecnologia para detecção de alvos, como *drones* não tripulados e programas organizados de monitoramento por satélite, que anteriormente escolhiam como alvo espaços além da nação para (supostamente) mantê-la em segurança, estão começando a colonizar os espaços domésticos da própria nação[83]. A doutrina militar também passou a tratar operações de gangues nas cidades dos Estados Unidos como "insurgência urbana", "guerra de quarta geração" ou "*netwar*", diretamente análogas ao que ocorre nas ruas de Cabul ou Bagdá[84].

Assim, de modo importante, os paradigmas militares estado-unidenses de controle, monitoramento e reconfiguração violenta do urbano hoje em dia transpõem o binário tradicional interior/exterior de cidades dentro dos Estados Unidos *versus* cidades no resto do mundo. Em vez disso, as preocupações com "segurança" que até recentemente dominavam discussões de política externa agora emergem em espaços urbanos habituais – espaços "nacionais". O que antes eram preocupações de segurança internacional agora "penetra [...] todos os níveis do governo. A segurança está se tornando mais cívica, urbana, doméstica e pessoal: a segurança está vindo para casa"[85].

---

[81] Ver Phil Boyle, "Olympian Security Systems: Guarding the Games or Guarding Consumerism?", *Journal for the Arts, Sciences, and Technology*, v. 3, n. 2, 2005, p. 12-7.

[82] Deborah Cowen, "National Soldiers and the War on Cities", *Theory and Event*, v. 10, n. 2, 2007, p. 1.

[83] Ver, por exemplo, Siobhan Gorman, "Satellite-Surveillance Program to Begin Despite Privacy Concerns", *Wall Street Journal*, 1º out. 2008.

[84] Max Manwaring, *Street Gangs: The New Urban Insurgency* (Carlisle [PA], Strategic Studies Institute, US Army War College, 2005). Disponível em: <www.strategic studiesinstitute.army.mil>. Acesso em: 30 mar. 2016.

[85] David Murakami Wood e Jonathan Coaffee, "Security Is Coming Home: Rethinking Scale and Constructing Resilience in the Global Urban Response to Terrorist Risk", *International Relations*, v. 20, n. 4, 2006, p. 503.

Cidades como campos de batalha

A cidade não [é] apenas o espaço, mas o próprio meio da guerra – um meio flexível, quase líquido, que é sempre contingente e em fluxo.[86]

O que conduz os espaços ordinários e locais da vida urbana pelo mundo a se tornarem alvos militares é uma nova constelação de teorias e doutrinas militares. Nela, o espectro do conflito militar Estado-*versus*-Estado é visto em retirada radical. Em vez disso, a nova doutrina gira em torno da ideia de que um amplo espectro de insurgências transnacionais atua hoje em dia sobre redes sociais, técnicas, políticas, culturais e financeiras, que estão condenadas a oferecer ameaças existenciais a sociedades ocidentais ao ter como alvo ou explorar espaços, infraestrutura e tecnologias de controle que sustentam as cidades contemporâneas. Supõe-se que essas ameaças à espreita se camuflam dentro do caos de cidades para se proteger contra formas tradicionais de detecção de alvos militares. Essa situação, diz o argumento, requer um ajuste radical de técnicas de rastreamento, monitoramento e direcionamento, voltadas tanto para as arquiteturas de circulação e mobilidade – infraestrutura – quanto para os espaços da vida urbana cotidiana.

Assim, o foco desse novo *corpus* de doutrinas militares borra a separação tradicional das esferas militar e civil, das escalas local e global, e do interior e do exterior das nações. Ao fazê-lo, escreve Jeremy Packer, "tanto cidadãos quanto não cidadãos hoje são tratados como uma ameaça sempre presente. Nesse sentido, todos são vistos como combatentes, e todos os terrenos, como campos de batalha[87]. No caso dos Estados Unidos, por exemplo, esse processo permite que as Forças Armadas da nação superem obstáculos legais tradicionais para se posicionar dentro da própria nação[88]. Como consequência, as apresentações em PowerPoint dos militares estado-unidenses

---

[86] Eyal Weizman, "Lethal theory", *LOG Magazine*, abr. 2005, p. 53.

[87] Jeremy Packer, "Becoming Bombs: Mobilizing Mobility in the War of Terror", *Cultural Studies*, v. 20, n. 4-5, 2006, p. 378.

[88] A lei *Posse Comitatus* dos Estados Unidos, por exemplo, que proibiu explicitamente o posicionamento doméstico de tropas estado-unidenses dentro de seu território. Além disso, um novo Comando Estratégico americano – o Northcom [Comando Norte] – foi estabelecido abrangendo a América do Norte. Antes de 2002, essa era a única parte do mundo não coberta. As Forças Armadas dos Estados Unidos agora também realizam exercícios regulares nas cidades do país como parte de seus esforços para aprimorar suas habilidades de "guerra urbana".

74 • Cidades sitiadas

falam de operações urbanas em Mogadíscio, Fallujah ou Jenin no mesmo momento em que falam das operações durante os protestos em Los Angeles, os confrontos antiglobalização em Seattle ou Gênova, ou a devastação de Nova Orleans pelo furacão Katrina. Esse paradigma permite que uma série de movimentos e campanhas transnacionais – por justiça social ou sustentabilidade ecológica, contra a opressão do Estado ou contra os efeitos devastadores do fundamentalismo de mercado – sejam considerados como formas de *"netwar"*, de fato transformando as ideias dos zapatistas no equivalente ao islamismo radical e assassino da Al Qaeda[89]. Finalmente, essa indistinção significa que a militarização e a construção de muros nas fronteiras nacionais, como o que existe entre os Estados Unidos e o México, não apenas envolvem as mesmas técnicas e tecnologias que as usadas ao cercar bairros em Bagdá ou Gaza, mas às vezes de fato envolvem a outorga de contratos lucrativos às mesmas corporações militares e tecnológicas.

Assim, torna-se imperativo continuar conectando os efeitos da agressão estado-unidense no exterior com suas políticas domésticas contra o terrorismo no que hoje é comumente chamado de *"homeland"* – políticas que estabelecem como alvo, perfilam, mapeiam e encarceram americanos de ascendência árabe e asiática em particular. Em um contexto em que "o poder imperial atua obscurecendo os vínculos entre projetos domésticos de subordinação racial e cooptação de minorias e estratégias de restruturação econômica e dominação política no exterior", como descrevem Sunaina Maira e Magid Shihade,

> esse elo entre as frentes nacional e internacional de poder imperial nos ajuda a entender que as experiências compartilhadas dos americanos de ascendência árabe e asiática nos Estados Unidos, tanto as visíveis quanto as não tão visíveis, se devem à atuação do império.[90]

Essas indistinções radicais e múltiplas também têm outras manifestações. Agências civis da lei, por exemplo, estão sendo reformadas de acordo com linhas muitos mais (para)militarizadas[91]. Além de se reorganizar para se envolver em operações antiterrorismo altamente militarizadas e fortificar as principais

---

[89] John Arquilla e David Ronfeldt, *Networks and Netwars* (Santa Monica, Rand, 2001).

[90] Sunaina Maira e Magid Shihade, "Meeting Asian/Arab American Studies: Thinking Race, Empire, and Zionism in the US", *Journal of Asian American Studies*, v. 9, n. 2, 2006, p. 118.

[91] Ver James Shepptycki, "Editorial – Reflections on Policing: Paramilitarisation and Scholarship on Policing", *Policing and Society*, n. 9, 2000, p. 117-23.

convenções, eventos esportivos ou conferências políticas, elas adotam cada vez mais técnicas e linguagem de guerra para lançar equipes da Swat contra um leque cada vez mais amplo de eventos civis e notificações rotineiras[92]. "Alguma coisa está causando uma mudança atitudinal entre a polícia, em massa", afirma o blog *Signs of the Times*, e isso estaria "provocando uma reação zelosa excessiva aos problemas mais mínimos"[93]. Peter Kraska estimou que as equipes da Swat são chamadas nos Estados Unidos cerca de 40 mil vezes por ano, um grande aumento em relação aos 3 mil chamados anuais nos anos 1980[94]. A maior parte dos chamados, ele destaca, são realizados para "entregar mandados para crimes não violentos relacionados a drogas"[95].

Assim, modelos explicitamente militares cada vez mais sustentam novas ideias em penalogia e doutrinas e tecnologias de cumprimento da lei, além de monitoramento, treinamento, simulação e assistência a desastres civis[96]. Doutrinas que tratam da guerra urbana, de operações militares em áreas urbanas ou conflitos de baixa intensidade – conceitos militares desenvolvidos com o propósito de controlar massas urbanas na periferia global – são rapidamente imitados "para disciplinar grupos e movimentos sociais considerados perigosos dentro do território das metrópoles imperiais"[97].

Sistemas de comando e controle em estilo militar atualmente estão sendo estabelecidos para amparar a política de "tolerância zero" e práticas de monitoramento urbano criadas para excluir consumidores falidos ou figuras indesejadas dos novos enclaves de consumo e lazer urbano[98]. O que Robert Warren chama de "exércitos *pop up*" são organizados em termos transnacionais para militarizar, de modo preventivo, cidades que

---

[92] Ver Radley Balko, "Overkill: The Latest Trend in Policing", *Washington Post*, 5 fev. 2006.

[93] Correspondente especial do *Signs of the Times*, "Militarized Police, Overreaction and Overkill: Have You Noticed It In Your Town Yet?", *Signs of the Times*, 16 dez. 2007. Disponível em: <ponerology.blogspot.com>. Acesso em: 30 mar. 2016.

[94] Citado em Radley Balko, "Overkill", cit.

[95] Idem.

[96] Ver Peter Kraska (org.), *Militarizing the American Criminal Justice System* (Chicago, Northwestern University Press, 2001).

[97] Ashley Dawson, "Combat in Hell: Cities as the Achilles' Heel of US Imperial Hegemony", *Social Text*, v. 25, n. 2, 2007, p. 176.

[98] Stephen Graham e Simon Marvin, *Splintering Urbanism* (Londres, Routledge, 2001).

76 • Cidades sitiadas

enfrentam grandes protestos antiglobalização[99]. As técnicas de guerra urbana de alta tecnologia – de *drones* não tripulados até a divisão de espaços com muros e pontos de identificação biométrica – cada vez mais oferecem modelos para a reorganização do espaço urbano doméstico[100]. Além disso, a metaforização quase infinita da "guerra" – contra o crime, as drogas, o terror, a doença – solidifica mudanças mais amplas de paradigmas urbanos sociais, de bem-estar e keynesianos para ideias autoritárias e militarizadas do papel do Estado para manter a ordem.

Quando a vida em si é uma guerra

A busca das Forças Armadas estado-unidenses por uma nova doutrina aplicável às cidades explicitamente reconhece as semelhanças entre áreas urbanizadas nacionais e no exterior, independentemente das diferenças geográficas. De acordo com Maryann Lawlor, ao escrever na revista militar *Signal*, figuras importantes no Joint Forces Command (JFCOM) [Comando de Forças Conjuntas dos Estados Unidos] em Norfolk, Virgínia, fizeram uso de simuladores e jogos de guerra em grande escala, como o Urban Resolve, para "identificar diversas preocupações-chave comuns a ambas as áreas"[101]. Entre essas questões estão a dificuldade de separar "terroristas" ou "insurgentes" da população urbana civil; a alta densidade da infraestrutura; a maneira como cidades interferem nos sistemas militares tradicionais de monitoramento e direcionamento; e a complexa natureza tridimensional do "campo de batalha" urbano.

Com muita facilidade, esse discurso leva a um mundo em que "a vida em si é uma guerra"[102]. Ele revela uma profunda inabilidade para lidar com qualquer noção de outro para além de colocar esse outro na mira do mecanismo de combate. Se o pensamento militar puder seguir desenfreado, no fim das contas

---

[99] Robert Warren, "City Streets – The War Zones of Globalization: Democracy and Military Operations on Urban Terrain in the Early 21st Century", em Stephen Graham (org.), *Cities, War and Terrorism*, cit., p. 214-30.

[100] Leonard Hopper e Martha Droge, *Security and Site Design* (Nova York, Wiley, 2005).

[101] Maryann Lawlor, "Military Lessons Benefit Homeland", *Signal*, fev. 2008. Disponível em: <www.afcea.org/signal>. Acesso em: 30 mar. 2016.

[102] Phil Agre, "Imagining the Next War: Infrastructural Warfare and the Conditions of Democracy", *Radical Urban Theory*, 14 set. 2001.

não vai sobrar nada no mundo que não seja um alvo para todo o espectro da violência simbólica ou de fato. A teórica de mídia Rey Chow escreve que

> a essência de continuamente tornar o mundo um alvo como forma fundamental de produção de conhecimento é a xenofobia, a inabilidade de lidar com a alteridade do outro para além da órbita que é o próprio campo de visão do atirador. Para o xenófobo todos os esforços devem ser feitos para manter e garantir essa órbita – ou seja, manter o lugar do outro como alvo sempre ocupado.[103]

É aí que os conceitos domésticos e estrangeiros da cidade convergem. Assim, por um lado, oficiais militares estado-unidenses têm o hábito de falar sobre murar bairros em Bagdá como construções análogas às comunidades fechadas que abrigam mais da metade dos novos lares em muitas cidades do Sul e do Oeste dos Estados Unidos[104]. Não só as apresentações para vendas militares, mas também os comentários da mídia de direita borraram as cidades nacionais e as iraquianas, transformando-as em um único espaço demonizado que requer um ataque pesado e de alta tecnologia. Nicole Gelinas, por exemplo, propôs em 2007 no *City Journal* do Manhattan Institute que Nova Orleans no pós-Katrina era uma "Bagdá no Bayou" e argumentou que a cidade precisava de uma resposta militarizada semelhante, de modo a levar a ordem e investimentos em meio às supostas patologias do crime e da violência[105].

Um anúncio recente de sensores infravermelhos de helicópteros publicado em uma revista militar captura de forma impactante essa diluição do doméstico e do distante (Figura 1.2). Em volta de um helicóptero com duas faces – o lado militar com foguetes; o da polícia, com câmeras aéreas –, a legenda diz [em tradução livre]: "Toda noite, a noite toda – de Bagdá e Baton Rouge – vamos cuidar de você".

A resposta dos Estados Unidos à devastação causada pelo furacão Katrina na cidade predominantemente afro-americana de Nova Orleans oferece um exemplo essencial aqui[106]. Alguns oficiais do Exército estado-unidense

---

[103] Rey Chow, *The Age of the World Target: Self-Referentiatily in War, Theory, and Comparative Work* (Durham [NC], Duke University Press, 2006), p. 42.

[104] Edward J. Blakely e Mary Gail Snyder, *Fortress America: Gated Communities in the United States* (Washington [DC], Brookings Institution Press, 1999).

[105] Ver Nicole Gelinas, "Baghdad on the Bayou", *City Journal*, 2007, p. 42-53.

[106] Ver Stephen Graham, "'Homeland' Insecurities? Katrina and the Politics of Security in Metropolitan America", *Space and Culture*, v. 9, n. 1, 2006, p. 63-7.

78 • Cidades sitiadas

1.2 Um clássico "efeito bumerangue": anúncio para sensores infravermelhos de helicóptero simbolizando a diluição entre os esforços militares de usar a alta tecnologia de monitoramento e controle de alvos para dominar cidades colonizadas "fora" da nação e a militarização das "operações urbanas" da polícia em "conflitos de baixa intensidade" difusos nas cidades nacionais.

discutiram a reação altamente militarizada ao desastre do Katrina como uma tentativa de "retomar" Nova Orleans de "insurgências" afro-americanas[107]. Em vez de organizar uma enorme resposta humanitária que tratasse as vítimas do Katrina como cidadãos que necessitavam de ajuda imediata, os oficiais (finalmente) realizaram uma operação predominantemente militar. Essa resposta apenas reforçou a ideia de que é adequado tratar geografias tanto externas quanto internas como campos de guerras financiadas por governos contra "outros" racializados e "biopoliticamente descartáveis"[108]. A operação Katrina lidou com aqueles abandonados no centro da cidade como uma ameaça – a ser contida, que deveria estar na mira e ser abordada de modo que se protegesse a propriedade das populações predominantemente brancas dos bairros residenciais suburbanos e semiurbanos abastados que tinham fugido em seus próprios carros[109]. No processo, os cidadãos afro--americanos de Nova Orleans foram transformados em refugiados em seu próprio país. Como defendem Robert Starn e Ella Shohat, "o Katrina não arrancou apenas os telhados da Costa do Golfo, mas também a fachada do 'homeland security state'"[110].

Urbanizar a doutrina militar

Em 1998, ao mesmo tempo que geógrafos urbanos escreviam que as cidades eram locais onde as identidades se formavam, o capital social era construído e novas formas de ação coletiva emergiam, a Marinha norte-americana explicava o fenômeno de forma um pouco diferente: "historicamente, as cidades são os locais onde ideias radicais são fermentadas, dissidentes encontram aliados e grupos descontentes recebem atenção da mídia", dessa forma, tornando as cidades "uma fonte provável de conflito no futuro".[111]

---

[107] Peter Chiarelli e Patrick Michaelis, "Winning the Peace: the Requirement for Full--Spectrum Operation", *Military Review*, jul.-ago., 2005.

[108] Ver Henry Giroux, "Reading Hurricane Katrina: Race, Class, and the Biopolitics of Disposability", *College Literature*, v. 33, n. 3, p. 171-96.

[109] Idem.

[110] Robert Stam e Ella Shohat, *Flagging Patriotism: Crises of Narcissism and Anti-Americanism* (Nova York, Routledge, 2007), p. 167.

[111] Gan Golan, *Closing the Gateways of Democracy: Cities and the Militarization of Protest Policing* (Tese de Doutorado, Cambridge [MA], Massachusetts Institute of Technology, 2005), p. 69. Disponível em: <dspace.mit.edu>. Acesso em: 30 mar. 2016.

80 • Cidades sitiadas

A combinação de antiurbanismo racializado de direita e nova doutrina militar é incendiária. Ela significa que não só as principais cidades domésticas, mas também cidades distantes no coração da Guerra ao Terror, são vistas como campos de batalha problemáticos ou anárquicos, revelando contrastes profundos com as supostas ordem, segurança e harmonia das zonas normalizadas dos bairros residenciais e das comunidades abastadas suburbanas e semiurbanas – zonas que precisam ser protegidas das ameaças e dos contágios que emanam de todas as cidades em toda parte. Quando as técnicas de (tentativa de) controle urbano – zonas de segurança isoladas, muros, rastreamento, biometria, armas ostensivamente não letais, mineração de dados – são semelhantes em Gaza, Bagdá e Nova York, então a indistinção se torna inevitável, em especial se acompanhada por uma demonização generalizada de direita das cidades centrais.

A nova doutrina militar cria uma ideia da guerra como um exercício permanente e sem limites, colocando operações de segurança e militares de alta tecnologia – junto com terceirizados do setor privado e corporações militares – contra uma vasta série de adversários não estatais. Tudo isso ocorre dentro de um ambiente marcado por uma intensa midiatização, um alto grau de mobilidade e a rápida exploração de novas tecnologias militares.

Assim, muitos teóricos militares falam sobre uma "quarta geração" de guerra – baseada, eles argumentam, em guerras "não convencionais", lutas "assimétricas", "insurgências globais" e "conflitos de baixa intensidade" que colocam o militarismo estatal de alta tecnologia contra combatentes informais ou civis mobilizados[112]. O teórico militar Thomas Hammes defende que a característica principal desses conflitos é que "a vontade política superior, quando empregada corretamente, pode derrotar o poderio econômico e militar superior"[113]. Contando com essa doutrina, os comandantes estado-unidenses em Bagdá enfatizaram a necessidade de coordenar todo o "campo de batalha" da cidade – referindo-se à infraestrutura civil e à economia destruída, fortalecendo a consciência cultural e usando "a aplicação controlada da violência" para tentar manter a segurança da cidade[114].

Esses paradigmas transformam atos sociais prosaicos que constituem coletivamente a vida urbana em ameaças à existência e à sociedade. Como

---

[112] Thomas Hammes, *The Sling and the Stone* (Nova York, Zenith, 2006), p. 208.

[113] Ibidem, p. 2.

[114] Peter Chiarelli e Patrick Michaelis, "Winning the Peace", cit.

A guerra volta à cidade • 81

vimos na Introdução, o teórico militar estado-unidense William Lind – ampliando os debates "das guerras culturais" dos Estados Unidos dos anos 1980 e 1990, e engolindo por completo o binário "choque de civilizações" de Huntington – argumentou que até a imigração urbana agora precisa ser vista como um ato de guerra. "Na guerra de quarta geração", ele escreveu, "a invasão por imigração pode ser pelo menos tão perigosa quanto a invasão por um exército". Sob o que chama de "ideologia venenosa do multiculturalismo", Lindt defende que imigrantes nas nações do Ocidente agora podem lançar "uma variedade nacional da guerra de quarta geração, que é de longe o tipo mais perigoso"[115].

Aqui confrontamos o que o Centro de Estudos de Imigração chamou de "armamentização" da imigração[116]. Esses conceitos de violência política são especialmente perniciosos porque tomam todos os aspectos da vida humana como nada além de guerra: nações são conceituadas em termos limitados etnonacionalistas, e cidades diaspóricas emergem como poluentes culturais[117]. "A estrada do caráter nacional para uma cosmologia totalizada da nação sagrada", afirma Arjun Appadurai, "e, mais além, para a pureza e limpeza étnica, é relativamente direta"[118].

Enquanto isso, outros comandantes e teóricos do militarismo estado--unidense geraram um enorme debate desde o começo dos anos 1990 sobre uma suposta revolução em assuntos militares (que recebeu o acrônimo RMA, Revolution in Military Affairs)[119]. Esse debate leva em consideração de que maneira novas tecnologias de monitoramento, comunicação e direcionamento "secreto" de alvo ou "de precisão" por meio de "armas inteligentes" podem ser aproveitadas para sustentar uma forma mundial de onipotência militar estado-unidense baseada na guerra "centralizada por rede". Em um mundo unipolar pós-Guerra Fria, o sonho da RMA era que a intimidadora

---

[115] William Lind, "Understanding Fourth Generation War", *Military Review*, set.-out. 2004, p. 13-4.

[116] Ver Cato, *The Weaponization of Immigration* (Washington [DC], Center for Immigration Studies, Backgrounders and Reports, fev. 2008). Disponível em: <www.cis. org>. Acesso em: 30 mar. 2016.

[117] Idem.

[118] Arjun Appadurai, *Fear of Small Numbers*, cit., 2006, p. 4.

[119] Ver Richard Ek, "A Revolution in Military Geopolitics?", *Political Geography*, n. 19, 2000, p. 841-74; Jerry Harris, "Dreams of Global Hegemony and the Technology of War", *Race and Class*, v. 45, n. 4, 2003, p. 54-67.

82 • Cidades sitiadas

e altamente tecnológica "superioridade militar [dos Estados Unidos] hoje indicaria a capacidade de derrubar a perspectiva de qualquer desafio à maneira como o mundo é ordenado", como disse Randy Martin[120]. Com a "névoa da guerra" transformada em história pelas tecnologias militares estado-unidenses de perfeita detecção e assassinato em tempo real, o domínio sobre qualquer inimigo deveria estar garantido, ainda que o número de tropas, além do próprio peso dos exércitos, fosse radicalmente reduzido. Em outras palavras, a guerra deveria ser um processo de assassinato de alta tecnologia a distância movido a capital intensivo.

Essa visão de onipotência tecnológica era especialmente atraente, do ponto de vista militar e cultural, porque, nas palavras de Ashley Dawson, "o grande bastão tecnológico higienizou o lado sangrento da guerra com suas imagens pixelizadas da precisão da destruição"[121]. Sendo assim, as fantasias tecnófilas de poderio perfeito que os debates da RMA se ofereceram para "absolver aqueles que o exerceram a partir de responsabilidades morais por seus atos"[122]. De fato, entre muitos falcões – políticos estado-unidenses pró-guerra – e neoconservadores[123], a RMA ajudou a tornar as guerras imperiais estado-unidenses em um meio desejável de forçar a reorganização "preventiva" do mundo de modo a ampliar o poder político e econômico dos Estados Unidos dentro da estrutura do choque de civilizações[124]. Apresentadas por Donald Rumsfeld, secretário de Segurança estado-unidense entre 2001 e 2006, essas conceituações de guerra corroboraram a estratégia do governo Bush de usar nova tecnologia militar para promover uma nova

---

[120] Randy Martin, "Derivative Wars", *Cultural Studies*, v. 20, n. 4-5, 2006, p. 459.

[121] Ashley Dawson, "Combat in Hell", cit., p. 171.

[122] Idem.

[123] Ver Christian Parenti, "Planet America: The Revolution in Military Affairs as Fantasy and Fetish", em Ashley Dawson e Malini Johar Schueller (orgs.), *Exceptional State: Contemporary US Culture and the New Imperialism* (Durham [NC], Duke University Press, 2007), p. 101.

[124] Susan Roberts, Anna Secor e Matthew Sparke, "Neoliberal Geopolitics", *Antipode*, v. 35, n. 5, 2003; Samuel Huntington, *The Clash of Civilizations and the Remaking of World Order* (Nova York, Simon and Schuster, 1996) [ed. bras.: *O choque de civilizações e a recomposição da ordem mundial*, trad. M. H. C. Côrtes, Rio de Janeiro, Objetiva, 1997]; Luiza Bialasiewicz, "'The Death of the West': Samuel Huntington, Oriana Fallaci and a New 'Moral' Geopolitics of Births and Bodies", *Geopolitics*, v. 11, n. 4, 2006, p. 1-36.

fase da hegemonia política e do imperialismo estado-unidenses. Assim, a RMA ofereceu "uma grande dádiva e um álibi para os falcões pró-guerra"[125].

No entanto, como os gurus da guerra de quarta geração nunca se cansam de destacar, e o pântano de sangue nas cidades iraquianas continua a demonstrar, a obsessão dos teóricos da RMA com *hardware* fez pouco, em um mundo em rápida urbanização, para tornar o poder militar estado-unidense invencível. No Iraque, como tanto acontece na história urbana e militar, a ocupação violenta de uma cidade distante parece ter transformado todos os sonhos de conduzir uma guerra a distância – afastando os soldados norte-americanos do risco enquanto armas de alta tecnologia aniquilam o inimigo – em pouco mais do que ficção científica (ou talvez apenas uma publicidade conveniente para o complexo militar-industrial-de segurança). Mais uma vez, ficou claro que, como afirmou Edward Luttwak,

> as Forças Armadas dos países mais avançados, e com certeza as dos Estados Unidos, formidáveis contra os inimigos reunidos em formações de massa convenientemente atingíveis, são menos eficientes no combate a insurgentes.[126]

Nas cidades do Iraque, o Exército estado-unidense considerou impossível diferenciar os insurgentes dos civis. A catastrófica ignorância linguística e cultural dos militares sobre os lugares em que eles estavam combatendo tem sido um enorme obstáculo. Além disso, a complexa geometria tridimensional das cidades iraquianas interferiu nos sistemas de detecção e *networking* que deveriam criar a onisciência militar e um campo de batalha aberto[127], e o poder de fogo superior e as táticas agressivas dos Estados Unidos – muitas vezes impostos com um desprezo racista pela vida dos habitantes iraquianos dos espaços urbanos, que vivem em uma proximidade inescapável do ponto de impacto – foram bastante contraproducentes. As massas resultantes de civis iraquianos mutilados e mortos só aumentaram a legitimidade e o poder das insurgências iraquianas.

Todavia, estranhamente, a resiliência cultural da tecnofilia militar estado-unidense é tanta que "a mitologia sedutora da guerra pós-moderna de alta tecnologia ainda entronada na mítica fase de combate ativo da invasão do

---

[125] Ashley Dawson, "Combat in Hell", cit., p. 171.

[126] Edward Luttwak, "Dead-end: Counterinsurgency Warfare as Military Malpractice", *Harper's Magazine*, fev. 2007, p. 33-42.

[127] Tim Blackmore, "Dead Slow: Unmanned Aerial Vehicles Loitering in Battlespace", *Bulletin of Science, Technology & Society*, v. 25, n. 3, 2005, p. 195-214.

Iraque foi mantida cuidadosamente livre de contaminação pelas realidades brutais e caóticas da ocupação"[128]. Como vamos ver mais adiante, sonhos de onipotência de alta tecnologia apenas migraram de fantasias globais da RMA de dominação vinda de cima para fantasias de controle das complexas microgeografias do universo urbano por meio de guerreiros robóticos e sensores onipresentes.

Um terceiro e último grupo de teóricos militares estado-unidenses agora está obcecado com a necessidade de se preocupar com "operações baseadas em efeitos" – os complexos efeitos das operações militares em vez do simples imperativo de destruir ou matar o inimigo. Em uma linguagem tipicamente nada sutil, um desses teóricos argumenta que a guerra se tornou mais do que uma questão de "mandar ferro no alvo"[129]. O controle ou a fabricação das imagens e informações de guerra são, então, considerados tão importantes quanto os bombardeios ou o disparo de mísseis. Por consequência, "a guerra da informação" pode envolver tudo, de espalhar folhetos e bombardear redes de TV que mostram a morte de civis até esforços de coerção política e social que façam infraestruturas inteiras de nações urbanas parar repentina e completamente.

O conceito-chave que move o pensamento e a prática militar atuais é o "campo de batalha". Ele é crucial porque, na essência, sustenta "uma concepção de questões militares que inclua absolutamente tudo"[130]. Nada fica fora do campo de batalha, temporal ou geograficamente. Esse campo não tem dianteira nem traseira, não tem começo nem fim. É "profundo, alto, amplo e simultâneo"[131]. Então, o conceito de campo de batalha permeia tudo, das escalas moleculares da engenharia genética e da nanotecnologia, passando pelos espaços cotidianos e experiências da vida na cidade, até esferas planetárias do espaço e o ciberespaço da internet que atravessa o globo[132].

---

[128] Patrick Deer, "Introduction: The Ends of War and the Limits of War Culture", *Social Text*, v. 25, n. 2, 2007, p. 1.

[129] John W. Bellflower, "The Indirect Approach", *Armed Forces Journal*, jan. 2007. Disponível em: <www.armedforcesjournal.com>. Acesso em: 30 mar. 2016.

[130] Phil Agre, "Imagining the Next War", cit.

[131] Tim Blackmore, *War X: Human Extensions in Battlespace* (Toronto, University of Toronto Press, 2005).

[132] O major David Pendall, do Exército estado-unidense, escreve: "Operações com acesso cibernético ou virtuais vivem nas mesmas redes e nos mesmos sistemas que as redes e os sistemas dos adversários. Na maioria dos casos, ambos usam os mesmos protocolos,

A guerra volta à cidade • 85

Com guerras e batalhas não mais sendo declaradas nem encerradas, as temporalidades da guerra ameaçam se estender infinitamente. "A guerra está de volta e, pelo jeito, para sempre", escreve Patrick Deer[133]. Não surpreende que os gurus do Pentágono tenham convencido George W. Bush a substituir a ideia da "Guerra ao Terror" com a nova Grande Ideia de "Guerra Longa" em 2004[134].

Administrar e manipular a política do medo por meio daquilo que os militares estado-unidenses chamaram de "operações de informação" – propaganda política – é fundamental para essas novas constelações de doutrina militar. Como é comum na guerra, o uso da propaganda política para convencer populações domésticas de que apenas uma ousada ação militar no exterior pode impedi-las de serem aterrorizadas em seu país tem sido especialmente importante para a Guerra ao Terror. De fato, fomentar o medo permitiu que a catastrófica má administração da macroeconomia dos Estados Unidos, e o consequente sofrimento da população estado-unidense, fossem maquiados – pelo menos até o colapso financeiro de 2008-2009. A fusão de entretenimento, mídia e guerra no que James Der Derian chama de "rede militar-industrial-mídia-entretenimento" teve uma importância central aqui[135]. Como escreveu Andrew Ross em 2004:

> Com o advento da chamada guerra ao terror, a legitimidade do governo dos Estados Unidos não mais depende de sua capacidade ou disposição para garantir um padrão de vida decente para esses cidadãos; em vez disso, ele depende do grau em que a população pode ser persuadida com sucesso de que está à beira de ser aterrorizada.[136]

Mesmo em meio ao caos e à devastação da crise econômica, os desesperados gerentes da campanha republicana conseguiram retratar amplamente

---

infraestruturas e plataformas. Eles rapidamente podem transformar qualquer espaço em um campo de batalha". David Pendall, "Effects-Based Operations Exercise of National Power", *Military Review*, jan.-fev. 2004, p. 26.

[133] Patrick Deer, "Introduction: The Ends Of War and the limit of War Culturte", cit., p. 1.

[134] Dr. David H. Mcintyre, "Strategies for a New Long War: Analysis and Evaluation", Declaração apresentada ao Comitê sobre Reforma do Governo, Subcomitê sobre Segurança Nacional, Ameaças Emergentes e Relações Internacionais, 3 fev. 2004. Disponível em: <www.iwar.org.uk>. Acesso em: 30 mar. 2016.

[135] James Der Derian, *Virtuous War: Mapping the Military-Industrial-Media-Entertainment Network* (Boulder [CO], Westview, 2001).

[136] Andrew Ross, "Duct Tape Nation", cit., p. 4.

86 • Cidades sitiadas

o candidato à presidência democrata, Barack Obama, como um aliado à espreita do maior inimigo terrorista, Osama bin Laden.

"As cidades são o problema"

> O futuro das guerras está na ruas, redes de esgoto, arranha-céus, parques industriais e no alastramento de casas, barracos e abrigos que compõem as cidades fragmentadas do nosso mundo.[137]

Espaços urbanos e operações militares urbanas ocupam cada vez mais o centro de todas essas conceituações de guerra. Teóricos militares antiurbanos divulgam a ideia de que espaços urbanos concentram, abrigam e camuflam uma série de agitadores, insurgentes e movimentos sociais contra o Estado. É nas cidades, eles defendem, que as vantagens da alta tecnologia dos exércitos ocidentais se perdem, porque não é mais possível usar as armas da RMA para eliminar alvos em áreas desertas de maneira conveniente e barata, como foi feito no Iraque em 1991. É nas cidades em expansão que as vulnerabilidades do poder estatal, econômico e militar ocidentais estão mais expostas. E são as cidades que servem de camuflagem contra a onipotência e onisciência vertical das forças estado-unidenses. Depois de 1991, muitos teóricos levantaram a hipótese de que

> forças insurgentes do mundo todo, tendo testemunhado a aniquilação das tropas de Saddam no deserto aberto pelas "bombas inteligentes" estado--unidenses [durante a primeira Guerra do Golfo], constataram que sua única chance de sobrevivência estava em lutar guerras futuras nas selvas urbanas do mundo subdesenvolvido.[138]

Essas perspectivas sugerem, como afirma Duane Schattle, do Escritório de Operações do Comando de Forças Conjuntas dos EUA, que "as cidades são o problema"[139] para o poder militar estado-unidense. Na mesma linha, James Lasswell, chefe do Escritório de Ciência e Tecnologia do Laboratório de Guerra da Marinha, acredita que "o urbano é o futuro" e que "tudo pelo que

---

[137] Ralph Peters, "Our Soldiers, Their Cities", *Parameters, US Army War College Quarterly*, v. 26, n. 1, 1996, p. 43.

[138] Ashley Dawson, "Combat In Hell", cit., p. 172.

[139] Nick Turse, "Slum Fights: The Pentagon Plans for a New Hundred Years' War", *Tom Dispatch*, 11 out. 2007.

vale a pena lutar está no ambiente urbano". E Wayne Michael Hall, consultor do Escritório de Operações Urbanas Conjuntas, postula que as forças estado-unidenses "vão lutar em terreno urbano pelos próximos cem anos"[140].

Viradas culturais, poder em declínio

No entanto, é impressionante como discussões vagas dentro das forças militares estado-unidenses sobre a guerra urbana agora estão sendo complementadas por discussões sobre como colonizar as íntimas inflexões da cultura urbana dentro das principais cidades de contrainsurgência. Essa "virada cultural"[141] na doutrina militar urbana e de contrainsurgência se concentra no que o Pentágono chama de "Sistema Terrestre Humano"[142]. Na Guerra Longa, ao que parece, "antropólogos são artigos em alta"[143].

Além do recrutamento de antropólogos, "os orçamentos do Pentágono refletem um compromisso cada vez maior com a aquisição do chamado 'conhecimento cultural'", escreve Roberto González[144]. As especificidades culturais de cidades e distritos agora estão, portanto, sendo copiadas e simuladas. Soldados estado-unidenses estão recebendo treinamento rudimentar para apreciar as tradições culturais iraquianas, o urbanismo islâmico, a complexa composição étnica do Iraque e tradições e costumes locais. Especificamente, estão sendo realizados estudos militares da cidade islâmica, carregados de clichês orientalistas[145]. O objetivo de compilar dados antropológicos e

---

[140] Idem.

[141] Ver Derek Gregory, "'The Rush to the Intimate': Counterinsurgency and the Cultural Turn in Late Modern War", *Radical Philosophy*, n. 150, 2008.

[142] Não surpreende que essa tendência tenha enfrentado críticas ferozes de muitos antropólogos acadêmicos. Ver Roberto González, "'Human Terrain': Past, Present and Future Applications", *Anthropology Today*, v. 24, n. 1, 2008, p. 21-6.

[143] Laura McNamara, "Culture, Critique and Credibility: Speaking Truth to Power during the Long War", *Anthropology Today*, v. 23, n. 2, 2007, p. 20-1; e Roberto González, "Towards Mercenary Anthropology? The New US Army Counterinsurgency Manual *FM 3-24* and the Military-Anthropology Complex", *Anthropology Today*, v. 23, n. 3, 2007, p. 14-5.

[144] Roberto González, "'Human Terrain'", cit., p. 22.

[145] Ver Louis DiMarco, *Traditions, Changes, and Challenges: Military Operations and the Middle Eastern City* (Fort Leavenworth [KS], US Army Combat Studies Institute Press, 2006, série Global War on Terrorism Occasional Paper, n. 1).

88 • Cidades sitiadas

etnográficos sobre o terreno humano das operações estado-unidenses de contrainsurgência é, ao que parece, como afirma González, "ajudar a ganhar as lutas de 'vontade e legitimidade'" (talvez pelo uso de propaganda política), para "trazer à tona as redes insurgentes de bombas de fabricação caseira [IED, na sigla em inglês]" (presumivelmente para transformá-los em alvos) e para funcionar como "um elemento de poder de combate" (isto é, como arma). A preocupação aqui, ele comenta, é que

> num futuro próximo, agentes talvez usem perfis culturais para mirar, de forma preventiva, insurgentes ou extremistas estatisticamente prováveis (em vez de reais) no Iraque, Afeganistão, Paquistão ou em outros países considerados refúgios de terroristas.[146]

O uso da chamada consciência cultural como arma contra as insurgências iraquianas é, no entanto, completamente fraudulento. Em sua tentativa de reposicionar as forças americanas como pouco mais do que espectadores inocentes em meio à carnificina das ruas de Bagdá, ele ofusca e higieniza a violência imperial e a insegurança radical geradas exatamente pela presença dessas forças[147], e, em vez disso, coloca toda a culpa dessas condições nas patologias criadas pelas diferenças étnicas e sectárias dentro do Iraque. Isso obscurece a presença provocadora e as ações assassinas dos militares americanos, junto com suas forças representantes e legiões mercenárias. E deixa de levar em consideração as maneiras complexas como uma miríade de acordos entre as Forças Armadas dos Estados Unidos, seus regimes de fachada e suas milícias representantes e um amplo espectro de militares privados contratados aumentaram muito, e de fato exploraram, as tensões sectárias no Iraque e, assim, promoveram programas de limpeza étnica.

Esse fracasso é sintomático de um problema muito mais amplo que permeia a virada cultural e urbana na doutrina militar estado-unidense. Ele corrobora uma discussão altamente tecnocrática e tecnófila que gira em torno do que Ashley Dawson chama de "uma predominância cada vez maior de zonas de combate urbanas", combinada com a completa inabilidade de "reconhecer as forças políticas e econômicas subjacentes que movem a urbanização nas megacidades do Sul global"[148]. Ao não abordar as causas que estão na

---

[146] Roberto González, "'Human Terrain'", cit., p. 21-6.

[147] Derek Gregory, "'The Rush to the Intimate'", cit.

[148] Ashley Dawson, "Combat in Hell", cit., p. 171.

raiz da extrema polarização e da violência geradas pela neoliberalização e do enorme crescimento de assentamentos informais, o discurso militar urbano simplesmente faz eco para o catastrófico fracasso das elites políticas e econômicas do mundo em "questionar como integrar o excedente de humanidade do Sul global à economia global". A melhor interpretação para as fantasias alimentadas por teóricos militares estado-unidenses de controle dos assentamentos e das cidades em desenvolvimento do mundo provavelmente é o que Dawson chama de "índice de declínio da hegemonia do poder imperial dos Estados Unidos, em vez de um sinal da potência invencível do império"[149]. Em 2009, ao testemunhar o rápido declínio de poder da economia estado--unidense, cambaleando sob a atual crise econômica, é difícil não discordar. Claro, isso não significa que essas fantasias militares não trazem consequências. Ao contrário, como fica claro no capítulo a seguir, elas refletem formas de pensar que têm raízes profundas e são extremamente problemáticas, ao transformar nosso mundo em urbanização em uma geografia perigosamente sedutora de bondade *versus* hostilidade.

---

[149] Ibidem, p. 174.

2
MUNDOS MANIQUEÍSTAS

Realidade partida

A separação epistemológica entre colônia e metrópole, a ocultação sistemática do trabalho colonial em que a prosperidade imperial está baseada, resulta em uma situação em que [...] a verdade da existência metropolitana não está visível na própria metrópole.[1]

Esta obra sustenta que a guerra e o terror dos dias de hoje se resumem em grande parte a uma disputa por espaços, símbolos, significados, sistemas de apoio e estruturas de poder das cidades. Como aconteceu no decorrer da história da guerra, essas lutas são alimentadas por construções dicotomizadas e maniqueístas[2] de um "nós" e um "eles" distinto – o alvo, o inimigo, o odiado.

Programas de violência política organizada sempre foram legitimados e sustentados por complexas "geografias imaginativas" – um termo que, de acordo com o trabalho de Edward Said[3] e Derek Gregory[4], denota as

---

[1] Fredric Jameson, "The End of Temporality", *Critical Inquiry*, v. 29, n. 4, 2003, p. 700.

[2] "Maniqueísmo" se refere a um sistema de doutrina religiosa ensinado por Mani, um profeta persa, no século III. Ele se baseava "no suposto conflito primordial entre luz e escuridão ou bem e mal" (Collins English Dictionary, Londres, 1995). Na teoria contemporânea de Relações Internacionais, o termo "maniqueísta" é usado para descrever todas as representações e construções do mundo que o dividem em pessoas e lugares "bons" ou "maus", herméticos e supostamente autoevidentes. Esse é o uso adotado aqui.

[3] Edward Said, *Orientalism* (Londres, Routledge and Kegan Paul, 1978) [ed. bras.: *Orientalismo*, trad. Rosaura Eichenberg, São Paulo, Companhia das Letras, 2007].

[4] Derek Gregory, "Imaginative Geographies", *Progress in Human Geography*, n. 19, 1995, p. 447-85.

maneiras pelas quais as sociedades imperialistas constroem generalizações binárias tanto sobre territórios colonizados e "estrangeiros" quanto sobre os espaços "nacionais" que estão no "coração do império".

Essas geografias imaginativas são cruciais para a "separação colonial da realidade"[5] que sustenta todos os impérios. Edward Said, por exemplo, argumenta que as geografias imaginativas são há muito tempo fundamentais para manter um tratamento orientalista do mundo árabe como o "outro". Como ele enfatizou pouco antes de sua morte, a depreciação e demonização de lugares e de povos distantes como "eles" não pode funcionar sem a valorização paralela de um "nós" virtuoso, e, assim, "sem uma noção bem organizada de que as pessoas de lá não eram como 'nós' e não apreciavam os 'nossos' valores – o cerne mesmo do dogma orientalista –, não teria havido guerra" no Iraque[6].

Ao acabar com as similaridades ou conexões entre "nós" e "eles", o orientalismo emprega uma violência simbólica considerável e traduz as diferenças como a distinção necessária para legitimar e manter a violência contra povos e lugares distantes[7]. Essencialmente, isso resulta tanto no "Terceiro Mundo" quanto no "Ocidente"[8], ou no "Ocidente" e no "mundo islâmico", vistos como universos distantes e aparentemente desconexos. No processo, a possibilidade de forjar vínculos entre as experiências vivenciadas por pessoas de ambos os universos é sistematicamente negada. "Um dos determinantes fundamentais da experiência [moderna]", sugere Fredric Jameson, "pode ser encontrado na maneira como o imperialismo mascara e oculta a natureza de seu sistema". Acima de tudo, Jameson destaca,

> os poderes imperiais do sistema mais antigo não querem saber de suas colônias nem da violência e da exploração que é a base de sua própria prosperidade, tampouco desejam ser forçados a reconhecer a multidão de "outros" escondidos sob a linguagem e os estereótipos, as categorias sub-humanas, do racismo colonial.[9]

---

[5] Stefan Kipfer e Kanishka Goonewardena, "Colonization and the New Imperialism: On the Meaning of Urbicide Today", *Theory and Event*, v. 10, n. 2, 2007.

[6] Edward Said, *Orientalism* (ed. do 25º aniversário, Londres, Penguin, 2003), p. xxiii.

[7] Hugh Gusterson, "Nuclear Weapons and the Other in the Western Imagination", *Cultural Anthropology*, n. 14, 1999, p. 111-43.

[8] Idem.

[9] Fredric Jameson, "The End of Temporality", cit., p. 700.

Para sabotar a separação de civilizações distintas, categorias normalizadas – o alvo distante *versus* a comunidade supostamente homogênea e nacional da "pátria" – precisam ser resistidas e abaladas ativamente. Em um mundo em rápida urbanização, forjado a partir de uma abundância de diásporas instáveis e circulações urbanas que transcendem as geografias imaginativas, tal projeto é crucial. Amir Parsa, por exemplo, sugere que "não existe 'mundo islâmico'! E, claro, não existe 'Ocidente' – a menos que se trate de descrever uma direção (geográfica, quando muito)"[10]. Parsa afirma que "a maior parte das dicotomias [são] retratos simplistas de fenômenos e divisões muito mais complexos [mas] essa é especialmente problemática", e destaca que

> essa invenção generalizada nega completamente os vastos complexos de individualidades, subjetividades, comunidades, cada qual com camadas sobrepostas de diferenças, complexidade e ambiguidade em sua própria trama, que existem e operam dentro de todos os estratos do "mundo".[11]

Apego ao espaço

> O discurso de guerra [...] funciona como uma estratégia que recorta, separa e compartimenta o conhecimento, oferecendo uma grade altamente sedutora e militarizada através da qual se pode interpretar o mundo.[12]

As geografias imaginativas tendem a ser caracterizadas por fortes binarismos de apego ao espaço. Não surpreende que eles tendam a ser especialmente poderosos e intransigentes em tempos de guerra. A guerra mobiliza uma dialética carregada de apego ao local: a ideia de que os "nossos" lugares são a antítese dos lugares do inimigo demonizado[13]. Com frequência, essa polarização é fabricada e reciclada por meio dos discursos do Estado, amparados por representações adequadas à cultura popular. Ela sentimentaliza determinado espaço enquanto destitui a humanidade dos espaços do inimigo.

---

[10] Amir Parsa, "Division", em Jordan Crandall (org.), *Under Fire 1. The Organization and Representation of Violence* (Roterdã, Witte De Witte, 2004), p. 29.

[11] Idem.

[12] Patrick Deer, "Introduction: The Ends of War: the Limits of War Culture", *Social Text*, v. 25, n. 2, 2007.

[13] Ken Hewitt, "Place Annihilation: Area Bombing and the Fate of Urban Places", *Annals of the Association of American Geographers*, n. 73, 1983, p. 258.

94 • Cidades sitiadas

Por criar uma disposição política para tomar esse espaço do inimigo como alvo e destruí-lo, as construções binárias são um elemento fundamental[14].

Desde a sua criação, a chamada Guerra ao Terror dos Estados Unidos conta com essas construções duplas do espaço – em especial do espaço urbano. Elas têm sido essenciais para obter legitimação, mesmo que mínima, da ideia central de que uma guerra pesada, global e perpétua é a reação adequada a ataques ou ameaças de terrorismo urbano. Desde 11 de setembro de 2001, a construção discursiva da Guerra ao Terror é marcada pela reelaboração das geografias imaginativas que separam as cidades de uma suposta pátria estado-unidense das cidades árabes retratadas como fonte de ameaças terroristas contra os interesses nacionais dos Estados Unidos. Isso envolveu a atribuição de duas classificações constitutivas mutuamente exclusivas e mutuamente constitutivas: ou "conosco" ou "contra nós", de acordo com a famosa expressão de Bush. Assim, a guerra tem sido retratada, em especial em seus estágios iniciais, como o que Derek Gregory chamou de "um conflito entre uma civilização unitária e universal (sintetizada nos Estados Unidos) e barbarismos múltiplos e em bandos que eram sua negação e nêmesis"[15]. Com a direita cristã e sionista integrando perfeitamente o tratamento que Israel dá aos palestinos à Guerra ao Terror – tudo sob a ordem da deidade judaico-cristã –, essas técnicas discursivas criaram a situação para que o Iraque de Saddam Hussein, a Al Qaeda e os campos de refugiados palestinos fossem igualados, e atacados, em paralelo.

Espelhos maniqueístas

> O ódio a formas de vida relativamente abertas e cosmopolitas (com matizes muitas vezes explícitos de antissemitismo) é um aspecto importante da política vivenciada dos teocratas estado-unidenses e islâmicos.[16]

O impressionante aqui é como construções fundamentalistas e racistas de espaço urbano são quase exatamente espelhadas nas representações caricatas

---

[14] Idem.

[15] Derek Gregory, "Geographies, Publics and Politics", ensaio extraído de "Raising Geography's Profile in the Public Debate", Encontro Anual da Associação de Geógrafos Estado-Unidenses, Filadélfia, PA, mar. 2004, n. 8. Disponível em: <geography.berkeley.edu>. Acesso em: 2 jun. 2016.

[16] Stefan Kipfer e Kanishka Goonewardena, "Colonization and the New Imperialism", cit.

e preconceituosas de cidades rotineiramente disseminadas por grupos islâmicos fundamentalistas como a Al Qaeda[17]. Aqui, no entanto, como a ordem teológica deriva de uma fonte diferente, os alvos são as cidades "infiéis", "cristãs" e "sionistas" do Ocidente e de Israel, e os espaços sentimentalizados da pátria islâmica devem ser violentamente purificados da presença ocidental para a criação forçosa de um espaço islâmico transnacional, ou *Ummah*, que exclui sistematicamente, por meio do exercício contínuo de uma força assassina, toda diversidade e alteridade.

Assim, em vez do "conflito de civilizações" de Huntington, o que emerge aqui é o "conflito de barbáries" de Gilbert Achcar[18]. Aliás, de muitas formas, há uma ligação umbilical entre o terrorismo e o contraterrorismo. Tragicamente, no fim das contas, ambos estão se autoperpetuando, sustentados por suas geografias imaginativas espelhadas. Isso ocorre, em especial, quando tanto a Guerra ao Terror quanto o islamismo radical tendem a demonizar o cosmopolitismo confuso das cidades, retratando-as como lugares intrinsecamente amorais, pecaminosos e antinaturais. Não surpreende que ambos os barbarismos tenham como alvo de destruição as cidades e seus habitantes. Ou que tanto o fundamentalismo cristão/neoconservador quanto o islâmico compartilhem o que Zillah Eisenstein chamou de mentalidade "masculinista--militarista", em que a violência é o caminho para a destruição criativa de cidades, nações ou civilizações[19].

Os espelhos maniqueístas dos dois fundamentalismos polarizados inevitavelmente produzem uma duplicação e reduplicação da violência[20]. O resultado é uma convergência entre terror de Estado e terror não estatal. A "principal catástrofe" da Guerra ao Terror, como Joseba Zulaika destaca, "é que uma guerra tão categoricamente mal definida, constantemente prorrogada, simplória, do Bem *versus* o Mal ecoa e recria a própria mentalidade

---

[17] Joseba Zulaika, "The Self-Fulfilling Prophecies of Counterterrorism", *Radical History Review*, n. 85, 2003, p. 191-9.

[18] Ver Gilbert Achcar, *Clash of Barbarisms: September 11 and the Making of the New World Disorder* (Nova York, Monthly Review Press, 2002).

[19] Zillah Eisenstein, "Feminisms in the Aftermath of September 11", *Social Text*, v. 20, n. 3, 2002, p. 81.

[20] Emran Qureshi e Michael Sells, "Introduction: Constructing the Muslim Enemy", em Emran Qureshi e Michael Sells (orgs.), *The New Crusades: Constructing the Muslim Enemy* (Nova York, Columbia University Press, 2003, p. 1-50).

96 • Cidades sitiadas

absolutista e as táticas de 'excepcionalismo' dos terroristas insurgentes".
Zulaika sugere ainda que

> ao adotar formalmente o jogo dos próprios terroristas – que, por definição, carece de regras de engajamento, fins definidos, alinhamentos claros entre inimigos e amigos ou arranjos formais de qualquer espécie, sejam militares, políticos, legais ou éticos –, o perigo inevitável está em reproduzi-lo infinitamente.[21]

Assim, a verdadeira tragédia da Guerra ao Terror é seu paralelismo próximo com a Al Qaeda ao invocar noções homogêneas e exclusivistas de comunidade como forma de legitimar a violência em massa contra civis. As estratégias e os discursos tanto da administração Bush quanto da Al Qaeda – caracterizados por dialéticas exageradas e que se reforçam mutuamente – contavam com conceitos hipermasculinizados de guerra (assimétrica), invocações de uma ordem teológica e noções absolutistas de violência, com o objetivo de criar uma ordem social eterna, ilimitada e fixa por meio do extermínio definitivo do inimigo. Ambos também dependeram em grande medida do uso da mídia transnacional para reiterar uma retórica de bem *versus* mal e um espetáculo de vitimização, demonização, desumanização e vingança.

Cidades pinçadas

As cidades sempre geraram medo e ódio entre as elites políticas e religiosas. Quase todo grande movimento religioso ou político da história expressou um sentimento profundamente ambivalente, na melhor das hipóteses, sobre a concentração da humanidade em cidades fervilhantes. O Antigo Testamento, por exemplo, inclui passagens sobre um Deus colérico destruindo uma cidade maligna. Jacques Ellul chegou a defender que, de uma perspectiva cristã, "Deus amaldiçoou, condenou a cidade, em vez de nos dar uma lei para ela"[22].

Nosso mundo em rápida urbanização guarda em si mesmo, no entanto, um estranho universo paralelo de fundamentalismo antiurbano e apocalíptico. Esse fundamentalismo tem forte ligação com antigas alegorias religiosas em torno da necessidade de vingança contra cidades pecaminosas e urbanoides

---

[21] Joseba Zulaika, "The Self-Fulfilling Prophecies of Counterterrorism", cit., p. 198.

[22] Jacques Ellul, *The Meaning of the City* (Grand Rapids [MI], Eerdmans, 1970), p. 16.

pródigos. Como coloca o coletivo Retort, tanto "o império quanto a Jihad [são] virulentas mutações da direita"[23]. Ambos são alimentados por uma repulsa ao cosmopolitismo e à desordem incontrolável da vida nas grandes cidades.

Islamismo radical e a cidade ocidental

Então, por um lado, os islamistas radicais do mundo costumeiramente expressam sua repulsa por cidades do Ocidente: as cidades ocidentais. O ataque de 11 de Setembro contra aquele ícone do urbanismo ocidental, o World Trade Center – uma Torre de Babel moderna? –, evocou um antigo "mito sobre a destruição da cidade pecaminosa"[24]. Há pouca dúvida de que a natureza repugnante atribuída ao urbanismo ocidental capitalista cosmopolita tenha sido uma motivação central para o ataque. Na realidade, os líderes do ataque eram eles mesmos urbanistas qualificados que abominavam o modernismo arquitetônico ocidental[25].

O cientista político Julian Reid chegou a interpretar o 11 de Setembro como parte de uma "longa tradição de fazer guerra contra formas arquitetônicas modernas [verticais] que tiveram origem no Ocidente"[26]. Os historiadores do urbanismo Michael Mehaffy e Nikos Salingaros apontaram que

> o organizador do ataque, Mohamed Atta, era um urbanista profissional que estudou na Alemanha, e um antimodernista que odiava arranha-céus, [que] odiava prédios modernistas ocidentais que, para ele, acabavam com a vitalidade tradicional de suas cidades.[27]

Osama bin Laden enfatizou repetidas vezes em seus discursos que via os estado-unidenses como adoradores de ídolos, disseminadores de idolatria

---

[23] Iain Boal et al., "The New 1914 that Confronts Us: An Interview with Retort", *Afterimage*, v. 34, n. 4, p. 20.

[24] Ian Buruma e Avishai Margalit, *Occidentalism: The West in the Eyes of Its Enemies* (Londres, Penguin, 2004), p. 14.

[25] Bin Laden é engenheiro civil de formação. Mohamed Atta – o principal homem-bomba – se formou em arquitetura no Cairo e em urbanismo em Hamburgo e escreveu uma tese que vituperava os impactos da arquitetura ocidental modernista nas cidades árabes.

[26] Julian Reid, "Architecture, Al Qaeda, and the World Trade Center", *Space and Culture*, v. 7, n. 4, 2004, p. 396.

[27] Michael Mehaffy e Nikos Salingaros, "The End of the Modern World", *PLANetizen*, 9 jan. 2002. Disponível em: <www.planetizen.com>. Acesso em: 30 mar. 2016.

98 • Cidades sitiadas

pelo mundo – pelo mundo muçulmano em particular –, na forma tanto do secularismo quanto do cristianismo. A retórica da Al Qaeda retrata os centros das cidades ocidentais como concentrações incomparáveis de pecado, devassidão, cobiça, materialismo e crueldade. No entanto, longe de ser anti-modernos, os membros da Al Qaeda muitas vezes estão totalmente imersos em sociedades de consumo – uma imersão que os leva a crer que tanto o Ocidente quanto as cidades ocidentalizadas são "aglomerações desenraizadas de materialistas arrogantes e frios". Os campesinos, em contraste, são vistos como "fortemente sintonizados com a natureza e a tradição, cujos sangue e suor se misturaram à terra que eles aram e conhecem como seus"[28].

Na construção de Ummah – um verdadeiro reino islâmico, um califado que se baseia nos princípios do islã –, as depravações das cidades em estilo ocidental devem ser violentamente eliminadas. Uma comunidade pura e homogênea, argumenta-se, deve ser criada dos escombros do cosmopolitismo capitalista vira-lata – uma cultura que encontra seu apogeu no inimigo maior, o judaísmo. "Relatos do Novo Califado que resultaria do sucesso da Al Qaeda, do Hezbollah e de grupos relacionados em conseguir o que querem", aponta Trevor Boddy, "são assustadoramente semelhantes à 'arquitetura de conforto' nos parques temáticos [ocidentais]". Com isso, Boddy quer dizer que

> eles propõem cidades e países estruturados por imposição de uma narrativa – nesse caso, o Alcorão, o Hadith e interpretações subsequentes – que vão codificar espaços com emoções, em especial a fé e seu oposto, a raiva contra aqueles sem fé.[29]

Ian Buruma e Avishai Margalit sugerem em seu livro *Ocidentalismo*[30] que a Al Qaeda insiste em antigos ódios antiurbanos, há tempos mobilizados por um amplo espectro de ideologias políticas e religiosas. Estas englobam

---

[28] Robbert Woltering, "They Hate Us because We're Free…", *Review of International Social Questions*, 28 jun. 2004.

[29] Trevor Boddy, "Architecture Emblematic: Hardened Sites and Softened Symbols", em Michael Sorkin (org.), *Indefensible Space: The Architecture of the National Security State* (Nova York, Routledge, 2007), p. 281.

[30] Ian Buruma e Avishai Margalit, *Occidentalism: A Short History of Anti-Westernism* (Londres, Grove, 2004) [ed. bras.: *Ocidentalismo: o Ocidente aos olhos de seus inimigos*, trad. Sérgio Lopes, Rio de Janeiro, Zahar, 2006]. Críticos do livro de Buruma e Margalit culpabilizam a obra de reduzir o "islã" a um mero espaço de resistência contra o Ocidente, em vez de uma gama heterogênea de sociedades com agência e

Mundos maniqueístas • 99

desdém por mercadores burgueses, que representam a própria antítese do herói que se sacrifica; desprezo pela mentalidade ocidental e sua celebração da razão e da ciência; e aversão ao incrédulo, que deve ser destruído para abrir caminho a um mundo de fé pura[31].

Território inimigo: a direita neoconservadora/cristã e a cidade estado-unidense

A visão patriótica [da direita cristã] da cidade começa com uma história no Gênesis 11:1-9. Quando Deus viu a primeira cidade da humanidade e a torre que seus residentes tinham construído, Ele destruiu a torre e confundiu sua língua, "para que ninguém entendesse a língua do companheiro", "os espalhou por toda a face da Terra, e eles pararam de construir a cidade". Mais adiante, no Gênesis, Deus destrói as cidades de Sodoma e Gomorra por profunda imoralidade, interpretada como homossexualidade.[32]

Talvez seja motivo de surpresa que os fundamentalistas cristãos e neo-conservadores dos Estados Unidos tenham uma visão das principais cidades do país bastante semelhante à da Al Qaeda. Conforme a política teocrática fundamentalista cristã entrou para o *mainstream* nos Estados Unidos, em grande parte pela colonização do Partido Republicano, o antiurbanismo profundamente enraizado no coração da cultura política e tecnológica estado-unidense se transformou em uma completa demonização urbana[33]. O coração eleitoral do Partido Repúblicano costuma "desprezar o modernismo liberal que deu forma à cultura metropolitana no século XX, e o vê como uma ideologia tão exótica e ameaçadora quanto o comunismo"[34].

---

poder próprios. Ver, por exemplo, Martin Jacques, "Upping the Anti", *The Guardian*, Londres, 4 set. 2004.

[31] Ver Mackubin Owens, "Against the West: Islamic Radicals Hate Us for Who We Are, Not What We Do", *Ashbrook Center for Public Affairs*, jul. 2004.

[32] Jeremy Adam Smith, "Tearing Down the Towers: The Right's Vision of an America Without Cities", *Public Eye Magazine*, v. 21, n. 1, 2006.

[33] Gregory K. Clancey aponta que o próprio Partido Republicano foi criado, como ele coloca, "pela marcha pelas Grandes Planícies; um ato de êxodo ou recuo da orla urbana do Atlântico". Em Jordan Crandall (org.), *Under Fire 2: The Organization and Representation of Violence* (Roterdã, Witte de Witte, 2005), p. 64.

[34] Jeremy Adam Smith, "Tearing Down the Towers", cit.

100 • Cidades sitiadas

Como argumenta David Harvey, a profunda repulsa antiurbana vai ao encontro de uma tendência cultural mais ampla dentro dos círculos conservadores, nos quais discussões sobre a cidade tendem a "evocar um pesadelo distópico em que tudo o que há de pior no caráter fatalmente falho da humanidade se junta em um abismo de desespero"[35]. Com muita frequência, então, os conservadores imaginam os bairros pobres nas cidades como uma espécie de "estado de natureza hobbesiano"[36] – uma imagem que se funde perfeitamente com retratos das cidades "fracassadas" ou "selvagens" do Sul global, produzindo uma fantasia abrangente de urbanismo que engloba o interior e o exterior dos Estados Unidos dos conservadores.

Além do mais, tais descrições podem legitimar soluções políticas neoliberais baseadas na reabilitação de um *éthos* de disciplina/responsabilidade individual dentro de comunidades patologizadas, combinadas com políticas militarizadas ou operações francamente militares. Ao mesmo tempo, explicações coerentes sobre o que causa a situação das populações e dos espaços urbanos marginalizados saem ainda mais de cena. "Na cidade estado-unidense", afirma David Simon, autor da aclamada série dramática para TV *The Wire*, "o porquê deixou de existir" no discurso político *mainstream*[37].

Na esfera pessoal, os políticos republicanos costumam ficar claramente desconfortáveis com os centros metropolitanos dos Estados Unidos. Em 2005, por exemplo, uma pequena tempestade midiática foi gerada pelos comentários de Tom DeLay, um importante republicano de Houston e, na época, líder da maioria na Câmara dos Deputados, sobre a vindoura convenção republicana na cidade de Nova York – a primeira da história na cidade.

DeLay sugeriu que, em vez de ocupar hotéis pela cidade, os representantes deveriam alugar um navio de cruzeiro de luxo com 2.240 cabines, o *Norwegian Dawn*, e ancorá-lo ao lado do Centro de Convenções Javits.

---

[35] David Harvey, *Justice Nature and the Geography of Difference* (Oxford, Blackwell, 1996), p. 404.

[36] Guy Baeten, "The Uses and Deprivations of the Neoliberal City", em BAVO (org.), *Urban Politics Now: Re Imagining Democracy in the Neoliberal City* (Roterdã, NAi Publishers, 2008); Rowland Atkinson e Gesa Helms (orgs.), *Securing an Urban Renaissance* (Bristol, Policy Press, 2007).

[37] David Simon, "The Escalating Breakdown of Urban Society across the US", *The Guardian*, Londres, 6 set. 2008.

Para ele, alugar a embarcação era "uma oportunidade de [os representantes] ficarem em um único lugar, em segurança"[38].

Um impressionante reflexo do antiurbanismo instintivo do Partido Republicano em relação ao que Paul Street chamou de "território inimigo" das cidades estado-unidenses, a proposta de DeLay foi bombardeada por políticos nova-iorquinos, preocupados com a possibilidade de que os multiplicadores econômicos esperados para quando a cidade sediasse o evento fossem engolidos pelo navio. Street foi um dos muitos a condenar a decisão de realizar a convenção em Nova York, considerando-a uma exploração vulgar do terceiro aniversário dos ataques terroristas de 11 de Setembro:

> Nenhum cidadão estado-unidense respeitável deveria encorajar o Partido Republicano a parecer qualquer coisa além do que ele de fato é: um inimigo racista, retrógrado e direitista dos Estados Unidos urbanos. Uma luxuosa embarcação segura da cidade? É o lugar deles![39]

O "outro selvagem e urbano"

Assim, a visão das principais cidades estado-unidenses como destoantes dos autênticos valores "norte-americanos" e "cristãos" se tornou axiomática tanto entre os neoconservadores como entre a direita cristã dos Estados Unidos. Como Steve Macek demonstrou, desde os anos 1980 a mídia, o cinema, a literatura de ficção, a publicidade e as análises dominantes nos Estados Unidos estão acostumados a demonizar cidades centrais e os indivíduos (com frequência fortemente racializados) que as habitam. No processo, a mídia inventa e perpetua o urbanoide pobre e negro na figura do que Macek chama de "o 'outro' selvagem e urbano"[40]. Mais uma vez, surge uma imagem de um "estado de natureza" urbano hobbesiano – uma anarquia urbana controlada totalmente à margem da lei por implacáveis gangues de rua e que necessita, em resposta, de uma penologia autoritária e de militarização. Além disso, a proliferação do monitoramento em vídeo digital possibilita que atos genuínos de violência urbana dominem a banda larga

---

[38] Citado em Paul Street, "Republicans, Cities, and Cruise Ships", *Znet*, fev. 2004.

[39] Idem.

[40] Steve Macek, *Urban Nightmares: The Media, the Right and the Moral Panic Over the City* (Minneapolis [MN], University of Minnesota Press, 2006), p. 37-70.

102 • Cidades sitiadas

em rápida expansão: *reality shows* prontos para o consumo, praticamente gratuitos. Isso cria um círculo vicioso de mais pedidos de monitoramento, mais imagens geradas e consumidas como entretenimento, e maior demonização da cidade por *voyeurs* suburbanos e moradores de áreas abastadas.

Versões direitistas da cidade selvagem como lar dos perdedores em uma luta darwinista social justa e igualitária[41] alimentaram a construção do "*homeland security state*"[42] do governo Bush. O livro de Murray e Herrnstein de 1994, *The Bell Curve* [A curva do sino], por exemplo, emergiu como a bíblia da política social urbana e da criminologia neoconservadora. Nele, os autores alertam que a polarização dos Estados Unidos entre "as elites cognitivas" e a subclasse de QI deficiente (e altamente fértil) acabaria exigindo um "Estado de custódia", que, eles imaginam, seria uma versão "de alta tecnologia e mais luxuosa das reservas indígenas para uma substancial minoria da população do país, enquanto o resto dos Estados Unidos vive a vida"[43].

Representações pejorativas e racializadas de áreas urbanas estão em toda parte da grande mídia estado-unidense. Bairros afro-americanos em geral são retratados como locais patológicos habitados por criminosos não brancos, traficantes de drogas e "outros" ameaçadores. Essas populações são amplamente descritas como sombrias e monstruosas, à espreita fora das áreas normalizadas e prósperas dos distritos e dos subúrbios abastados, predominantemente brancos. Ainda que em grande parte invisíveis nesses locais, elas ainda assim representam uma ameaça e, portanto, criam a necessidade de grandes ajustes de fortificação, militarização, securitização e controle de acesso que gerem a sensação de segurança entre as elites ou a classe média brancas. De fato, a maneira como a juventude afro-americana dos centros das cidades é retratada

---

[41] É impressionante como os fundamentalistas cristãos fazem uso regular da pseudociência do darwinismo social ao mesmo tempo que rejeitam de imediato o surpreendente acúmulo de evidências científicas que amparam as teorias darwinistas da evolução das espécies. Ver George Monbiot, "How these Gibbering Numbskulls Came to Dominate Washington", *The Guardian*, Londres, 28 out. 2008.

[42] A expressão "*homeland security state*" [estado de segurança nacional] se refere a uma obsessão, incutida nas esferas do discurso político, dos gastos do governo e do orçamento interno nos Estados Unidos, depois dos ataques de 11 de setembro de 2001, em garantir a segurança das infraestruturas, dos espaços e dos locais cotidianos da nação estado-unidense.

[43] Richard Herrnstein e Charles Murray, *The Bell Curve: Intelligence and Class Structures in American Life* (Nova York, Free Press, 1994), p. 526.

Mundos maniqueístas • 103

na mídia convencional estado-unidense é bastante similar à forma como são apresentados os longínquos terroristas que são alvo das guerras imperiais dos Estados Unidos que ocorrem longe dos guetos das cidades da nação. Em ambos os casos, "o material psicossocial bruto que se alimenta de ameaças imaginárias é manipulado com muita facilidade e transformado em formas fóbicas"[44].

Assim, dentro das recentes guerras da cultura, as áreas centrais das cidades são amplamente retratadas como "caóticas, arruinadas e repulsivas, o oposto exato do idílio ordeiro e doméstico dos bairros residenciais suburbanos"[45]. A cultura suburbana de massa é vista como normal e oposição ao "outro" da vida citadina, que emerge, ao contrário dela, como uma patologia[46].

Em geral, os discursos da direita cristã normalizam a vida das zonas residenciais abastadas suburbanas e rurais associada ao Meio-Oeste estado-unidense como autêntica e temente a Deus. Ao mesmo tempo, escreve Jeff Sharlet, cidades são equiparadas a "mais almas caídas", "mais demônios" e "mais tentação"; as ameaças do urbanismo intrinsecamente mau, de acordo com essas leituras, "forçaram os conservadores cristãos a fugir [...] acossados pelos pecados que consideram desenfreados nas cidades (homossexualidade, ensino ateísta nas escolas, imagens ímpias)". Os cristãos de direita "se imaginam párias em sua própria terra". O pastor Ted escreveu em seu influente livro de 1995, *Primary Purpose*, que "nós [cristãos] perdemos todas as grandes cidades dos Estados Unidos"[47].

Esse discurso de "almas perdidas" em "cidades perdidas" promove um "outro" essencializado e demonizado. Ao mesmo tempo, promove metáforas

---

[44] No outono de 2002, os moradores do subúrbio ao redor do anel rodoviário de Washington, DC, ainda sob o impacto dos ataques de 11 de Setembro, foram submetidos a um ataque de atiradores. Dez foram mortos em três semanas. Diversos morreram enquanto abasteciam o carro com gasolina ou diesel nas áreas abertas dos postos. Revertendo mais de meio século de dispersão racial, esses moradores começaram a se dirigir ao centro da cidade para abastecer seus veículos. Andrew Ross comentou na *Harvard Design Review* que isso ocorreu, ostensivamente, porque "eles acreditavam que (o centro da) cidade era o único local seguro para sair de seus carros em público". Foi uma cena, ele enfatizou, "que diz muito sobre a geografia da segurança nos Estados Unidos hoje em dia, especialmente se você considerar quão racializada é sua geografia". Andrew Ross, "Duct Tape Nation", *Harvard Design Magazine*, n. 20, 2004, p. 1-3.

[45] Steve Macek, *Urban Nightmares*, cit., p. 275.

[46] Nicholas Mirzoeff, *Watching Babylon: The War in Iraq and Global Visual Culture* (Nova York, Routledge, 2005), p. 28-9.

[47] Jeff Sharlet, "Soldiers of Christ", *Harpers Magazine*, maio 2005, p. 41-54.

militares: o "soldado de Cristo" precisa se mobilizar para recuperar a raça maligna, não cristã de moradores das cidades centrais como parte de uma guerra de ordem teocrática[48].

Alguns pregadores cristãos fundamentalistas chegaram a sugerir que tanto os ataques de 11 de Setembro quanto o furacão Katrina, na verdade, eram parte da ira de Deus contra os pecados da vida urbana, a homossexualidade em especial. "Ainda que a perda de vidas seja devastadora, esse ato de Deus destruiu uma cidade pervertida", sugeriu Michael Marcavage, diretor da organização religiosa Repent America, em um *press release* de 2005. "De 'Girls Gone Wild' a 'Southern Decadence', Nova Orleans era uma cidade que estava com as portas totalmente abertas para a celebração pública do pecado. Que da devastação surja uma cidade cheia de virtude moral."[49] Enquanto isso, o pastor Fred Phelps, notório homofóbico de Topeka, Kansas, repetidas vezes sugeriu que os ataques de 11 de Setembro tinham sido "um ato direto de ira e vingança de Deus Todo-Poderoso nesta nação maligna"[50].

Entretanto, as percepções urbanas da direita cristã estão cheias de contradições. Está claro, por exemplo, que uma proporção considerável da própria direita cristã vive em cidades estado-unidenses (em grande parte por razões econômicas) e, assim, tenta atuar de dentro para forçar as políticas públicas em uma direção reacionária e antiurbana.

Além disso, conforme áreas rurais se urbanizam e zonas urbanas em expansão se transformam em enormes complexos e corredores sem limites, fundindo-se cada vez mais no que Richard Skeates chamou de "cidade infinita", está muito menos óbvio nos Estados Unidos de hoje o que de fato pode ser uma cidade[51]. Assim, ainda que em termos estatísticos "os Estados Unidos fossem uma nação urbana apenas entre os censos de 1920 e 1970", a distinção entre o que é urbano e o que é rural foi subsequentemente erodida[52].

---

[48] Idem.

[49] Repent America, "Hurricane Katrina Destroys New Orleans Days Before 'Southern Decadence'", *press release*, 31 ago. 2005. Disponível em: <www.repentamerica.com>. Acesso em: 30 mar. 2016.

[50] Dan Kapelovitz, "Fred Phelps Hates Fags: Straight Talk With God's Favorite Homophobe", reproduzido em Kapelovitz.Com, set. 2003.

[51] Richard Skeates, "The Infinite City", *City*, v. 2, n. 8, p. 6-20.

[52] Andrew Ross, "Duct Tape Nation", cit., p. 2.

Finalmente, também está claro que as cidades principais na verdade são geradoras dominantes de riqueza dentro da economia estado-unidense – os locais que estão movendo de maneira esmagadora todas as formas de inovação e riqueza financeira. Ao mesmo tempo, zonas rurais e as áreas residenciais abastadas muitas vezes enfrentam sérios declínios demográficos e econômicos. "Áreas urbanas estão ganhando vantagem", escreve Juan Enriquez, "selecionando a nata dos talentos das cidades pequenas e gerando a vasta maioria dos tributos, investimentos e patentes"[53].

Tais complexidades fazem pouco para inibir o fluxo de discursos inflamados contra as cidades estado-unidenses e seus moradores. Uma grande parte da campanha da candidata à vice-presidência Sarah Palin em 2008, por exemplo, teve como foco a maneira como os "Estados Unidos das cidades grandes" e das "elites metropolitanas" estavam supostamente arruinando a vida das "mães dos jogadores de hóquei" e dos "bebedores de cerveja" rurais e suburbanos, "pró-Estados Unidos". Rudolph Giuliani, ex-prefeito de Nova York e morador de longa data de um dos sobrados mais caros do Lower East Side de Manhattan, parabenizou Palin pelo importante discurso de 3 de setembro na convenção republicana. "Sinto muito que Barack Obama ache que a cidade natal [de Sarah Palin] não é *cosmopolita* o bastante", ele desdenhou. "Sinto muito que não seja *exagerado* o suficiente. Talvez eles se apeguem à religião lá"[54]. Esse discurso disfarça o fato de que o Partido Republicano há tempos foi dominado por uma confraria de bilionários, CEOs e lobistas corporativos e militares que tiveram sucesso em formatar a política para subsidiar os interesses de sua classe enquanto sabotavam drasticamente os serviços e subsídios para as classes trabalhadora e média-baixa do país.

Vozes da cidade (diário)

Folhear as páginas da maior revista da "nova direita urbana" dos Estados Unidos, a *City Journal*, publicada pelo Manhattan Institute, arquitetos intelectuais tanto do neoconservadorismo de George W. Bush e da "contrarrevolução" de direita de Giuliani em Nova York nos anos 1990, é algo

---

[53] Juan Enriquez, *The Untied States of America: Polarization, Fracturing and Our Future* (Nova York, Crown, 2005).

[54] Stephen Collinson, "Obama Has Never Led Anything", News24.com, 9 abr. 2008.

106 • Cidades sitiadas

revelador[55]. Celebrações dos aspectos econômicos, culturais, políticos ou sociais positivos da mistura metropolitana estão ausentes ali. Em vez disso, há enxurradas de críticas antiurbanas inflamadas destacando os supostos fracassos, ameaças, patologias e vulnerabilidades das áreas metropolitanas centrais da nação.

Peter Huber, por exemplo, coloca as cidades centrais como locais que vão trazer novos patógenos letais para os Estados Unidos. "Nossa disponibilidade casual de tolerar uma subclasse séptica", escreveu na edição da primavera de 2007, "com certeza vai acelerar o surgimento de doenças, em número muito maior e muito piores" do que a Aids, a sífilis e até o antraz[56]. Nicole Gelinas, enquanto isso, sugere, na mesma edição, que Nova Orleans é uma cidade patologicamente criminosa, violenta e dependente de auxílio governamental – semelhante, em estilo bumerangue, a uma "Bagdá no Bayou" – que requer enormes militarização e reestruturação neoliberal para sustentar um "renascimento" imobiliário e favorável à gentrificação depois do furacão Katrina[57]. Numa edição anterior, Peter Huber e Mark Mills afirmam que o blecaute acidental de 2003 nas cidades do Nordeste dos Estados Unidos não foi nada comparado ao caos que os terroristas poderiam criar se atacassem as infraestruturas elétricas estado-unidenses[58]. E Steven Malanga destaca que "na verdade, não existe essa coisa de estado azul [democrata] – apenas

---

[55] Alice O'Connor, "The Privatized City: The Manhattan Institute, the Urban Crisis, and the Conservative Counterrevolution in New York", *Journal of Urban History*, n. 34, 2008, p. 333-53; ver Jamie Peck, "Liberating the City: Between New York and New Orleans", *Urban Geography*, v. 27, n. 8, 2006, p. 681-713.

[56] Peter Huber, "Germs and the City", *City Journal*, primavera 2007, p. 14-29.

[57] Nicole Gelinas, "Baghdad on the Bayou", *City Journal*, primavera 2007, p. 42-53. Jamie Peck critica a maneira como os discursos conservadores efetivamente culparam os afro-americanos de Nova Orleans por sua situação depois que o furacão assolou a cidade. "O mais ofensivo", ele escreveu, "é que isso está exposto na imagem de que os moradores de Nova Orleans optariam por desobedecer às ordens de evacuação em antecipação aos cheques do auxílio social do começo do mês e às oportunidades de pilhagem depois do furacão. Portanto, não teria sido por falta de recursos, transporte privado ou sistemas de apoio externo que alguns dos moradores mais necessitados ficaram no caminho do furacão; foram as consequências de longo prazo de auxílio governamental urbano – e seu elenco racializado de personagens coadjuvantes, incluindo os desempregados, os displicentes, os ilegais, os pais ausentes, as mães inertes e os jovens criminosos". Jamie Peck, "Liberating the City", cit., p. 706.

[58] Mark Mills e Peter Huber, "Can Terrorists Turn Out Gotham's Lights?", *City Journal*, outono 2004.

regiões metropolitanas azuis" – e se põe a demonizar esses lugares como parasitas "comedores de impostos" que dependem de enormes gastos públicos[59]. Esse retrato das cidades como essencialmente parasitárias dos Estados Unidos dos subúrbios abastados persiste, apesar das muitas evidências de que os tributos e subsídios políticos na verdade saem dos centros metropolitanos do país – que movem a maior parte da economia nacional – para áreas rurais e residenciais suburbanas[60].

Apartheid como modelo

Escritores do *City Journal* não hesitam em projetar seu discurso altamente virulento, racializado, antiurbano em outras partes do mundo. Um artigo de 2002 de Theodore Dalrymple sobre a imigração africana para os conjuntos habitacionais de periferia de Paris é um exemplo revelador. Duramente intitulado "Os bárbaros nos portões de Paris"[61], o texto afirma que "ao redor da Cidade-Luz há ameaçadoras Cidades da Escuridão". Clichês antiárabes orientalistas e islamofóbicos permeiam a discussão sobre as políticas urbanas domésticas de outra nação ocidental, de maneira muito semelhante à demonização da cultura árabe em terras distantes que são alvo dos ataques imperiais estado-unidenses.

Dalrymple censura as inseguranças supostamente criadas por urbanoides burgueses franceses que vivem em centros históricos perto dos "conjuntos habitacionais que cercam e assediam cada vez mais as cidades ou vilarejos

---

[59] Steven Malanga, "The Real Blue Engine of America", *City Journal*, inverno 2006, p. 66-73.

[60] Em 2003, os estados norte-americanos que receberam mais do que pagaram em termos de impostos tendiam a ser predominantemente rurais: Novo México, Alasca, Mississípi, Virgínia, Dakota do Norte, Alabama, Montana e Havaí. Aqueles que pagaram mais do que receberam, em contrapartida, eram em geral altamente urbanizados: Nova Jersey, New Hampshire, Connecticut, Nevada, Minnesota, Illinois, Massachusetts e Califórnia. A gestão Bush foi extremamente generosa com as corporações extrativistas e de *agribusiness* que dominam a maior parte das economias rurais. Nas eleições de 2004, 75% dos votos de Bush vieram de estados "tomadores", enquanto 76% dos votos de Kerry, de estados "doadores". Juan Enriquez, *The Untied States of America*, cit., p. 34.

[61] Theodore Dalrymple, "The Barbarians at the Gates of Paris", *City Journal*, outono 2002, p. 63-73.

108 • Cidades sitiadas

de todos os tamanhos na França"[62]. Sua mensagem traduz o orientalismo e o maniqueísmo geopolíticos para as microgeografias da vida urbana: para o autor, o conflito de civilizações invadiu as ruas dos espaços urbanos ocidentais mais iluminados e icônicos do Ocidente, com consequências devastadoras para a segurança.

As sugestões propostas são chocantes: a Paris contemporânea não deveria apenas usar a África do Sul do *apartheid* como modelo, mas também os confinamentos utilizados pelas Forças Armadas estado-unidenses em Bagdá ou pelas forças israelenses nos territórios ocupados. Dalrymple recorda as palavras de um africâner que ele conheceu na África do Sul, um homem que lhe explicou "o princípio de acordo com o qual uma única estrada conectava os municípios negros às cidades brancas: quando é bloqueada por um veículo blindado, a estratégia deixa 'os negros sujarem seu próprio ninho'"[63]. Como uma imitação direta dessas técnicas coloniais, Dalrymple afirma, os *banlieues* franceses "poderiam ser desligados do resto do mundo desconectando-se os trens e bloqueando com um ou dois tanques as rodovias que passam por eles (em geral com um muro de concreto de cada lado) vindos do resto da França", ou o que ele chama de "as partes melhores de Paris"[64].

"Arquipélago urbano"

Como mostra a figura 2.1, a geografia eleitoral que sustentou o sucesso do governo Bush refletiu o poder político enormemente desproporcional de 50 milhões de norte-americanos, em grande parte brancos das zonas rurais e de áreas residenciais abastadas, em uma nação altamente – e cada vez mais – urbanizada. Muitos analistas destacaram a cultura de guerra resultante: o cosmopolitismo urbano (esmagadoramente democrata) *versus* o conservadorismo suburbano e de áreas residenciais semirrurais abastadas (esmagadoramente republicano) marcado por um crescente fundamentalismo cristão, além de crescentes tentativas de secessão política, fiscal e geográfica das áreas centrais metropolitanas que movem o poder econômico estado-unidense[65].

---

[62] Ibidem, p. 65.

[63] Ibidem, p. 67.

[64] Idem.

[65] Ver, por exemplo, Brain Mann, *Welcome to the Homeland* (Nova York, Steerforth Press, 2006). Também, Juan Enriquez, *The Untied States of America*, cit.

John Sperling chamou esse contraste de um conflito "da nação retrô *versus* metropolitana"[66]. Um infame artigo no jornal *on-line* de Seattle *The Stranger* identificou no resultado das eleições de 2004 exposto em mapas dos condados um surpreendente "arquipélago urbano" sitiado por paisagens republicanas que odeiam cidades, são altamente religiosas, hipernacionalistas e, com frequência, extremamente racistas. "Liberais, progressistas e democratas", eles proclamaram,

> não vivem em um país que se estende do Atlântico ao Pacífico, do Canadá ao México. Vivemos em uma cadeia de ilhas. Somos cidadãos do Arquipélago Urbano, as Cidades Unidas da América. Cidadãos do Arquipélago Urbano rejeitam os "valores" da pátria, como xenofobia, sexismo, racismo e homofobia, bem como linhagens mais intolerantes do cristianismo que formaram raízes no país.[67]

As políticas e os discursos de George W. Bush não pararam de retrabalhar essa visão antiurbana e apocalíptica da geografia estado-unidense. O bem-estar, a educação e os programas de infraestrutura foram constantemente minados, enquanto programas sociais baseados em igrejas, organizados por igrejas que ajudaram a financiar os republicanos, se expandiam. Ao mesmo tempo, recursos vultosos foram direcionados para amparar os incentivos fiscais para os ricos (principalmente das áreas residenciais suburbanas e semirrurais abastadas). Até mesmo o financiamento antiterrorismo em ascensão foi desproporcionalmente disperso por áreas interioranas extremamente rurais em que o risco de ataques terroristas é mínimo ou inexistente. O aumento dos gastos com defesa também tendeu a beneficiar as áreas residenciais abastadas, suburbanas e rurais dos Estados Unidos – que dominam na geografia das bases, manufaturas e recrutamento militares – mais do que beneficiou as cidades centrais. O mais notável é que Bush praticamente ignorou a questão de Nova Orleans (em grande parte afro-americana) depois do furacão Katrina. Em geral, as políticas da era Bush significavam que "o bem-estar não desapareceu – o dinheiro apenas foi de cidades para o interior na forma de subsídios para fazendas e corporações, políticas de preço mínimo, gastos militares e projetos clientelistas"[68].

---

[66] John Sperling et al., *The Great Divide: Retro vs Metro America* (Nova York, Polipoint Press, 2004).

[67] "Urban Archipelago", *The Stranger*, v. 14, n. 9, 2004.

[68] Jeremy Adam Smith, "Tearing Down the Towers", cit.

110 • Cidades sitiadas

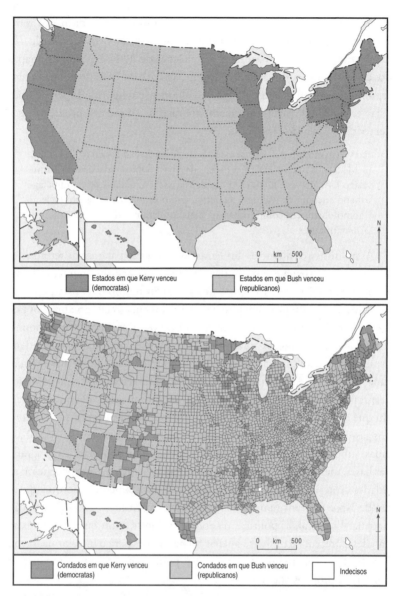

2.1 O "arquipélago urbano" dos Estados Unidos, como revelado na geografia eleitoral para a eleição de 2004. Enquanto dados em nível estadual (no alto) apresentam uma imagem simplista do Sul e do Meio-Oeste como centros republicanos e dos baluartes democratas de ambas as costas, os dados em nível de condado (embaixo) demonstram um arquipélago de cidades liberais e democráticas cercadas por um ininterrupto "mar" republicano rural e de áreas residenciais abastadas semirrurais.

Como as percepções antiurbanas da direita cristã com que tem um vínculo tão próximo, no entanto, essa geografia interna polarizada dos Estados Unidos está cheia de contradições. Por um lado, o que Greg Clancey chama de "império vermelho" de republicanos antiurbanos

> é historicamente isolacionista e voltado para dentro, e concorda com a projeção de poder militar em direção a espaços estrangeiros (e de poder legislativo em direção a espaços urbanos nacionais) quando se sente ameaçado, justificadamente ou não, como claramente acontece hoje em dia.[69]

Por outro lado, democratas urbanos – azuis –, que em geral são capazes de "viver com as ambiguidades e riscos", tendem a ser contra o ataque imperial que caracterizou as guerras do governo Bush. Ao mesmo tempo, são eles que vivem nas cidades e nos complexos de infraestrutura que têm mais chances de se tornar alvo de terroristas.

Para Clancey, as tensões cruciais na cultura política estado-unidense contemporânea na verdade ocorrem entre subúrbios e áreas residenciais afluentes e poderosas, de um lado, e cidades centrais e importantes, de outro.

> No fim das contas a grande divisão na política estado-unidense não é Leste *versus* Oeste ou Norte *versus* Sul. Não é nem mesmo "rural" *versus* "classe média urbana" porque as áreas vermelhas [republicanas] de fato poderosas são subúrbios e zonas residenciais afluentes fora das cidades, cheias dos mais recentes colonizadores-refugiados vindos das próprias manchas azuis.[70]

Assim, a principal tensão política atua de modo longitudinal entre o centro e a periferia abastada de cada região metropolitana. "Ninguém desgosta mais das manchas azuis [democratas, urbanas] do que aqueles que se reassentaram em suas bordas; os que trilharam naquele grande êxodo que começou nos anos 1940 e continua forte nos dias de hoje". Clancey vai além e argumenta que a eleição de 2004 demonstrou que as principais cidades dos Estados Unidos são agora duplamente alvos, visto que enfrentam "organizações religiosas estrangeiras de um lado e [...] organizações religiosas nacionais do outro"[71].

---

[69] Gregory K. Clancey, *Under Fire 2*, cit., p. 64.

[70] Idem

[71] Idem

112 • Cidades sitiadas

A cidade do Sul global como alvo

Sei que a maior parte dos estado-unidenses não quer ouvir isso, mas os verdadeiros campos de batalha na guerral global contra o terrorismo ainda estão *por aí*. Se comunidades fechadas e seguranças fossem suficientes, o 11 de Setembro jamais teria acontecido.[72]

As supostas patologias sociais, sexualidades liberadas e "estruturas de ego frágil" que os críticos neoconservadores consideram estar na base dos problemas das cidades estado-unidenses são idênticas aos supostos traços da "mentalidade árabe" essencializada, evocada pelos neoconservadores e por oficiais militares da reserva durante a Guerra ao Terror[73]. Assim, uma vasta gama de representações comparáveis demonizam as cidades centrais dos Estados Unidos e descrevem as cidades em desenvolvimento do Sul global como o "outro" intrinsecamente anárquico e ameaçador[74]. Escritores neoconservadores apresentam cidades em ascensão como os motores centrais da "anarquia vindoura"[75] do mundo pós-Guerra Fria – locais essencialmente selvagens que geram ilegalidade, abuso de drogas, criminalidade e guerras brutais por território, bem como riscos de segurança para o resto do mundo.

A obsessão com "Estados falidos" como as principais ameaças de segurança para os interesses estado-unidenses está, de fato, se transformando em uma preocupação com cidades "falidas" – concentrações urbanas em desenvolvimento aparentemente desconectadas dos supostos benefícios da globalização neoliberal[76]. "Imagine uma grande metrópole abrangendo

---

[72] Thomas Barnett, "The Pentagon's New Map", *Esquire*, v. 139, n. 3, 2003, p. 174.

[73] A diatribe racista encontrada no livro de 1973 de Raphael Patai, *The Arab Mind* (Nova York, Hatherleigh Press), foi, pelo jeito, leitura obrigatória no governo Bush durante a Guerra ao Terror. Ver Brian Whitaker, "Its Best Use is as a Doorstop", *The Guardian*, Londres, 24 maio 2004.

[74] Ver Luiza Bialasiewicz et al., "Performing Security: The Imaginative Geographies of Current US Strategy", *Political Geography*, v. 26, n. 4, 2007, p. 405-22.

[75] Robert Kaplan, *The Coming Anarchy: Shattering the Dreams of the Post-Cold War World* (Nova York, Random House, 2000).

[76] Retratos binários que sugerem uma separação absoluta entre cidades "do interior" e as cidades árabes do alvo "outro" são reforçados de maneira intensa por ideologias geopolíticas neoconservadoras. Em termos normativos, eles enfatizam o imperativo de integrar territórios que ameaçam os interesses estado-unidenses em processos de globalização neoliberal, se necessário pelo uso de atos "preventivos" de ataque militar

centenas de quilômetros quadrados", escreveu Richard Norton em um influente artigo de 2003 na *Naval War College Review*.

Antes um componente vital da economia nacional, esse ambiente urbano em expansão se tornou hoje uma vasta coleção de prédios deteriorados, uma imensa placa de Petri de doenças antigas e novas, um território onde a lei há tempo foi substituída pela quase anarquia, em que a única segurança possível é a obtida pela força bruta.

Essas "cidades selvagens", ele acredita, exercem "uma influência quase magnética em organizações terroristas", "vão ser um novo fenômeno e criar ameaças de segurança em uma escala até agora nunca encontrada"[77].

Cartografias da conquista

Então qual é a solução para as "zonas selvagens" das megacidades do Sul global e seu interior? Para muitos pensadores geopolíticos neoconservadores, incluindo, em especial, Thomas Barnett, é a guerra imperial preventiva, expedicionária e permanente dos Estados Unidos.

---

estado-unidense, como a invasão do Iraque em 2003. O influente livro de Thomas Barnett, *The Pentagon's New Map* (Nova York, Putnam, 2004), é um exemplo de um leque de representações geopolíticas neoliberais imaginárias do mundo capturado pelo governo Bush em apoio à Guerra ao Terror. O diagrama global binário de Barnett enfatiza a suposta "desconexão" das zonas que são alvo das Forças Armadas estado-unidenses no Oriente Médio, na África e na América Central – ou o que ele chama de "vão não integrado" – em relação ao resto do mundo, que é visto como parte de uma integração benigna por meio da atuação do capitalismo neoliberal para se tornar o que o autor chama de "centro funcional".

[77] Richard Norton, "Feral Cities", *Naval War College Review*, v. 65, n. 4, 2003, p. 98-100. Eu seria o último a negar que o rápido crescimento das megacidades do Sul global gera preocupações, de segurança e de outras naturezas. Com populações tão vastas efetivamente "desligadas" do crescimento industrial e dos empregos formais, conforme milhões se mudam para as cidades por causa de ajustes estruturais catastróficos e dos programas de marquetização rural e de privatização relacionados, as questões de segurança estão, de fato, oscilando em escala. O que eu questiono aqui, em primeiro lugar, é a representação dessas cidades como intrinsecamente "selvagens", e, em segundo, a ideia de que a militarização ocidental de alta tecnologia, reformada como operações urbanas de contrainsurgência, pode ser a resposta a esses problemas. Seria muito melhor abordar a segurança urbana, humana e ecológica a partir dos princípios básicos no esquema da política e da política econômica global, lidando assim com as causas, em vez dos sintomas, da insegurança. Ver Mike Davis, "The Urbanization of Empire: Megacities and the Laws of Chaos", *Social Text*, v. 22, n. 4, 2004, p. 4-15.

114 • Cidades sitiadas

Pelo menos antes do colapso global financeiro neoliberal, Barnett argumentava repetidas vezes que essas guerras expedicionárias forçariam o que ele chama de países do "vão não integrado" – partes do Caribe e do norte da América Latina e a maior parte da África, do Oriente Médio e do Sudeste Asiático – a integrar os mundos pacíficos e benignos da globalização neoliberal por meio do poder civilizatório do capital estado-unidense[78]. Barnett, que vê o Afeganistão e o Iraque como meros projetos demonstrativos dessa reordenação forçosa do mundo, é mais notório pelo que Simon Dalby chamou de seus "esboços para conquista" cartográficos[79]. Sua cartografia maniqueísta global é uma cartografia de alvos militares globais. Seguindo a mentalidade de escritores como Robert Kaplan, ela divide o mundo em uma zona de segurança – o "centro funcional" – em volta de uma zona de perigo. Assim, ela tenta simplificar e transformar "a complexa bagunça de geografias humanas em entidades humanas abstratas", em um esforço para "deixar pessoas e lugares prontos para a ação militar"[80].

Orientalismo e terror

> O fato de que a designação [terrorista] essencialmente despe os indivíduos de seu direito à vida ou a um tratamento humanizado significa que os próprios critérios para a designação precisam ser interrogados, torturados e interrogados de novo.[81]

Contando com, e reavivando, as duradouras imagens orientalistas que retratam os não ocidentais como "outros" bárbaros e exóticos, essas representações atingem o que Mike Davis chamou de "estágio mais elevado de orientalismo". Elas evocam as favelas em expansão da cidade selvagem para construir a pátria urbana sitiada[82]. Como vimos, no entanto, essa é sempre uma construção ambivalente, na medida em que as culturas da

---

[78] Thomas Barnett, *The Pentagon's New Map*, cit.

[79] Simon Dalby, "The Pentagon's New Imperial Cartography", em Derek Gregory e Allan Pred (orgs.), *Violent Geographies* (Nova York, Routledge, 2007), p. 302 e 306.

[80] Ibidem, p. 303.

[81] Kelly Gates, "Identifying The 9/11 'Faces Of Terror'", *Cultural Studies*, v. 20, n. 4-5, 2006, p. 436.

[82] Ashley Dawson, "Combat in Hell: Cities as the Achilles' Heel of US Imperial Hegemony", *Social Text*, v. 25, n. 2, 2007, p. 175; ver Dag Tuastad, "Neo-Orientalism

direita cristã conservadora e das Forças Armadas estado-unidenses são profundamente antiurbanas, imersas em dúvida e medo tanto em cidades nacionais quanto distantes.

Tais discursos apocalípticos que descrevem as áreas urbanas do Sul global como intrinsecamente ameaçadoras podem facilmente se tornar apresentações dessas cidades como alvos militares. É especialmente importante aqui a noção de que essas cidades prejudicam o vasto complexo de capacidade de monitoramento vertical que alimenta os sonhos dos militares estado-unidenses de "domínio de todo o espectro" mundo afora. "O tamanho enorme de uma cidade selvagem", argumenta Richard Norton, "com seus prédios, outras estruturas e espaços subterrâneos, ofereceria uma proteção quase perfeita para os sensores vindos do alto, sejam eles satélites, sejam veículos aéreos não tripulados"[83]. Assim, qualquer espaço urbano além do olhar eletrônico penetrante e vertical do poderio estado-unidense é, na essência, uma ameaça.

Norton é um dentre muitos que pedem que as Forças Armadas dos Estados Unidos se reorganizem em, de fato, uma força de contrainsurgência urbana, cuja missão real, em vez de uma guerra de alta tecnologia entre pares, seria penetrar, controlar e pacificar as cidades selvagens do mundo. Ele invoca o que geógrafos chamam de processo de redimensionamento – uma reorientação que se afasta das revoluções que atravessam o globo em guerra de alta tecnologia e se aproxima de uma preocupação dominante com os espaços das ruas, favelas, medinas e bairros. Isso corre em paralelo com uma preocupação cada vez maior das forças militares e de segurança com as microgeografias das cidades nacionais. "Tradicionalmente, problemas de decadência urbana e questões associadas, como a criminalidade", escreve Norton, "eram vistos como questões domésticas que deveriam ser cuidadas pela segurança interna ou pela polícia. Isso não é mais uma opção"[84].

A linguagem de absolutismo moral do governo Bush era, em especial, profundamente orientalista. Ela funcionava separando "o mundo civilizado" – as cidades da "pátria", que precisam ser "defendidas" – das "forças sombrias", do "eixo do mal" e dos "ninhos terroristas", acusados de viver, se situar e definir as cidades árabes, que supostamente sustentam os "malfeitores" que

---

and the New Barbarism Thesis: Aspects of Symbolic Violence in the Middle East Conflict(s)", *Third World Quarterly*, v. 24, n. 4, p. 591-9.

[83] Richard Norton, "Feral Cities", cit., p. 99.

[84] Ibidem, p. 100.

116 • Cidades sitiadas

ameaçam a saúde, a prosperidade e a democracia de todo o mundo "livre"[85]. O resultado dessas geografias imaginativas tem sido uma projeção a-histórica e essencializada da civilização árabe urbana. Isso, como Edward Said apontou pouco antes da invasão do Iraque em 2003, foi facilmente retrabalhado de modo a "reciclar os mesmos factoides e generalizações amplas que colocam a 'América' contra o mal estrangeiro"[86].

As noções orientalistas de valor racial diferenciado que ajudaram a dar forma tanto às geografias reais quanto às imaginadas do colonialismo ocidental foram bases importantes para a Guerra ao Terror[87]. Essas ideias permitiram que alguns corpos humanos fossem "mais fácil e apropriadamente humilhados, aprisionados, acorrentados, subjugados pela fome e destruídos do que outros"[88]. Discursos de "terrorismo" têm sido crucialmente importantes para manter valores tão diferenciadores e noções tão binárias de valor humano[89]. É central, aqui, o princípio de absoluta externalidade do "terrorista" – a desumanidade e a monstruosidade não só daqueles considerados "terroristas" de fato ou inativos, mas também dos que são solidários a eles.

Importante é que, como destacam Jasbir Puar e Amit Rai, "a construção do terrorista depende de um conhecimento de perversidade sexual (heterossexualidade fracassada, concepções ocidentais de psique e certa monstruosidade sombria)"[90]. Imagens de um profundo racismo, orientalismo e homofobia se misturam livremente com uma demonização generalizada. Na fala comum dos soldados, os iraquianos que são alvo das ações militares estado-unidenses

---

[85] Dag Tuastad, "Neo-Orientalism and the New Barbarism Thesis". A representação das cidades ou distritos urbanos como "ninhos" terroristas é bastante difundida. Ela serve tanto para desumanizar os moradores urbanos como para essencializar os lugares como animalescos ou bárbaros. Para uma discussão sobre o exemplo de Mumbai, ver Arjun Appadurai, *Fear of Small Numbers: An Essay on the Geography of Anger* (Durham [NC], Duke University Press, 2006), p. 87-114 [ed. bras.: *O medo ao pequeno número: ensaio sobre a geografia da raiva*, trad. Ana Goldberger, São Paulo, Iluminuras, 2009].

[86] Edward Said, *Orientalism*, cit., 2003, p. vi.

[87] Derek Gregory, *The Colonial Present* (Oxford, Blackwell, 2004).

[88] Paul Gilroy, "'Where Ignorant Armies Clash by Night': Homogeneous Community and the Planetary Aspect", *International Journal of Cultural Studies*, n. 6, 2003, p. 263.

[89] John Collins e Ross Glover (orgs.), *Collateral Language: A User's Guide to America's New War* (Nova York, New York University Press, 2002).

[90] Jasbir Puar e Amit Rai, "Monster, Terrorist, Fag: The War on Terrorism and the Production of Docile Patriots", *Social Text*, v. 20, n. 3, 2002, p. 117.

são chamados de "macacos da areia" (*sand niggers*)[91]. Homens árabes – em especial o próprio Bin Laden – são chamados de "bichas" (*fags*). E antigas suposições sobre patologias sexuais que permeariam a vida árabe – oriundas da influente diatribe quase acadêmica de livros como *The Arab Mind*, de Raphael Patai[92] – voltaram a circular nos métodos de tortura de Abu Ghraib e em outras partes[93]. Como Puar e Rai destacaram em 2002,

> As formas de poder usadas hoje na Guerra ao Terror advêm de processos de deixar um outro racializado e sexualizado em quarentena, mesmo que as normas ocidentais do sujeito civilizado forneçam a estrutura através da qual esses mesmos outros se tornem elementos a serem corrigidos.

Amparados pela imagem difundida da civilização islâmica ou árabe como presa em um "conflito civilizatório inato" com o Ocidente[94], a grande mídia e a mídia de direita tiveram facilidade, em especial durante os estágios iniciais da Guerra ao Terror, em apresentar cidades árabes basicamente como receptoras da artilharia militar estado-unidense. Durante essa época, um público *voyeur* consumiu com voracidade mapas de internet e de jornais dessas cidades, que as apresentavam como superfícies cartográficas bidimensionais feitas de nada além de uma gama de alvos à espera de munição. Às vezes, como nos mapas *on-line* do *USA Today*, de 2003, havia até imagens de satélite do "antes e depois" da destruição provocada por bombas "inteligentes" guiadas por GPS lançadas por aviões de guerra dos Estados Unidos e do Reino Unido.

Essa cobertura se combinou para propagar uma série de mitos poderosos e inter-relacionados: de que as cidades iraquianas existiam como domínios associais completamente físicos, que podiam ser compreendidos de uma perspectiva delficada de sensoriamento remoto ou imagens cartográficas; que essas cidades eram, ao mesmo tempo, de alguma forma desprovidas de uma população civil; e que, portanto, não era inevitável que civis iraquianos fossem mortos ou mutilados em grandes quantidades quando as cidades em que viviam fossem sujeitas a bombardeios aéreos em grande escala (que ocorreram mesmo quando o alvo era considerado "preciso").

---

[91] Mike Davis, "The Pentagon as Global Slumlord", *Tom Dispatch*, fev. 2006.

[92] Raphael Patai, *The Arab Mind,* cit.

[93] Derek Gregory, "The Angel of Iraq", *Society and Space*, v. 22, n. 3, 2004.

[94] Emran Qureshi e Michael Sells (orgs.), *The New Crusades*, cit., p. 2.

118 • Cidades sitiadas

Além de reduzir cidades inteiras ao estado de míseros receptáculos de artilharia (como em geral é o caso nas guerras), o bombardeio de cidades-alvo distantes foi amplamente ligado a melhorias na suposta "segurança nacional" dos urbanoides. O general Ricardo Sanchez, o primeiro comandante estado-unidense no Iraque, enfatizou já em 2004 – enquanto a insurgência explodia pelas cidades iraquianas – que "todo norte-americano precisa acreditar nisto; que, se falharmos aqui neste ambiente [iraquiano], o próximo campo de batalhas serão as ruas dos Estados Unidos". Enquanto isso, Paul Bremer, o primeiro chefe do comando civil estado-unidense no Iraque, reiterou que "preferia estar lutando [contra os terroristas] aqui [no Iraque] do que em Nova York"[95].

Um truque discursivo semelhante do começo da guerra no Iraque era construir determinadas cidades iraquianas de alto simbolismo como "cidades do terror" desumanizadas – ambientes semelhantes a covis cuja geografia era vista como prejudicial à onipotência de alta tecnologia das forças estado-unidenses. Por exemplo, enquanto uma grande batalha irrompia em Fallujah em abril de 2004, na qual mais de seiscentos civis iraquianos morreram, o general Richard Myers, presidente da Junta de Chefes de Estado-Maior dos Estados Unidos – talvez inadvertidamente seguindo as descrições das cidades palestinas feitas pelo Exército israelense[96] –, rotulou a cidade toda de um "ninho de ratos" desumanizado ou uma "colmeia de vespas" de "resistência terrorista" contra a ocupação estado-unidense, com o qual era "preciso lidar"[97].

Tais pronunciamentos eram amparados por representações geopolíticas populares muito difundidas de cidades iraquianas. Nas discussões pré-invasão sobre a ameaça de "guerra urbana" que as forças invasoras estado-unidenses enfrentavam em um Iraque altamente urbanizado, por exemplo, a grande mídia, como a revista *Time*, retratou repetidas vezes as ruas orientalizadas estilizadas e tortuosas em seus gráficos coloridos[98]. Neles, cada característica

---

[95] Citado em Jan Nederveen Pieterse, "Neoliberal Empire", *Theory, Culture & Society*, v. 21, n. 3, 2004, p. 122.

[96] Stephen Graham, "Lessons in Urbicide", *New Left Review*, v. 2, n. 19, 2003, p. 2-3, 63-78.

[97] Citado em *News24.com*, 2004, ver Stephen Graham, "Remember Fallujah: Demonizing Place, Constructing Atrocity", *Environment and Planning D: Society and Space*, n. 23, 2005, p. 1-10.

[98] Derek Gregory, *The Colonial Present*, cit., p. 222.

ou elemento da cidade parecia ser um estratagema enganoso que ocultava ameaças com as quais era preciso lidar por meio da supremacia tecnológica das forças militares estado-unidenses[99].

A retórica da Guerra ao Terror se tornou tão difusa que quase toda oposição política ao poder soberano dos Estados Unidos e de seus aliados pode ser rotulada de terrorista. "Sem uma forma definida nem raízes determinadas", escreveu Derek Gregory, o manto do terrorismo agora "pode ser lançado sobre qualquer forma de resistência ao poder soberano"[100]. Jean Baudrillard argumenta que "o sistema considera terrorista de fato o que quer que se oponha a ele"[101].

Aqueles que com frequência são rotulados de terroristas por governos nacionais ou pela mídia aliada desde 11 de Setembro incluem dissidentes antiguerra, estivadores em greve, manifestantes antiglobalização, ativistas contra o comércio de armas, hackers, artistas, pesquisadores críticos, sociólogos urbanos, defensores da sustentabilidade ecológica e da liberdade de imprensa e defensores pró-independência em países aliados dos Estados Unidos, como a Indonésia – são protagonistas de um amplo espectro de oposição ao domínio transnacional dos Estados Unidos. Aliás, quase qualquer grande grupo que se reúna nas ruas de uma cidade e não esteja preocupado com o consumo foi demonizado. "Desde o 11 de Setembro, a combinação de grandes grupos de pessoas em espaços urbanos com o terrorismo tem se acelerado", afirma Ashley Dawson[102].

Acima de tudo, grupos marcados com o rótulo de terrorista se tornam radicalmente deslegitimados. Quem, afinal, vai falar em favor de supostos terroristas e seus simpatizantes? Esse truque linguístico ajudou a impedir juridicamente populações inteiras envolvidas na Guerra ao Terror – tanto civis quanto guerrilheiros – de receber proteção sob as leis humanitárias ou internacionais. "Os poderes soberanos dos Estados norte-americano, britânico e israelense", diz Derek Gregory, "repudiaram ou suspenderam leis internacionais, de modo que homens, mulheres e crianças fossem

---

[99] Idem.

[100] Derek Gregory, *The Colonial Present*, cit., p. 219.

[101] Jean Baudrillard, "This Is the Fourth World War", *International Journal of Baudrillard Studies*, v. 1, n. 1, 2004.

[102] Ashley Dawson, "Combat in Hell", cit., p. 177.

transformados em párias, atrás de cercas e para além das proteções e recursos da modernidade"[103].

Finalmente, a proliferação do "outro" orientalizado pelo uso disseminado do rótulo "terrorista" também teve seu impacto nas geografias domésticas da demonização racial. Republicanos da Virgínia disputando a eleição de 2008, por exemplo, enviaram folhetos com os olhos de Barack Obama sobrepostos a uma imagem de Osama bin Laden, com a legenda "Os Estados Unidos precisam olhar nos olhos do mal e não hesitar" ("*America must look evil in the eye and never flinch*"). Em um condado do estado de Nova York, circularam folhetos do Partido Republicano com o nome "Barack Osama".

Até agora, tratamos das representações vulgares do mundo pela direita através de geografias imaginativas maniqueístas que se baseiam em uma repulsa generalizada ao urbano. Vamos voltar e detalhar esses desafios "contrageográficos" no capítulo final. No entanto, a mobilização e a resistência efetiva a esses desafios exigem que primeiro revelemos as especificidades do "novo urbanismo militar" quando comparado às interseções anteriores entre cidades e violência política. É sobre essas especificidades que vamos nos debruçar nos próximos dois capítulos.

---

[103] Derek Gregory, "Geographies, Publics and Politics", cit., p. 9.

3
O NOVO URBANISMO MILITAR

Acima de tudo, [a recente cultura de guerra de baixa intensidade dos Estados Unidos] se autoperpetua e autorreplica; ela normaliza e naturaliza o estado de guerra. A paz não é o fim da cultura de guerra. Em seu cerne, a cultura de guerra busca um adiamento dos tempos de paz "por enquanto"; busca um ajuste a um estado de guerra permanente.[1]

Na essência do argumento desta obra está a ideia de que novas ideologias militares de guerra permanente e sem limites estão intensificando radicalmente a militarização da vida urbana. Longe de ser novo, o processo apenas acrescenta toques contemporâneos a transformações contínuas – política, cultural e econômica – que, juntas, funcionam para normalizar a guerra em si, além dos preparos para a guerra[2]. Aliás, em muitos casos, as transformações relacionadas ao novo urbanismo militar apenas ampliam e revivem a militarização urbana, a securitização, o pensamento maniqueísta e a instigação do medo, que eram uma característica central, notadamente, da Guerra Fria, mas também de conflitos anteriores.

De modo geral, sociólogos militares categorizam esses processos como "militarização". Michael Geyer a define como "o processo social tenso e contraditório em que a sociedade civil se organiza para a produção de violência"[3].

---

[1] Patrick Deer, "Introduction: The Ends of War and the Limits of War Culture", *Social Text*, v. 25, n. 2, 2007, p. 1.

[2] Rachel Woodward, "From Military Geography to Militarism's Geographies: Disciplinary Engagements with the Geographies of Militarism and Military Activities", *Progress in Human Geography*, v. 29, n. 6, 2005, p. 718-40.

[3] Michael Geyer, "The Militarization of Europe, 1914-1945", em John Gillis (org.), *The Militarization of the Western World* (New Brunswick [NJ], Rutgers University Press, 1989), p. 79.

122 • Cidades sitiadas

Inevitavelmente, um processo como esse é complexo e multidimensional, ainda que seus componentes sejam tão antigos quanto a própria guerra. Como vimos no capítulo anterior, eles invariavelmente envolvem a construção social de uma divisão conceitual entre o interior e o exterior de uma nação ou outra área geográfica, e a demonização orquestrada dos inimigos e dos locais inimigos para além das fronteiras internas. A militarização também envolve a normalização dos paradigmas militares de pensamento, ação e política; esforços de disciplinar agressivamente corpos, espaços e identidades considerados não condizentes com noções masculinizadas (e interconectadas) de nação, cidadania ou corpo; e o uso de uma ampla e diversificada propaganda política que romantiza ou higieniza a violência como um meio de vingança legítima ou de conquista de algum propósito divino. Acima de tudo, a militarização e a guerra organizam a "destruição criativa" de geografias herdadas, economias políticas, tecnologias e culturas.

Então, o que exatamente há de novo no "novo urbanismo militar"? De que maneira ele difere da intensa militarização vivenciada pelas cidades, digamos, da Guerra Fria ou da guerra total? É preciso destacar sete tendências relacionadas que, para mim, apresentam dimensões palpavelmente novas para a militarização contemporânea da vida urbana.

Soldados rurais, guerra urbana

Em primeiro lugar, relações novas estão emergindo entre nações, soldados e cidadãos, e têm implicações significativas para a urbanização contemporânea da guerra. Deborah Cowen destacou que, hoje em dia, as Forças Armadas profissionalizadas do Ocidente com acesso a alta tecnologia são muitas vezes "compostas esmagadoramente de soldados rurais"[4]. Bebendo na fonte de Gramsci, ela argumenta que isso "sugere que uma fissura político-geográfica surgiu entre o urbanismo e o cosmopolitismo, de um lado, e o ruralismo e o nacionalismo, do outro".

Assim, continua Cowen, "áreas rurais se tornaram centrais para o militarismo e o patriotismo 'autêntico'" em muitas nações ocidentais. Enraizado na antiga naturalização das nações que recorre a "um tipo de autenticidade territorial bucólica" que se baseia em ser branco, a política conservadora das

---

[4] Deborah Cowen, "National Soldiers and the War on Cities", *Theory and Event*, v. 10, n. 2, 2007.

zonas rurais, como vimos, muitas vezes tem origem no ódio ou na suspeita em relação aos supostos horrores ou às ameaças e impurezas raciais, cosmopolitas e multiculturais representadas pelas cidades. Cowen argumenta que tanto nos Estados Unidos quanto no Canadá um "poderoso discurso cultural do ideal rural identifica o rural como o espaço autêntico para o militarismo patriótico". Assim, os recrutadores militares em geral consideram que o rural "tem tanto as motivações econômicas para o alistamento em massa como a cultura interiorana do nacionalismo patriótico". Aliás, apesar de os Estados Unidos serem uma das nações mais urbanizadas da Terra, os soldados rurais hoje dominam suas Forças Armadas. Entre 2003 e 2004,

> 47,6% de todos os soldados mortos em ação durante a Operação Liberdade Duradoura e 44,3% daqueles mortos em ação durante a Operação Liberdade do Iraque até 5 de fevereiro de 2004 vinham de comunidades com populações com menos de 20 mil habitantes.[5]

No entanto, esses militares ocidentais em grande parte ruralizados precisam agora ser enviados prioritariamente para cidades, tanto nacionais quanto estrangeiras. Considerando que a mídia de direita, principalmente nos Estados Unidos, retrata cidades em geral como lugares "do 'outro' selvagem e urbano"[6], nas palavras de Steve Macek, e considerando o caráter antiurbano das culturas militares, parece provável que muitos recrutas sejam facilmente socializados para ver todos os espaços urbanos como intrinsecamente estrangeiros, ameaçadores e perigosos, onde quer que estejam. Em outras palavras, locais inimigos. Cowen cita muitos blogs militares em que "declarações positivas sobre o patriotismo rural são intercaladas com e inextricáveis de outras que descrevem a cidade como o local de degeneração e vício"[7].

Considerando que militares ocidentais são enviados de bases avassaladoramente semiurbanas e rurais, é provável que o discurso difundido de que cidades precisam estar "na mira" e ser "pacificadas" pelo poder militar – cujos centros semiurbanos e rurais são os espaços normalizados de nacionalismo "autêntico" – ganhe mais força em razão da composição cada vez mais ruralizada dos recrutas. Cidades nacionais e estrangeiras, então, se tornam

---

[5] Idem.

[6] Steve Macek, *Urban Nightmares: The Media, the Right and the Moral Panic Over the City* (Minneapolis [MN], University of Minnesota Press, 2006), cap. 3.

[7] Deborah Cowen, "National Soldiers and the War on Cities", cit.

"outros", a serem abordados e penetrados de longe – dos espaços autênticos onde os militares estão estacionados e, cada vez mais, onde são criados.

Com o posicionamento militar urbano no exterior e no próprio país em geral voltado para indivíduos de pele negra ou escura (e muitas vezes agredindo-os), a radicalização dos alvos urbanos fica tão clara quanto contraditória. Ainda que o Exército dos Estados Unidos hoje seja o maior empregador de afro-americanos, por exemplo, exercícios militares urbanos têm como alvo predominante bairros afro-americanos. Ao acompanhar um desses exercícios nos conjuntos habitacionais da Filadélfia e de Chester, na Pensilvânia, em 1999, um morador irritado reclamou que "eles não teriam feito isso se não fosse uma comunidade negra"[8].

Monitoramento: cidadão-consumidor-soldado

A militarização contemporânea está ligada a uma economia do desejo, bem como a uma economia do medo.[9]

A segunda tendência é a maneira sem precedentes pela qual o novo urbanismo militar funde e mistura os usos civis e militares das tecnologias de controle, monitoramento, comunicação, simulação e mira. Não é exatamente uma surpresa, considerando que, por um lado, tecnologias de controle cujo objetivo original era o uso militar se tornaram fundamentais para praticamente todos os atos da vida e do consumo urbanos em cidades industriais desenvolvidas, e que, por outro, modificações comerciais dessas tecnologias estão sendo amplamente reapropriadas pelos militares.

Com suas fortificações há muito esquecidas, apagadas ou transformadas em pontos turísticos, as cidades contemporâneas hoje estão, nas palavras de Paul Virilio, "superexpostas" a uma vasta gama de ameaças à segurança circunvizinhas, móveis e transnacionais[10]. Entre essas ameaças estão os patógenos móveis, códigos de informática malignos, *crashes* financeiros, migração "ilegal", terrorismo transnacional, guerra infraestrutural estatal e os extremos ambientais desencadeados pela mudança climática.

---

[8] Idem.

[9] Marieke de Goede, "Beyond Risk: Premediation and the Post-9/11 Security Imagination", *Security Dialogue*, v. 39, n. 2-3, p. 168.

[10] Paul Virilio, *The Lost Dimension* (São Francisco, Semiotext(e), 1991), cap 1.

A permeabilidade das cidades contemporâneas à circulação transnacional significa que sistemas de (tentativas de) controle eletrônico – expandidos para atender as geografias transnacionais dessa circulação – se tornam as novas arquiteturas estratégicas da vida citadina. Estas suplantam cada vez mais, sem substituir totalmente, as arquiteturas confinadas ou os "espaços disciplinares" – prisões, escolas, clínicas, fábricas, asilos, quartéis – destacados por Michel Foucault. Nesses locais das cidades ocidentais dos séculos XVIII e XIX, o controle social panóptico operava pelo olhar supervisor direto dos humanos.

Em contraste, o filósofo francês Gilles Deleuze atestou que, como os dispositivos de monitoramento e o controle eletrônico em rede hoje estão dispersos por toda a sociedade, a vida urbana cotidiana é regulada por uma noção de vigilância, escrutínio e cálculo eletrônico onipresentes. As sociedades contemporâneas, para ele, são "sociedades de controle"[11]. Os dispositivos de monitoramento criam perfis, analisam padrões de comportamento e mobilidade e, cada vez mais – porque a memória agora é digitalizada –, não esquecem jamais[12]. Assim, os movimentos de um indivíduo entre diferentes espaços e locais dentro das cidades ou nações muitas vezes implicam um movimento paralelo do que os sociólogos chamam "titular dos dados" ou "indivíduo estatístico" – o conjunto de históricos e rastros eletrônicos acumulados como uma forma de julgar a legitimidade, os direitos, a lucratividade, a segurança ou o grau de ameaça de um indivíduo. A tentativa de controle social cada vez mais funciona por meio de complexos sistemas tecnológicos que atravessam tanto zonas temporais quanto geográficas. Elas constituem um pano de fundo em desenvolvimento, uma matriz computadorizada onipresente de dispositivos cada vez mais interligados: cartões bancários e bancos de dados financeiros; transmissores-receptores de GPS, códigos de barras e redes de satélites globais; chips de radiofrequência e identificadores biométricos; computadores, telefones móveis e sites de vendas; e um universo em expansão de sensores implantados em ruas, casas, carros, infraestruturas e até corpos.

Assim, cada vez mais, por trás de cada momento social atua uma vasta gama de cálculos computadorizados dispersos por uma matriz global de computadores e dispositivos computadorizados interligados. Bancos de dados

---

[11] Gilles Deleuze, "Postscript on the Societies of Control", *October*, n. 59, 1992, p. 3-7.

[12] Idem.

se comunicam e seus conteúdos são continuamente minerados por diversas fontes, escalas e espaços por meio de algoritmos avançados de computador que avaliam uma variedade proporcional de corpos, transações e movimentos. Significativamente, o volume de dados nesse "segundo plano calculador" é tão vasto que apenas algoritmos automatizados conseguem avaliar o que ou quem é considerado normal e, portanto, digno de proteção, e o que e quem é considerado anormal e, portanto, uma ameaça maligna que deve ser acompanhada.

Essas tecnologias de controle cada vez mais se diluem no pano de fundo dos ambientes urbanos, das infraestruturas urbanas e da vida urbana. Aplicadas sobre e na extensão das paisagens urbanas do dia a dia, trazendo à tona estilos radicalmente novos de movimento, interação, consumo e política, de certa forma elas *se tornam* a cidade. Exemplos incluem novos meios de transporte (taxação de congestionamento, pedágio eletrônico, companhias aéreas em estilo Easyjet), consumo customizado (páginas personalizadas da Amazon) e movimentos sociais *swarming* [por afluência] (redes sociais, *smart mobs*, *flash mobs*).

Discussões sobre "segurança nacional" e transformações de alta tecnologia da guerra enfatizam a necessidade de usar algumas dessas mesmas técnicas e tecnologias – monitoramento de alta tecnologia, mineração de dados, algoritmos computadorizados – para tentar rastrear, identificar e acompanhar constantemente "Outros" ameaçadores em meio à massa confusa apresentada pelo nosso mundo em rápida urbanização e cada vez mais móvel. Assim, as arquiteturas tecnológicas de consumo e mobilidade se fundem naquelas usadas para organizar e praticar todo um espectro de violência política, da elaboração de perfis até o assassinato. E os múltiplos elos entre as cidades e a história militar pós-Segunda Guerra Mundial sugerem que essa conexão não deveria nos surpreender. Como aponta Gerfried Stocker, "não existe esfera da vida civil em que a frase 'a guerra é o pai de todas as coisas' tenha uma validade tão incontestável quanto no campo de tecnologia digital de informação"[13].

Além do mais, o novo urbanismo militar tem sido a oficina de fundição das novas tecnologias de controle. Depois da Segunda Guerra Mundial, uma miríade de estratégias militares conhecidas como C_3I – comando,

---

[13] Gerfried Stocker, "Info War", em Gerfried Stocker e C. Schopf (orgs.), *Ars Electronica: Infowar*, n. 98, Linz, Springer-Telos, 1998.

controle, comunicação e informação – dominou a abordagem das Forças Armadas relativa ao combate de guerra e à dissuasão estratégica, além de ter colonizado as minúcias da vida urbana em modernização, em especial nas nações do Ocidente. "Nenhuma parte do mundo se manteve intocada pela C₃I", escreve Ryan Bishop. "E ela delineia os sistemas organizacionais, econômicos e tecnológicos que derivam das estratégias militares, dependem delas e as perpetuam."[14]

Desde o começo da Guerra Fria, por exemplo, tem sido comum para os Estados Unidos dedicar 80% de todos os gastos governamentais em pesquisa e desenvolvimento tecnológicos para "defesa"[15]. Tecnologias como internet, realidade virtual, viagens a jato, mineração de dados, circuitos internos de segurança, engenharia espacial, controle remoto, micro-ondas, radar, posicionamento global, computadores em rede, comunicação sem fio, monitoramento por satélite, conteinerização e logística – que hoje em dia facilitam coletivamente a vida urbana cotidiana – foram criadas na segunda metade do século XX como parte da elaboração de sistemas de controle militar.

Vista dessa maneira, "essa 'insígnia militar' [...] se manifesta em uma miríade de maneiras nos espaços urbanos globais [...]. A cidade global não seria uma cidade global, como passamos a entender o fenômeno, sem estar profundamente imersa nesses processos"[16]. Sem dúvida, a relação entre o controle comercial e militar e as tecnologias de informação sempre foi uma complexa via de mão dupla, mas é preciso lembrar que as arquiteturas tecnológicas da vida contemporânea e as geografias imperiais convergem no novo urbanismo militar.

Nas atuais Forças Armadas profissionais do Ocidente, números relativamente pequenos de recrutas são deslocados, feridos ou mortos nas novas guerras imperiais. É raro cidadãos dessas nações serem expostos a verdadeiros atos de violência (terrorista). Além do mais, apenas os espaços urbanos mais estratégicos revelam sinais visíveis de militarização. Como consequência, as

---

[14] Ryan Bishop, "'The Vertical Order Has Come to an End': The Insignia of the Military C₃I and Urbanism in Global Networks", em Ryan Bishop, John Phillips e Yeo Wei Wei (orgs.), *Beyond Description: Space, History, Singapore* (Londres, Routledge, 2004), p. 61.

[15] Pierre Mesnard y Méndez, "Capitalism Means/Needs War", *Socialism and Democracy*, v. 22, n. 2, 2002.

[16] Ryan Bishop, "'The Vertical Order Has Come to an End'", cit., p. 61.

128 • Cidades sitiadas

tecnologias de controle e de mídia constituem a principal experiência do urbanismo militar para a vasta maioria das pessoas.

Tomemos o exemplo gritante do GPS. Desde que as Forças Armadas estado-unidenses fizeram uso dele pela primeira vez, para auxiliar os assassinatos "precisos" da primeira Guerra do Golfo, o GPS foi em parte tornado público e disponibilizado para um universo cada vez mais amplo de usos comerciais, governamentais e civis. Ele se tornou a base da mobilidade e da navegação civis, uma tecnologia de consumo onipresente usada em assistentes pessoais digitais, relógios, carros e um amplo leque de serviços de geolocalização. E tem sido usado para reorganizar a agricultura, o transporte, o governo municipal, o cumprimento de leis, a segurança das fronteiras, jogos de computador e atividades de lazer. No entanto, poucas pessoas levam em consideração como os poderes militares e imperiais permeiam todos os usos do GPS.

Com um conjunto de tecnologias de monitoramento e controle organizado atualmente para se antecipar e antever tanto o consumo quanto o risco, "a produção de conhecimento não pretende mais revelar nem esclarecer o que pode ser sabido, mas, sim, 'esclarecer' o que não pode ser sabido"[17]. Cada vez mais, a cidade é "definida pelo objetivo militar de poder conhecer o inimigo antes mesmo que ele se veja como tal"[18]. O caráter abrangente do novo monitoramento militar, quer seus alvos estejam localizados em Manhattan, quer em Bagdá, Londres ou Fallujah, é a construção de sistemas de visão tecnológica em que programações de computador, junto com bancos de dados de alvos reais ou projetados, identifiquem e distingam alvos "anormais" da "normalidade" do pano de fundo ou do caos de um país ou cidade de zona de guerra.

Sendo assim, o rastreamento – o que o teórico de mídia Jordan Crandall chama de "imagem antecipatória"[19] – é fundamental para os modos emergentes de governança e poderio militar. Ele sugere que a questão-chave agora é "como os alvos são identificados e diferenciados de não alvos" na "tomada de decisão e no assassinato". Crandall destaca que essa integração generalizada de rastreamento computadorizado com bancos de dados de alvos representa "uma colonização gradual do agora, um agora sempre um pouco à frente

---

[17] Anne Bottomley e Nathan Moore, "From Walls to Membranes: Fortress Polis and the Governance of Urban Public Space in 21st Century Britain", *Law and Critique*, v. 18, n. 2, 2007, p. 171-206.

[18] Idem.

[19] Jordan Crandall, "Anything that Moves: Armed Vision", *CTheory.net*, jun. 1999.

de si mesmo". Essa mudança é um processo profundamente militarizado porque a identificação social dos indivíduos dentro do cumprimento da lei civil é complementada ou até substituída pelo olhar mecanizado sobre "alvos". "Enquanto imagens civis se inserem em processos de identificação baseados na reflexão", escreve Crandall, "perspectivas militarizadas transformam os processos de identificação em 'checagem de identidade' – uma via de mão única de identificação em que um conduto, um banco de dados e um corpo são alinhados e calibrados"[20].

Dessa forma, por exemplo, cartões de transporte público com chip, sistemas de cobrança eletrônica de pedágio ou sistemas de vias urbanas centrais se metamorfoseam em triagens "antiterroristas" para proteger "zonas de segurança". A internet é apropriada como um sistema global de monitoramento financeiro e civil. Cadeias de logística *just-in-time* que atendem tanto o comércio global quanto as viagens aéreas são reorganizadas para possibilitar identificar, rastrear e manter corpos e circulações sob controle. Tudo, de telefones celulares até passaportes, traz identificadores com microchips de radiofrequência que têm o potencial de transformar o objeto que os porta em dispositivos de rastreamento.

Por consequência, tecnologias de origem militar – refratadas pelos vastos mundos da pesquisa, do desenvolvimento e do uso civil que ajudam a compor economias, sociedades e culturas de alta tecnologia – estão sendo reapropriadas como a base para novas arquiteturas de controle, rastreamento, monitoramento, alvos e assassinatos militarizados. Mark Mills agradece que essa "mudança tectônica felizmente espelhe o ambiente de ameaça" de inimigos desconhecidos e espalhados e circulações perigosas. "Enquanto boa parte dessa capacidade se concentrou na produção de iPods, celulares, videogames, gigabytes de *streaming* de dados e fazendas de servidores de internet", ele escreve,

> o maquinário e a propriedade intelectual subjacentes à economia digital estão se transformando em segurança civil e militar. Tudo isso representa um bom prognóstico para as perspectivas de mais segurança, e novas oportunidades robustas para empreendedores, grandes ou pequenos.[21]

Através desses processos, "cada vez mais setores da sociedade civil estão sendo integrados à infraestrutura global gerada pelos militares", destaca

---

[20] Idem.

[21] Mark Mills, "Photons, Electrons and Paradigms", discurso de abertura do Simpósio de Defesa e Segurança dos Estados Unidos, Orlando, FL, 9-13 abr. 2007.

130 • Cidades sitiadas

Simon Cooper[22]. E tudo isso acontece em nome da segurança – de um "nós" sem nome e sem forma contra as infinitas ameaças de um "outro" sem forma à espreita no "novo normal" estado de exceção, de emergência permanente. Assim, cidadãos e indivíduos são mobilizados para o controle militar e recrutados por sistemas de consumo neoliberal que os encorajam a consumir pelo bem da economia – como Bush incentivou depois dos ataques de 11 de Setembro – ao mesmo tempo que oferecem seus "eu em dados" para análise, rastreamento, elaboração de perfis, determinação de alvos e avaliação de ameaças contínuos e preventivos.

Randy Martin demonstrou como os enormes sistemas de dados e monitoramento que estão emergindo neste momento de fusão militar-civil reforçam a transferência, pelos Estados – tanto dentro quanto fora de seus limites territoriais –, dos princípios de especulação e prevenção das políticas fiscais neoliberais para o centro da indústria de guerra militarizada[23]. A chamada securitização envolve tanto a dimensão militar quanto a financeira, atuando em paralelo. Martin afirma que esses sistemas são ajustados no sentido de proteger as pessoas e os enclaves urbanos que se beneficiam da riqueza superabundante que surge das economias políticas neoliberais – isto é, protegê-las dos riscos que as massas ao seu redor representam. Tentativas de separar os bons riscos dos maus, no entanto, acabaram gerando seus próprios mercados financeiros, organizados por meio das mesmas técnicas de prevenção, elaboração de perfis e determinação de alvos pelos militares.

Nesse contexto, "a legitimidade é acumulada pelos cidadãos apenas na medida em que estão integrados a uma rede de alta tecnologia"[24]. Caren Kaplan afirma que o uso de tecnologias de controle militar no coração das "sociedades de informação" contemporâneas leva, necessariamente, à formação de "sujeitos-cidadãos e consumidores militarizados que se relacionam com tecnologias que conectam geografia, demografia, sensoreamento remoto e políticas de identidade contemporâneas"[25]. Então, campanhas de marketing miram nos cidadãos, usando as mesmas tecnologias e algoritmos

---

[22] Simon Cooper, "Perpetual War within the State of Exception", *Arena Journal*, 1º jan. 2003, p. 114.

[23] Randy Martin, "Derivative Wars", *Cultural Studies*, v. 20, n. 4-5, 2006, p. 459-76.

[24] Simon Cooper, "Perpetual War within the State of Exception", cit., p. 117.

[25] Caren Kaplan, "Precision Targets: GPS and the Militarization of US Consumer Identity", *American Quarterly*, v. 58, n. 3, 2006, p. 696.

O novo urbanismo militar • 131

de identificação de alvo como arma. "A combinação digital de posição e identidade nos sujeitos selecionados", escreve Kaplan, "ressalta o aspecto marcial e territorial do mapeamento ao longo do período moderno"[26].

No entanto, a nova cultura de monitoramento digital não é simplesmente imposta a cidadãos coagidos e oprimidos, como em um cenário de Big Brother orwelliano. Com muita frequência, como ocorre com o uso de webcams, o rastreamento de telefones celulares e os sistemas de geoposicionamento, ela é absorvida e ativamente usada como meio de organizar novas expressões de mobilidade, identidade, sexualidade e vida cotidiana – bem como de resistência.

Câmera como arma: espetáculos de violência urbana

A duradoura atração da guerra é esta: mesmo com sua destruição e carnificina, ela pode nos dar o que tanto desejamos na vida. Pode nos dar propósito, sentido, uma razão de viver.[27]

Em terceiro lugar, o novo urbanismo militar e suas guerras são esmagadoramente desempenhados e consumidos como espetáculos visuais e discursivos nos espaços imagéticos eletrônicos. É improvável que a vasta maioria dos participantes, pelo menos nas cidades dos Estados Unidos ou do Ocidente, seja submetida à convocação militar ou se torne alvo de uma ação violenta. Em vez disso, eles participam pela televisão, pela internet, por videogames e filmes. As novas guerras – voltadas para a ideia de que a mobilização permanente e preventiva é necessária para a manutenção da segurança pública – cada vez mais "assumem a forma de mecanismos midiatizados e são determinadas como grandes intrusões na cultura visual, que são misturadas à materialidade de fato e às práticas da esfera pública e as substituem"[28].

Como os ataques de 11 de Setembro demonstram, insurgentes e terroristas são, eles mesmos, cuidadosos ao organizar sua violência tendo em mente espetáculos de mídia urbanos extraordinários – espetáculos de aniquilação

---

[26] Ibidem, p. 698.

[27] Chris Hedges, *War Is a Force Which Gives Us Meaning* (Nova York, Public Affairs, 2002), p. 3.

[28] Allen Feldman, "Securocratic Wars of Public Safety", *Interventions: International Journal of Postcolonial Studies*, v. 6, n. 3, p. 330-50.

132 • Cidades sitiadas

apocalíptica urbana, que guardam uma surpreendente semelhança com as sofisticadas imagens dos filmes de desastre hollywoodianos, mas são realizados ao vivo, em tempo real e em lugares reais, com corpos reais[29]. Os atentados de 11 de Setembro, por exemplo, "foram organizados como um épico de terror cinematográfico com atenção meticulosa à *mise-en-scène*", escreve Mike Davis. "Os aviões sequestrados estavam apontados precisamente para o limite vulnerável entre fantasia e realidade." Como resultado,

milhares de pessoas que ligaram seus televisores em 11 de Setembro estavam convencidas de que o cataclisma era apenas um programa de televisão, de que era uma pegadinha. Elas achavam que estavam vendo cenas do último filme de Bruce Willis.[30]

Uma reação comum a esses eventos foi a de que "foi como ver um filme!". Aliás, a tradição dramática de Hollywood conta fortemente com a destruição espetacular de cidades e com a queda de arranha-céus. A história de Nova York em especial – a metrópole moderna arquetípica – pode ser contada por meio das histórias de sua destruição imaginada e retratada em filmes, histórias em quadrinhos, videogames e livros.

Esses circuitos visuais e eletrônicos conferem à guerra e ao urbanismo militar certa legitimidade e certo consentimento, ainda que precários. Ao mesmo tempo, as distinções entre simulação militar, guerra de informação, notícias e entretenimento estão sendo mais e mais diluídas, a fim de que se tornem cada vez mais insignificantes. Juntos, pelos menos nos Estados Unidos, eles se fundiram em um mundo confuso de "*militenimento*" que se autorreforça[31].

Assim, as Forças Armadas dos Estados Unidos empregam o melhor de Hollywood para misturar suas simulações para treinamento diretamente com os videogames de massa. Fechando o ciclo, elas então usam consoles de videogame para simular as estações de controle dos *drones* não tripulados empregados para patrulhar as ruas de Bagdá ou realizar assassinatos extrajudiciais e execuções determinadas. Além do mais, os militares "mobilizam escritores de ficção científica e outros futurologistas para planejar

---

[29] Iain Boal et al., *Afflicted Powers: Capital and Spectacle in a New Age of War* (Londres, Verso, 2006).

[30] Mike Davis, *Dead Cities* (Nova York, New Press, 2002), p. 5.

[31] Jonathan Burston, "War and the Entertainment Industries: New Research Priorities in an Era of Cyber-Patriotism", em Daya Kishan Thussu e Des Freedman (orgs.), *War and the Media* (Londres, Routledge, 2003), p. 163-75.

O novo urbanismo militar • 133

as guerras de amanhã, assim como conscientemente recrutam jovens que jogam videogames para lutar nesses conflitos"[32] com armas cujos controles imitam diretamente os dos PlayStations. A profusão de sensores de imagem digitais, por sua vez, oferecem uma gama quase infinita de material para *reality shows* como *Police, Camera, Action!* [Polícia, Câmera, Ação!], que proporcionam aos cidadãos as experiências voyeurísticas e erotizadas de violência urbana. A invasão do Iraque em 2003 "foi a primeira guerra a surgir no espaço de informação eletrônico como um 'espetáculo de mídia' totalmente coordenado", com repórteres infiltrados, sites interativos, modelos em 3D e mapas, tudo à mão[33].

Barulhenta e belicosa, a cobertura da mídia comercial, enquanto isso, se apropria de suas próprias simulações digitais das cidades e espaços que estão na mira da guerra imperial. Ela oferece um mundo de guerra constante e um misto de informação e entretenimento que erotiza os armamentos de alta tecnologia enquanto torna a morte curiosamente invisível. Nos Estados Unidos, em especial, o conteúdo de mídia comercial no início da invasão de 2003 foi intensamente distorcido em favor de argumentos pró-guerra. Material era pré-selecionado e aprovado por oficiais do Pentágono que atuavam como consultores residentes em cada estúdio de TV. Cenários, imagens, mapas, simulações e gravações orquestraram o que James Der Derian chama de "uma tecnoestética". Ele escreve:

> Quando a guerra estreou [o uso do verbo é proposital], os estúdios de televisão apresentaram novos cenários que simulavam os centros de comando e controle dos militares (aliás, a Fox News se referia à sua versão, sem nenhum toque de ironia strangeloviana*, como "Sala de Guerra").[34]

E também destaca que:

> Gráficos dos campos de batalha do Iraque gerados por computador foram criados pelas mesmas indústrias de defesa (como Evans & Sutherland e

---

[32] Chris Hables Gray, *Postmodern War* (Londres, Routledge, 1997), p. 190.

[33] John Jordan, "Disciplining the Virtual Home Front: Mainstream News and the Web During the War in Iraq", *Communication and Critical/Cultural Studies*, v. 4, n. 3, 2007, p. 276-302.

* Ver nota do editor, capítulo 1, p. 66. (N. E.)

[34] James Der Derian, "Who's Embedding Whom?", *9/11 INFOinterventions*, 26 mar. 2003. Disponível em: <www.watsoninstitute.org/infopeace/911>. Acesso em: 2 abr. 2016.

134 • Cidades sitiadas

Analytical Graphics) e empresas de satélites comerciais (como a Space Imaging e Digital Globe) que atendem as Forças Armadas estado-unidenses.[35]

No fim das contas, o erotismo tecnófilo armamentista encheu as telas. "As redes exibiram uma verdadeira *Jane's Defence Review** de armamentos", escreve Der Derian, "fornecendo 'imagens virtuais' do Iraque e dos equipamentos militares quase iguais aos monitores de detecção de alvos"[36].

Em termos mais gerais, o noticiário da grande mídia ao mesmo tempo contribui e se beneficia dos discursos de medo, demonização e emergência sem fim que sustentam o novo urbanismo militar. A "cobertura midiática e o terrorismo são almas gêmeas, praticamente inseparáveis", admite James Lukaszewiski, um profissional de relações públicas estado-unidense que presta consultoria para as Forças Armadas dos Estados Unidos.

> Eles se retroalimentam. Juntos, criam uma dança da morte – um por motivações políticas ou ideológicas, a outra por sucesso comercial. As atividades terroristas são eventos de alta visibilidade que aumentam a audiência. O noticiário precisa prolongar essas matérias porque elas produzem mais espectadores e leitores.[37]

Essas diluições e fusões são sintomas do surgimento mais amplo do que Der Derian[38] chamou de "rede de entretenimento-mídia-militar-industrial", um poderoso agente para a criação de eventos e a manipulação das notícias. "Simulações de batalhas, notícias e jogos interativos existem em um espaço cada vez mais unificado", acrescenta Jordan Crandall. "Com sistemas de entretenimento-noticiário-militares, as simulações mexem com a realidade para se tornar a base da guerra. Elas ajudam a combinar espectadores de mídia e combate, a audiência e a luta."[39]

---

[35] Idem.

* Publicada pelo grupo IHS (Information Handling Services), com sede no Colorado, Estados Unidos, *Jane's International Defence Review* (IDR) é uma revista mensal com reportagens sobre novidades na área militar e tecnológica. (N. E.)

[36] James Der Derian, "Who's Embedding Whom?", cit.

[37] Citado em Sheldon Rampton e John Stauber, *Weapons of Mass Deception: The Uses of Propaganda in Bush's War on Iraq* (Londres, Robinson, 2003), p. 34.

[38] James Der Derian, *Virtuous War: Mapping the Military-Industrial-Media-Entertainment Network* (Boulder [CO], Westview, 2001).

[39] Jordan Crandall (org.), *Under Fire 1. The Organization and Representation of Violence* (Roterdã, Witte De Witte, 2004), p. 15.

O novo urbanismo militar • 135

No processo, o território nacional – o espaço principal dessa contínua exibição eletrônica – se torna um espaço militarizado para a representação potencialmente constante tanto da violência simbólica quanto real contra "outros" distantes, que, é claro, podem estar em uma variedade de distâncias geográficas da tela que está em casa e das arquiteturas de segurança à sua volta. Uma lógica semelhante opera no gueto racializado no centro da cidade e na cidade árabe.

Enquanto a violência urbana midiatizada oferece uma experiência muito diferente do que a de ser uma presença de fato em sua linha de fogo, a experiência midiática dos enormes massacres terroristas ou oficiais contra cidades pode, contudo, muitas vezes ser "caracterizada como sublime: nossa mente entra em conflito com os fenômenos que suplantam nossas habilidades cognitivas, desencadeando uma série de emoções intensas, como a dor, o medo e o espanto"[40]. Assim, os observadores da televisão ficaram profundamente perturbados e também chocados tanto com o espetáculo estetizado dos ataques de 11 de Setembro quanto com a campanha de bombardeio "de choque e pavor" igualmente estetizada contra Bagdá que, supostamente, representou a reação dos Estados Unidos àqueles ataques.

Os múltiplos circuitos de mídia "civil" foram, assim, inscritos nas mais recentes variações de doutrina militar como grandes elementos do campo de batalha contemporâneo. Aliás, é comum que teóricos militares hoje descrevam a TV e a internet como "armas virtuais" nos domínios cruciais da "guerra de informação". Eles também se queixam de como lutas "assimétricas", tais como a Segunda Intifada Palestina, ganham intensa credibilidade política global porque levam a imagens como as de crianças palestinas enfrentando tanques israelenses com pedras[41].

Aspectos informativos e psicológicos das operações militares estado-unidenses são hoje uma preocupação central dos planejadores militares. Pensemos na pirotecnia de "choque e pavor" de 2003, em que a artilharia destruiu alvos simbólicos do regime de Saddam Hussein (além de civis iraquianos) a uma distância segura, mas apropriada para a câmera de jornalistas

---

[40] Roland Bleiker e Martin Leet, "From the Sublime to the Subliminal: Fear, Awe and Wonder in International Politics", *Millennium: Journal of International Studies*, v. 34, n. 3, 2006, p. 713.

[41] Thomas Hamms, *The Sling and the Stone: On War in the Twenty-First Century* (Nova York, Zenith Press, 2006).

enfileirados em um hotel próximo. Ou pensemos nas coletivas de imprensa da Guerra do Golfo de 1991, com um monte de gravações feitas por câmeras acopladas a mísseis que mostraram essas armas atingindo "com precisão" seus alvos iraquianos. Vamos lembrar também que o Pentágono baniu a circulação de imagens dos estado-unidenses mortos pela guerra sendo levados de volta ao país, e discutiu de forma aberta a necessidade de divulgar matérias totalmente fabricadas[42]. Por fim, consideremos a violência usada contra os veículos de mídia que tiveram a audácia de mostrar imagens dos civis mortos em Bagdá, vítimas das Forças Armadas dos Estados Unidos: sucursais da Al Jazeera tanto em Cabul quanto em Bagdá foram bombardeadas pelos estado-unidenses, matando um jornalista[43].

Está claro que as "operações de informação" estado-unidenses se concentram em "distribuir visualmente morte e destruição nos domínios do evento e do não evento". Como resultado, explica Allen Feldman,

> "choque e pavor" é um evento de mídia cuidadosamente encenado, enquanto centenas de milhares de mortes e mutilações de civis em decorrência de "danos colaterais" são um não evento contínuo que de fato precisa, ironicamente, ser ofuscado com violência.[44]

Ao mesmo tempo, por meio de intervenções cada vez mais diretas do Pentágono, filmes de ação militar e emissoras de TV de direita como a Fox News se tornaram anúncios complementares das Forças Armadas estado-unidenses ou da Guerra ao Terror. De fato, "os militares assumiram os estúdios de televisão"[45]. Por meio de seus escritórios de relações públicas instalados nos estúdios,

> generais e oficiais aposentados do alto escalão exercem um domínio completo sobre as redes de TV a cabo, bem como sobre estações de rádio comerciais e públicas. Os novos oficiais de relações públicas da rede de entretenimento-mídia-militar-industrial incluem Clark e Sheppard na CNN, Nash e Hawley na ABC, Kernan e Ralston na CBS, McCaffrey e Meigs na NBC e Olstrom

---

[42] O mais impressionante aqui era a ideia do "Escritório de Influência Estratégica". Ver James Der Derian, "The Rise and Fall of the Office of Strategic Influence", *INFOinterventions*, 4 mar. 2002. Disponível em: <www.watsoninstitute.org/infopeace/911>. Acesso em: 2 abr. 2016.

[43] Lisa Parks, "Insecure Airwaves: US Bombings of Al Jazeera", *Communication and Critical/Cultural Studies*, v. 4, n. 2, 2007, p. 226-31.

[44] Allen Feldman, "Securocratic Wars of Public Safety", cit., p. 330-50.

[45] James Der Derian, "Who's Embedding Whom?", cit.

O novo urbanismo militar • 137

e Scales na NPR. A Fox News, sozinha, tinha ex-militares suficientes para realizar seu próprio desfile do Dia do Veterano de Guerra.[46]

No entanto, os mesmos circuitos digitais de imagens que foram organizados com tanto sucesso para divulgar a guerra no Iraque também ajudaram a instigar sua desconstrução. A circulação global das imagens digitais em estilo turístico dos torturadores de Abu Ghraib, por exemplo, forneceram não só um forte impulso para os opositores à guerra, como também imagens icônicas de tortura para ativistas e investigadores que suspeitavam de brutalidades disseminadas no sistema carcerário estado-unidense sem julgamento. Esforços feitos por campanhas de operações de informação das Forças Armadas dos Estados Unidos para comprar todas as imagens de satélite relevantes durante as invasões do Iraque e do Afeganistão não impediram o Google Earth, por exemplo, de ser amplamente usado tanto por ativistas contrários à guerra quanto por insurgentes iraquianos. E enquanto câmeras de vídeo digital têm sido utilizadas para possibilitar que canais baratos de TV a cabo mostrem imagens demonizadas dos perigos à espreita no centro das cidades, essas mesmíssimas tecnologias permitiram que observadores revelassem as matanças regulares de civis iraquianos pela empresa militar privada Blackwater.

Surto de segurança

Um quarto componente novo do urbanismo contemporâneo é que, enquanto espaços e sistemas cotidianos da vida urbana são colonizados por tecnologias de controle militar, e enquanto conceitos de guerra e policiamento, doméstico e internacional, paz e guerra se tornam menos distintos, surge uma grande onda em um complexo industrial convergente que engloba segurança, monitoramento, tecnologia militar, prisões, instrumentos de punição e entretenimento eletrônico. Dentro do aparato mais amplo da rede de entretenimento-mídia-militar-industrial, a fusão dessas indústrias explora a fertilização cruzada e a diluição entre os imperativos militares tradicionais da guerra, externos ao Estado, e os imperativos do policiamento interno.

A proliferação de guerras que mantêm uma mobilização permanente e monitoramento onipresente e preventivo dentro e fora das fronteiras territoriais significa que o imperativo de segurança agora "se impõe sobre o

---

[46] Idem.

138 • Cidades sitiadas

princípio básico de atividade do Estado"[47]. Giorgio Agamben defende que "o que costumava ser uma entre diversas medidas decisivas de administração pública até a primeira metade do século XX agora se torna o único critério de legitimação política"[48].

O resultado é uma paisagem cada vez mais ampla de "segurança" misturando práticas comerciais, militares e de segurança com culturas cada vez mais temerosas de consumo, cidadania e mobilidade civil. Como William Connolly sugere:

> Vigilância aeroportuária, filtros de internet, dispositivos de rastreamento de passaportes, detenção legal sem acusações criminais, campos de prisioneiros (*security internment camps*), julgamentos secretos, "zonas de liberdade de expressão" (*free speech zones*), identificação de DNA, cercas e muros de fronteira, erosão da linha entre segurança interna e ação militar externa – essas atividades de segurança ressoam juntas, engendrando uma máquina de segurança nacional que exclui diversas questões do âmbito do dissenso legítimo e mobiliza a população a apoiar novas práticas de segurança e monitoramento contra inimigos não especificados.[49]

Não é por acaso que complexos de segurança-industriais floresçam em paralelo com a difusão de ideias do fundamentalismo de mercado para organizar a vida social, econômica e política. As hiperdesigualdades, a militarização urbana e a securitização mantidas pela expansão do neoliberalismo se reforçam mutuamente. Em uma discussão sobre a resposta do governo dos Estados Unidos ao desastre do furacão Katrina, Henry Giroux destaca que a normalização do fundamentalismo de mercado na cultura estado-unidense tornou muito mais "difícil traduzir problemas privados em questões sociais e ações coletivas ou insistir em uma linguagem do bem público". Ele argumenta que "a evisceração de todos os conceitos de socialidade" nesse caso levou a "uma sensação de total abandono, resultando em medo, ansiedade e insegurança sobre o futuro de cada um"[50].

Somada a isso, diz Giroux, "a presença dos pobres racializados, com suas necessidades e vulnerabilidades – agora visíveis –, se torna insuportável". Em

---

[47] Giorgio Agamben, "Security and Terror", *Theory and Event*, v. 5, n. 4, 2002, p. 1-2.

[48] Idem.

[49] William Connolly, *Pluralism* (Durham [NC], Duke University Press, 2005), p. 54.

[50] Henry Giroux, "Reading Hurricane Katrina: Race, Class, and the Biopolitics of Disposability", *College Literature*, v. 33, n. 3, p. 171.

O novo urbanismo militar • 139

vez de lidar com as causas da pobreza ou da insegurança, as reações políticas agora invariavelmente "se concentram em promover uma sensação diminuída de segurança, cuidadosamente alimentada por uma fé renovada em tudo o que é militar"[51]. Também é possível observar a pilhagem dos orçamentos públicos para assistência e reconstrução pós-desastre por grupos de lobistas com vínculos próximos tanto com o governo quanto com um leque cada vez maior de corporações privadas militares e de segurança[52].

Dado o contexto, não surpreende que, em meio a uma crise financeira global, o crescimento do mercado de serviços e tecnologias de segurança se mantenha extremamente forte: "Os gastos internacionais com segurança interna hoje ultrapassam ramos estabelecidos, como a indústria cinematográfica e a indústria musical, em receita anual", anuncia uma edição de dezembro de 2007 do *Economic Times* da Índia[53]. A Homeland Security Research Corporation (HSRC) [Corporação de Pesquisa de Segurança Interna] declarou que "no mundo todo, a previsão é que as despesas com 'defesa total' (militar, comunidade de inteligência e segurança e defesa internas) cresçam aproximadamente 50%, de US$ 1,4 trilhão em 2006 para US$ 2,054 trilhões em 2015". Em 2005, apenas os gastos com defesa estado-unidenses atingiram US$ 420 bilhões por ano – comparáveis ao total combinado do resto do mundo. Mais de um quarto disso foi dedicado à aquisição de serviços de um mercado em rápida expansão de corporações militares privadas. Estava previsto que, em 2010, esses grupos mercenários receberiam impressionantes US$ 202 bilhões só do governo federal dos Estados Unidos[54].

Enquanto isso, previa-se também que os gastos mundiais com segurança nacional dobrariam, de US$ 231 bilhões em 2006 para US$ 518 bilhões em 2015; "onde o gasto com segurança nacional era de 12% do total dos gastos com defesa em 2003, espera-se que chegue a 25% do orçamento

---

[51] Ibidem, p. 172.

[52] Eric Klinenberg e Thomas Frank, "Looting Homeland Security", *Rolling Stone*, dez. 2005.

[53] "Spending on Internal Security to Reach $178 bn by 2015", *The Economic Times*, Mumbai, 27 dez. 2007.

[54] Fred Schreier e Marina Caparini, "Privatising Security: Law, Practice and Governance of Private Military and Security Companies", *Occasional Paper*, n. 6, Geneva Centre for the Democratic Control of Armed Forces (DCAF), Genebra, mar. 2005.

140 • Cidades sitiadas

total em 2015", de acordo com a HSRC[55]. Um crescimento ainda mais meteórico era esperado em alguns setores-chave de novas tecnologias de controle: mercados globais de tecnologia biométrica, por exemplo, tinham uma previsão de aumento de uma base pequena de US$ 1,5 bilhão em 2005 para US$ 5,7 bilhões em 2010[56].

Ainda que existam poucas boas pesquisas sobre as estruturas complexas do que a OECD chama de "nova economia de segurança"[57], está claro que a consolidação global está criando um oligopólio de enormes corporações transnacionais de segurança dominadas pelo mercado. Em 2004, as seis maiores empresas assumiram 20% do mercado global de serviços de segurança[58]. Coalizões entre governos e interesses corporativos seguem desenfreadas para além do escrutínio democrático. "O crescimento na indústria é garantido por enormes contratos governamentais e generosos subsídios para pesquisa e desenvolvimento de segurança nacional", escrevem Ben Hayes e Roche Tasse[59]. Uma variedade de fusões e alianças institucionais entre os setores civil, militar e comunitário, marcadas por complexos cruzamentos entre o uso de tecnologias de controle civil e militar, está ocorrendo em diferentes escalas geográficas de operação.

Hayes, da organização Statewatch, destaca que os esforços da União Europeia para estabelecer um Programa de Pesquisa de Segurança em âmbito continental seriam mais bem descritos como uma mistura de "Big Brother"

---

[55] Homeland Security Research Corp, 2007. Disponível em: <www.photonicsleadeship.org.uk>. Acesso em 2 abr. 2016.

[56] Idem. Para dados atuais, ver: "Homeland Security Market worth $544.02 Billion – 2018". Disponível em: <www.marketsandmarkets.com/PressReleases/homelandsecurity-emergency-management.asp>. Acesso em: 20 jun. 2016. E, também: "Homeland Security and Emergency Management Market, 2013–2018". Disponível em: <www.marketsandmarkets.com/Market-Reports/homeland-security-emergency-management-market-575.html>. Acesso em: 20 jun. 2016.

[57] Organização para a Cooperação e Desenvolvimento Econômico, *A Economia de Segurança* (Paris, OECD, 2004); ver também Sven Bisley, "Globalization, State Transformation, and Public Security", *International Political Science Review*, v. 25, n. 3, 2004, p. 281-96.

[58] Frank Seavey, "Globalizing Labor in Response to a Globalized Security Industry", artigo apresentado na Conferência "Policing Crowds", Berlim, jun. 2006. Disponível em: <www.policing-crowds.org>. Acesso em: 2 abr. 2016.

[59] Ben Hayes e Roche Tasse, "Control Freaks: 'Homeland Security' and 'Interoperability'", *Different Takes*, n. 45, 2007, p. 2.

com fundamentalismo de mercado[60]. Os grandes contratos de fornecimento e desenvolvimento do programa são organizados por uma rede de "oficiais da União Europeia e das maiores empresas de TI e armamentos da Europa"[61]. Além do mais, assim como nos Estados Unidos, a política e as pesquisas de segurança da União Europeia são pesadamente influenciadas por um forte lobby por parte das principais empresas de segurança corporativa (muitas das quais são operações estatais privatizadas recentemente). Em vez da ética da securitização maciça, a principal preocupação da União Europeia é como as corporações europeias podem conseguir uma parcela maior dos crescentes mercados globais para

> uma miríade de sistemas de vigilância global e local; a introdução de identificadores biométricos; RFID (identificação de radiofrequência), monitoramento eletrônico e via satélite; "armas menos letais"; equipamento paramilitar para gerenciamento de crises e da ordem pública; e a militarização dos controles de fronteira.[62]

Assim, a securitização urbana pode se tornar uma vitrine para políticas industriais dentro do mercado de segurança em expansão.

Colonizando o urbanismo transnacional

> A recalibração de uma problemática interno/externo, do ponto de vista dos Estados Unidos, está cheia de contradições explosivas.[63]

Nosso quinto componente é este: em um mundo em rápida urbanização marcado pela intensificação transnacional da migração, do transporte, do capital e dos fluxos de mídia, todas as tentativas de construir um binário mutuamente excludente – um "interior" securitizado envolvendo os espaços urbanos do território estado-unidense, e um "exterior" em urbanização em que o poderio militar dos Estados Unidos pode atacar por antecipação fontes de ameaça terroristas – são inevitavelmente ambivalentes e tomadas por contradições.

---

[60] Ben Hayes, *Arming Big Brother: The EU's Security Research Programme* (Washington [DC], Statewatch, 2006).

[61] Idem.

[62] Idem.

[63] Roger Keil, "Empire and the Global City: Perspectives of Urbanism after 9/11", *Studies in Political Economy*, n. 79, 2007, p. 167-92.

142 • Cidades sitiadas

"A soberania nacional" é hoje a lógica para construir sistemas transnacionais que tentam estabelecer um controle social. Certas pessoas só se tornam sujeitos "nacionais" depois que se tornam vítimas de terrorismo. E as fronteiras "nacionais" simultaneamente permeiam os espaços dentro e além dos limites territoriais das nações, enquanto se tornam inseridas em sistemas cada vez mais onipresentes cujo objetivo é o rastreamento e o controle.

Do ponto de vista global, o novo urbanismo militar está sendo mobilizado para garantir a segurança de viciadas cadeias de *commodities*, redes de logística e enclaves corporativos que constituem as arquiteturas geoeconômicas do nosso planeta. Esses nós-chave, enclaves, circulações e infraestruturas cruciais que, juntos, mantêm as arquiteturas do urbanismo transnacional[64] tendem a andar lado a lado com populações e espaços urbanos considerados propensos a serem fontes de resistência insurgente, mobilização social ou terrorismo infraestrutural. Como veremos no capítulo 5, estão em andamento tentativas extremamente lucrativas para redesenhar as finanças, a comunicação, as companhias aéreas e os sistemas portuários globais a fim de obter uma espécie de fronteira onipresente, um "interior global" que siga as arquiteturas infraestruturais de uma rede global de cidades e enclaves econômicos em vez dos limites territoriais que demarcam Estados-nação.

A geografia dessa fronteira imaginária e onipresente separa e protege as "cidades globais" estratégicas e valorizadas do Norte, bem como os enclaves econômicos do Sul – com suas zonas de segurança e seu monitoramento de alta tecnologia –, das multidões ameaçadoras do lado de fora dos portões urbanos nacionais ou supranacionais cada vez mais fortificados. Aqui o discurso da guerra de alta tecnologia, "limpa" e "humanizada" em torno da RMA se funde com ideologias chamativas de globalização de alta tecnologia no centro da ortodoxia econômica neoliberal e do fundamentalismo de mercado. Como escreve Patrick Deer, essas ideologias afirmam "ocupar um espaço limpo e tranquilo nas redes de comando e controle das cidades globais do primeiro mundo, com seus fluxos sem atrito e ágeis de capital e mão de obra metropolitanos". Todavia, elas operam em "profundo contraste com o mundo cotidiano 'sujo' das oficinas de

---

[64] O termo "urbanismo transnacional" foi cunhado por Michael Peter Smith em 1996 em seu livro *Transnational Urbanism: Locating Globalization* (Oxford, Blackwell, 2001).

O novo urbanismo militar • 143

trabalho escravo e *maquiladoras* ou as favelas e campos de refugiados do Sul global subdesenvolvido"[65].

Cada vez mais, as arquiteturas "cidade para cidade" de guerra infraestrutural ou centradas em rede convergem com as arquiteturas "cidade para cidade" dominantes da vida urbana globalizada – sistemas de linhas aéreas, sistemas portuários, sistemas financeiros eletrônicos, a internet – que sustentam o capitalismo transnacional. O resultado são as fronteiras em rápida militarização entre o Norte e o Sul, os campos de refugiados e tortura extraterritoriais em proliferação e os espaços urbanos colonizados semelhantes aos campos prisionais de massa. Isso é o que o geógrafo Peter Taylor chamou de "rede urbana mundial"[66] – o complexo transnacional de cidades estratégicas, partes de cidades e infraestruturas destinadas a serem delimitadas, cercadas e reconstruídas como terrenos globais. E é assim que a globalização neoliberal, tão dominante na cultura ocidental dos anos 1990, se transforma em guerra permanente: as arquiteturas da globalização se fundem perfeitamente nas arquiteturas de controle e guerra[67].

Dessa forma, os processos mais básicos e banais da vida urbana moderna são considerados guerra (em rede). Como afirma Deer, "a difundida metaforização da guerra borra os limites entre militar e civil, combatente e não combatente, máquina de Estado e de guerra, tempos de guerra e de paz"[68]. Assim, atos de protesto, desobediência civil, resistência, mobilização social, movimentos sindicais, crimes de informática ou até tentativas de sobrevivência depois de desastres são tratados como atos de guerra urbana, que pedem uma reação militar ou paramilitar como parte do conflito de baixa intensidade.

Dada a importância crucial do sistema de cidades "mundiais" para as geografias globais do imperialismo, nada disso deveria ser uma surpresa. Aliás, o complexo industrial em expansão dentro do qual as indústrias de segurança, tecnologia, biotecnologia, correção, prisão, tortura, eletrônica, militar, de

---

[65] Patrick Deer, "Introduction: The Ends of War and the Limits of War Culture", cit., p. 2.

[66] Peter Taylor, *World City Network: A Global Urban Analysis* (Londres, Routledge, 2004).

[67] Patrick Deer, "Introduction: The Ends of War and the Limits of War Culture", cit., p. 2.

[68] Ibidem, p. 1.

144 • Cidades sitiadas

entretenimento e monitoramento estão se fundindo gera grandes fatias das lucrativas economias centrais de cidades como Londres e Nova York.

No entanto, o papel central da guerra e do poder imperial para as dinâmicas econômicas das cidades mundiais contemporâneas é continuamente obscurecido pela sugestão de que essas cidades, nestes tempos pós-coloniais, são definidas por sua mistura cosmopolita e "híbrida" – uma mistura que alguns gurus políticos, como Richard Florida, veem como uma característica competitiva fundamental dos centros criativos, das "fundições", das economias "baseadas no conhecimento"[69]. Para Stefan Kipfer e Kanishka Goonewardena, definir cidades

> genérica e unilateralmente como laboratórios de cosmopolitismo e "motores de crescimento" endógenos é ignorar outros aspectos formativos da história urbana: parasitismo econômico e ecológico, formas de exclusão sociopolítica (contra não cidadãos e residentes) e uma dependência de transações comerciais de militarismo, expansão imperial e outras formas de acumulação primitiva.[70]

Cosmopolitismo e "pátria"

O medo e o urbanismo estão em guerra?[71]

O sexto e penúltimo atributo do novo urbanismo militar é a maneira como ele está marcado por intensas contradições entre discursos que destacam a poderosa desconexão e a diferença entre cidades estado-unidenses e as demais, por um lado, e os que enfatizam a proliferação da conexão, dos vínculos e das interdependências entre esses dois grupos de cidades, por outro. Essas contradições ficam mais e mais evidentes nas cidades mundiais. Nas cidades mais globalizadas e cosmopolitas dos Estados Unidos – e Nova York é o melhor exemplo –, a noção de pátria etnonacionalista é totalmente estranha – uma ideia trazida à tona para o consumo dos republicanos das áreas residenciais abastadas suburbanas e semirrurais, em vez de uma noção que descreva com um mínimo de viabilidade o mundo social da cidade contemporânea. E, no

---

[69] Richard Florida, *The Rise of the Creative Class* (Nova York, Basic Books, 2002).

[70] Stefan Kipfer e Kanishka Goonewardena, "Colonization and the New Imperialism: On the Meaning of Urbicide Today", *Theory and Event*, v. 10, n. 2, 2007.

[71] Todd Swanstrom, "Are Fear and Urbanism at War?", *Urban Affairs Review*, n. 38, 2002.

entanto, como Roger Keil enfatiza, os Estados Unidos hoje são uma nação predominantemente suburbana, cujos bairros residenciais, "ainda que bastante urbanizados, são projetados de forma que qualquer associação com a cidade seja evitada"[72]. Para muitos estado-unidenses, Keil destaca, "a constatação de que a cidade está no centro de sua potência mundial circunferencial não era imediatamente plausível antes de 11 de setembro de 2001"[73]. Além do mais, a vida suburbana é tão idealizada na cultura dos Estados Unidos como o *"American way of life"* autêntico que uma sensação de vínculo com o mundo mais amplo geralmente se faz notar pela ausência. "Para muitos estado-unidenses", afirma Keil, "o mundo, que constitui sua existência em uma economia global de império, se mantém fora de sua experiência"[74].

O discurso "redelimitado" de "pátria" é uma tentativa de construir uma comunidade imaginária domesticada, singular e espacialmente fixa da ideia de nação dos Estados Unidos[75]. Essa comunidade imaginária – presa a um "território" familiar – valoriza uma população nacional privilegiada de moradores de zonas residenciais e abastadas, afastada dos "outros" racializados tanto nas cidades estado-unidenses quanto nas fronteiras coloniais. Apesar das interconexões correntes e inevitáveis entre as cidades dos Estados Unidos e outros lugares mais ou menos distantes, "a retórica dos 'interiores' que precisam de proteção em relação a ameaças externas na forma de organizações internacionais é dominante"[76]. O que é o motivo presumível para a tentativa do novo Department of Homeland Security (DHS) [Departamento de Segurança Interna] dos Estados Unidos de redesenhar sistemas de informação, transporte, controle de fronteiras e logísticos com novas tecnologias de controle a fim de monitorar constantemente os múltiplos circuitos que conectam as cidades estado-unidenses com as do resto do mundo[77].

---

[72] Roger Keil, "Empire and the Global City", cit.

[73] Idem.

[74] Idem.

[75] Peter Andreas e Thomas Biersteker, *The Rebordering of North America* (Nova York, Routledge, 2003).

[76] Simon Dalby, "A Critical Geopolitics of Global Governance", *International Studies Association*, 2000.

[77] Ver Matt Hidek, "Networked Security in the City: A Call to Action for Planners", *Planners Network*, 2007; Katja Franko, "Analysing a World in Motion: Global Flows Meet 'Criminology of the Other'", *Theoretical Criminology*, v. 1, n. 2, 2007, p. 283-303.

146 • Cidades sitiadas

Amy Kaplan detecta um "quê decididamente antiurbano e anticosmopolita" nesse surto de nacionalismo depois de 11 de Setembro[78]. Ela sugere que até a palavra "*homeland*" [que pode ser traduzida como "pátria"] invoca uma "conexão inexorável com um lugar com raízes profundas no passado". Essa linguagem ofereceu uma "característica rural folclórica, que combinava uma noção romântica germânica de povo com os rincões dos Estados Unidos para ressuscitar o mito rural de identidade estado-unidense", ao mesmo tempo que eliminava "uma imagem urbana dos Estados Unidos como territórios múltiplos com pontos de vista concorrentes e áreas conflitantes para defender"[79]. Esse tipo de discurso foi especialmente problemático em cidades globais como Nova York, constituídas como são por constelações complexas e gigantescas de grupos sociais diaspóricos e entrelaçadas intimamente nas divisões internacionais (e interurbanas) do trabalho que sustentam o capitalismo atual. "Em que sentido", pergunta Kaplan, "os nova-iorquinos se referem a sua cidade como sua pátria? Lar, sim, mas pátria? Difícil"[80].

Paul Gilroy vai além, propondo que a difundida invocação de "pátria" pelo governo Bush, seguindo a imagem extremamente influente de um "choque de civilizações" proposta por Huntington, "requer que a consciência cosmopolita seja ridicularizada" nos pronunciamentos do governo estado-unidense e na grande mídia[81]. No mundo pós-11 de Setembro, ele diagnosticou uma generalizada "inabilidade de conceituar relações multiculturais e pós-coloniais como qualquer coisa além de risco ontológico e dano étnico"[82].

As identidades "híbridas" de muitos bairros e muitas comunidades em cidades dos Estados Unidos, formadas por gerações de migração transnacional e mistura diaspórica, foi então problematizada. Inevitavelmente, esses lugares e grupos se estendem pelos binários ressurgentes "nós e eles" e "nacional e estrangeiro". Como afirma Lorenzo Veracini,

---

[78] Amy Kaplan, "Homeland Insecurities: Reflections on Language and Space", *Radical History Review*, n. 85, 2003, p. 82-93.

[79] Idem.

[80] Idem.

[81] Paul Gilroy, "'Where Ignorant Armies Clash by Night': Homogeneous Community and the Planetary Aspect", *International Journal of Cultural Studies*, v. 6, n. 3, 2003, p. 266.

[82] Ibidem, p. 261.

quando "fronteiras" (mesmo que reconstruídas) e seu monitoramento se tornam aspectos cruciais de uma passagem integrante, diásporas – sua composição, suas sensibilidades, suas estratégias, suas políticas, suas histórias – também se tornam um espaço estratégico para contestação.[83]

Contrainsurgências domésticas e estratégias coloniais internas invariavelmente têm como alvo distritos urbanos cosmopolitas em que comunidades diaspóricas e imigrantes étnicos e pós-coloniais se concentram. Sally Howell e Andrew Shryock chamam esse *front* doméstico da Guerra ao Terror de "repressão enérgica à diáspora"[84]. Isso envolve realização concentrada de perfis geográficos, aumento em batidas policiais, deportações extraordinárias, repressão voltada para trabalhadores ilegais, mobilização dos poderes antiterrorismo para procurar e investigar a vida cotidiana e muitos encarceramentos sem julgamento. Nos Estados Unidos, essas estratégias têm se voltado em especial para bairros árabe-americanos como o da cidade de Dearbon, Michigan, perto de Detroit.

Conceitos políticos em nível municipal e de bairro, claro, entram em atrito com o nacionalismo ressurgente que faz parte do novo urbanismo militar. Os próprios eventos de 11 de Setembro revelam ideias conflitantes de como o território geográfico se vincula com a comunidade política em um mundo em urbanização e globalização. Pelo menos cem nacionalidades estavam representadas na lista de mortos daquele dia terrível, e muitas daquelas pessoas eram imigrantes "ilegais" trabalhando na cidade de Nova York. Como colocou Jennifer Hyndman: "Se existia qualquer distinção confortável entre doméstico e internacional, aqui e lá, nós e eles, ela deixou de ter significado naquele dia"[85].

"Padrões globais de migração de mão de obra [...] levaram o mundo até Lower Manhattan para atender os quarteirões de escritórios corporativos", escreveu Tim Watson. Aqueles que morreram junto com profissionais de escritório naquele dia – "os lavadores de pratos, mensageiros, vendedores de café e profissionais de limpeza" – eram "mexicanos, bengaleses, jamaicanos

---

[83] Lorenzo Veracini, "Colonialism Brought Home: On the Colonialization of the Metropolitan Space", *Borderlands*, v. 4, n. 1, 2005.

[84] Sally Howell e Andrew Shryock, "Cracking Down on Diaspora: Arab Detroit and America's 'War on Terror'", *Anthropological Quarterly*, v. 76, n. 3, 2003, p. 443-62.

[85] Jennifer Hyndman, "Beyond Either/Or: A Feminist Analysis of September 11th", *ACME: An International E-Journal for Critical Geographies*, fev. 2006

148 • Cidades sitiadas

e palestinos"[86]. Mas foi só na morte que essas pessoas ganharam visibilidade, por mais efêmera. Para Watson, "uma das tragédias de 11 de Setembro de 2001 foi ter sido necessário um evento tão absurdo para revelar a realidade cotidiana da vida no coração da cidade global"[87].

Postumamente, os mortos do 11 de Setembro foram agressivamente nacionalizados, reemergindo como estado-unidenses heroicos cujas mortes requeriam uma guerra global orquestrada por descrições maniqueístas da geografia do mundo. A transformação é irônica, para ser gentil, considerando que muitos sem dúvida estavam lutando como "forasteiros ilegais" para obter a nacionalização em vida. Como Allen Feldman comenta, "o World Trade Center, apesar de sua estrutura de referência transnacional, [logo] foi enaltecido como um espaço utópico de capital, trabalho e produção inclusiva de riqueza americanizado que foi violado"[88].

Quanto aos bombardeios suicidas devastadores em Londres pelos chamados terroristas "locais" em 7 de julho de 2005, as reações dos londrinos foram marcadamente diferentes da de Tony Blair. A reação imediata do primeiro-ministro às atrocidades, como Angharad Closs-Stevens sugere, "foi uma afirmação característica de uma comunidade britânica unida". Essa afirmação "teve muito sucesso [em nível nacional] para gerar uma lógica binária entre o 'povo britânico' [e] as pessoas [que estão tentando] nos intimidar, nos assustar para nos impedir de fazer o que queremos fazer"[89]. Desse modo, Blair conseguiu neutralizar o que poderia ter sido uma enorme reação política negativa contra o envolvimento do Reino Unido na Guerra do Iraque – um envolvimento que na Espanha, em contraste, resultou na pronta remoção do governo Aznar após os bombardeios terroristas nos trens suburbanos de Madri, em 11 de março de 2004.

O prefeito de Londres à época, Ken Livingston, teve uma reação diferente, no entanto.

---

[86] Tim Watson, "Introduction: Critical Infrastructures after 9/11", *Postcolonial Studies*, n. 6, 2003, p. 109-11.

[87] Idem.

[88] Allen Feldman, "Securocratic Wars of Public Safety", cit., p. 330-50.

[89] Tony Blair, declaração para a Press Association, 7 jul. 2005, citado em Angharad Closs-Stephens, "7 million Londoners, 1 London: National and Urban Ideas of Community in the Aftermath of the 7th July Bombings", *Alternatives*, v. 32, n. 2, 2007, p. 155-76.

O novo urbanismo militar • 149

Destacando o papel de Londres como um centro diaspórico cosmopolita proeminente, vivendo dentro e também além de qualquer noção simples de identidade nacional britânica, a mensagem de Livingstone girava em torno da "ideia de Londres como uma comunidade urbana multicultural" e enfatizou "o princípio da diferença, em vez da unidade"[90].

Paul Gilroy fez uma crítica semelhante da resposta do governo do Reino Unido aos bombardeios de Londres, em especial da instigação da ideia simplista de "britanicidade" e de unidade britânica. "Essa alternativa salutar", diz ele, "supostamente ofereceria benefícios imediatos na forma de um sentimento popular nacional semelhante"[91] ao patriotismo cívico manifestado nos Estados Unidos. Gilroy se preocupa que os proponentes de uma visão tão ordenada de britanicidade

se afastem voluntária e [...] enganosamente da interação cultural inspiradora comum em cidades como [Londres] que não estão – ainda não, pelo menos – segregadas de acordo com princípios da lei racial que, como vimos no resultado da inundação de Nova Orleans, é o parceira silenciosa e dominante da cultura política estado-unidense, teimosamente organizada por cor.[92]

Novos espaços estatais de violência

O destino de impérios muitas vezes é selado pela interação entre guerra e débito.[93]

Finalmente, o novo urbanismo militar vai muito além de uma preocupação com as tecnologias, doutrinas e táticas militares/de segurança necessárias para uma tentativa de controlar, pacificar ou se aproveitar das populações ou dos espaços demonizados. Vai além das complexas intersecções de cultura visual e tecnologias de controle militar, além das tensões entre ideias de comunidade urbanas e nacionais. Ele faz uso dos poderes do Estado para reconfigurar violentamente ou apagar o espaço urbano, como um meio de aliviar supostas ameaças, de abrir espaço para

---

[90] Angharad Closs-Stephens, "7 Million Londoners, 1 London", cit.

[91] Paul Gilroy, "Multiculture in Times of War: An Inaugural Lecture Given at the London School of Economics", *Critical Quarterly*, v. 48, n. 4, p. 29.

[92] Idem.

[93] John Gray, "A Shattering Moment in America's Fall from Power", *The Observer*, Londres, 28 out. 2008.

150 • Cidades sitiadas

exigências da formação da cidade global, da produção neoliberal ou da criação de uma *tabula rasa* urbana capaz de gerar bolhas extremamente lucrativas de especulação imobiliária. Para justificar ataques tão violentos, muitas vezes contra um inimigo urbano, racial ou de classe (demonizado e ficcionalizado), ele recorre com regularidade a invocações de exceção e emergência. Esses estados de exceção são declarados não só para constituir as geografias de violência permanente que sustentam a economia dominante, mas também para criar o que Achille Mbembe chama de "mundos da morte" – espaços como a Palestina, onde vastas populações são forçadas a existir como mortos-vivos[94]. Dessa forma, estados de emergência sustentam geografias mais amplas de acumulação pela espoliação, que, apesar de serem tão antigas quanto o colonialismo, provam ser especialmente úteis para a globalização neoliberal.

Aqui confrontamos as complexas economias políticas do novo urbanismo militar e sua integração central ao que Naomi Klein diagnosticou como a tendência dentro do capitalismo neoliberal contemporâneo de criar choques catastróficos "naturais" ou político-econômicos e/ou se beneficiar deles[95]. Está em questão o caráter do que pode ser chamado de "novos espaços estatais" de guerra e violência, e sua relação com a violência política e as geografias contemporâneas de desapropriação[96].

Citando a destruição sistemática de casas e cidades promovida por Israel na Palestina, a semelhante aniquilação de Fallujah e outros espaços de resistência iraquiana, e a disseminada eliminação de assentamentos informais pelo globo conforme as autoridades organizam de modo empreendedor os espaços da cidade, Kanishka Goonewardena e Stefan Kipfer apontam para "uma realidade ominosamente normalizada vivenciada pelos 'condenados da terra' depois do 'fim da história'". Isso, eles argumentam, gerou uma nova palavra-chave em estudos urbanos e disciplinas afins: urbicídio[97].

---

[94] Achille Mbembe, "Necropolitics", *Public Culture*, v. 15, n. 1, 2003, p. 11-40.

[95] Naomi Klein, *The Shock Doctrine: The Rise of Disaster Capitalism* (Londres, Allen Lane, 2007).

[96] O termo "novos espaços estatais" vem do título de mesmo nome da obra de vanguarda de Neil Brenner, *New State Spaces: Urban Governance and the Rescaling of Statehood* (Oxford, Oxford University Press, 2004).

[97] Kanishka Goonewardena e Stefan Kipfer, "Postcolonial Urbicide: New Imperialism, Global Cities and the Damned of the Earth", *New Formations*, v. 59, 2006, p. 23-33.

O novo urbanismo militar • 151

Definido como a violência política criada intencionalmente para eliminar ou "matar" cidades, o urbicídio pode envolver a transformação de espaços de mistura cosmopolita em alvos etnonacionalistas (como os Bálcãs nos anos 1990); a devastação sistemática dos meios de subsistência para uma vida urbana moderna (como a deseletrificação do Iraque em 1991, o cerco a Gaza em 2006-2008, ou o ataque ao Líbano em 2006)[98]; ou a aniquilação direta de povos e lugares demonizados, declarados não modernos, bárbaros, impuros, patológicos ou sub-humanos (como a destruição, por Robert Mugabe, de centenas de milhares de lares em favelas na periferia de Harare em 2005)[99].

A eliminação de pessoas e locais é um traço extremamente comum, ainda que muitas vezes ignorado, em áreas urbanas do Sul global, que as elites políticas e econômicas locais buscam reformar como "cidades globais" – para transformá-las na "próxima Xangai" e, assim, legitimar "o planejamento como destruição".

Acessórios supermodernos – estradas, shopping centers, aeroportos, quarteirões de escritórios, estádios esportivos, complexos de apartamentos de luxo – são inevitavelmente considerados mais adequados ao status global do que as favelas dilapidadas, construídas pelos moradores e muitas vezes "ilegais", que abrigam os pobres urbanos. Uma pesquisa recente feita pelas Nações Unidas descobriu que, entre 2000 e 2002, um total de 6,7 milhões de pessoas em sessenta países foram despejadas de seus assentamentos informais, contra 4,2 milhões nos dois anos anteriores[100]. As palavras de Frantz Fanon são mais relevantes do que nunca aqui: "a atividade de obscurecer a linguagem é uma máscara por trás da qual se oculta a atividade muito maior da pilhagem"[101].

Para Goonewardena e Kipfer, a proliferação contemporânea do urbicídio reflete a mudança para um mundo em que a política da cidade é totalmente central para a produção e constituição de relações sociais. Em um mundo majoritariamente urbano, "a luta pela cidade [agora] coincide cada vez

---

[98] Ver capítulo 9 deste volume e, também, Stephen Graham, "Switching Cities Off: Urban Infrastructure and US Air Power", *City*, v. 9, n. 2, 2005.

[99] Stefan Kipfer e Kanishka Goonewardena, "Colonization and the New Imperialism", cit.

[100] UN-Habitat, *State of the World Cities 2006/2007* (Nairóbi, Nações Unidas, 2006), p. xi.

[101] Frantz Fanon, *The Wretched of the Earth* (Nova York, Grove, 2004).

152 • Cidades sitiadas

mais com a luta por ordem social"[102], escrevem eles. Com a intensificação da urbanização, essa coincidência só deve avançar mais.

Como consequência, a arquitetura e o urbanismo emergem não apenas como um elemento-chave nos esforços – imperiais, neoliberais, corporativos ou militares – para produzir ou reorganizar o espaço urbano, mas também nas resistências e contrageografias que emergem em reação a tais intervenções[103]. Apropriações estranhas acontecem aqui. Eyal Weizman, por exemplo, demonstrou como alguns generais israelenses se apropriaram dos escritos radicais, pós-estruturalistas do filófoso francês Gilles Deleuze para desenvolver uma nova doutrina militar para tomar e controlar os espaços labirínticos dos campos de refugiados palestinos[104]. Aqui, escreve Weizman, "a guerra urbana contemporânea se desenvolve em uma arquitetura construída, real ou imaginária, e por meio da destruição, construção, reorganização e subversão do espaço"[105]. Ao romper os muros conectados de cidades inteiras e criar, assim, caminhos, as Forças Armadas israelenses tentam "criar 'espaço [operacional] como se não houvesse fronteiras', neutralizando as vantagens concedidas pelo terreno urbano para os opositores da ocupação"[106].

Muitas das novas técnicas de guerra urbana usadas por Forças Armadas estatais – que Goonewardena e Kipfer rotularam de "colonização sem ocupação" – são imitações de técnicas urbanas de resistência usadas *contra* as forças militares em séculos anteriores. "Essa estratégia não linear, polinuclear e anti-hierárquica de combate em áreas urbanas", eles comentam, "é de fato um plágio das táticas dos rebeldes da Comuna de Paris, Stalingrado e os *kasbahs* de Argel, Jenin e Nablus"[107].

Técnicas de militarismo urbano e violência urbicida servem para disciplinar ou desalojar divergentes e a resistência. Elas eliminam ou deslegitimam reivindicações e espaços urbanos que se colocam no caminho de formas cada vez mais predatórias de planejamento urbano[108] que abre caminho

---

[102] Kanishka Goonewardena e Stefan Kipfer, "Postcolonial Urbicide", cit., p. 28.

[103] Ver capítulo 11 deste volume.

[104] Eyal Weizman, *Hollow Land* (Londres, Verso, 2007).

[105] Idem, "Lethal Theory", *LOG Magazine*, abr. 2005, p. 74.

[106] Kanishka Goonewardena e Stefan Kipfer, "Postcolonial Urbicide", cit., p. 28.

[107] Ibidem, p. 29.

[108] "O planejamento predatório é o processo intencional de desapropriação realizado pelo uso simultâneo de táticas múltiplas, e muitas vezes de alcance global, de

para infraestruturas supermodernas, centros de produção ou enclaves para o turismo e o consumo urbano[109]. Fundindo-se, como acontece, com a virada autoritária da criminologia, da penalogia e da política social, esse novo urbanismo militar tenta controlar ou encarcerar as populações rebeldes da metrópole pós-colonial, como o que foi cunhado de "colônias internas" dos *banlieues* franceses[110].

Mas, para além de tudo isso, os processos globais de securitização, militarização, desinvestimento e eliminação oferecem sustento para as economias metropolitanas. As cidades estão bem no centro dos "*establishments* militares-industriais do capitalismo corporativo, liderados pelo estado-unidense, que produz '*commodities* letais' como a parte mais lucrativa do comércio global"[111].

Consideremos o agrupamento de cidades globais ressurgentes e estratégicas através do qual o acúmulo capitalista opera cada vez mais. Elas organizam e acertam fluxos financeiros, formatam o desenvolvimento geográfico desigual e extraem o excedente para os setores corporativos dominantes e elites socioeconômicas globalizadas que estão intimamente integradas aos governos nacionais e internacionais. Elas dominam os aspectos da produção do complexo militar-industrial-de segurança-monitoramento e estão cercadas de "cidades-guarnição" cujas economias são dominadas por militares estacionados e corporações industriais privadas. Com suas bolsas de valores, tecnópoles, feiras de armas, centros de alta tecnologia e laboratórios de armas estatais, essas cidades são o cérebro por trás da globalização altamente militarizada da nossa era.

---

redesenvolvimento na sequência de um trauma. [...] O impacto do planejamento predatório abrange uma reação ao estresse traumático que envolve choque na raiz e destruição de referências culturais." Kiara Nagel e Kenney Bailey, "Rendering the Invisible Visible: Cultural Architecture and Predatory Planning in Atlanta's Sweet Auburn", *Progressive Planning Magazine*, n. 174, inverno 2008, p. 19-20. Disponível em: <www.ds4si.org/writings/rendering-the-invisble-visible>. Acesso em: 13 jun. 2016.

[109] Um exemplo fundamental aqui foi a tentativa de reconstrução de Nova Orleans como uma cidade turística e gentrificada enquanto se tentava negar a 250 mil afro-americanos o direito de voltar à cidade depois do Katrina.

[110] Mustafa Dikeç, *Badlands of the Republic: Space, Politics and Urban Policy* (Oxford, Blackwell, 2007).

[111] Pierre Mesnard y Méndez, "Capitalism Means/Needs War", cit.

154 • Cidades sitiadas

O conflito militar imperial que abastece a acumulação de capital por meio do sistema urbano global se baseia cada vez mais em novas formas de "acumulação primitiva", que dependem de altos índices de retorno (em especial para o complexo petroquímico), estimulados por guerras por recursos e petróleo, em vez de contratos militares que ofereçam estímulos keynesianos para a economia, como era o caso no fim do século XX[112].

Sendo assim, a construção de cidades contemporâneas pode ser vista, segundo Neil Smith, como uma

> estratégia de acumulação de maneira muito mais intensa do que em qualquer momento anterior. A militarização, enormes reinvestimentos de reconstrução e uma suposta agenda humanitária (bombas lançadas junto com pacotes de mantimentos em Cabul) alimentam essa estratégia de construção da cidade.[113]

Dessa forma, a destruição militar e a apropriação forçada podem funcionar como agentes de rápida destruição criativa. Isso, por sua vez, oferece grandes oportunidades para privatização, gentrificação e apropriação de bens por meio das bolsas de valores globais.

O que ocorre, ao analisar nosso "presente colonial", é que enfrentamos o desafio de simultaneamente abordar as economias macropolíticas do que David Harvey chama de "acumulação por espoliação"[114] por economias de guerra permanente, e desenvolver uma compreensão sofisticada das táticas e estratégias cotidianas de controle urbano e urbicídio. Existe, então, uma necessidade de reconsiderar extensamente a relação entre violência e o sistema governamental nacional/transnacional. Apesar de estar além do escopo deste livro, essa reteorização precisa abordar as maneiras pelas quais choques e crises não são apenas explorados, mas também fabricados para exploração corporativa. É preciso analisar as conexões entre a difusão global da crise econômica estado-unidense – causada pela financeirização não regulada, hiperendividamento e déficits comerciais insustentáveis – e as duradouras

---

[112] Shimshon Bichler e Jonathan Nitzan, "Dominant Capital and the New Wars", *Journal of World-Systems Research*, v. 10, n. 2, 2004, p. 255-327.

[113] Neil Smith, "The Military Planks of Capital Accumulation: An Interview with Neil Smith", *Subtopia Blog*, 10 jul. 2007.

[114] David Harvey, *The New Imperialism* (Oxford, Oxford University Press, 2006) [ed. bras.: *O novo imperialismo,* trad. Adail Sobral e Maria Stela Gonçalves, São Paulo, Loyola, 2004].

O novo urbanismo militar • 155

trajetórias das geografias e economias políticas autoritárias e "pós-fordistas" que alimentam esse novo militarismo urbano[115]. Por último, é preciso tentar explicar a importância político-econômica e cultural de ideologias hipermilitarizadas de guerra preventiva, mobilização permanente e gerenciamento de risco antecipatório, que transformam tudo em um problema militar que exige, *a priori*, uma solução militar[116].

No fim das contas, os sete elementos inter-relacionados do novo urbanismo militar – a disjunção entre soldados rurais e guerras urbanas, a indiferenciação de tecnologias de controle civis e militares, o tratamento de ataques contra cidades como eventos de mídia, o surto de segurança, a militarização do movimento, as contradições entre culturas nacional e urbana de medo e comunidade, e as economias políticas dos novos espaços estatais de violência – são responsáveis por forjar aquela que é, talvez, sua principal característica. Essa característica é a reorganização radical da geografia e da experiência de fronteiras e limites. Ela engloba uma série de "efeitos bumerangue" foucaultianos que se movem continuamente entre a metrópole colonial e a fronteira da zona de guerra – um processo tão crucial para o novo militarismo urbano que merece um capítulo próprio, dedicado ao surgimento da "fronteira onipresente".

---

[115] Para uma discussão perspicaz, ver George Steinmetz, "The State of Emergency and the Revival of American Imperialism: Toward an Authoritarian Post-Fordism", *Public Culture*, v. 15, n. 2, 2003, p. 323-45. Steinmetz defende que "a condição emergente [depois da recessão e da crise financeira global] não marca um retorno ao Estado do Bem-Estar Social fordista-keynesiano, e sim uma transição na direção de um estado policial aprimorado. Segurança no sentido disciplinar, não social, no foco na atividade governamental atual".

[116] Ver Jonathan Michel Feldman, "From Warfare State to 'Shadow State': Militarism, Economic Depletion, and Reconstruction", *Social Text*, n. 25, 2007, p. 143-68, e Marieke de Goede, "Beyond Risk", cit.

4
FRONTEIRAS ONIPRESENTES[1]

Fronteiras nacionais deixaram de ser linhas contínuas sobre a superfície da Terra e se tornaram conjuntos não relacionados de linhas e pontos situados em cada país.[2]

O ato de mirar é um ato de violência mesmo antes que qualquer tiro seja disparado.[3]

Como é possível reconciliar a proliferação de duras fronteiras militarizadas – não só em zonas de guerra como Bagdá ou a Faixa de Gaza, mas entre nações e dentro de cidades do mundo todo – com a sensação de que as pessoas e as coisas em todo o planeta estão se tornando cada vez mais móveis? Em outras palavras, qual é a relação entre a proliferação das circulações transnacionais e urbanas que envolvem a globalização e a profusão, em paralelo, do que Ronen Shamir chama de "encerrar, cercar e confinar"[4] no mundo contemporâneo?

Neste capítulo, elaboro o argumento de que uma grande mudança está em andamento no que diz respeito às fronteiras do nosso mundo – uma

---

[1] O termo foi usado pela primeira vez por Dean Wilson e Leanne Weber no artigo "Risk and Preemption on the Australian Border", *Surveillance & Society*, v. 5, n. 2, 2008, p. 124-41.

[2] Paul Andreu et al., "Borders and Borderers", *Architecture of the Borderlands* (Londres, Wiley/Architectural Design, 1997), p. 57-61.

[3] Samuel Weber, *Targets of Opportunity: On the Militarization of Thinking* (Nova York, Fordham University Press, 2005), p. 105.

[4] Ronen Shamir, "Without Borders? Notes on Globalization as a Mobility Regime", *Sociological Theory*, v. 23, n. 2, 2005, p. 199.

158 • Cidades sitiadas

mudança que deriva das transformações na natureza dos Estados-nação. No nosso tempo, Estados-nação estão se afastando de seu papel como fiadores de uma comunidade de cidadãos dentro de uma unidade territorial, encarregados de policiar as conexões entre "interior" e "exterior". Em vez disso, esses Estados estão se tornando sistemas internacionalmente organizados voltados para tentar separar as pessoas e circulações consideradas de risco ou malignas daquelas consideradas livres de riscos ou dignas de proteção. Esse processo ocorre cada vez mais tanto dentro quanto fora de fronteiras territoriais entre Estados-nação, resultando em uma indistinção entre limites internacionais e urbanos/locais. De fato, as duas parecem se fundir cada vez mais, para constituir uma "multiplicidade" de pontos de controle[5] que se distribuíram pelas principais linhas de circulação e geografias-chave de riqueza e poder, atravessando limites territoriais entre Estados, além daqueles dentro e para além dessas fronteiras.

Binários westfalianos

A diluição das linhas que demarcam a aplicação da lei civil e o poder militar, o interior e o exterior da nação, a paz e a guerra está ocorrendo por causa de uma desconstrução gradual da chamada ordem westfaliana do Estado moderno e liberal. "A promessa do Estado de tradição liberal era preservar a ordem liberal no interior, enquanto se considerava que o universo exterior era condenado a ser dominado por práticas governamentais decididamente não liberais", escrevem Didier Bigo e coautores. Com o policiamento organizado para manter a paz dentro da nação, e a guerra organizada para além dela, "o que era normal dentro das fronteiras nacionais era excepcional lá fora e vice-versa"[6].

Embora cada nação ofereça seu próprio caso histórico único, o "nós" nacional imaginado da nacionalidade ocidental foi amplamente naturalizado e se tornou fundamentalmente oposto ao "eles" imaginado fora dos limites territoriais da nação. Tornou-se possível construir uma imagem do mundo

---

[5] Karine Côté-Boucher, "The Diffuse Border: Intelligence-Sharing, Control and Confinement along Canada's Smart Border", *Surveillance & Society*, v. 5, n. 2, 2008, p. 153.

[6] Didier Bigo e Anastassia Tsoukala (orgs.), *Illiberal Practices of Liberal Regimes, the (In)Security Games* (Paris, L'Harmattan, 2006, Coleção Cultures & Conflits).

baseada no binário naturalizado "doméstico" e "estrangeiro"[7]. Com muita facilidade, mas não inevitavelmente, essa diferença se traduziu em alteridade. Aqueles que estavam fora eram muitas vezes denegridos, enquanto a superioridade étnica, racial ou cultural do "nós" nacional era afirmada.

Assim, a ordem internacional westfaliana se baseou, por um lado, na ideia de que a defesa externa dos Estados-nação exige que as forças militares sejam projetadas fora das fronteiras, contra a figura do inimigo, durante tempos de guerra[8]. Por outro lado, Estados westfalianos também seguiam a lógica interna do policiamento; a lei era mobilizada internamente para lidar com criminosos e também com atores considerados ameaças para a ordem social[9].

Guerra securocrática

Na prática, esses esforços de separação sempre foram frágeis, confusos e contraditórios. Agora, no entanto, a própria noção de distinção interior/exterior está sendo radicalmente repensada. O mundo contemporâneo está marcado por "uma fusão, uma desdiferenciação do universo do interno e do universo do externo", escrevem Bigo e Anastassia. "A diferença entre o liberal e o não liberal, a norma e a exceção, não está mais fixada pelas fronteiras nacionais. Os limites entre o interno e o externo estão se movendo."[10] Ideias de cidadania nacional, em vez de serem necessariamente apenas contrapostas ao exterior e estrangeiro, agora são cada vez mais reposicionadas contra outras consideradas exteriores ou para além da cidadania, quer estejam dentro, quer além das fronteiras geográficas de fato dos Estados-nação. Essa reconfiguração na natureza das fronteiras é alimentada pelo que Allen Feldman chama de

---

[7] Para saber como isso ocorreu no caso estado-unidense, ver: David Campbell, *Writing Security: United States Foreign Policy and the Politics of Identity* (Minneapolis [MN], University of Minnesota Press, 1998). Campbell enfatiza que, no caso do tratamento dos povos indígenas em nações coloniais como os Estados Unidos, o "estrangeirismo" também pode habitar espaços geográficos dentro da nação.

[8] Susanne Krasmann, "The Enemy on the Border: Critique of a Programme in Favour of a Preventive State", *Punishment Society*, n. 9, 2007, p. 301.

[9] Idem.

[10] Didier Bigo e Anastassia Tsoukala (orgs.), *Illiberal Practices of Liberal Regimes, the (In)Security Games*, cit.

"guerras securocráticas"[11] – guerras sem data para acabar e não territorializadas (contra as drogas, o crime, o terror, a imigração ilegal, ameaças biológicas) organizadas ao redor de ideias vagas e abrangentes de segurança pública, em vez de conquista de territórios. Seu propósito é manter a soberania de Estado não por meio da guerra externa combinada com o policiamento interno, mas pelo aumento do espectro de mobilidades e fluxos considerados contaminantes das sociedades e ameaçadores da ordem social, tanto interna quanto externamente. Desconhecidos e impossíveis de conhecer, esses perigos – o terrorismo, a infiltração demográfica, a imigração "ilegal", as doenças (a Sars, a gripe aviária, a tuberculose) – são vistos como se estivessem à espreita nos interstícios da vida urbana e social, se misturando a ela de modo invisível[12].

Eventos e normalidade

> A fronteira virtual, quer esteja voltada para fora, quer para dentro da estrangeirice, não é mais uma barreira estrutural, mas uma rede móvel, uma patogênese espacial flexível que se movimenta pelo globo e pode se mover da exterioridade da fronteira transnacional para o centro do Estado securocrático.[13]

Em sua raiz, as guerras securocráticas sem fim definido são uma tentativa de policiar tanto as dicotomias subnacionais de lugares seguros e de risco quanto as supranacionais, tanto dentro quanto além dos limites territoriais dos Estados-nação[14]. Um componente importante é a distinção entre evento e pano de fundo. Assim, "eventos de segurança" emergem quando "circulações impróprias ou transgressoras"[15] parecem ameaçar a normalidade do capitalismo transnacional. Tais eventos vão de incursões de patógenos[16], terroristas ou indivíduos imigrantes até a criminalidade, *commodities* pirateadas, lixo tóxico, transações financeiras malignas, códigos de computador perigosos ou ideologias tóxicas.

---

[11] Allen Feldman, "Securocratic Wars of Public Safety", *Interventions: International Journal of Postcolonial Studies*, v. 6, n. 3, p. 330-50.

[12] Simon Jenkins, "Oh! What a Lovely War on Terror", *The Guardian*, Londres, 14 set. 2007.

[13] Allen Feldman, "Securocratic Wars of Public Safety", cit.

[14] Ibidem, p. 333.

[15] Idem.

[16] Ver, por exemplo, Harris Ali e Roger Keil, *Networked Disease* (Blackwell, Oxford, 2008).

A figura do terrorista lança uma grande sombra aqui, porque se considera que os terroristas criam uma circulação imprópria de indivíduos, dinheiro e drogas[17]. Discursos do governo garantem a vaga fusão dessas presenças e mobilidades malignas, e o oportunismo político garante que a legislação contra o terror seja aplicada a todo tipo de supostas ameaças. Em 2008, por exemplo, no auge da crise financeira global, o governo britânico usou a recém-cunhada legislação antiterror como argumento para confiscar os ativos financeiros islandeses presentes no Reino Unido.

Ao mesmo tempo, a logística, o turismo, a imigração e o fluxo contínuo de *commodities* e moedas que, em âmbito global, sustentam o capitalismo neoliberal são representados como invisíveis, normais. São não eventos de "circulação segura" que conectam arquipélagos transnacionais de espaços livres de riscos. "A interrupção da economia moral de circulação segura é caracterizada como um 'evento de risco' distópico", sugere Feldman.

> Ruptura do imputado bom funcionamento do aparato de circulação em que nada deve acontecer. "Normalidade" é o não evento, que de fato significa a distribuição adequada de funções, a ocupação de posições diferenciais e de perfis sociais adequados.[18]

Então, paradoxalmente, eventos que perturbam e destroem a circulação normal – ataques terroristas, interrupções de fornecimento de energia, falhas técnicas, alertas patogênicos, greves de trabalhadores – servem para revelar as complexas arquiteturas de mobilidade, continuamente consideradas invisíveis por sua própria normalidade[19].

Guerras securocráticas garantem a política do "novo normal", baseada no que Feldman chama de "simbiose entre medo internalizado e agressões direcionadas ao outro"[20]. Elas reciclam e atualizam a demonização dos tempos da Guerra Fria e da longa era da colonização racializada. Aqui, no entanto,

> o outro deixa de ser uma figura colonial, um proletário, uma minoria racial despossuída mas batalhadora, um comunista, e reaparece como o traficante

---

[17] Allen Feldman, "Securocratic Wars of Public Safety", cit., p. 333.

[18] Idem.

[19] Ver capítulo 9 deste volume e também Stephen Graham e Simon Marvin (orgs.), *Disrupted Cities: When Infrastructures Fail* (Nova York, Routledge, 2009).

[20] Allen Feldman, "Securocratic Wars of Public Safety", cit., p. 331.

162 • Cidades sitiadas

de drogas, a pessoa vivendo com aids, o imigrante ilegal, o refugiado em busca de asilo e o terrorista.[21]

O crucial é que essas guerras invocam uma série conectada de limites vulneráveis – do corpo, do lar, do bairro, da cidade, da nação, do ciberespaço, do sistema de circulação – como sendo perigosamente transparentes e enfrentando um ataque sem precedentes de uma gama de ameaças, rupturas ou incursões móveis em proliferação. Essa condição de vulnerabilidade requer uma cultura de constante vigilância, antecipação e preparo, conforme os cidadãos são mobilizados como cidadãos-soldados para monitorar pessoalmente suas paisagens cotidianas, para estar sempre de olho para o "incomum" sempre esquivo e indefinido[22]. Como sugerem James Hay e Marc Andrejevic, "em uma era de guerra flexível, todos precisam ser vistos tanto como suspeitos em potencial quanto, portanto, necessariamente, espiões proativos"[23]. A paranoia e a neurose estão incrustadas na geografia, com chamados para "redefinir" as fronteiras nacionais[24], a definição de imigrantes "ilegais" como "invasores"[25], o uso de comandos e controles em estilo militar para os fluxos civis, a fortificação e o "endurecimento" de "alvos" humanos, domésticos, urbanos, infraestruturais ou nacionais.

Todos os processos de monitoramento, claro, só são efetivos quando, assim como no evento de segurança, invocam uma ideia de normalidade contra a qual o anormal pode acontecer. É aqui que ideias de guerra securocrática fazem uma polinização cruzada com mudanças mais amplas de logística e monitoramento social, engendrando uma inclinação para a "seleção social" de pessoas, lugares e circulações. Bancos de dados coletados no passado são processados continuamente por algoritmos de computador para classificar, perfilar, priorizar, excluir e antecipar o futuro. Isso é feito por uma série de razões: maximizar a lucratividade (retirando serviços de consumidores "falidos" ou não lucrativos; perfilando bairros como grupos geodemográficos);

---

[21] Idem.

[22] James Hay e Marc Andrejevic, "Towards an Analytic of Government Experiments in These Times: Homeland Security as the New Social Security", *Cultural Studies*, v. 20, n. 4-5, 2008, p. 341.

[23] Idem.

[24] Engin Isin, "The Neurotic Citizen", *Citizenship Studies*, v. 8, n. 3, 2004, p. 217-35.

[25] Ver Kathleen Arnold, "Enemy Invaders! Mexican Immigrants and US Wars Against Them", *Borderlands*, v. 6, n. 3, 2007.

customizar ou personalizar serviços (páginas sob medida no site da Amazon); permitir que usuários *premium* desviem de congestionamentos (vias expressas pedagiadas, serviços de *callcenter* que diferenciam a ordem de atendimento com base nos registros da rentabilidade do cliente; mudanças "prioritárias" de pacotes de internet); apoiar novos meios de gerenciamento de risco individualizado[26]. Como essas novas tendências de consumo e rastreamento digitalizado atravessam o interior e o exterior do Estado-nação, elas interligam e facilitam mudanças mais amplas em direção à guerra securocrática.

Renovação autoritária

A "segurança nacional" está se tornando o ponto de vista através do qual a condição urbana é enquadrada, julgada, analisada e, consequentemente, projetada.[27]

Conforme a transformação securocrática procede, os Estados de bem--estar social estão sendo, ao mesmo tempo, redesenhados como sistemas de gerenciamento de risco, voltados não para o bem-estar social das comunidades, mas para o controle da localização, do comportamento e do futuro de "anticidadãos" de suposto risco[28]. Phil Scraton chama isso de "renovação autoritária"[29].

Interdições, encarceramentos *a priori* e uma rasteira criminalização de massa começam a fragmentar normas legais já precárias de ação judicial, *habeas corpus*, direito a recurso, legislação humanitária internacional e direitos humanos de cidadania. Cada vez mais, as ideias sempre frágeis de cidadania nacional homogênea se fragilizam e desintegram conforme diferentes grupos

---

[26] Ver Stephen Graham, "Software Sorted Geographies", *Progress in Human Geography*, v. 29, n. 5, 2005, p. 1-19.

[27] Adrian Parr, "One Nation under Surveillance", *Journal of Theoretical Humanities*, v. 11, n. 1, 2006, p. 100.

[28] Anne-Marie Singh, "Private Security and Crime Control", *Theoretical Criminology*, v. 9, n. 2, 2005, p. 153-74. Jock Young, *Exclusive Society: Social Exclusion, Crime and Difference in Late Modernity* (Londres, Sage, 1999); ver Daryl Meeks, "Police Militarization in Urban Areas: The Obscure War against the Underclass", *Black Scholar*, v. 35, n. 4, 2003, p. 33-41.

[29] Phil Scraton, "Streets of Terror: Marginalisation, Criminalisation and Authoritarian Renewal", Statewatch, 2006.

164 • Cidades sitiadas

e etnias são perfilados, peneirados e tratados por antecedência de modo diferente. Os direitos de cidadania são desintegrados e "desfeitos"[30]. A lei é usada para suspender a lei, abrindo a porta para emergências e "estados de exceção" mais ou menos permanentes[31]. Fronteiras militarizadas, sistemas de campos e de movimentação invisível e ilícita hoje atravessam nações e blocos supranacionais. Os arquipélagos transnacionais de encarceramento, tortura e morte que resultam disso revelam similaridades chocantes com aqueles que sustentam as geografias globais de turismo, finanças, produção, logística, poderio militar e o estilo de vida das elites. Os "inimigos internos", as pessoas consideradas de risco, sem valor ou fora de lugar – os afro-americanos de Nova Orleans, os problemáticos moradores dos *banlieues* de Paris, os ciganos acampados nos subúrbios de Nápoles ou Roma, os favelados às margens dos pontos turísticos do Rio de Janeiro, os imigrantes sem visto, os pedintes, os sem-teto, os vendedores de rua em toda parte – se tornam cada vez mais descartáveis, agredidos, forçosamente excluídos.

Aqueles que não conseguem se sustentar em sistemas cada vez mais privatizados e autoritários se tornam mais e mais demonizados, e sua vida, mais e mais precária. "O clima neoliberal é tal que se tornou uma política urbana aceitável não resolver os problemas dos bairros e populações pobres, e sim eliminar esses locais por táticas sofisticadas ou brutais", escreveu Guy Baeten[32]. O "planejamento predatório" gera ciclos de especulação, gentrificação, disparada no valor dos aluguéis e a dispersão física, sutil ou não, tudo isso possibilitando a tentativa de substituição dos bairros pobres por lucrativas zonas imobiliárias, corporativas, elitizadas ou turísticas[33].

---

[30] Um bom exemplo disso é o esforço estado-unidense de forçar o governo do Reino Unido a exigir que os cidadãos britânicos de ascendência paquistanesa peçam vistos para visitar os Estados Unidos, necessidade que inexiste para os demais cidadãos britânicos. Ver Jane Perlez, "US Seeks Closing of Visa Loophole for Britons", *The New York Times*, 2 maio 2007. Ver também Seyla Benhabib, "Disaggregation of Citizenship Rights", *Parallax*, v. 11, n. 1, 2005, p. 10-8.

[31] Ver Giorgio Agamben, *State of Exception* (Chicago, Chicago University Press, 2005) [ed. bras.: *Estado de exceção*, trad. Irene D. Poleti, São Paulo, Boitempo, 2004].

[32] Guy Baeten, "The Uses and Deprivations of the Neoliberal City", em Bavo (org.), *Urban Politics Now: Re-Imagining Democracy in the Neoliberal City* (Roterdã, nai010, 2008), p. 48.

[33] Ver Kiara Nagel, "Predatory Planning", Design Studio for Social Intervention. Disponível em: <ds4si.org/predatoryplanning>.

Assim, as estratégias de gerenciamento de risco coletivas e mutualistas no centro do bem-estar social keynesiano estão, em muitos casos, sendo prejudicadas pela cultura individualizada de alocação de serviços, avaliação de risco preventiva e rastreamento biográfico[34]. Sonhos utópicos de uma sociedade de bem-estar social inclusiva se metamorfoseam nas realidades de uma sociedade de exclusão baseada no controle punitivo e preventivo[35]. Bebendo na fonte do antiurbanismo de direita, um "orientalismo dos centros" ressurgente[36] culpa patologias de indivíduos ou classes sociais das metrópoles pós-coloniais por seus próprios fracassos. Tecnologias biométricas e genômicas ajudam a projetar a trajetória futura de corpos individualizados[37], ao mesmo tempo que as prisões se preocupam menos em reformar e reabilitar do que em simplesmente armazenar ou remover subclasses de risco inteiras.

Polícia militar

> Enquanto o poder disciplinar isola e confina territórios, medidas de segurança levam a uma abertura e globalização. Enquanto a lei quer coibir e prescrever, a segurança quer intervir em processos correntes para direcioná-los.[38]

Conforme a política de segurança se concentra na antecipação e na elaboração de perfis como meios de separar pessoas e circulações que oferecem risco das que não o oferecem, dentro e fora dos limites territoriais das nações, um processo complementar está em andamento. O policiamento, o cumprimeiro da legislação civil e os serviços de segurança estão se fundindo em um grupo vagamente organizado e internacional de "forças de segurança" (para)militares. Uma "policialização das forças militares" ocorre em paralelo com a "militarização da polícia"[39]. Os militares cada vez mais fazem uso de espaços urbanos domésticos, assim como os grandes departamentos de polícia

---

[34] Ver Rowland Atkinson e Gesa Helms (orgs.), *Securing an Urban Renaissance* (Bristol, Policy Press, 2007).

[35] Jock Young, *Exclusive Society*, cit.

[36] Guy Baeten, "The Uses and Deprivations of the Neoliberal City", cit., p. 49.

[37] Nikolas Rose, "The Biology of Culpability: Pathological Identity and Crime Control in a Biological Culture", *Theoretical Criminology*, n. 4, 2000, p. 5-34.

[38] Giorgio Agamben, "Security and Terror", *Theory and Event*, v. 5, n. 4, 2002, p. 1-2.

[39] Allen Feldman, "Securocratic wars of public safety", cit., p. 334.

urbana, como o de Nova York, constroem cadeias globais de escritórios nas grandes cidades de outras nações soberanas para lidar com as circulações transnacionais[40]. "O policiamento de alta intensidade" e a "guerra de baixa intensidade" ameaçam se fundir, desafiando as restrições legais históricas ao uso de força militar dentro de nações ocidentais[41].

No processo, tanto a polícia quanto as forças militares de Estado cada vez mais se preparam para colocar supostos inimigos e riscos na mira tanto dentro quanto fora dos limites do território nacional. Na ausência de um inimigo uniformizado, os próprios grupos urbanos se tornam o inimigo principal. A "figura generalizada do inimigo", então, "efetivamente se vira do avesso", comenta Susanne Krasmann[42]. As operações do policiamento militarizado e das Forças Armadas "policializadas" administram os limites ao redor dos complexos arquipélagos de privilégio e poder – onde aqueles que não representam risco e precisam de proteção vivem, trabalham e se divertem –, bem como garantem o cumprimento das regras nos arquipélagos emergentes de descarte, armazenamento e encarceramento humanos. Uma próspera gama de organizações de segurança e militares privadas – voltadas em grande parte para as supostas necessidades de segurança dos grupos poderosos e abastados – fornece uma camada adicional de proteção securitizada (Figura 4.1).

País	Nº de empresas	Turnover (milhões de €/ano)	Funcionários de segurança privada	Funcionários da polícia (1997)
Dinamarca	413	não disponível	5.000	12.230
França	3.000	1.356	107.000	227.000
Alemanha	3.000	4.000	145.000	263.000
Grécia	400	não disponível	5.000	39.350
Itália	800	1.100	45.000	279.000
Polônia	6.000	não disponível	200.000	102.000
Espanha	990	2.367	90.000	180.000
Turquia	4.000	1.300	82.000	175.000
Reino Unido	2.000	1.300	220.000	185.000

---

[40] Deborah Natsios, "Watchlisting the Diaspora", artigo apresentado na conferência Targeted Publics, Centre de Cultura Contemporània, Barcelona, out. 2008.

[41] Ver Gilberto Rosas, "The Thickening Borderlands: Diffused Exceptionality and 'Immigrant' Social Struggles during the 'War on Terror'", *Cultural Dynamics*, v. 18, n. 3, 2006, p. 335-49.

[42] Susanne Krasmann, "The Enemy on the Border", cit., p. 304.

Ano	1970	1980	1990	1997	1998	2002	2005
Empresas	325	542	835	2.065	2.100	3.000	3.000
Funcionários	47.400	61.700	105.000	121.329	138.000	145.000	200.000
Turnover (bilhões €)	0,3	0,51	1,2	2,0	5,1	4,0	6,0

4.1 Na página anterior, os mundos em ascensão da segurança privada pela Europa. Acima, um quadro detalhado da Alemanha.

Conforme esses processos avançam, o uso de força militar dentro das nações se torna muito mais comum. Agências de segurança locais, urbanas e internacionais convergem. As práticas de cumprimento da lei se tornam mais militarizadas, com simulações de "guerras urbanas" domésticas e de conflitos "de baixa intensidade", o uso de *drones* não tripulados, equipes da força tática, "armas não letais" e reconhecimento por satélite militar para administrar as cidades de um país. Na Austrália, por exemplo, uma revisão política de 2006 estabeleceu a "segurança doméstica" como a nova "atividade central" das Forças Armadas australianas. Portanto, missões especiais do Exército australiano agora incluem "segurança de eventos especiais" (convenções, cúpulas, eventos esportivos) e responder a "terrorismo na cidade toda"[43]. Enquanto isso, nos Estados Unidos, as autoridades federais pediram às polícias municipais que assumissem mais responsabilidades pelos controles de imigração internacionais[44].

Ao mesmo tempo, técnicas de guerra expedicionária são cada vez mais utilizadas em desafios de estilo policial. Teorias da criminologia são absorvidas enquanto exércitos empregam antropólogos para explicar o terreno cultural de cidades ocupadas. Finalmente, a presença colonial militarizada agora deve, por antecedência, distinguir o insurgente, o terrorista e o simples elemento de risco dos milhões de pessoas que não impõem risco ou impõem menos risco, quando na realidade as pessoas são, para todos os efeitos, idênticas e indistinguíveis.

---

[43] Michael Head, "Militarisation by Stealth", *Overland*, n. 188, 2007, p. 68-70.

[44] Ver Jennifer Ridgley, "Cities of Refuge: Immigration Enforcement, Police, and the Insurgent Genealogies of Citizenship in US Sanctuary Cities"; *Urban Geography*, v. 29, n. 1, 2008, p. 53-77.

168 • Cidades sitiadas

Arquiteturas de controle

Conforme a função de policiamento da fronteira é prejudicada ou interrompida, deve ocorrer um policiamento mais generalizado da população.[45]

Essa complexa diluição é sustentada por um complexo conjunto paralelo de arquiteturas e controles que se concentram em postos de controle, muros e zonas de segurança, integrados a sistemas de rastreamento e monitoramento computadorizado (biometria, circuito integrado de câmeras, mineração de dados, chips de radiofrequência, GPS). Assim, escrevem Louise Amoore Stephen Marmura e Mark Salter:

> além das características geofísicas tradicionais, a fronteira assumiu atributos virtuais, "desterritorializados" também. Castelos, cidades muradas, longas muralhas fronteiriças foram substituídos por comunidades fechadas, vastas zonas de demarcação e administração por "controle remoto".[46]

O ponto aqui é simples: se o poder contemporâneo tanto nas cidades "domésticas" quanto nas das "zonas de guerra" é uma questão de tentar separar os espaços, as zonas, os privilégios e mobilidades reservados àqueles que são livres de risco (que precisam de proteção) das populações e infiltrações de risco que os cercam, então a única maneira possível de fazer isso é por antecipação, digitalmente e com um alto grau de automação tecnológica. Como resultado, o processo militarizado de definir alvos se torna crucial, e algoritmos dos *softwares* que policiam de modo contínuo a "esfera dos dados" legíveis por computador em busca de comportamentos, circulações, pessoas ou presenças com potencial nocivo assumem o poder político e soberano.

Esse processo "reinscreve a geografia imaginativa do "outro" pervertido, atípico, anormal *dentro* dos espaços da vida diária", escreve Amoore[47]. Aqui, em uma intensificação da lógica do controle militarizado, a inimizade imaginada adentra o código que move as simulações computadorizadas de normalidade, ameaça e guerra securocrática. Sistemas eletrônicos misturam sensores, bancos

---

[45] Elia Zureik e Mark Salter, "Global Surveillance and Policing: Borders, Security, Identity", em Elia Zureik e Mark Salter (orgs.), *Global Surveillance and Policing: Borders, Security, Identity* (Cullompton [Devon], Willan, 2005), p. 4.

[46] Louise Amoore, Stephen Marmura e Mark Salter, "Editorial: Smart Borders and Mobilities: Spaces, Zones, Enclosures", *Surveillance & Society*, v. 5, n. 2, 2008, p. 96.

[47] Louise Amoore, "Algorithmic War: Everyday Geographies of the War on Terror", *Antipode*, v. 41, n. 1, jan. 2009, p. 49-69.

de dados e redes de comunicação, prometendo a possibilidade de serem "ativados e desativados para distinguir entre amigo e inimigo"[48]. Eles cobrem a gama completa, da identificação automática de movimentos humanos "de risco" em uma plataforma de metrô, passando por transações eletrônicas ou padrões de uso de internet incomuns, até sistemas automatizados de definição de alvos em *drones* não tripulados. Dessa forma, tecnologias de segurança introduzidas para um grupo, problema ou propósito específico ameaçam evoluir para sistemas generalizados, interoperáveis polivalentes.

Enclaves agitados

A fortaleza [...] existe em duas zonas: uma de realidade física (muros e muralhas), e também uma zona de virtualidade (preocupada com os movimentos ou fluxos de informação e inteligência).[49]

A guerra securocrática envolve a reconfiguração de cidades em expansão, conforme cada vez mais espaços dentro delas são transformados em ambientes que se assemelham a campos amparados por forças de segurança privadas; limites enrijecidos, impermeáveis ou militarizados; sistemas de segurança de alta tecnologia e conexões infraestruturais customizadas com as outras partes. As geografias urbanas se tornam cada vez mais polarizadas, e cidades vivenciam uma militarização palpável, enquanto as elites separatistas lutam para se recolher em cápsulas fortificadas.

O geógrafo Stephen Flusty notou que os enclaves urbanos, como ele coloca, estão se tornando mais "agitados" e "irascíveis"[50]. Também mais voltados para dentro, eles militarizam o esforço de demarcar e policiar suas fronteiras com o exterior urbano. Fica bastante claro para os intrusos considerados ilegítimos que devem ir embora ou então enfrentar sérias consequências.

Enclaves urbanos com bordas enrijecidas, notáveis entre os "produtos espaciais" do neoliberalismo transnacional, são difíceis de não ver hoje em dia.

---

[48] Anne Bottomley e Nathan Moore, "From Walls to Membranes: Fortress Polis and the Governance of Urban Public Space in 21st Century Britain", *Law and Critique*, v. 18, n. 2, 2007, p. 178.

[49] Idem.

[50] Steven Flusty, "Building Paranoia", em Nan Ellin (org.), *Architecture of Fear* (Princeton, Princeton University Press, 1997), p. 47-59; Steven Flusty, *Building Paranoia: The Proliferation of Interdirectory Space and the Erosion of the Spatial Justice* (Los Angeles, Ram Distribution, 1994).

170 • Cidades sitiadas

As zonas econômicas especiais, estabelecidas para seduzir corporações a usar mão de obra local barata e disciplinada em suas atividades de manufatura e logística, cada vez mais operam como universos quase autônomos, removidos de suas cidades e nações de origem[51]. Enclaves financeiros *offshore*, além de centros hipergentrificados das principais cidades globais, como Londres, se apresentam como utopias para os super-ricos. Surgem enclaves de "turismo de guarnição" envoltos por cercas de arame farpado mais comuns em bases militares, em especial quando localizados em nações em desenvolvimento dominadas pela miséria massificada, como o Haiti[52].

Projetos de navios de cruzeiro gigantescos, como o *Freedom Ship*, são anunciados como verdadeiras cidades marítimas. Repleto de passarelas sobre o deque, galerias comerciais e até pistas de patinação no gelo, o *Freedom Ship* promete oferecer aos über-ricos do mundo os confortos da separação territorial permanente, mas móvel.

Mesmo algumas áreas centrais abertas da cidade estão sendo reorganizadas como colchas de retalhos de *business improvement districts* privados[53] (BIDs)*, comprometidos com a agenda política das empresas locais e muitas vezes equipados com suas próprias organizações de segurança. Voltados para a melhoria da qualidade de vida dos consumidores mais endinheirados, esses empreendimentos de segurança são encarregados de excluir pessoas que não "pertencem". Levando a lógica dos "shopping centers sem muros" ainda mais longe, alguns distritos no centro das cidades, como a área da Paradise Street, em Liverpool, hoje se tornaram completamente privatizados. Nas ruas urbanas privatizadas, donos de corporações agora podem estipular direitos de acesso e estilos de gerenciamento de segurança típicos de ambientes puramente comerciais.

No Reino Unido, por exemplo, a disseminada equação da privatização com "renascimento urbano" ou "revitalização" em cidades desindustrializadas levou à transferência por atacado de ruas e distritos para corporações.

---

[51] Ver Keller Easterling, *Enduring Innocence* (Cambridge [MA], MIT Press, 2005).

[52] Rory Carroll, "Paradise and Razor Wire: Luxury Resort Helps Haiti Cling onto Tourist Trade", *The Guardian*, Londres, 7 ago. 2008.

[53] Ver, por exemplo, Kevin Ward, "'Creating a Personality for Downtown': Business Improvement Districts In Milwaukee", *Urban Geography*, v. 28, n. 8, 2007, p. 781-808.

* Parcerias público-privadas em que as empresas de uma região recolhem uma taxa a ser reinvestida naquela área em serviços como limpeza e segurança urbanas e promoção de negócios. (N. T.)

Em um levantamento sobre a tendência, Paul Kingsnorth, do jornal *The Guardian*, descobriu que

> de parques a passeios para pedestres, de praças a mercados públicos, os espaços públicos estão sendo comprados e fechados, muitas vezes com pouca consulta ou publicidade. O aumento do número de espaços públicos em poder de corporações significa que as normas legais agora legitimam o consumo enquanto proíbem pedintes, sem-teto, artistas de rua, skatistas, ciclistas e atividades políticas.[54]

Essas tendências estão intimamente ligadas ao crescimento da política de policiamento urbano de "tolerância zero". Regimes de segurança se concentram em conquistar a "urbanidade controlada", que envolve a remoção, demonização ou encarceramento de consumidores fracassados; a instalação de novos meios de controlar o acesso ao espaço; e a criação de instalações para empreendimentos de lazer urbano, turismo e megaeventos esportivos. O foco do policiamento se volta cada vez mais para os crimes de "qualidade de vida" – comportamentos e indivíduos considerados fora de lugar e transgressores dentro das geografias em polarização das cidades de alta desigualdade.

No entanto, mais do que isso, a política social, o desenho urbano e o policiamento contribuem com o que Jock Young chamou de "sociologia de revanchismo": uma gama de instrumentos criados para humilhar e diminuir por meio de estereótipos e bodes expiatórios de indivíduos fracassados, comunidades fracassadas e mundos sociais transgressores[55].

Assim, o mobiliário das ruas é redesenhado como uma forma de inibir o conforto dos sem-teto. Os subsídios de bem-estar social são reduzidos para punir grupos considerados irresponsáveis, desrespeitosos, preguiçosos ou de má aparência. O tratamento punitivo dado aos "ilegais" é justificado retratando-os não como essenciais às economias bem-sucedidas do Ocidente, mas como contágios criminosos e invasivos que ameaçam uma ideia de nação definida em termos limitados. No processo, cada vez mais, o policiamento judicial "se torna uma variação de contrainsurgência conforme o crime passa a ser crescentemente administrado e delineado como um modo de circulação econômica clandestina"[56].

Essas transformações levaram o filósofo Gijs van Oenen a propor que o período atual está marcado por um afastamento do ideal urbano moderno

---

[54] Paul Kingsnorth, "Cities for Sale", *The Guardian*, Londres, 29 mar. 2008.

[55] Jock Young, *The Vertigo of Late Modernity* (Londres, Sage, 2007), cap. 3.

[56] Allen Feldman, "Securocratic Wars of Public Safety", cit., p. 335.

172 • Cidades sitiadas

de cidadania interativa rumo ao que ele chama de uma "visão de segurança interpassiva". Para ele, a marca disso é uma cultura urbana em que "a busca principal não é pelo encontro ou pelo confronto, mas pela segurança"[57]. Van Oenen argumenta que essa mudança ajuda a explicar a proliferação de seguranças urbanos, conforme os cidadãos terceirizam "a preocupação com comportamentos civilizados"[58]. No entanto, a passividade não deve ser superestimada: por exemplo, muitas iniciativas de segurança estatal atuais recrutam ativamente os olhos dos cidadãos para policiar os espaços cotidianos das cidades em busca de sinais de algo incomum.

Enquanto isso, centros comerciais-financeiros estratégicos cada vez mais estão rodeados por muros citadinos em estilo medieval, bem como zonas de segurança criadas com câmeras de circuito interno inteligentes, pontos de checagem e bloqueios. Além de serem reorganizados por meio da instalação de pontos de checagem, centros estratégicos, como Washington e Nova York, tiveram seus mobiliários de rua e seu paisagismo redesenhados como meios dissimulados de reforçar a proteção antiterror de alvos visados[59] (Figura 4.2). Muitos distritos diplomáticos estão sendo reformados de maneira semelhante. Em ações que lembram a Guerra Fria, o governo dos Estados Unidos também encorajou alguns de seus principais complexos de escritórios centrais a se proteger em *edge cities**. Deborah Natsios expressa a preocupação de que, nesses locais, "o espaço civil está coincidindo com o espaço de segurança estatal – uma *threatscape*", ou seja, um domínio-chave do multifacetado campo de batalha informacional de tecnologias de controle militar e "guerras de rede". Esses "acessórios de segurança de mourões, arame farpado, vidro blindado ou protegido por filme, câmeras de circuito fechado

---

[57] Gijs van Oenen, "Languishing in Securityscape", *Open*, n. 6, 2004, p. 7.

[58] Idem.

[59] Ver Leonard Hopper e Martha Droge, *Security and Site Design* (Nova York, Wiley, 2005).

* A expressão *edge city* foi popularizada a partir do início da década de 1990 pelo jornalista estado-unidense Joel Garreau. Literalmente, significa "cidade-borda", ou "cidade na borda". A realidade que se quer designar com essa expressão é aquela dos grandes complexos residenciais (condomínios fechados) e comerciais (centros comerciais, shopping centers) autossegregados que funcionam, no fundo, como megabolhas de proteção e "vida/consumo entre iguais" no entorno de grandes cidades. No Brasil, Alphaville, na Grande São Paulo, seria provavelmente o mais claro exemplo de *edge city*. (Nota de Marcelo Lopes de Souza)

a   b

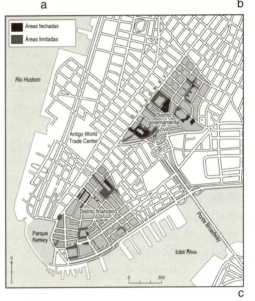

c

4.2 Pesquisa de Jeremy Nemeth sobre urbanismo em zonas internacionais e pontos de passagem, no estilo de Manhattan. As imagens (a) e (b) mostram a situação em Nova York; o mapa (c) mostra espaços públicos que foram limitados ou completamente fechados dentro e ao redor de "zonas de segurança" em ascensão no distrito governamental civil ao redor da prefeitura (retratado na 4.2b) e no distrito financeiro ao redor de Wall Street (retratado na 4.2a).

e sinalização de confronto" nos complexos militarizados em áreas suburbanas abastadas são apenas "indícios externos de tecnologias mais disfarçados sendo utilizados para administrar o meio civil", escreve ela[60].

Assim, o desenho urbano se torna saturado daquilo que Trevor Boddy chamou de "uma arquitetura de desconforto" conforme os contratempos são aumentados, as estradas, fechadas, barreiras e mourões são inseridos nos perímetros, e fontes e detalhes da paisagem são projetados para funcionar

---

[60] Deborah Natsios, "Towards a New Blast Zone: Washington D.C.'s Next-Generation Hunting Forest", em *Architectures of Fear* (Barcelona, Centre de Cultura Contemporània de Barcelona, 2007).

174 • Cidades sitiadas

como "armadilhas" desmoronáveis para interceptar caminhões-bomba[61]. Em alguns casos de grande visibilidade, em especial o da prolongada reconstrução do "Marco Zero" em Lower Manhattan, o projeto da base inteira dos prédios consiste em maciços *bunkers* de concreto desenhados para acomodar explosões em vez de pessoas. "Por razões de segurança o projeto [da base da 'Torre da Liberdade'] foi transformado em nada além de um *bunker*: uma estrutura de mais de sessenta metros de altura que consiste em titânio e aço inoxidável", observa Adrian Parr[62].

Urbanismo de ponto de passagem

O novo *bunker* é uma passagem de um ponto a outro.[63]

É claro que o endurecimento dos enclaves urbanos não começou no dia 12 de setembro de 2001. Esses processos estão estabelecidos há tempos, têm genealogias profundas e são anteriores à Guerra ao Terror. Como Barbara Hooper sugere, a sensação de vertigem criada pela reestruturação econômica, cultural e política das cidade globais há muito tempo "produziu uma preocupação potencializada em relação às fronteiras; uma situação de luta por espaços e sentidos; um ambiente de medo que se manifesta como racismo e xenofobia nefastos", no qual determinados indivíduos são marcados como "portadores perigosos da desordem, incubadores e agentes de contágio na epidemia global da diminuição do poder ocidental"[64].

Esses locais estão prontos para a proliferação de arquiteturas sociais de secessão urbana. As últimas décadas testemunharam a difusão de comunidades

---

[61] Boddy usa essa expressão para destacar o contraste com a "arquitetura do conforto" (*architecture of reassurance*), tão usada no planejamento de parques temáticos e espaços urbanos tematizados. Ver Martin Boddy, "Architecture Emblematic: Hardened Sites and Softened Symbols", em Michael Sorkin (org.), *Indefensible Space: The Architecture of the National Security State* (Nova York, Routledge, 2007), p. 277-304.

[62] Adrian Parr, "One Nation under Surveillance", *Angelaki: Journal of Theoretical Humanities*, v. 11, n. 1, 2006, p. 99-107.

[63] Paul Virilio e Sylvere Lotringer, *Pure War* (2. ed., Los Angeles, Semiotex(e), 2008), p. 210.

[64] Barbara Hooper, "Bodies, Cities, Texts: The Case of Citizen Rodney King", em Edward W. Soja (org.), *Postmetropolis: Critical Studies of Cities and Regions* (Oxford, Blackwell, 2000), p. 368.

fechadas horizontais e verticais, em particular; seu crescimento foi especialmente rápido em cidades marcadas pela hiperdesigualdade e pelas ansiedades das classes alta e média em relação a ruas abertas. Nos Estados Unidos, por exemplo, mais da metade das novas moradias em partes do sul e do oeste hoje é construída em comunidades planejadas e fechadas[65]. Em cidades como São Paulo, Manila, Bogotá e Jacarta, faz tempo que as elites se agruparam em enclaves fortemente militarizados, conectados por frotas de carros blindados e, no caso de São Paulo, pela forma máxima de secessão urbana: mais de 70 mil voos de helicóptero por ano na área central da cidade[66]. Comunidades fechadas também estão se proliferando no Reino Unido. Na África do Sul pós-*apartheid*, conforme o crime e o medo do crime aumentam, a arquitetura do fechamento das ruas e do cercamento de bairros surgiu dos escombros dos sistemas de segregação em larga escala do *apartheid*[67].

Essas arquiteturas operam "na falsa esperança de criar rigidez e garantir a diferença"[68] em meio às volatilidades e polarizações da vida na cidade contemporânea. É por meio delas que se materializa o "outro": quanto mais se constroem espaços domésticos capsulares e luxuosos, com seu fascínio mítico da certeza, da homogeneidade, da ordem e do controle, mais eles estão sendo cercados por configurações de tentativas de afastamento da cidade aberta perigosa, racializada e muitas vezes tomada pela pobreza. Comunidades fechadas, então, encarnam a guerra securocrática com tanta força quanto a militarização das fronteiras internacionais. Mas elas funcionam em uma escala diferente e complementar. Ambas as arquiteturas de exclusão, nas palavras de Vincenzo Ruggiero, "associam outros lugares com o que é contaminado, sujo, ofensivo à moral e ao olfato"[69].

Aliás, o afastamento para moradias cada vez mais defendidas, enclaves cercados e vidas interiorizadas parece intimamente ligado à condução de

---

[65] Ver Setha M. Low, *Behind the Gates: Life, Security, and the Pursuit of Happiness* (Nova York, Routledge, 2003).

[66] Tom Phillips, "High above São Paulo's Choked Streets, the Rich Cruise a New Highway", *The Guardian*, Londres, 20 jun. 2008.

[67] Claire Bénit-Gbaffou, "Unbundled Security Services and Urban Fragmentation in Post-Apartheid Johannesburg", *Geoforum*, v. 39, n. 6, 2008.

[68] Jock Young, *The Vertigo of Late Modernity*, cit., p. 5.

[69] Vincenzo Ruggiero, *Crime and Markets: Essays in Anti-Criminology* (Oxford, Oxford University Press, 2000), p. 1.

176 • Cidades sitiadas

meios explicitamente militarizados de administrar o universo público mais amplo da cidade. Rowland Atkinson e Sarah Blandy apontam para a crescente "agorafobia do sujeito urbano contemporâneo e a necessidade de encontrar conchas para habitar, de modo que a segurança, a vida do lar e o projeto de eu sejam plenamente garantidos"[70]. Eles também sugerem que os residentes de enclaves murados em sociedades hiperdesiguais costumam usar forças extralegais contra pessoas que consideram transgressoras de seus limites. O resultado é um tipo de guerra social e civil para controlar o espaço doméstico, que se torna integrado às rotinas sociais dos lares[71].

Colônias flutuantes, *gulags* globais

> Abu Ghraib, Guantánamo e outras prisões militares estado-unidenses marcam o tipo de expansão penal que ocorre no contexto das guerras sem fim: guerras contra as drogas, o crime e o terror.[72]

Não se pode esquecer que, muito além da proliferação dos enclaves urbanos fortificados ou agitados, há os arquipélagos de encarceramento – cercados pelo que há de mais avançado em limites urbanos –, que também estão aumentando em um ritmo impressionante pelo mundo. Essa proliferação de prisões está ocorrendo conforme os sistemas legais e de policiamento cada vez mais punitivos e autoritários não apenas criminalizam, mas também removem por completo grandes segmentos de grupos indesejados. Conforme as diásporas pós-coloniais levaram o "exterior" colonial para o "interior" metropolitano, zonas em que a pobreza urbana se intensifica muitas vezes falharam em manter mercados normais de serviços, habitação e trabalho, permitindo que lugares como os *banlieues* franceses se tornassem, nas palavras de Alain Joxe, "confins puramente militares de novo"[73].

Claro, o controle militarizado também engloba o encarceramento penal. Em muitas nações, pesadas sentenças prisionais agora são impostas para

---

[70] Rowland Atkinson e Sarah Blandy, "The City, Public Space and Home: The Nesting of Scales of Security and Strategies of Defensive Social Engagement", artigo não publicado.

[71] Idem, *Domestic Fortress* (Manchester, Manchester University Press, no prelo).

[72] Michelle Brown, "'Setting the Conditions' for Abu Ghraib: The Prison Nation Abroad", *American Quarterly*, v. 57, n. 3, 2005, p. 990.

[73] Alain Joxe, *Empire of Disorder* (Los Angeles, Semiotext(e), 2002), p. 197.

crimes menores, incursões ligadas à qualidade de vida, protestos e simples pobreza. Grupos inteiros de populações urbanas estão sendo criminalizados e encarcerados para proteger o resto da população de seu comportamento futuro previsto[74]. Aliás, como defende Zygmunt Bauman, em vez de ser organizado para a reabilitação social, o confinamento funciona cada vez mais como "*uma alternativa ao emprego*; uma forma de eliminar, ou neutralizar, uma parcela considerável da população que não é necessária como produtora"[75].

As sociedades mais neoliberais e hiperdesiguais estão chegando a um estágio que Jonathan Simon chama de "hiperencarceramento"[76]. Nos Estados Unidos – talvez o exemplo mais extremo –, em 2008, mais de 2,3 milhões de pessoas muito pobres estavam encarceradas em um crescente *gulag* de centros de correção, alimentando um complexo industrial-prisional privatizado em expansão (Figura 4.3)[77]. Isso representa um aumento de quase 1.000% desde 1950. Com 5% da população do mundo, em 2004-2005 os Estados Unidos contavam com exatos 24% de seus prisioneiros. Mais de 1 milhão desses internos eram negros[78]. Enquanto mais de um em cem adultos estado-unidenses estavam atrás das grades em 2008, exatos um em cada nove homens negros estado-unidenses entre 20 e 34 anos estavam encarcerados[79].

De muitas formas, a tendência ao hiperencarceramento nos Estados Unidos pode ser mais bem compreendida como um processo de guerra governamental *dentro* do solo norte-americano. Essa guerra tem como alvo

---

[74] David Rose, "Locked up to Make Us Feel Better", *New Statesman*, Londres, 19 mar. 2007.

[75] Zygmunt Bauman, *Globalization: The Human Consequences* (Cambridge, Polity, 1998), p. 111-2 (grifos do autor) [ed. bras.: *Globalização: as consequências humanas*, trad. Marcus Penchel, Rio de Janeiro, Jorge Zahar, 1999].

[76] Jonathan Simon, "The 'Society of Captives' in the Era of Hyper-Incarceration", *Theoretical Criminology*, v. 4, n. 3, 2000, p. 285-308.

[77] N. C. Aizenman, "New High in US Prison Numbers: Growth Attributed to More Stringent Sentencing Laws", *Washington Post*, 29 fev. 2008.

[78] Brady Thomas Heiner, "The American Archipelago: The Global Circuit of Carcerality and Torture", em Gary Backhaus e John Murungi (orgs.), *Colonial and Global Interfacings: Imperial Hegemonies and Democratizing Resistances* (Newcastle, Cambridge Scholars Publishing, 2007), p. 99.

[79] N. C. Aizenman, "New High in US Prison Numbers", cit.

classes raciais e sociais inteiras e seus distritos urbanos; enquanto isso, a nação se torna uma incomparável "democracia penal"[80].

Aqui, temos outro poderoso exemplo do efeito bumerangue foucaultiano. A explosão do encarceramento nos Estados Unidos acompanha a construção de um sistema global de rendição, encarceramento e tortura extraordinários dos "outros", ambos os sistemas usando técnicas similares[81], empresas de segurança privada, formas de abuso[82] e suspensões legais. Brady Thomas Heiner sugere que esse "arquipélago estado-unidense" funciona tanto como matriz quanto como circuito. "É um circuito à medida que suas técnicas carcerárias e seus meios de administração são criados, normalizados e refinados", e é organizado "em um ciclo de retroalimentação que circula entre os 'espaços negros' coloniais estado-unidenses nacionais e estrangeiros"[83], escreve ele.

Assim, cada vez mais, os interiores e exteriores coloniais estado-unidenses são mutuamente organizados. Em uma dinâmica negligenciada da globalização, eles se indiferenciam em um arquipélago transnacional de subjugação que combina o que Heiner chama de aspectos "macrogeográfico" e "microarquitetônico" do urbanismo militar. Ele escreve:

> Tendo sido usadas com o propósito de colonizar o interior racializado dos Estados Unidos e refinadas pelo complexo industrial-prisional, as técnicas de encarceramento e tortura estão sendo sistematicamente reimplementadas no exterior pelos militares estado-unidenses e por regimes mercenários terceirizados para colonizar suas populações racializadas no exterior.[84]

Judith Butler chama esse complexo de nova prisão de guerra[85]. Nos primeiros quatro anos da Guerra ao Terror, mais de 80 mil pessoas no

---

[80] Joy James (org.), *Warfare in the American Homeland: Policing and Prison in a Penal Democracy* (Durham [NC], Duke University Press, 2007).

[81] Michelle Brown, por exemplo, diz que "as semelhanças institucionais entre Abu Ghraib e o aumento das prisões 'de segurança máxima' nos Estados Unidos marcam um padrão especialmente perigoso na exportação da punição". Michelle Brown, "'Setting the Conditions' for Abu Ghraib", cit., p. 997.

[82] Ver Hazel Trice Edney, "Experts Say US Prisoners Are Subjected to Iraqi-Style Abuse", *The Wilmington Journal*, 8 jun. 2004.

[83] Brady Thomas Heiner, "The American Archipelago", cit., p. 84.

[84] Idem.

[85] Judith Butler, *Precarious Life* (Londres, Verso, 2004), p. 53.

Fronteiras onipresentes • 179

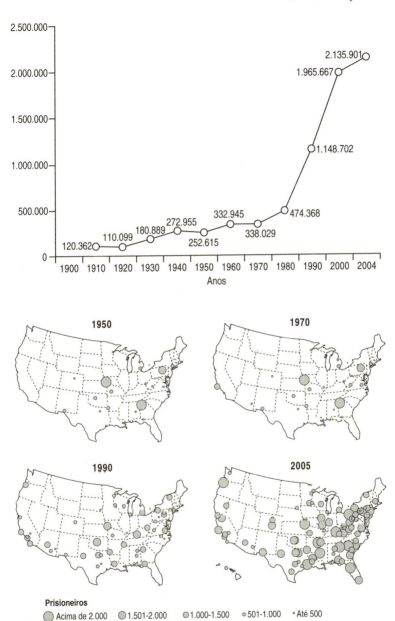

4.3 No alto, população encarcerada em presídios federais nos Estados Unidos, 1910-2004, e, embaixo, a proliferação geográfica desses presídios entre 1950 e 2005.

180 • Cidades sitiadas

mundo todo foram detidas sem julgamento pelos Estados Unidos[86]. Em março de 2007, o número de civis detidos sem julgamento no Iraque pelas forças estado-unidenses ficou em mais de 17 mil[87]. Em setembro do mesmo ano, depois da "escalada" de tropas estado-unidenses em Bagdá, o número aumentou para 23.508. Mais 21.327 iraquianos foram encarcerados pelas forças de segurança do Iraque. Espera-se que até mesmo essas somas aumentem consideravelmente[88].

Brady Thomas Heiner argumenta que a construção dessa prisão de guerra transnacional tem o efeito de abrir caminho para o investimento de capital estado-unidense no exterior e neutralizar a resistência, em outras terras, à evolução da administração colonial dos Estados Unidos[89]. De fato, em resposta às revelações de tortura sistemática em Abu Ghraib e Guantánamo, Amy Kaplan prevê um futuro dominado por uma "colônia flutuante" normalizada em que a segurança nacional "vai depender cada vez mais da proliferação desses espaços móveis e ambíguos entre o doméstico e o estrangeiro"[90].

Enquanto isso, nas cidades em expansão do Sul global, a guerra securocrática com frequência tem sido lançada contra assentamentos informais, que costumam ser demolidos, eliminados ou cercados por fronteiras militarizadas por causa da ameaça que parecem representar ao corpo político, à saúde pública ou à conquista do objetivo da cidade de ser considerada global, de tecnologia avançada, moderna ou atraente para o mundo mais amplo[91]. Como Loïc Wacquant destaca ao analisar a violência de Estado contra as favelas do Rio ou de São Paulo, muitos governos estão recorrendo a uma estratégia de "contenção punitiva" em relação a cidades informais –

---

[86] Suzanne Goldenberg, "More than 80,000 Held by US since 9/11 Attacks", *The Guardian*, Londres, 18 nov. 2005.

[87] Walter Pincus, "US Expects Iraq Prison Growth Crackdown Likely to Mean More Inmates at 2 Detention Centers", *Washington Post*, 14 mar. 2007.

[88] Derek Gregory, "'The Rush to the Intimate': Counterinsurgency and the Cultural Turn in Late Modern War", *Radical Philosophy*, n. 150, 2008.

[89] Brady Thomas Heiner, "The American Archipelago", cit., p. 85.

[90] Amy Kaplan, "Violent Belongings and the Question of Empire Today: Presidential Address to the American Studies Association, Hartford, Connecticut, October 17, 2003", *American Quarterly*, v. 56, n. 1, 2004, p. 14.

[91] Stephen Graham, "Postmortem City: Towards a New Urban Geopolitics", *City*, v. 8, n. 2, 2004.

"o gerenciamento das populações despossuídas e desonradas da cidade polarizada na era do neoliberalismo triunfante"[92].

Para Wacquant, as cidades brasileiras, em especial, funcionam como um "revelador histórico de todas as consequências do descarte penal do detrito humano de uma sociedade inundada por insegurança social e física". Ele argumenta que, além do mais, como "pistas de teste" para o Estado neoliberal, as favelas do Brasil, os guetos afro-americanos dos Estados Unidos, os *banlieues* franceses e outros espaços para o descarte ou o armazenamento dos excedentes da humanidade sob o capitalismo são os locais onde exemplares de guerra securocrática estão "concretamente sendo desenvolvidos, experimentados e testados"[93]. Naomi Klein alegou que os experimentos de Israel em encarcerar a população inteira de Gaza e da Cisjordânia têm um papel similar[94]. Da mesma forma, na cidade indiana de Chandigarh, os moradores das favelas agora precisam "fornecer os detalhes como suas impressões digitais, fotografias, reconhecimento facial, reconhecimento de voz, assinatura, formato da mão" para um sistema de identificação biométrico que não cobre o restante da população da cidade[95].

Em casos extremos, forças paramilitares mobilizadas para guerras securocráticas internas tentam impor novas fronteiras biopolíticas internas baseadas na negação de direitos de cidadania ou da lei humanitária internacional a minorias racializadas[96]. Há uma lista cada vez mais longa de exemplos de estados de exceção intraterritoriais resultantes, dos quais a postura de ignorar sistematicamente os afro-americanos pobres e descartáveis de Nova Orleans talvez seja o mais impressionante[97]. O ataque aos moradores dos *banlieues* de Paris adentrando o centro da cidade, desde os grandes protestos de 2005,

---

[92] Loïc Wacquant, "The Militarization of Urban Marginality Lessons from the Brazilian Metropolis", *International Political Sociology*, v. 2, n. 1, 2008, p. 56.

[93] Idem.

[94] Naomi Klein, *The Shock Doctrine: The Rise of Disaster Capitalism* (Londres, Allen Lane, 2007).

[95] "Biometric Test: Residents Stage Demonstration", *The Times of India*, Mumbai, 30 mar. 2006.

[96] Ver Giorgio Agamben, *Homo Sacer: Sovereign Power and Bare Life* (Stanford, Stanford University Press, 1998) [ed. bras.: *Homo sacer: o poder soberano e a vida nua*, trad. Henrique Burigo, Belo Horizonte, Editora UFMG, 2010].

[97] Henry Giroux, "Reading Hurricane Katrina", *College Literature*, v. 33, n. 3, 2006, p. 172.

182 • Cidades sitiadas

é outro exemplo revelador, marcado por um disseminado discurso de que "bárbaros" estariam dentro dos portões não só da cidade, mas da cidade-ícone da modernidade ocidental[98]. Um terceiro exemplo relevante é o uso de táticas de atirar para matar, em estilo israelense, na aplicação de novas políticas de fronteiras internas, que resultou na morte de Jean Charles de Menezes em uma estação de metrô de Londres em 22 de julho de 2005[99]. Finalmente, na Itália, a mobilização, o registro e a tentativa de eliminação de indivíduos ciganos e roma e seus acampamentos pelo governo Berlusconi pós-2008 revelam o risco de tomadas neofascistas em democracias liberais do começo do século XXI[100].

Faces do terror

Por meio de práticas que imitam as técnicas de contrainsurgência urbana nas ruas de Bagdá, sistemas de infraestrutura e distritos inteiros agora estão sujeitos ao escrutínio remoto, visual e eletrônico. Como modelo da nova "sociedade de monitoramento", o Reino Unido tem ampliado os limites, de forma mais notória ao espalhar sistemas de circuito interno de monitoramento avançados. Ainda que esses sistemas públicos de circuito interno de monitoramento estejam sendo instalados rapidamente em cidades ao redor do mundo, eles cobrem as cidades britânicas com mais intensidade do que qualquer outra nação. Para funcionar, as 4,5 milhões de câmeras de circuito interno instaladas no Reino Unido* contam de maneira esmagadora com o poder de decisão dos operadores humanos. Indícios consideráveis de sua ineficiência, combinados com seu custo extraordinário[101], não impediram que esses sistemas fossem divulgados como amigáveis "olhos nos céus",

---

[98] Jason Burke, "Bustling Gateway to Paris Becomes the Brutal Frontline in a Turf War", *The Observer*, Londres, 20 abr. 2008.

[99] Nick Vaughan-Williams, "The Shooting of Jean Charles de Menezes: New Border Politics?", *Alternatives*, n. 32, 2007, p. 177-95.

[100] Ver Seumas Milne, "This Persecution of Gypsies Is Now the Shame of Europe", *The Guardian*, Londres, 10 jul. 2008.

* Dados de 2010. (N. E.)

[101] Ver, por exemplo, Stephanie Leman-Langlois, "The Myopic Panopticon: The Social Consequences of Policing Through the Lens", *Policing and Society*, v. 13, n. 1, 2002, p. 43-58, e *The Nacro Report on CCTV Effectiveness*, 1999. Disponível em: <www.crimereduction.homeoffice.gov.uk/cctv>. Acesso em: 3 abr. 2016; e Kate Painter e

Fronteiras onipresentes • 183

afastando uma miríade de ameaças à vida urbana britânica. Apesar do fato de essas câmeras terem sido obviamente impotentes para evitar que homens-bomba cometessem atrocidades nos sistemas de transporte de Londres em 7 de julho de 2005, essa projeção de um escrutínio ostensivamente benigno (e quase divino) sob uma enorme quantidade de olhos eletrônicos de fato se intensificou durante a Guerra ao Terror.

Depois dos primeiros experimentos de *software* de reconhecimento facial em Newham, Birmingham, Tameside, Manchester e em outros lugares, tem ganhado força uma transição para os circuitos internos de monitoramento digital, que utilizam algoritmos de computador para fazer buscas automatizadas de pessoas ou comportamentos estipulados. Mais uma vez, essa mudança exemplifica o efeito bumerangue, pois faz um paralelo com experimentos de reconhecimento facial e circuitos de monitoramento inteligentes usados para pacificar insurgências urbanas no Iraque (ver a discussão da iniciativa "Combat Zones That See" no capítulo 5, p. 233-6)[102].

Embora grandes obstáculos técnicos ainda impeçam que sistemas de monitoramento com reconhecimento facial operem efetivamente ao ar livre nas ruas das cidades, pesquisas e progressos consideráveis estão sendo feitos para lidar com os problemas. Isso é parte de uma exploração muito mais ampla, muitas vezes financiada com o apoio da Guerra ao Terror dos Estados Unidos/Reino Unido, do uso de sistemas "inteligentes" de câmeras

---

Nick Tilley (orgs.), "Surveillance of Public Space: CCTV, Street Lighting and Crime Prevention", *Crime Prevention Studies*, v. 10 (Nova York, Criminal Justice Press, 1999).

[102] Os programas Next Generation Face Recognition (NGFR) [Reconhecimento Facial de Próxima Geração] do Pentágono também estão tentando desenvolver sistemas que funcionariam nas ruas abertas da cidade ou em "ambientes não estruturados" usando os avanços do que a Defense Advanced Research Projects Agency (Darpa) [Agência de Projetos de Pesquisa Avançada de Defesa] chama de "imagens e técnicas de processamento tridimensionais, análise de expressão e reconhecimento facial de imagens multiespectrais e infravermelho". O objetivo aqui é produzir sistemas de reconhecimento facial que resistam a diferenças no tempo entre imagens faciais (envelhecimento) e variações de pose, iluminação e expressão. Tanto as forças especiais dos Estados Unidos quanto a Darpa, por exemplo, estão desenvolvendo sistemas de circuitos de câmeras com reconhecimento facial tridimensional, criados para serem usados nas ruas abertas das cidades em vez de nos "pontos de passagem" dos aeroportos. Bumerangues foucaultianos em potencial, eles podem vir a ser usados "pelos militares, pelos agentes da lei e pelo setor comercial do mercado". Todas as citações foram retiradas do Arquivo SITIS, "3-D Facial Imaging System". Disponível em: <www.dodsbir.net>.

de circuito interno para rastrear milhões de pessoas no tempo e no espaço. No jargão da indústria, isso se chama "rastreamento espaçotemporal multiescala" com base em "análises de vídeo inteligentes"[103].

Esse rastreamento avançado depende de conectar "ilhas" de circuitos internos de primeira geração a extensos sistemas integrados e utilizar algoritmos de computador para buscar incessantemente comportamentos, movimentos, objetos e pessoas categorizados como perigosos ou nocivos. Computadores, não operadores de câmera, fazem a observação de fato. Quando reconhece uma figura humana em um determinado local, por exemplo, um sistema como esse pode construir uma avaliação das atividades "normais" de pessoas naquele local ao longo do tempo. Um comportamento ou evento que seja "incomum" ou "anormal" no local, como a chegada de um ciclista a um estacionamento dominado por carros, seria então automaticamente identificado e marcado como ameaça potencial.

Desde setembro de 2001, lobistas e grupos de indústrias declararam amplamente que "se nossa tecnologia [de reconhecimento facial] fosse empregada [nos aeroportos dos Estados Unidos em 11 de setembro], a probabilidade é que [os terroristas] tivessem sido reconhecidos"[104]. Como consequência, câmeras de circuito interno com reconhecimento facial colonizaram com rapidez pontos de passagem facilmente monitoráveis, em especial controles de segurança e passaporte dos aeroportos e eventos esportivos de alta visibilidade. Essa tecnologia, os lobistas prometem, vai rastrear "de verdade" indivíduos malignos, em tempo real e remotamente, superando seus esforços de se disfarçar. Um relatório da Visionics, uma fabricante líder, prometeu que suas tecnologias de reconhecimento facial não fariam menos do que "Proteger [...] a Civilização das Faces do Terror"[105]. Seduzida por essa hipérbole, a Interpol anunciou em outubro de 2008 estar no processo de desenvolver um sistema internacional de circuito interno com reconhecimento facial para integrar a triagem nas principais fronteiras[106].

---

[103] Ver Arun Hampapur et al., "Smart Video Surveillance", *IEEE Signal Processing Magazine*, mar. 2005, p. 38-51.

[104] Tom Colasti, CEO da Visage Technology, citado em Kelly Gates, "Identifying the 9/11 'Faces Of Terror'", *Cultural Studies*, v. 20, n. 4, p. 424.

[105] Ibidem, p. 426.

[106] Owen Bowcott, "Interpol Wants Facial Recognition Database to Catch Suspects", *The Guardian*, Londres, 20 out. 2008.

Fronteiras onipresentes • 185

O investimento e a pesquisa dramaticamente intensificados em câmeras de circuito interno com reconhecimento facial após o 11 de Setembro exploraram com perfeição a ideia do que Kelly Gates chama de "'outro' inimigo, amorfo, racializado e fetichizado que penetrou tanto o território nacional quanto o imaginário nacional"[107]. Foi dada a largada para o desenvolvimento de sistemas apropriados para os "novos 'outros' 'não identificáveis' da nação" – pessoas com "aparência do Oriente Médio"[108]. Assim, a busca tecnófila por um sistema expandido e difundido de rastreamento dos rostos biometricamente escaneados de suspeitos corre em paralelo com a ideia, propagada pelo pânico moral que invadiu a mídia nacional, "de que certos rostos podem ser, inerentemente, 'faces do terror' – de que indivíduos personificam o terror ou o mal no rosto". Isso, segundo Gates, só pode "invocar um discurso paranoico de alteridade racializada"[109].

A perspectiva de câmeras de circuito interno "inteligentes" buscando continuamente elementos "anormais" ou "ameaçadores" em cidades e nações inteiras pode, no fim das contas, prefigurar o colapso do consagrado conceito de anonimato urbano. Se as muitas dificuldades técnicas que atualmente limitam o uso dessas tecnologias forem enfrentadas com sucesso, os agentes de segurança e da lei logo poderão, remota e secretamente, identificar indivíduos por meio de bancos de dados e rastreá-los sem interrupção, não importa aonde forem. Para Phil Agre, uma mudança para o rastreamento em larga escala usando câmeras de circuito interno com reconhecimento facial conduziria a uma "tremenda mudança no conceito que nossa sociedade tem de pessoa humana": para ele, as pessoas "depaririam com estranhos as chamando pelo nome"[110] no que antes costumavam ser encontros anônimos nas ruas e espaços comerciais da cidade.

Como se pode imaginar, regimes autoritários como a China não perderam tempo em explorar essas novas tecnologias. O plano governamental chinês Escudo Dourado tenciona formar bancos de dados com imagens faciais do 1,5 bilhão de pessoas da nação e conectá-los a sistemas de rastreamento com câmeras de circuito interno que abranjam todas as principais

---

[107] Kelly Gates, "Identifying the 9/11 'Faces Of Terror'", cit., p. 424, 434.

[108] Ibidem, p. 424, 436.

[109] Ibidem, p. 424.

[110] Phil Agre, "Your Face Is Not a Bar Code: Arguments against Automatic Face Recognition in Public Places", *Whole Earth*, n. 106, 2001, p. 74-7.

cidades. É provável que Shenzen sozinha, com seus cerca de 10 milhões de pessoas, tenha 2 milhões de câmeras[111]. Da mesma forma, o governo britânico está encurtando a rédea. Um relatório do Ministério do Interior do Reino Unido anunciou uma pesquisa para "determinar os requisitos da polícia e a viabilidade para um banco nacional de imagens faciais"[112] que se conectaria com bancos de dados equivalentes de íris, DNA e impressões digitais e seria alimentado por bancos de dados existentes de imagens biométricas de passaporte. Como exames de DNA já estão sendo mobilizados em casos de infrações menores no Reino Unido (Figura 4.4), a clara preocupação é que um banco de dados biométrico nacional abrangente pode se tornar um meio através do qual tanto a guerra securocrática quanto a renovação autoritária vão operar.

"CUSPIR e CORRER?
Você vai ser pego mesmo assim.
DNA.
Todo ônibus, bonde e terminal de integração têm *kits* para teste de DNA. Cuspa em um funcionário e você será localizado – e processado. Mesmo que nós não saibamos qual é sua aparência. E seus antecedentes vão ficar na base nacional de DNA.
PARA SEMPRE.
CUSPIR? Não está com nada.
Mal comportamento não leva você a lugar nenhum."

4.4 Aviso sobre o uso de exames de DNA para impedir comportamentos antissociais no transporte público em Sheffield, Reino Unido.

---

[111] Naomi Klein, "Police State 2.0", *The Guardian*, Londres, 3 jun. 2008.

[112] Citado em Ian Brown, *Privacy & Law Enforcement*, relatório para o Information Commissioner Study Project do Reino Unido, 2007.

"Linhas do Equador políticas" urbanas

A tendência à biometria nas fronteiras das cidades tende a ser mais avançada nos lugares onde fronteiras internacionais entre países ricos e pobres atravessam e formam complexos urbanos. Esses lugares apresentam instâncias paradigmáticas de guerra securocrática, uma vez que as densas interdependências da vida citadina apresentam uma tensão contínua com a constituição do "outro" racializado e o endurecimento das fronteiras entre o privilégio e a pobreza.

O complexo urbano mutuamente dependente de San Diego-Tijuana, por exemplo, é seccionado por uma fronteira em rápida militarização entre os Estados Unidos e o México. Isso é um exemplo do que Teddy Cruz chama de "linha do Equador política" separando o Norte global e o Sul global. Aqui, no entanto, ela funciona como uma caractetística arquitetônica de uma metrópole em rápido crescimento, em vez de ser uma abstração geopolítica. Essa fronteira urbana-nacional-global está sendo demarcada por uma "'cerca virtual' que consiste em uma série de sensores, detectores de movimento, câmeras de raios infravermelhos, torres de observação e *drones* aéreos" fornecidos pela Boeing e pela empresa de defesa israelense Elvit[113].

As bordas urbanas da "fortaleza Europa" revelam arquiteturas semelhantes de tentativa de controle. A Cruz Vermelha estimou em 2007 que entre 2 mil e 3 mil africanos se afogam todo ano tentando atravessar da África para a Espanha continental e as ilhas Canárias[114]. Considerando esses números, não é uma surpresa que os críticos rotulem as fronteiras militarizadas ao longo da linha do Equador política entre o Norte e o Sul do mundo de "muros invisíveis da morte"[115]. Como Ben Hayes e Roche Tasse escreveram,

A União Europeia agora está "protegida" daqueles que fogem da pobreza e da destruição por um aparato formidável que inclui minas terrestres posicionadas ao longo da fronteira entre Grécia e Turquia, navios armados e aeronaves militares que patrulham o Mediterrâneo e a costa da África ocidental, além

---

[113] Ben Hayes e Roche Tasse, "Control Freaks: 'Homeland Security' and 'Interoperability'", *Different Takes*, n. 45, 2007, p. 2.

[114] Graham Keeley, "Grim Toll of African Refugees Mounts on Spanish Beaches", *The Observer*, Londres, 13 jul. 2008.

[115] Sebastian Cobarrubias et al., "Delete the Border! New Mapping Projects, Activist Art Movements, and the Reworking of the Euro-Border", artigo apresentado no Congresso da Associação dos Geógrafos Estado-Unidenses, Chicago, 2006.

188 • Cidades sitiadas

de uma polícia de fronteira pronta para atirar e cercas de arame farpado ao redor dos enclaves espanhóis de Ceuta e Melilla no Marrocos.[116]

Somados a isso, *drones* não tripulados estão sendo mobilizados por meio de um consórcio liderado pela Dassault Aviation, a maior fabricante da Europa de aeronaves de combate, para mirar em "imigrantes ilegais"[117].

"Exércitos *pop up*", zonas internacionais móveis

Muros, isolamento e encarceramento preventivo chegam a novos extremos durante os "estados de emergência" que hoje são instaurados quando acontecem cúpulas políticas, eventos esportivos globais e espetáculos de alta visibilidade. Aqui, imitando os chamados "*rings of steel*" [anéis de aço] ao redor de centros financeiros como o de Londres, estratégias de segurança transformam distritos da cidade em "ilhas de segurança" temporárias e móveis cheias de forças paramilitares, cordões militarizados e até mísseis terra-ar (SAM)[118] – semelhantes à área internacional militarizada de Bagdá conhecida como *green zone* [zona verde], criada para proteger as forças de ocupação e os jornalistas ocidentais da escalada de violência do lado de fora.

Exemplos marcantes em que essas zonas internacionais móveis foram criadas incluem a "batalha de Seattle" em 1999, os confrontos de Gênova em 2001 e as revoltas do Fórum Econômico Mundial em Cancún em 2003. Esses casos demonstram o uso de táticas militares de comando e controle para organizar as geografias rigidamente definidas do que Steve Herbert chamou de "estado de zoneamento de protesto"[119], em que "a expressão de discordância em grandes eventos é controlada com uma estratégia territorial: ela é banida de algumas áreas e confinada a outras". Zonas especiais são determinadas – zonas de "acesso restrito" e "sem protestos". Cordões da polícia militarizada, muitas vezes complementados com detenções preventivas e a proibição do direito ao protesto, tentam – com frequência de maneira

---

[116] Ben Hayes e Roche Tasse, "Control Freaks", cit.

[117] Idem.

[118] David Murakami Wood e Jonathan Coaffee, "Security Is Coming Home: Rethinking Scale and Constructing Resilience in the Global Urban Response to Terrorist Risk", *International Relations*, v. 20, n. 4, 2006, p. 503-17.

[119] Steve Herbert, "The 'Battle of Seattle' Revisited: Or, Seven Views of a Protest-Zoning State", *Political Geography*, n. 26, 2007, p. 601-19.

violenta – confinar os manifestantes por longos períodos em espaços onde têm pouca exposição à mídia e poucas oportunidades de comunicar sua mensagem política[120]. O que o urbanista Robert Warren cunhou de "exércitos *pop up*"[121] são uma característica das batalhas urbanas quase medievais que hoje envolvem as cúpulas do G8, do FMI e do Banco Mundial. Em Gênova, essas forças, influenciadas por ideologias e talvez indivíduos fascistas, mataram um manifestante e causaram ferimentos graves em muitos outros como punição coletiva[122].

Gan Golan aponta que essa militarização da polícia, corroborada por relatos manipuladores da mídia que representam os manifestantes apenas como hordas de anarquistas ou terroristas violentos, ameaça desfazer a relação histórica entre a democracia e as cidades. Como seus dados demonstram, o policiamento das grandes demonstrações urbanas nos Estados Unidos hoje em dia rotineiramente invoca estados de emergência preventivos como a base para a revogação de direitos constitucionais, a prisão de manifestantes antes que qualquer crime seja cometido e a detenção de jornalistas suspeitos de serem solidários a eles[123]. O policiamento de protestos rotineiramente faz uso de toda uma gama de técnicas espaciais preventivas, além de técnicas de intimidação cuidadosamente orquestradas.

De muitas maneiras, essas operações são semelhantes àquelas que agora protegem grandes eventos esportivos como as Olimpíadas ou a Copa do Mundo[124]. "Mobilizações políticas de massa e grandes eventos esportivos

---

[120] Don Mitchell e Lynn Mitchell Staeheli, "Permitting Protest: Parsing the Fine Geography of Dissent in America", *International Journal of Urban and Regional Research*, n. 29, 2005, p. 796-813.

[121] Robert Warren, "City Streets – the War Zones of Globalization: Democracy and Military Operations on Urban Terrain in the Early 21st Century", em Stephen Graham (org.), *Cities, War and Terrorism*, (Oxford, Blackwell, 2004), p. 214-30

[122] Nick Davies, "The Bloody Battle of Genoa", *The Guardian*, Londres, 17 jul. 2008.

[123] Gan Golan, *Closing the Gateways of Democracy: Cities and the Militarization of Protest Policing* (Tese de Doutorado, Cambridge [MA], Massachusetts Institute of Technology, 2005).

[124] Ver Kimberly Schimmel, "Deep Play: Sports Mega-Events and Urban Social Conditions in the US", *The Sociological Review*, v. 54, n. 2, 2006, p. 160-74. Além dos enormes esforços de segurança, eventos olímpicos estão associados a níveis bélicos de despejos e remoções. Por exemplo, nos preparativos para os jogos de 2008, em Pequim, estimou-se que "mais de 1,25 milhão de pessoas [foram] forçadas a se mudar por causa da construção da estrutura olímpica; estimava-se que o número chegaria

e de entretenimento agora resultam automaticamente em condições de lei marcial", comenta Robert Warren[125]. No entanto, a formação de cordões, muros e cercos, muitas vezes para cidades inteiras ou sistemas de cidades dentro dos quais os espetáculos são realizados, é tanto uma questão de gestão das marcas globais e da transmissão televisiva quanto de manter os riscos à margem[126].

Colonizar o futuro

O comandante militar precisa ser capaz de viver no futuro.[127]

Agora que tanto a guerra quanto a securitização urbanas estão se organizando ao redor da mira permanente em comportamentos e riscos futuros por meio da análise de registros de monitoramento antigos, o poder político está se concentrando cada vez mais nos algoritmos de computador necessários para transitar pela massa de dados. Além de aumentar a diluição das distinções militar-civil e interior-exterior, o desenvolvimento desses algoritmos "levou a lógica da prevenção para os espaços mais prosaicos e mundanos"[128]. A atual integração de chips de radiofrequência a bilhetes de transporte público, cartões de fidelidade de lojas, produtos de consumo e passaportes, por exemplo, gera rastros detalhados de movimentos das pessoas – uma vantagem para a mineração de dados para segurança. Em muitos casos, a formação de enclaves urbanos é acelerada e enrijecida por essas tecnologias.

Algoritmos de computador que continuamente mineram fluxos de dados "possibilitam que se imagine uma economia global de pessoas, objetos e

---

a 1,5 milhão até o fim de 2007". Bryan Finoki, "An Olympic Distraction", 17 jul. 2008. Disponível em <subtopia.blogspot.com>. Acesso em: 3 abr. 2016.

[125] Robert Warren, "The Military Siege of Urban Space as the Site of Local and Global Democratic Practice", artigo apresentado na Conferência de Policiamento de Multidões, Berlim, 2006.

[126] Francisco Klauser, "Fifa Land™: Alliances Between Security Politics and Business Interests for Germany's City Network", em Deborah Natsios et al., *Architectures of Fear*, cit.

[127] Paul Phister e Igor Plonisch, "Joint Synthetic Battlespace: Cornerstone for Predictive Battlespace Awareness", artigo não publicado, Rome [NY], Air Force Research Laboratory/Information Directorate, p. 1.

[128] Louise Amoore, "Algorithmic War", cit.

moedas móveis, a ser reconciliada com o retrato de um Estado-nação securitizado pós-11 de Setembro", escreve Louise Amoore[129]. Essas técnicas funcionam pela identificação de associações "ocultas" entre pessoas, grupos, transações e comportamentos. Elas produzem, como destaca Amoore, uma "forma de 'culpa por associação' na qual indivíduos, transações e circulações de risco são assinalados e identificados". Seus resultados muito reais incluem o congelamento de ativos financeiros, o controle de remessas financeiras de imigrantes, listas de pessoas impedidas de voar e o encarceramento ou detenção extraordinária em fronteiras[130].

Um elemento crucial aqui é a adaptação de práticas comerciais de mineração de dados e análises de previsão. Como em circuitos internos de monitoramento "inteligentes", algoritmos vasculham massas de dados capturados em busca de padrões que indiquem o incomum ou anormal, e então procuram pessoas, transações ou fluxos "alvo" que tenham essas características[131].

Essas imagens alimentam movimentos altamente controversos na direção do que as forças militares dos Estados Unidos chamam de "consciência preditiva de campo de batalha"[132]. Um caso infame foi a proposta apresentada em 2003 pelo então conselheiro nacional de segurança, almirante John Poindexter, de criar um escritório de Total Information Awareness (TIA) [Conhecimento Total de Informação]. Essa proposta foi "feita para combater o terrorismo por meio da mineração de dados e análise de conexões, e pela exploração de tecnologias como 'assinaturas biométricas humanas' e 'análise de rede humana'". Em termos práticos, isso significava que o TIA "tentaria identificar terroristas conectando bancos de dados, para então procurar atividades suspeitas em registros financeiros, médicos, oficiais e de viagem de milhões de estado-unidenses"[133].

---

[129] Idem.

[130] Idem.

[131] Colleen McCue, "Data-mining and Predictive Analytics: Battlespace Awareness for the War on Terror", *Defense Intelligence Journal*, v. 13, n. 1-2, p. 47-63.

[132] Idem.

[133] Richard Pruett e Michael Longarzo, "Identification, Friend or Foe? The Strategic Uses and Future Implications of the Revolutionary New ID Technologies", artigo não publicado, US Army War College, Strategy Research Project, Pensilvânia, US Army War College Carlisle Barracks, 2006.

A proposta do TIA foi rejeitada pelo Congresso dos Estados Unidos em 2003 por causa da enorme controvérsia gerada. No entanto, os programas que o compõem ainda estão em andamento: eles foram apenas dispersos por outros escritórios com menos visibilidade. Um desses programas, uma série abrangente de "centros de fusão" local e regional nos quais se vai empreender a mineração de dados contínua de conjuntos de dados diversos e inimaginavelmente vastos, já está sendo estabelecido[134].

Também ficou claro que a mineração de dados geográficos corrobora a vigilância preventiva interna e externa. Esse sistema – o sistema de perfilamento geográfico Rigel, desenvolvido pela Environmental Criminology Research Inc. (Ecri) de Vancouver – foi usado para procurar atiradores em Washington, DC, em 2002. Em 2004 a Ecri foi agraciada com um contrato com o programa National Technology Alliance (NTA) [Aliança Nacional de Tecnologia] do governo estado-unidense, a fim de ampliar o sistema Rigel para auxiliar na Guerra ao Terror. No fim de 2007, o Departamento de Polícia de Los Angeles causou verdadeira comoção ao anunciar um grande programa para mapear agrupamentos geográficos de muçulmanos na cidade a fim de realizar análises sistemáticas de risco.

Fronteiras biométricas

Se um corpo se torna uma senha, ele deixa de ser um corpo?[135]

Além de todas as tecnologias de segurança anteriores que diluem as separações entre interior/exterior e civil/militar, existem as tecnologias biométricas de reconhecimento de íris, voz, passo, impressão digital e mão. Assim como no caso do circuito interno de segurança de reconhecimento facial, o objetivo aqui é superar a confusão, a camuflagem e o anonimato da cidade com tecnologias que objetivamente determinam a identidade por meio do exame físico das características supostamente únicas de cada corpo humano. No entanto, isso é obscurecimento e mito políticos. "A tecnologia

---

[134] Todd Masse, Siobhan O'Neil e John Rollins, "CRS Report For Congress Fusion Centers: Issues and Options for Congress", 6 jul. 2007, Order Code RL34070.

[135] John Measor e Benjamin Muller, "Securitizing the Global Norm of Identity: Biometric Technologies in Domestic and Foreign Policy", 17 set. 2005. Disponível em: <Dahrjamailiraq.com>. Acesso em: 3 abr. 2016.

biométrica, em sua forma atual", escreve Heather Murray, "serve para categorizar corpos em uma perigosa lógica discriminatória que não pode ser divulgada como 'verdadeira' nem 'objetiva'"[136].

Em 2004, as forças estado-unidenses no Iraque começaram a usar táticas de estilo israelense como muros, métodos de isolamento, a formação de zonas militares sem restrições para o uso de armas de fogo ao redor de distritos urbanos recém-cercados e a punição de famílias de supostos combatentes com a ameaça de demolição de suas casas. As forças de ocupação também instalaram postos de controle e sistemas com cartão de identificação dentro de vilas e cidades. Em dezembro de 2004, um repórter da NBC chamado Richard Engel observou que toda a população de Fallujah[137] – isto é, aqueles que haviam sobrevivido à devastação quase completa da cidade por dois ataques estado-unidenses naquele ano – teria "suas impressões digitais tiradas, faria varreduras de retina e então receberia um cartão de identificação, que lhes permitiria transitar ao redor de suas casas ou para centros de auxílio humanitário, que estão sendo construídos". Ele também comentou, quase de passagem, que "fuzileiros navais serão autorizados a usar força letal contra aqueles que desobedecerem as regras"[138].

Como parte da "destruição criativa" radical causada pela guerra no Iraque, novas cidades-modelo deveriam surgir das ruínas. Elas estariam "repletas de infraestrutura de segurança de alta tecnologia centrada em estratégias de identificação biométrica para administrar os cidadãos que voltassem"[139], coletivamente apelidadas pelos militares estado-unidenses de "*biometric*

---

[136] Heather Murray, "Monstrous Play in Negative Spaces: Illegible Bodies and the Cultural Construction of Biometric Technology", *Communication Review*, v. 10, n. 4, p. 359.

[137] Em uma tentativa de "colocar em ordem aquilo que está 'fora' da norma", nas palavras de Measor e Muller, planejadores de guerra estado-unidenses identificaram Fallujah como um estado de exceção que requeria "soluções" extremas. "Fallujah, com sua longa história de resistência ao controle central só potencializada com a experiência da ocupação estado-unidense, claramente refutou as tentativas estado-unidenses de controlar a cidade. Essas tentativas fizeram com que as forças militares dos Estados Unidos a identificassem cada vez mais como única e excepcional em seu papel de insurgência". John Measor e Benjamin Muller, "Securitizing the Global Norm of Identity", cit.

[138] Citado em John Measor e Benjamin Muller, "Securitizing the Global Norm of Identity", cit.

[139] Idem.

automated toolkit" (BAT) [*kit* de ferramentas biométricas automatizadas]. Desde 2004, os BATs são usados "em operações [no Iraque e no Afeganistão] para manter um banco de dados de terroristas, insurgentes, trabalhadores locais e detentos"[140]. De acordo com um relatório do Corpo de Fuzileiros Navais dos Estados Unidos, o uso de BATs significa que, em

> uma questão de segundos, um fuzileiro naval trabalhando em um portão ou posto de controle pode coletar dados biométricos de um indivíduo, buscar no banco de dados computadorizado e procurar a correspondência com muitos outros registros que já estejam no banco de dados.[141]

Desde abril de 2007, tecnologias biométricas andam lado a lado com a tentativa de reconstrução de Bagdá como um arquipélago que inclui dez enclaves em estilo palestino cercados por barreiras antiexplosão e organizados em torno de linhas étnicas ou sectárias, acessíveis apenas por pontos de passagem com controle militar ou biométrico (Figura 4.5)[142]. Porta-vozes militares estado-unidenses cinicamente chamaram esses enclaves de "condomínios fechados" e invocaram paralelos com os enclaves ultraplanejados para os ricos que dominam os bairros residenciais suburbanos e semirrurais nos Estados Unidos[143]. "Estão fazendo isso na Flórida, e os idosos parecem gostar", brincou um líder de pelotão, o sargento Charles Schmitt, enquanto seus homens davam os toques finais em um novo muro.

No entanto, a efetividade das técnicas biométricas, mesmo em termos militares, é altamente questionável. É irônico que a guerra tenha brutalizado tanto os iraquianos do ponto de vista físico que "as mesmas partes do corpo necessárias para provar a identidade possam estar danificadas demais para oferecer uma leitura correta"[144]. Além do mais, como Andrew Hom refletiu na publicação *Military Review*, os sistemas biométricos estado-unidenses no Iraque foram drasticamente contraproducentes, uma vez que generalizaram a humilhação e impuseram identidades singulares pelo racionalismo tecnológico, no lugar de um envolvimento significativo com a "história social

---

[140] Idem.

[141] Corporal Chris Prickett, II Força Expedicionária da Marinha, "Coming to Your Town Soon? Tracking Locals with the BAT of an Eye", *Marine Corps News*, 28 mar. 2005.

[142] Mitchell M. Zais, "Iraq: The Way Ahead", *Military Review*, jan.-fev. 2008, p. 112.

[143] Spencer Ackerman, "Tear Down This Wall", *The Guardian*, Londres, 24 abr. 2007.

[144] Russell B. Farkouh, "Incorporating Biometric Security into an Everyday Military Work Environment", *SANS GIAC GSEC Practical Version 1.4b, Option 1*, 2004.

Fronteiras onipresentes • 195

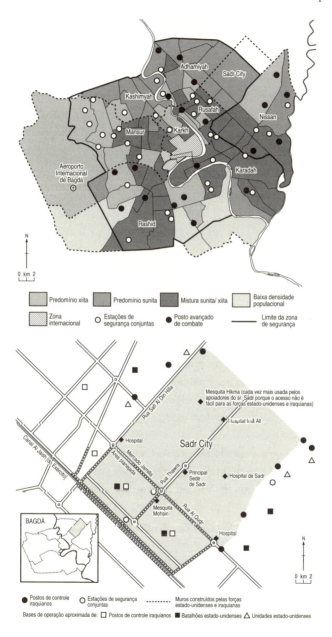

4.5 Mapa da reestruturação de Bagdá em 2008 (no alto), enclaves sectários separados por muros e postos de controle; e (embaixo) um mapa detalhado do sistema no bairro Sadr City.

196 • Cidades sitiadas

e o sentido semântico". Ele questiona se esses sistemas não representariam simplesmente uma forma de "imperialismo ontológico e epistemológico"[145].

John Measor e Benjamin Muller enfatizam que "a destruição gratuita do inimigo de alguém é uma norma finamente velada da modernidade, sem contar a subsequente reorganização e repovoamento desses espaços/lugares arruinados"[146]. Assim, a coleta de traços biométricos "puros" dos corpos ocupados significa que a antiga problemática colonial do biopoder se tornou mais gerenciável. O posto de controle biométrico, então, "evita a necessidade de ficar frente a frente com o 'outro'"; em vez disso, o "outro" "é apenas rearticulado, por meio das aplicações biométricas, à identidade suspeita"[147].

Homelands globais

O poder em si se torna nômade.[148]

Com as guerras globais de segurança pública, a classificação e o monitoramento do espaço patogênico se ampliaram e transformaram em estratégia geopolítica.[149]

O último aspecto marcante do uso de tecnologias de controle para tentar obter fronteiras onipresentes é o esforço feito pelos Estados Unidos para expandir a securitização nacional para a escala global. Assim como ideias de segurança internacional estão "voltando para casa" para reorganizar a vida urbana doméstica, tentativas de classificar populações, atividades e circulações como sendo de risco ou sem risco estão "saindo por aí" para colonizar as infraestruturas, sistemas e circulações que sustentam o capitalismo transnacional.

Sendo assim, a mobilidade está sendo cada vez mais policiada no que James Sheptycki chama de "espaço informacionalizado"[150], uma dinâmica

---

[145] Andrew R. Hom, "The New Legs Race: Critical Perspectives on Biometrics in Iraq", *Military Review*, jan.-fev. 2008, p. 88.

[146] John Measor e Benjamin Muller, "Securitizing the Global Norm of Identity", cit.

[147] Idem.

[148] Ver Bülent Diken e Carsten Bagge Laustsen, *The Culture of Exception: Sociology Facing the Camp* (Londres, Routledge, 2005), p. 64.

[149] Allen Feldman, "Securocratic Wars of Public Safety", cit, p. 330-50.

[150] James Sheptycki, "The Global Cops Cometh: Reflections on Transationalization, Knowledge Work and Policing Subculture", *British Journal of Sociology*, v. 49, n. 1, 1998, p. 70.

Fronteiras onipresentes • 197

que, claro, acompanha a lógica bushiana da guerra preventiva, colonial, securocrática para amparar a segurança doméstica antecipando e exterminando ameaças, conforme elas se constroem em nível global[151]. Muitos elementos do aparato de segurança das nações agora desafiam antigas separações westfalianas de segurança "interna" e "externa" estabelecidas ao longo das linhas tradicionais civis/militares e geopolíticas. "Os discursos que os Estados Unidos e seus principais aliados têm feito, afirmando a necessidade de globalizar a segurança, assumiram uma intensidade e um alcance inéditos", escreve Didier Bigo. "Essa globalização supostamente vai tornar as fronteiras nacionais efetivamente obsoletas e forçar os demais atores na arena internacional a colaborar."[152]

No fim das contas, há um ponto importante em que as fronteiras deixam de ser linhas geográficas e filtros entre Estados (sempre uma ideia hipersimplificada) e, em vez disso, emergem como agrupamentos cada vez mais interoperáveis de tecnologias de controle espalhados pelas infraestruturas, circulações, cidades e pelos indivíduos do mundo. Em vez do simples bloqueio de limites territoriais, o imperativo é a antecipação permanente, canalizando e monitorando os fluxos de modo que os adequados possam ser distinguidos dos inadequados. No processo, as fronteiras são transformadas "de uma linha bidimensional sobre um espaço absoluto que divide dentro e fora, para uma zona transicional, definida por formas excepcionais de governo que diluem categorias, jurisdições e espaços estabelecidos"[153].

Inescapavelmente, a tentativa de securitizar o sustento do capitalismo transnacional é, ao mesmo tempo, urbana e global, uma reação ao fato de que uma rede de cidades globais orquestra os processos estratégicos do capitalismo pelo espaço transnacional, de que o alcance da cidade agora "se amplia para uma escala global"[154]. É possível ver cidades mundiais como

---

[151] Marieke de Goede, "Beyond Risk: Pre-Mediation and the Post-9/11 Security Imagination", *Security Dialogue*, jul. 2007.

[152] Didier Bigo, "Globalized-in-security: The Field and the Ban-opticon", em John Solomon e Naoki Sakai (orgs.), *Translation, Philosophy and Colonial Difference* (Hong Kong, Hong Kong University Press, 2005), p. 1.

[153] Deborah Cowen, "Securing Systems: Struggles over Supply Chains and the Social", artigo não publicado, 2006, p. 3.

[154] Edward Soja, "Borders Unbound: Globalization, Regionalism and the Postmetropolitan Transition", em Henk van Houtum, Olivier Framsch e Wolfgang Zierhofer (orgs.), *B/Ordering Space* (Londres, Ashgate, 2005), p. 40.

"máquinas fluidas" – "arranjos" no espaço e no tempo construídos para organizar um universo vasto e em geral oculto de conexão, processo e fluxo[155]. Ao mesmo tempo, vimos que essas cidades, como os centros dominantes do poder corporativo e financeiro do complexo industrial-securitário-militar mundial, são os "cérebros" da própria máquina de guerra global.

Peter Taylor e seus colegas na Universidade de Loughborough mapearam as redes transnacionais de "cidades globais" (Figura 4.6), assinalando centros dominantes (cidades globais "alfa"), centros secundários (cidades globais "beta") e cidades periféricas que funcionam como passagens entre regiões e a economia mundial (cidades globais "gama"). São os fluxos entre essas cidades que estão no cerne do movimento rumo à securitização.

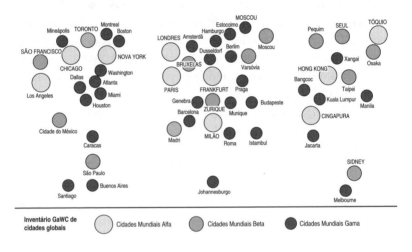

4.6 A "Rede de Cidades Globais", como delineada pelo Centro de Pesquisa de Globalização e Cidades Globais da Universidade de Loughborough.

De modo similar, defensores da segurança de fronteira transnacional argumentam que esforços tradicionais de criar e instaurar fronteiras territoriais são um problema, não uma solução[156]. Uma razão são os atrasos e custos que geram ao interromper fluxos legítimos e necessários que alimentam o capitalismo global. Outra é o fracasso em permitir que fluxos e pessoas sejam perfilados,

---

[155] Laurent Gutierrez e Valerie Portefaix, *Mapping HK* (Hong Kong, Map Books, 2000).
[156] Deborah Cowen, "Securing Systems", cit., p. 2.

localizados e rastreados *antes* de chegarem até alvos vulneráveis e estratégicos em e ao redor das cidades globais do Norte. Assim, em vez de apenas policiar trânsitos pelas fronteiras territoriais, como no conceito westfaliano, as arquiteturas de controle e guerras securocráticas emergentes buscam colonizar o que os analistas de segurança chamam de as várias "costuras" entre a guerra e o crime, entre o policiamento, a inteligência e a atividade militar, e entre o exterior e o interior de territórios nacionais. Ao tentar estabelecer sistemas de monitoramento antecipatório que se equiparam às principais arquiteturas de circulação – finanças eletrônicas, comunicação via internet, viagens aéreas, portos marítimos e comércio –, elas oscilam continuamente entre a escala do corpo humano, da cidade, da nação e do capitalismo transnacional.

São de grande importância aqui as novas ideias de segurança nacional estado-unidense, expressas nas ideias de "defender adiante" e "defesa global em profundidade"[157]. A nova doutrina de segurança se baseia no argumento de que, não importa quanto dinheiro, tecnologia ou isolamento militar seja usado no problema de filtrar os limites que separam a nação norte-americana do resto do mundo, tais ideias geopolíticas de segurança são consideradas cada vez menos úteis em um mundo em que os fluxos continuamente passam *pelas* cidades e regiões dos Estados Unidos através de uma miríade de conexões e sistemas infraestruturais[158].

Assim, a segurança nacional é cada vez mais vista como um "jogo remoto". Como diz o almirante da Marinha estado-unidense Timothy Keating, "Não queremos que [ameaças de segurança identificadas] entrem no nosso espaço aéreo, no nosso território ou perto da nossa costa no domínio marítimo"[159]. Em vez disso, ele afirma, o Estado de segurança nacional estado-unidense está "trabalhando intensamente com outros comandantes regionais de combate para destruir, capturar ou matar os bandidos e interromper seus ataques" muito antes de chegarem às margens continentais da América do Norte[160].

---

[157] Antulio Echevarria e Bert Tussing, *From "Defending Forward" to a "Global Defense-In-Depth": Globalization and Homeland Security*, Strategic Studies Institute, 2003. Disponível em: <www.strategicstudiesinstitute.army.mil>. Acesso em: 3 abr. 2016.

[158] Deborah Cowen e Neil Smith, "After Geopolitics? From the Geopolitical Social to Geoeconomics", *Antipode*, v. 41, n. 1, 2009, p. 22-48.

[159] Donna Miles, "With Ongoing Terror Fight Overseas, Northcom Focuses on Homeland", *Securityinnovator.com*, 17 nov. 2006.

[160] Idem.

200 • Cidades sitiadas

Essa abordagem ajuda a tratar do problema de que os "imperativos da segurança nacional e o comércio global são de muitas maneiras projetos conflitantes"[161] se a segurança nacional apenas focar em erigir barreiras – que se traduzem em custos e atrasos – para interromper as circulações que ligam os Estados Unidos e o resto do mundo. "A prosperidade dos Estados Unidos – e boa parte de seu poder – depende de seu pronto acesso às redes norte-americanas e globais de transporte, energia, informação, finanças e de mão de obra", afirma Stephen Flynn. "É autoprejudicial para os Estados Unidos adotar medidas de segurança que os isolem dessas redes."[162]

Defensores da nova doutrina também enfatizam que ameaças terroristas já estão "dentro da linha"[163] de circulações transnacionais que ligam as cidades estado-unidenses tão intimamente ao resto do mundo. Os próprios terroristas já vivem nos Estados Unidos e em outras cidades do Ocidente, onde as ferramentas usadas em seus ataques estão à mão, e seus alvos são a miríade de estruturas e pessoas que constituem as próprias cidades. Mesmo quando os terroristas estão localizados em periferias coloniais, e não nos Estados Unidos em si, o acesso aos circuitos transnacionais da internet, do transporte de contêineres, da logística e das viagens aéreas permitem que eles planejem ataques a cidades estado-unidenses a qualquer instante.

Conter a insegurança[164]

Tentativas de expandir iniciativas de segurança nacional dos Estados Unidos por sistemas mundiais continuam em ritmo acelerado. Um foco é a série de enclaves que, em conjunto, orquestram divisões globais de trabalho e os fluxos comerciais resultantes[165]. A Container Security Initiative (CSI)

---

[161] Deborah Cowen e Neil Smith, "After Geopolitics?", cit.

[162] Stephen Flynn, "The False Conundrum: Continental Integration versus Homeland Security", em Peter Andreas e Thomas Biersteker (orgs.), *The Rebordering of North America* (Nova York, Routledge, 2003), p. 11.

[163] Antulio Echevarria e Bert Tussing, *From "Defending Forward" to a "Global Defense--In-Depth"*, cit.

[164] Esse termo bebe na fonte da ideia de Deborah Cowen de "conter insegurança" publicada em sua contribuição a um livro editado por mim, *Disrupted Cities: When Infrastructures Fail* (Nova York, Routledge, 2009).

[165] Ver Keller Easterling, *Enduring Innocence* (Cambridge [MA], MIT Press, 2006).

[Contêiner Iniciativa de Segurança], por exemplo, cobre os principais portos marítimos e os fluxos que os conectam[166]. O objetivo da CSI é "ampliar as fronteiras [dos Estados Unidos] e fazer uma triagem prévia de contêineres em zonas de segurança criadas especialmente para isso antes que eles sejam carregados em portos estrangeiros"[167]. Esse é um componente-chave do esforço geral em "garantir a segurança de toda a cadeia de fornecimento marítimo, do portão da fábrica em um país estrangeiro até o destino final do produto, nos Estados Unidos"[168].

O conceito condutor aqui é o de que o Departamento de Segurança Interna dos Estados Unidos precisa controlar, policiar e rastrear movimentos dentro do que é considerado um "invólucro de segurança global"[169]. Em 2003, 15 dos 25 maiores portos de contêineres concordaram, sob considerável pressão dos Estados Unidos, em estabelecer um sistema de controle que, em tese, permitiria rastrear os contêineres continuamente, reduzir o potencial para adulteração deles em trânsito e minimizar os atrasos para inspeções em portos. Essa campanha de securitização se funde perfeitamente na "fortificação" dos espaços portuários dos Estados Unidos e oferece uma justificativa para a suspensão dos direitos trabalhistas e à privacidade normais em nome da segurança nacional[170]. A redefinição dos portos dos Estados Unidos e do Canadá e dos *waterfronts** urbanos como espaços de segurança nacional fundamentais significa que eles estão sendo fisicamente securitizados como

---

[166] Esse sistema organiza 90% do comércio global por meio de cadeias globais de fornecimento e da logística avançada e é responsável pela entrega de 95% do comércio exterior que adentra os Estados Unidos.

[167] "When Trade and Security Clash", *The Economist*, Londres, 4 abr. 2002.

[168] Jon Haveman e Howard Shatz, *Protecting the Nation's Seaports: Balancing Security and Cost* (São Francisco, Public Policy Institute of California, 2006).

[169] IBM, *Expanded Borders, Integrated Controls*, material de marketing.

[170] Deborah Cowen e Neil Smith, "After Geopolitics?", cit.

* O que o termo inglês *waterfront* (atualmente muito popular no vocabulário do planejamento e da gestão urbanos mundo afora) designa é um espaço situado em frente a um grande corpo d'água – mar, rio ou lago/lagoa – e que, por sua localização potencialmente atraente do ponto de vista da (re)valorização capitalista do espaço, muitas vezes tende a receber atenção especial de administrações locais e investidores. O discurso internacional em torno da "revitalização" ou "requalificação" espacial (e que, mais genericamente, refere-se ao que se chama de "gentrificação") tem considerado esse tipo de área uma oportunidade prioritária para o capital imobiliário e grandes negócios em geral. Em escala mundial, talvez o exemplo mais famoso

202 • Cidades sitiadas

espaços de exceção, alistados em sistemas nacionais de poder governamental e rerregulamentados de maneiras que prejudicam dramaticamente os direitos trabalhistas dos funcionários dos portos. Assim, "a segurança nacional, pelo menos nos portos, é conceituada como quase intercambiável com a segurança dos fluxos do comércio internacional"[171].

Regime biométrico global

> O globo encolhe para seus donos; para os desalojados ou despossuídos, o migrante ou refugiado, nenhuma distância é mais impressionante do que os poucos metros em que se cruza uma fronteira ou um limite.[172]

Nos setores aéreo e aeroportuário, os esforços de segurança nacional dos Estados Unidos têm como objetivo garantir que o "segurança da fronteira [seja] a última linha de defesa, não a primeira, na identificação de ameaças potenciais"[173]. O sistema dos sonhos oferece fronteiras interoperáveis "inteligentes", controle de fronteiras globalizado e gerenciamento preventivo de risco[174]. Nesse sentido, os Estados Unidos desenvolveram o programa US-Visit – US Visitor and Immigrant Status Indicator Technology [Tecnologia de Indicação de Status do Visitante e do Imigrante nos Estados Unidos] – para viagens aéreas, mais um uso de tentativas biométricas de "objetivamente" filtrar corpos e identidades, enquanto nações parceiras são compelidas a ajustar seus sistemas de passaporte aos padrões biométricos definidos pelos Estados Unidos[175].

---

de *waterfront* seja a área das docas de Londres (Docklands); no Brasil, o projeto do Porto Maravilha, no Rio de Janeiro, seria o principal exemplo. Como Stephen Graham mostra, porém, não é apenas do ponto de vista econômico que os *waterfronts* vêm recebendo, em alguns países, maior atenção, mas também da perspectiva da "segurança nacional". (Nota de Marcelo Lopes de Souza)

[171] Deborah Cowen, "Securing Systems", cit., p. 7.

[172] Homi Bhabha, "The Third Space: Interview with Homi Bhabha", em J. Rutherford (org.), *Identity: Community, Culture, Difference* (Londres, Routledge, 1990), p. 208-24.

[173] Accenture Digital Forum, "US DHS to Develop and Implement US-Visit Program", 2004, p. 4. Disponível em: <www.digitalforum.accenture.com>. Acesso em: 3 abr. 2016.

[174] Ben Hayes e Roche Tasse, "Control Freaks", cit., p. 2.

[175] Mark Salter, "The Global Visa Regime and the Political Technologies of the International Self: Borders, Bodies, Biopolitics", *Alternatives*, n. 31, 2006, p. 167-89.

Na Enhanced Border Security and Visa Act [Lei de Vistos e Aumento de Segurança de Fronteiras] de 2002, por exemplo, o Congresso dos Estados Unidos impôs a exigência de que os 27 países do US Visa Waiver Program (VWP) [o programa de isenção de vistos] começassem a usar passaportes de leitura ótica que incorporassem tanto tecnologia biométrica como de radiofrequência (RFID). Nações ou blocos que não fazem essas mudanças radicais são ameaçados com a perda desse cobiçado status no VWP. "O uso da vantagem da isenção de visto estado-unidense para promover o uso, pelos parceiros, das novas tecnologias de identificação com fins de segurança nacional pode se provar um paradigma para o futuro", escrevem Richard Pruett e Michael Longarzo, da US Army War College [Escola de Guerra do Exército dos Estados Unidos][176].

Assim, a arquitetura dos pontos de passagem de aeroportos estrangeiros revela símbolos tanto de sua própria soberania quanto da dos Estados Unidos.

Uma mudança para fronteiras internacionais organizadas biometricamente, estruturadas de acordo com o que os Estados Unidos estipulam, tem como foco a separação dos "corpos móveis [...] em elites cinéticas e subclasses cinéticas"[177]. No caso das subclasses, um processo de "prevenção punitiva" determina o perfil de indivíduos já considerados de risco e tenta imobilizá-los antes que possam viajar para os Estados Unidos; ele "incorpora um leque de tecnologias disciplinares, punitivas e militaristas cujo objetivo é impedir [sua] chegada à fronteira física"[178]. Aqueles que atravessam fronteiras e não passam pelos sistemas de verificação e pontos de passagem são criminalizados. Em contraste, as elites cinéticas podem cada vez mais desviar completamente dos controles de imigração optando por esquemas de controle biométrico como o sistema Privium, do aeroporto de Amsterdã, ou o sistema SmartGate, na Austrália, que preventivamente definem seus corpos como seguros e legítimos.

O princípio central aqui é a identificação automatizada de perfis de risco, começando no momento da reserva inicial dos aspirantes a passageiros, de modo

---

[176] Richard Pruett e Michael Longarzo, "Identification Friend or Foe? The Strategic Uses and Future Implications of the Revolutionary New ID Technologies", US Army War College, Strategy Research Project, Pensilvânia: US Army War College Carlisle Barracks, 2006. Disponível em: <www.strategicstudiesinstitute.army.mil>. Acesso em: 3 abr. 2016.

[177] Dean Wilson e Leanne Weber, "Surveillance, Risk and Preemption on the Australian Border", *Surveillance & Society*, v. 5, n. 2, p. 125.

[178] Idem.

204 • Cidades sitiadas

que aqueles considerados malignos ou impróprios possam ser interceptados antes mesmo do embarque para os Estados Unidos[179]. Na iniciativa de fronteira inteligente do Reino Unido, por exemplo, 53 variáveis são automaticamente verificadas em busca de sinais de "risco" ou "anormalidade"[180], em um programa desenvolvido principalmente pela empresa de defesa estado-unidense Raytheon, fabricante dos mísseis de cruzeiro Tomahawk. "A aparência verificada de uma ameaça de segurança", escreve Louise Amoore, "sempre já foi calculada pelo desempenho algorítmico de regras de associação". Essas regras destacam dados que implicam um risco possível – A passagem foi paga em dinheiro? Qual é o padrão anterior de viagem? O indivíduo é um viajante frequente? Que refeição foi pedida? – e, por sua vez, definem o tratamento do passageiro quando ele ou ela tentar embarcar na aeronave.

A fronteira entre os Estados Unidos e o Canadá é um forte estudo de caso de múltiplos circuitos sendo construídos para processar elites cinéticas e subclasses cinéticas de maneiras bem diferentes. Aqui, a consagrada "pista expressa" do E-ZPass na rodovia urbana é traduzida nas arquiteturas do que podemos chamar de nação E-ZPass – mas apenas para uma minoria privilegiada. O programa experimental Nexus, por exemplo, permite que viajantes regulares da classe executiva entre o Canadá e os Estados Unidos sejam perfilados e pré-liberados, recebam um cartão de identificação biométrico especial sem fio e, assim, passem por uma fila prioritária, desviando do congestionamento e do atraso habituais na fronteira. Câmeras escaneiam a íris para verificar a conexão entre o motorista e o cartão. Para esses viajantes privilegiados e ostensivamente livres de risco, até mesmo a travessia de fronteiras cada vez mais militarizadas se torna "uma simples formalidade técnica"[181].

---

[179] Karine Côté-Boucher comenta que essas estratégias de "controle remoto de fronteira", que estão levando as funções da fronteira para dentro de países estrangeiros, têm uma longa história. Elas "eram usadas na administração estado-unidense da imigração chinesa já no início do século XX". Karine Côté-Boucher, "The Diffuse Border: Intelligence-Sharing, Control and Confinement along Canada's Smart Border", *Surveillance & Society*, v. 5, n. 2, 2008, p. 142.

[180] Louise Amoore, "Algorithmic War", cit. Entre os 34 dados dos passageiros exigidos pelos acordos União Europeia-Estados Unidos de registro do nome do passageiro (PNR) e do sistema de informação de passageiro avançado (Apis), desafiados legalmente pela Corte Europeia de Justiça em 2006, estão informações de cartão de crédito, ficha criminal e escolha de refeição do voo. Os dados são extraditados para os Estados Unidos em menos de quinze minutos da saída do voo da Europa.

[181] Karine Côté-Boucher, "The Diffuse Border", cit., p. 157.

Enquanto viajantes frequentes ou da classe executiva com sorte suficiente de participar do que Matthew Sparke chamou de uma espécie de "paracidadania transnacional" atravessam o espaço transnacional com facilidade, as subclasses cinéticas que não podem fazer parte disso ou são consideradas de risco se tornam alvos, enfrentam assédio, encarceramento e têm seus direitos legais e humanos diminuídos. Assim, esse status tem desdobramentos "de modo geral mais opressivos e mais imprevisíveis", incluindo a maior ameaça de imobilidade, representada pelo encarceramento ou pela tortura. Sparke escreve:

> É preciso destacar que, além de representar exclusões cada vez mais ofensivas dos privilégios da cidadania e dos direitos civis, aqueles que sobrevivem nesse lado oculto e sombrio do [...] privilégio às vezes, ironicamente, também vivenciam movimentações rápidas: movimentação rápida para centros de detenção, movimentação rápida entre centros de detenção e, no fim das contas, movimentação rápida transnacional, para fora dos Estados Unidos, às vezes para o encarceramento em outros lugares.[182]

A mobilização da biometria como medida de "verdadeira" identidade em zonas de guerra urbanas, bem como em rearticulações mais amplas de nação, cidadania e circulação, funciona como um poderoso bumerangue foucaultiano. Nesses domínios sobrepostos, a política se estreita conforme todos os indivíduos são considerados suspeitos, alvos, que podem "ser legitimamente submetidos a essas tecnologias disciplinares"[183] como "outros" potencialmente ou de fato criminalizados. Essa convergência entre zona de guerra e zona doméstica exemplifica o que John Measor e Benjamin Muller chamam de uma "norma global em evolução de identidade securitizada", que desestabiliza separações convencionais entre política interna e estrangeira.

Ponto de passagem cibernético

Nossa última "*homeland* global" de interesse se concentra nos esforços estado-unidenses de monitorar o tráfego global de internet, mesmo quando o tráfego não tem origem nem termina nos próprios Estados Unidos. É de grande relevância aqui o fato de que uma grande proporção do trânsito de

---

[182] Matthew Sparke, "A Neoliberal Nexus: Economy, Security and the Biopolitics of Citizenship on the Border", *Political Geography*, v. 25, n. 2, 2006, p. 167-170.

[183] John Measor e Benjamin Muller, "Securitizing the Global Norm of Identity", cit.

internet do mundo passa pelos Estados Unidos (Figura 4.7). Esse esquema é um legado da história do sistema: como a internet foi inventada no país e as tarifas internacionais de telefone são mais baratas nos Estados Unidos, a maioria esmagadora do tráfego de internet passa por

> alguns comutadores telefônicos principais e talvez uma dúzia [de pontos de internet] em cidades litorâneas perto dos extremos dos cabos submarinos de fibra ótica, em especial Miami, Los Angeles, Nova York e a região da baía de São Francisco.[184]

Isso significa que "a NSA [National Security Agency, a agência de segurança nacional] poderia reunir uma quantidade alarmante de ligações telefônicas simplesmente escolhendo as instalações certas"[185].

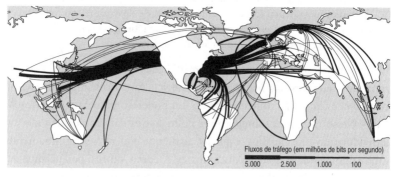

4.7 Boa parte do tráfego internacional de internet do globo passa por alguns "hotéis de telecomunicação"-chave nos Estados Unidos, simplificando de modo drástico os esforços da NSA de um monitoramento global da internet.

O que é ainda mais inacreditável: essas instalações não passam de alguns prédios, conhecidos como "hotéis de telecomunicação", que hospedam os principais centros de conexão de internet e telefonia do planeta todo. "É preciso cuidar de cerca de três ou quatro edifícios", revela Stephen Beckert, da TeleGeography, uma consultoria de pesquisa. "Em Los Angeles fica o 1 Wilshire; em Nova York, 60 Hudson; e em Miami, o NAP of

---

[184] Ryan Singel, "NSA's Lucky Break: How the US Became Switchboard to the World", *Wired*, São Francisco, 10 out. 2007.

[185] Stephan Beckert, diretor de pesquisa na TeleGeography, citado em Ryan Singel, "NSA's Lucky Break", cit.

the Americas"[186]. Obviamente, a situação oferece aos Estados Unidos uma grande oportunidade de mineração de dados, fusão de dados e outros esforços de monitoramento, e as instituições de segurança estado-unidenses não perderam tempo em explorar esse potencial: o Restore[187] Act de 2007 afirma que a NSA é livre para monitorar esse tráfego como quiser, mesmo quando tanto a origem quanto o destino das informações estiverem fora das fronteiras dos Estados Unidos[188].

Impulsionada pelo medo de que a internet seja usada para coordenar e financiar ações terroristas e seja apropriada como arma de "terror cibernético" para destruir ou prejudicar sistemas eletrônicos que sustentam as nações capitalistas desenvolvidas[189], a NSA lançou ações que cobrem todo o globo para monitorar cada pacote de dados transmitido pela internet. Outras iniciativas são direcionadas para o monitoramento de transações financeiras globais para (mais uma vez) identificar preventivamente padrões de atividades "incomuns" ou "ameaçadores"[190].

Medieval digital

> Parecemos estar voltando a tempos neofeudais [...] em que os limites da civilização, dignidade e esperança não coincidem mais com os limites da nação.[191]

Em 2007 o influente analista de segurança estado-unidense John Robb publicou *Brave New War* [Admirável Nova Guerra], um dos diversos livros sobre "segurança" que tomaram as listas de *best-sellers* dos Estados Unidos desde 2001. Nele, o autor previa que a década seguinte provavelmente seria

---

[186] Ryan Singel, "NSA's Lucky Break", cit.

[187] "Restore" significa "Responsible Electronic Surveillance That is Overseen, Reviewed and Effective" [monitoramento eletrônico responsável que é supervisionado, revisto e eficiente].

[188] Ryan Singel, "NSA's Lucky Break", cit.

[189] Ver capítulo 9 deste volume.

[190] Ver Louise Amoore e Marieke de Goede, "Transactions after 9/11: The Banale Face of the Preemptive Strike", *Transactions of the Institute of British Geographers*, n. 33, 2008, p. 173-185.

[191] Ghassan Hage, *Against Paranoid Nationalism: Searching for Hope in a Shrinking Society* (Sidney, Pluto Press, 2003), p. 18.

208 • Cidades sitiadas

dominada por uma série de ataques terroristas "Cisne Negro" – grandes e imprevisíveis, no estilo dos de 11 de Setembro – em cidades estado-unidenses, combinados com o uso periódico de técnicas de terror cibernético por insurgentes espalhados pelo mundo, cujo objetivo é derrubar redes de infraestrutura de energia, comunicação, transporte, finanças e saúde nos Estados Unidos. Cidadãos estado-unidenses urbanos então mergulhariam com regularidade em uma existência pré-moderna de desconexão e escuridão. Robb conclui com um cenário da vida urbana nos Estados Unidos em 2016.

O que o autor antecipa é que, combinadas com um distanciamento radical das estruturas de segurança centralizadas e burocráticas de governos nacionais e locais, essas tendências trariam uma "diminuição do aparato de segurança [nacional]"[192]. Ele previu que isso se juntaria ao "desenvolvimento de um sistema de segurança totalmente novo e descentralizado" envolvendo o governo, empresas privadas e indivíduos. Essas tendências significariam que "a segurança vai se tornar uma questão de onde você mora e para quem você trabalha" – de maneira semelhante ao sistema de saúde estado-unidense. Conforme a provisão de segurança do Estado-nação é substituída por mercados de segurança desiguais e muito localizados, organizados por meio de corporações militares em ascensão, "multinacionais e indivíduos saudáveis serão os primeiros a contratar companhias militares privadas [...] para proteger suas casas e estabelecer um perímetro de proteção ao redor da vida cotidiana", Robb sugere. "Redes de transporte paralelas – uma derivação das aeronaves fretadas [...] [–] vão atender esse grupo, levando seus membros de um ponto de acesso seguro e bem-definido ao próximo". Membros da classe média, ele imagina,

> virão em seguida, tomando a tarefa para si por meio da formação de coletivos nos bairro suburbanos para compartilhar os custos de segurança [...] Esses "bairros residenciais blindados" vão usar e gerenciar conexões de comunicação e geradores de *backup*; serão patrulhados por auxiliares da polícia civil que receberam treinamento corporativo e vão se vangloriar de seus próprios sistemas de reação de emergência de primeira linha.[193]

E todos os demais? "Eles terão de se virar com os restos do sistema nacional", previu Robb. "Vão gravitar para as cidades, onde serão submetidos

---

[192] John Robb, *Brave New War: The Next Stage of Terrorism and the End of Globalization* (Nova York, Wiley, 2007), p. 185.

[193] Idem.

Fronteiras onipresentes • 209

ao monitoramento constante e a serviços marginais ou inexistentes. Para os pobres, não haverá refúgio."[194]

Como a maior parte da não ficção política sensacionalista pós-11 de Setembro nos Estados Unidos, o livro de Robb conta uma história apocalíptica e enganosamente simples que exagera dramaticamente eventos contemporâneos. E, no entanto, indícios contemporâneos de fato sugerem a emergência de grupos de segurança organizados em nível internacional cujo objetivo é remover os livres de risco daqueles que impõem risco, levantando grandes questões sobre a futura geografia política do nosso mundo. Certamente a visão de Robb não pode ser desconsiderada por completo. Serão os arquipélagos tridimensionais de fragmentação, conexão, fortificação e militarização na linha do *apartheid*, tão visíveis em Gaza e na Cisjordânia, um modelo sombrio do futuro? A indiferenciação de arquipélagos de exceção internos e externos vai "desmontar" o papel dos Estados-nação como principais tijolos econômicos e fiscais do capitalismo global? As cidades ricas e os setores enriquecidos das cidades vão gradualmente se afastar e desconectar dos territórios residuais e das pessoas a seu redor – em uma versão generalizada da relação de exploração rigidamente controlada de, digamos, Cingapura e seus grotões subdesenvolvidos na Malásia e na Indonésia? Estruturas transnacionais de policiamento, monitoramento e de cumprimento da lei vão continuar a se fortalecer, ao ponto de ofuscar ou engolir o legado de Estados de segurança nacional? Como a quebra[195], fragmentação e polarização impostas pelo novo urbanismo militar vão se refletir, e ser sustentadas, pela política, pelas sociedades civis e pelas paisagens das cidades em crescimento do mundo? Onde vão parar as ideias de cidadania nacional nesse contexto?

É especialmente importante refletir se as tendências atuais rumo a fronteiras onipresentes significam que nosso planeta enfrenta, como Nezar Alsayyad e Ananya Roy propuseram, uma espécie de "modernidade medieval" (computadorizada) que está promovendo a "emergência de formas de cidadania [que são] fundamentalmente voltadas para a proteção [e se] localizam em enclaves urbanos"[196]. Esses processos desafiam a ideia estabelecida de cidadania moderna como "constituída por uma série de direitos

---

[194] Ibidem, p. 186.

[195] Stephen Graham e Simon Marvin, *Splintering Urbanism* (Londres, Routledge, 2001).

[196] Nezar Alsayyad e Ananya Roy, "Medieval Modernity: On Citizenship and Urbanism in a Global Era", *Space and Polity*, v. 10, n. 1, 2006, p. 1-20.

210 • Cidades sitiadas

individuais abstratos embutidos no conceito de Estado-nação"[197]. Da mesma forma, Allen Feldman se pergunta se a produção arquitetônica e espacial da identidade estado-unidense, hoje com tanta frequência organizada por meio do que ele chama de "fortalezas sacralizadas e blindadas de comodificação segura, sejam elas shopping centers, condomínios fechados ou torres comerciais", ajuda a "determinar cidadania por quem [é agraciado] com salvo-condutos".

Em vez de usar o termo "medieval" para significar uma simples inversão da ideia iluminista de progresso e um retorno ao "retrocesso" social, como atualmente defendem John Robb e outros formadores de opinião de direita[198], Alsayyad e Roy sugerem algo de modo geral mais sutil – e mais convincente.

Dentro das geografias urbanas transnacionais do capitalismo, eles veem a coexistência de modalidades de "nacionalismo moderno, enclaves medievais e brutalidade imperial"[199].

Assim, Estados-nação não definham simplesmente em um futuro completamente globalizado. Em vez disso, áreas cercadas que parecem acampamentos e circulações privatizadas emergem dentro, através e entre o que se convencionou ver como cidades e nações. Essa complexidade de enclaves, agrupamentos e pontos de passagem radicalmente "complica toda a questão de progresso e retrocesso, o moderno e o pré-moderno"[200]. Também nos força a ter cautela em relação às teleologias usuais, que declaram que os "outros", bárbaros e orientalizados – que vivem em suas áreas urbanas neste mundo do presente –, de fato vivem no "passado selvagem".

Processos de fragmentação e securitização urbana existiam muito antes do 11 de Setembro. Conforme esses processos se aceleram, as políticas da geografia e da segurança se tornam quase fractalmente recortadas e preenchidas com agrupamentos superpostos e muitas vezes contraditórios ou antagônicos. Em vez de resultar em uma mudança de uma sociedade de disciplina baseada no fechamento (a sociedade panóptica de Foucault) para uma sociedade de sistemas de monitoramento descentralizados (a sociedade de controle de Deleuze), o que está surgindo é uma sociedade organizada

---

[197] Idem.

[198] Ver, por exemplo, Stephen Kobrin, "Back to the Future: Neomedievalism and the Postmodern Digital World Economy", *Journal of International Affairs*, n. 51, 1998.

[199] Nezar Alsayyad e Ananya Roy, "Medieval Modernity", cit., p. 17.

[200] Idem.

Fronteiras onipresentes • 211

por agrupamentos de pontos de passagem urbanos e infraestruturais. Esses agrupamentos fazem uso tanto de arquiteturas quanto de tecnologias eletrônicas, atuando em paralelo; seu propósito é estipular a legitimidade – quer da presença, quer da circulação – antes da movimentação. Dessa forma, tanto as cidades quanto a cidadania se tornam progressivamente reorganizadas com base nas ideias de mobilidade, direitos e acesso provisórios – em vez de absolutos.

Para corroborar seus argumentos, Alsayyad e Roy empregam um amplo leque de exemplos: comunidades abastadas fechadas, assentamentos informais regulamentados, uma gama em proliferação de instalações de encarceramento e cidades-campo de tortura onde a "violência é constantemente usada em nome da ordem e da paz"[201]. Também mencionam o governo urbano insurgente que está surgindo em lugares como cidades controladas pelo Hezbollah, no Líbano, a Gaza controlada pelo Hamas e outras repúblicas islâmicas em nível de bairro que estão sendo declaradas por grupos religiosos fundamentalistas[202]. A essa lista, é possível acrescentar a proliferação de arquiteturas de segurança que se assemelham a acampamentos militares e sustentam centros financeiros globais, zonas de processamento de exportação, enclaves turísticos, enclaves financeiros *offshore*, núcleos de logística, portos, cidades aeroportuárias, complexos de pesquisa e "tecnopolos", além das militarizações urbanas temporárias impostas por megaeventos esportivos e cúpulas políticas.

Todos esses exemplos, afirmam Alsayyad e Roy, envolvem "sistemas privados de administração que operam como feudos medievais, impondo verdades e normas que muitas vezes são contrárias à legislação nacional"[203]. Como nos tempos medievais, o resultado é o surgimento da cidade moderna como o que Holston e Appadurai chamaram de "colmeia de jurisdições", um "corpo medieval [de] membros sobrepostos, heterogêneos e, cada vez mais, privados"[204]. Permeando tudo isso estão as tecnologias biométricas, mobilizadas para rastrear, identificar e controlar o acesso.

---

[201] Ibidem, p. 13.

[202] Idem.

[203] Idem.

[204] James Holston e Arjun Appadurai (orgs.), *Cities and Citizenship* (Durham [NC], Duke University Press, 1999), p. 13.

Diferença e ilusões de controle

Por que o mundo todo se tornou uma fronteira a ser, simultaneamente, afastada, aberta para colonização estado-unidense e, ao mesmo tempo, vedada, protegida da incursão estrangeira?[205]

É tentador concluir este capítulo com um toque apocalíptico. Mas essa tentação precisa ser evitada, porque fronteiras e estratégias de fronteira inevitavelmente se mantêm permeáveis e contraditórias – em especial nas grandes cidades. Sonhos tecnófilos de ordem perfeita e de poder perfeito, fatalmente, vão falhar em proporcionar os níveis desejados de controle geográfico e social. Enclaves fortificados muitas vezes são cercados e engolidos pela grande massa e pulsação da mistura urbana nas cidades grandes e em rápido crescimento. A densidade e a imprevisibilidade da vida na cidade com frequência inundam estratégias simples de determinação de limites. Além do mais, as ideias de "segurança" que envolvem a transição para fronteiras onipresentes muitas vezes são, na melhor das hipóteses, tênues, mesmo para aqueles que organizam ou se beneficiam do movimento em direção à securitização.

Apesar da predileção do complexo militar-de segurança por jogar dinheiro em pesquisa e desenvolvimento em busca de "balas de prata" tecnológicas – como a tecnologia necessária para possibilitar as diversas estratégias de fronteira exploradas neste capítulo –, na prática, as balas muitas vezes vão parar longe do alvo. Elas deixam de funcionar, falham o tempo todo, não atingem os resultados antecipados e não fazem nada em relação às raízes da sensação de insegurança. Sem investimentos enormes e contínuos de trabalho e recursos, as fronteiras onipresentes não conseguem ser nem remotamente eficientes. Os complexos agrupamentos através dos quais elas funcionam são, na verdade, muito precários. Com frequência, elas apenas tratam os sintomas – em vez das causas – das crescentes inseguranças enfrentadas pelo número cada vez maior de pobres urbanos do mundo, vivendo como vivem em sociedades levadas a extremos ainda maiores de hiperdesigualdade pelos sistemas falhos da neoliberalização.

Então, é crucial enfatizar que a imaginação e as fantasias de controle perfeito e separação absoluta entre os que impõem riscos e os que não os impõem, entre o "evento" de segurança e a "normalidade", continuam sendo

---

[205] Robby Herbst, "Hinting at Ways to Work in Current Contexts", em uma entrevista com Brian Holmes, *Journal of Aesthetics and Protest*, v. 1, n. 4, 2005.

exatamente isso: imaginação e fantasias. Como as ideias de guerra robotizada discutidas no próximo capítulo, esses discursos são alimentados com fetichismo tecnológico e devaneios de onisciência e controle todo-poderoso. Mas os esforços para empregar novas tecnologias de controle inevitavelmente envolvem uma miríade de improvisações confusas, que se estendem por diversas geografias e sempre exigem controle a distância. Mesmo esforços maiores por integrar grupos de sistemas de monitoramento anteriormente separados não produziram um Big Brother que tudo vê nem um único "panóptico global". Em vez disso, temos uma multidão de *Little Brothers* – um "omnóptico" abrangendo múltiplos sistemas de monitoramento de escopo, escala, efetividade e alcance diversos, que às vezes interagem, mas com muita frequência – apesar da badalação –, não.

Além do mais, as novas fronteiras tecnológicas tendem à pane tecnológica, à ineficácia, aos erros e aos efeitos não intencionais. Paul Edwards destaca que a experiência real da tecnologia de informação militar muitas vezes resulta no "mundo de *softwares* absolutamente irritantes, montados de qualquer jeito e que travam com frequência, mas, ainda assim, funcionam até que bem na maior parte do tempo"[206]. Em vez de um sistema que tudo vê e tudo sabe, o que acontece nas salas de controle que se proliferam está marcado por práticas restritas, contingentes e desajeitadas. Em muitos casos, os sonhos tecnológicos fracassam simplesmente porque a tecnologia falha ou não consegue interagir com uma série de outras tecnologias, ou porque os operadores não conseguem lidar com a complexidade do sistema. Assim, "a geometria do controle nunca está completa", como afirma Michael Shapiro[207]. E, como sugere Hille Koskela, o que se segue é que "o espaço urbano vai sempre se manter menos conhecível e, portanto, menos controlável do que o espaço panóptico restrito"[208].

Também é preciso lembrar que todos os enclaves fortificados não são tão solipsísticos quanto parecem. Eles precisam ser amparados por conexões (muitas vezes ocultas) em toda parte, exigem migrações e mobilidades

---

[206] Paul Edwards, em Jordan Crandall (org.), *Under Fire 2: The Organization and Representation of Violence* (Roterdã, Witte de Witte, 2005), p. 58.

[207] Michael Shapiro, "Every Move You Make: Bodies, Surveillance, and Media", *Social Text*, v. 23, n. 2, 2005, p. 29.

[208] Hille Koskela, "'Cam Era' – The Contemporary Urban Panopticon", *Surveillance and Society*, n. 1, 2003, p. 292-313.

214 • Cidades sitiadas

múltiplas para funcionar. Feldman destaca, por exemplo, que muitos "edifícios cercados [...] dependem de pequenos exércitos de mão de obra imigrante não registrada"[209]. Quando ocorrem repressões hiperzelosas a "imigrantes ilegais", como aconteceu próximo aos condomínios fechados de Long Island em 2008, os moradores riquíssimos desses enclaves logo descobrem que suas casas não estão limpas, seus parques não foram podados, seus filhos não têm babá e, ironicamente, suas fronteiras não estão sendo policiadas. Então, é paradoxal que o colapso desses serviços revele como a "imigração ilegal" opera em geografias de trabalho e fronteiras militarizadas complexas e transnacionais – sustentando economias, cidades e normas sociais de modo invisível. No entanto, esses imigrantes têm vidas extremamente perigosas. "Contanto que se mantenham nos bastidores, seus músculos e suas habilidades são muito apreciados"[210], escrevem Carlos Decena e Margaret Gray, mas, quando se tornam visíveis, em especial em zonas residenciais suburbanas, isso com frequência gera polêmicas, demonização, violência e remoção.

Com frequência, também, o uso das fronteiras e das novas tecnologias de segurança é simbólico, em contraste com a abertura radical de muitos lugares a conexões em outras partes. Processos que tornam espaços "seguros" estão sempre carregados de teatralidade; a simbologia e a performance ao mesmo tempo tranquilizam e semeiam ansiedade. David Murakami Wood e Jonathan Coafee[211] destacam que algumas práticas de securitização temporária – ao redor de grande cúpulas ou eventos esportivos, por exemplo – são em certo sentido teatrais, na medida em que seu propósito é tanto encenar performances de poderio militar e de segurança com muita visibilidade quanto impedir protestos, terrorismo ou agitações. A antropóloga Cindi Katz também enfatiza a simbologia de soldados camuflados parados, entediados, nas ruas de Nova York depois do 11 de Setembro. "Claro, esse é o objetivo", ela escreve. "O terrorismo banal está suturado – e garantido – na performance da segurança do ambiente cotidiano."[212]

---

[209] Allen Feldman, "Securocratic Wars of Public Safety", cit., p. 330-50.

[210] Carlos Decena e Margaret Gray, "The Border Next Door: New York Migraciones", *Social Text*, v. 24, n. 3, 2007, p. 1-12.

[211] David Murakami Wood e Jonathan Coaffee, "Security Is Coming Home", cit., p. 503-17.

[212] Cindi Katz, "Banal Terrorism", em Derek Gregory e Allan Pred (orgs.), *Violent Geographies* (Nova York, Routledge, 2006), p. 349-62.

Essas performances de segurança tampouco se referem apenas ao policiamento de supostos riscos. Francisco Klauser destaca que enormes sistemas de fortificação temporária que cercam eventos como as Olimpíadas ou a Copa do Mundo também são esforços no sentido de construir exemplares novos e altamente vendáveis de "soluções de segurança" de primeira linha e geram exposição midiática global para culturas de marca específicas[213].

Finalmente, todos os limites e todas as fronteiras sempre enfrentam tensões com tentativas diárias de transgressão e resistência. A ordem e experiência de uma cidade específica é "determinada, ao menos em parte, pela consequência não intencional e cumulativa de todos os controles de fronteira"[214]. Como demonstrado no filme *Minority Report – a nova lei*, que retrata um futuro distópico dominado pelo monitoramento preventivo, existem sempre complexas "tensão[ões] entre as máquinas de captura e a micropolítica da fuga"[215]. Aliás, escreve John Kaliski, comentando sobre a curiosidade do padrão,

> muitas das transações sociais que estão formatando a essência da cultura ocorrem nos mesmos locais mais sujeitos aos olhos do globalismo. A cultura do shopping center, enclaves fechados (sejam bairros residenciais ou casas ocupadas por usuários de drogas), gravações onipresentes e o monitoramento de todos os aspectos da vida cotidiana não parecem limitar as expressões e mutações sempre novas e em evolução surgidas de reuniões inesperadas.[216]

Consequências

Contudo, alertas tão importantes não são desculpa para complacência. Em vez disso, eles tornam os custos, impactos e políticas das fronteiras onipresentes mais fáceis de desenredar. Assim, emerge uma panóplia de questões:

---

[213] Francisco Klauser, "Fifa Land™: Alliances between Security Politics and Business Interests for Germany's City Network", cit.

[214] Mats Franze, "Urban Order and the Preventive Restructuring of Space: the Operation of Border Controls in Micro-Space", *The Sociological Review*, v. 49, n. 2, 2001, p. 202-18.

[215] M. J. Shapiro, "Every Move You Make: Bodies, Surveillance, and Media", *Social Text*, v. 23, n. 2, 2005, p. 29.

[216] John Kaliski, "Liberation and the Naming of Paranoid Space", em Stephen Flusty (org.), *Building Paranoia: The Proliferation of Interdictory Space and the Erosion of Spatial Justice* (Los Angeles, Los Angeles Forum for Architecture and Urban Design, 1994).

Em que ponto, pergunta Adrian Parr, "um ambiente urbano deixa de atuar como tal?"[217] Fronteiras onipresentes ameaçam extinguir o potencial político e cultural do que Adrian Parr chama de "cacofonia da vida civil"? Bülent Diken e Carsten Bagge Laustsen, por sua vez, perguntam: o apelo das tecnologias de segurança e da arquitetura de acampamento ajuda a criar "ilhas de ordem" em meio ao "mar" urbano de violência, desespero e horror[218]?

Estariam as cidades, então, se tornando pouco mais do que uma série de "campos" interconectados organizados por meio de pontos de passagem militarizados e monitorados, onde todas as presenças e circulações são pré-escaneadas e pré-aprovadas por cálculos eletrônicos contínuos? O que acontece com o "direito à cidade"[219] e a política da cidadania urbana em um mundo de fronteiras onipresentes que ameaçam tornar a vida urbana cada vez mais passiva, consumista, monitorada e organizada por algoritmos? Essas tendências vão prejudicar fatalmente os papéis das cidades como os principais centros de inovação política, cultural, social e econômica? A penetrante onda de segurança "infantiliza o corpo social" da cidade, como Adrian Parr sustenta, ao impor um poder paternalista-autoritário que reivindica "o status privilegiado de ser o único que sabe como dizer 'não' ao terrorismo"[220]? E a tendência à guerra securocrática – e, portanto, às fronteiras onipresentes – inexoravelmente aponta para uma política transnacional fascista de modo geral, como Naomi Wolf argumenta[221]?

Como as geografias do dissenso democrático são afetadas pelo "resfriamento" geral da cultura política e pela afirmação de poder executivo sobre o escrutínio democrático, que estão tão intimamente associados às tendências discutidas acima? Como as diferentes tradições de cultura política urbana e as diversas tradições de poder militar e policial contribuem para dar forma a trajetórias específicas dentro de tendências mais amplas em direção à tentativa de implantar fronteiras onipresentes? Finalmente, serão os processos de fronteiras onipresentes o resultado da política industrial tanto quanto são uma reação a

---

[217] Adrian Parr, "One Nation Under Surveillance", cit., p. 99.

[218] Bülent Diken e Carsten Bagge Laustsen, *The Culture of Exception*, cit., p. 73.

[219] Don Mitchell, *The Right to the City: Social Justice and the Fight for Public Space* (Nova York, Guildford, 2003).

[220] Adrian Parr, "One Nation under Surveillance", cit., p. 105.

[221] Naomi Wolf, "Fascist America, in 10 Easy Steps", *The Guardian*, Londres, 24 abr. 2007.

ameaças reais – isto é, estariam os Estados e blocos supranacionais (como a União Europeia) lançando suas próprias máquinas de securitização como marcos industriais, uma maneira de auxiliar seus próprios atores corporativos a competir efetivamente dentro dos mercados de segurança global em ascensão?

A segunda série de questões levanta preocupações sobre a relação entre a corrida em direção a fronteiras onipresentes, a construção da diferença e o processo da criação de "outros". Aqui, confrontamos o argumento de que construções de zonas e fronteiras representam tentativas soberanas de *criar* ilusões de diferença em vez de *responder* à diferença e a seus supostos riscos. Nesse sentido, Guillermina Seri afirma que "as características concretas do que é capturado sob a proteção do poder soberano e do que é excluído importam pouco. O que é crucial é o fato de que a distinção é feita"[222].

As fronteiras onipresentes, defende Guillermina, "dizem respeito à criação da *ilusão* de diferenças, ainda que na verdade possa não haver nenhuma". Ela sugere que essas produções "virtuais" de diferença e conflito antagônico agora são "cruciais para a definição de zonas seguras e zonas sem lei". Assim, práticas de guerra securocrática e fronteiras onipresentes se autorrealizam, de modo que a construção de zonas de segurança e insegurança, organizadas dentro e através de fronteiras onipresentes, na verdade envolve "a tarefa crítica de recriar perigos e ameaças". Para Seri, isso permite

a canalização dos movimentos de "povos" e "investidores" em um cenário mundial em que territórios estatais cada vez mais lembram suas fronteiras, a paisagem social das fronteiras reemerge nas áreas centrais metropolitanas, e a exceção mancha de maneira irregular, mas progressiva, o mapa-múndi.[223]

Dessa forma, a guerra securocrática produz as mesmas "ferramentas do poder soberano".

Segurança cosmopolita

Uma questão final surge aqui, o que abre caminho para considerações levantadas ao final deste livro. Para além e acima de todas as preocupações,

---

[222] Guillermina Seri, "On Borders and Zoning: The Vilification of the 'Triple Frontier'", artigo preparado para ser apresentado no encontro da Associação de Estudos Latino--Americanos, Dallas, mar. 2003. Disponível em: <http://lasa.international.pitt.edu/Lasa2003/SeriGuillermina.pdf>. Acesso em: 17 jun. 2016.

[223] Idem.

218 • Cidades sitiadas

os alertas e as crises, precisamos considerar como uma contrapolítica de segurança bem-sucedida pode ser mobilizada – uma contrapolítica que resista e reposicione a violenta guinada em direção à biopolítica de prevenção, exceção e extrema polarização. Essa contrapolítica deve não só desafiar as mitologias que sustentam a guerra securocrática e as fronteiras onipresentes, mas também confrontar os complexos transnacionais que se alimentam do mantra difundido da "segurança" militarizada que permeia mais e mais cada canto da vida urbana.

No contexto atual, é profundamente subversivo fazer esta pergunta simples: Quais poderiam ser as características de uma política de segurança que genuinamente trate dos riscos e das ameaças reais que a humanidade enfrenta em um mundo em rápida urbanização, propenso ao esgotamento de recursos, à insegurança cada vez maior em relação a água e alimentos, ao colapso da biodiversidade, à hiperautomobilização, a crises financeiras e ao aquecimento global – e que trate dessas ameaças de um ponto de partida cosmopolita, em vez de xenofóbico e militarista? Quais seriam as características de uma política de segurança em que os aspectos humanos, urbanos e ecológicos da segurança estejam em primeiro plano, em vez das maquinações e imaginações vulgares que cercam as constelações de Estados e corporações transnacionais integrados por meio de relações dúbias ou corruptas em um complexo de mídia-segurança-indústria-militar abrangente e em expansão?

A concepção de tal contrapolítica claramente deve começar com a contestação da mobilização cada vez mais ampla de fronteiras e estratégias de segurança "duras" – isto é, lucrativas –, questionando-se se elas resultam em alguma coisa além de exacerbar um círculo vicioso de medo e isolamento, e uma busca pelo Santo Graal da certeza por meio da onisciência tecnológica combinada com as arquiteturas de afastamento. Como escreveu Bryan Turner,

> O crescimento de sociedades de enclave torna a busca por valores e instituições cosmopolitas uma questão urgente, mas a tendência atual de levantar muros contra os despossuídos e os marginalizados parece ser inexorável.[224]

Ideias cosmopolitas de segurança precisam estar abertas à diferença – devem, aliás, ser forjadas nela. Precisam atuar contra a tradução habitual da

---

[224] Bryan Turner, "The Enclave Society: Towards a Sociology of Immobility", *European Journal of Social Theory*, v. 10, 2007, p. 301.

diferença como objetificação, "outro" e violência. Precisam afirmar a restauração de direitos dentro dos estados de *re*-cepção como forma de superar as soberanias assassinas exercidas pelos estados de *ex*-ceção que cada vez mais caracterizam o capitalismo neoliberal[225]. Finalmente, nossa contrapolítica precisa rejeitar a fronteira onipresente da mobilidade, circulação e vida social tanto dentro quanto fora dos limites territoriais dos Estados "*homeland*". Em resumo, é preciso rejeitar a guerra securocrática.

Um ponto de partida útil é fornecido pelo trabalho do filósofo Adrian Parr, que reivindica que uma política contrária àquela da fronteira onipresente comece ampliando os "parâmetros desse debate de uma forma que não mais encare o exterior como assustador e fonte de contaminação, contra o qual o interior se congela de modo defensivo a fim de conter e afastar invasões"[226]. No capítulo final vamos voltar em detalhes aos desafios de criar uma contrapolítica viável.

---

[225] Stephen Legg, "Beyond the European Province: Foucault and Postcolonialism", em Jeremy W. Crampton e Stuart Elden (orgs.), *Space, Knowledge and Power: Foucault and Geography* (Aldershot, Ashgate, 2007), p. 265-89.

[226] Adrian Parr, "One Nation under Surveillance", cit., p. 106.

5
SONHOS DE UM ROBÔ DA GUERRA

As pessoas me dizem que os iraquianos não são os vietnamitas. Não há selvas nem pântanos onde se esconder. Eu respondo: "Que nossas cidades sejam nossos pântanos e nossas edificações sejam nossas selvas".[1]

A disseminada adoção da doutrina da guerra urbana entre as forças militares ocidentais acontece após séculos durante os quais seus planejadores observaram o provérbio de 3,5 mil anos de Sun Tzu de que a "pior política é atacar cidades"[2]. Também acontece após a Guerra Fria, durante a qual o discurso militar ocidental enfatizava o completo extermínio urbano por meio do uso de armas nucleares contra os inimigos, junto com enormes conflitos "aéreo-terrestres" liderados pelas superpotências que ocorreriam não dentro das cidades, mas na planície do norte da Europa, dentro e acima das áreas entre as zonas urbanas, contornando-as. Enquanto as forças ocidentais lutavam diversas batalhas nas cidades do mundo em desenvolvimento durante a Guerra Fria como parte de conflitos mais amplos contra movimentos de independência ou guerras "quentes" por procuração, esses conflitos eram considerados por teóricos militares do Ocidente como espetáculos secundários atípicos em relação aos combates nucleares e aéreo-terrestres projetados pelas superpotências.

Em consequência, a doutrina já marginal de guerra urbana recebeu pouca atenção durante a Guerra Fria e se tornou extremamente periférica

---

[1] Tariq Aziz, à época ministro das Relações Exteriores do Iraque, citado em Christopher Bellamy, "If the Cities Do Not Fall to the Allies, There May Be No Alternative to Siege Warfare", *The Independent*, Londres, 28 mar. 2003.

[2] Sun Tzu, *The Art of War* (Londres, Filiquarian Publishing, 2006) [ed. bras.: *A arte da guerra*, trad. Sueli Barros Cassal, Porto Alegre, L&PM, 2006].

222 • Cidades sitiadas

dentro da retórica militar ocidental. Nas raras ocasiões em que a doutrina militar da Guerra Fria abordava de maneira explícita a guerra urbana, as forças estado-unidenses tendiam a (atenção à linguagem caracteristicamente eufemística) "lidar com a área urbana destruindo ou isolando a cidade"[3], usando as mesmas táticas desde a Segunda Guerra Mundial. Isto é, os Estados Unidos ou ignoravam ou tentavam sistematicamente aniquilar determinadas cidades.

Em contraste, hoje em dia, as batalhas institucionais travadas dentro das Forças Armadas estado-unidenses e suas instituições de pesquisa associadas sobre a melhor maneira de responder a operações de insurgência em grandes áreas urbanas estão entre as mais importantes na política militar dos Estados Unidos[4]. Concepções dominantes sobre a atuação militar estado--unidense, que ignoram a urbanização do conflito, são agora bastante contestadas, e os perigos observados na realização de "operações militares em áreas urbanas" estão sendo amplamente debatidos e abordados.

As pesquisas militares dos Estados Unidos sobre os desafios envolvidos nessas transformações superam de longe as de todas as demais nações combinadas. As repercussões das sangrentas insurgências urbanas iraquianas se avultam nesses debates. Em uma substanciosa revisão da doutrina de guerra urbana estado-unidense preparada em 2003, o major Lee Grubbs fez a audaciosa declaração de que

> conforme o plano para o Iraque evolui, fica claro que os inimigos das Forças Armadas dos Estados Unidos aprenderam um método para mitigar o domínio das Forças Conjuntas (norte-americanas) no monitoramento e conflito de longo alcance. O inimigo vai buscar a cidade e as vantagens de se misturar com não combatentes.[5]

Uma característica especialmente importante do discurso militar estado--unidense sobre a urbanização domina os debates: como a escala e a complexidade tridimensional das cidades no Sul global podem minar as vantagens hegemônicas e dispendiosas dos Estados Unidos em monitoramento, definição de alvos e assassinato a distância por meio de sistemas de armas "de precisão"

---

[3] Lee Grubbs, *In Search of a Joint Urban Operational Concept* (Monografia, Fort Leavenworth [KA], School of Advanced Military Studies, 2003), p. viii.

[4] Alice Hills, *Future Wars in Cities: Rethinking a Liberal Dilemma* (Londres, Frank Cass, 2004).

[5] Lee Grubbs, "In Search of a Joint Urban Operational Concept", cit., p. 56.

aéreas e espaciais. O presente capítulo analisa a visão dos teóricos militares estado-unidenses de que a rápida urbanização do mundo estaria prejudicando significativamente o domínio militar e tecnocientífico dos Estados Unidos. Em seguida, examina o que chamo de "virada urbana" da guerra de alta tecnologia: o surgimento, dentro das Forças Armadas estado-unidenses, de sonhos tecnófilos de poderio perfeito, especificamente da adaptação da guerra de alta tecnologia à tarefa de controlar a microgeografia das cidades do Sul global.

Sonhos frustrados

> Depois de ver o Iraque ocupado de perto e *in loco* durante 2003 e 2004, posso relatar o seguinte: a nave espacial da RMA [revolução em assuntos militares] dos sonhos de Rumsfeld fez um pouso forçado no deserto.[6]

Estratégias militares visando projetar, sustentar e aprofundar o poder geopolítico dos Estados Unidos no período pós-Guerra Fria contaram com a "transformação" do poder militar estado-unidense por meio da chamada Revolution in Military Affairs (RMA) [revolução em assuntos militares]. Concentrada em tecnologias de "invisibilidade", alvos "de precisão", computadores em rede e geoposicionamento por satélite, a RMA foi amplamente celebrada por planejadores militares dos Estados Unidos como o caminho para manter o domínio do país.

A interconexão é crucial para a RMA. O uso de sensores e computadores em rede para estabelecer um "sistema de sistemas" de tecnologias militares estado-unidenses significa que uma forma de guerra verdadeiramente "voltada para uma rede" deveria ser possível na atualidade. Isso permitiria que as forças dos Estados Unidos dominassem adversários de modo contínuo por meio de um monitoramento e de uma "percepção situacional" próximos à onipotência, por meio de um poder de fogo aéreo devastador e que faz uma seleção precisa de alvos, e por meio da supressão e degradação da comunicação e do poder de combate de qualquer e de todas as forças oponentes[7].

---

[6]   Christian Parenti, "Planet America: The Revolution in Military Affairs as Fantasy and Fetish", em Ashley Dawson e Malini Johar Schueller (orgs.), *Exceptional State: Contemporary US Culture and the New Imperialism* (Durham [NC], Duke University Press, 2007), p. 101.

[7]   Ver John Arquilla e David Ronfeldt (orgs.), *Networks and Netwars* (Santa Monica [CA], Rand, 2001).

224 • Cidades sitiadas

Teóricos da RMA imaginam as operações militares dos Estados Unidos como uma gigantesca "rede corporativa" integrada – um sistema *just-in-time** de guerreiros ciborgues que segue muitos dos princípios de administração da logística e de rastreamento tecnológico que tanto dominam os modelos de negócios contemporâneos[8].

Um argumento crucial em favor da RMA é a redução do risco da realização de operações militares – isto é, do risco para as forças estado-unidenses. Por consequência, tais intervenções se tornam mais comuns, mais agressivas e mais preventivas. E tornam-se a base da estratégia dos Estados Unidos. Essas percepções foram fundamentais para o lançamento da "guerra preventiva" dos mandatos Bush como parte de uma Guerra ao Terror pós-11 de Setembro corrente e irrestrita e, antes disso, para influentes pronunciamentos do neoconservador Project for a New American Century [Projeto para um Novo Século Estado-Unidense] defendendo que as forças do país precisavam ser repensadas para a era pós-Guerra Fria de modo que pudessem "lutar e vencer decisivamente múltiplos e simultâneos cenários de guerra".

"Hoje é possível usar o poderio militar dos Estados Unidos com uma chance muito reduzida de sofrermos baixas ou de perdermos equipamento", escreveu o teórico militar estado-unidense Raymond O'Mara em 2003. Ao reduzir as baixas estado-unidenses a níveis insignificantes, afirmou ele, o posicionamento militar estava se tornando, do ponto de vista político, muito menos problemático. Como resultado, as Forças Armadas dos Estados Unidos tiveram de se "adaptar ao seu novo papel de ferramenta de escolha, em vez de ferramenta de último recurso"[9].

A linguagem tecnófila pode aludir à RMA como condutora de uma estratégia de risco reduzido, "limpa" e aparentemente indolor do domínio militar dos Estados Unidos, mas essa imagem supõe que as redes vastas e integradas de sensores e armas funcionariam sem interrupção. Além do mais, as escalas globais de fluxo e conexão dominam o discurso: controle

---

* Método de gestão característico dos sistemas flexíveis de produção que determina conforme a demanda em que quantidade e com quais especificações algo deve ser produzido e transportado. (N. T.)

8 Chris Hable Gray, "Posthuman Soldiers and Postmodern War", *Body and Society*, v. 9, n. 4, 2003, p. 215-26.

9 Raymond O'Mara, "Stealth, Precision, and the Making of American Foreign Policy", *Air and Space Power Chronicles*, jun. 2003. Disponível em: <www.au.af.mil/au/cadre/aspj/airchronicles/cc/omara.html>. Acesso em: 18 jun. 2016.

tecnológico, monitoramento onipresente, percepção situacional em tempo real e interações digitais na velocidade da luz são amplamente retratados como processos intrinsecamente capazes de dotar as forças militares dos Estados Unidos de um "domínio de espectro total" em escala planetária, independentemente do terreno geográfico a ser dominado.

Nesse sentido, o discurso da RMA tem sido, marcadamente, não geográfico. Poucos registros foram feitos das especificidades dos espaços e dos terrenos geográficos habitados por adversários dos Estados Unidos no período pós-Guerra Fria, ou das mudanças acarretadas pela urbanização. Um axioma-chave da retórica da RMA é a nova habilidade estado-unidense de executar estratégias globais para domínio geopolítico por meio de uma "não territorialidade radical"[10].

Em resposta à negligência da RMA em relação à urbanização global e incitada pelas catastróficas e sucessivas insurgências urbanas no Iraque desde a invasão de 2003, uma gama cada vez mais poderosa de contradiscursos emergiu dentro das Forças Armadas dos Estados Unidos. Esses contradiscursos se concentraram no colapso das fantasias originais da RMA de controle planetário ao serem confrontadas com as microgeografias das cidades iraquianas e as complexas insurgências da nação. "Em algum ponto do caminho da dominação militar global sem atrito, os Estados Unidos se viram presos em um conflito de guerrilha urbana radicalmente assimétrico", escreve Christian Parenti. De repente,

> a fantasia militar do país se transformou em um pesadelo militar: um desajeitado exército de alta tecnologia de garotos norte-americanos fracos atolados em cidades iraquianas combatendo uma insurgência de baixa tecnologia e determinada.[11]

Mesmo assim, longe de recuar das fantasias tecnófilas, a maior parte dos contradiscursos militares sugere apenas que o militarismo de alta tecnologia estado-unidense seja redirecionado para a tarefa de se voltar às complexas geografias das cidades, em vez dos domínios de poder aéreo e espacial. Os pronunciamentos dos defensores de uma "virada urbana" da RMA têm tido duas características principais.

---

[10] Mark Duffield, "War as a Network Enterprise: The New Security Terrain and Its Implications", *Cultural Values*, n. 6, 2002, p. 153-65.

[11] Christian Parenti, "Planet America", cit., p. 89.

226 • Cidades sitiadas

Falhas de sinal

Simplificando, as paredes tendem a ficar no caminho da comunicação dos campos de batalha e das tecnologias de sensor de hoje em dia.[12]

Em primeiro lugar, os proponentes da virada urbana sugerem com veemência que o terreno urbano em países pobres do Sul global é um grande nivelador entre as forças de alta tecnologia dos Estados Unidos e seus adversários de baixa tecnologia, em geral organizados informalmente e mal equipados. O terreno complexo e congestionado que fica abaixo, dentro e acima das cidades é visto como um conjunto de campos de batalha físicos que limitam a eficiência de bombas guiadas por GPS, sistemas de monitoramento aéreos e espaciais, e armas automatizadas, de "precisão" e "em rede".

Um importante documento do Corpo de Fuzileiros Navais dos Estados Unidos, por exemplo, afirmava em 1997 que "o ambiente urbano nega as habilidades do atual equipamento de comunicação estado-unidense"[13].

Aliás, os princípios e as tecnologias da guerra "redecêntrica" se desfazem de modo drástico nas cidades. Densos ambientes de concreto reduzem as vantagens de uma força de alta tecnologia sobre uma de baixa. Phillip Misselwitz e Eyal Weizman alertam:

> Prédios mascaram alvos e criam cânions urbanos, que diminuem a capacidade da força aérea. [Como resultado] é difícil enxergar no campo de batalha urbano; é muito difícil se comunicar nele, porque as ondas de rádio costumam ser prejudicadas [e, portanto], é difícil usar armas de precisão porque é difícil obter localizações de satélite de GPS precisas.[14]

Em suma, afirma o pesquisador britânico Aidan Harris, "as tecnologias tradicionalmente atribuídas ao fenômeno atual da Revolução em Assuntos

---

[12] Mark Hewish e Rupert Pengelley, "Facing Urban Inevitabilities: Military Operations in Urban Terrain", *Jane's International Defence Review*, ago. 2001, p. 13-8.

[13] US Defense Intelligence Agency, "The Urban Century: Developing World Urban Trends and Possible Factors Affecting Military Operations", *Defense Intelligence Reference Document* (DIRC), Quantico (VA), Marine Corps Intelligence Agency, 1997.

[14] Phillip Misselwitz e Eyal Weizman, "Military Operations as Urban Planning", em Anselme Franke e Eyal Weizman (orgs.), *Territories: Islands, Camps and Other States of Utopia* (Berlim, KW Institute for Contemporary Art, 2003), p. 272-5.

Militares terão um impacto insignificante nas Operações Militares em Terreno Urbano"[15].

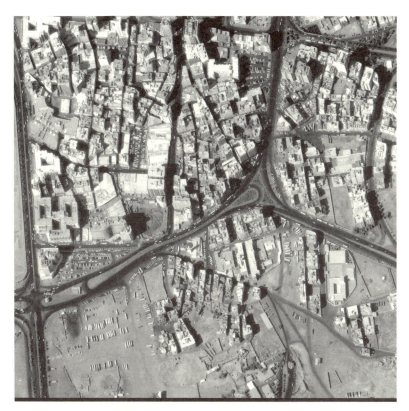

5.1 Interrompendo sonhos de supremacia vertical: imagem de uma parte de Bagdá feita por satélite militar estado-unidense.

Muitos comentadores estado-unidenses das guerras urbanas defendem que a urbanização do campo de batalha reduz a habilidade das forças dos Estados Unidos de conquistar a onisciência vertical (Figura 5.1) e de combater e matar a distância (sempre o modo preferível, por causa do medo das baixas combinado com o desejo de supremacia tecnológica). As cidades oferecem riscos potencializados para as forças estado-unidenses lutarem

---

[15] Aidan Harris, "Can New Technologies Transform Military Operations in Urban Terrain?", artigo, Universidade de Lancaster, mar. 2003.

228 • Cidades sitiadas

em guerras preventivas e expedicionárias. "Dos fluxos de refugiados até a densa geografia urbana, as cidades criam ambientes que aumentam exponencialmente a incerteza", afirma o estudo dos Fuzileiros Navais de 1997[16]. Portanto, operações militares em cidades são vistas como eventos traiçoeiros, semelhantes a um cavalo de Troia, que podem permitir que insurgentes fracos e mal equipados obtenham vitórias sobre a superpotência militar mundial remanescente.

A urbanização da insurgência

> Forças de oposição vão se camuflar no barulho de fundo do ambiente urbano. Dentro do ambiente urbano, não é a arma em si, e sim a cidade que maximiza ou silencia a eficiência de uma arma. Em becos claustrofóbicos e desfiladeiros urbanos, é impossível controlar os civis ou caracterizá-los como aliados ou não. Armas escondidas sob um manto, num carrinho de bebê ou enroladas em um tapete podem passar por agentes de segurança sem serem detectadas.[17]

A segunda característica principal do discurso da virada urbana tira o foco da escala nacional – os desafios apresentados pelos "Estados fracassados" – para a escala urbana, os desafios militares e políticos de grupos insurgentes bem armados escondidos em áreas urbanas em rápido crescimento e controlando-os. Um elemento importante é o influente conceito de "cidades selvagens" – áreas urbanas de alta desordem no Sul global que são controladas por violentas milícias não governamentais de diversos tipos –, elaborado pelo comentador das Forças Armadas dos Estados Unidos Richard J. Norton[18].

Alguns protagonistas nesse debate defendem que a falência de armas e sensores de alta tecnologia, causada pelo "caos da dissimulação" criado pelas cidades, está levando diretamente a uma tendência maior entre adversários políticos estado-unidenses de se refugiar dentro de cidades. "A tendência de longo prazo em combates em área aberta é de domínio elevado pelas forças dos Estados Unidos", escreve um dos maiores comentadores de guerra urbana norte-americanos, Ralph Peters. Ele prevê que

---

[16] US Defense Intelligence Agency, "The Urban Century", cit.

[17] Idem.

[18] Richard J. Norton, "Feral Cities", *Naval War College Review*, v. 65, n. 4, 2003.

o conhecimento do campo de batalha [pelas forças estado-unidenses] pode se provar tão completo, e as armas "de precisão" tão amplamente disponíveis e eficientes, que sistemas de combate inimigos com base no solo não vão conseguir sobreviver nos desertos, nas planícies e nos campos que testemunharam tantas batalhas importantes da história.[19]

Como resultado, defende Peters, os "inimigos [dos Estados Unidos] serão forçados a ir para as cidades e outros terrenos complexos, como áreas industriais e alastramentos intermunicipais"[20].

Encorajando o que Jennifer Taw e Bruce Hoffman, teóricos do Rand Corporation*, chamaram de "urbanização da insurgência"[21], há um incentivo fundamental: a ideia de que os insurgentes que exploram as geografias materiais das cidades do Sul global podem forçar militares dos Estados Unidos a se aproximar fisicamente e, assim, expô-los a índices de ferimento e morte muito mais altos do que os esperados pela doutrina RMA. De acordo com o relatório dos Fuzileiros Navais de 1997:

As armas [que esses insurgentes] usam podem ter trinta ou quarenta anos ou ser feitas de ferragens. Mas, a pouca distância, muitas de suas ineficiências são eliminadas. A arma mais eficiente só precisa explorar as vulnerabilidades que o ambiente urbano cria.[22]

Por último, comentadores militares consideram a enorme e explosiva escala das megacidades do Sul global como em conflito com a escala em diminuição das forças militares profissionais do Ocidente. Como, por natureza, operações urbanas inevitavelmente mobilizam muitos soldados, tentativas tradicionais de ocupar essas cidades se tornam cada vez mais insustentáveis – na ausência de aumentos radicais no uso de soluções de alta tecnologia para substituir a força humana.

---

[19] Ralph Peters, "The Future of Armored Warfare", *Parameters*, v. 27, n. 3, 1997, p. 50-60.

[20] Idem.

* Grande *think tank* estado-unidense originalmente criado para fazer pesquisa militar. (N. E.)

[21] Jennifer Taw e Bruce Hoffman, *The Urbanization of Insurgency: The Potential Challenge to US Army Operations* (Santa Monica [CA], Rand, 1994).

[22] US Defense Intelligence Agency, "The Urban Century", cit.

230 • Cidades sitiadas

Sonhos recuperados

Está na hora de pedir para Sun Tzu se sentar... Em vez de temer a cidade, precisamos nos apropriar dela.[23]

Então, claramente, existe uma percepção disseminada de que a urbanização intensificada de áreas no Sul global que as Forças Armadas dos Estados Unidos veem como suas áreas dominantes de operação está prejudicando radicalmente esforços estado-unidenses mais amplos de transformação tecnocientífica. Assim, de modo quase previsível, uma vasta gama de novas iniciativas tecnocientíficas emerge, com o objetivo de adaptar a RMA especificamente a geografias desses tipos de área urbana. Tendo a insurgência urbana no Iraque como eixo, uma mudança está ocorrendo – da celebração da morte da geografia por causa das novas tecnologias para o desenvolvimento de sistemas de monitoramento, comunicação e determinação e acompanhamento de alvos criados sob medida para as delicadas geografias físicas e humanas das cidades do Sul global. Um clássico efeito bumerangue de Foucault, essa transformação se sobrepõe ao esforço mais amplo (discutido no capítulo anterior) de construir fronteiras onipresentes nas zonas urbanas do mundo e ressoa nele.

É preciso ler essa guerra urbana de alta tecnologia e esses programas de contrainsurgência dos Estados Unidos como sintomas do desejo – sonhos tecnófilos e compulsões fetichistas de domínio e controle, ajustados aos novos imperativos da guerra de contrainsurgência e ao declínio do poderio econômico e político estado-unidense. Esses programas e essas fantasias também refletem tendências antigas e de raízes profundas dentro da cultura militar estado-unidense de buscar superarmas de conquista absoluta que possam aniquilar todos os inimigos – se possível, a distância[24]. Logo, a tecnologia superior é uma chave-mestra, a bala de prata.

Mas como o fiasco do Iraque demonstra, armas desse tipo não conseguem lidar com o pântano de problemas políticos gerados por ideologias de guerra urbana colonial preventiva, ou pela resistência a elas. Populações que lutaram com bravura para se livrar dos grilhões do colonialismo ocidental

---

[23] Robert Leonhard, "Sun Tzu's Bad Advice: Urban Warfare in the Information Age", *Army Magazine*, v. 53, n. 4, 2003.

[24] H. Bruce Franklin, *War Stars: The Superweapon and the American Imagination* (Boston, University of Massachusetts Press, 1990).

dificilmente ficarão indiferentes à ocupação colonial estado-unidense, por mais alta que seja sua tecnologia. Aliás, o próprio *design* e o uso dessas armas de alta tecnologia desenvolvidas para dominar cidades ocupadas têm chances de inflamar, em vez de intimidar, insurgências e resistências contra a ocupação. De muitas maneiras, as novas guerras "assimétricas" dos Estados Unidos lidam com o que Jonathan Schell chamou de "mundos inconquistáveis"[25] – formações sociais, políticas e urbanas em que ideias de dominação tecnológica e militar são meros exemplos do que Parenti, seguindo mais ou menos a mesma linha de pensamento, chama de "tecnofetichismo ilusório"[26]. Logo, dizem o coletivo Retort e coautores, os planejadores militares por trás da invasão do Iraque estavam claramente "tão deslumbrados com a Revolução em Assuntos Militares que nunca lhes ocorreu que nenhuma Revolução em Assuntos de Ocupação a acompanhava"[27].

Um novo projeto Manhattan?

Fetichismo? Talvez. Mas esse é o nexo entre um vasto complexo industrial-militar-tecnológico em expansão que se alimenta do comedouro dos orçamentos de defesa dos Estados Unidos e uma ampla e arraigada tecnocultura estado-unidense que acalenta fantasias de armas do futuro e ficções científicas com esperanças de um espetáculo de alta tecnologia que demonstre impressionantes obstinação, persistência e adaptabilidade. A tendência atual é a adaptabilidade: o ajuste de ideias de dominação global pela transformação militar de alta tecnologia às realidades microgeográficas de guerra de contrainsurgência urbana prolongada e assimétrica.

Um exemplo excelente pode ser encontrado em um grande relatório publicado pelo Defense Science Board (DSB) [Conselho de Defesa da Ciência] do Pentágono em dezembro de 2004[28]. Uma das muitas tentativas iniciais de extrair lições militares da insurgência urbana no Iraque, esse relatório pediu

---

[25] Ver Jonathan Schell, *The Unconquerable World: Power, Nonviolence, and the Will of the People* (Londres, Penguin, 2005).

[26] Christian Parenti, "Planet America", cit., p. 88-104.

[27] Iain Boal et al., *Afflicted Powers: Capital and Spectacle in a New Age of War* (Londres, Verso, 2006), p. 187.

[28] Defense Science Board (DSB), *Transition to and from Hostilities* (Washington [DC], Office of the Undersecretary of Defense, 2004), p. 163.

232 • Cidades sitiadas

um "novo Projeto Manhattan", invocando o famoso codinome usado nos anos 1940 para descrever o gigantesco programa que desenvolveu bombas atômicas usadas para destruir Hiroshima e Nagasaki. O relatório do DSB clamava por uma concentração similar de recursos militares no que considerava a prioridade estratégica chave para o século XXI: o desvelamento tecnológico de cidades e da vida urbana em um mundo em rápida urbanização. Especificamente, o relatório cogitava a possibilidade de explorar tecnologias computadorizadas de onipresença para desenvolver um sistema de monitoramento enorme, integrado e de alcance mundial, sob medida para penetrar a mobilidade e a complexidade cada vez maiores da vida urbana. Esse sistema, dizia o texto, tornaria os alvos militares estado-unidenses novamente rastreáveis e destrutíveis. Assim, o propósito do novo Projeto Manhattan seria "localizar, identificar e rastrear pessoas, coisas e atividades – em um ambiente de um em um milhão – para dar aos Estados Unidos as mesmas vantagens em uma guerra assimétrica [que] o país tem hoje em uma guerra convencional"[29]. Em 2005, as ideias do relatório do DSB estavam (temporariamente) cimentadas como uma de oito áreas principais de desenvolvimento descritas na estratégia do Pentágono para uma "Guerra Longa", uma renovação da linguagem militar relacionada ao combate ao terrorismo.

As habilidades hegemônicas dos Estados Unidos para monitorar a Terra dos domínios distantes e verticais do ar e do espaço demonstraram, na avaliação do DSB, "pouca capacidade de descobrir, identificar e rastrear" o que ele chamava de "alvos de guerra não convencionais", tais como "indivíduos e grupos insurgentes ou terroristas que operam se misturando à sociedade mais ampla"[30]. O que era necessário, afirmava o relatório do DSB, eram sistemas de monitoramento militar íntimos e persistentes que penetrassem nos detalhes da vida urbana cotidiana, tanto em território nacional quanto estrangeiro. Seria preciso pouco menos do que um redimensionamento abrangente do monitoramento militar; "eram necessários ISR [inteligência, monitoramento e reconhecimento, na sigla em inglês] mais íntimos, terrestres, do século XXI"[31].

O olhar atento do poder militar hegemônico, defendia o relatório, não devia apenas colonizar as escalas planetárias de monitoramento; devia penetrar as intricadas geografias locais dos campos de batalha urbano e

---

[29] Ibidem, p. 163.

[30] Ibidem, p. 153.

[31] Ibidem, p. 2.

infraestrutural. Tal transformação seria tanto temporal quanto geográfica. E afirmava ainda:

> O monitoramento de pessoas, coisas e atividades requerido para alimentar os bancos de dados necessários para a identificação, a localização e o rastreamento vai exigir uma persistência além da típica [de muitos dos sistemas de monitoramento militares e de segurança] da atualidade.[32]

Esses novos sistemas, locais e globais ao mesmo tempo, devem, então, estar "sempre ligados" – possibilitando, via "algoritmos de correlação de indícios e de tentativa e erro"[33], retomar memórias através de bancos de dados que registram o histórico de movimentos e associações de coisas, atividades e pessoas, bem como antecipar, de modo que eventos e comportamentos ameaçadores e "anormais" possam ser detectados e abordados antes de um ataque.

Os novos "meios terrestres e próximos" de monitoramento, inteligência e determinação de alvos se concentram nas técnicas de mineração de dados e rastreamento discutidas no capítulo anterior. Por meio de impressões digitais ou da palma da mão, escaneamento de íris, DNA, reconhecimento facial, de voz, ou até mesmo de odor e passos, sensores biométricos vão verificar e codificar a identidade das pessoas conforme elas atravessam fronteiras[34].

Zonas de combate que enxergam

Os novos modos de conceber o monitoramento próximo envolvem conjuntos disseminados e interligados de sensores "pairantes" e "embutidos", superando todos os limites e as interrupções que os ambientes das megacidades colocam no caminho de uma guerra "redecêntrica" bem-sucedida. Robert Ackerman sugere, por exemplo, que esses grupos de sensores serão criados para observar "mudanças" em vez de "cenários" – para rastrear automaticamente situações dinâmicas, em vez de absorver o tempo todo dados de ambientes imutáveis. Em outras palavras, algoritmos serão criados para funcionar apenas quando mudanças definíveis ocorrerem, contra um pano

---

[32] Ibidem, p. 159.

[33] Idem.

[34] O relatório do DSB privilegia combinações de escaneamento de íris e impressões digitais com o reconhecimento facial como "oferecendo uma conjunção razoavelmente eficiente de rapidez, precisão e facilidade de implantação e custo" (idem).

234 • Cidades sitiadas

de fundo de normalidade. Comportamentos e padrões "anormais" seriam então avaliados como alvos[35].

Um grande exemplo desse processo é o projeto reveladoramente intitulado Combat Zones That See (CTS) [Zonas de Combate que Enxergam], liderado pela Agência de Projetos de Pesquisa Avançada de Defesa (Darpa) dos Estados Unidos. Lançado no início da insurgência iraquiana em 2003, o CTS

> explora conceitos, desenvolve algoritmos e oferece sistemas para a utilização de grandes números (na casa dos milhares) de câmeras de vídeo algorítmicas para fornecer os sensores "próximos" necessários para operações militares em terrenos urbanos.[36]

Ao instalar câmeras de circuito interno computadorizadas em cidades ocupadas inteiras, os organizadores do projeto imaginam que, quando utilizadas, as CTS vão alimentar "análises de padrão de movimento na escala de cidades inteiras" com o rastreamento de quantidades enormes de carros e pessoas por meio de algoritmos de computador inteligentes ligados ao reconhecimento de placas de carros e fotos escaneadas de rostos humanos.

O CTS é uma reação direta aos efeitos de interrupção causados pelos ambientes citadinos em relação a formas mais antigas de guerras em rede com base no ar e no espaço. Seus planejadores imaginam que, quando desenvolvido, ele "vai gerar, pela primeira vez, as informações de reconhecimento, monitoramento e alvos necessárias para fornecer apoio próximo, contínuo e constante a operações militares em terreno urbano"[37]. Um fator-chave será a geração de ideias eletrônicas de "normalidade" nas rotinas da vida urbana; na ausência de um conceito do que é o normal, é claro, o anormal não pode ser identificado nem transformado em alvo. Assim como a mineração de dados, os históricos de movimento e associação serão usados para imaginar continuamente o futuro próximo e, assim, nas palavras da Darpa, permitir que "operadores proporcionem habilidades em tempo real de avaliar ameaças de força em potencial"[38].

---

[35] Robert Ackerman, "Persistent Surveillance Comes into View", *Signal Magazine*, maio 2002.

[36] Defense Advanced Research Projects Agency (Darpa), *Combat Zones That See Program: Proper Information*, 2003, p. 6. Disponível em: <www.darpa.mil>. Acesso em: 14 jun. 2016.

[37] Idem.

[38] Ibidem, p. 11.

Após uma série de protestos de grupos de direitos humanos estado-unidenses, a Darpa enfatizou que, enquanto os testes iniciais de rastreamento urbano de massa deveriam acontecer em uma base militar dentro dos Estados Unidos (Fort Belvoir, Virgínia), o uso do CTS só ocorreria em "campos de batalha urbanos estrangeiros"[39]. Porém, os tipos de tecnologia inteligente de monitoramento por vídeo mobilizados para o programa CTS são efetivamente idênticos àqueles usados na construção de zonas de segurança em cidades como Londres e Nova York[40].

Claro, a Darpa também conta com outros programas. Um deles, o VisiBuilding, é dedicado ao desenvolvimento de sensores através dos quais forças terrestres e veículos aéreos não tripulados podem captar remotamente as pessoas e os objetos dentro de uma construção. O programa equivalente da Marinha, Transparent Urban Structures, busca usar estereótipos "geotípicos" sobre as estruturas e atividades internas dentro de lares iraquianos (ou outros) – estereótipos gerados por simulações virtuais do país[41] – em contraste com os quais seria possível destacar automaticamente ameaças e riscos possíveis. De novo, essa determinação de alvos funciona por escaneamento automatizado para o "anormal" em contraste com um estado de normalidade derivado de suposições e retratos estereotipados, feitos por antropólogos militares, de normas e da cultura urbanas iraquianas.

Outros braços do *establishment* de pesquisa em defesa dos Estados Unidos estão desenvolvendo novos radares aéreos construídos em aeronaves gigantes criadas para vagar permanentemente sobre cidades ocupadas, fazendo uma abrangente mineração de dados. Esse sonho de onisciência envolve ligar conjuntos de bancos de dados de movimentos e históricos passados na cidade com o monitoramento de atividades presentes a fim de antecipar ataques futuros e reagir àqueles que foram realizados. Uma aeronave desenvolvida pela Darpa é movida pela ideia de "rebobinar a história" depois de um ataque por um carro-bomba ou dispositivo explosivo improvisado (IED), revelando, desse modo, os responsáveis. Esse dirigível ficaria preso acima de uma cidade por um ano ou mais. Sua própria estrutura é um enorme aparato de radar de radiofrequência desenvolvido para adentrar as estruturas urbanas e registrar

---

[39] Revista *Defense Watch*, "Combat Zones that 'See' Everything", 2004. Disponível em: <http://argee.net/Defense%20Watch.html>. Acesso em: 27 maio 2016.

[40] Ver capítulo 9 deste volume.

[41] Ver capítulo 6 deste volume.

236 • Cidades sitiadas

os históricos de movimento. Os sensores fundem informações de celulares, aparelhos de rádio e TV, além de circuitos internos de monitoramento inteligentes, *scanners* biométricos e uma miríade de chips de radiofrequência implantados no campo de batalha como "poeira inteligente". Isso, sugere a retórica, vai permitir que as Forças Armadas dos Estados Unidos realizem a "localização avançada de alvos" dentro da cidade dominada[42].

Rumo a robôs matadores autônomos

> Líderes militares estão desenvolvendo uma visão das futuras operações táticas em que os adversários terão de decidir se vão enviar tropas de carne e osso para combater parafusos, porcas, circuitos e sensores.[43]

Entre imaginar e projetar sistemas e "encontrar alvos" automaticamente dentro de uma cidade, desenvolver sistemas de armas robotizadas criadas para matar ou destruir aqueles alvos sob uma supervisão humana cada vez menor é um passo curto. Assim, o segundo elemento principal da virada urbana de guerras de alta tecnologia se concentra no desenvolvimento de armas robóticas aéreas e terrestres que, quando conectadas aos tipos de monitoramento persistente e identificação de alvos recém-discutidos, serão usadas para contínua e automaticamente destruir supostos alvos em fluxos de mortes automatizadas potencialmente infinitos.

Essas ideias da virada urbana da RMA são uma característica fundamental das mais recentes fantasias de onipotência e onisciência das Forças Armadas dos Estados Unidos. Aqui a fixação é com o uso de robôs para sustentar o monitoramento "sensível", feito sob medida para as microgeografias detalhadas das cidades do Sul global. Grandes quantidades de fantasias de "ciência situacional" dignas de um deus estão emergindo, todas sugerindo que a virada urbana vai, por fim, ajudar a supervisionar e aplacar as megacidades intrinsecamente incontroláveis do inimigo.

A virada urbana da RMA também enfatiza a compatibilidade de novas infraestruturas de monitoramento com máquinas de assassinato automatizadas. O que é previsto é "uma guerra global perpétua realizada não por seres

---

[42] Edward Baranoski, "Urban Operations, the New Frontier for Radar", *DarpaTech*, Washington (DC), 2005.

[43] Maryann Lawlor, "Robotic Concepts Take Shape", *Signal Magazine*, nov. 2003.

Sonhos de um robô da guerra • 237

humanos que morrem, se rebelam ou voltam para casa feridos ou loucos, mas uma guerra travada por uma mão de obra que já está morta, cristalizada em máquinas"[44]. Um exemplo revelador disso advém da discussão de uma operação urbana estado-unidense modelo num futuro próximo, descrita pela revista *Defense Watch* durante um debate sobre o programa Zonas de Combate que Enxergam, da Darpa. O autor logo dispara: "nosso pessoal vai deparar com um espetáculo impressionante à custa dos malfeitores"[45].

Nesse cenário, enxames de sensores em micro e nanoescala conectados em rede são lançados na cidade-alvo, impregando-se nela e, assim, fornecendo fluxos contínuos de informação para um leque de armas automatizadas. Em conjunto, esses sistemas produzem mortes e destruição de alvos contínuos: um tipo de operação de contrainsurgência em que comandantes e soldados estado-unidenses fazem pouco além de supervisionar os sistemas de assassinato automatizados a uma distância segura – isto é, segura para si mesmos.

"Diversos ventiladores em grande escala são posicionados fora dos limites urbanos de uma cidade-alvo que nossos rapazes precisam dominar", começa a descrição da *Defense Watch*. "Quando do sinal apropriado, o que parece ser uma nuvem de poeira emana de cada ventilador. A nuvem é soprada para a cidade, onde ela rapidamente se dissipa." Então um enxame de veículos não tripulados coloniza a cidade. "Os pequenos *drones* mergulham em áreas selecionadas determinadas pela análise inicial de dados transmitidos pelo enxame disseminado pelo ventilador." Em pouco tempo os enxames de sensores móveis produzem "uma imagem visual e de áudio detalhada de cada rua e prédio da cidade toda". Além da cidade física, "todo [indivíduo] hostil foi identificado e localizado. Desse ponto em diante, ninguém na cidade se move sem o conhecimento pleno e absoluto do centro tático móvel"[46].

Então, o monitoramento automatizado se funde perfeitamente na matança automatizada.

> Veículos aéreos e terrestres não tripulados agora podem ser vetorizados diretamente para alvos selecionados para derrubá-los, um por um. Os combatentes inimigos espertos o bastante para fugir, na verdade são retirados de seus locais pelas unidades não tripuladas, podendo então ser

---

[44] Christian Parenti, "Planet America", cit., p. 89.

[45] Revista *Defense Watch*, "Combat Zones that 'See' Everything", cit.

[46] Idem.

capturados ou mortos por figuras humanas que são guiadas diretamente para suas localizações, com o conhecimento pleno e total de suas fortificações e defesas individuais.[47]

Esses sonhos de controle e eliminação contínuos, automatizados e robotizados de alvos urbanos não estão exatamente restritos ao universo da especulação futurista. Em vez disso, assim como o programa CTS, eles alimentam a pesquisa contemporânea de armas cujo objetivo é desenvolver veículos terrestres e aéreos que não só navegam e se movem de modo robótico, mas que, com base em "decisões" realizadas por algoritmos, selecionam e destroem alvos. Tomadores de decisão humanos são deixados de fora.

Como parte de uma mudança mais ampla em direção a veículos robóticos que alimenta grandes competições como o Urban Challenge[48], o Exército dos Estados Unidos prevê que um terço de todos os veículos militares terrestres estado-unidenses serão totalmente robotizados em 2015. Em um artigo de 2004, a jornalista de defesa Maryann Lawlor[49] discute o desenvolvimento de veículos terrestres e aéreos "de combate mecanizado e autônomo", bem como o que ela chama de "combatentes táticos e autônomos" em fase de criação para a Força Aérea estado-unidense. A autora aponta que esses veículos estão sendo desenhados para usar *software* de reconhecimento de padrão para "alvos em que o tempo é um fator crítico". Isso envolve conectar com rapidez sensores a armas automatizadas, de modo que os alvos que forem automaticamente captados e "reconhecidos" por bancos de dados possam ser rápida, contínua e automaticamente destruídos. No jargão militar estado-unidense, essa doutrina é amplamente chamada de "comprimir a cadeia de morte" ou "guerra sensor-atirador"[50].

De acordo com Lawlor, a equipe de desenvolvimento do "enxame de sistemas não tripulados" no Diretório Conjunto de Desenvolvimento e Teste de Conceito do Comando de Forças Conjuntas dos Estados Unidos, cuja base fica em Norfolk, Virgínia, fez tanto progresso que "robôs autônomos, integrados e em rede podem vir a ser a norma, em vez da exceção,

---

[47] Idem.

[48] Ver capítulo 10 deste volume.

[49] Maryann Lawlor, "Robotic Concepts Take Shape", cit.

[50] Adam Hebert, "Compressing the Kill Chain", *Air Force Magazine*, v. 86, n. 3, 2003, p. 34-42.

em 2025"[51]. A essa altura, ela prevê, "podem ser desenvolvidas tecnologias [...] que permitiriam que máquinas captassem um relato de tiroteio em um ambiente urbano a menos de um metro, triangulando a posição do atirador, e atirassem de volta em uma fração de segundo". Lawlor argumenta que tais sistemas de guerra robótica vão "ajudar a salvar vidas tirando os humanos do caminho do perigo"[52]. Aparentemente, apenas os militares estado-unidenses entram na categoria de "humanos".

O Project Alpha [Projeto Alfa] já está desenvolvendo um robô armado que dispara automaticamente quando detecta fogo inimigo em uma cidade ocupada. O objetivo desse soldado-robô é, "se conseguirmos chegar a menos de um metro, matar a pessoa que está disparando", relata Gordon Johnson, líder da equipe do componente *unmanned effects* [bens não tripulados] do projeto. "Então, essencialmente, o que estamos dizendo é que qualquer um que dispare contra nossas forças vai morrer. Antes que possa soltar a arma e correr, ele provavelmente já estará morto." Os futuros insurgentes urbanos "vão dar seu sangue e suas entranhas para matar máquinas?", Johnson se pergunta. "Imagino que não."[53]

Robôs matadores no Iraque, no Afeganistão e na Palestina

Em 2007, esse tipo de fantasia estava rumando aos primeiros estágios de implementação. As zonas de teste foram fornecidas pelas ruas das cidades do Iraque e da Palestina[54]. Em junho de 2006, por exemplo, os primeiros robôs terrestres armados controlados remotamente na história da guerra – os chamados Swords[55], armados com metralhadoras – foram enviados para Bagdá[56]. Soldados conseguiam disparar remotamente as armas do sistema de até um quilômetro de distância. Estima-se que, em 2008, as Forças Armadas

---

[51] Maryann Lawlor, "Robotic Concepts Take Shape", cit.

[52] Idem.

[53] Citado em Maryann Lawlor, "Robotic Concepts Take Shape", cit.

[54] Steve Featherstone, "The Coming Robot Army: Introducing America's Future Fighting Machines", *Harper's Magazine*, Nova York, fev. 2007, p. 43-52.

[55] Swords significa "Special Weapons Observation Reconnaissance Detection System" [Sistema de Armas Especiais de Detecção, Reconhecimento e Observação – a palavra *sword*, em inglês, significa "espada" – N. T.].

[56] Jörg Blech, "Attack of the Killer Robots", *Der Spiegel* on-line, ago. 2007.

240 • Cidades sitiadas

dos Estados Unidos tenham enviado 4 mil Swords e outros robôs armados para o Iraque e o Afeganistão[57].

"Muitas pessoas temem que robôs armados vão perder o controle no campo de batalha", admite um *release* do Armament Research, Development and Engineering Center [Centro de Pesquisa, Desenvolvimento e Projeto de Armamentos dos Estados Unidos], descrevendo os testes do sistema Swords[58]. Em uma tentativa de confortar, o *release* enfatiza que os robôs ainda

> empregam "um homem no ciclo", em que estão sempre sob controle direto de um soldado [que] emite comandos para o robô e as armas por meio de uma unidade de controle de operação. Comandos para disparadores de foguetes e granadas são transmitidos através de um sistema de controle e disparo remoto recém-desenvolvido.[59]

O coronel Terry Griffin, chefe do programa conjunto de robôs do Exército e dos Fuzileiros Navais dos Estados Unidos – encarregado de posicionar a próxima máquina armada, conhecida como Gladiator –, afirma que o primeiro trabalho da máquina será debandar grupos de "indesejáveis". Ele descreve três estágios de intensificação durante o processo: primeiro, "o robô emite um aviso por alto-falante. Ele dispara balas de borracha. Finalmente, ele começa a atirar com a metralhadora"[60].

Esses programas não são exclusividade dos pesquisadores dos Estados Unidos. Em 2007, o Exército israelense anunciou que "a fronteira entre Israel e a Faixa de Gaza seria a primeira 'fronteira automatizada' do mundo, com atiradores robôs capazes de disparar contra intrusos, graças a imagens retransmitidas para uma sala de controle"[61]. Enquanto isso, as Forças Armadas israelenses já contam com uma torre de disparo robotizada e controlada remotamente, como parte do sistema See-Shoot [ver-atirar] desenvolvido pela entidade estatal Rafael, para usar força letal ao longo da

---

[57] Charli Carpenter, "Autonomous Weapons and Asymmetric Conflict", *Complex Terrain Laboratory*, ago. 2008. Disponível em: <www.terraplexic.org>. Acesso em: 27 maio 2016.

[58] Armament Research, Development and Engineering Center (Ardec), "Ardec Provides Glimpse of Possible Future Warfare", *press release*, 2007. Disponível em: <www.pica.army.mil/>. Acesso em: 27 maio 2016.

[59] Idem.

[60] Jörg Blech, "Attack of the Killer Robots", cit.

[61] Arieh Egozi, "Automated Border", *Ynetnews.com*, 6 out. 2007.

Sonhos de um robô da guerra • 241

fronteira de quase sessenta quilômetros com a Faixa de Gaza. "Combinado a um dispositivo de localização de direção e sensores de detecção acústica desenvolvido pela Rafael, [ele] essencialmente se torna uma arma robotizada antiatiradores para veículos sobre rodas ou esteira", de acordo com a correspondente de Tel-Aviv do *Defense News*. "Cada estação equipada com uma metralhadora atua como uma espécie de atirador robotizado, capaz de atuar em uma zona proibida de quase 1,5 mil metros de profundidade."[62] As armas e seus longos sensores estão "ligados por fibra ótica a uma rede de comando que também é capaz de extrair informações de sensores terrestres existentes, aeronaves tripuladas e *drones* elevados"[63].

Apesar de o Exército de Israel enxergar uma mudança de longo prazo em direção à verdadeira automatização dos disparos, de início os soldados israelenses deverão aprovar as decisões de disparo do See-Shoot. "Pelo menos nas fases iniciais de sua aplicação, vamos ter de manter o homem no processo", observou um comandante não identificado das Forças de Defesa de Israel. "Não queremos correr o risco de cometer erros trágicos e de alto custo político com um sistema letal."[64]

No entanto, isso não tranquiliza os grupos de defesa de direitos humanos, que estão profundamente preocupados com a incipiente robotização das armas letais de fronteira. Sarit Michaeli, que trabalha para o Centro de Informação Israelense pelos Direitos Humanos nos Territórios Ocupados, relata que entre a retirada de Israel de Gaza, em 1995, e junho de 2007, catorze palestinos desarmados foram mortos pelas forças de segurança israelenses a distâncias entre cem e oitocentos metros da cerca da fronteira. Além do mais, ela afirma,

> houve muitos casos em que pessoas sem intenções hostis nem terroristas foram baleadas ao se aproximar do perímetro da cerca. Algumas tentavam entrar em Israel em busca de trabalho, outras sofriam de deficiências, e outras ainda eram crianças que podem ter vagado pelas áreas proibidas.[65]

---

[62] Barbara Opall-Rome, "Israeli Arms, Gear Aid US Troops", *Defense News*, Springfield (VA), 29 mar. 2007.

[63] Defense Update.com, "Elbit Expands Range of Autonomous Ground Vehicles", 2007.

[64] Barbara Opall-Rome, "Israeli Arms, Gear Aid US Troops", cit.

[65] Idem, "Robots to Guard Israeli Border Kill Zone", *Defense News*, Springfield (VA), 2007.

Michaeli defende que, "de uma perspectiva dos direitos humanos, a tecnologia aqui não é tão importante quanto a necessidade de avaliar cada ameaça potencial caso a caso"[66]. Porém, é improvável que uma ética de discernimento tão complexa esteja entre as capacidades de matadores de fronteira totalmente robotizados.

Soluções de cadeia de mortes

Assim como com os robôs terrestres, a transição de *drones* armados pilotados para sistemas de armamentos aéreos completamente autônomos, sem o que os militares chamam de um "humano no processo", já está em andamento. O surgimento do Low Cost Autonomous Attack System (Locaas) [Sistema de Ataque Autônomo de Baixo Custo] da Força Aérea dos Estados Unidos, por exemplo – um produto do enorme programa de Sistemas de Combate do Futuro – é uma bomba a jato "a distância" criada para "autonomamente buscar, detectar, identificar, atacar e destruir defesas com mísseis de teatro, sistemas de mísseis terra-ar e alvos blindados/de interdição de interesse militar"[67]. Ele será equipado com um sistema de radar a *laser*, além da habilidade autônoma de reconhecimento de alvos que vai possibilitar a busca por e a identificação de alvos dentro de uma área de 85 quilômetros quadrados[68].

Essas munições vão depender de algoritmos de computador desenvolvidos para separar automaticamente "alvos" de "não alvos". O objetivo final, de acordo com um engenheiro de veículos aéreos não tripulados (Vant) de combate da Raytheon, é o que ele chama de "solução de cadeia de mortes", baseada em cada veículo procurar e destruir alvos continuamente por conta própria[69]. Em 2002 John Tirpak, editor executivo da *Air Force Magazine*, previu que humanos seriam necessários para tomar decisões de disparar armas contra alvos apenas "até que os Vant de combate estabeleçam um registro de confiabilidade em descobrir os alvos certos e empregar as armas corretamente". Então, vai-se confiar que "as máquinas façam até isso"[70].

---

[66] Idem.

[67] Robert Sparrow, "Killer Robots", *Journal of Applied Philosophy*, v. 24, n. 1, 2007, p. 63.

[68] Idem.

[69] Chuck Pinney, *UAV Weaponization* (Washington [DC], Raytheon, 2003), p. 16.

[70] John Tirpak, "Heavyweight Contender", *Air Force Magazine*, v. 85, n. 7, jul. 2002.

Tanto no domínio aéreo quanto no terrestre, assim, muitos esforços já estão sendo feitos para estabelecer as tecnologias e os protocolos éticos que permitam que robôs armados, equipados com inteligência artificial, "decidam" de maneira autônoma disparar suas armas contra os alvos. Esses esforços se concentram em *drones* armados não pilotados que disparam contra os alvos automaticamente; robôs terrestres armados que operam de maneira independente; e mísseis, bombas e munições projetados para pairar sobre um distrito ou cidade por dias direto, "observando" e procurando alvos para atacar[71].

Vamos considerar a visão do Exército dos Estados Unidos em relação a robôs matadores autônomos como descrita com clareza em uma convocação de 2007 para propostas de desenvolvimento:

> Sistemas não tripulados armados estão começando a ser enviados para os campos de batalha atuais, e serão muito comuns no Campo de Batalha do Futuro. Isso vai levar diretamente à demanda por sistemas capazes de funcionar de maneira autônoma por períodos prolongados e também capazes de atacar alvos hostis de modo colaborativo, seguindo regras de engajamento específicas. [No momento, a] decisão final de ataque ao alvo [está] sendo deixada para o operador humano [mas] o ataque totalmente autônomo, sem intervenção humana, também deve ser considerado, em condições definidas pelo usuário.[72]

Todo um universo de *softwares* de "reconhecimento automatizado de alvo" está evoluindo neste momento, com a intenção de permitir que o computador dos robôs compare continuamente as assinaturas eletrônicas de "alvos" com aquelas armazenadas em bancos de dados eletrônicos. Antes que o robô Swords dispare suas balas no Iraque, escreve Jörg Blech no *Der Spiegel*,

> ele precisa da permissão de dois operadores humanos [...]. No entanto, o mais lógico é que decisões de vida e morte sejam cada vez mais transferidas para a máquina – assim que os engenheiros descobrirem como resolver o problema da distinção entre amigos e inimigos.[73]

---

[71] Ver Robert Sparrow, "Killer Robots", cit., p. 63.

[72] Small Business Innovation Research (SBIR), "Multi-Agent Based Small Unit Effects Planning and Collaborative Engagement with Unmanned Systems", solicitação 07.2, tópico Ao7-032, 2007, p. 57-68.

[73] Jörg Blech, "Attack of the Killer Robots", cit.

244 • Cidades sitiadas

Entomologia armada

Ainda mais assustadora, a ideia de enxames de minúsculos veículos aéreos ou até insetos robóticos armados está sendo amplamente explorada em teorias e pesquisas militares mais visionárias. Insetos robotizados como Black Widow, Wasp e Hornet, que pesam cerca de quarenta gramas e têm poucos centímetros de comprimento, já estão sendo desenvolvidos para imitar os mecanismos de voo de insetos biológicos. Esses sistemas têm como objetivo ser usados por "unidades terrestres lutando em operações militares em terrenos urbanos" e "podem voar sobre prédios, entrar em cômodos, ver quem está ali, que armas tem ou não"[74].

Olhando para o futuro, o tenente da Força Aérea dos Estados Unidos Daryl Hauck especula que, em menos de vinte anos, a combinação de nanotecnologia e tecnologia genética vai trazer à tona uma nova era de guerra biológica, operando em escalas nano ou microscópicas. Para ele, tal convergência tecnológica possibilitaria que enxames de microrrobôs voadores tenham como alvo o DNA de um indivíduo (determinado por meio de bancos de dados de DNA) injetando "armas" biológicas ou genéticas na corrente sanguínea do indivíduo. "Dispositivos únicos que parecem microdentes poderiam caber em um vaso sanguíneo [humano] para transportar e inserir material genético em células", ele escreve[75]. Esse comentário parece ter saído diretamente do roteiro de um filme de ficção científica distópico. No entanto, o lançamento do programa Hybrid Insect [Inseto Híbrido] pela Darpa em 2006 significa que, como afirma Nick Turse, "pesquisadores já estão criando insetos com eletrônicos no interior. Estão criando mariposas e besouros ciborgues que podem ser controlados remotamente"[76]. De acordo com a Darpa, esse programa tem como "objetivo desenvolver interfaces inseto-máquina muito bem planejadas, colocando sistemas micromecânicos dentro dos insetos durante seus primeiros estágios de metamorfose".

---

[74] Tim Blackmore, "Dead Slow: Unmanned Aerial Vehicles Loitering in Battlespace", *Bulletin of Science, Technology and Society*, v. 25, n. 3, 2005, p. 199.

[75] Daryl Hauck, "Pandora's Box Opened Wide: Micro Unmanned Air Vehicles Carrying Genetic Weapons", artigo, Air War College, Air University, Maxwell (AL), 2004, p. 21.

[76] Nick Turse, "Weaponizing the Pentagon's Cyborg Insects: a Futuristic Nightmare that Just Might Come True", *Tom Dispatch*, 30 mar. 2008.

Em resumo, a ficção científica agora é realidade. Colocar microeletrônicos dentro da pupa produz um inseto ciborgue que pode ser controlado remotamente depois de deixar o casulo. Além de transportar sistemas de microvigilância capazes de permear, e habitar de modo permanente, qualquer cidade adversária, imagina-se que esses sistemas de enxame possam, finalmente, usar o tipo de arma de microescala imaginado pelo tenente-coronel Hauck. Nesse contexto, Nick Turse pede aos leitores que "imaginem um mundo em que qualquer inseto passando pela sua janela possa ser um espião de controle remoto, carregando equipamento de monitoramento". Ainda mais inquietante, ele escreve, "é a ideia de que essas criaturas possam ser armadas, e a possibilidade, de acordo com um cientista intimamente familiarizado com o projeto, de que esses insetos ciborgues possam ser armados com 'armas biológicas'"[77].

Império robótico/tecnofilia e desejo

A expressão máxima de soberania reside [...] no poder e na capacidade para ditar quem pode viver e quem deve morrer.[78]

Os discursos, fantasias e representações que cercam a "virada urbana" da RMA apontam esmagadoramente para a representação de cidades inteiras como meros campos de batalha físicos a serem controlados e dominados por meio da tecnologia. Eles revivem a esperança sedutora de remover os membros das Forças Armadas estado-unidenses dos combates sangrentos, frente a frente e assimétricos vistos nas cidades iraquianas. Eles tornam civis urbanos, e a cidadania urbana, invisíveis – ou melhor, civis urbanos são reconstruídos como "vida nua"[79] habitando as paisagens urbanas reconstituídas como coleções de alvos físicos e militares. Finalmente, esses discursos estão repletos de fantasias racistas de onipotência colonial, caracterizadas pelo antigo sonho militar de guerras automatizadas e ciborguizadas[80] em que

---

[77] Idem.

[78] Achille Mbembe, "Necropolitics", *Public Culture*, v. 15, n. 1, 2003, p. 11.

[79] Giorgio Agamben, *State of Exception* (Chicago, Chicago University Press, 2005) [ed. bras.: *Estado de exceção*, trad. Irene D. Poleti, São Paulo, Boitempo, 2004].

[80] Charles Gannon, *Rumors of War and Infernal Machines: Technomilitary Agenda-Setting in American and British Speculative Fiction* (Liverpool, Liverpool University Press, 2003).

246 • Cidades sitiadas

sistemas distanciados de monitoramento, determinação de alvos e extermínio ganham domínio total sobre as complexas paisagens tridimensionais de megacidades do futuro do Sul global. O efeito desses discursos é "eliminar o vínculo entre atos e suas consequências"[81].

No entanto, sonhos de onipotência e mortes robotizadas precisam ser examinados com cuidado e atenção. Levanto dois alertas.

O primeiro é de que as forças militares estado-unidenses e seu complexo associado de pesquisa e desenvolvimento há tempos nutrem fantasias de superarmas que concretizariam de maneira determinista seus sonhos de domínio e onipotência. Esses sonhos tecnófilos em geral têm evoluído em paralelo com discursos mais amplos de ficção especulativa, geopolítica popular e entretenimento de massa. O "fanatismo tecnológico" de ambos tem raízes profundas na cultura política, popular e militar dos Estados Unidos[82].

Como Jeremy Black sugere, precisamos, portanto, ter cuidado e interpretar a RMA e sua "virada urbana" não como uma reação quase racional das elites militar e política dos Estados Unidos às mudanças nas condições geopolíticas, e sim como "sintomática de um conjunto de suposições culturais e políticas que nos dizem mais sobre a sociedade moderna ocidental do que sobre qualquer avaliação objetiva de opções militares". Além do mais, é possível identificar os ingredientes do complexo coquetel criado a partir dessas "suposições culturais e políticas". Dois deles, como apontou Michael Sherry, são a aversão a perdas fatais e o fanatismo tecnológico que tanto domina a recente tradição militar estado-unidense[83]. Eles se misturam com ideologias mais recentes que sugerem que a guerra contemporânea está se soltando no tempo e no espaço, e que o capital tecnológico, em vez da mão de obra, é a única maneira de os Estados Unidos "vencerem" as guerras de hoje[84]. Corroborando tudo isso há o ainda mais disseminado "fetiche da máquina endêmico ao modo capitalista de produção"[85] – com seus conceitos

---

[81] Simon Cooper, "Perpetual War Within the State of Exception", *Arena Journal*, n. 21, 1º jan. 2003, p. 109.

[82] Michael Sherry, *The Rise of American Air Power: The Creation of Armageddon* (New Haven [CT], Yale University Press, 1987).

[83] Idem.

[84] Jeremy Black, *War: A Short History* (Londres, Continuum, 2007), p. 97 [ed. port.: *Guerra, uma breve história*, trad. João von Zeller, Alfragide, Dom Quixote, 2013].

[85] Christian Parenti, "Planet America", cit., p. 93.

de produção *just-in-time* das "cadeias de morte", "percepção situacional" perfeita e controle onipotente do espaço geográfico.

Acrescente a esses ingredientes o fascínio disseminado entre os militares estado-unidenses por distopias de guerras futuras de *cyberpunks* e outras formas de ficção científica – um fascínio muito explorado pelo complexo barroco comercial-militar-de entretenimento-monitoramento-correção, que, por sua vez, se beneficia da propagação e do consumo de uma grande oferta de fantasias, romances, filmes, videogames e programas de armas militares tecnófilos[86].

Para temperar esse coquetel letal, temos as figuras orientalistas profundamente enraizadas do Ocidente. Por meio da mídia ocidental, tanto a elite militar quanto a política consideram os espaços urbanos longínquos da Ásia, da África e do Oriente Médio lugares de extrema e intrínseca perversão, que requerem a mobilização da mais recente tecnociência ocidental em atos de purificação, exposição e (tentativa de) controle.

O segundo alerta é este: precisamos nos lembrar de que as "forças militares estado-unidenses" estão longe de ser um único ator. Todos os discursos, projetos e programas analisados neste capítulo continuam sendo extremamente contestados. Dentro do vasto complexo institucional que abrange as Forças Armadas dos Estados Unidos, as indústrias militar e de segurança e os grupos de lobby associados, grandes batalhas políticas ocorrem constantemente. Alimentadas pelo pesadelo atual no Iraque, bem como, por exemplo, pelos fracassos de Israel contra o Hezbollah no Líbano em 2006, essas batalhas esquentam no debate sobre se, mesmo em termos militares, esses sonhos de onipotência, conquistados por meio de uma versão urbana da RMA ou da guerra organizada em rede, têm algum grau significativo de realismo. Para completar, essas batalhas são complicadas por antigas rivalidades entre áreas.

Muitos no Exército e no Corpo de Fuzileiros Navais dos Estados Unidos, em particular, são profundamente céticos de que os horrores e a "névoa de guerra" em operações urbanas sangrentas como a insurgência iraquiana possam ser tecnologizados, mediados e saturados com monitoramento sensível e sistemas de abordagem de alvos em um grau minimamente próximo do encontrado nas fantasias discursivas que movem os programas discutidos

---

[86] James Der Derian, *Virtuous War: Mapping the Military-Industrial-Media-Entertainment Network* (Boulder [CO], Westview, 2001).

248 • Cidades sitiadas

anteriormente[87]. Muitos teóricos militares se preocupam, em especial por causa do fiasco no Iraque, que as Forças Armadas estado-unidenses façam demonstrações profundamente ingênuas de fé cega na nova tecnologia militar e que sua "superioridade tecnológica possa se provar menos resiliente do que se imagina"[88]. John Gentry, crítico da política de defesa dos Estados Unidos, sugere, por exemplo, que o fetichismo tecnológico do Pentágono produz sistemas que são "caros, têm capacidades limitadas, estão sujeitos a falhas crônicas tanto técnicas quanto causadas pelo operador e são vulneráveis a ataques"[89].

O fetichismo e o triunfalismo militar-tecnológico também costumam ser usados para mascarar um nível alarmante de ignorância política e cultural, entre as elites militar e política, sobre os locais e as pessoas distantes contra os quais os Estados Unidos se lançam em guerras. Como declara um editorial de 2001 da *Foreign Policy*,

> o GPS, *drones* não tripulados, bancos de dados inigualáveis e computadores portáteis – muito foi feito com os recursos tecnológicos disponíveis para o *establishment* militar e diplomático dos Estados Unidos. Mas o que você faz se estiver tentando travar uma guerra em ou contra um país onde não se conhece a população local, não se fala a língua e não se consegue encontrar mapas confiáveis?

Ele então convida os leitores "às linhas de frente da guerra contra o terror, que está propensa a acontecer em primeiro lugar em 'Estados pantanosos' sobre os quais os Estados Unidos sabem pouco"[90].

Não obstante essas precauções e qualificadores, tais sonhos de identificar clinicamente e eliminar cirurgicamente apenas os "combatentes" dentro das cidades, por meio de algoritmos de computador "autônomos", "*scans* cerebrais" e sistemas de armamentos automatizados, continuam sendo perigosamente ilusórios e profundamente perturbadores. Aqui confrontamos mais uma decorrência muito problemática: a de que a agência do *software*

---

[87] Ver Frank Hoffman, "Transforming for the Chaordic Age", *Marines Corps Gazette*, v. 86, 2002, p. 47.

[88] John Gentry, "Doomed to Fail: America's Blind Faith in Military Technology", *Parameters*, v. 32, n. 4, 2002. Frank Hoffman, "Transforming for the Chaordic Age", cit., p. 47.

[89] John Gentry, "Doomed to Fail", cit.

[90] "It's All Pashto to Them", *Foreign Policy*, n. 127, 2001, p. 18.

Sonhos de um robô da guerra • 249

possa servir como a grande "inteligência", estipulando automaticamente quem deve morrer e quem deve viver, enquanto membros das Forças Armadas norte-americanas devem ser levados o mais longe possível do risco de morte ou ferimento.

Quatro objeções principais podem ser feitas a esses desdobramentos.

Mitos de precisão

Para críticos da guinada dos Estados Unidos em direção ao uso de robôs armados, os alertas acima não deixam espaço para complacência. É verdade que a virada urbana na RMA está sendo motivada por discursos muitas vezes selvagens e fanstáticos, mas seus efeitos tendem a ser bastante materiais e profundos. Como demonstramos, enormes esforços tecnocientíficos para possibilitar que as forças militares estado-unidenses saturem as cidades do Sul global com monitoramento em tempo real e sistemas de alvo e execução já estão em andamento nas e acima das ruas urbanas do Iraque, da Cisjordânia e de Gaza. O poder soberano de matar já está sendo delegado ao código de computador.

Se esses sistemas vão um dia funcionar como imaginado, então, não é a questão. A própria existência de projetos quase imperiais de lançar exércitos de veículos matadores aéreos e terrestres autônomos em cidades superpovoadas – projetos organizados pelo poder militar dominante do mundo e seu aliado próximo, Israel – vai, se concretizada, levar ao aumento de mortes civis. A probabilidade desse cenário cresce com a emergência de novos sistemas de algoritmos que se tornam os agentes contínuos e autônomos, de fato, de assassinatos; aumenta ainda mais conforme "as cadeias de mortes" são "comprimidas", "sensores" são conectados automaticamente a "atiradores", e sonhos de "domínio persistente da área" chegam à sua expressão plena por meio da Guerra Longa contra inimigos urbanos à espreita.

Robôs matadores controlados remotamente foram envolvidos em uma litania de crimes de guerra. Incursões têm sido feitas roboticamente contra espaços adversários mesmo quando esses espaços, em teoria, recaem em Estados-nação que são aliados dos Estados Unidos, como é o caso das contínuas incursões de *drones* armados enviados ao espaço territorial do Paquistão sem a autorização do governo paquistanês. Em 13 de janeiro de 2006, por exemplo, um *drone* Predator armado, pilotado por uma base aérea nos limites de Las Vegas, foi enviado para assassinar um alto líder da Al Qaeda, Ayman al-Zawahiri, na região de população pashtun do Paquistão. O ataque matou catorze aldeões, incluindo cinco crianças, e incitou protestos em massa nas principais cidades do Paquistão[91]. Em junho de 2008, um ataque de *drone* Predator no Afeganistão matou onze soldados paquistaneses, incitando mais revolta. Em outubro de 2009, o projeto newamerica.net estimou que muito mais de mil paquistaneses tinham sido mortos por ataques de *drones* estado-unidenses[92].

Além dessas mortes "acidentais", existem cada vez mais indícios de que forças israelenses e estado-unidenses administram enormes punições coletivas contra aqueles que tentam atacar seu aparato militar de dominação vertical.

Por exemplo, no distrito de Shiyyah, em Beirute, no ano de 2006, enquanto revirava os escombros de um prédio de apartamentos bombardeado minutos antes por aviões de guerra israelenses, matando ao menos dezessete civis, o celebrado jornalista do *The Independent* Robert Fisk se perguntava por que aquele edifício específico tinha sido destruído. No fim das contas, Fisk descobriu que, antes da explosão dos mísseis, um *drone* israelense tinha sobrevoado o distrito. "Sem aviso, alguém [...] disparou na direção do céu com um rifle [e] não muito tempo depois, os dois mísseis caíram sobre a casa de inocentes". A moral da história? "Não atire em *drones*."[93]

Tentações políticas da guerra robotizada

> O império consegue se manter apenas com a intimidação e [o] trabalho morto [incorporados em robôs]? Ou ele requer trabalhadores mortos, isto é, soldados enviados da metrópole para controlar as zonas selvagens e talvez voltar para casa em sacos de cadáveres?[94]

A segunda objeção à tecnofilia militar dos Estados Unidos é: discursos que pedem que os soldados estado-unidenses sejam retirados das ruas de zonas de guerra urbanas introduzem o risco de justificar o uso de sistemas

---

[91] James Rupert, "CIA Takes Calculated Risk in Pakistan", *Newsday*, Nova York, 23 jan. 2006.

[92] Declan Walsh, "US Bomb Kills 11 Pakistani Troops", *The Guardian*, Londres, 12 jun. 2008.

[93] Robert Fisk, "What Do You Say to a Man Whose Family Is Buried under the Rubble", *The Independent*, Londres, 9 ago. 2006.

[94] Christian Parenti, "Planet America", cit., p. 97.

de assassinato automatizados, colocando assim civis urbanos do Sul global na mira de uma hegemonia já zonza pelas fantasias de guerra de alta tecnologia. Pelo menos um tenente-coronel da Força Aérea dos Estados Unidos admitiu por escrito que robôs armados são "uma opção muito atraente para políticos confrontados com decisões sobre uso de força, devido a requisitos de avanço reduzidos e à possibilidade de zero [...] baixas aliadas"[95]. Como expõe Tim Blackmore, no caso de veículos aéreos não tripulados, continua havendo o risco de que "a máquina se perca". Mas não seria uma perda muito dramática, porque a tripulação de fato do veículo estará em outro lugar: "em solo, escondida por muros, por *bunkers* protegidos ou pela distância (os controladores podem operar o artefato de outro continente)". Acima de tudo, "não vai haver viúvas, nem constrangedores prisioneiros de guerra"[96]. E com o dramático declínio do poder econômico e financeiro dos Estados Unidos desencadeado pela crise financeira global, fantasias de contrainsurgências automatizadas nas "zonas erodidas" do mundo podem se tornar ainda mais atraentes do que antes.

Uma boa estratégia para obter ampla aprovação para a guerra automatizada é reduzir as cidades do Sul global, com toda a sua complexidade e humanidade, a meros espaços físicos cujas geografias representam uma ameaça ao domínio vertical das forças estado-unidenses. Esse discurso leva diretamente à desumanização dos residentes das cidades e dos cidadãos, e torna sua vida, morte e cidadania insignificantes.

Parece inevitável que a mudança rumo aos robôs matadores autônomos "reduza ainda mais os custos, tanto fiscais quanto humanos, da escolha de declarar uma guerra"[97].

Logo, o desenvolvimento e o uso de robôs armados podem de fato aumentar consideravelmente a propensão dos Estados com eles armados de promover guerras. "Robôs não precisam ser recrutados, treinados, alimentados nem receber pagamento extra por entrar em combate", escreve Steve Featherstone. "Quando são destruídos, não há benefícios em caso de morte a serem pagos. Enviá-los para terras hostis também não requer o

---

[95] James Dawkins, "Unmanned Combat Aerial Vehicles: Examining the Political, Moral, and Social Implications" (Monografia, Maxwell [AL], School of Advanced Air and Space Studies, 2005).

[96] Tim Blackmore, "Dead Slow", cit., p. 199.

[97] Steve Featherstone, "The Coming Robot Army", cit., p. 50.

252 • Cidades sitiadas

gasto de capital político"[98]. Em menos de duas décadas, ele prevê, "robôs vão nos dar a habilidade de realizar guerras sem nos comprometer com o custo humano de efetivamente lutar em uma guerra"[99].

A possibilidade de enviar enxames de robôs armados e não armados para "pairar" persistentemente sobre regiões do mundo consideradas "locais problemáticos" claramente combina bem com a mais recente tendência do Pentágono em relação à Guerra Longa. O perigo aqui é abrir mão do poder soberano do Estado de matar e delegá-lo a peças de silício e titânio e códigos de *software* – para executar atos de morte que não só se desprendem dos tempos e espaços demarcados das guerras tradicionais, mas também ficam convenientemente longe do olhar inconstante da grande mídia.

Fantasias de guerra humanizada

> Sugerir que robôs podem ser programados para ser "armas de precisão" que podem evitar danos colaterais é um autoengano da pior espécie. Vai haver consequências não intencionais e, sem dúvida nenhuma, uma grande quantidade de funerais.[100]

Em terceiro lugar, as tentações políticas de usar exércitos robotizados armados são aprofundadas pelo argumento de que os "combatentes robôs" eticamente equipados e escrupulosos do futuro podem, de alguma forma, ser mais "humanos" do que os combatentes humanos. Ronald Arkin, do Georgia Institute of Technology, está desenvolvendo uma série de regras éticas para os robôs assassinos estado-unidenses. Ele afirma que, equipados com uma "consciência de *software*", robôs de combate não cairiam na tentação de cometer atrocidades contra civis. Assim, "os robôs poderiam se comportar de maneira mais humanizada do que os seres humanos", porque poderiam selecionar o enquadramento ético mais adequado para uma dada missão e então desobedecer comandos que a contradissessem[101].

Mas esses argumentos deixam de considerar uma questão essencial. É apenas pelo uso de bancos de dados pré-definidos de "alvos" que os

---

[98] Ibidem, p. 43-52.

[99] Idem.

[100] Daniel Davis, "Who Decides: Man or Machine?", *Armed Forces Journal*, nov. 2007.

[101] Citado em Jörg Blech, "Attack of the Killer Robots", cit.

robôs armados serão capazes de disparar de modo autônomo. O ato político de mirar e matar, então, será fortemente moldado pelas assinaturas eletrônicas de supostos inimigos e hostilidades – assinaturas que foram identificadas, padronizadas e traduzidas para um código de *software* por programadores humanos.

Considerando que os "alvos" agora estão inseparavelmente misturados à massa urbana de vida civil em território nacional e estrangeiro, a definição antecipada de pessoas condizentes a serem alvos de robôs matadores autônomos inevitavelmente vai levar a erros e à morte e ao ferimento de muitas pessoas que por acaso estiverem no caminho dos alvos ou que forem, até onde os sensores dos robôs entenderem, essencialmente idênticas a esses alvos. "Na prática, a menos que os insurgentes carreguem armas reconhecidas, é simplesmente impossível diferenciar entre eles e pessoas inocentes tocando a própria vida em paz", escreve Edward Luttwak[102].

Os perigos estão mais que claros. Sistemas de sensoriamento e de extermínio automatizados têm a probabilidade de enxergar a tudo e a todos como alvos reais ou potenciais em um campo de batalha que engloba tudo. Eles vão agir de acordo com essa perspectiva se um dia tiverem autonomia da supervisão humana. John Armitage sugere que sistemas de matar automatizados de alta tecnologia serão propensos a erros generalizados e, às vezes, fatais, inevitavelmente destruindo os "alvos" errados de tempos em tempos. Ele cita o exemplo do abatimento do voo 655 da Iran Air pelo sistema de defesa aérea altamente automatizado Aegis a bordo do USS Vincennes, em 1988, que resultou na morte de todos os civis na aeronave[103].

Robôs armados e as leis da guerra

Conforme avançamos no campo de possibilidade, passando de armas avançadas para armas semiautônomas e, então, armas completamente autônomas, precisamos entender as implicações éticas envolvidas em construir robôs que podem tomar decisões independentes.[104]

---

[102] Edward Luttwak, "Dead-end: Counterinsurgency Warfare as Military Malpractice", *Harper's Magazine*, Nova York, fev. 2007, p. 33-42.

[103] John Armitage, em Jordan Crandall (org.), *Under Fire 2: The Organization and Representation of Violence* (Roterdã, Witte de Witte, 2005), p. 89.

[104] David Bigelow, "Fast forward to the Robot Dilemma", *Armed Forces Journal*, nov. 2007.

Chegamos à principal e última objeção: a de que atribuir crimes de guerra a humanos vai se tornar cada vez mais perto de impossível, como se preocupa o filósofo Robert Sparrow:

> É uma condição necessária para lutar em uma guerra justa sob o princípio de *jus in bellum* [as leis da guerra justa que governam as ações militares] que alguém possa ser legitimamente responsabilizado pelas mortes que ocorrerem no decorrer da guerra.[105]

Sparrow considera a perspectiva bastante real de robôs autônomos cometerem a atrocidade de matar civis não armados. "Quem deveríamos julgar por um crime de guerra nesse caso?", ele pergunta. "O próprio robô? A(s) pessoa(s) que o programou(aram)? O oficial que ordenou seu uso? Ninguém?" A conclusão dele é clara: "como essa condição [para a guerra justa] não pode ser atendida em relação às mortes causadas por um sistema de armas autônomo, não seria ético, portanto, empregar esses sistemas numa guerra"[106].

O major do Exército estado-unidense David Bigelow oferece um cenário de guerra robotizada para o ano de 2025. Ele apresenta uma guerra de baixa intensidade contínua em que robôs armados e independentes lutam na interseção de um mundo desenvolvido – devotado fanaticamente à preservação e à continuidade da vida humana e seduzido por sonhos de imortalidade – e um mundo em desenvolvimento densamente povoado e tomado por conflitos, onde a vida é mais barata do que nunca. Nesse tipo de guerra global, caracterizada pelo "uso extensivo de robôs militares pelas nações desenvolvidas, [...] forças no mundo subdesenvolvido voluntariamente sacrificam dúzias de seus próprios soldados em troca da vida de um único soldado inimigo"[107].

Antecipando a polêmica midiática global que seria causada caso um robô armado trabalhasse com forças australianas em Mogadíscio, Somália, matando civis desarmados, Bigelow conclui que a solução não é impedir que os robôs assassinos autônomos surjam. Em vez disso, ecoando trabalhos atuais sobre o desenvolvimento de *softwares* éticos para armas robotizadas, ele propõe que robôs futuros sejam "desenvolvidos para filtrar [suas] decisões

---

[105] Robert Sparrow, "Killer Robots", cit., p. 63.

[106] Idem.

[107] David Bigelow, "Fast forward to the Robot Dilemma", cit.

por um enquadramento moral sólido"[108]. Esse processo "de filtragem" parece dúbio, no entanto, e de forma alguma lidaria com as preocupações expressas por Robert Sparrow. A posição de Sparrow sem dúvida é clara: é urgente que sistemas de armas verdadeiramente autônomos sejam considerados antiéticos e tornados ilegais pela lei internacional.

---

[108] Idem.

6
ARQUIPÉLAGO DE PARQUE TEMÁTICO

Um arquipélago oculto de oitenta a cem minicidades está sendo rapidamente construído mundo afora – longe dos principais corredores metropolitanos do planeta. Situadas em bordas obscuras das cidades e em áreas rurais, essas construções ficam nas entranhas de bases militares e zonas de treinamento. A vasta maioria se localiza nos Estados Unidos e revela um contraste marcante com os bairros residenciais e centros comerciais dos arredores. Outras estão emergindo nos desertos do Kuwait e de Israel, no interior do sul da Inglaterra, nas planícies da Alemanha e nas ilhas ao redor de Cingapura.

Algumas dessas cidades estão repletas de varais com roupas secando, burros perambulando, pichações em árabe, gravações repetindo sem parar o chamado à oração e até imitações de minaretes e mesquitas. Outras ostentam distritos de favelas e redes subterrâneas de esgoto com máquinas aromatizantes embutidas capazes de produzir, quando solicitado, o cheiro artificial de cadáveres apodrecendo ou de esgoto não tratado. Outras ainda são povoadas ocasionalmente por grupos itinerantes de árabe-americanos, levados até lá em veículos comunitários para andar de um lado ao outro em vestimentas árabes e fingir.

Além desses habitantes temporários, poucos dos que chegam a ver ou adentrar esses novos complexos urbanos não são militares. Despercebidos pelo desenho urbano, pela arquitetura e pelo urbanismo, e invisíveis nos mapas, esses locais constituem uma espécie de sistema global obscuro de simulações militares urbanas, ocultos nos interstícios das áreas metropolitanas reais em rápido crescimento do planeta.

Destruição ensaiada

Em vez de monumentos ao dinamismo e ao crescimento, essas "cidades" são parques temáticos para a prática de destruição, aniquilamento e violência colonial urbanas. Construídas por especialistas militares estado-unidenses com a ajuda de empresas militares, *designers* de parques temáticos, empresas de videogame, cenógrafos de Hollywood e especialistas em efeitos especiais, são áreas de treinamento para ataques a cidades distantes e reais. Esses locais são pequenas cápsulas de espaço criadas para simular de alguma forma o que o teórico militar Richard Norton rotula pejorativamente de cidades "selvagens" em desenvolvimento no Terceiro Mundo e no mundo árabe – as zonas de guerra atuais e futuras *de facto* das forças ocidentais, os ambientes estratégicos que dominam a geopolítica contemporânea[1].

Eyal Weizman[2] enfatiza que a doutrina militar israelense e ocidental atualmente destaca a necessidade de não apenas adentrar, e de não só tentar controlar, grandes áreas urbanas, mas também de reorganizar fisicamente espaços colonizados da cidade, de modo que armas de alta tecnologia e sistemas de monitoramento possam funcionar em favor do invasor. Weizman chama isso de "*design* por destruição". Nas palavras dele, "a guerra urbana contemporânea é realizada dentro de uma arquitetura construída, real ou imaginária, e por meio da destruição, construção, reorganização e subversão do espaço"[3].

Acompanhando a mutação pós-Guerra Fria da doutrina militar ocidental para o remodelamento urbano planejado e à força, o propósito dessas "cidades de treinamento" de guerra urbana simulada é permitir que as Forças Armadas dos Estados Unidos, de Israel e de países ocidentais aprimorem suas habilidades de destruição urbana planejada. Depois de intensos treinamentos nesses locais, as unidades seguem para cidades reais no Iraque, na Palestina, no Líbano e em outros lugares para realizar as chamadas Military Operations on Urban Terrain [operações militares em terreno urbano] – as Mout.

Assim como o resto do mundo, as áreas de treinamento militar estão rapidamente se tornando urbanas. O coronel Thomas Hammes, escrevendo para a *Marine Corps Gazette* dos Estados Unidos em 1999, foi um dos muitos

---

[1] Richard Norton, "Feral Cities", *Naval War College Review*, v. 65, n. 4, 2003, p. 97-106.

[2] Phillip Misselwitz e Eyal Weizman, "Military Operations as Urban Planning", em Anselm Franke e Eyal Weizman (orgs.), *Territories: Islands, Camps and Other States of Utopia* (Berlim, KW, Instituto de Arte Contemporânea), p. 272-5.

[3] Eyal Weizman, "Lethal Theory", *LOG Magazine*, abr. 2005, p. 74.

planejadores de defesa que na época afirmaram a necessidade de construir novas imitações de cidade porque os campos de treinamento militar dos Estados Unidos estavam desatualizados em relação ao "alastramento urbano que domina as regiões críticas do mundo hoje em dia". Seguindo essa linha, escreveu:

> Sabemos que vamos combater principalmente em áreas urbanas. Ainda assim, realizamos a vasta maioria dos nossos treinamentos em zonas rurais – as colinas do campo Pendleton, os desertos de Twenty Nine Palms, as matas do campo Lejeune, as selvas de Okinawa, no Japão.[4]

A reação militar estado-unidense tem sido dramática. O Exército dos Estados Unidos sozinho tinha planos de construir 61 cidades de treinamento de guerra urbana pelo mundo entre 2005 e 2010. Enquanto algumas são pouco mais do que um conjunto de contêineres portáteis, criados para propiciar treinamento básico de guerra urbana quando transportados pelo mundo, outras são espaços complexos que imitam distritos inteiros ou grupos de vilarejos, além do interior adjacente, instalações de infraestrutura e até aeroportos. Os principais exemplos de espaços mais complexos incluem Fort Carson, no Colorado (que em 2006 incluía três imitações diferentes de vilas iraquianas); o Joint Readiness Training Center em Fort Polk, na Luisiana; Fort Benning, na Geórgia; o principal espaço do Corpo de Fuzileiros Navais em Twenty-Nine Palms, na Califórnia; e Fort Richardson, no Alasca.

Ao lado de uma vasta gama de simulações de cidades ocidentais desenvolvidas como áreas para a prática de reações policiais e militares a ataques terroristas, agitação civil ou colapsos infraestruturais, esses simulacros de áreas do Terceiro Mundo oferecem um arquipélago de "cidades" que imitam a urbanização de guerras e conflitos reais pelo mundo. Bryan Finoki escreve que esses espaços

> são tentativas de lidar com a calamidade em um parque de diversões de agitação, insurgência e seu enfraquecimento. Arquiteturas ao mesmo tempo elaboradas e artísticas, [elas são] projetadas com o único propósito de serem conquistadas e reconquistadas.[5]

As cidades de treinamento de guerra urbana incorporam intensamente tanto as geografias urbanas imaginadas que estão no coração da Guerra ao

---

[4] Thomas Hammes, "Time to Get Serious about Urban Warfare Training", *Marine Corps Gazette*, Quantico (VA), abr. 1999.

[5] Comunicação pessoal.

260 • Cidades sitiadas

Terror quanto as reais. Poderosas materializações do que Derek Gregory denominou nosso presente colonial[6], elas precisam ser compreendidas como parte de um esforço muito mais amplo de simulação física e eletrônica de cidades árabes ou do Sul global, motivado pelas razões, muito conectadas entre si, de guerra, lucro e entretenimento. De fato, esses complexos de treinamento assumem seu lugar em uma constelação muito mais vasta de simulações de cidades e paisagens urbanas árabes que, bebendo na fonte de tradições e fantasias orientalistas, também estão emergindo em videogames, simuladores de realidade virtual militar, filmes, infográficos e livros. Juntos, eles apresentam um único e enorme truque discursivo: a construção das cidades árabes e do Terceiro Mundo como mundos labirínticos estilizados, puramente físicos, que são, de alguma forma, ao mesmo tempo intrinsecamente terroristas e de modo geral desprovidos da sociedade civil que caracteriza a vida urbana normal[7]. O resultado é que as cidades árabes emergem como pouco mais do que pontos receptores de artilharia e de incursões coloniais militares estado-unidenses, reais ou fantásticas.

Além do mais, quando as culturas e sociologias de cidades árabes são inseridas nessas simulações de guerra urbana, o clichê orientalista e a desumanização de alta tecnologia ainda são a norma[8]. Algumas dessas simulações, por exemplo, foram "povoadas" por figurantes recrutados na área, que precisam usar *keffiyehs* e recebem ordens de resmungar frases estereotipadas. Enquanto isso, o povoamento de cidades simuladas eletronicamente é gerado apenas por softwares de computador, que criam "multidões" a serem atacadas. De qualquer jeito, essas constelações de simulacros urbanos fazem o importante trabalho geopolítico de reduzir de modo contínuo os complexos mundos social e cultural da urbanidade do Sul global a meros alvos, meros campos de batalha, que existem com o único propósito de serem atacados em campanhas urbanas contra o "terror" ou pela "liberdade".

A construção de simulações físicas de lugares que serão alvos e serão destruídos não é nada novo para os militares, é claro. Tampouco é nova a relação próxima entre jogos, brinquedos e a guerra, ou a mobilização dos efeitos especiais de Hollywood em um esforço de guerra. Na Guerra Fria, por exemplo, bombas atômicas e termonucleares eram detonadas com

---

[6]   Derek Gregory, *The Colonial Present* (Oxford, Blackwell, 2004).

[7]   Ibidem, p. 201-3.

[8]   Ibidem, p. 229-30.

regularidade perto de lares suburbanos simulados, com direito a cercas brancas e famílias nucleares de manequins posicionados ao redor da mesa fazendo uma refeição de mentirinha.

Mesmo antes, durante a Segunda Guerra Mundial, o campo de testes de Dugway, em Utah, foi o local da construção de uma vila que replicava de maneira bastante exata os prédios de apartamentos de Berlim, bem como de um conjunto de casas japonesas feitas de madeira e papel de arroz[9]. Os prédios berlinenses foram construídos pelo luminar modernista Eric Mendelsohn, recém-exilado da Alemanha. As casas japonesas foram criadas por Antonin Raymond, um arquitero tcheco-americano com experiência no Japão, que vasculhou os Estados Unidos em busca de tábuas de abeto russo autêntico. Essas construções foram queimadas repetidas vezes pelo Corpo de Guerra Química do Exército dos Estados Unidos, que então conseguia adaptar a composição e o projeto das bombas incediárias para melhor cumprir a tarefa de reduzir a cinzas cidades japonesas e alemãs. Para garantir a precisão, móveis alemães de verdade mobiliavam os apartamentos, e os prédios eram umedecidos para imitar o clima temperado de Berlim.

Bagdá está em toda parte

As cidades de treinamento de guerra urbana do século XXI têm uma relação diferente com a violência política do que os lares suburbanos castigados por bombas atômicas ou os prédios de apartamentos e as estruturas de papel incendiados do século XX. A simulação não é mais criada para explorar a aniquilação completa por meio da guerra total. Agora, o propósito é aprimorar as habilidades de ocupação, guerra de contrainsurgência e reforma urbana por meio da guerra expedicionária e colonial.

Surge aqui um concurso de beleza urbano bizarro e invertido – uma imagem espelhada das conhecidas campanhas de marketing através das quais cidades reais se exibem por meio da gentrificação, do planejamento cultural e da divulgação promocional. No caso das cidades de treinamento, as marcas de sucesso são decadência, colapso e sordidez. Um coronel comandante de esquadrão chamado James Cashwell relatou recentemente, depois de um exercício em uma dessas cidades, localizada na base aérea George, na

---

[9] Mike Davis, *Dead Cities* (Nova York, New Press, 2002), p. 65-84.

262 • Cidades sitiadas

Califórnia, que "a vantagem da base é que é feia, destroçada, todas as janelas estão quebradas [e árvores] estão caídas nas ruas. É perfeito para replicar uma cidade destruída pela guerra"[10]. Ted Leza, que administra o campo de treinamento estado-unidense de Baumholder, na Alemanha, pondera que os soldados que usam seu espaço pediram diversas vezes que ele fosse ocupado por diferentes animais, mortos e vivos, para ajudar a simular a vida nas cidades iraquianas. Assim, além de táxis brancos e laranja no estilo de Bagdá, bem realistas, uma cópia de ponto de táxi e um mercado, os controladores de Baumholder estão "tentando conseguir isso para eles. Não sei se vamos conseguir um camelo. Talvez um burro, cabras... algo assim"[11]. Áreas de treinamento de guerra urbana também integram sistemas multissensoriais que projetam efeitos especiais de guerra nas estruturas, nas ruas e nos prédios falsos. Manuel Chaves, que administra o conjunto de efeitos especiais construído no campo em Fort Wainwright, Alasca, diz:

> Temos uma grande variedade de efeitos especiais olfativos que podemos usar. Por exemplo, café, torta de maçã, cadáveres, borracha queimada, fumaça de diesel. Posso fazer nove prédios, nove cheiros diferentes. Em geral, se é um prédio em chamas, colocamos algo bem ruim, como corpos carbonizados.[12]

Um complexo bem diferente, construído (com ironia não intencional) a partir de uns 23 mil contêineres de transporte de bombas de fragmentação descartados durante a Guerra do Vietnã, está surgindo em Yodaville, no deserto do Arizona (Figura 6.1). Esse local, que foi inaugurado em 1998, é a primeira cidade simulada do Sul global criada especificamente para bombardeios urbanos reais e treinamento de apoio próximo[13]. Diz-se que o complexo conta com 178 "prédios", 131 alvos humanos, 31 veículos-alvo e postes de iluminação. De acordo com um relatório do Rand, do chão ele parece "um monte de contêineres marítimos alvejados"; do ponto de vista dos pilotos de caça que o atacam com munições de fragmentação e precisão,

---

[10] Citado por J. R. Wilson, "Army Expands Home-Based Mout Training", *Military Training Technology.com*, mar. 2003.

[11] Citado em Terry Boyd, "Training Site Replicates Iraqi Village", *Stars and Stripes*, 26 jul. 2006. Disponível em: <www.stripes.com>. Acesso em: 21 jun. 2016.

[12] Associated Press, "Urban Combat Training Center Will Be Army's Largest", 24 dez. 2002.

[13] Mark Shaffer, "Yodaville Exists for Bombing Runs – Arizona's Newest Town Inviting Target", *Arizona Republic*, Phoenix, 23 ago. 1999.

no entanto, é "convincentemente urbano"[14]. Mark Shaffer, um repórter do *Arizona Republic*, comenta que o local tem

> definitivamente [um ar de] Terceiro Mundo. Um campo de futebol falso está pintado, em verde, na beira da cidade. As ruas são estreitas. Há uma grande favela. E por falar em clima, o deserto escaldante está tomado por cascavéis e um ou outro cacto ou chaparral.[15]

6.1 Yodaville Target Complex, no Arizona: uma simulação de cidade árabe usada em treinos de bombardeio aéreo, construída com contêineres utilizados para transportar bombas de fragmentação para o Vietnã nos anos 1960.

Aparentemente, grupos de milícia de direita locais – que nunca perdem tempo em tirar conclusões conspiratórias – estão convencidos de que o complexo Yodaville está sendo usado para treinar forças dos Estados Unidos e das Nações Unidas em prol do que costumam chamar de Nova Ordem Mundial. Como o local fica a onze quilômetros da fronteira entre Arizona e México, os bombardeios são interrompidos pelo menos duas vezes por semana para que os imigrantes recém-chegados possam ser retirados antes

---

[14] Russell Glenn et al., "Preparing for the Proven Inevitable: An Urban Operations Training Strategy for America's Joint Force" (Santa Monica [CA], Rand, 2006). Relatório para o secretário de Defesa dos Estados Unidos.

[15] Mark Shaffer, "Yodaville Exists for Bombing Runs", cit.

264 • Cidades sitiadas

que a artilharia recomece[16], ainda que as remoções nem sempre sejam meticulosas. Um homem chamado Madzukes – supostamente um fuzileiro naval estado-unidense – pergunta durante um vídeo dos Fuzileiros Navais no YouTube se "dessa vez algum dos que pularam a fronteira saiu correndo de Yodaville depois de um lançamento de foguetes"[17].

"Hollywood nem se compara a nós!"

Uma das cidades de treinamento de guerra urbana mais importantes para as forças terrestres dos Estados Unidos fica em Fort Knox, Kentucky, onde um complexo da Mout de doze hectares chamado Zussman Village foi construído por US$ 13 milhões[18]. O espaço pode acomodar centenas de atores "insurgentes" – que usam *keffiyehs* na cabeça e estão armados com AK-47s e granadas lançadas por foguete –, além de 1,5 mil membros das Forças Armadas e seus tanques, veículos blindados e helicópteros. Conta também com simulações de ferros-velhos, mesquitas, cemitérios, postos de gasolina, esgoto, subestações de energia elétrica, trilhos de trem e pontes. Está equipado até com estações de rádio e TV que fazem transmissões em hebraico, árabe ou russo. Uma ostensiva favela do Terceiro Mundo está sendo construída perto da ferrovia.

Para simular um ambiente destruído pela guerra, o espaço Zussman está deliberadamente imerso em poeira e lama. O mato é alto, e o sistema de esgoto sem manutenção está cheio de gambás e ratos vivos, além de cobras de borracha compradas em lojas de brinquedos locais. Odores simulados podem ser produzidos quando solicitado. Em cinco dos prédios, sistemas embutidos de pirotecnia que imitam os usados nos estúdios de filmagem de Hollywood podem emitir vapor de propano em bolas de fogo aéreas, para "queimar" os prédios quando solicitado. A Ware Corporation, que instalou a pirotecnia, afirma que, quando se entra no local,

> explosões ensurdecedoras chacoalham seu corpo. Guerrilhas armadas, o cheiro de esgoto aberto, o caos e a confusão de civis na rua e prédios queimando com

---

[16] Idem.

[17] O vídeo foi removido do YouTube desde então.

[18] Roxana Tiron, "Army Training Site Brings to Life the Horrors of War", *National Defense Magazine*, jul. 2001.

Arquipélago de parque temático • 265

grandes explosões flamejantes esperam aqueles soldados que treinarem no Zussman Village".[19]

Daniel Hawkins, o engenheiro de efeitos especiais do Zussman, se vangloria:

Hollywood nem se compara a nós. Qualquer cenário que você imaginar pode ser criado aqui. Prestamos atenção aos menores detalhes – tudo, do nosso esgoto "*smell'o'vision*"* até quartos de hotel totalmente mobiliados. Também temos diversas "surpresas" armadas, como explodir a ponte, derrubar um poste ou lançar um boneco de teste de trás de um móvel em um prédio.[20]

Andy Andrews, administrador do Zussman, recorda o planejamento do espaço:

Queríamos que fosse sujo e repugnante – como a guerra de verdade o é. Gás natural não era uma opção porque a chama é azul e [os planejadores] queriam fogo amarelo/laranja de madeira queimando. Consideramos usar propano líquido porque produzia a cor certa, uma chama pronunciada e duradoura. No entanto, simplesmente não era uma opção segura e, naquela época, havia um novo código [de saúde e segurança] sendo implantado para efeitos pirotécnicos que podiam ser usados diante de uma plateia... No fim das contas, propano vaporizado funcionou. Era mais fácil de controlar e, como o propano se mantém próximo ao solo, era mais fácil e mais seguro criar o efeito cogumelo ou bola de fogo. O propano disparava no ar e fazia barulho no chão, criando um efeito espetacular.[21]

O maior complexo de guerra urbana dos Estados Unidos está surgindo no Centro de Treinamento de Prontidão Conjunta em Fort Polk, Luisiana. Ele se compara a um espaço semelhante sendo construído em Fort Irwin, Califórnia, cujo comandante teria afirmado que "a realidade que criamos no Centro de Treinamento de Prontidão Conjunta é como um grande *reality show* de televisão"[22]. Em Fort Polk, dezoito imitações de vilarejos iraquianos

---

[19] Ware Corporation, "Zussman Village, Fort Knox, Kentucky", resumo do projeto, sem data. Disponível em: <www.wareinc.com/about-us/literature-media/case-studies>. Acesso em: 20 jun. 2016.

* Sistema que emitia cheiro durante a projeção de um filme para que o espectador pudesse ter a experiência olfativa do que se passava na tela. (N. T.)

[20] Ware Corporation, "Zussman Village, Fort Knox, Kentucky", cit.

[21] Idem.

[22] Citado em *Full Battle Rattle*, vídeo para *streaming on-line*, dirigido por Tony Gerber e Jesse Moss, 2009. Disponível em: <www.fullbattlerattlemovie.com>. Acesso em: 3 abr. 2016.

266 • Cidades sitiadas

estão sendo construídas no que a revista *Wired* apelidou de "o parque temático mais violento do mundo"[23]. Esse complexo, que abrange quase 40,5 mil hectares, é detalhado até as bancas de *kebab* e simulações de valas comuns – estas, criadas enterrando pilhas de ossos e carne em putrefação dos açougues locais. Durante os exercícios – que só em 2005 tiveram a participação de 44 mil soldados destinados ao Iraque – o complexo é "habitado" por 1,2 mil personagens, vestindo roupas em estilo árabe e interpretando membros de tribos, policiais e civis iraquianas[24]. Duzentos deles eram árabe-americanos, a maioria do próprio Iraque. Roteiristas estão a postos para desenvolver "perfis de personagem" para cada participante, conforme cada um esteja programado para ser "amigo", "neutro" ou "hostil" em relação às forças estado-unidenses.

"Antes, os atores eram moradores locais com sotaques sulistas que diziam 'você atropelou minha cabra'. Agora você entra em um vilarejo 'curdo', e o 'prefeito' é do norte do Iraque", conta o brigadeiro-general Mike Barbero, comandante da base[25]. Agora, alguns participantes fazem o trabalho por US$ 220 ao dia em período integral. Durante os exercícios, o repórter Vince Beiser, da *Wired*, descobriu que "reina uma atmosfera apatetada de Feira da Renascença" no local. "As pessoas caem no riso falando trechos de bobagens em árabe 'aladdinês': 'Yaahabla blanabla!', cumprimenta um. 'Mohammed Jihad!', vem a resposta."[26]

"Este é o nosso *playground*"

> É ali, nesse mundo paralelo, que a ocupação dos territórios palestinos é simulada por gerações de soldados israelenses, repetidas vezes.[27]

No entanto, o simulacro de cidade árabe mais ambicioso e polêmico já construído até o momento, de longe, não é uma instalação estado-unidense. Ostensivamente, é israelense: o centro Baladia, na base israelense de Tze'elim, no deserto de Neguev (Figura 6.2). Considerando que o local

---

[23] Vince Beiser, "Baghdad, USA", *Wired*, São Francisco, v. 14, n. 6, 2006.

[24] Ann Scott Tyson, "US Tests New Tactics in Urban Wargame", *Christian Science Monitor*, Boston, 9 nov. 2004.

[25] Idem.

[26] Vince Beiser, "Baghdad, USA", cit.

[27] Adam Broomberg e Oliver Chanarin, *Chicago* (Londres, SteidlMack, 2006).

Arquipélago de parque temático • 267

foi financiado com auxílio estado-unidense, construído entre 2005 e 2006 pelo Corpo de Engenheiros do Exército dos Estados Unidos e é usado por fuzileiros navais estado-unidenses, talvez "israelo-estado-unidense" seja uma descrição mais correta.

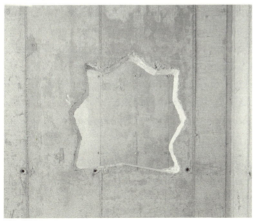

6.2 A simulação de cidade palestina Baladla, no deserto de Neguev, construída para os israelenses pelo Exército estado-unidense. No alto: visão panorâmica da escala das "instalações". Ao centro: simulação de uma rua palestina. Embaixo: um "buraco de minhoca" que permite às forças israelenses praticar sua movimentação através das paredes de cidades e campos de refugiados palestinos.

268 • Cidades sitiadas

Com o custo de US$ 40 milhões e uma área de cerca de 19 quilômetros quadrados, Baladia tem 472 estruturas de concreto completas e 6 quilômetros de estradas. É uma das primeiras imitações de cidade de guerra urbana que se aproxima da escala de uma área urbana real. Baladia foi construída explicitamente para generalizar "lições [militares] aprendidas" das incursões regulares de Israel em cidades e campos de refugiados palestinos desde 2002, e disponibilizá-las para todas as Forças Armadas de Israel, bem como para as forças de nações aliadas. O complexo simula uma cidade palestina completa[28], dividida em quatro "blocos" e equipada com instalações de monitoramento para acompanhar o "combate".

A estrutura de equipamentos de Baladia é impressionante. Ela simula prédios de apartamentos, um mercado, uma mesquita e uma "casbá" de concreto. Seu cemitério "também faz as vezes de campo de futebol, dependendo do cenário operacional"; sua "reserva natural" esconde lançadores de foguetes como os do Hezbollah. As ruas estão cheias de carros queimados, pneus queimados e armadilhas de explosivos falsas[29]. Além do complexo sistema de monitoramento, há um sistema de áudio elaborado que reproduz o barulho de helicópteros, disparos de morteiro, chamados para orações e vinte e tantos outros sons distintos. Um toque distinto é o leque de bonecos mecânicos, como as caricaturas de árabes barbados que estão programadas para surgir em janelas e esquinas durante exercícios de balística. Baladia tem até "buracos de minhoca" pré-fabricados: trata-se de aberturas feitas rotineiramente nas paredes de prédios por soldados israelenses para que possam atravessar as cidades e os campos de refugiados palestinos e, ao mesmo tempo, evitar a vulnerabilidade de estar na rua. Assim como nos complexos estado-unidenses, "centenas de soldados, em sua maioria mulheres de 19 e 20 anos, formadas em programas de língua e cultura árabe, [atuam como] civis e guerreiros inimigos"[30].

A escala do complexo permite rearranjos flexíveis, possibilitando criar a simulação de uma cidade específica contra a qual as Forças de Defesa de Israel [IDF, na sigla em inglês] ou outras forças estejam planejando uma operação. Assim, Baladia pode facilmente ser reconfigurada para se tornar "Gaza", o "Líbano", a "Cisjordânia" ou a "Síria". "Este é o nosso *playground*

---

[28] Arieh O'Sullivan, "Army Inaugurates Warfare Village", *Jerusalem Post*, 13 jan. 2005.

[29] Barbara Opall-Rome, "Marines to Train at New Israeli Combat Center", *Marines Corps Times*, Springfield (VA), 25 jun. 2007.

[30] Idem.

Arquipélago de parque temático • 269

para treinar o que for necessário", declarou o tenente-coronel Arik Moreh, segundo em comando da base. Em 2007, por exemplo, o Líbano e a Síria eram as principais preocupações de Israel. Logo, escreveu Barbara Opall-Rome,

uma engenharia criativa [foi] necessária para transformar a área no que oficiais das Forças de Defesa de Israel ali chamam de Hezbollahlândia. Durante uma visita no fim de maio [de 2007], planejadores das IDF estavam ocupados transformando grandes partes da cidade de Baladia em Bint Jbeil, um bastião do Hezbollah a partir do qual forças xiitas extremistas cobraram um preço alto das tropas terrestres das Forças de Defesa de Israel no verão anterior, na Guerra do Líbano.[31]

Em 2006, os fotógrafos israelenses Adam Broomberg e Oliver Chanarin fizeram um estudo detalhado de Baladia (cujo nome alternativo é, estranhamente, "Chicago"). A pesquisa os levou a concluir que ela "não se baseava em uma cidade específica, mas em um espaço 'árabe' genérico, criado pelos próprios soldados, extraído de sua própria experiência íntima das minúcias das cidades árabes". Os fotógrafos relatam que muita atenção foi dada aos detalhes: "Foram feitas pichações em árabe nas paredes: 'eu amo você, Ruby' e 'Brasa vermelha, quente como sangue'"[32].

Baladia revela contorções de simulação e negação. Broomberg e Chanarin sugerem:

Essa convenção de usar o nome "árabe", em vez de "palestino", efetivamente ofusca a identidade, e nesse sentido Chicago como uma cidade-fantasma evidencia a linha de negação que perpassa boa parte do discurso israelense sobre as relações com a Palestina, cidades como Ramallah e Nablus.

Depois de sua visita final ao complexo, os fotógrafos falaram sobre suas características profundamente perturbadoras:

É difícil especificar o que no local é tão aflitivo. Talvez seja a combinação de vicariedade e violência. É como se os soldados tivessem adentrado o domínio privado do inimigo enquanto ele estava dormindo ou tinha saído para almoçar... É uma intrusão ameaçadora da intimidade.[33]

Em dezembro de 2006, o complexo também estava recebendo visitas regulares de comandantes militares estado-unidenses. Durante uma dessas

---

[31] Idem.

[32] Adam Broomberg e Oliver Chanarin, *Chicago*, cit., p. 23.

[33] Idem.

270 • Cidades sitiadas

visitas, o tenente-general H. Steven Blum, chefe do Escritório da Guarda Nacional dos Estados Unidos, elogiou:

> Trata-se de um lugar de primeira categoria que os israelenses construíram. Provavelmente deveríamos ter um centro como esse. Nesse ínterim, precisamos explorar as oportunidades de treinar aqui... Não poderia ser mais realista, a menos que as pessoas pudessem de fato morar ali.

Para o tenente-general Blum, Baladia oferece uma aproximação muito maior das geografias urbanas árabes do que as imitações de cidade que ele encontrou nos Estados Unidos:

> É a réplica mais realista e abrangente da espécie de área urbana típica dessa região do mundo que eu já vi. É simplesmente um centro de treinamento esplêndido para todas as nuances, a percepção situacional e as condições do campo de batalha que os soldados encontram nessa parte do mundo.[34]

Em meados de 2007, enquanto o complexo era rotineiramente utilizado pelas forças israelenses, o uso pelas forças estado-unidenses já estava sendo explorado. Israel Moskovic, comandante tanto do complexo quanto da divisão de Gaza das IDF, relatou que Baladia logo receberia unidades do Exército e da Marinha dos Estados Unidos para treinamento antes que fossem enviadas para o Iraque: "Isso foi algo desenvolvido por nós em cooperação com o Exército dos Estados Unidos; nossa intenção é que se torne um valioso centro de conhecimento que também beneficie nossos aliados norte-americanos e outros amigos"[35]. De início, Israel tinha oferecido a contratação das instalações de "Chicago" a forças ocidentais que precisassem de treinamento em guerra urbana. No entanto, apesar da cooperação próxima das Forças de Defesa de Israel com essas forças em termos de treinamento e equipamento, começando com a invasão de 2002 de cidades da Cisjordânia, essas ofertas foram rejeitadas. Não obstante, os operadores de "Chicago" continuaram confiantes de que os militares ocidentais acabariam indo treinar ali, e em 2007 ficou claro que os Fuzileiros Navais estado-unidenses fariam uso de Baladia, apesar do medo inicial de que isso gerasse publicidade negativa.

---

[34] Idem.

[35] Barbara Opall-Rome, "Marines to Train at New Israeli Combat Center", cit.

Cidades-fantasma de guerra

Apesar da recente proliferação de centros de treinamento de guerra urbana, oficiais seniores do Pentágono estão convencidos de que esses espaços são totalmente inadequados para a tarefa de treinar as forças estado-unidenses para conter futuras insurgências urbanas em megacidades em rápido crescimento. Como resultado, o Congresso dos Estados Unidos pediu ao Rand Corporation, há muito tempo o *think tank* militar da nação, que explorasse outras opções. O relatório de quatrocentas páginas resultantes foi publicado em 2006[36].

O relatório começa com a premissa de que

> as Forças Armadas dos Estados Unidos até o momento não conseguiram reproduzir de maneira adequada os desafios que seus soldados, marinheiros, fuzileiros navais e membros das Forças Aéreas enfrentam nas cidades do Iraque e do Afeganistão.[37]

Primeiro os pesquisadores do Rand avaliam os centros de treinamento de guerra urbana existentes em termos de oferecerem ou não as características arquitetônicas e infraestruturais mais desafiadoras encontradas quando se realizam operações militares em cidades grandes do Sul global. As que apresentaram os melhores resultados, como as instalações de Twenty-Nine Palms dos Fuzileiros Navais, na Califórnia, ou a bilionária imitação de cidade iraquiana do Exército em Fort Irwin, têm "entulho/escombros/sujeira", "favelas/barracos/complexos murados", "centros subterrâneos" e "estruturas governamentais/hospitais/prisões/abrigos"[38].

Para lidar com a necessidade de simulações físicas mais realistas de cidades e distritos inteiros, a equipe do Rand recomenda a construção de quatro novas cidades de guerra urbana que incluiriam mais de trezentas estruturas cada uma, uma localizada na região de Kentucky/Carolina do Norte/Geórgia, outra em algum lugar do sudoeste dos Estados Unidos, uma terceira em Fort Polk, na Luisiana, e a quarta em Fort Hood, no Texas.

O Rand também explorou a possibilidade de apropriação de cidades-fantasma inteiras no território continental dos Estados Unidos – cidades que foram desindustrializadas e praticamente abandonadas. O relatório afirma que "o uso de cidades abandonadas [para treinamento de guerra urbana]

---

[36] Russell Glenn et al., "Preparing for the Proven Inevitable", cit.

[37] Ibidem, p. xv.

[38] Ibidem, p. 243.

272 • Cidades sitiadas

avançou da fase de concepção para o que pode ser considerada a fase de testes e de desenvolvimento iniciais"[39]. Um desses lugares é Playas, uma cidade de mineração de cobre praticamente abandonada no canto sudoeste do Novo México (Figura 6.3) que já foi usada para treinamento dos esquadrões antibombas suicidas do Departamento de Segurança Interna dos Estados Unidos. Steve Rowell, do Center for Land Use Interpretation [Centro de Interpretação de Uso da Terra] em Culver City, na Califórnia, escreve:

> No decorrer do tempo, cidades acabam morrendo. Apesar disso e apesar da recessão econômica nos Estados Unidos, as indústrias de defesa e preparo para desastres estão florescendo, invertendo essa tendência em algumas das áreas mais remotas da nação. A Guerra ao Terror está redefinindo a pastoral estado-unidense de maneira inesperada.

No caso de Playas, esse novo papel é de "um subúrbio residencial estado--unidense genérico sob uma simulação de ataque" e, no futuro, de uma cidade árabe simulada na qual militares podem aprimorar suas habilidades de guerra expedicionária"[40].

A cidade inteira de Playas foi alugada do Instituto de Minas e Tecnologia do Novo México, que a comprou explicitamente para ser usada como espaço de treinamento para guerra urbana. No entanto, exercícios de balística provavelmente não serão possíveis em Playas, "uma vez que os donos da cidade considerariam os custos de reparos estruturais proibitivos", de acordo com o relatório da Rand[41]. Os pesquisadores sugerem que Playas seria aprimorada como centro de treinamento se suas estruturas fossem reconstruídas seguindo as linhas árabes – se, por exemplo, a arquitetura da cidade fosse "modificada para incluir áreas muradas como as que as tropas estado-unidenses no Iraque e no Afeganistão precisam, às vezes, isolar e evacuar"[42].

Apesar de Playas ser chamada de "cidade-fantasma", alguns moradores remanescentes persistem. Enquanto a cidade desgastada ganha a vida sendo atacada e agredida repetidas vezes pelo poder militar, seus habitantes, aparentemente gratos por esse novo nicho econômico, o fazem principalmente

---

[39] Ibidem, p. 63.

[40] Steve Rowell, "Playas, New Mexico: A Modern Ghost Town Braces for the Future", *The Lay of the Land*, Culver City, Center for Land Use Interpretation, n. 28, 2005. Disponível em: <www.clui.org>. Acesso em: 2 jun. 2016.

[41] Russell Glenn et al., "Preparing for the Proven Inevitable", cit., p. 6.

[42] Idem.

como figurantes nos exercícios de guerra urbana e terrorismo. "Estamos felizes que coisas estejam acontecendo por aqui", comentou Linda McCarty, residente de Playas, com o *USA Today*. "Até o New Mexico Tech assumir" – que foi quando a cidade foi redesignada para o treinamento de guerra

6.3 Playas, Novo México, uma cidade-fantasma convertida em espaço de treinamento de guerra urbana e ações antiterrorismo.

274 • Cidades sitiadas

urbana – "era muito triste."[43] Atualmente, a população de Playas conta com cerca de 25 famílias, e a maioria dos adultos trabalha no programa de treinamento como personagens[44].

O potencial de áreas metropolitanas reais nos Estados Unidos para servir de zonas de treinamento de guerra urbana tampouco foi ignorado pelo Rand. O *think tank* recomenda uma nova gama de exercícios de guerra urbana nos moldes dos exercícios Urban Warrior e Project Metropolis, nos quais fuzileiros navais "invadiram" Little Rock, no Arkansas, Chicago, em Illinois, Oakland, na Califórnia, e Charleston, na Carolina do Sul, entre 1999 e 2002[45]. Em 1999, em um exercício precursor do tratamento dado a Fallujah cinco anos mais tarde, o Urban Warrior em Oakland chegou até a envolver o exame biométrico de "combatentes da resistência"[46].

Esses exercícios serão ainda mais necessários no futuro, segundo o Rand, porque "nenhum centro de treinamento urbano construído e nenhuma simulação, por muitos anos vindouros, serão capazes de apresentar a heterogeneidade e a complexidade de uma megalópole moderna"[47]. Esses exercícios se concentram em aprender a desabilitar as infraestruturas elétrica, de comunicação, transporte e água de uma cidade real. A experiência de Oakland em março de 1999, por exemplo, envolveu grandes desembarques anfíbios e aéreos, a fim de gerar interesse de recrutamento, além de realizar exercícios em hospitais abandonados e redes de esgoto.

Para o Rand, apesar de recriarem alguns dos desafios que as forças dos Estados Unidos enfrentam na ocupação de cidades do Sul global, todas essas propostas vão ficar aquém da abordagem em escala dessas cidades. Portanto, para lidar com esse problema, a proposta mais ambiciosa do Rand é a construção de um complexo "megaMout" – que abranja quatrocentos quilômetros quadrados e incorpore uma cidade completa de novecentos prédios – na base dos Fuzileiros Navais em Twenty-Nine Palms, Califórnia[48].

---

[43] Mimi Hall, "War on Terror Takes Over a Thankful Town", *USA Today*, 13 mar. 2005.

[44] Richard Stolley, "Postcard: Playas", *Time*, Nova York, 3 abr. 2008.

[45] Elizabeth Book, "Project Metropolis Brings Urban Wards to US Cities", *National Defense Magazine*, abr. 2002.

[46] John Lettice, "Marine Corps Deploys Fallujah Biometric ID Scheme", *The Register*, Londres, 12 set. 2004.

[47] Russell Glenn et al., "Preparing for the Proven Inevitable", cit., p. 83.

[48] Ibidem, p. 152.

O Rand imagina que esse complexo, orçado em US$ 330 milhões em 2011, vai permitir que uma brigada inteira simule, com níveis inéditos de realismo, o controle de uma cidade iraquiana ou árabe de grande porte. Pela primeira vez, elementos da Força Aérea serão completamente integrados às forças terrestres; haverá instalações portuárias e industriais também. Além disso, operações terrestres e até fogo de artilharia agora serão possíveis.

Diorama de destruição

Enquanto simulações físicas de treinamento de guerra urbana contam pesadamente com a *expertise* de *designers* de Hollywood e de parques temáticos, uma gama cada vez maior de simulações eletrônicas têm conexões próximas com as indústrias em expansão de videogames e eletrônicos. Cada vez mais, simulações físicas e eletrônicas de cidades árabes estão sendo combinadas. De acordo com Scott Malo e Christopher Stapleton, do Laboratório de Convergência de Mídia na Universidade da Flórida Central, a teoria é de que "a tecnologia dos parques temáticos de hoje em dia acrescenta a natureza emocionante da atividade e do estímulo do corpo inteiro. E se os parques temáticos e os videogames combinarem suas forças?"[49].

Um desses projetos, um espaço de uma casa chamado Urban Terrain Module, foi criado em Fort Sill, Oklahoma. Ele funde as mais recentes tecnologias de simulação eletrônica com dioramas físicos de ambientes urbanos "árabes" destruídos. Esse módulo, situado em um grande estúdio de mídia, está

> totalmente decorado no estilo do Oriente Médio. Há uma imagem pendurada na parede, os vestígios destroçados de um pequeno vaso estão sobre uma pequena mesa circular perto da área da cozinha. Como num espetáculo da Broadway, paredes e outros elementos cenográficos podem ser trocados de acordo com o que o treinamento pedir.[50]

Construído com a ajuda de profissionais de dramaturgia de Hollywood, esse espaço pode gerar "humanos virtuais" simulados eletronicamente – que parecem "árabes" reais, com a pele morena condizente –, programados para

---

[49] Scott Malo e Christopher Stapleton, "Going Beyond Reality: Creating Extreme Multimodal Mixed Reality for Training Simulation", artigo apresentado na Conferência Interservice/Treinamento, Simulação e Formação para a Indústria (I/ITSEC), 2004.

[50] Associated Press, "Army Unveils New, Ultra-Real Simulation", 20 dez. 2004.

"povoar" os espaços com telas eletrônicas dentro do diorama físico destruído e servir de alvos para as sessões de treinamento dos militares estado-unidenses "imersos" no módulo. Também fazem parte da mistura a parafernália cênica familiar de simulações de explosões, fumaça e uma paisagem de deserto computadorizada. Os *designers* do projeto defendem que as recriações eletrônicas de Fort Sill são tão convincentes que os limites entre os elementos virtuais e os físicos são cada vez mais indistinguíveis para os soldados que são treinados ali[51]. Uma brochura promocional distribuída em uma grande conferência de simulação militar afirma que esse tipo de pacote de inteligência artificial "permite aos treinadores que manipulem a reação do personagem durante o processo, transformando multidões em turbas violentas com um toque no teclado"[52]. Para uma dose extra de realismo, os truques de Hollywood dos "artistas de ferimentos de guerra" são usados junto com os alvos humanos digitalizados. Em um centro semelhante, dentro do único estúdio de TV e cinema de San Diego, fuzileiros navais amputados voltando do Iraque "saem para patrulhar com seu pelotão" pelos espaços híbridos, físicos e virtuais, da simulação de cidade iraquiana, relata Stu Segall, dono do estúdio. "Uma bomba explode, e fingimos que eles perdem uma perna."[53]

Os operadores de Fort Sill imaginam que as simulações logo serão modificadas para projetar dados reais de satélite e de mapeamento digital do Iraque e de outras áreas de guerra urbana, de modo que, como declara o diretor de projeto, o coronel Gary Kinne, "indivíduos possam treinar no terreno que de fato vão ocupar um dia – talvez em um futuro teatro de guerra"[54]. Odores simulados como aqueles usados nas instalações físicas também são cogitados.

Jacarta, 2015

Simulações muito maiores, e puramente eletrônicas, de megacidades do mundo em desenvolvimento estão se tornando grandes espaços para os jogos de guerra através dos quais as forças estado-unidenses agora imaginam

---

[51] Heidi Loredo, "Hollywood Magic Prepares Marines for Combat", *Marines.Com*, jul. 2004. Disponível em: <www.marforres.marines.mil>. Acesso em: 21 jun. 2016.

[52] Idem.

[53] Idem.

[54] Idem.

a futura guerra de contrainsurgência em grande escala. No mais importante jogo de guerra urbana simulada eletronicamente – Urban Resolve 2015 –, uma grande faixa de vinte quilômetros quadrados de Jacarta, capital da Indonésia, foi digitalizada com precisão e simulada "geoespecificamente" em três dimensões, incluindo o interior dos 1,6 milhão de prédios da cidade, 109 mil "veículos" e "civis", e a infraestrutura subterrânea. Uma Bagdá virtual foi reproduzida de modo semelhante. Ambas as cidades foram imaginadas por uma gama de supercomputadores como futuros "ambientes tóxicos para ideologias extremistas" que necessitam de uma sólida resposta militar dos Estados Unidos[55]. Enquanto isso, o complexo vital de segurança e defesa em Suffolk, Virgínia, foi simulado como um local de grande mobilização de segurança nacional antiterrorismo.

Entre 2003 e 2008, a Urban Resolve serviu de base para uma série de intensas simulações militares em dezenove bases militares distintas, envolvendo mais de 1,5 mil participantes e fazendo uso de alguns dos supercomputadores militares mais sofisticados dos Estados Unidos. As simulações projetavam áreas de grandes guerras urbanas envolvendo as forças estado-unidenses em 2015, cheias de uma gama imaginada de novos sensores, sistemas de monitoramento e armas voltadas especificamente para o tipo de atividade que pode levantar a "névoa da guerra" em uma megacidade. As forças opositoras, programadas para lutar de modo autônomo dentro da megacidade virtualizada, foram equipadas com tecnologias projetadas para estar disponíveis no mercado aberto em 2015 – incluindo seus próprios veículos robóticos.

Como parte da ordem de "replicar a geografia, as estruturas e os comportamentos culturalmente relevantes da população do mundo real"[56], a Urban Resolve simulou até os ritmos diários da Jacarta e da Bagdá virtuais: à noite, as vias ficavam quietas; nos horários de pico dos dias de semana, o trânsito se acumulava nelas. Nos horários das preces diárias, o tráfego de veículos e de pessoas aumentava perto das mesquitas. Os habitantes virtualizados iam ao trabalho, paravam para almoçar, visitavam restaurantes, bancos e

---

[55] James Winnefeld, diretor do Diretório de Experiências Conjuntas do Comando de Forças Conjuntas, citado em Ashley Dawson, "Combat in Hell: Cities as the Achilles' Heel of US Imperial Hegemony", *Social Text*, v. 25, n. 2, 2007, p. 170.

[56] Bryan Axtell, "Urban Warfare Experiment Draws Many Players", *USJFCOM Public Affairs*, Arlington (VA), 24 out. 2006. Disponível em: <www.jfcom.mil>. Acesso em: 2 jun. 2016.

278 • Cidades sitiadas

igrejas – aparentemente alheios ao fato de estarem vivendo em uma grande zona de guerra[57].

Participantes do Urban Resolve 2015 projetaram suas concepções de guerra futura em uma reprodução totalmente virtualizada de Jacarta ou Bagdá. A cidade se tornou puro campo de batalha, uma área de recepção de artilharia futura. Enquanto observava os participantes durante um exercício em outubro de 2006, o relações-públicas militar Bryan Axtell comentou como "linhas de fogo atravessam becos e telhados enquanto uma mão delicadamente move o controle ergonômico de armas e a outra dança sobre uma caixa cheia de botões vermelhos iluminados e controles de joystick"[58].

O Urban Resolve 2015 propiciou um importante contexto experimental para o desenvolvimento das futuras armas de alta tecnologia estado-unidenses voltadas para insurgências urbanas. Ele correspondeu, aliás, a um teste para as fantasias tecnófilas de dominação robótica discutidas no capítulo 5. Como parte do exercício de outubro de 2006, por exemplo, *drones* armados "sobrevoando" Jacarta estavam equipados com versões imaginárias de armas de "energia direcionada", ou *laser*, as quais de fato estavam sendo elaboradas pelo setor de pesquisa e desenvolvimento militar. Aparentemente, a importância das descobertas do Urban Resolve foi tanta que "levou à revisão de todo o plano do Departamento de Defesa dos Estados Unidos" para futuras guerras urbanas[59].

Não obstante toda a tecnologia de ponta, o Urban Resolve ainda parece demonstrar uma "sensação curiosamente hermética"[60]. Ashley Dawson, que visitou uma das simulações, notou que dominavam os postos dos participantes "homens brancos, carecas e com longos bigodes – o mesmo tipo de agentes antiquados e figurões das Forças Especiais que controlam a verdadeira ocupação do Iraque com efeitos tão desastrosos desde 2003"[61]. Por trás de tudo isso, tanto no Urban Resolve quanto em outras partes, Dawson

---

[57] Peter Wielhouwer, "Preparing for Future Joint Urban Operations: The Role of Simulation and the Urban Resolve Experiment", *Small Wars Journal*, Bethesda (MD), jul. 2005.

[58] Idem.

[59] Maryann Lawlor, "Military Changes Tactical Thinking", *Signal*, Fairfax (VA), out. 2007.

[60] Ashley Dawson, "Combat in Hell", cit., p. 170.

[61] Idem.

diagnosticou uma "negação bitolada do fato de que é a própria ocupação dos Estados Unidos que está criando um ambiente tóxico em Bagdá"[62].

Um exército de *gamers* 1

As tropas da atualidade receberam seu treinamento básico quando crianças.[63]

A simulação de cidades árabes como pouco mais do que espaços que recebem poder de fogo militar dos Estados Unidos vai muito além dos confins das Forças Armadas. Assim como os militares fazem uma polinização cruzada com a indústria de entretenimento eletrônico[64], as simulações eletrônicas de cidades árabes são usadas tanto no treinamento militar estado-unidense como em videogames comerciais de sucesso. Em 2008, as forças dos Estados Unidos tinham adotado formalmente 23 videogames com propósitos de treinamento interno. Em especial, *America's Army* e o equivalente para o Corpo de Fuzileiros Navais dos Estados Unidos, *Full Spectrum Warrior*[65], foram desenvolvidos em uma parceria entre suas respectivas forças e empresas de entretenimento, em parte com base em simulações de treinamento urbano.

Tanto *America's Army* quanto *Full Spectrum Warrior* – entre as franquias de videogames mais populares do mundo em 2008 – "lançam o jogador no mundo do fetiche mais recente da indústria de *games*: a guerra urbana moderna"[66]. Ambos têm como foco os desafios militares que em tese estão envolvidos na ocupação e pacificação de cidades árabes orientalizadas e estilizadas. Os jogadores precisam passar por um treinamento básico em uma simulação eletrônica do Mount McKenna, um dos maiores centros de treinamento militares de guerra urbana dos Estados Unidos. Andrew Deck afirma que a proliferação de videogames de guerra urbana que se baseiam em intervenções militares estado-unidenses de fato em curso em cidades

---

[62] Idem.

[63] William Hamilton, "Toymakers Study Troops, and Vice Versa", *The New York Times*, 30 mar. 2003.

[64] James Der Derian, *Virtuous War: Mapping the Military-Industrial-Media-Entertainment Network* (Boulder [CO], Westview, 2001).

[65] Ver o site dos videogames, disponíveis, respectivamente, em <www.americasarmy. com> e <www.fullspectrumwarrior.com>. Acessos em: 2 jun. 2016.

[66] Steffan DelPiano, "Review of Full Spectrum Warrior", *GamesFirst.com*, 2004. Disponível em: <gamesfirst.com>. Acesso em: 22 jun. 2016.

árabes "fez surgir um culto de xenófobos ultrapatriotas cujo maior prazer é destruir, independentemente de quão racista, imperialista e frágil for a lógica" da batalha simulada[67].

America's Army, em particular, foi considerado "um passo monumental na cultura de consumo militar do século XXI"[68]. Em 2008, o videogame – divulgado sob o slogan "Cidadãos. Países. Videogames. O Exército dos Estados Unidos garante a liberdade de todos eles" – foi baixado mais de 38 milhões de vezes, mais de 8 milhões delas por usuários registrados[69]. A "missão" do jogo, escreve Steve O'Hagan,

> é massacrar malfeitores, com algo sobre "liberdade" […] como pano de fundo […]. Esses *games* podem ser ultrarrealistas até no calibre das armas, mas quando as balas atingem a carne, as pessoas desabam serenamente num amontoado. Sem sangue. Nem ferimentos de saída. Sem gritos.[70]

Roger Stahl comenta que "às vezes uma névoa de sangue escapa de um ferimento invisível, mas as vítimas nem se debatem nem gritam. Os corpos tendem a desaparecer como se arrebatados para o paraíso"[71].

Jogos como *America's Army* e *Full Spectrum Warrior* moldam o soldado estado-unidense como um agente hipermasculinizado de violência (justa e honrosa), enquanto constroem o "outro" árabe estilizado como uma ameaça existencial indistinta e não específica a noções vagas de "liberdade" e "Estados Unidos". Essas duas construções, claro, são complementares, inseparáveis: "[…] ao articular o 'outro', o Exército se constitui concomitantemente", escreve Abhinava Kumar[72]. Representações desse "outro" vago, ameaçador, racializado e evidentemente mau reforça geografias imaginárias que igualam cidades árabes a "terrorismo" e à necessidade de "pacificação" ou "limpeza"

---

[67] Andy Deck, "Demilitarizing the Playground", *No Quarter*, 2004. Disponível em: <www.artcontext.net/crit/essays/noQuarter/>. Acesso em: 2 jun. 2016.

[68] Roger Stahl, "Have You Played the War on Terror?", *Critical Studies in Media Communication*, v. 23, n. 2, 2006, p. 122.

[69] Susan Kathy Land, "Best Practices for Software Engineering: Using IEEE Software and System Engineering Standards to Support America's Army: Special Forces", apresentação, 2007. Disponível em: <www.dau.mil/>. Acesso em: 2 jun. 2016.

[70] Steve Hagan, "Recruitment Hard Drive", *The Guardian Guide*, Londres, 19-25 jun. 2004, p. 12-3.

[71] Roger Stahl, "Have You Played the War on Terror?", cit., p. 130.

[72] Abhinava Kumar, "America's Army Game and the Production of War", *YCISS Working Paper*, n. 27, mar. 2004, p. 8.

por meio de invasões e ocupações militares estado-unidenses. Borrando ainda mais os limites já confusos que separam a guerra do entretenimento, esses videogames demonstram que a indústria do entretenimento dos Estados Unidos "assumiu uma postura de cooperação com uma cultura de guerra permanente"[73].

Nos videogames de guerra urbana, as cidades árabes são, notavelmente, representadas apenas como "coleções de objetos, não grupos de pessoas"[74]. E, quando pessoas são representadas, quase sem exceção não apenas são árabes, mas aparecem na figura de terroristas obscuros, sub-humanos, radicalizados, absolutamente externos, a serem aniquilados repetidas vezes em "ações" higienizadas – seja no entretenimento, seja no treinamento militar, ou em uma versão indistinta de ambos. *America's Army*, por exemplo, simula a guerra contra o terror em cidades árabes densamente povoadas no país fictício do Zekistão. Quase todos os prédios são escuros, sombrios, em chamas e desenhados em uma versão estilizada da arquitetura islâmica.

Mais uma vez, as cidades árabes servem apenas como ambientes para atividades militares. A militarização de locais, artefatos e espaços cotidianos da cidade simulada é completa:

> Carros são usados como bombas, transeuntes se tornam vítimas [ainda que morram sem derramar sangue], casas se tornam quartéis-generais, apartamentos se tornam postos de observação e tudo o que possa ser jogado na rua se torna uma proteção adequada.[75]

Até certo ponto, as reais geografias físicas de cidades árabes estão sendo digitalizadas para oferecer campos de batalha tridimensionais para esses videogames. Um desenvolvedor de jogos, a Forterra Systems, que também cria jogos de treinamento para as Forças Armadas, se vangloria: "Construímos [digitalmente] uma parte da área central de uma grande capital do Oriente Médio em que temos uma presença significativa hoje"[76].

O propósito principal desses jogos, porém, são relações públicas: eles são um meio de recrutamento poderoso e extremamente econômico. "Como o Pentágono gasta cerca de US\$ 15 mil em média seduzindo cada recruta,

---

[73] Andy Deck, "Demilitarizing the Playground", cit.

[74] Derek Gregory, *The Colonial Present*, cit., p. 201.

[75] Steffan DelPiano, "Review of Full Spectrum Warrior", cit.

[76] Andy Deck, "Demilitarizing the Playground", cit.

o jogo precisa resultar em apenas trezentos alistamentos por ano para recuperar os custos", afirma Stahl[77]. De fato, 40% daqueles que se alistam no Exército já tinham jogado *America's Army*[78]. O videogame também serve de base para um sofisticado sistema de monitoramento através do qual os esforços de recrutamento do Exército são direcionados. Na linguagem de marketing dos desenvolvedores militares, *America's Army* foi criado para alcançar uma sobreposição considerável "entre o público *gamer* e os segmentos-alvo de recrutamento militar do Exército", a fim de abordar "públicos com conhecimento tecnológico e dar ao Exército uma vantagem de comunicação estratégica única" (Figura 6.4).

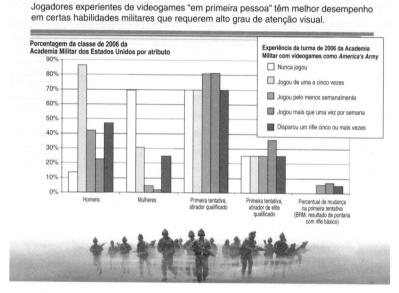

6.4 Dados por trás do desenvolvimento de videogames de guerra urbana pelas Forças Armadas dos Estados Unidos.

O mais impressionante de tudo é que *America's Army* foi cuidadosamente projetado como um dispositivo de recrutamento por explorar o fato de que "*gamers* veteranos demonstram um desempenho melhor em certas habilidades militares que requerem alto grau de atenção visual". Em outras

---

[77] Roger Stahl, "Have You Played the War on Terror?", cit., p. 123.
[78] Idem.

palavras, as Forças Armadas dos Estados Unidos consideram que jogar videogame é uma forma eficaz de treinamento preparatório[79]. Além disso, não há nenhuma tentativa de disfarçar esse fato. Um artigo na revista *Defense Horizons*, por exemplo, argumenta que "videogames criam melhores soldados e marinheiros de modo mais rápido, seguro e barato"[80].

O grupo lobista Empowered Muslim Youth argumenta que focalizar crianças e jovens por meio desses jogos resulta numa forma de lavagem cerebral cultural. O grupo defende que

> Esses jogos visuais são uma oportunidade perfeita para preparar psicologicamente e até treinar mentalmente crianças para combater em uma batalha. Não há dúvidas de que [se trata de] uma tática bem pensada, criada por oficiais do alto escalão do governo.[81]

Ex-psicólogo do Exército dos Estados Unidos, o tenente-coronel David Grossman parece concordar. Ele falou sobre como o uso de videogames e simuladores de treinamento eletrônicos similares ajudam a doutrinar soldados a matar mais prontamente em combates reais. Segundo ele, a ausência de "sangue, vísceras e emoções" nesses jogos ajuda a "ensinar as crianças a associar prazer à morte e ao sofrimento humanos. Nós as estamos recompensando por matar pessoas. E as estamos ensinando a gostar disso"[82].

Morte em desaparição

A força das realidades virtuais cresce a cada dia. Em paralelo com a busca das grandes corporações de videogame e entretenimento eletrônico por construir versões físicas de seus produtos na forma de parques temáticos e

---

[79] Citado em Tim Lenoir, "Taming a Disruptive Technology: America's Army, and the Military-Entertainment Complex", apresentação no Simpósio sobre a Coevolução de Inovações de Negócios e Tecnologia, Boulder (CO), 24-25 set. 2003.

[80] J. C. Herz e Michael R. Macedonia, "Computer Games and the Military: Two Views", *Defense Horizons*, n. 11, abr. 2002. Disponível em: <www.ndu.edu>. Acesso em: 2 jun. 2016.

[81] David Axe, "America's Army Game = Brainwashing?", *Danger Room* (Wired Blog Network), 29 jan. 2008. Disponível em: <blog.wired.com/defense>. Acesso em: 2 jun. 2016.

[82] Citado em David Leonard, "Unsettling the Military Entertainment Complex: Video Games and a Pedagogy of Peace", *Studies in Media & Information Literacy Education*, v. 4, n. 4, 2004.

284 • Cidades sitiadas

shopping centers, as Forças Armadas dos Estados Unidos querem capitalizar a imensa popularidade de seus próprios videogames com a expansão do movimento de recrutamento. Um resultado é a Virtual Army Experience – um espetáculo itinerante de cerca de 1.860 metros quadrados apresentado em rodeios, corridas e feiras de automóveis, apresentações aéreas e eventos "patrióticos" que permite a recrutas em potencial vivenciar uma versão propagandística de vinte minutos da vida militar[83]. "Apenas os soldados conhecem a sensação de lutar em uma zona de combate, mas agora os civis têm a oportunidade de sentir virtualmente um gostinho da ação", anunciou a *Army News Service* no lançamento do espetáculo itinerante, em fevereiro de 2007[84].

Os "convidados" recebem plaquetas de identificação do Exército falsas, são longamente entrevistados e então recebem o *briefing* de sua "missão", que é conduzir um comboio de seis Humvees fortemente armados para uma cidade árabe e arrancar de lá um líder terrorista[85]. Ao redor dos seis veículos há reproduções virtuais de cidades, retiradas do videogame *America's Army*. Os participantes usam armas fornecidas. Assim como em um jogo de atirar, os alvos "morrem" quando atingidos: "Quando morrem, os malfeitores caem sem derramar sangue e desaparecem. Eles surgem o tempo todo – no alto de silos, saindo de prédios"[86]. Um recruta em potencial na DigitalLife Expo de 2007 tem a seguinte recordação:

> A ação começou um pouco devagar com um ou dois civis correndo para se esconder dentro de casa antes de serem detonados com uma bala perdida. Conforme nossos Humvees começaram a avançar, apresentaram-se vários graus de inimigos que surgiam de esquinas, corriam pela rua ou ficavam no alto de um prédio. A experiência de atirar, em si, foi bem sólida. A arma dava um coice razoável e, como era real, o peso foi cobrando seu preço com o passar do tempo dentro do caminhão.[87]

---

[83] Exército dos Estados Unidos, "Virtual Army Experience Fact Sheet". Disponível em: <http://www.quadcityairshow.com/vae/pdf/VAE_FactSheet.pdf>. Acesso em: 24 jun. 2016.

[84] Hannah Hayner, "Virtual Experience Lets Civilians Act as Soldiers", *US Army News*, 27 fev. 2007.

[85] Idem.

[86] John Kessler, "At Six Flags, War Is a Virtual Reality Experience", *Atlanta Journal-Constitution*, 4 dez. 2008.

[87] Wire.ggl.com, "DigitalLife 2007: The Virtual Army Experience", 29 set. 2007.

Mas até mesmo militares veteranos estado-unidenses já expressaram repulsa por essa recente virtualização de mortes militares. Um grupo chamado Democracy for Missouri, que protestou no evento, apresenta uma imagem da experiência que é bem diferente da descrita acima: "Esse cenário obsceno coloca os sujeitos em fila para participar de uma guerra virtual com vídeos em 360° e barulhos de explosão realistas. Os gritos de mulheres e crianças não faziam parte da 'experiência'"[88].

Estresse virtual

As Forças Armadas estado-unidenses de fato se esforçaram em se concentrar mais em representações virtuais de cidades árabes do que em suas realidades sociais. Esse movimento chega até ao uso de jogos de guerra de realidade virtual para tratar veteranos da Guerra do Iraque que sofrem de estresse pós-traumático.

O Instituto de Tecnologias Criativas na Universidade do Sul da Califórnia, que desempenha um papel fundamental no cruzamento entre guerra e entretenimento, adaptou as simulações de imersão em cidades árabes estilizadas do *Full Spectrum Warrior* como base para o tratamento de soldados traumatizados. Os pacientes se submetem a simulações dos mesmos eventos que mais os traumatizaram: estar dentro de veículos e helicópteros com minas ou bombardeados; vivenciar ataques de morteiros dentro de complexos; ser atacado durante patrulha em ruas iraquianas. Em resumo, eles são colocados em "cenários [de realidade virtual] que se parecem com a situação em que os eventos traumáticos ocorreram inicialmente". Assim, a experiência em zona de guerra é refeita no que é chamado de "terapia de exposição ao Iraque virtual", uma abordagem que está sendo usada em centros de treinamento nos Estados Unidos. Dadas as semelhanças do programa com videogames, seus *designers* esperam que ele "seja bem recebido pela geração atual de combatentes de guerra"[89].

É aqui, então, que o ciclo de imersões urbanas orientalizadas para uso militar dos Estados Unidos se completa. Além de dominar o recrutamento,

---

[88] Democracy for Missouri.org, "Democracy for Missouri confronts the 'Virtual Army Experience' at Recruitment...", sem data.

[89] Rick Rogers, "Military to Try Virtual Combat Stress Remedy", *The San Diego Union-Tribune*, 17 mar. 2005.

o treinamento, o entretenimento e o combate, os mundos pixelizados e fora da realidade construídos pela guerra urbana simulada agora são convocados a ajudar os soldados que tentam lidar com as realidades que de fato enfrentaram enquanto combatiam fisicamente nas ruas de cidades do Iraque. Talvez a tarefa seja permitir que os soldados coloquem os horrores reais da guerra mais uma vez no pano de fundo sem substância das intermináveis simulações de violência e alteridade que permeiam cada vez mais a cultura ocidental. James Spira, psicólogo da Marinha com experiência com a abordagem do instituto, enfatizou que os atendentes que usam o sistema precisam se certificar de que "não seja realista demais, para não gerar mais traumas"[90].

As comunidades fechadas por excelência

Bases são o Estado encarnado.[91]

Assim como cópias de cidades árabes estilizadas ocupam o interior dos Estados Unidos, cópias de cidades estado-unidenses estilizadas, em um paralelo raramente discutido, agora ocupam as franjas do Império. Como Mark Gillem mostrou[92], as cerca de setecentas bases militares dos Estados Unidos no exterior (localizadas em mais ou menos 140 dos 195 países do mundo[93], hospedando o poder imperial e geográfico da nação) cada vez mais se parecem com cápsulas projetadas com esmero dos subúrbios residenciais estado-unidenses prototípicos implantados em nações estrangeiras. "O governo dos Estados Unidos dispersou seus soldados pelo globo para proteger o fluxo do império", escreveu Gillem. E as bases habitadas por esses soldados estão tomadas por campos de golfe, conjuntos de lojas, *drive-thrus* de franquias de redes de fast-food, gramados aparados e simulações perfeitas de escolas estado-unidenses, batalhões de bombeiros, sobrados com garagem, hotéis, bares, estacionamentos e cinema – tudo isso seguindo o modelo de adensamento urbano extremamente baixo dos

---

[90] Idem.

[91] Iain Boal et al., *Afflicted Powers: Capital and Spectacle in a New Age of War* (Londres, Verso, 2006), p. 189.

[92] Ver Mark Gillem, *America Town: Building the Outposts of Empire* (Minneapolis [MN], University of Minnesota Press, 2007).

[93] Em março de 2008.

subúrbios dos Estados Unidos e cercado não apenas por cercas de arame farpado, mas também pelo aparato de guerra.

A arquitetura e o planejamento das bases estado-unidenses refletem a rígida aplicação das normas de urbanismo dos Estados Unidos. Isso permite aos militares do país, onde quer que estejam posicionados no mundo, que "tenham a mesma visão familiar de 'lar'". Como disse o major Leslie Triano sobre sua vida na Base Aérea de Kunsan, "Às vezes, é bom voltar para os Estados Unidos quando se está no meio da Coreia"[94].

Ao permitir que militares estado-unidenses e suas famílias morem em um simulacro completo de um subúrbio residencial dos Estados Unidos enquanto absorvem grandes parcelas de terreno estrangeiro, as bases possibilitam que membros das Forças Armadas se desvinculem quase totalmente do mundo para além dos portões. Gillem afirma que o novo modelo imperial de uso de terra que corrobora a proliferação global de bases dos Estados Unidos implica "evitação[95] – transferindo bases militares para complexos isolados mas bem equipados, criados para impedir o contato com os moradores locais"[96]. Gillem escreve que os militares estado-unidenses

> estão vivendo uma experiência de diáspora e estão tentando se definir tomando como referência sua pátria distante, uma característica comum de comunidades diaspóricas. Eles têm casas diversas, mas estão tentando reconciliar diferenças pelo *design*. Aonde quer que esses soldados vão, estão presos ao país – às mesmas subdivisões de terrenos, às mesmas franquias de restaurante e aos mesmos shopping centers vazios.[97]

O trabalho de Gillem sugere que o vasto arquipélago de campos e bases militares estado-unidenses talvez seja considerado o exemplo máximo de conjunto transnacional de comunidades fechadas em estilo ballardiano. Sem dúvida, essa percepção já é comum entre membros das Forças Armadas dos Estados Unidos.

O site comunitário da Joint Task Force Guantanamo [Força-Tarefa Conjunta de Guantánamo], por exemplo – onde 7 mil militares organizam a base que contém o campo de tortura mais famoso da Guerra ao Terror –, de fato promove o complexo declarando que "sol, areia e uma comunidade

---

[94] Mark Gillem, *America Town*, cit., p. 73.

[95] Ibidem, p. 263.

[96] O site do autor, <markgillem.com>, forneceu uma descrição do livro.

[97] Mark Gillem, *America Town*, cit., p. 74.

unida fazem da estação naval uma das melhores 'comunidades fechadas' no Caribe"[98]. Enquanto isso, a tenente-coronel Goyette, da Base Aérea de Holloman, no Novo México, admite que segundo seus familiares, que visitaram a base recentemente, "algumas pessoas pagariam para morar em uma comunidade fechada tão boa quanto essa". Ao considerar os argumentos deles, ela se convenceu disso:

> Você tem uma academia gratuita com uma quantidade incrível de opções, atendimento médico e odontológico com custo reduzido, boas escolas muito perto de casa, filmes por um dólar, valores baixos para praticar golfe, custos baixos de mantimentos e dá para ver aeronaves muito legais o dia todo. [...] Não é uma forma interessante de olhar para o lugar onde moramos? Meu marido e eu gostamos muito da sensação de segurança que temos vivendo na base. Enquanto ainda vejo meus filhos brincando no jardim da entrada, sei que não preciso me preocupar com tiroteios nem tráfico de drogas na calçada. Não preciso me preocupar com membros de gangues morando na casa ao lado, trazendo atividades perigosas para o bairro.[99]

Brinquedos de guerra

Hoje em dia, simulações militares também ocorrem nos espetáculos e nas paisagens fantasiosas em proliferação que dominam o consumo e o turismo urbanos nos Estados Unidos (e em outras partes), salpicando suas visões temáticas em telas digitais e nos usos da realidade aumentada na arquitetura. Em 2006, por exemplo, o Exército dos Estados Unidos cogitou uma proposta de um empreendedor privado de complementar o principal museu militar do campo de Fort Belvoir, na Virgínia, com um parque temático e centro de simulação de 50,5 hectares e US$ 100 milhões, acompanhado de um enorme complexo hoteleiro. De acordo com o *Washington Post*, a proposta prometia que os visitantes poderiam "controlar o mais novo tanque M-1, sentir a emoção de um soldado paraquedista em queda [ou] pilotar um helicóptero Cobra"[100].

---

[98] Ver "Community". Disponível em: <www.jtfgtmo.southcom.mil>. Acesso em: 2 jun. 2016.

[99] Carmen Goyette, "Perspective: Holloman Air Force Base or Gated Community?", *Holloman US Air Force Base News*, Alamogordo (NM), 22 mar. 2007.

[100] Timothy Dwyer, "Army Ponders Amusement Venue, Hotel at Ft. Belvoir", *The Washington Post*, 8 ago. 2006.

Arquipélago de parque temático • 289

A empresa de desenvolvimento Universal City Property Management, com sede em Orlando, argumentou que o complexo colocaria os visitantes "em um mundo interativo no qual [poderiam] sentir em primeira mão como é defender a liberdade estado-unidense". Os visitantes poderiam "vivenciar as maiores batalhas de todos os tempos em uma apresentação multissensorial em 4D". No entanto, a proposta levantou muitas críticas de que "seria uma zombaria da experiência militar" e logo foi descartada. Desde então, o Exército está buscando outro "conceito de visita temática" para acompanhar o museu[101].

Como as experiências nesses simuladores estão se tornando cada vez mais indistintas daquelas dos "pilotos" dos *drones* armados usados nas frequentes incursões assassinas da CIA no Oriente Médio e no Paquistão, no entanto, uma indiferenciação mais problemática entre o interior metropolitano e as fronteiras coloniais está surgindo. Esses pilotos de fato estão posicionados em "cavernas" de realidade virtual, instaladas em trailers anônimos nas bases aéreas de Nellis e Creech, nas bordas daquele que é o epítome da simulação: Las Vegas.

Aqui, a onipresença de videogames e simulações virtuais se funde com a realidade de armas e matanças muito reais. Um jornalista da revista *Wired* comenta que o piloto de *drones* Predator soldado Joe Clark, em certo sentido,

estava se preparando para o trabalho desde criança: ele joga videogames. Muito. No alojamento, ele passa seu tempo livre com um Xbox e um PlayStation. [Depois do treinamento,] quando foi parar pela primeira vez diante dos controles de um Vant Shadow, ele descobriu que a operação de apontar e clicar funciona quase do mesmo jeito. "Você olha para a tela. Você diz para ela virar para a esquerda, ela vira para a esquerda. É bem simples", diz Clark.[102]

Essa mistura está se intensificando. Os mais novos sistemas de controle do Predator dos fabricantes de armas Raytheon usa deliberadamente o "mesmo sistema de Hotas*" que um videogame. O *designer* do Vant da

---

[101] Matthew Barakat, "Army Shoots Down Proposal for Military Theme Park in VA", *USA Today*, 8 ago. 2006.

[102] Noah Shachtman, "Attack of the Drones", *Wired*, São Francisco, v. 13, n. 6, 2005.

* Sigla para "*hands-on stick and throttle*" – em tradução livre, "*manche* e manete com comandos de fácil acesso". Trata-se de um sistema em que os botões normalmente espalhados no painel de controle do avião são agrupados junto às alavancas de controle de aceleração e direção. (N. T.)

290 • Cidades sitiadas

Raytheon defende que "não há por que reinventar a roda. A geração atual de pilotos foi criada à base de PlayStation [da Sony], então criamos uma interface que eles vão entender imediatamente"[103]. Acrescente-se a isso o fato de que muitos dos videogames mais recentes retratam os mesmíssimos Vants armados usados em incursões assassinas. Que os simuladores de treinamento para *drones* armados "sejam considerados tão realistas que seria difícil distinguir, sem conhecimento prévio, entre eles e as estações terrestres reais" aumenta ainda mais a indiferenciação entre simulação e realidade[104]. Uma matéria da *Technology.com* explica que esses simuladores, "com 1 terabyte de memória, reproduzem terrenos e localizações reais do mundo, como o Afeganistão e o Iraque"[105].

Outro controlador de Vant, entrevistado por Robert Kaplan em 2006, apontou as extremas justaposições geográficas envolvidas em "pilotar" *drones* armados do outro lado do planeta estando em uma caixa de metal nas bordas de Las Vegas. "Dentro daquele trailer fica o Iraque; dentro de outro, o Afeganistão", ele explicou, afirmando que "se você quiser apertar o gatilho e abater malfeitores, pilota um Predator"[106]. Como outro piloto-operador de Predator admitiu, talvez na maior justaposição do subúrbio residencial doméstico e da projeção distante de violência colonial, "no fim da jornada de trabalho, você volta para a vida nos Estados Unidos"[107].

Nesse contexto, a principal questão que os militares enfrentam é o contraste extremo entre o trabalho hiper-real de matar a distância de *dentro* de trailers e o mundo familiar da nação urbana que fica do lado de fora da porta[108]. Kaplan escreve:

---

[103] Paul Richfield, "New 'Cockpit' for Predator?", *C4ISR Journal*, Springfield (VA), 31 out. 2006.

[104] "Learning to Fly... UAVs", *Technology.Com*, sem data.

[105] Idem.

[106] Robert Kaplan, "Hunting the Taliban in Las Vegas", *The Atlantic Monthly*, Washington (D.C.), 4 ago. 2006.

[107] Citado em Richard Newman, "The Joystick War", *U.S. News*, Washington (D.C.), 19 maio 2003.

[108] Em outra reviravolta na fusão entre zona de guerra e regiões fronteiriças urbanas nacionais, depois de uma considerável resistência das autoridades de segurança de aviação federais dos Estados Unidos, *drones* pilotados receberam autorização de segurança para patrulhar a fronteira do país com o México. Experimentos para ver se *drones* maiores podem defender os aeroportos estado-unidenses contra mísseis disparados

Dentro dos trailers, as equipes sequer têm a sensação de voar que se tem em simuladores de voo. A verdadeira tensão para esses pilotos vem do conflito com tudo o que está do lado de fora dos trailers. Para além de Nellis fica o mundo banal de cônjuges, filhos, lição de casa e partidas de futebol, sem contar o absurdo de uma cidade onde até postos de gasolina têm caça-níqueis. O ato de apenas entrar ou sair de um dos trailers é tremendamente desorientador.[109]

Mas a fusão entre armas e brinquedos – que, claro, sempre estiveram intimamente associados – está se acelerando ainda mais. Além de definir a produção de brinquedos, filmes e videogames que encorajam crianças a se tornar recrutas em potencial, as armas militares dos Estados Unidos agora retribuem imitando brinquedos e videogames. Alguns equipamentos militares, como vimos com o Predator, agora têm consoles que copiam o do PlayStation 2.

O robô de monitoramento urbano Dragon Runner, agora utilizado pelo Corpo de Fuzileiros Navais, é outro exemplo[110]. Seu controle de seis botões também imita o do PlayStation 2, da Sony. O major Greg Heines, do Laboratório de Combate dos Fuzileiros Navais, enfatiza que o *design* foi assim definido porque "é isso que esses fuzileiros navais de 18 e 19 anos jogam praticamente a vida toda, [então eles] aprendem [a controlar o Dragon Runner] em poucos minutos"[111]. Em março de 2000, a emergência dos PlayStations como controles de armas chegou a ter um efeito imprevisível: eles foram classificados pelo governo do Japão como um "'produto multiúso relacionado a armas convencionais', uma mudança que reduziu consideravelmente os níveis de exportação [, o que] levou a uma escassez global dos consoles"[112].

Sim cities

Junto com o *boom* da chamada segurança interna desde o 11 de Setembro, o planejamento de guerra urbana agora dá ênfase igual tanto a simular Los Angeles quanto a simular Bagdá. Imagina-se a projeção de forças para

---

por humanos também estão em andamento. Mas, até o momento, *drones* domésticos permanecem não armados.

[109] Robert Kaplan, "Hunting the Taliban in Las Vegas", cit.

[110] Nick Turse, "Bringing the War Home: The New Military-Industrial-Entertainment Complex at War and Play", *Tom Dispatch*, 17 out. 2003.

[111] Idem.

[112] Roger Stahl, "Have You Played the War on Terror?", cit., p. 112.

"recuperar" as cidades dos Estados Unidos das revoltas civis ou de protestos sociais da mesma maneira que os desafios de ocupar cidades árabes. As manifestações de Los Angeles de 1992 aparecem com tanta frequência nas apresentações em PowerPoint sobre "lições aprendidas" das Forças Armadas dos Estados Unidos quanto Mogadíscio, Bagdá, Jenin ou Grozny.

Enquanto isso, dúzias de simulações físicas de distritos de cidades nacionais estão se juntando às simulações de cidades árabes. É nesses lugares que autoridades e membros da Guarda Nacional praticam operações contra desordem civil, ataques terroristas e desastres naturais. Como aponta o Center for Land Use Interpretation:

> Outra arquitetura está surgindo na paisagem em expansão do preparo. Simulacros condensados dos nossos ambientes urbanos existentes estão se formando dentro de nossas comunidades, onde os reagentes a emergências, em pequena ou grande escala, praticam suas habilidades de lidar com desastres, [e onde] a polícia lida com deterioração civil, roubos, situações hostis, saques, protestos e atiradores.[113]

Simulações militares também estão ajudando a produzir cidades estado-unidenses de outra maneira, mais direta: sua criação envolve grandes fatias da economia do país, especialmente em áreas metropolitanas de alta tecnologia. Grande parte dos principais novos polos de alta tecnologia nos subúrbios, que abrigam o que Richard Florida chama de "classe criativa"[114] dos Estados Unidos – como o "Beltway", em Washington, D.C., o "Triângulo da Pesquisa", na Carolina do Norte, o "Corredor da Alta Tecnologia", na Flórida, ou o "*cluster** de tecnologia limpa" de San Diego –, é em grande parte sustentada pela produção de violência simbólica tanto contra as cidades

---

[113] Center for Land Use Interpretation, "Exhibition Review: *Emergency State: First Responders and Law Enforcement Emergency Training Architecture*", 2004. Disponível em: <www.clui.org>. Acesso em: 2 jun. 2016.

[114] Richard Florida, *The Rise of the Creative Class* (Nova York, Basic Books, 2003).

* O termo inglês *cluster* (agrupamento, aglomerado) é usado, nos países anglófonos, em diferentes contextos. Ele foi traduzido, em português, já há muitas décadas, como "agrupamento", mas com uma finalidade muito distinta daquela de Stephen Graham neste livro. Se, na Estatística, a expressão "análise de agrupamentos" identifica uma técnica bem conhecida de análise multivariada, na linguagem da Geografia Econômica e da Economia Regional e Urbana os complexos locais e regionais de empresas articuladas (sobretudo industriais) têm sido chamados de *clusters* empresariais, *clusters* industriais etc. (Nota de Marcelo Lopes de Souza)

centrais dos Estados Unidos quanto contra as cidades árabes. Nessas áreas – que são não apenas as fundições do *homeland security state*, mas também os locais das universidades mais militarizadas e corporativizadas – está sendo forjada a convergência muito lucrativa e em rápido crescimento entre jogos eletrônicos e simulações militares. A centena de grandes empresas de simulação militar de Orlando, por exemplo, gera cerca de 17 mil empregos, e elas começam a ofuscar até a Disney como motores econômicos locais. Por trás das fachadas limpas e dos gramados aparados, milhares de engenheiros de *software* e profissionais de videogames projetam suas fantasias eletrônicas orientalizadas no mundo por meio de um complexo cada vez mais integrado das indústrias militar, acadêmica, de entretenimento e de mídia.

A importância das indústrias de simulação militar não se perde para aqueles incumbidos do desenvolvimento das economias urbanas locais. O município de Suffolk, na Virgínia, por exemplo, hoje tem orgulho de declarar que um "*cluster* de nível mundial de empresas de 'modelos e simuladores' firmou raízes ao redor de um centro de pesquisa da Universidade Old Dominion e do Comando de Forças Conjuntas dos Estados Unidos"[115]. Para auxiliar a continuidade do crescimento desses setores, parcerias entre governos locais e desenvolvedores econômicos estão surgindo para determinar "como o estado da Virgínia poderia melhorar seu apoio ao JFCOM [sigla para Comando das Forças Conjuntas] e à missão dele". Essa convergência econômica ganha força com a Virginia Modeling and Simulation Initiative (Vimsim) [Iniciativa de Modelos e Simulações da Virgínia], que será direcionada para "estimular o desenvolvimento de uma indústria de alta tecnologia única, com potencial para rendimentos de muitos bilhões de dólares". A Lockheed Martin já inaugurou um grande complexo de simulação na área. Seu CEO, Vance Coffman, afirmou em 2003: "Como um centro de alta tecnologia em expansão, com relações próximas com grandes instalações de defesa, de segurança nacional e de outros importantes clientes, Suffolk é a locação ideal para nosso novo centro"[116].

---

[115] "SimCity will be Huge", *Suffolk News Herald*, 10 maio 2005.

[116] Idem.

294 • Cidades sitiadas

Mundos que se autorrealizam

Todos os esforços para introduzir estética na política culminam numa coisa – guerra.[117]

A complexa constelação de simulações de cidades árabes e do Sul global discutida aqui tem uma atuação poderosa em conjunto. As várias manifestações físicas, eletrônicas e físico-eletrônicas operam juntas, assim como ocorre com todos os simulacros, fazendo ruir a realidade com artifícios, de modo que os limites simples entre os dois efetivamente desapareçam[118].

Seguindo o que Jean Baudrillard notoriamente enfatizou, é melhor considerar as simulações mencionadas não como "cópias" do mundo "real", mas como construções hiper-reais – simulações de coisas que não existem – por meio das quais a guerra e a violência são construídas, legitimadas e desempenhadas. "A simulação não é mais de um território, de um ser de referência ou de substância; é a geração de modelos de um real sem origens nem realidade: um hiper-real", escreve Baudrillard[119]. Assim, a questão não é que essas simulações são menos "reais" do que as coisas que supostamente representam. Em vez disso, elas oferecem espaços através dos quais a violência da "Guerra ao Terror" pode ser gerada e desempenhada, e adquirem seu poder com base na dissociação radical de qualquer conexão significativa com lugares reais (ou, o que é menos comum, pessoas reais) que afirmam representar.

No processo, esses simulacros "participam da construção de um discurso de segurança que se autorrealiza"[120]. Camadas e circuitos múltiplos de simulação funcionam coletivamente para evacuar a possibilidade de autenticar o que possa de fato ser "real". James Der Derian escreve:

---

[117] Walter Benjamin, "The Work of Art in the Age of Mechanical Reproduction", em Hannah Arendt (org.), *Illuminations: Essays and Reflections* (Nova York, Schocken, 1968), p. 241 [ed. bras.: Walter Benjamin, *A obra de arte na era de sua reprodutibilidade técnica*, trad. Gabriel Valladão Silva, Porto Alegre, L&PM, 2014]. Agradeço a Marcus Power pela referência.

[118] Jean Baudrillard, *The Gulf War Did Not Take Place* (Bloomington [IN], Indiana University Press, 1991).

[119] Idem, *Simulacra and Simulation* (Ann Arbor [MI], University of Michigan Press, 1994) [ed. port.: *Simulacros e simulação*, trad. Maria João de Costa Pereira, Lisboa, Relógio d'Água, 1991].

[120] Abhinava Kumar, "America's Army Game and the Production of War", cit., p. 8.

Desde o 11 de Setembro simulações (modelos, planejamentos de conjuntura, exercícios de treinamento e *games* de guerra) e dissimulações (propaganda política, desinformação, ciberguerra, disfarces e mentiras) [produziram] um corredor de espelhos, reduzindo a "verdade" sobre a "Guerra Global ao Terror" a uma regressão infinita de representações que [desafiam] a validação.[121]

Como os mundos da ameaça e do risco são projetados por esse coletivo de simulacros, a perpetração da violência de Estado e da guerra colonial emergem do mesmo coletivo como necessárias, justas e honrosas. Mais simulações se tornam necessárias para, por sua vez, melhorar a efetividade dessa violência, seduzir e treinar mais recrutas, lidar com sua destruição psicológica quando voltam para casa e assim por diante. Segue-se a isso que a própria noção de "segurança", ao menos como construída pelo coletivo de simulacros militares, se torna possível apenas por meio da guerra permanente. Segundo Abhinava Kumar, "A guerra torna a segurança possível criando aquilo que precisa ser protegido, e o que torna a guerra possível [é a] mecanização dos soldados, o obscurecimento do inimigo e a higienização da violência"[122].

A midiatização da guerra contemporânea é tal que o "combate" de guerras de fato ocorre tanto em salas de TV, cinemas e nas imagens do YouTube ou do PlayStation quanto nas ruas e becos reais de cidades que são zonas de combate. Conforme as distinções já vagas entre mídia e tecnologia civis e militares se dissolvem, o coletivo de simulacros militares passa a permear uma série de mídias simultaneamente. Assim, antes considerados bastante distintos, múltiplos domínios de mídia estão no processo de se fundir e interpenetrar no e por meio do coletivo de simulacros militares – um processo ao mesmo tempo confuso, perturbador e em evolução extremamente rápida. Como escreve Roger Stahl:

> Vemos que vários gêneros que no passado eram considerados separados estão forjando alianças novas e estranhas. [Como resultado,] o noticiário de guerra parece um videogame; videogames reencenam as notícias. Simuladores de treinamento militar oficiais fazem uma transição para os mercados de entretenimento comerciais; videogames comerciais passam a ser usados em exercícios de treinamento militar. Anúncios vendem videogames com retóricas patrióticas; videogames são mobilizados para divulgar o patriotismo. O negócio da diversão opera em proximidade com as Forças Armadas para

---

[121] James Der Derian, texto para a conferência do Simpósio de Dis/Simulação de Guerra e Paz, Providence (RI), 6-7 jun. 2004.

[122] Abhinava Kumar, "America's Army Game and the Production of War", cit., p. 8.

296 • Cidades sitiadas

reproduzir ferramentas de violência estatal; o negócio da violência estatal, por sua vez, capitaliza os momentos de lazer para fins institucionais.[123]

Um exército de *gamers* 2

Como vimos, as tecnologias de videogame estão se fundindo cada vez mais com as tecnologias de armas. Experiências associadas ao controle e uso de armas reais estão começando a se misturar tão completamente com as associadas aos simuladores militares dessas armas, bem como com os videogames que oferecem outras simulações ainda de experiência no uso dessas armas, que os usuários podem ter dificuldades de definir que universo estão habitando em um dado momento.

Projetando as tendências atuais, Bryan Finoki, autor do excelente blog *Subtopia*, especula sobre um futuro próximo em que "videogames se tornam a principal interface para a condução da guerra da vida real", conforme simuladores de realidade virtual usados em videogames convergem por completo com os simuladores usados nos exercícios de treinamento militar. O ponto de partida de Finoki é a existência quase de videogame dos "pilotos" de Predator em Las Vegas, com seus controles semelhantes aos de um PlayStation. Ele especula, de forma irônica até certo ponto, se os futuros jogadores de videogame poderiam "se tornar heróis de guerra condecorados graças a suas habilidades de coordenação visual-motora, que acabariam dominando os gatilhos da guerra controlada remotamente e organizada em rede"[124].

No que talvez seria o bumerangue foucaultiano máximo, essa tendência finalmente destruiria quaisquer distinções remanescentes entre o público doméstico e as mortes virtuais na fronteira colonial. Nas palavras de Finoki,

> Agrupamentos casuais de corpos nacionais em sofás espalhados pelos Estados Unidos se tornariam os novos postos de comando para um alastramento intercontinental de guerra robótica. Bons e velhos lares estado-unidenses poderiam "adotar um robô de guerra" no exterior, enquanto o pequeno Johnny o controla com o novo joystick que ganhou como presente de Natal.[125]

---

[123] Roger Stahl, "Have You Played the War on Terror?", cit., p. 123.

[124] Bryan Finoki, "War Room", *Subtopia*, 20 maio 2006.

[125] Idem.

Guerra reencantada: o fim da morte

O coletivo de simulacros militares é o principal produto do que Der Derian chamou de "rede militar, industrial, de mídia e entretenimento"[126], dedicado ao "desaparecimento do corpo, à estetização da violência e à higienização da guerra"[127]. Essa remoção do dano da guerra atua sobre todo um espectro de simulações – desde as usadas nas mortes de fato, passando por aquelas usadas para treinamento, até aquelas usadas para o simples entretenimento. Todas são variações sobre o axioma do que Der Derian chama "Guerra Virtuosa", que envolve "a habilidade técnica e o imperativo ético de ameaçar e, se necessário, executar a violência a distância, com fatalidades mínimas ou nulas" (do "lado nacional", fique claro)[128].

Como resultado, paradoxalmente, uma "indústria expressamente devotada à morte avança, como que por mágica, sem mortes"[129], e, assim, o complexo de simulações discutido aqui desempenha um papel gigantesco e talvez dominante no que foi batizado de "reencantamento" contemporâneo com a guerra[130]. O coletivo de simulacros militares é especialmente sedutor à medida que consegue "reintroduzir a corporalidade à guerra – cidades cibernéticas são repovoadas, faz-se com que humanos virtuais respirem", enquanto também consegue "limpar" todos os indícios de mortalidade verdadeira[131].

A negação da morte vai ainda mais longe de guiar simulações físicas, eletrônicas e mistas em uma miríade de campos de treinamento, videogames, filmes[132] e feiras de recrutamento. Por meio do que, num eufemismo, foi chamado

---

[126] James Der Derian, *Virtuous War*, cit.

[127] Citado em Derek Gregory, "'The Rush to the Intimate': Counterinsurgency and the Cultural Turn in Late Modern War", *Radical Philosophy*, n. 150, 2008.

[128] James Der Derian, *Virtuous War*, cit.

[129] Derek Gregory, "The Rush to the Intimate", cit.

[130] Christopher Coker, *The Future of War: The Re-Enchantment of War in the Twenty-First Century* (Oxford, Blackwell, 2004).

[131] Derek Gregory, "The Rush to the Intimate", cit.

[132] Como afirma David Robb, "De muitas formas, Hollywood está mergulhada nas forças militares", e os militares "sabem que quando imagens positivas são retratadas em filmes e programas de televisão, ocorrem picos de recrutamento. Os militares estão realmente pressionando para aparecer na tela… Esses filmes (que recebem auxílio do Pentágono) deveriam vir com um aviso: 'Este filme foi formatado e censurado pelas Forças Armadas para atender metas de recrutamento'". Citado em César Soriano e Ann Oldenburg, "With America at war, Hollywood follows", *USA Today*, 2 ago. 2005.

298 • Cidades sitiadas

de "operações de administração de percepção", isso também se estende para o banimento oficial de imagens de caixões de membros mortos em serviço e à cuidadosa construção de um noticiário de propaganda política em estilo hollywoodiano, cujo objetivo é ser usado pela muitas vezes complacente grande mídia. Ficou claro agora, por exemplo, que o Pentágono conta com técnicas de simulação para ajudar a forjar material para suas "notícias" orquestradas. Essa tática é vista como apenas um elemento no espectro aparentemente infinito de "operações de informação" ou "operações psicológicas" necessário para sustentar o "domínio do espectro total" ou "domínio de informação", por parte dos Estados Unidos, em um mundo altamente midiatizado e globalizado[133].

No começo de 2002, por exemplo, a administração Bush considerou criar um Escritório de Influência Estratégica que deliberadamente "plantaria notícias em organizações de mídia por meio de interesses externos que poderiam não ter vínculos óbvios com o Pentágono"[134]. Uma instância notória desse tipo de enganação foi, claro, o "resgate" encenado de Jessica Lynch[135].

---

[133] Derik W. Crotts, "Operational Implications of Public Affairs – Factors, Functions, and Challenges of the Information Battlefield", *Iosphere*, inverno 2006.

[134] James Dao e Eric Schmitt, "Pentagon Readies Efforts to Sway Sentiment Abroad", *The New York Times*, 19 fev. 2002.

[135] Em 23 de março de 2003, a soldado Jessica Lynch e nove colegas de sua 507ª Companhia de Manutenção foram resgatados de um hospital iraquiano pelas Forças Especiais estado-unidenses. O Pentágono relatou que Lynch tinha sido "capturada depois de disparar contra iraquianos até sua munição acabar, atingida por uma bala, esfaqueada, amarrada e levada para um hospital em Nassíria". Lá, ela foi resgatada por uma ousada incursão das Forças Especiais dos Estados Unidos uma semana depois. Mais tarde, Lynch recebeu uma Estrela de Bronze, e suas ações foram celebradas como "o momento mais heroico – talvez o único momento heroico – na guerra no Iraque". A história parecia quase perfeita demais, hollywoodiana demais. E era. Lynch, sob supervisão cuidadosa em um hospital iraquiano, na verdade foi "resgatada" por forças especiais que tinham tanto equipamento de mídia e filmagem quanto armas. Não havia soldados iraquianos presentes. Médicos iraquianos forneceram um bom atendimento a Jessica Lynch. E ela não tinha sido nem baleada nem esfaqueada, e sim se ferido quando seu veículo capotou. O dr. Anmar Uday, que assistiu ao evento, contou a John Kampfner, da BBC, que "foi como um filme de Hollywood. Eles gritaram 'vão, vão, vão'; com armas e cartuchos sem balas, cartuchos e o barulho de explosões. Fizeram um espetáculo para o ataque estado-unidense ao hospital – filmes de ação como os de Sylvester Stallone ou Jackie Chan". Além disso, o material da filmagem do resgate foi editado para a versão final a ser lançada nos noticiários por um antigo assistente de Ridley Scott que trabalhou no filme que retratou as operações militares de 1993 em Mogadíscio, *Falcão Negro em Perigo*. Em maio de 2003, Robert

Essas simulações – e supressões – midiáticas são, ocasionalmente, combinadas com o ataque violento a canais de mídia que de fato apresentam imagens dos mortos pela guerra ao mundo, como o bombardeio de abril de 2003 da sucursal da Al Jazeera em Badgá por uma aeronave estado-unidense, cinco meses depois de destruir o escritório da rede em Cabul com um míssil. A ação de abril resultou na morte de um jornalista. Um blogueiro ultrajado escreveu:

> Com alta tecnologia de precisão de "mira" envolvendo satélites e laptops e o conhecimento da localização da Al Jazeera por mais de dois anos, querem que acreditemos que a estação de TV, que fica em um bairro residencial e tem três antenas de satélite no telhado, foi um acidente.[136]

No entanto, nem mesmo isso representou o fim da campanha contra a Al Jazeera: posteriormente, Tony Blair e George Bush cogitaram seriamente bombardear a sede da emissora no Catar[137].

"Cidadãos-soldados virtuais"

Além da produção de campos infinitos de violência repetitiva, simbólica, higienizada e preparatória, o coletivo de simulacros militares força seus convidados e participantes a se conformar aos rituais de combate urbano restringindo a gama de ações possíveis a um e apenas um tipo: ataque militar hipermasculinizado. Os soldados consomem simulacros diversos e os usam como base para o tratamento real que dão aos espaços e aos habitantes das cidades do Sul global que de fato patrulham, atacam e ocupam. Eles vivem no mundo estilizado de videogames das Forças Armadas estado-unidenses enquanto passam seu tempo de lazer em acampamentos em Bagdá. E até enfrentam seus traumas psicológicos mergulhando em mais um simulacro eletrônico urbano, enquanto as ruas reais demais das cidades do Iraque se tornam mais distantes, em uma memória profundamente perturbadora.

Uma grande preocupação aqui é que uma vida inteira de condicionamento a fazer guerra contra inimigos virtuais em cidades árabes pixelizadas

---

Scheer contou ao *LA Times* que a "fabricação já tinha sido celebrada em um especial da A&E e logo se tornaria um filme da NBC". Ver <www.bbc.co.uk> e Stan Winer, *Between the Lies* (Londres, Southern Universities Press, 2004), p. 180-1.

[136] Jonathan Metcalfe, "The Hype Dimension 'Defenders of Freedom'", sem data. Disponível em: <www.cassiopaea.org>. Acesso em: 2 jun. 2016.

[137] Tom Regan, "British Paper: Bush Wanted to Bomb Al Jazeera", *Christian Science Monitor*, Boston, 23 nov. 2005.

300 • Cidades sitiadas

vá influenciar seriamente o comportamento ético dos soldados quando forem recrutados e despachados. Soldados formados e treinados com jogos de computador e simulações de guerra urbana, com suas pessoas bidimensionais que morrem repetidas vezes mortes higienizadas e sem sangue, talvez se comportem na guerra real como fazem em jogos simulados – com resultados letais. Escreve Cheryl Seal:

> Quando fico sabendo de uma notícia em que um garoto de 22 anos diz não ter ficado muito incomodado por ter que "se livrar de uma menina" (matar uma civil), alarmes e sinos disparam. Se isso não grita "desconexão" em alto e bom som, o que o faria?[138]

Enquanto isso, cidadãos se tornam o que Roger Stahl chama de "cidadãos-soldados virtuais"[139], presos em uma cultura em rede e sem limites de guerra permanente em que tudo "se transforma de maneira grotesca" nos campos de batalha. A experiência de infância de brincadeiras militarizadas se transforma cada vez mais em atos adultos de guerra conforme brinquedos e armas se fundem. O processo de militarização se aprofunda, marcado pela "recodificação do campo social com valores e ideais militares"[140].

O que emerge ao fim, alinhado com temas mais amplos abordados neste livro, é o "remapeamento das linhas tradicionais entre o campo de batalha e o fronte nacional"[141]. A parte mais perturbadora desse processo é a maneira como ele barra a possibilidade de envolvimento democrático. Stahl escreve: "As condições para essa deliberação dependem de uma demarcação clara entre o papel político do cidadão e o papel apolítico do soldado. Enquanto o papel do cidadão é deliberar, o do soldado é receber ordens". Se os soldados-cidadãos se habituam à participação pessoal em uma cultura de guerra permanente contra um "outro" orientalizado e virtualizado, questões sobre a necessidade dessa violência vão se afastar cada vez mais na paisagem cultural. No final, alerta Stahl, a integração "do soldado-cidadão virtual em uma fantasia higienizada de guerra é uma sedução cujos prazeres se fazem sentir à custa da capacidade de envolvimento crítico em questões de poderio militar"[142].

---

[138] Cheryl Seal, "Was the Excessive Violence of US Troops in Iraq Fuelled by Military--Funded Computer Games?", *Baltimore lndymedia.org*, 2003.

[139] Roger Stahl, "Have You Played the War on Terror?", cit., p. 123.

[140] Idem.

[141] Ibidem, p. 130.

[142] Ibidem, p. 125.

7
LIÇÕES DE URBICÍDIO[1]

Nos Estados Unidos, Palestina e Israel são considerados questões de política interna, não externa.[2]

Regimes totalitários e grupos terroristas usam constantemente a violência como um meio de engenharia política em grande escala; é mais impressionante quando países democráticos, como Israel e os Estados Unidos, o fazem, em geral em flagrante desconsideração pelas lições da história contemporânea.[3]

Em abril de 2002, em uma dramática mudança de estratégia, a Força de Defesa de Israel – a IDF – atacou uma área de 40 mil metros quadrados no centro do campo de refugiados de Jenin, no norte da Cisjordânia. Um relatório da ONU estimou que 52 palestinos foram mortos no ataque, metade deles civis. A Operação Escudo de Defesa (*Homat Magen*, em hebraico) envolveu grandes operações militares contra todas as principais cidades palestinas. Cerca de 140 blocos habitacionais multifamiliares foram completamente destruídos; aproximadamente 1,5 mil foram danificados; algo como 4 mil residentes, de uma população de 14 mil, ficaram desabrigados. Além da destruição em Jenin, outras grandes demolições ocorreram durante a operação em Nablus, Hebron e Ramallah. A destruição de

---

[1] O título deste capítulo vem de um artigo meu: "Lessons in Urbicide", *New Left Review*, n. 19, 2003, p. 63-77. O conteúdo aqui, porém, é uma extensão radical daquele texto, que se concentrava apenas nas consequências das operações militares israelenses em Jenin que fizeram parte da Operação Escudo de Defesa em 2002.

[2] Edward Said, "The Imperial Bluster of Tom Delay: Dreams and Delusions", *Counter Punch*, 20 ago. 2003.

[3] Pankaj Mishra, "In Search o f Monsters to Destroy", *The Guardian*, Londres, 4 out. 2008.

302 • Cidades sitiadas

infraestrutura material, bem como de instalações culturais e administrativas, também foi generalizada.

Tudo isso solapou as declarações oficiais israelenses de que a Operação Escudo de Defesa havia sido desenvolvida puramente para desmantelar a "infraestrutura terrorista" por trás dos ataques suicidas palestinos, que tinham deixado dezenas de civis mortos nas ruas de cidades de Israel nos dois anos anteriores. Em vez disso, os indícios sugerem que o verdadeiro propósito da invasão era se aproveitar do contexto favorável da Guerra ao Terror estado-unidense para atacar as bases urbanas de um proto-Estado palestino. Aprendendo com os reveses no Líbano nos anos 1980, os israelenses parecem ter como alvo "a infraestrutura social, a infraestrutura do bem-estar, da qual os combatentes surgiram e com que suas famílias contam", como afirma o analista da IDF Dov Tamari. O termo apropriado para essa estratégia foi cunhado mais ou menos simultaneamente, no começo da década de 1990, tanto por Marshall Berman quanto por um grupo de arquitetos bósnios: "urbicídio", a destruição ou o assassinato deliberado de uma cidade.

A Operação Escudo de Defesa foi apenas a primeira de uma longa sucessão de iniciativas, operações, esquemas de treinamento e utilização de novas armas por meio dos quais o Estado de Israel está reestruturando suas Forças Armadas a fim de que sua função de fato, em vez de destruir as forças militares de Estados árabes vizinhos, seja controlar e aplacar de modo persistente civis e insurgentes não governamentais em cidades palestinas e árabes densamente povoadas. Essa mudança de Estado *versus* Estado para Estado *versus* civis urbanos foi alimentada por sugestões de pensadores estratégicos israelenses de que a urbanização espontânea em Gaza e nos Territórios Ocupados, a qual acompanhou o rápido crescimento demográfico recente da população palestina, apresenta um risco para os consagrados objetivos do sionismo, ameaçando superar os esforços do governo israelense de promover a imigração de judeus tanto para Israel em si quanto para seus assentamentos.

Nesses debates, as cidades palestinas, em vez de serem compreendidas como espaços fundamentais da sociedade civil e da esperança de uma vida melhor para os palestinos, são retratadas como meras "armas" geopolíticas que minam o frágil poder territorial do Estado sionista. Assim escreveu Arnon Soffer, proeminente geógrafo de direita israelense que realizou muitas análises para a IDF:

O processo de urbanização ao redor das fronteiras israelenses vai resultar em uma vasta população árabe, sofrendo com a fome e a pobreza, cercando o Estado judaico. É grande a probabilidade de que essas áreas se tornem terreno fértil para o crescimento de movimentos islâmicos radicais.[4]

Aprendendo com Jenin

Apenas algumas semanas antes do lançamento da Operação Escudo de Defesa, participei de um congresso sobre "guerra urbana" organizado por Soffer na Universidade de Haifa, em Israel, em parceria com a influente Rand Corporation[5]. Repleto de oficiais superiores e especialistas em guerra urbana do Corpo de Fuzileiros Navais dos Estados Unidos, da IDF e do Exército britânico, junto com representantes da Rand, o congresso fazia parte de uma série que oferecia a oportunidade de compartilhar dicas práticas sobre combate de guerra e operações de contrainsurgência em cidades.

Catapultado a um canto escuro da pesquisa urbana que eu – um urbanista com mais de uma década de experiência em pesquisa – não sabia que existia, fiquei à época impressionado com o fato de que especialistas estado-unidenses, israelenses e britânicos no campo emergente da guerra urbana fossem amigos tão próximos que pareciam constituir um corpo social transnacional. Assim, ficou claro que há muito tempo existe uma intensa troca de tecnologia, experiência, treinamento e doutrina entre as três nações (e, de fato, além delas). O que foi chocante na ocasião, e se tornou ainda mais espantoso desde então, foi que a tecnologia, a doutrina e a competência militares e de segurança de Israel logo foram mobilizadas e generalizadas como parte da Guerra ao Terror global dos Estados Unidos.

A Operação Escudo de Defesa se revelou um exemplar especialmente influente de um novo tipo de guerra, mobilizando forças militares governamentais de alta tecnologia contra insurgentes em áreas densamente urbanizadas[6]. Complementando as lições negativas apresentadas pela derrota dos

---

[4]   Arnon Soffer, *Israel, Demography 2000-2020: Dangers and Opportunities* (Haifa, Universidade de Haifa, 2001), p. 92.

[5]   Ver Rand.org, "Rand Urban Operations Team Hosts Conference in Israel", abr. 2002.

[6]   Michael Evans, *City without Joy: Urban Military Operations into the 21ˢᵗ Century*, (Canberra, Australian Defence College, 2007), Occasional Series 2. Disponível em:

304 • Cidades sitiadas

Estados Unidos em Mogadíscio e pela humilhação da Rússia durante suas tentativas de aniquilar Grozny, capital da Chechênia, em meados dos anos 1990, as lições dos "sucessos" de Israel foram amplamente interpretadas como uma combinação de monitoramento e ataque de alta tecnologia com técnicas de guerra urbana da Segunda Guerra Mundial para a eliminação de espaços e penetração no centro de cidades resistentes. O teórico militar australiano Michael Evans escreve:

> Em operações em Jenin em abril de 2002, os israelenses misturaram a preparação para campo de batalha da era da informação, por meio de *drones* e Vants de reconhecimento de vanguarda, com técnicas da era industrial de abrir túneis em paredes para evitar receber fogo de enfiada nas ruas. [...] tratores Caterpillar D9 blindados, equipados com "arado para minas", foram empregados para limpar a área de construções fortificadas, IEDs [dispositivos explosivos improvisados] e armadilhas explosivas, permitindo assim que esquadrões de tanques de infantaria manobrassem pelas ruas com mais facilidade.[7]

Ao aprender diretamente com essas novas guerras urbanas, os militares estado-unidenses trabalharam com afinco para melhorar sua habilidade de pacificar e controlar as cidades que consideravam o foco principal de seus adversários. Instigado por congressos como o de Haifa, Evans destaca que "pesquisadores da Rand Corporation concluíram significativas análises teóricas voltadas às peculiaridades técnicas e táticas envolvidas na condução de operações militares dentro de cidades"[8].

O empenho dos Estados Unidos em demonstrar, e imitar, a experiência israelense durante a Operação Escudo de Defesa já estava em curso quando os tratores atacaram o campo de Jenin. Aliás, "observadores" das Forças Armadas dos Estados Unidos já estavam no local, obtendo em primeira mão uma perspectiva da doutrina israelense em ação. As informações provariam ser úteis durante o planejamento detalhado para a invasão de cidades iraquianas em abril do ano seguinte. Eyal Weizman escreve que

> um soldado paraquedista que participou na batalha de Jenin me contou que havia oficiais estado-unidenses (usando uniformes da IDF) presentes

---

<www.defence.gov.au/adc/publications/occasional/publcnsoccasional_310310_citywithoutjoy.pdf>. Acesso em: 29 jun. 2016.

[7] Idem.

[8] Idem.

Lições de urbicídio • 305

como espectadores em meio ao entulho do campo de refugiados enquanto os últimos estágios da "batalha" transcorriam.[9]

Em 17 de junho de 2002, o *US Army Times* divulgou que

enquanto as forças israelenses estavam envolvidas no que muitos chamaram de uma campanha brutal – alguns diriam até criminosa – para destruir os militantes e células terroristas palestinos nas cidades da Cisjordânia, oficiais militares estado-unidenses estavam em Israel vendo o que conseguiam aprender com aquele combate urbano.*

O tenente-coronel Dave Booth – que supervisionou intercâmbios sobre guerra urbana entre fuzileiros navais estado-unidenses e a IDF na época – relatou em outro artigo, desta vez no *Marine Corps Times*, que o Corpo de Fuzileiros Navais queria "aprender com a experiência israelense em guerra urbana e as grandes operações recentes de 'busca e destruição' de insurgentes palestinos na Cisjordânia"[10].

O Laboratório de Combate de Guerra dos Fuzileiros Navais dos Estados Unidos em Quantico, Virgínia, logo se aproveitou dessas trocas detalhadas, que culminaram na ida a Israel, entre 17 e 23 de maio de 2002, de uma delegação do Estado-Maior Conjunto para "fazer mudanças na doutrina de combate urbano das forças com o objetivo de refletir o que funcionava para os israelenses". No começo de junho, houve uma grande conferência sobre guerra urbana entre especialistas de Israel e do Pentágono em um encontro do Grupo Consultivo de Políticas de Defesa em Washington.

Apenas alguns meses depois, em setembro de 2002, o Estado-Maior Conjunto estado-unidense definiu uma nova doutrina para operações urbanas, levando em consideração as lições aprendidas em Jenin e em outras partes, com vista a um ataque iminente ao Iraque. Seymour Hersh observou em uma edição de dezembro de 2003 da revista *New Yorker* que

de acordo com oficiais militares e de inteligência dos Estados Unidos e de Israel, as tropas e unidades de inteligência israelenses têm trabalhado em proximidade com seus pares estado-unidenses na base de treinamento das

---

[9]   Eyal Weizman, em Jordan Crandall (org.), *Under Fire 1: The Organization and Representation of Violence* (Roterdã, Witte de Witte, 2004), p. 83-4.

*   O link consultado pelo autor já não está disponível. (N. E.)

[10]   Christian Lowe, "Trading Tactics", *Marine Corps Times*, Springfield (VA), 10 jun. 2002.

306 • Cidades sitiadas

Forças Especiais em Fort Bragg, Carolina do Norte, e em Israel para ajudar nos preparativos para as operações no Iraque.[11]

Em dezembro de 2003, Julian Borger também relatava no *Guardian* que "de acordo com duas fontes, 'consultores' israelenses tinham visitado o Iraque"[12]. O general Vane, à época secretário do Estado-Maior para Doutrinas, Conceitos e Estratégias do Comando de Doutrina e Treinamento do Exército dos Estados Unidos, admitiu em julho de 2003 que a experiência de Israel tinha sido essencial quando as forças estado-unidenses tentaram enfrentar a proliferação de insurgências urbanas nas ruas das cidades do Iraque que se seguiram à rápida derrota das forças militares do Estado em 2002: "A experiência [israelense] continua nos ensinando muitas lições. E continuamos avaliando essas lições e nos dedicando a elas, implantando- -as e incorporando-as de modo apropriado a nossos conceitos, nossas doutrinas e nosso treinamento"[13].

Assim, surgiu uma complexa interdependência – baseada na cópia, na parceria, no comércio e na retórica de mútuo consenso – entre as políticas de segurança urbana e o urbanismo militar de Israel, de um lado, e a Guerra ao Terror global dos Estados Unidos, do outro. Aqui, foi fundamental a leitura do governo Bush de que conflitos geopolíticos centrais no mundo emanavam do Oriente Médio e operavam através dele – um "novo ambiente estratégico [que foi] caracterizado, antes e acima de tudo, pelas ameaças as- simétricas que vinham de Estados ilegítimos e redes terroristas, movidos por ideologias niilistas cujo objetivo era a ampla destruição a qualquer custo"[14].

Por meio desses circuitos de exemplificação e imitação, a experiência em Israel – resultante do Estado de segurança por excelência, organizado com base no confinamento de cidades colonizadas inteiras – está rapidamente sendo exportada para o mundo todo. Além de copiar o discurso de Israel

---

[11] Seymour M. Hersh, "Moving Targets: Will the Counter-Insurgency Plan in Iraq Repeat the Mistakes of Vietnam?", *The New Yorker*, Nova York, 15 dez. 2003.

[12] Julian Borger, "Israel Trains US Assassination Squads in Iraq", *The Guardian*, Londres, 9 dez. 2003.

[13] Citado em Dexter Filkins, "A Region Inflamed: Strategy – Tough New Tactics by US Tighten Grip on Iraq Towns", *The New York Times*, 7 dez. 2003.

[14] Chuck Freilich, "'The Pentagon's Revenge' or Strategic Transformation: The Bush Administration's New Security Strategy", *Strategic Assessment*, Jaffee Center for Stra- tegic Studies, Tel-Aviv, v. 9, n. 1, abr. 2006.

sobre a necessidade de suspender a lei internacional por causa dos desafios únicos de uma "nova guerra", as Forças Armadas dos Estados Unidos também têm reproduzido amplamente a experiência e a doutrina das forças israelenses de se reinventar para lidar com os desafios da guerra urbana colonial e de contrainsurgência.

Todos esses circuitos íntimos de intercâmbio e apoio mútuo são, obviamente, reforçados por um contexto estratégico comprovado pelo tempo: o imperialismo dos Estados Unidos no Oriente Médio, por sua vez, fornece enorme apoio político e financeiro ao projeto de colonização sionista israelense. A relação também oferece aos estado-unidenses um ativo estratégico em uma região que fornece a maior parte de seu abastecimento externo de petróleo – e, presumivelmente, vai fornecer boa parte dele no futuro (Figura 7.1)[15]. Como consequência, defende Bashir Abu-Manneh,

> a dinâmica império estado-unidense/colonialismo israelense é circular. O apoio dos Estados Unidos reforça o colonialismo e a ocupação de Israel, que reforçam a militarização israelense do Estado e da sociedade, geram novas justificativas ideológicas e políticas, e criam novos fanatismos religiosos, levando a mais resistência palestina e a mais intervenções dos Estados Unidos na região.[16]

Ano	Total	Auxílio militar	Auxílio econômico	Outros
1949-1996	68.030,9	29.014,9	23.122,4	15.893,6
1997	3.123,1	1.800,0	1.200,0	132,1
1998	3.080,0	1.800,0	1.200,0	00,0
1999	3.010,0	1.860,0	1.080,0	70,0
2000	4.131,8	3.121,0	949,1	62,8
2001	2.876,1	1.975,6	838,2	62,3
2002	2.850,6	2.040,0	720,0	90,7
2003	3.745,1	3.086,4	596,1	62,7
2004	2.687,3	2.147,3	177,2	62,8
2005 (estimativa)	2.612,2	2.202,2	357,0	53,0
2006 (estimativa)	2.563,5	2.280,0	240,0	43,5
Total	98.719,6	51.326,4	30.780,0	16.613,0

7.1 Auxílio total, militar e econômico dos Estados Unidos para Israel, 1949-2006 (em milhões de dólares).

---

[15] Bashir Abu-Manneh, "Israel in US Empire", *New Formations*, n. 59, 2006, p. 34-55.

[16] Ibidem, p. 48.

308 • Cidades sitiadas

Dado o contexto – até mesmo estimativas muito conservadoras do auxílio militar e econômico dos Estados Unidos a Israel determinaram um total de US$ 108 bilhões em 2006, e os termos do financiamento são extremamente favoráveis –, é difícil discordar da conclusão de Abu-Manneh de que "Israel é um caso único no Oriente Médio; ele é financiado pelo imperialismo sem ser explorado economicamente por ele"[17].

Militarismo mútuo: Israel e a Guerra ao Terror

Depois dos ataques de 11 de Setembro, Ariel Sharon, então primeiro-ministro de Israel, logo reiterou a visão de mundo do governo Bush e tentou tirar vantagem dela em favor de seu país. Depois dos atentados, ele anunciou um dia de luto e declarou que "a luta contra o terror é uma batalha internacional do mundo livre contra as forças da escuridão que tentam destruir nossa liberdade e nosso estilo de vida. Juntos, podemos derrotar essas forças do mal"[18]. Para tirar o máximo de vantagem política dos ataques, Sharon sugeriu que, finalmente, os estado-unidenses sabiam como era vivenciar o terror urbano. Conforme escreveu James Brooks em dezembro de 2002: "[o governo israelense] nos explicou [que] enfrentamos um inimigo comum e implacável, deixando não dita a mensagem de que nós, estado-unidenses, precisamos endurecer e começar a trabalhar para valer contra o terror"[19]. Aliás, Sharon e outros líderes israelenses ansiaram por uma série de guerras lideradas pelos Estados Unidos para derrubar não apenas Saddam Hussein no Iraque, mas também os regimes no Irã, na Síria e na Líbia[20].

Assim, Israel desempenhou um importante papel, ainda que em grande parte oculto, na campanha de propaganda política enganosa em torno das "armas de destruição em massa" inexistentes do Iraque – uma premissa fundamental para a invasão. Um general aposentado israelense mais tarde admitiu que a "inteligência de Israel foi um parceiro pleno na imagem

---

[17] Ibidem, p. 37.

[18] Joel Beinin, "The Israelization of American Middle East Policy Discourse", *Social Text*, v. 21, n. 2, 2003, p. 125.

[19] James Brooks, "Israelization of America", *Antiwar.Com*, 7 dez. 2002. Disponível em: <www.antiwar.com>. Acesso em: 27 jun. 2016.

[20] Patrick Buchanan, "Whose War?", *The American Conservative*, Washington (DC), 24 mar. 2003.

apresentada pela inteligência estado-unidense e britânica a respeito das potencialidades não convencionais do Iraque"[21]. Também está claro que as supostas ameaças representadas por essas armas na verdade não ameaçavam nem os Estados Unidos, nem o Reino Unido. Philip Zelikow, membro do Conselho Consultivo de Inteligência Internacional de George Bush entre 2001 e 2003, relevou em 2004 que a então "ameaça real" representada pelo Iraque não estava voltada para os Estados Unidos, e sim "contra Israel"[22].

A fusão retórica impecável de Al Qaeda, Saddam Hussein e palestinos que ocorreu nessa ginástica geopolítica significou repetidas negativas de que a resistência e a violência palestinas, voltadas contra um agressor colonial de longa data, talvez fossem mais legítimas do que o ato de transformar cidades estado-unidenses em alvos por parte de uma Al Qaeda alimentada pela ideologia islamista. Logo depois dos ataques a Nova York, Edward Said argumentou que Israel estava

> explorando de maneira cínica a catástrofe estado-unidense ao intensificar sua ocupação militar e opressão em relação aos palestinos [e, além do mais, representando] a ligação entre os bombardeios do World Trade Center e do Pentágono e os ataques palestinos [de homens-bomba] em Israel [como] uma conjunção absoluta de "terrorismo mundial" em que Bin Laden e [o então líder palestino Yasser] Arafat são entidades intercambiáveis.[23]

Sharon, em particular, igualou diversas vezes Osama bin Laden e a Al Qaeda à Autoridade Palestina, ao Hamas e ao Hezbollah libanês.

Bush logo retribuiu o favor de Sharon buscando integrar à Guerra ao Terror a intensificação da opressão colonial de Israel, ao retratar o Islã radical como um inimigo comum da civilização de ambos os Estados[24]. James Brooks sugere que os políticos estado-unidenses

> logo empregaram diversos dispositivos discursivos que, antes do 11 de Setembro, eram mais comumente encontrados na caixa de ferramentas política (doméstica e internacional) de Israel. De repente, todo tipo de questões

---

[21] Shlomo Brom, "An Intelligence Failure", *Strategic Assessment*, Jaffee Center for Strategic Studies, Tel-Aviv, v. 6, n. 3, nov. 2003, p. 9.

[22] Emad Mekay, "Iraq: War Launched to Protect Israel – Bush Adviser", *InterPress Service*, 29 mar. 2004. Disponível em: <ipsnews.net>. Acesso em: 27 jun. 2016.

[23] Edward Said, "Collective Passion", *Al-Ahram*, Cairo, 20 set. 2001, p. 20-6, citado em Derek Gregory, "Defiled Cities", *Singapore Journal of Tropical Geography*, v. 24, n. 3, 2003, p. 307-26.

[24] Joel Beinin, "The Israelization of American Middle East Policy Discourse", cit., p. 125.

310 • Cidades sitiadas

domésticas e internacionais foram redefinidas como parte da "Guerra ao Terror", exigindo soluções novas e drásticas que eram, claro, necessárias para a "segurança" e, muitas vezes, altamente lucrativas para determinados interesses corporativos.[25]

Foi nesse contexto que Sharon lançou a Operação Escudo de Defesa, ajustando radicalmente as estratégias mais amplas de repressão contra as cidades em rápido crescimento da Cisjordânia e da Faixa de Gaza. Além de se concentrar no inimigo civilizacional dos Estados Unidos e de Israel, isso criou uma espécie de placa de Petri para o desenvolvimento do novo urbanismo militar. Ilan Berman escreveu em 2004:

> Desde as táticas e do treinamento até a intensa proteção da infraestrutura, para políticos e líderes militares estado-unidenses: Israel tem habilidade para dar uma grande contribuição para a evolução da agenda política estratégica dos Estados Unidos ajudando o país a se adaptar a novas realidades militares.[26]

Esse ciclo de militarismo mútuo não é de todo surpreendente: a ideia inicial da "guerra global contra o terror" veio de Israel. Um de seus principais arquitetos foi o primeiro-ministro Benjamin Netanyahu. Ao lado de, entre outros, Richard Perle – grande ideólogo neoconservador, sionista radical e um dos principais conselheiros de Bush –, ele redigiu, em 1996, um influente relatório intitulado "A Clean Break: A New Strategy for Securing the Realm" [Uma ruptura seca: uma nova estratégia para a segurança do domínio]. O texto defendia abandonar amplamente os acordos de Oslo de 1993, que eram o legado do ex-primeiro-ministro Yitzak Rabin, assassinado em 1995. Em seu lugar, Israel e os Estados Unidos deveriam firmar uma parceria agressiva.

O cenário imaginado era usar uma intervenção militar agressiva para reorganizar de maneira forçosa a geopolítica do Oriente Médio, removendo os governos da Arábia Saudita, da Síria, do Líbano, do Iraque e do Irã e substituindo-os por regimes clientelistas no processo – tudo sob o "princípio de prevenção"[27]. Essa estratégia, explicava o relatório, resultaria tanto em um "Grande Israel" geograficamente expandido quanto no controle

---

[25] James Brooks, "Israelization o f America", cit.

[26] Ilan Berman, "New Horizons for the American-Israeli Partnership", *Journal of International Security Affairs*, n. 4, 2004, p. 78.

[27] Ver Jonathan Cook, *Israel and the Clash of Civilisations: Iraq, Iran and the Plan to Remake the Middle East* (Londres, Pluto, 2008), cap. 3.

estado-unidense da maior parte das reservas de petróleo do Oriente Médio. Jonathan Cook afirma que essa "busca obstinada de objetivos catastróficos", usando as guerras preventivas dos Estados Unidos e de Israel para instigar "o colapso social, uma série de guerras civis e a divisão de Estados árabes", teve um grande papel em formatar a agenda política neoconservadora de Washington e a posterior Guerra ao Terror de Bush[28].

Uma guerra preventiva para retirar Saddam Hussein do poder no Iraque era de fato uma proposta central do relatório. "Israel pode dar forma a seu ambiente estratégico, em cooperação com a Turquia e a Jordânia, enfraquecendo, contendo e até repelindo a Síria", defendia o texto. Ele também sugeria que "esse esforço pode se concentrar na remoção de Saddam Hussein do poder no Iraque – um importante objetivo estratégico israelense em si mesmo – como meio de frustrar as ambições regionais da Síria"[29].

Orientalismos casados

> Pode-se dizer que a guerra começa quando um país se torna uma ficção patriótica para sua população.[30]

A definição, pelos Estados Unidos e por Israel, de seus respectivos "outros" árabes como alvos foi, acima de tudo, alimentada pela arma de guerra mais poderosa de todas: a apresentação criativa da geografia e da hostilidade em apoio à violência e à militarização. Essas concepções na geografia são atos do que os antropólogos chamam de "violência simbólica". Longe de serem eventos paralelos ao "verdadeiro" trabalho de guerra e segurança, elas são, como vimos no capítulo 3, os meios pelos quais as geografias da segurança e da violência são continuamente levadas a cabo e legitimadas[31].

---

[28] Idem.

[29] Grupo de Estudo para uma Nova Estratégia Israelense para 2000, "A Clean Break: A New Strategy for Securing the Realm", relatório, Institute for Advanced Strategic and Political Studies, Jerusalém/Washington (DC), 1996.

[30] Donald E. Pease, "Between the Homeland and Abu Ghraib: Dwelling in Bush's Biopolitical Settlement", em Ashley Dawson e Malini Johar Schueller (orgs.), *Exceptional State: Contemporary US Culture and the New Imperialism* (Durham [NC], Duke University Press, 2007), p. 62, 65.

[31] Luiza Bialasiewicz et al., "Performing Security: The Imaginative Geographies of Current US Strategy", *Political Geography*, v. 26, n. 4, 2007, p. 405-22.

312 • Cidades sitiadas

A demonização dos palestinos como "outros" bárbaros e intrinsecamente terroristas no discurso político e cultural israelense ressoa com demonizações maniqueístas semelhantes de árabes e muçulmanos nos Estados Unidos. Ambas ecoam, e reproduzem, imagens orientalistas bem estabelecidas que representam árabes – e seus espaços – como primitivos, malignos, não civilizados, irracionais, preguiçosos, patológicos, exóticos, pervertidos e antimodernos (se comparados, claro, aos estado-unidenses ou israelenses e *seus* espaços, que são considerados o extremo oposto). Assim, o desafio conjunto estado-unidense-israelense é empregar estratégias militares e geopolíticas que possam proteger e policiar a fronteira entre modernidade, liberdade e o "novo barbarismo". Operando fora da "civilização", esse barbarismo perverso conta com a "guerra assimétrica" para atacar e aterrorizar a cada oportunidade[32].

Um elemento central desse ponto de vista é uma "mentalidade árabe" ou "cultura árabe" universal – uma entidade simples e homogênea obcecada com violência, honra, orgulho, vergonha, martírio ou vingança. O livro *The Arab Mind* (1973), de Raphael Patai, se baseia nessas representações. Durante os anos George W. Bush, foi uma bíblia para comentadores e políticos neoconservadores[33]. A obra também foi muito lida nas Forças Armadas dos Estados Unidos e ajudou a inspirar as técnicas de humilhação e tortura sexuais praticadas em Abu Ghraib e em outros lugares[34].

Uma ideia relacionada, corrente no setor dominante dos "estudos sobre terrorismo", é a de que os árabes e muçulmanos que são suficientemente motivados para realizar atos de terrorismo contra os Estados Unidos ou Israel são indivíduos patológicos que enfrentaram infâncias traumáticas – e não, como defende um argumento muito mais convincente, pessoas radicalizadas pela duradoura experiência da opressão, humilhação e violência colonial perpetrada pelos Estados Unidos ou por Israel.

Soma-se a essa mistura explosiva a desumanização de árabes por atacado, tanto na cultura estado-unidense quanto na israelense. No seu ponto extremo, dentro da cultura política ultranacionalista de direita que sustenta tanto o Partido Republicano quanto o Likud, essa desumanização ajuda a

---

[32] Dag Tuastad, "Neo-Orientalism and the New Barbarism Thesis", Aspects of Symbolic Violence in the Middle East Conflict(s)", *Third World Quarterly*, v. 24, n. 4, p. 591-9.

[33] Raphael Patai, *The Arab Mind* (Nova York, Hatherleigh Press, 1973).

[34] Pankaj Mishra, "In Search of Monsters to Destroy", cit.

lançar árabes e muçulmanos em massa no que Giorgio Agamben chama de "vida nua" – uma existência meramente zoológica, desprotegida por bastiões filosóficos ou legais de cidadania ou humanidade[35]. Quando direitos são acordados, isso em geral ocorre em um quadro de referência que coloca pessoas de ascendência árabe como menos que completamente humanas – a percepção disseminada de que palestinos são o que Omar Barghouti chama de "humanos relativos", isto é, sujeitos indignos de plenos direitos políticos, legais, religiosos, econômicos ou culturais[36].

Claro, a ampla demonização é crucial para o recrutamento e para a doutrinação dos soldados. Autores como Patai, que essencializam toda uma "raça" transnacional, são populares tanto na cultura militar de Israel quanto na dos Estados Unidos. Um comandante de companhia estado-unidense, o capitão Todd Brown, disse ao *New York Times* em dezembro de 2003 que suas ações eram motivadas pela visão fundamentalmente pataiana de que "você precisa entender a mente árabe. A única coisa que eles entendem é a força – força, orgulho e evitar a humilhação"[37].

Confrontar essas ideias é parte do desafio enfrentado por soldados estado-unidenses e israelenses que têm objeções às novas guerras urbanas de seus países. Por exemplo, Assaf Oron, um dos reservistas israelenses que recusaram ordens de integrar a Operação Escudo de Defesa em 2002. Ele fala de sua raiva sobre ouvir repetidas vezes das elites políticas e militares e da mídia israelenses que Israel-Palestina se caracteriza por "uma tribo de seres humanos, de puro bem – os israelenses –, e uma tribo de seres sub-humanos, de puro mal". Para Oron, ao colocar os palestinos

> sob o nosso comando, nós nos permitimos espezinhá-los como sujeira, como se fossem cachorros. [A sociedade israelense] criou uma realidade totalmente alucinatória, em que os verdadeiros humanos, membros da Nação de Senhores, podem se deslocar em liberdade e com segurança, enquanto os sub-humanos, a Nação de Escravos, foram jogados nos cantos e mantidos invisíveis e sob o controle das nossas botas da IDF.

---

[35] Giorgio Agamben, *Homo Sacer: Sovereign Power and Bare Life* (Stanford, Stanford University Press, 1998) [ed. bras.: *Homo sacer: o poder soberano e a vida nua*, trad. Henrique Burigo, Belo Horizonte, Editora UFMG, 2010].

[36] Omar Barghouti, "Relative Humanity: The Fundamental Obstacle to a One State Solution", *ZNet*, 16 dez. 2003.

[37] Dexter Filkins, "A Region Inflamed", cit.

314 • Cidades sitiadas

É muito representativo que ele acredite que seja tão necessário quanto radical enfatizar sua crença de que "os palestinos são seres humanos como nós. Que conceito, hein? E, antes de tudo, antes de *tudo*, precisamos tratá-los como seres humanos sem exigir nada em troca"[38].

Claro, discursos políticos formais tanto nos Estados Unidos quanto em Israel há muito tempo são reforçados e normalizados por representações padronizadas de árabes na cultura popular ocidental, em especial em filmes e videogames, que reiteram incessantemente a sugestão de que todos os atos soberanos de força e poder do Ocidente ou de Israel são, por definição, nobres, legítimos e humanizados, enquanto todos os atos do "outro" árabe não estatal são, por definição, obscuros, demoníacos, bárbaros, terroristas e monstruosos[39]. Filmes de Hollywood que retratam encontros de estado-unidenses ou israelenses com terroristas árabes muitas vezes enfatizam uma luta épica entre a "civilização" ocidental, moderna e democrática, de um lado, e o "barbarismo" primitivo muçulmano, de outro. Assim, emerge o que Carl Boggs e Tom Pollard diagnosticaram como

> uma narrativa grandiosa, hipócrita e egocêntrica que enquadra a violência política como um monopólio dos "outros" nacionais/culturais, cujo *modus operandi* – em geral ataques locais – contrasta com as ações militares "legítimas" de governos poderosos que lançam ofensivas com mísseis de alta tecnologia e bombardeios.[40]

Essa mensagem, finalmente, penetra a própria linguagem da repressão e da guerra colonial: "eles nos 'raptam', ao passo que "nós os 'prendemos'" destaca Alastair Crooke[41]. Também permeia as representações visuais do noticiário de guerra: cidades árabes são retratadas como mapas abstratos vistos do alto, com "alvos" esquemáticos ou em forma de imagens de satélite. Em contraste, uma massa de detalhes pessoais, no nível do solo, é mostrada quando cidades estado-unidenses ou israelenses são atacadas; o espectador

---

[38] Assaf Oron, "An Open Letter to Jewish Americans", *Courage to Refuse*, mar. 2002. Disponível em: <www.seruv.org.il>. Acesso em: 27 jun. 2016.

[39] Jasbir Puar e Amit Rai, "Monster, Terrorist, Fag: The War on Terrorism and the Production of Docile Patriots", *Social Text*, v. 20, n. 3, 2002.

[40] Carl Boggs e Tom Pollard, "Hollywood and the Spectacle of Terrorism", *New Political Science*, v. 28, n. 3, 2006.

[41] Alastair Crooke, "New Orientalism's 'Barbarians' and 'Outlaws'", *The Daily Star*, Beirute, 5 set. 2006.

vivencia experiências de envolvimento empático com as vítimas, cujos corpos mutilados e em sofrimento são o centro da atenção[42].

Estados de exceção recíprocos

> Os desafios de segurança de Israel são as preocupações de segurança dos Estados Unidos em menor escala.[43]

Um componente central da renascença de alta tecnologia de Israel – o que Naomi Klein chamou de "Estado de *apartheid* do desastre persistente"[44] – é a convergência gradual entre doutrina militar estado-unidense no pós-invasão ao Iraque e as consolidadas técnicas israelenses de repressão, encarceramento e fragmentação forçosa da geografia nos Territórios Ocupados. No que diz respeito à Guerra ao Terror, as primeiras justificativas do governo Bush para os assassinatos preventivos extrajudiciais foram claramente influenciadas por justificativas similares israelenses. É central, aqui, a declaração de que "essa guerra 'não tinha precedentes' e, assim, constituía uma *terra nulla* jurídica"[45], como observa a pesquisadora de direito internacional Lisa Hajjar. Ela aponta que tal afirmação tem um precedente israelense direto, que data do começo da Segunda Intifada palestina[46].

As ideias estratégicas de "prevenção" e "guerra preventiva" são cruciais aqui. Ao lançar sua Guerra ao Terror global, o governo Bush fez uso direto da Segunda Intifada "como um modelo saliente – e de algumas formas explícito – para o 'novo paradigma'" de combate de guerra dos Estados Unidos. Isso se baseou na observação de que ambas envolvem o conflito "assimétrico", ao opor forças militares estatais poderosas e equipadas com

---

[42] Derek Gregory, "Who's Responsible?", *Zmagazine*, Woods Hole (MA), 3 maio 2004

[43] Thomas Henriksen, "The Israeli Approach to Irregular Warfare and Implications for the United States", Joint Special Operations University, relatório 07-3, Hurlburt Field (FL), The Joint Special Operations University Press, 2007. Disponível em: <www. dtic.mil/cgi-bin/GetTRDoc?AD=ADA495467>. Acesso em: 10 jun. 2016.

[44] Naomi Klein, *Shock Doctrine: The Rise of Disaster Capitalism* (Londres, Allen Lane, 2007).

[45] Lisa Hajjar, "International Humanitarian Law and 'Wars On Terror': A Comparative Analysis of Israeli and American Doctrines and Policies", *Journal of Palestine Studies*, v. 36, n. 1, 2006, p. 32.

[46] Idem.

316 • Cidades sitiadas

alta tecnologia a grupos e indivíduos sem Estado e não estatais que operam dentro de densas concentrações de civis urbanos[47].

A obsessão da administração Bush com a prevenção foi especialmente influenciada pela Operação Escudo de Defesa. Azmi Bishara sugeriu que a ideia toda de "guerra contra o terror", em particular a invasão preventiva do Iraque, representou o que ele chamou de "doutrinas de segurança israelenses globalizadas", que incluem a compreensão do terrorismo como o "inimigo principal"[48]. Dividindo o mundo em dois grupos hermeticamente separados de "terroristas" e "não terroristas", a Casa Branca de Bush seguiu uma antiga estratégia de Israel: possibilitar coalizões de conveniência, com toda sorte de aliados dúbios, para consolidar seu poder soberano contra um inimigo generalizado e demonizado cujas reivindicações geopolíticas são radicalmente deslegitimadas e cujo status sub-humano significa que negociações políticas nunca serão necessárias.

Dentro da Guerra ao Terror, a construção de zonas cinzentas jurídicas e geográficas como meio de justificar a suspensão das normas da lei internacional também encontra um precedente direto na prática israelense nos Territórios Ocupados. Aqui, de acordo com Darryl Li, "Israel realiza uma campanha assídua para negar a aplicabilidade da lei internacional aos territórios, em especial no que ela interfere nos processos de engenharia demográfica"[49]. Hajjar proporciona uma discussão especialmente esmiuçada sobre as similaridades das práticas estado-unidenses e israelenses aqui. Ela escreve: "Comparando as legalidades alternativas dos Estados Unidos e de Israel, pode-se encontrar algumas semelhanças claras" na justificativa legal detalhada para o Estado de exceção e a irrelevância da legislação humanitária internacional (LHI). Hajjar enfatiza que a descrição do Estado de Israel do status da Cisjordânia e da Faixa de Gaza como *sui generis*, a fim de garantir que a LHI não se aplique de fato, é legalmente indistinguível das afirmações dos Estados Unidos de que essa lei era inaplicável quando da invasão do Afeganistão por se tratar de um "Estado

---

[47] Ibidem, p. 22.

[48] Azmi Bishara, "On the Intifada, Sharon's Aims, '48 Palestinians and NDA/Tajamu Strategy", *Between the Lines*, v. 3, n. 23-24, set. 2003. Disponível em: <www.azmi-bishara.com>. Acesso em: 10 jun. 2016.

[49] Darryl Li, "The Gaza Strip as Laboratory: Notes in the Wake of Disengagement", *Journal of Palestine Studies*, v. 35, n. 2, 2006, p. 48-9.

falido"[50]. Ela também destaca que tanto o governo dos Estados Unidos quanto o de Israel muitas vezes defenderam que o fato de seus inimigos não terem Estado automaticamente significa que eles não têm nenhum direito sob a LHI. Em ambos os casos, é um artifício jurídico usado para legitimar o encarceramento em massa sem julgamento. Além do mais, ambos os Estados fazem uso de leis nacionais para autorizar práticas legais que infringem as regras e normas da LHI, uma forma de "domesticar" a lei internacional com fins questionáveis[51].

Israel e a "palestinização" do Iraque

No fim de 2003, quando a tarefa militar dos Estados Unidos no Iraque rapidamente se transformava do simples desafio de destruir forças militares oficiais infinitamente inferiores para o desafio de pacificar complexas insurgências urbanas, o envolvimento direto de Israel na formatação da doutrina, dos armamentos e do pensamento militar das forças de ocupação estado-unidenses aumentou de maneira considerável – com retornos proporcionais para a economia israelense. Como Hajjar afirma: "O que de início foi chamado de 'conflito armado convencional' se tornou um 'conflito de contrainsurgência' que passou a ter semelhanças marcantes com as operações de Israel na Segunda Intifada"[52]. Makram Khoury-Machool descreve esse processo como a palestinização do Iraque[53].

Em uma análise detalhada das lições das práticas israelenses para as forças especiais dos Estados Unidos, o pesquisador Thomas Henriksen, da Hoover Institution, é inequívoco quanto à imitação direta da política de Israel no desenvolvimento da estratégia, da doutrina e do armamento estado-unidenses para a Guerra ao Terror:

---

[50] Lisa Hajjar, "International Humanitarian Law and 'Wars On Terror'", cit., p. 32.

[51] Ibidem, p. 37.

[52] Ibidem, p. 34-5.

[53] Makram Khoury-Machool, "Losing the Battle for Arab Hearts and Minds", *openDemocracy*, 2 maio 2003. Disponível em: <www.opendemocracy.net>. Acesso em: 28 jun. 2016. É importante salientar que esse processo tem mão dupla: além da imitação direta da IDF por parte das forças militares estado-unidenses, também envolveu as várias insurgências e milícias iraquianas que imitam diretamente as táticas do Hamas ou do Hezbollah.

318 • Cidades sitiadas

As ações militares da Força de Defesa de Israel foram – e são – um cadinho para métodos, procedimentos, táticas e técnicas para os Estados Unidos, que agora enfrentam um adversário igualmente fanático do outro lado do mundo na Guerra Global ao Terror. [As experiências israelenses] oferecem um registro histórico e um laboratório para táticas e técnicas para empreender contrainsurgências ou operações antiterroristas no contexto dos Estados Unidos pós-11 de Setembro.[54]

Em agosto de 2004, enquanto complexas insurgências explodiam nas cidades iraquianas, Toufic Haddad pôde observar que "as técnicas estado-unidenses no Iraque" já eram "inconfundivelmente semelhantes àquelas usadas por Israel nos Territórios Ocupados em 1967"[55]. Para ele, isso se devia "à ativa cooperação entre consultores militares israelenses e os estado-unidenses no território". Seu diagnóstico de similaridades foi de fato impressionante, e merece ser reproduzido na íntegra aqui:

O uso de técnicas agressivas de guerra urbana com ênfase em unidades especiais, buscas de casa em casa, campanhas de detenção em grande escala (quase 14 mil iraquianos estão hoje na cadeia) e tortura; a criação de um sistema elaborado de torres de guarda, bases militares, pontos de checagem, arame farpado e trincheiras para monitorar, controlar e restringir o transporte e a movimentação; a evacuação de vastas áreas de terra próximas a estradas; o uso de tratores blindados para destruir a casa de militantes suspeitos; a aniquilação de campos inteiros nos quais militantes possam buscar refúgio; o aumento da relevância de atiradores de elite e *drones* não tripulados; e a tentativa de criar redes de colaboração para obter informação da população local sobre atividades de resistência – tanto militares quanto políticas.[56]

Na esteira do argumento disseminado de que as insurgências urbanas no Iraque significavam que as forças estado-unidenses estavam de fato enfrentando uma versão potencializada da Segunda Intifada, a US Army War College [Faculdade de Guerra do Exército dos Estados Unidos] realizou uma grande oficina chamada "Shifting Fire" [Ajuste de Ângulo de Disparo, em tradução livre] em 2006. Seu objetivo explícito era examinar a experiência de Israel nos Territórios Ocupados de modo a extrair lições para

---

[54] Thomas Henriksen, "The Israeli Approach to Irregular Warfare and Implications for the United States", cit.

[55] Toufic Haddad, "Iraq, Palestine, and US Imperialism", *International Socialist Review*, n. 36, 2004. Disponível em: <www.isreview.org>. Acesso em: 10 jun. 2016.

[56] Idem.

os Estados Unidos sobre os desafios de administrar a propaganda política e outras "operações de informação" em uma guerra de contrainsurgência. O conflito entre Israel e Palestina foi até usado como "procurador" para a invasão estado-unidense do Iraque, porque

> possibilitava um debate mais livre das questões-chave e evitava colocar os participantes na posição de ter de discutir especificamente operações lideradas pelos Estados Unidos ou os aspectos mais políticos da atual diretriz desse país no Iraque e no Afeganistão.[57]

Dividir e governar

A imitação estado-unidense das práticas israelenses tem uma relação próxima com o status da Faixa de Gaza pós-retirada como uma espécie de laboratório das forças militares israelenses para novas técnicas de controle, pacificação e guerra de contrainsurgência – sem ocupação – urbanos. Gaza se tornou um "espaço onde Israel testa e refina diversas técnicas de administração, fazendo experiências contínuas em busca do equilíbrio ideal entre controle máximo sobre território e responsabilidade mínima por sua população não judaica", escreveu Darryl Li[58]. A Faixa de Gaza é especialmente interessante para as forças dos Estados Unidos porque a estratégia de Israel ali se baseia na ideia de "controle a distância" por meio de fronteiras militarizadas, invasões sucessivas, ataques assassinos e monitoramento aéreo, em vez do controle pela presença contínua de exércitos de ocupação. "O cerco na Faixa de Gaza é realizado com menor efetivo militar e menor 'fricção' (isto é, contato direto) com a população civil, implicando menor exposição a ataques e menor potencial para publicidade negativa", escreve Li[59]. Depois da construção da barreira divisória na Cisjordânia, existem evidências de que Israel está tentando instigar um regime de controle como o de Gaza ali, transformando cada

---

[57] Deirdre Collings e Rafal Rohozinski, "Shifting Fire: Information Effects in Counterinsurgency and Stability Operations", relatório do *workshop*, Carlisle (PA), US Army War College, 2006. Disponível em: <www.carlisle.army.mil>. Acesso em: 10 jun. 2016.

[58] Darryl Li, "The Gaza Strip as Laboratory: Notes in the Wake of Disengagement", *Journal of Palestine Studies*, v. 35, n. 2, 2006, p. 38.

[59] Ibidem, p. 43.

enclave palestino em uma "mini-Gaza" sob uma abordagem muito mais hermética em relação ao "cerco".

Não resta muita dúvida de que as tentativas estado-unidenses, no começo de 2007, de reconstruir à força as geografias urbanas de Bagdá e outras cidades problemáticas do Iraque, a fim de reduzir as oportunidades de insurgentes se movimentarem e realizarem ataques, tinham influência direta da experiência israelense nos Territórios Ocupados. Algumas cidades foram completamente cercadas por arame farpado e muralhas. Documentos de identificação biométricos se tornaram obrigatórios para todos os adultos. Finalmente, enormes complexos urbanos murados, com "zonas-tampão de segurança" associadas, foram instituídos em 30 dos 89 distritos oficiais de Bagdá como um prelúdio para a limpeza étnica de cada um[60].

Thomas Henriksen, da Hoover Institution, admite que as forças estado-unidenses no Iraque copiaram diretamente a experiência de Israel com postos de controle[61]. O autor comenta que "eles se provaram eficazes, assim como as patrulhas rodoviárias, para limitar o terrorismo. Assim, uma quase saturação do território parece eficaz". No entanto, ele também admite que houve problemas em "expandir" a doutrina israelense, desenvolvida nas cidades pequenas e de alta densidade demográfica em Gaza, para as geografias urbanas muito maiores e mais complexas do Iraque[62].

Nas cidades e nos distritos urbanos recém-cercados do Iraque, os civis logo se viram vivendo no que Robert Fisk chamou de "uma prisão de 'população controlada'". Para ele, assim como nos Territórios Ocupados, essas ideias de segurança "exigem colocar [a população supostamente ameaçadora] atrás de um muro". Isso, por sua vez, requer sua própria geografia de "zonas-tampão de segurança" evacuadas, por meio das quais separações artificiais podem ser impostas em complexas geografias urbanas. A melhor maneira de proteger uma barreira, Li explica,

> é por meio de uma "zona-tampão" deserta, cujo vazio permite que poucos soldados monitorem áreas relativamente vastas e reajam com rapidez, firmeza

---

[60] Robert Fisk, "Divide and Rule – America's Plan for Baghdad", *The Independent*, Londres, 11 abr. 2007.

[61] Thomas Henriksen, "The Israeli Approach to Irregular Warfare and Implications for the United States", cit.

[62] Idem.

e intensidade a quaisquer supostos invasores, enquanto se encontram protegidos por posições fortificadas.[63]

Quando as "zonas-tampão" ou "de segurança" estão "evacuadas", escreve Li, "elas se tornam efetivamente áreas de 'tiro livre'". Nos Territórios Ocupados, "os palestinos adentram [essas áreas] por sua conta e risco, e dezenas, se não centenas, morreram ao fazer isso"[64].

Essa divisão das cidades e dos distritos urbanos iraquianos pelas forças estado-unidenses inevitavelmente ecoa a construção de enormes barreiras de concreto na Cisjordânia e as fronteiras cada vez mais militarizadas e as zonas de "atirar para matar" dentro e ao redor da Faixa de Gaza. Postos de controle, zonas-tampão, documentos de identificação obrigatórios, punições coletivas, encarceramentos em massa sem julgamento, prisão de parentes de suspeitos e a destruição associada de paisagens e construções consideradas abrigos de inimigos – todos esses são sinais diretos de imitação da política israelense (enquanto também trazem à tona guerras de contrainsurgência anteriores na Argélia, no Vietnã e em outros lugares).

Essas semelhanças não passaram despercebidas aos residentes urbanos do Iraque, quando encontraram essas novas geografias "de segurança" familiares, mas chocantes. "Não vejo diferença entre nós e os palestinos", gritou um homem chamado Tariq para Dexter Filkins, repórter do *New York Times*, em dezembro de 2003. "Nós não esperávamos nada desse tipo depois que Saddam caiu."[65] Reidar Visser foi especialmente crítico da maneira como o arquipélago de enclaves cercados estabelecido em 2007 reafirmou a identidade e a violência sectária, em vez de trabalhar contra elas:

> Quando os ocidentais vão entender que a maior parte dos iraquianos – com exceção de muitos curdos e alguns poucos parlamentares barulhentos de outras comunidades – vê o sectarismo como uma perversão, e não como uma base legítima para organizar o país política e administrativamente?[66]

É um tanto bizarro que a justificativa dos Estados Unidos para as políticas anti-insurgência pós-2007 de murar e cercar cidades e distritos urbanos

---

[63] Darryl Li, "The Gaza Strip as Laboratory", cit., p. 45.

[64] Idem.

[65] Dexter Filkins, "A Region Inflamed", cit.

[66] Reidar Visser, "Baghdad Zoo: Why 'Gated Communities' Will Face Opposition in the Iraqi Capital", Historiae.org, 23 abr. 2007. Disponível em: <www.historiae.org>. Acesso em: 28 jun. 2016.

322 • Cidades sitiadas

inteiros reflita uma fantasia geográfica antiga, um bumerangue foucaultiano: o uso, por parte dos colonizadores, de uma terminologia extraída de suas cidades de origem para justificar o planejamento militar nas cidades que colonizam. Em um artigo de setembro de 2006 para a *Army Magazine*, por exemplo, Dennis Steele escreveu sobre a cerca de arame farpado ao redor da cidade iraquiana de Taramiyah. Discutindo a obrigatoriedade de os residentes usarem identificações biométricas para passar pelo único posto de controle da cidade, ele deixa de mencionar as semelhanças com a Cisjordânia e a Faixa de Gaza. Em vez disso, o autor sugere que a cidade tinha se tornado uma "comunidade fechada" que, como diversas áreas residenciais afluentes nos limites de cidades dos Estados Unidos, estava se beneficiando de uma característica altamente desejável – segurança. Para ele:

> é a versão iraquiana de uma comunidade fechada – sem imóveis de luxo, sem piscinas no quintal, sem clube de campo, mas com o mesmo propósito: manter os maus elementos do lado de fora e dar à comunidade uma sensação de segurança.[67]

Letalidades "não letais"

Considerando que o novo urbanismo militar tende a empregar forças militares de alta tecnologia contra massas vastas e densas de civis, a cooperação entre os Estados Unidos e Israel também se estende para o campo em ascensão das chamadas armas não letais. Pretensamente, esses sistemas – que estão rapidamente sendo adotados por forças militares, policiais e híbridos de força militar e policial – são criados para facilitar o controle de populações urbanas em massa e para dispersar protestos sem resultar na morte de civis. A suposta "função desses armamentos é deter, confinar, tirar de atividade, paralisar, confundir, interromper, neutralizar, distrair, dispersar, isolar, tirar do foco ou impedir a entrada de pessoas ou veículos [em uma determinada área]", nas palavras de Ro'i Ben-Horin[68].

As forças estado-unidenses e israelenses já colaboram intensamente entre si para o desenvolvimento de uma vasta gama dessas "armas não

---

[67] Dennis Steele, "The Gated Community: Giving an Iraqi Town a Second Chance", *Army Magazine*, Arlington (VA), set. 2006, p. 26-9.

[68] Ro'i Ben-Horin, "Non-Lethal Weapons: Theory, Practice, and What Lies between", *Strategic Assessment*, Jaffee Center for Strategic Studies, Tel-Aviv, v. 3, n. 4, 2001.

letais". Invertendo a mão do processo em que os Estados Unidos adotam as tecnologias de guerra urbana de Israel, as forças israelenses estão cada vez mais decididas a se beneficiar dos principais programas estado-unidenses de pesquisa conduzidos pelo Joint Non-Lethal Weapons Directorate (JNLWD) [Diretório Conjunto de Armas Não Letais], do Pentágono. Considera-se que as forças de Israel requerem o que o Jaffe Center for Strategic Studies chama de "'cesto' de meios não letais". Como se pode imaginar, esse cesto não é feito de vime – ele inclui irritantes substâncias malcheirosas, ruídos, infravermelho e ultrassom, agentes indutores de vômito, luzes estroboscópicas, bombas de efeito "moral" e "projéteis não penetrantes"[69].

Além da cooperação para o desenvolvimento dessas armas "não letais", tanto os Estados Unidos quanto Israel hoje em dia fazem uso rotineiro de armas muito similares em suas operações de guerra urbana ou de "baixa intensidade". Ambos, por exemplo, agora usam as chamadas armas sônicas, que emitem feixes de som tão altos que tornam a presença prolongada em uma área definida insuportavelmente atordoante e nauseante. Essas armas "podem causar danos irreversíveis ao aparelho auditivo"[70]. O sistema israelense – adequadamente chamado de "O Grito" – tem sido amplamente usado contra pessoas que protestam contra a construção do muro de separação na Cisjordânia[71]. O equivalente estado-unidense – o dispositivo acústico de longo alcance – foi amplamente usado no Iraque, bem como na Califórnia e na Nova Orleans pós-Katrina. Para que fique claro como essas novas armas estão sendo usadas em todo um espectro de "operações urbanas" em território nacional e estrangeiro, foi relatado em junho de 2008 que a polícia britânica estava usando um dispositivo semelhante em Polzeath, um pequeno vilarejo da Cornualha, para impedir grupos de adolescentes em férias de se reunir. O sistema – o "Mosquito" – faz uso deliberado de uma frequência que só pode ser ouvida por jovens[72].

---

[69] Idem.

[70] Neil Davison e Nick Lewer, "Bradford Non-Lethal Weapons Research Project (BNLWRP)", relatório de pesquisa n. 8, Centre for Conflict Resolution, Department of Peace Studies, Bradford, 2006, p. 33.

[71] Xeni Jardin, "Focused Sound 'Laser' for Crowd Control", *Day to Day*, National Public Radio, 21 set. 2005. Disponível em: <www.npr.org>. Acesso em: 10 jun. 2016.

[72] Steven Morris, "Police Clamp Down on Beach 'Snob Yobs'", *The Guardian*, Londres, 26 jun. 2008.

324 • Cidades sitiadas

Guerras de tratores

As forças estado-unidenses também foram muito além de imitar a doutrina israelense ao reformular suas forças de modo que o combate urbano contra insurgentes se tornasse o *modus operandi* de fato. Como vimos no capítulo 6, as forças de Israel e dos Estados Unidos estão colaborando em muitos programas conjuntos de treinamento de guerra urbana. Esses programas culminaram na construção, por engenheiros do Exército estado-unidense, de uma cidade palestina falsa – Baladia – no Negev, na qual ambas as forças militares podem aprimorar suas habilidades.

Além disso, uma gama cada vez maior de equipamento israelense – desenvolvido para amparar a doutrina de incursões profundas em cidades palestinas, combinada com dominação aérea por meio de *drones* armados e sistemas de monitoramento – pode ser encontrada nas listas de compras dos exércitos dos Estados Unidos e de outros países ocidentais. Barbara Opall-Rome, correspondente do *Defense News*, escreveu sobre uma conferência em Tel-Aviv em março de 2004 que essas compras, ainda que em geral ocultas em uma nuvem de sigilo, eram amplas e custosas:

> De sensores do tamanho de bolas de tênis que podem ser atirados ou disparados dos rifles de atiradores no esconderijo de terroristas até dispositivos para combate urbano que atravessam paredes, equipamentos inventados para as guerras antiterror de Israel na Faixa de Gaza e na Cisjordânia estão sendo cada vez mais colocados nas mãos dos combatentes estado-unidenses.[73]

No evento, o major A. P. Graves-Buckingham, da Divisão de Tecnologia do Laboratório de Combate do Corpo de Fuzileiros Navais dos Estados Unidos em Quantico, declarou que "os israelenses estão muito à frente dos demais em alguns nichos e campos bem interessantes"[74]. Essas aquisições também estão levando a parcerias corporativas de pesquisa e desenvolvimento estado-unidenses e israelenses. A Rafael e a General Dynamics, por

---

[73] Barbara Opall-Rome, "Israeli Arms, Gear Aid US Troops", *Defense News*, Springfield (VA), 29 mar. 2004.

[74] Essas aquisições estado-unidenses incluem granadas Simon para abrir portas, disparadores de mísseis para helicópteros, um sistema automático para localizar e atacar atiradores em cidades, *drones* de monitoramento não tripulados Hunter e Pioneer, novos sistemas de rádio desenvolvidos para superar interferência urbana e uma série de "kits" criados para proteger veículos blindados quando atuando em ambientes urbanos. Ver Barbara Opall-Rome, "Israeli Arms, Gear Aid US Troops", cit.

exemplo, estão desenvolvendo em conjunto uma série de mísseis de mão criados especificamente para destruir construções urbanas, além de novos sistemas de proteção para veículos de combate nas cidades[75].

A compra mais dramática e amplamente notada de equipamento de guerra urbana feita pelos Estados Unidos, no entanto, foram doze tratores D9 Caterpillar, os mesmos que criaram tamanho caos no centro de Jenin e de outras cidades palestinas desde meados dos anos 1990 (e que ficaram famosos por matar a manifestante pela paz Rachel Corrie na Faixa de Gaza em 2003). A decisão de comprar os D9s dos israelenses – ou, talvez seja mais correto dizer, comprá-los de volta, uma vez que o maquinário básico é fabricado nos Estados Unidos pela Caterpillar – declaradamente ocorreu depois de uma série de exercícios de treinamento das forças estado-unidenses na base Adam da IDF perto de Modi'in[76].

Até o momento, as forças dos Estados Unidos no Iraque evitaram demoli-ções em massa por D9s como as de Jenin, cientes do impacto na imagem que poderia ser causado por paralelos desconfortáveis com a prática israelense. Em vez disso, no caso de Fallujah em 2004, elas basicamente isolaram o centro simbólico da resistência e arrasaram a cidade inteira com bombardeios e arti-lharia de massa. No entanto, alguns comentadores militares estado-unidenses lamentam que não se tenha explorado o poder dos D9s durante grandes em-bates urbanos. Escrevendo para uma publicação do Comando de Operações Especiais Conjuntas dos Estados Unidos em 2007, Thomas Henriksen diz:

> Mesmo que os tratores tenham funcionado bem em combates urbanos em proximidade, as forças estado-unidenses no Iraque não recorreram a eles no ataque a Fallujah (novembro de 2004) ou em outros ataques urbanos. Em vez disso, durante a ofensiva em Fallujah, as forças estado-unidenses contaram com artilharia e intensos ataques aéreos às posições dos militantes, destruindo assim bairros inteiros. Essa estratégia de tábula rasa induzida por bombardeios mais tarde resultou em recriminações e reavaliações.[77]

Em lugar disso, os D9s têm sido usados principalmente para limpar "zonas-tampão" de segurança, obstáculos e bombas de beira de estrada –

---

[75] Defense Update.com, "Trophy Active Protection System", sem data.

[76] Margot Dudkevitch, "IDF Teaches US Soldiers Guerrilla Response", *Jerusalem Post*, 18 ago. 2004.

[77] Thomas Henriksen, "The Israeli Approach to Irregular Warfare and Implications for the United States", cit.

326 • Cidades sitiadas

uma tarefa essencial para possibilitar que patrulhas estado-unidenses penetrem em áreas residenciais grandes e densas como Sadr, em Bagdá. Porém, de vez em quando, táticas que lembram as usadas na Faixa de Gaza ou na Cisjordânia se tornam evidentes[78].

Dronespaço

A eficiência [da política de assassinato aéreo de Israel] é impressionante. O Estado de Israel transformou o assassinato preventivo em uma verdadeira arte. Quando uma criança palestina desenha um céu hoje, ela não o faz sem um helicóptero.[79]

O desenvolvimento, pela CIA e por forças de operações especiais, de programas de assassinato de alvos na Guerra ao Terror também é uma imitação direta da política israelense de "prevenção" por meio de execuções extrajudiciais, em geral por helicópteros ou *drones* não tripulados, pilotados remotamente e equipados com mísseis[80]. Graham Turbiville escreveu no relatório de 2007 já mencionado:

No ambiente de segurança pós-11 de Setembro, o estabelecimento de líderes e núcleos militares insurgentes e terroristas como alvos das forças e dos recursos de inteligência dos Estados Unidos avançou de muitas maneiras – algumas relatadas publicamente e visíveis – e foi acompanhado por sucessos notáveis.[81]

Entre teóricos de operações especiais estado-unidenses, as práticas israelenses são enaltecidas como dignas de repetição, especialmente quando ataques assassinos dos Estados Unidos são realizados em territórios de supostos aliados, como o Paquistão, bem como em território inimigo. Turbiville escreve:

---

[78] Ed Blanche, "West Bank East: Americans in Iraq Make War the Israeli Way", *Daily News*, Beirute, 6 dez. 2003.

[79] Avi Dichter, da Agência de Segurança de Israel, citado em Jon Elmer, "Maple Flag, the Israeli Air Force, and 'the New Type of Battle We Are Being Asked to Fight'", *Briarpatch Magazine*, Regina (SK), 3 dez. 2005.

[80] Para uma análise brilhante da guinada de Israel para o assassinato aéreo, ver Eyal Weizman, *Hollow Land* (Londres, Verso, 2007), p. 237-58.

[81] Graham Turbiville, "Hunting Leadership Targets in Counterinsurgency and Counter-terrorist Operations, Selected Perspectives and Experience", Joint Special Operations University, relatório 07-6, Hurlburt Field (FL), The Joint Special Operations University Press, 2007, p. 8. Disponível em: <jsoupublic.socom.mil>. Acesso em: 10 jun. 2016.

Sem dúvida, a ação [assassina] de Israel contra a Palestina, o Hezbollah e outros líderes terroristas e infraestruturas de apoio desde a independência constitui o padrão-ouro em razão do exame operacional e conceitual sistemático que recebeu do governo, das forças militares e dos órgãos de segurança israelenses.[82]

Embora assassinatos tenham sido explicitamente proibidos por uma norma do Executivo desde 1977, os Estados Unidos começaram a empregar essa tática de novo em novembro de 2002[83]. Argumentos à maneira israelense foram invocados para justificar o assassinato do primeiro alvo, Ali Qaed Sinan al-Harithi, no Iêmen, por um *drone* Predator, um ataque que também matou cinco outras pessoas. Ainda que a ofensiva tenha ocorrido em um país que não estava em guerra com os Estados Unidos (isto é, o Iêmen), oficiais defenderam que o assassinato extrajudicial era legítimo porque Harithi era supostamente membro da Al Qaeda e era impossível prendê-lo[84].

Em dezembro de 2003, os assassinatos por *drones* estado-unidenses estavam sendo combinados com ações agressivas das forças de operações especiais na Síria, na tentativa de matar jihadistas supostamente a caminho do combate no Iraque. Especialistas de guerra urbana da IDF ajudam a treinar essas forças em Fort Bragg, na Carolina do Norte[85]. Além de uma forte reação de ativistas antiguerra e de especialistas em legislação humanitária, alguns oficiais de inteligência dos Estados Unidos vituperaram tanto a política em si como a direta imitação de Israel. Um ex-alto oficial de inteligência estado-unidense comentou com Julian Borger, do *Guardian*:

> É basicamente um programa de assassinato. É isso que está sendo conceituado aqui. É loucura, insano. Aqui estamos – já estamos sendo comparados ao [então primeiro-ministro de Israel] Sharon no mundo árabe, e acabamos de confirmar isso trazendo os israelenses e criando programas de assassinato.[86]

Ainda assim, em 2008, as forças dos Estados Unidos estavam lançando com regularidade ataques assassinos semelhantes em território paquistanês e sírio.

Mais uma vez, a prática israelense na Faixa de Gaza foi um exemplo fundamental. Depois da retirada de Israel da região em 2005, assassinatos por

---

[82] Ibidem, p. 11.

[83] Lisa Hajjar, "International Humanitarian Law and 'Wars on Terror'", cit.

[84] Idem.

[85] Julian Borger, "Israel Trains US Assassination Squads in Iraq", cit.

[86] Idem.

drones se tornaram um mecanismo básico para o novo modelo de "controle externo" sem a ocupação por exércitos permanentes, um modelo que influenciou de maneira profunda a política estado-unidense. Essas táticas estão "claramente correlacionadas com o isolamento e a segregação territorial"[87].

No entanto, assassinatos aéreos são apenas um elemento de uma estratégia muito mais ampla do que os planejadores israelenses chamaram de "dominação de área urbana" – outra doutrina influente[88]. Aliás, ainda que isso raramente seja divulgado, os esforços dos Estados Unidos e de Israel no sentido de aperfeiçoar o *drone* armado e não tripulado estão muito integrados. As Indústrias Aeronáuticas Israelenses (IAI), por exemplo, estão desenvolvendo *drones* Pioneer para o Exército e a Marinha dos Estados Unidos, e ajudam empresas estado-unidenses como a TRW Avionics and Surveillance Group na manufatura de outros *drones* para as forças militares do país[89].

Em 2007, novos mísseis israelenses desenvolvidos especificamente para ataques com *drones* já estavam sendo comprados para equipar a nova geração de *drones* armados da França[90]. As forças estado-unidenses, britânicas e cingapurenses encomendaram *drones* armados Hermes, fabricados pela empresa de armas israelense Elbit. O mais controverso é que a Elbit foi agraciada com um grande contrato do Departamento de Segurança Interna dos Estados Unidos para patrulhar a fronteira com o México e mirar imigrantes que passarem por essa zona cada vez mais militarizada[91]. Em 20 de julho de 2004, a patrulha da fronteira dos Estados Unidos afirmou que tinha havido "42 detenções [de imigrantes] diretamente atribuíveis ao monitoramento por Vants"[92]. Ainda em 2004 já se estava considerando que essas patrulhas também seriam estendidas à fronteira dos Estados Unidos com o Canadá.

---

[87] Darryl Li, "The Gaza Strip as Laboratory", cit., p. 34.

[88] Ralph Sanders, "Israel Practice New Concepts for Airborne, Urban Area Domination", *Defense Update*, Qadima, n. 1, 2006.

[89] Idem.

[90] Pierre Tran e Barbara Opall-Rome, "French UAV to Carry Israeli Missiles", *Defense News*, Springfield (VA), sem data. Disponível em: <www.rafael.co.il>. Acesso em: 10 jun. 2016.

[91] Israeli Weapons.Com, "Hermes 450 in US Service", 2004. Disponível em: <israeli-weapons.com>. Acesso em: 28 jun. 2016.

[92] Idem.

Ataques a distância para a "Guerra Longa"

A mudança nas práticas tanto de Israel quanto dos Estados Unidos – da ocupação, uma atividade horizontal, para o monitoramento e os assassinatos verticais – traz consigo uma nova geometria de ocupação e de definição do "outro". Escreve Eyal Weizman:

> Assim, a geografia da ocupação desenhou uma volta de noventa graus. O "Oriente" imaginário – o objeto exótico de colonização – não estava mais além do horizonte, e sim sob a tirania vertical vinda dos ares da civilização ocidental, que administra de maneira remota seus sofisticados e avançados sensores, plataformas tecnológicas e munições no alto.[93]

Influenciados pela prática israelense, esses ataques verticais e das forças especiais são um elemento emergente importante tanto da estratégia quanto das táticas estado-unidenses. Eles são vistos como perfeitamente adequados para as Forças Armadas dos Estados Unidos, que buscam desenvolver uma doutrina para o que o Pentágono, desde 2005, chama de "a Guerra Longa" – o uso global mais ou menos permanente de ataques preventivos e *drones* armados contra supostos adversários, como aqueles realizados no Paquistão e na Síria no fim de 2008. Argumentos para uma mudança rumo ao "controle a distância" por meio de ataques, assassinato de alvos e o monitoramento persistente por *drones* não tripulados e satélites foram significativamente reforçados pelo desastroso fracasso da invasão militar do Iraque como um todo.

De acordo com o que Henriksen, da Hoover Institution, escreveu em 2007, "áreas negadas" e "espaços ingovernáveis" – onde "estratégias de constrainsurgência estado-unidenses" não podem ser utilizadas – agora "se prestam ao estilo de guerra de Israel"[94]. Ele prevê que

> os Estados Unidos podem descobrir que [...] precisam despachar comandos de ataques, capturar terroristas em busca de informações privilegiadas, assassinar líderes diabólicos e atacar fortalezas insurgentes com poder aéreo, mísseis ou Forças de Operações Especiais a partir de bases ao redor do globo, em vez de realizar enormes programas de pacificação e esforços para a construção de nações em terras inóspitas.[95]

---

[93] Eyal Weizman, "Thanotactics", em Michael Sorkin (org.), *Indefensible Space: The Architecture of the National Security State* (Nova York, Routledge, 2007), p. 325.

[94] Thomas Henriksen, "Security Lessons from the Israeli Trenches", *Policy Review*, n. 141, 2007.

[95] Idem.

330 • Cidades sitiadas

Aqui, Henriksen sugere que tanto Israel quanto os Estados Unidos fariam bem em recorrer à guerra contínua por meio de ataques aéreos "preventivos" e programas de assassinato de longa distância, em vez de invasões em grande escala. Sendo assim, para ele, os Estados Unidos precisariam buscar moldar sua estratégia na de Israel cada vez mais:

> [Tanto] a sociedade israelense quanto a estado-unidense dariam maior apoio a contra-ataques mais contidos, lançados em nome da prevenção, da dissuasão e da retribuição, do que a guerras ofensivas em grande escala como a intervenção de Israel no Líbano em 1982 ou as invasões do Iraque e do Afeganistão pelos Estados Unidos.[96]

Vender o Estado de segurança

Não é coincidência que a emergência de Israel como laboratório global de militarismo e segurança urbanos esteja tão associada ao dramático renascimento de sua economia nacional. Entre 2000 e 2003, a economia israelense viveu uma grande recessão. Isso se deveu tanto ao impacto do colapso global das ações de internet quanto à Segunda Intifada, ou Intifada de Al Aqsa, que começou em setembro de 2000 e ficou marcada por devastadores ataques suicidas contra cidades israelenses e outros espaços civis. Escrevendo em 2003 na *Strategic Assessment*, a publicação do Centro Jaffee de Estudos Estratégicos, pró-Israel, Imri Tov caracteriza o começo dos anos 2000 como "um dos piores períodos econômicos na história do país" e afirma que no ano em que escrevia "o conflito chegou ao seu auge [...], no qual os dois lados estão tentando exaurir um ao outro". Tov acreditava que a Intifada tinha desempenhado um importante papel na criação da recessão de 2003, em especial por ter causado danos materiais equivalentes a um valor entre 50 bilhões e 60 bilhões de shekels (10-13 bilhões de dólares) até então[97].

No entanto, desde aquela recessão, a economia de Israel, cada vez mais caracterizada pela alta tecnologia, se direcionou aos desafios de vender sistemas de segurança e maquinários de guerra urbana de ponta para um

---

[96] Idem, "The Israeli Approach to Irregular Warfare and Implications for the United States", cit., p. 40.

[97] Imri Tov, "Economy in a Prolonged Conflict: Israel 2000-2003", *Strategic Assessment*, Jaffee Center for Strategic Studies, Tel-Aviv, v. 6, n. 1, 2003. Disponível em: <www.tau.ac.il>. Acesso em: 10 jun. 2016.

mercado global que cresce em ritmo acelerado, usando em benefício próprio sua condição de "comprovado em campo de batalha". Essa abordagem tem sido tão bem-sucedida que, de acordo com *Jane's Defence Weekly*, Israel arrecadou mais de US$ 3,5 bilhões em vendas de armas só em 2003 e estava exportando armas e equipamento de segurança no mesmo nível que a Rússia[98]. Em 2004, a revista *Business Week* chamou Israel de um dos "centros de inovações em ascensão" do mundo por causa de sua força em comunicações de alta tecnologia, chips, *softwares* e sensores – todos fortemente derivados de pesquisa e desenvolvimento militares. Entre a retração econômica de 2002 e 2005, o investimento industrial estrangeiro em Israel cresceu de US$ 1,8 bilhão para US$ 6,1 bilhões[99].

Se os serviços pós-venda forem incluídos, Israel é hoje o quarto maior exportador de armas e equipamentos de segurança (se não forem, é o quinto). O país hoje comercializa o equivalente a US$ 1,2 bilhão em produtos de defesa e segurança para os Estados Unidos todo ano[100]. A rápida integração dos setores de tecnologia de segurança israelense e estado-unidense recebeu uma ajuda poderosa de consideráveis investimentos cruzados e casos de propriedade cruzada entre indústrias de alta tecnologia em ambas as nações. Israel, por exemplo, hoje figura mais empresas na bolsa Nasdaq do que qualquer um dos países desenvolvidos da Europa. Em janeiro de 2008, estavam listadas mais de 75 companhias israelenses, totalizando US$ 60 bilhões em valor[101].

Desde os ataques de 11 de Setembro, e o concomitante aprofundamento na integração da estratégia israelense aos aspectos de guerra urbana da Guerra ao Terror, o capital israelense, com considerável apoio dos governos de Israel e dos Estados Unidos, levou suas capacidades, sua *expertise* e seus produtos para além dos mercados mais óbvios que giram em torno da guerra urbana. Esses aspectos foram habilmente projetados na direção da arena muito mais ampla e em eterna expansão da securitização global, da guerra securocrática,

---

[98] *USA Today*, "US Military Employs Israeli Technology in Iraq War", 24 mar. 2003.

[99] Bernel Goldberg, "Introduction to WTCTA Breakfast Series: Israeli Investment and Trade Opportunities with the Pacific Northwest", Tacoma (WA), 4 maio 2007.

[100] Naomi Klein, "Laboratory for a Fortressed World", *The Nation*, Nova York, 14 jun. 2007.

[101] Donald Snyder, "Israel's Technology Creates an Investment Goliath", *Fox Business.com*, 16 jan. 2008.

332 • Cidades sitiadas

da "segurança interna" e do contraterrorismo. Trata-se de uma estratégia distintamente vantajosa. É tal a infinita variedade das maneiras como os espaços cotidianos e as infraestruturas das cidades podem ser considerados inseguros no mundo contemporâneo que quase toda empresa de alta tecnologia – biotecnologia, computação, telecomunicações, eletrônica, novos materiais – pode facilmente se projetar como uma empresa "de segurança".

Em sua fala durante um café da manhã de negócios promovido em Tacoma, no estado de Washington, em maio de 2007, para estabelecer vínculos entre indústrias de alta tecnologia de segurança de Israel e dos Estados Unidos, Bernel Goldberg, diretor executivo do Washington Israel Business Council, foi inequívoco nessa questão:

> Como maior prioridade nacional de Israel, a segurança interna é mais do que apenas uma *commodity* de exportação. A autoconfiança de Israel criou uma indústria de segurança diversificada e de ponta, trazendo inovação para as tecnologias existentes, bem como desenvolvendo novas tecnologias.

Goldberg também declarou que

> Israel obteve seu renome mundial de fornecer as melhores soluções em segurança e continua a se associar aos principais atores mundiais para proteger aeroportos, portos marítimos, prédios governamentais, instituições financeiras, centros de recreação, eventos internacionais e mais.[102]

Empresas israelenses conseguiram usar esse contexto e essa reputação para se reposicionar melhor e mais rápido do que as empresas de outras nações no contexto pós-11 de Setembro. Seus sistemas, padrões e práticas estão emergindo rapidamente como exemplos globais, a serem imitados, copiados ou apenas comprados. Como resultado, "o longo histórico de gastos públicos de Israel na guerra ao terror produziu padrões, metodologias e conceitos que só agora estão emergindo ao redor do mundo"[103].

Essas tendências melhoraram de modo dramático a lucratividade das indústrias de tecnologia e defesa de Israel[104]. Em fevereiro de 2008, o *Israel High-Tech Investment Report* pôde relatar que

---

[102] Bernel Goldberg, "Introduction to WTCTA Breakfast Series", cit.

[103] Fairfax County Economic Development Authority, "Special Event: United States--Israel HLS Technologies Conference and B2B (Business to Business) Meetings between Israeli and US Companies", 16-18 jan. 2007. Disponível em: <www.fairfaxcountyeda.org>. Acesso em: 10 jun. 2016.

[104] Naomi Klein, "Laboratory for a Fortressed World", cit.

depois da guerra no Líbano em 2006, Israel viveu um de seus melhores anos econômicos. Investimentos de capital de risco chegaram aos montes e podem alcançar US$ 1,7 bilhão. Investimentos estrangeiros foram fortes. A Bolsa de Valores de Tel-Aviv subiu quase 30%. O ano de 2007 ficou marcado como aquele em que Israel se tornou o quarto maior fornecedor de defesa do mundo.[105]

Um exemplo global

De fato, a própria identidade e a "marca" israelense associadas às novas técnicas e tecnologias de militarização urbana têm sido um grande argumento de venda. Como observa Naomi Klein:

> Muitos dos empreendedores mais bem-sucedidos do país [agora estão] usando o status de Israel como um Estado fortificado, cercado por inimigos furiosos, como uma espécie de showroom 24 horas – um exemplo vivo de como gozar de relativa segurança em meio à guerra constante.[106]

Para os visitantes, esse "showroom" é a essência do urbanismo hipermilitarizado – uma visão da vida urbana em que cada movimento, cada ação, requer escrutínio e a negociação de pontos de passagem arquitetônicos ou eletrônicos para provar o direito de acesso de alguém. Aliás, a sociedade urbana israelense inteira incorporou todo tipo de arquitetura de segurança e de prática de *intense profiling** que em geral são reservadas a aeroportos e as generalizou para todo um sistema de cidades e infraestruturas cotidianas. Um relatório da *Future Warfare Series*, da Força Aérea dos Estados Unidos, avaliando as lições que os Estados Unidos podem aprender com Israel, destaca que, neste país,

> quase todos os restaurantes de alto nível têm segurança privada na entrada, incluindo detectores de metal e sensores de bombas. Todos os prédios

---

[105] Joseph Morgenstern, "The Economy Is on a Roll!", *Israel High-Tech & Investment Report*, v. 23, n. 1, jan. 2008. Disponível em: <www.ishitech.co.il>. Acesso em: 10 jun. 2016.

[106] Naomi Klein, "Laboratory for a Fortressed World", cit.

* Uso de características e comportamentos para criar generalizações sobre uma pessoa ou um grupo. Em geral, esse perfil (étnico, de gênero ou outro) pode ser usado para determinar se essa pessoa ou esse grupo está envolvido em atividades ilegais consideradas de risco. (N. T.)

334 • Cidades sitiadas

públicos, incluindo shopping centers e estações de trem e ônibus, têm guardas armados e detectores de metal nos portões.[107]

Uma brochura promocional do governo israelense sobre a indústria de segurança interna (HLS [na sigla em inglês]) argumenta que essa experiência coloca a nação "na vanguarda das indústrias globais de segurança e de HLS". Ela afirma que essas indústrias "foram desenvolvidas para servir uma nação forçada a lutar por sua existência e a se manter vigilante contra ameaças contínuas"; por isso, "sistemas e soluções de segurança feitos em Israel foram testados repetidas vezes". O resultado, continua o texto promocional, é que "de sua perspectiva única, os fabricantes de HLS e de segurança do país adquiriram uma experiência incomparável e um renome mundial no desenvolvimento de soluções de segurança de ponta"[108].

Assim, Israel conseguiu orientar suas técnicas de hipermilitarização de modo a acompanhar e explorar as tendências globais de militarização de espaços, infraestruturas e locais cotidianos. Os principais mercados aqui não são meramente as tecnologias mais formais de controle e extermínio: fronteiras militarizadas, *drones* não tripulados, armas desenvolvidas para uso em densas áreas urbanas, mísseis para assassinato preventivo. Em vez disso, incluem todo um leque de monitoramento urbano e guerra securocrática – *softwares* de identificação de passageiros, biometria, câmeras de rua "inteligentes", sistemas para postos de controle – "exatamente as ferramentas e tecnologias que Israel usa para confinar os territórios ocupados"[109].

Empresas israelenses como a Rafael enfatizam que sistemas urbanos cotidianos agora são espaços de "conflito de baixa intensidade" que exigem uma securitização radical (que usem sua *expertise* e tecnologia, claro). A brochura de marketing "de soluções de segurança nacional antiterror" prossegue:

> Em situações de guerra, os sistemas Rafael oferecem uma defesa contra forças militares intrusas e unidades terroristas e de inteligência. Em tempos de paz, esses sistemas impedem que imigrantes ilegais, contrabandistas, traficantes de drogas e terroristas atravessem a fronteira. [Em conflitos de baixa intensidade,

---

[107] Jeffrey Larsen e Tasha Pravecek, "Comparative US-Israeli Homeland Security", *The Counterproliferation Papers, Future Warfare Series*, n. 34, Maxwell (AL), United States Air Force Counterproliferation Center, Air University, 2006.

[108] Ver Instituto de Cooperação Econômica e de Exportação Israelense, sem data. Disponível em: <www.export.gov.il>. Acesso em: 10 jun. 2016.

[109] Naomi Klein, "Laboratory for a Fortressed World", cit.

essas] tecnologias funcionam como um escudo contra a intrusão de unidades de espionagem ou terroristas. Também oferecem identificação inteligente de pedestres, veículos e cargas em postos de controle fronteiriços.[110]

Em 2006, pela primeira vez, empresas israelenses exportaram mais do que o equivalente a US$ 1 bilhão em equipamentos e serviços criados especificamente para necessidades de segurança interna – 20% a mais do que em 2005. David Arziof, diretor do Instituto de Exportação de Israel (IEI), um órgão governamental, estimou que as exportações aumentariam mais 15% em 2007[111]. O mercado estado-unidense de segurança interna, de US$ 39 bilhões, se avulta nessas exportações em crescimento, assim como se avultou o crescimento global projetado dos mercados de segurança interna: de US$ 46 bilhões em 2005 para US$ 178 bilhões em 2015 (em que os Estados Unidos representam metade do mercado global)[112].

Joint ventures

Complexas *joint ventures* entre empresas e governos centrais e locais estado-unidenses e israelenses estão emergindo. O objetivo é aumentar a integração entre companhias de segurança dos dois países e generalizar de modo lucrativo a experiência de Israel. Movida pela percepção de que "os Estados Unidos, assim como toda a comunidade internacional, têm muito a aprender com os esforços de Israel na arena da segurança nacional"[113], a HR 3871 – a Lei da Fundação de Segurança Nacional Estados Unidos-Israel – foi apresentada em março de 2004 na Câmara dos Deputados estado-unidense. Esse projeto propunha "alocar US$ 25 milhões para pesquisa e desenvolvimento de novas tecnologias de segurança interna a serem conduzidos em conjunto

---

[110] Rafael Corporation, "Anti-Terror Homeland Security Solutions", brochura, sem data. Disponível em: ‹www.rafael.co.il›. Acesso em: 10 jun. 2016.

[111] Ali Kravitz, "US Homeland Security Market Beckons", *Jerusalem Post*, 18 jan. 2007.

[112] James J. Carafano, Jonah J. Czerwinski e Richard Weitz, "Homeland Security Technology, Global Partnerships, and Winning the Long War", *The Heritage Foundation*, Washington (DC), 5 out. 2006. Disponível em: <www.heritage.org>. Acesso em: 10 jun. 2016.

[113] Consuella Peckett, "United States and Israeli Homeland Security: A Comparative Analysis of Emergency Preparedness Efforts", *Counterproliferation Papers, Future Warfare Series*, n. 33, Maxwell (AL), United States Air Force Counterproliferation Center, Air University, 2005, p. 150.

por empresas estado-unidenses e israelenses"[114]. Os principais objetivos do projeto são desenvolver novos produtos de segurança para os mercados de Israel e dos Estados Unidos e estimular empresas de segurança nos dois países a lidar com os mercados globais e atingir "efeitos econômicos positivos em ambos os Estados"[115].

Outro esforço relacionado surgiu da Fundação de Ciência e Tecnologia EUA-Israel (Usistf [na sigla em inglês]), uma organização conjunta estado--unidense e israelense fundada para promover o desenvolvimento de alta tecnologia. Em 2004 ela criou uma iniciativa para incentivar empresas nos Estados Unidos e em Israel a desenvolver sistemas de segurança novos e abrangentes para proteger prédios e infraestruturas fundamentais[116].

Governos locais nos Estados Unidos também veem no registro de empresas de segurança israelenses uma maneira de reforçar seu próprio desenvolvimento econômico como espaços férteis de pesquisa e desenvolvimento nas lucrativas indústrias de segurança em ascensão. Em janeiro de 2008, por exemplo, a autoridade de desenvolvimento econômico local para o condado de Fairfax, Virgínia – uma área dentro da enorme concentração de capital de defesa e segurança estado-unidense ao redor de Washington, DC –, recebeu uma delegação de altos representantes das principais empresas de defesa e segurança de Israel. Esse evento "de alcovitagem", financiado em parte pelo Instituto de Exportação de Israel, foi "um evento criado para demonstrar as tecnologias israelenses e as oportunidades de estabelecer sociedade com sistemas de integração, empreiteiras, investidores e outros parceiros em potencial nos Estados Unidos"[117]. Eventos semelhantes ocorreram em 2007 na Universidade do Sul da Califórnia em Los Angeles e em Maryland.

O objetivo declarado da conferência de Fairfax era convencer as principais empresas israelenses a estabelecer escritórios estado-unidenses na região (para se somar às 65 que, em 2007, já tinham filiais em e ao redor de Washington, DC) e instigá-las a firmar *joint ventures* com empresas estado-unidenses

---

[114] Ibidem, p. 147.

[115] Ministério de Segurança Pública do Estado de Israel, "Israel-USA Homeland Security Cooperation", sem data. Disponível em: <www.mops.gov.il>. Acesso em: 10 jun. 2016.

[116] Joe Charlaff, "Joint Israeli-American Initiative to Streamline Homeland Security Management", *Israel 21c*, 28 nov. 2004. Disponível em: <www.usistf.org>. Acesso em: 10 jun. 2016.

[117] Fairfax County Economic Development Authority, "Special Event", cit.

Lições de urbicídio • 337

com base ali. Gerald Gordon, presidente e CEO da autoridade de Fairfax, descreveu a lógica com clareza:

> A segurança nacional abrange uma gama tão enorme de serviços, considerando a necessidade de proteger nosso espaço aéreo e nossas fronteiras terrestres e aquáticas. Não temos experiência suficiente para cobrir tudo [nos Estados Unidos], e Israel deve ser o primeiro lugar a se procurar por isso. Por causa das fortes alianças entre os dois países, a conferência ganha uma segunda camada sobre como se envolver com contratos governamentais.[118]

As empresas israelenses presentes no evento em Fairfax demonstram até que ponto a experiência detalhada de securitização e repressão nos Territórios Ocupados está no coração do empenho global de Israel em ser o exemplo mundial de urbanismo militar. A DefenSoft™ Planning Systems, por exemplo, promove sua experiência incomparável de "planejamento de zonas de proteção". Um contrato recente cobrindo "aeroportos, portos marítimos, campi industriais, zonas urbanas e outros espaços de infraestrutura urbana" envolveu o planejamento do uso de novos sensores ao redor da Faixa de Gaza[119]. A Mate-CCTV, que recebeu subsídios da Fundação de Pesquisa e Desenvolvimento Industrial Binacional de Israel e dos Estados Unidos, oferece "monitoramento inteligente por vídeo", incluindo uma função automatizada de "observação de comportamento". A especialidade da Suspect Detection Systems é um sistema que, de acordo com os fabricantes, automaticamente "identifica más intenções em controles de fronteira e outros postos de controle"[120].

Essas *joint ventures* já estão garantindo grandes contratos no setor de securitização estado-unidense e global. A empresa israelense Elbit, por exemplo, está trabalhando com a Boeing sob um controverso contrato do Departamento de Segurança Interna dos Estados Unidos. O objetivo é construir um sistema de monitoramento de alta tecnologia ao longo da fronteira com o México, local que está em rápida militarização, usando sua experiência em "proteger as fronteiras de Israel" para "garantir a segurança dos estado-unidenses"[121]. O presidente da Elbit, Tim Taylor, declarou que

---

[118] Ali Kravitz, "US Homeland Security Market Beckons", cit.

[119] *Press release* da DefenSoft.

[120] Fairfax County Economic Development Authority, "Special Event", cit.

[121] Laura Goldman, "Israeli Technology to Keep US Borders Safe", *Israel21c*, 15 out. 2006.

338 • Cidades sitiadas

as forças estratégicas e tecnológicas que trazemos para o projeto vão ajudar a restaurar a segurança e a proteção que os estado-unidenses conheceram por tanto tempo. Detectar ameaças ao longo de cerca de 9.650 km de fronteira nos Estados Unidos não é tarefa para experimentações.

O "atirar para matar" se torna global

Com a difusão global dos equipamentos e serviços israelenses para securitização e militarização urbanas, outra imitação da doutrina antiterror de Israel está em andamento. Em 2005 veio à tona que a Polícia do Capitólio em Washington, DC, tinha se tornado o primeiro departamento de polícia do país a adotar a política de "atirar para matar" para lidar com suspeitos de serem homens-bomba. Isso se associava à doutrina de "reconhecimento de padrão de comportamento", concebida como meio de "identificar e isolar o tipo de comportamento que pode preceder um ataque"[122]. Tanto a política de atirar para matar quanto as técnicas de reconhecimento de padrão de comportamento têm uma longa história em Israel, e desde 2001 especialistas israelenses têm treinado agentes da lei e de segurança mundo afora em sua implantação.

A International Association of Chiefs of Police (IACP) [Associação Internacional de Chefes de Polícia], uma organização global que apoia o treinamento e a cooperação entre polícias, tem sido fundamental nessa rápida difusão internacional da doutrina israelense no que diz respeito a atirar para matar e ao reconhecimento de padrão de comportamento. No dia seguinte aos devastadores ataques suicidas no metrô e nos ônibus de Londres, a IACP lançou suas diretrizes para lidar com potenciais homens--bomba, instruindo "policiais a procurar determinadas características comportamentais e físicas, semelhantes àquelas identificadas nas orientações de reconhecimento de padrão de comportamento". Também promoveu "o uso de força letal, encorajando agentes a mirar a cabeça do suspeito e atirar para matar". A IACP realizou uma série de eventos de treinamento em Israel para possibilitar que agentes da lei dos Estados Unidos e do Reino Unido aprendessem essas práticas[123].

---

[122] Adrian Friedman, Vrinda Grover et al., *Irreversible Consequences: Racial Profiling and Lethal Force in the "War on Terror"*, Nova York, New York University School of Law, Center for Human Rights and Global Justice, 2006, p. 5.

[123] Ibidem, p. 13.

As implicações dessa imitação emergiram durante as investigações que se seguiram ao assassinato de um jovem brasileiro, Jean Charles de Menezes, na estação de metrô de Stockwell, em Londres, pela polícia antiterrorismo em 22 de julho de 2005. No escândalo subsequente, tornou-se muito evidente a que ponto a política contraterrorista israelense de atirar para matar tinha se difundido em outros Estados.

Ao lidar com a nova ameaça de atentados suicidas depois dos ataques do 11 de Setembro, a Polícia Metropolitana de Londres logo introduziu nas práticas de policiamento civil a ideia altamente militarizada de força letal preventiva. Barbara Wilding, à época assistente do chefe de polícia e chefe do grupo da polícia metropolitana encarregado de homens-bomba, revelou que, depois do 11 de Setembro, o grupo "logo visitou Israel, o Sri Lanka e a Rússia" em busca de políticas a serem reproduzidas. A divisão antiterrorismo da polícia metropolitana de Londres então desenvolveu sua própria reação, "baseada principalmente na experiência da polícia de Israel, que é instruída a atirar na cabeça em caso de [um suposto] perigo iminente à vida". Essa política foi chamada Kratos, que significa "força" ou "resistência", em homenagem ao mítico herói espartano. Sem debate, o Parlamento Britânico a aprovou em 22 de janeiro de 2005[124].

Economias de guerra permanente

Claramente, Israel não tem mais motivo para temer a guerra.[125]

Como este capítulo demonstrou, está em curso a integração entre complexos industriais-de segurança e complexos industriais-militares de Israel e dos Estados Unidos. Ainda mais do que isso, os emergentes complexos industriais-militares-de segurança das duas nações estão umbilicalmente unidos, a ponto de hoje ser razoável considerá-los uma única entidade diversificada e transnacional.

Alimentados pelas ideologias similares de guerra permanente de ambos os Estados – dentro dos conceitos infinitamente flexíveis e extensíveis de guerra antiterror –, os processos de exemplificação, experimentação, imitação

---

[124] Nick Vaughan-Williams, "The Shooting of Jean Charles de Menezes: New Border Politics?", *Alternatives*, v. 32, n. 2, 2007, p. 185.

[125] Naomi Klein, *Shock Doctrine*, cit., p. 440.

340 • Cidades sitiadas

e justificação estão, por sua vez, consolidando ainda mais as economias de guerra permanente de Israel e dos Estados Unidos. Os complexos industriais-militares-de segurança de ambos os países hoje se concentram em expandir o domínio econômico corporativo por meio da permanente transformação de civis e de espaços infraestruturais e urbanos cotidianos em alvo. Enquanto isso, a ampla privatização, o neoliberalismo e a fragmentação social estão reduzindo radicalmente os benefícios sociais tanto de cidadãos quanto de soldados[126].

A bolha industrial de segurança dos Estados Unidos e de Israel – um raro ponto de crescimento em meio a uma retração econômica global – se baseia firmemente na generalização de doutrinas e tecnologias forjadas durante o longo confinamento e repressão das cidades palestinas pelas forças militares e de segurança israelenses. Assim, existe o perigo de o hipermilitarismo urbano israelense ser normalizado em escalas transnacionais, levado pela Guerra ao Terror estado-unidense enquanto esta ataca cidades e a vida citadina cotidiana em território doméstico e estrangeiro. No fim, a economia israelense se beneficia enormemente, enquanto Israel adquire o status de exemplo sem igual da tendência global de securitização e militarização urbanas.

Três pontos são dignos de ênfase aqui. O primeiro, os exemplos israelenses oferecidos, vendidos e mobilizados – tecnologias não apenas físicas, mas também arquitetônicas de controle; novos meios eletrônicos de detecção, monitoramento, ataque, cerceamento, encarceramento e assassinato; além das instâncias reveladoras de seus usos apresentados aqui. Eles demonstram o que acontece quando uma força militar define como seus adversários e alvos a população civil comum de cidades e se mobiliza de modo permanente contra eles, movida por ideologias encapsuladas em termos como guerra "assimétrica", "de baixa intensidade" ou "de quarta geração", ou "operações militares fora do contexto de guerra". Inevitavelmente, o resultado é a alavancagem da militarização e, mais importante, a negação ou eliminação sistemática de possibilidades, reações e políticas que não envolvam ação, controle e expansão de forças militares e de segurança.

Em segundo lugar, diferentemente da retórica tanto de Israel quanto dos Estados Unidos, esses exemplos de novo urbanismo militar não estão sendo mobilizados para vencer uma guerra. Em vez disso, como defende Naomi Klein, sua generalização e circulação servem primariamente para

---

[126] Jonathan Nitzan e Shimshon Bichler, "Cheap Wars", *Tikkun*, Berkeley (CA), ago. 2006.

corroborar uma nova estrutura político-econômica que a autora chama de "complexo do capitalismo de desastre"[127]. Tal constelação se beneficia da representação de tudo e de todos como alvos – permanentemente. E lucra com a tábula rasa geográfica e o quadro político-econômico limpo que resultam da guerra e do colonialismo urbicidas. Ela também garante lucros consideráveis e a exploração enorme de recursos, possibilitados por guerras e catástrofe social. Klein escreve:

> Essa receita de guerra mundial infinita é a mesma que o governo Bush ofereceu como perspectiva de negócios para o complexo capitalista do desastre emergente depois do 11 de Setembro. Não é uma guerra que pode ser vencida por qualquer país, mas vencer não é o objetivo. O objetivo é promover a "segurança" dentro de Estados fortificados, reforçada por infinitos conflitos de baixa intensidade fora de seus muros.[128]

A preocupação de Klein é que "Bagdá, Nova Orleans e Sandy Springs ofereçam lampejos do tipo de futuro confinado construído e administrado pelo complexo do capitalismo de desastre" – ou seja, que esses novos complexos urbanos militarizados se tornem ainda mais generalizados. Mas, como este capítulo demonstrou, e como a própria Klein parece concordar, é a situação de Israel e da Palestina que proporciona os maiores exemplos, modelos e ideias por trás do novo urbanismo militar, uma vez que ali

> um país inteiro se transformou em uma comunidade fechada e fortificada, cercada por um povo confinado vivendo em zonas de exclusão permanentes [...]. Na África do Sul, na Rússia e em Nova Orleans, os ricos constroem muros ao redor de si mesmos. Israel levou esse processo de descarte [dos pobres urbanos] um passo além: construindo muros ao redor dos pobres perigosos.[129]

No entanto, as conexões profundas e recíprocas entre o complexo do capitalismo de desastre de Israel e o dos Estados Unidos significam que, embora mais extremado, Israel não está sozinho. Em vez disso, como vimos, toda uma gama de empreendimentos conjuntos, missões comerciais ultramarinas, intercâmbios de treinamento, exercícios e imitações legais, políticas e militares significam que o "caso extremo" de confinamento nacional em Israel e na Palestina está em vias de ser exportado e transformado em algo normal. Aliás, o perigo é que o complexo de segurança-militar

---

[127] Naomi Klein, *Shock Doctrine*, p. 440-1.

[128] Idem.

[129] Ibidem, p. 441-2.

342 • Cidades sitiadas

de Israel esteja perdendo sua peculiaridade, conforme é absorvido por circuitos transnacionais de investimento, propriedade, exemplificação e parceria econômica.

O terceiro ponto envolve as consequências do papel central desempenhado pela experiência militar, tecnológica e política israelense no contexto da mudança global em direção ao novo urbanismo militar. Precisamos insistir nesse ponto por causa da força central que sustenta a disseminação global dos modelos israelenses de urbanismo militar: o poder consolidado e sem igual do lobby de Israel na conformação da política externa dos Estados Unidos. Para John Mearsheimer, da Universidade de Chicago, e seu colega Stephen Walt, da Escola Kennedy de Governo da Universidade Harvard, o lobby de Israel nos Estados Unidos foi um fator-chave na desastrosa política externa da administração Bush. Os autores escreveram em 2006 que

> O ímpeto geral da política dos Estados Unidos na região [Oriente Médio] se deve quase inteiramente às políticas internas da nação e, em especial, às atividades do "lobby de Israel". [...] A tentativa [resultante] de transformar a região em uma comunidade de democracias ajudou a produzir uma insurgência resiliente no Iraque, um forte aumento nos preços mundiais de petróleo e [em 2006] bombardeios terroristas em Madri, Londres e Amã.[130]

Mearsheimer e Walt também enfatizam que, longe de enfrentar um grupo unificado de inimigos "malignos", Israel e os Estados Unidos na verdade enfrentam ameaças terroristas muito diferentes.

> As organizações terroristas que ameaçam Israel (por exemplo, o Hamas ou o Hezbollah) não ameaçam os Estados Unidos, exceto quando esse país intervém contra eles (como no Líbano em 1982). [Acima de tudo], o terrorismo palestino não é uma violência aleatória direcionada contra Israel nem contra "o Ocidente"; é, em grande parte, uma reação à prolongada campanha israelense para colonizar a Cisjordânia e a Faixa de Gaza.[131]

Finalmente, há poucas dúvidas de que o tratamento dispensado pelos Estados Unidos a Israel é um catalisador poderoso, talvez o mais poderoso, para o recrutamento islâmico. "O apoio incondicional dos Estados

---

[130] John Mearsheimer e Stephen Walt, "The Israel Lobby and US Foreign Policy", artigo n. RWP06-011, Chicago/Cambridge (MA), University of Chicago/Harvard University, mar. 2006, p. 1, 5.

[131] Ibidem, p. 5.

Unidos a Israel facilita para extremistas como Bin Laden mobilizar apoio popular e atrair recrutas", defendem Mearsheimer e Walt[132]. Tornando-se inescapavelmente cúmplices dos crimes perpetrados contra civis palestinos nos cercos coloniais israelenses à Cisjordânia e a Gaza, os Estados Unidos também enfrentam uma batalha impossível de vencer contra a opinião pública no mundo árabe.

---

[132] Idem.

8
DESLIGANDO CIDADES

Os moradores de cidades correm um risco específico quando seus complexos e sofisticados sistemas de infraestrutura são destruídos ou se tornam inoperáveis, ou quando ficam isolados de seus contatos externos.[1]

Se quiser destruir alguém hoje em dia, invista contra sua infraestrutura. Não é preciso ser um Estado-nação para fazer isso; e, se seu adversário mantiver alguma capacidade de retaliação, é melhor que você não o seja.[2]

Aquiles urbano

Em nosso planeta em rápida urbanização, a vida cotidiana da crescente população de urbanoides é cada vez mais sustentada por sistemas vastos e incognoscivelmente complexos de infraestrutura e tecnologia. Ainda que muitas vezes passem despercebidos – pelo menos quando funcionam –, esses sistemas permitem que a vida urbana moderna exista. Seus encanamentos, dutos, servidores, fios e túneis sustentam os fluxos, as conexões e os metabolismos que são intrínsecos às cidades contemporâneas. Através de sua interminável agência tecnológica, esses sistemas ajudam continuamente a transformar o natural em cultural, social e urbano, criando assim o pano de fundo oculto da vida urbana moderna cotidiana. Eles são a sustentação fundamental dos *processos* da vida citadina.

---

[1]   Sultan Barakat, "City War Zones", *The Urban Age*, v. 5, n. 4, 1998, p. 12.

[2]   Philip E. Agre, "Imagining the Next War: Infrastructural Warfare and the Conditions of Democracy", *Radical Urban Theory*, 14 set. 2001. Disponível em: <http://polaris. gseis.ucla.edu/pagre/war.html>. Acesso em: 20 jun. 2016.

346 • Cidades sitiadas

Ao manter os fluxos de água, lixo, energia, informação, pessoas, *commodities* e signos, as infraestruturas urbanas contemporâneas incorporam sonhos iluministas de controle social da natureza. Essas infraestruturas são pré-requisitos para qualquer ideia de civilização moderna. E, no entanto, ao mesmo tempo, a dependência contínua da população urbana em relação a sistemas de infraestrutura enormes e complexos cria vulnerabilidades inevitáveis. Paradoxalmente, é no momento em que ocorre o blecaute, em que cai o servidor, quando os funcionários do metrô entram em greve ou os encanamentos de água deixam de funcionar, que a dependência das cidades em relação a sua infraestrutura se torna mais visível. "Para a maioria de nós, esse desenho é inevitável. Até ele falhar", escreve Bruce Mau[3]. Isso se aplica de modo mais contundente às cidades mais ricas e tecnologicamente avançadas. Em contraste, em boa parte do chamado mundo em desenvolvimento, a interrupção da infraestrutura é a regra, em vez de um evento especial.

O potencial para a violência catastrófica contra cidades e contra a vida urbana anda lado a lado com a mudança da vida urbana rumo a uma dependência ainda maior de suas infraestruturas modernas – rodovias, metrô, redes de computação, sistemas de água e saneamento, redes de eletricidade, transporte aéreo. Esses sistemas podem ser facilmente atacados e transformados em agentes de terror instantâneo, de caos debilitante ou até de desmodernização. Assim, cada vez mais, em sociedades altamente tecnológicas, dominadas por interconexões e circulações sociais abstratas, tanto a guerra de alta tecnologia quanto o terrorismo têm como mira o que John Hinkson caracteriza como "os meios da vida, não os combatentes"[4]. Nas palavras de John Robb,

> a maioria das redes com que contamos na vida citadina – comunicações, eletricidade, transporte, água – são extremamente vulneráveis a interrupções intencionais. Na prática, isso significa que um número muito pequeno de ataques a centros fundamentais de uma rede [de infraestrutura] pode provocar o colapso de toda uma rede.[5]

---

[3] Bruce Mau, *Massive Change* (Londres, Phaidon, 2003), p. 3.

[4] John Hinkson, "After the London Bombings: Global Terror, the West and Indiscriminate Violence", *Arena Journal*, n. 24, 2005, p. 145-6.

[5] John Robb, "The Coming Urban Terror: Systems Disruption, Networked Gangs, and Bioweapons", *City Journal*, verão 2007.

A interrupção ou destruição de um ponto em uma rede de transporte, comunicações, abastecimento de água ou de eletricidade tende a afetar com rapidez todo um sistema, e como esses sistemas funcionam juntos – os engenheiros dizem que estão "fortemente interligados" –, o corte em um tende a ter um rápido "efeito cascata" nos outros. Além disso, como todos os "grandes sistemas" que sustentam sociedades urbanas avançadas operam à base de energia elétrica, os moradores das cidades se tornam "reféns da eletricidade"[6]. Em um blecaute, não é só a luz elétrica que falta. Sistemas de água e esgoto movidos a eletricidade sofrem em geral uma interrupção; o transporte público costuma parar; o processamento e a distribuição de alimentos costumam ser desativados; o sistema de saúde se torna quase impossível; a internet deixa de funcionar; alguns prédios se tornam efetivamente inabitáveis, de tão conectados a dispositivos e equipamentos elétricos.

Em uma sociedade urbana intensamente em rede, sempre conectada e de funcionamento ininterrupto, os urbanoides – em especial aqueles que vivem no mundo industrial desenvolvido – são tão dependentes dos sistemas em rede infraestruturais e computadorizados que uma interrupção não é um simples inconveniente. Na verdade, aproxima-se do ponto em que, nas famosas palavras de Bill Joy, "desligar se torna suicídio"[7]. Os processos de globalização econômica, que estendem espaços de produção, pesquisa, alimentação de dados, consumo, transbordo, capitalização e descarte de detritos mundo afora, estreitam ainda mais os laços do que já é fortemente interligado, por causa da dependência de combinações cada vez mais complexas de sistemas de logística, informação e infraestrutura – que operam *just-in-time*, em uma sincronia íntima – para simplesmente funcionar.

No entanto, é preciso lembrar que a dependência absoluta da vida humana das infraestruturas em rede existe em cidades modernas em todo o planeta, não apenas nas cidades "*high-tech*". Isso se revela em detalhes aterrorizantes quando governos, ao realizar suas campanhas de "poder aéreo", de maneira deliberada deseletrificam sociedades urbanas inteiras, supostamente como meio de coagir líderes e forçar populações inteiras a abandonar de súbito sua resistência. O bombardeio estratégico raramente obtém esse efeito, se é que obtém. Como vamos ver, os efeitos da deseletrificação urbana são tão

---

[6] John Leslie, "Powerless", *Wired*, São Francisco, v. 7, n. 4, 1999, p. 119-83.

[7] Bill Joy, "Why the Future Doesn't Need Us", *Wired*, São Francisco, v. 8, n. 4, 2000, p. 239.

348 • Cidades sitiadas

pavorosos quanto prosaicos: a morte em massa dos jovens, dos mais fracos, dos doentes, dos idosos, durante períodos prolongados e em geografias estendidas, quando sistemas de água e saneamento entram em colapso e doenças transmitidas pela água correm soltas. Não é uma surpresa que essa estratégia tenha sido chamada de "guerra à saúde pública", um ataque que pode ser resumido como "bombardeie agora, morra depois".

Assim, em toda parte, a vida urbana cotidiana é assombrada pela ameaça da interrupção: o blecaute, o congestionamento, a conexão cortada, o defeito técnico, o fluxo interrompido, o aviso de rede indisponível. Durante esses momentos, relativamente normais em cidades do Sul global, mas muito menos nas do Norte global, as grandes construções de infraestrutura se tornam um monte de tralha inútil – ruínas temporárias (ou talvez não) dos sonhos do Iluminismo e da Modernidade. A vida cotidiana das cidades se transforma em uma grande luta contra a escuridão, o frio, a imobilidade, a fome, o isolamento, o medo do crime e da violência, e – se houver ameaça de doenças transmitidas pela água – uma degeneração rápida e catastrófica da saúde pública. O fluxo técnico constante das cidades modernas é suspenso. A improvisação, os reparos e a busca por meios alternativos de se manter aquecido e em segurança, de beber água limpa, de se alimentar, de se movimentar e de descartar resíduos logo se tornam os imperativos primordiais. De repente, os bastidores da vida urbana cotidiana, em geral ocultos, se tornam claros e palpáveis para todos.

É óbvio que "capacidades letais espantosas podem ser criadas simplesmente sabotando os usos cotidianos" de uma série de infraestruturas urbanas comuns[8]. Assim, o ato de usar sistemas e tecnologias em geral menosprezadas, ignoradas ou vistas como artefatos banais do dia a dia se torna carregado de ansiedade e imaginários geopolíticos. Riscos impensáveis associados a conflitos geopolíticos internacionais permeiam a tecnologia cotidiana. O conflito "assimétrico" pós-Guerra Fria transforma componentes da cultura material urbana em armas em potencial, capazes de causar morte, destruição, caos ou colapso econômico.

A intensificação das interconexões econômicas, no entanto, significa que Estados também exercem um enorme poder por meio da ameaça, ou

---

[8]   Timothy Luke, "Everyday Technics as Extraordinary Threats: Urban Technostructures and Nonplaces in Terrorist Actions", em Stephen Graham (org.), *Cities, War and Terrorism* (Oxford, Blackwell, 2004), p. 120-36.

da execução, de cortes da infraestrutura. O status da Rússia como poder ressurgente sob Putin se deve menos a suas ambições territoriais ou seu poderio militar do que à sua constante ameaça de interromper e, de vez em quando, à interrupção de fato do fornecimento de energia para o sul da Ásia e a Europa, regiões que dependem cada vez mais das enormes reservas russas.

É claro que a ansiedade em torno dos riscos de interrupção, destruição ou "armamentização" da infraestrutura não é novidade. Desde as próprias origens da vida urbana, a guerra e a violência política têm como alvo os sistemas de apoio tecnológico e ecológico das cidades. Aliás, esse era um forte ponto de ataque na guerra de cerco medieval. Durante a Segunda Guerra Mundial, planejadores de bombardeios tentavam obter "paralisias estratégicas" por meio da destruição de sistemas de transporte, infraestruturas de fornecimento de água e redes de eletricidade e comunicação. E existem, claro, os carros-bomba – um clássico de toda campanha de insurgência e de terrorismo há pelo menos quatro décadas. Mas os ataques urbanos aumentaram dramaticamente. Hoje em dia, tanto governos quando outros agentes atacam e exploram as infraestruturas urbanas cotidianas com uma sofisticação considerável e um poder letal.

Infraestruturas e terrorismo

A tecnologia faz surgir seu próprio tipo de terrorista.[9]

A maior parte da atenção, até o momento, se voltou a como insurgentes e terroristas não ligados ao Estado podem aumentar consideravelmente seu potencial de destruição se apropriando ou atacando os sistemas Integrados que sustentam a vida urbana moderna. Como sugere o cientista político Tim Luke,

> as arquiteturas operacionais do urbanismo moderno, por sua própria estrutura, projetam, utilizam e dedicam como parte essencial do equipamento necessário para a produção econômica coisas que, ironicamente, são grandes ativos para a destruição.[10]

---

[9]   John Hinkson, "After the London Bombings", cit., p. 145.
[10] Tim Luke, "Everyday Technics as Extraordinary Threats", cit.

Nesses casos, como escreve John Hinkson, "'a civilização tecnológica' é que é o alvo [...], e a contradição é que é a tecnologia dessa civilização o que será usado contra ela"[11].

Além de construções urbanas icônicas, os principais alvos terroristas são as infraestruturas do "capitalismo rápido". Como bases materiais da circulação global, infraestruturas contemporâneas "repudiam territórios fixos, espaços sagrados e limites rígidos em favor de fluxos instáveis, dos não lugares que são palco das práticas de consumo e das fronteiras permeáveis"[12]. Esses "grandes sistemas", no entanto, estão sempre abertos à violência assimétrica de atores não estatais que nunca poderiam ter a esperança de enfrentar o poderio militar ocidental. As maneiras particulares como os grandes sistemas de infraestrutura se atravessam nas cidades globais parecem predominar nas estratégias de ataque dos terroristas contemporâneos. Para Hinkson, esse tipo de cenário precisa

> ser compreendido em relação aos modos de vida socialmente esparsos e cada vez mais assolados pela pobreza em regiões, e entre certos setores sociais, que estão passo a passo sendo transformados em satélites dependentes e disfuncionais dos centros metropolitanos.[13]

Os exemplos mais óbvios aqui, claro, foram os devastadores ataques aéreos do 11 de Setembro. De fato, os responsáveis por eles desenvolveram enormes mísseis de cruzeiro cheios de combustível, em estilo camicase, a partir de apenas quatro dos muitos milhares de aviões comerciais que voavam sobre e entre as cidades estado-unidenses naquela hora do dia. Quatro aeronaves – das mais ou menos 40 mil que carregam cerca de 2 milhões de pessoas por dia acima do território dos Estados Unidos – foram apropriadas e traduzidas em armas catastróficas com a ajuda de alguns poucos estiletes. Mas, na verdade, os ataques foram propiciados por uma vasta gama de circuitos tecnológicos associados à modernidade ocidental globalizada: operações financeiras eletrônicas, especulação da bolsa de valores, computadores, redes de mídia, tecnologia aeronáutica. E o objetivo desses ataques era a destruição desses circuitos[14].

---

[11] John Hinkson, "After the London Bombings", cit., p. 146.

[12] Tim Luke, "Everyday Technics as Extraordinary Threats", cit.

[13] John Hinkson, "After the London Bombings", cit., p. 149.

[14] Leonie Ansems de Vries, "'(The War on) Terrorism: Destruction, Collapse, Mixture, Re-enforcement, Construction", *Cultural Politics*, v. 4, n. 2, p. 185.

Alvos estratégicos e simbólicos no coração metropolitano do poder econômico e militar dos Estados Unidos foram destruídos nos ataques do 11 de Setembro. Milhares de pessoas foram assassinadas em apenas algumas horas. Esses efeitos superam de longe o poder de todo o regime nazista ou japonês durante a Segunda Guerra Mundial inteira. Quando as torres do World Trade Center sucumbiram, uma destruição com poder próximo ao de uma pequena bomba nuclear inverteu a presunção gravitacional e arquitetônica dos arranha-céus modernistas. Usar apenas alguns elementos específicos da infraestrutura cotidiana como armas gerou falhas e interrupções infraestruturais em grandes áreas de Manhattan, da Costa Leste estado-unidense e do mundo. Mas os circuitos visuais da mídia se mantiveram funcionando: uma infraestrutura global testemunhando o uso da infraestrutura global como arma urbicida.

Outros exemplos poderosos foram os ataques posteriores a trens, ônibus e metrôs de Madri e Londres de 2003 e 2005, e os numerosos e aterrorizantes ataques suicidas a ônibus israelenses lotados entre 2000 e 2002. O bombardeio aos vagões do metrô de Moscou por terroristas chechenos em fevereiro de 2004 e o ataque a gás dos trilhos subterrâneos de Tóquio pelo grupo Aum Shinrikyo em março de 1995 também exploraram os sistemas de mobilidade do dia a dia com um efeito assassino. Enquanto isso, na Índia, como parte de uma avalanche recente de atrocidades urbanas, os terroristas às vezes atacam deliberadamente os sistemas de energia elétrica que abastecem os enclaves de alta tecnologia, os quais abrigam as conhecidas indústrias de *software* e *call-center* globais da cidade[15].

Ataques como esses promoveram uma ansiedade generalizada acerca das vulnerabilidades de toda forma de infraestrutura básica que, por definição, permeiam a vida cotidiana de cada urbanoide moderno (Figura 8.1). Por exemplo, o envio de esporos de antraz foi realizado por meio do sistema de correios estado-unidense logo após os ataques de 11 de Setembro e matou cinco pessoas. Ou considere-se o caso dos atiradores de Washington que, em outubro de 2002, transformaram simples estradas e postos de combustível nos subúrbios residenciais da área conhecida como Beltway e ao redor deles em campos de extermínio, matando dez pessoas. Ou a possibilidade de mau uso de material nuclear, ou ainda o envenenamento ou a contaminação em massa dos sistemas de produção de alimentos dos quais as sociedades urbanas

---

[15] Vyjayanthi Rao, "How to Read a Bomb: Scenes from Bombay's Black Friday", *Public Culture*, v. 19, n. 3, p. 567-92.

dependem tão completamente – como demonstrou o escândalo chinês das fórmulas lácteas para bebês em 2008. Considere-se também o medo disseminado de que a natureza computadorizada das sociedades avançadas possa se tornar o calcanhar de Aquiles delas conforme "ciberterroristas" remotos e desconhecidos lançam códigos malignos em sistemas fundamentais com um toque em um teclado distante, provocando uma espécie de "Pearl Harbor eletrônico" no processo.

No alto: "O caso do atirador de Washington é um forte lembrete de que obter dados confiáveis no momento oportuno é fundamental para uma ação policial proativa"; embaixo: "Não é possível salvaguardar recursos vitais sem monitoramento constante".

8.1 Ansiedade e infraestrutura: a exploração do medo em anúncios de revista.

Ao reagir a esses tipos de ameaças formulando políticas sobre a "infraestrutura fundamental", os Estados-nação e os governos municipais enfrentam problemas quase intransponíveis na tentativa de ir além de gestos puramente simbólicos como colocar policiais armados em aeroportos ou barreiras de concreto ao redor de estações ferroviárias. Isso porque enfrentam o fato inevitável de que, para de fato funcionar como infraestrutura, os grandes sistemas técnicos de hoje em dia precisam necessariamente estar abertos a um gigantesco fluxo de uso e interação que nunca pode ser controlado, mesmo com as tecnologias de informação e monitoramento mais sofisticadas. Luke escreve:

> Como a maior parte dos mecanismos, das estruturas e das conexões no capitalismo mundial precisa ser essencialmente insegura para ter um funcionamento ideal, a defesa contra as inseguranças de todos os que vivem em meio a esses grupos interconectados em grandes sistemas movidos pelo mercado não é nem certa nem definitiva.[16]

Em última instância, os custos, os atrasos e as reduções de capacidade que acompanham iniciativas de segurança infraestrutural prejudicam os lucros: grandes empresas, que de tantas formas hoje são constituídas *por meio de* sistemas de infraestrutura transnacionais para movimentar matérias-primas, *commodities*, capital, informação, mídia e força de trabalho de maneira rápida e eficiente pelo mundo. De acordo com Luke, securitizar completamente a infraestrutura e suas circulações acrescentaria "um custo enorme ao balanço corporativo que poucas empresas estão dispostas a pagar"[17].

Claro, terroristas e insurgentes não ligados a governos têm consciência plena dos custos da interrupção. De muitas formas, como John Robb ilustra no influente blog *Global Guerrillas*[18], a maior vantagem política e econômica deles em um mundo interconectado vem da manipulação, destruição ou Interrupção das redes infraestruturais fortemente interligadas que sustentam o capitalismo global urbanizado. Robb cataloga uma incidência cada vez maior do que ele chama de "guerra de código aberto" – uma infinidade

---

[16] Timothy Luke, "Everyday Technics as Extraordinary Threats", cit.

[17] Idem.

[18] Ver John Robb, "Networked Tribes, Infrastructure Disruption, and the Emerging Bazaar of Violence, an Open Notebook on the First Epochal War of the 21st Century", *Global Guerrillas*. Disponível em: <globalguerrillas.typepad.com>. Acesso em: 5 jul. 2016.

354 • Cidades sitiadas

de ataques de insurgentes e terroristas cujo objetivo é provocar grandes interrupções nos sistemas ao se concentrar em gargalos e instalações de fornecimento fundamentais, especialmente no abastecimento de petróleo e na geração de eletricidade.

Robb destaca as tentativas devastadoras, por parte de uma grande variedade de grupos insurgentes no Iraque, de cortar as fontes de energia e petróleo em Bagdá como forma de prejudicar a legitimidade do governo nomeado pelos Estados Unidos. Esses grupos, com regularidade,

> destroem múltiplas torres em série e removem fios de cobre para revendê-los, a fim de financiar suas operações; fazem emboscadas contra equipes de reparo para atrasar radicalmente os consertos; e [também] atacam os gasodutos e encanamentos de água que abastecem as usinas de energia elétrica.[19]

Táticas semelhantes emergem em outros lugares. No Afeganistão, em 2008, o Talibã ameaçou destruir as torres de telefonia celular do país a menos que os operadores as desativassem à noite – uma forma de impedir que informantes revelassem as atividades noturnas às forças de ocupação[20]. No delta do Níger, gangues e grupos de insurgentes, alguns dos quais protestando contra as condições catastróficas enfrentadas pelos habitantes nativos, conseguiram atacar companhias petroleiras transnacionais com sucesso. De acordo com Robb, o grupo comandado por Henry Ok, que foi preso em fevereiro de 2008, "conseguiu orquestrar a paralisação da produção de mais de meio milhão de barris por dia de petróleo da Nigerian/Shell ao longo de mais de dois anos, com um valor total de mercado de US$ 29 bilhões"[21].

Desmodernização projetada:
o poderio aéreo dos Estados Unidos

> Precisamos estudar como degradar e destruir as possibilidades de nossos adversários de transmitir seus produtos, serviços e suas informações militares, políticos e econômicos [...] Infraestruturas, que definem tanto as linhas de comunicação tradicionais quanto emergentes, representam alvos cada vez mais lucrativos para a força aérea. [A visão de] aviadores deveria

---

[19] Idem.

[20] Noah Shachtman, "Taliban Threatens Cell Towers", *Wired Danger Room*, 25 fev. 2008. Disponível em: <blog.wired.com/defense>. Acesso em: 22 jun. 2016.

[21] Ver John Robb, "Networked Tribes", cit.

se concentrar nas linhas de comunicação que vão, cada vez mais, definir as sociedades modernas.[22]

Um fator insuficientemente reconhecido da doutrina militar estatal é a ênfase na desmodernização e na imobilização sistemáticas de sociedades inteiras classificadas como adversárias. Aliás, essa estratégia tem um impacto maior do que o do terrorismo infraestrutural. A destruição das infraestruturas urbanas cotidianas ao redor do mundo deriva esmagadoramente da violência formal dos Estados-nação.

Em conformidade com seu status hegemônico atual (ainda que vacilante), um único Estado-nação – os Estados Unidos – domina a guerra infraestrutural. A doutrina estado-unidense sobre essa questão deriva da busca das Forças Armadas por uma dominação de abrangência global por meio de um poder verticalizado e com base na informação, associado a uma preocupação com minimizar as vítimas estado-unidenses, independentemente das perdas assim causadas nas forças e sociedades opositoras. Esse é o sonho de "dominação do espectro total", obtido por meio dos frutos de alta tecnologia da chamada revolução em assuntos militares – bombardeios furtivos, alvos definidos por GPS, bombas "de precisão". Os objetivos de paralisar sistematicamente sociedades adversárias por meio da destruição ou interrupção das telecomunicações civis e das redes de energia e transporte são incapacitar a resistência militar e, ao mesmo tempo, coagir psicologicamente os civis urbanos[23].

A sombra da modernização

Por trás dos ataques estado-unidenses a infraestruturas civis está a crença de que sujeitar sociedades a bombardeios aéreos sistemáticos é uma forma de desmodernização – o extremo oposto das teorias de modernização pós--Segunda Guerra Mundial. Se essas teorias veem o "desenvolvimento" como algo que possibilita às sociedades "progredir" ao longo de eras sucessivas, definidas por sua infraestrutura – da era do carvão até a era da eletricidade, e depois até a era nuclear, a era da informação e assim por diante –, então o

---

[22] Edward Felker, "Airpower, Chaos and Infrastructure: Lords of the Rings", artigo, Maxwell (AL), Air War College, Air University, 1998, p. 14.

[23] Mike Davis, "Slouching toward Baghdad", *Zmagazine*, Woods Hole (MA), 26 mar. 2004.

356 • Cidades sitiadas

bombardeio é visto como algo que leva as sociedades "para trás", invertendo essa cadeia de estágios econômicos. Na mesma toada, assim como a partir do fim do século XX os programas de desenvolvimento para as nações "em desenvolvimento" em geral empregaram economistas e engenheiros civis, os programas de bombardeio também têm recorrido amplamente a esses especialistas para garantir que a destruição seja bem-sucedida em provocar as reversões desejadas. Um engenheiro civil que prestou consultoria a respeito dos alvos de bombardeio estadunidense durante a invasão ao Iraque em 2003 comentou que "trabalhando com imagens de satélite e outras formas de inteligência, fornecemos aos pilotos coordenadas muito específicas sobre o melhor lugar para bombardear [pontes iraquianas], de um ponto de vista estrategicamente estrutural"[24].

Para alguém que compartilhe a visão linear simples de que as novas tecnologias e infraestruturas são determinantes em render os frutos de uma nova era econômica para sociedades inteiras, é provável que a devastação sistemática da tecnologia e da infraestrutura represente uma simples reversão desses processos, uma reversão que em pouco tempo derruba os adversários. Se a tecnologia pode conduzir as sociedades rumo ao futuro, sua destruição pode jogá-los de volta ao passado.

Não é possível deixar de ver a relação íntima entre a teoria de modernização e desenvolvimento, por um lado, e a teoria de desmodernização e bombardeio de infraestruturas, por outro, quando se descobre que às vezes os mesmos especialistas são responsáveis por ambas. A figura mais digna de nota aqui é Walt Rostow, talvez o economista estado-unidense mais influente durante a Guerra Fria.

Do lado da modernização, sua obra seminal *The Stages of Economic Growth* [Os estágios do desenvolvimento econômico] delineou o modelo de desenvolvimento mais importante do fim do século XX: um modelo unidirecional por meio do qual sociedades "tradicionais" conseguiram alcançar as "pré-condições para a decolagem econômica" e então gozaram dos frutos da modernização através do "impulso para a maturidade" e, finalmente, atingiram uma "era de consumo de massa"[25].

---

[24] Andrew Wright, "Structural Engineers Guide Infrastructure Bombing", *Engineering News Record*, 3 abr. 2003.

[25] Walter Rostow, *The Stages of Economic Growth: A Non-Communist Manifesto* (Cambridge, Cambridge University Press, 1960).

No entanto, Rostow também desempenhou um papel fundamental na desmodernização. Ele participou das pesquisas estado-unidenses sobre bombardeio estratégico do Japão e da Alemanha [na Segunda Guerra Mundial] e, entre 1961 e 1968, foi um influente consultor de segurança nacional para os governos de John F. Kennedy e de Lyndon B. Johnson[26]. O lobby incessante de Rostow nesse segundo papel foi crucial para o aumento gradual da extensão e da intensidade do bombardeio sistemático das infraestruturas civis do Vietnã do Norte, na campanha conhecida como Rolling Thunder [Trovão Retumbante]. Bombardear países era visto como um meio de fazê-los "recuar diversos 'estágios de crescimento'"[27], nos termos de seu modelo de desenvolvimento, e também de solapar o desafio comunista ao poder dos Estados Unidos[28]. Rostow, um anticomunista feroz, via a erradicação do comunismo como necessária porque o considerava uma forma repelente da modernização. Para ele, o "comunismo é mais bem compreendido como uma doença da transição para a modernização"[29].

De tão disseminada que é hoje, chega a ser um clichê essa noção mais ampla de que o bombardeio, como uma forma de desmodernização punitiva, pode inaugurar uma reversão direta do progresso tecnológico e econômico linear concebido pelos modelos econômicos liberais convencionais. Curtis LeMay, a força por trás do sistemático bombardeio incendiário do Japão urbano na Segunda Guerra Mundial, fez um célebre incentivo para que a Força Aérea dos Estados Unidos, que ele liderava à época, bombardeasse "o Vietnã do Norte até levá-lo de volta à Idade da Pedra". Ele acrescentou que a Força Aérea precisava "destruir [...] toda obra humana no Vietnã do Norte".

Embora a repercussão das teorias de modernização esteja em declínio, a sombra escura delas, a teoria de desmodernização, está mais popular do que nunca nas Forças Armadas estado-unidenses. Desde os anos 1960

---

[26] David Milne, "Our Equivalent of Guerrilla Warfare: Walt Rostow and the Bombing of North Vietnam, 1961-1968", *The Journal of Military History*, n. 71, 2007, p. 169--203.

[27] Nils Gilman, *Mandarins of the Future: Modernization Theory in Cold War America* (Baltimore, Johns Hopkins University Press, 2003), p. 199.

[28] Como costuma acontecer, claro, a aniquilação aérea cada vez mais intensa apenas fortaleceu a determinação dos civis dos Vietnã do Norte, reforçando o poder vietcongue no processo.

[29] Citado em David Milne, "Our Equivalent of Guerrilla Warfare", cit.

imperativos lemayesquianos e rostowianos também saíram da boca de muitos políticos, comandantes da Força Aérea e comentadores durões com ideias dignas do "Doutor Fantástico" [de Stanley Kubrick]. O influente entusiasta da globalização neoliberal Thomas Friedman, por exemplo, empregou esses argumentos quando a Organização do Tratado do Atlântico Norte (Otan) intensificou sua campanha de bombardeio contra a Sérvia em 1999. Usando diversas datas históricas que poderiam espelhar o futuro pós-bombardeio da sociedade sérvia, Friedman instigou que os mecanismos e as mobilidades que sustentam a vida nas cidades daquele país fossem interrompidos violentamente. Ele escreveu:

> Deveria haver um blecaute em Belgrado. Toda linha de transmissão de eletricidade, todo cano d'água, toda ponte, estrada e fábrica relacionada à guerra precisa ser atacada... Vamos fazer seu país retroceder pulverizando vocês. Vocês querem 1950? Podemos cuidar disso. Querem 1389? Podemos fazer isso também![30]

No cenário de Friedman, a reversão temporal para a qual a sociedade adversária vai ser bombardeada é presumivelmente definida pela seleção da arma correta para o alvo.

Três anos depois, em 2002, enquanto aeronaves castigavam o Afeganistão, Donald Rumsfeld – com a sensibilidade de sempre – fez a famosa brincadeira de que as forças militares dos Estados Unidos não "estavam ficando sem alvos. Era o Afeganistão que estava"[31]. Esse humor revela muito sobre a mentalidade da Força Aérea dos Estados Unidos e a importância da infraestrutura moderna como local ideal de devastação. De fato, demonstra que, *sem* uma rede de infraestruturas modernas para explodir, a Aeronáutica literalmente não sabe o que destruir. Um afegão respondeu à declaração de que a Força Aérea dos Estados Unidos bombardearia o Afeganistão até levá-lo "de volta à Idade da Pedra" com um comentário cáustico: "Vocês não podem fazer isso... Já estamos nela"[32].

---

[30] Thomas Friedman, em *The New York Times*, 23 abr. 1999, citado em I. Skoric, "On Not Killing Civilians", postado em: <amsterdam.nettime.org>, 6 maio 1999.

[31] Donald Rumsfeld, transcrição, Departamento de Defesa, Escritório do Assistente da Secretaria de Defesa (Assuntos Públicos), 22 mar. 2004. Disponível em: <www.defenselink.mil>. Acesso em: 23 jun. 2016.

[32] Tamim Ansary, "An Afghan-American Speaks", *Salon*, 14 set. 2001. Disponível em: <www.salon.com>. Acesso em: 5 jul. 2016.

A política de bombardear a infraestrutura como uma forma de modernização reversa tem um papel discursivo ainda mais amplo. Ela promove a representação de países considerados "menos desenvolvidos" como retrógrados, bárbaros. Assim, bombardeios aéreos que visam à desmodernização reforçam ideias orientalistas que relegam "a população-alvo, colonizada e 'selvagem', a um 'outro' tempo e espaço"[33]. Aliás, Nils Gilman afirmou que "contanto que a modernização seja concebida como um processo unitário e unidirecional de expansão econômica", seria possível explicar o retrocesso e a insurgência "apenas em termos de desvio e patologia"[34].

O inimigo como um sistema

O conceito central por trás da frequente devastação estado-unidense da infraestrutura urbana por meio de bombardeios aéreos durante as últimas duas décadas tem sido a ideia do "inimigo como um sistema". Uma modificação das noções da Segunda Guerra Mundial de atacar as "redes industriais" da Alemanha e do Japão para criar uma "paralisação estratégica" da produção bélica, essa ideia se originou da "teoria estratégica dos anéis" desenvolvida por um dos principais estrategistas da Força Aérea dos Estados Unidos, John Warden[35]. Essa visão sistemática das sociedades adversárias serviu para justificar e corroborar a rápida extensão da capacidade de guerra infraestrutural estado-unidense e tem sido usada como base explícita para todas as grandes operações aéreas daquele país desde o fim dos anos 1990.

O documento mais recente da Força Aérea dos Estados Unidos sobre a doutrina com relação a alvos, por exemplo, fala sobre "grupos de alvos úteis" e encoraja os planejadores a bombardear "alvos de infraestrutura em toda uma região ou nação (como produção de energia elétrica ou petróleo, óleo e lubrificantes) [...], sistemas não infraestruturais tais como as redes financeiras [e] intersecções comuns a mais de um sistema"[36]. Para aumentar a eficácia com que uma infraestrutura civil é destruída, a Força Aérea financiou o

---

[33] Patrick Deer, "Introduction: The Ends of War and the Limits of War Culture", *Social Text*, v. 25, n. 2, 2007.

[34] Nils Gilman, *Mandarins of the Future*, cit., p. 199.

[35] John Warden, "The Enemy as a System", *Airpower Journal*, v. 9, n. 1, 1995, p. 41-55.

[36] Força Aérea dos Estados Unidos, *Targeting Air Force Doctrine*, documento 2-1.9, 8 jun. 2006, p. 22-33.

360 • Cidades sitiadas

desenvolvimento de armas especializadas. Entre as melhores estão as bombas "leves" ou "de blecaute", que os críticos chamaram de "dedo no interruptor" de um país-alvo[37]. Essas bombas fazem chover milhares de bobinas de fios de grafite nos sistemas de energia e de transmissão elétrica, provocando curtos-circuitos catastróficos[38]. Como parte da mitologia de humanitarismo que permeia as discussões pós-Guerra Fria sobre "ataques de precisão", essas armas são louvadas com frequência na imprensa militar como "não letais", gerando um "risco mínimo de dano colateral" (isto é, morte de civis)[39].

"Em nível estratégico, nós [as Forças Armadas estado-unidenses] alcançamos nossos objetivos provocando tais mudanças em uma ou mais partes do sistema físico do inimigo", escreve Warden[40]. Esse sistema é visto como tendo cinco "anéis" ou partes: a liderança política no centro; infraestrutura (conexões vitais, como estradas, eletricidade, telecomunicações e água); produtos essenciais orgânicos (alimentos, energia); a população civil; e, finalmente e com menor importância, as forças de combate (ver Figura 8.2). Warden rejeita ataques diretos a civis inimigos e defende que apenas os indiretos são legítimos, os quais devem operar tendo como alvo infraestruturas da sociedade. Essa estratégia é vista como um meio de exercer uma pressão insuportável sobre os líderes políticos de uma nação, ainda que esses ataques violem uma série de estatutos fundamentais da lei humanitária internacional[41].

---

[37] Patrick Barriot e Chantal Bismuth, "Ambiguous Concepts and Porous Borders", em Patrick Barriot e Chantal Bismuth (orgs.), *Treating Victims of Weapons of Mass Destruction: Medical, Legal and Strategic Aspects* (Londres, Wiley, 2008).

[38] As únicas armas que foram divulgadas foram a "bomba de blecaute" CBU-94 e a "bomba leve" BLU-114/B.

[39] Ver Federation of American Scientists, "CBU-94 'Blackout Bomb', BLU-114/B 'Soft-Bomb'". Disponível em: <www.fas.org>. Acesso em: 23 jun. 2016.

[40] John Warden, "The Enemy as a System", cit., p. 41-55.

[41] Como apontou a organização de direitos humanos Madre, "ataque a civis ou a infraestruturas civis são graves infrações à legislação internacional, incluindo o Artigo 33 da Quarta Convenção de Genebra, o Artigo 48 do Protocolo 1 Adicional às Convenções de Genebra e o Artigo 50 da Convenção de Haia. Além do mais, o Estatuto de Roma, do Tribunal Penal Internacional (TPI), inclui como crimes de guerra: 'Direcionar intencionalmente ataques à população civil em geral ou a civis que não participem diretamente das hostilidades' e 'Direcionar intencionalmente ataques a bens civis' (Artigo 82b, i e ii)". Em: MADRE.org, "War on Civilians: A Madre Guide to the Middle East Crisis", 19 jul. 2006.

8.2 Modelo dos cinco anéis, criado por John Warden em 1995, que ilustra a composição das sociedades contemporâneas considerada fundamental para a estratégia da Força Aérea dos Estados Unidos.

A doutrina de "choque e espanto" por trás do massacrante bombardeio estado-unidense contra o Iraque em 2003 representa uma extensão extrema das ideias de Warden. Ela defendeu a paralisação rápida e completa de uma sociedade inteira, infligindo a suas populações urbanas choques psicológicos comparáveis aos de um ataque nuclear. Como escrevem os autores da doutrina, Harlan Ullman e James Wade,

> Travar o país implicaria tanto a destruição física da infraestrutura apropriada quanto o corte e o controle do fluxo de toda informação vital e do comércio associado [, o que] resultaria num nível de choque nacional similar ao efeito que o lançamento de bombas nucleares em Hiroshima e Nagasaki teve nos japoneses.[42]

---

[42] Harlan Ullman e James Wade, *Shock and Awe: Achieving Rapid Dominance* (Washington [DC], Institute for Strategic Studies, National Defense University, 1996).

Estrategistas do poder aéreo dos Estados Unidos sem dúvida têm plena consciência de que, em sociedades altamente urbanizadas, é alta a probabilidade de que a destruição de infraestrutura civil leve a uma grande crise de saúde pública e a muitas mortes de civis. Em um exemplo revelador, que apareceu em 2001 na publicação oficial da Força Aérea dos Estados Unidos, *Air and Space Power Chronicles*[43], Kenneth Rizer tentou justificar a estratégia estado-unidense de destruição direta do que chamou de alvos "de dupla utilidade" (infraestruturas civis) defendendo que, na lei internacional, a legalidade de atacar esses alvos "é principalmente uma questão de interpretação". Rizer afirmou que as Forças Armadas estado-unidenses aplicaram as ideias de Warden na guerra aérea de 1991 no Iraque com

> resultados impressionantes. Apesar de terem lançado 88 mil toneladas [de bombas] na campanha de 43 dias, apenas 3 mil civis morreram como resultado direto dos ataques, o número mais baixo de mortes de uma grande campanha de bombardeio na história da guerra.

No entanto, ele admite abertamente que a destruição sistemática do sistema elétrico do Iraque em 1991 "aniquilou usinas de tratamento de água e esgoto, resultando em epidemias de gastroenterite, cólera e tifo, levando a até 100 mil mortes de civis e dobrando os índices de mortalidade infantil"[44].

Porém, números tão altos de mortes civis indiretas parecem não ser uma grande preocupação para os estrategistas da Força Aérea dos Estados Unidos. Rizer afirma que "a Força Aérea [estado-unidense] não considera os efeitos indiretos de longo prazo desses ataques quando se aplica [ideias de] proporcionalidade ao ganho militar esperado". De maneira ainda mais reveladora, em seguida ele examina a conexão entre os bombardeios múltiplos e o ânimo da população bombardeada.

> Como a Força Aérea pretende minar o estado de espírito civil sem ter a intenção de ferir, matar ou destruir vidas civis? Talvez a verdadeira resposta seja que, ao declarar que alvos de dupla utilidade são objetivos militares legítimos, a Força Aérea pode atacar diretamente o ânimo da população civil. Em resumo, enquanto a Força Aérea incluir o estado de ânimo dos

---

[43] Kenneth Rizer, "Bombing Dual-Use Targets: Legal, Ethical, and Doctrinal Perspectives", *Air and Space Power Chronicles Online*, 1 maio 2001. Disponível em: <www.airpower.maxwell.af.mil/airchronicles>.

[44] Idem.

civis como um alvo militar legítimo, ela vai manter agressivamente um direito de atacar alvos de dupla utilidade.[45]

Em 1998 outro teórico do poder aéreo, Edward Felker, da US Air War College, Air University [Faculdade de Guerra Aérea dos Estados Unidos], propôs um desdobramento do modelo de Warden[46] (Figura 8.3).

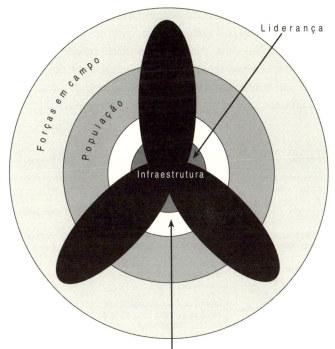

8.3 "Um novo modelo de estrutura social": esta adaptação de Edward Felker para o modelo dos cinco anéis de Warden (Figura 8.2) enfatiza a centralidade da guerra infraestrutural para a doutrina de poder aéreo dos Estados Unidos pós-Guerra Fria.

O de Felker se baseava nas experiências da guerra de 1991 contra o Iraque (que receberam a alcunha Tempestade no Deserto) e apresentou a ideia de que a infraestrutura não era um anel separado do inimigo visto como sistema,

---

[45] Idem.
[46] Edward Felker, "Airpower, Chaos and Infrastructure", cit., p. 1-20.

e sim algo que permeava e conectava todos os demais anéis – ela, de fato, "constitui a sociedade como um todo". Ele se perguntou: "Se a infraestrutura liga os subsistemas de uma sociedade, ela não seria o alvo mais importante?"[47].

Ao moldar o efeito cascata que resulta da destruição de partes fundamentais da infraestrutura de uma sociedade adversária, os planejadores das Forças Armadas dos Estados Unidos começaram a desenvolver uma doutrina mais complexa para expandir a guerra infraestrutural de seu país. Seu foco é a desmodernização sistemática não só das forças militares das nações inimigas, mas também de suas sociedades civis. Aliás, analistas militares estado-unidenses estão se concentrando em encontrar os pontos cruciais de sistemas de infraestrutura essenciais que vão resultar em efeitos de primeira, segunda e terceira ordem capazes de rapidamente levar uma sociedade ao caos completo (Figura 8.4)[48].

Efeitos de primeira ordem	Efeitos de segunda ordem	Efeitos de terceira ordem
Falta luz depois que escurece ou no interior das construções	Desmonte das capacidades de comando e controle	Maior complexidade logística
Falta refrigeração	Aumento na necessidade de equipamentos de geração de energia	Diminuição da mobilidade
Alguns fogões/fornos se tornam inoperantes	Aumento na necessidade de dispositivos de visão noturna	Diminuição da consciência situacional
Equipamentos eletrônicos hospitalares se tornam inoperantes	Aumento na dependência de itens movidos a pilha ou bateria para obter notícias, transmissões etc.	Crescente índice de doenças
Fim do acesso eletrônico a contas bancárias/dinheiro	Escassez de água adequada para beber, para limpeza e para o preparo de alimentos	Crescentes índices de desnutrição
Interrupção de alguns serviços de transporte e comunicação	Problemas de higiene	Aumento na necessidade de assistência a não combatentes
Interrupção do fornecimento de água e do funcionamento de instalações de tratamento e saneamento	Incapacidade de obter e processar alguns alimentos	Dificuldade de comunicação com não combatentes

8.4 Análise de Patterson dos efeitos em cascata de primeira, segunda e terceira ordem da interrupção de redes de energia elétrica pelas forças estado-unidenses durante guerras urbanas em um "país adversário".

---

[47] Idem.

[48] Christina Patterson, *Lights Out and Gridlock: The Impact of Urban Infrastructure Disruptions on Military Operations and Non-Combatants* (Alexandria [VA], Institute for Defense Analysis, 2000).

"Bombardeie agora, morra depois": Iraque, 1991

Se a paralisação estratégica representa obter uma vitória rápida fazendo uso de poder aéreo tecnologicamente superior, os planejadores precisam identificar alvos importantes e vulneráveis. Esses alvos são localizados com facilidade em uma sociedade moderna e industrializada que depende de uma infraestrutura fixa e vulnerável. Por exemplo, como as pontes, os centros de comunicação, as usinas de geração de energia e as estações de água eram de grande importância estratégica e de extrema vulnerabilidade a ataques aéreos, formavam alvos praticamente ideais para uma campanha de paralisação estratégica[49].

Uma análise da experiência de guerra, das sanções e de mais guerra no Iraque entre 1991 e 2004 ajuda a substituir as pontificações abstratas de "teóricos de poder aéreo" por fatos do que acontece em cidades reais, e com pessoas reais, quando teorias dão forma a guerras de verdade contra sociedades altamente urbanizadas.

A campanha de bombardeio Tempestade no Deserto, de 1991, que se concentrou pesadamente em sistemas de infraestrutura urbanos de dupla utilidade, contou com uma estratégia que Ruth Blakeley chamou "bombardeie agora, morra depois"[50]. Ficou claro que a desmodernização por atacado da vida metropolitana no Iraque, uma nação profundamente urbanizada, em 1991 – seguida pelas sanções impostas entre 1991 e 2003, que impossibilitaram a reconstrução das infraestruturas que sustentam a vida – criou uma das maiores catástrofes de saúde pública planejadas do fim do século XX. Até mesmo os artigos da Força Aérea dos Estados Unidos admitem que o desastre de saúde pública gerado pelo bombardeio da infraestrutura de eletricidade do Iraque matou pelo menos trinta vezes mais civis que o combate de fato[51].

Como os alvos verdadeiramente militares do Iraque foram eliminados com tanta facilidade, o que aconteceu na Tempestade no Deserto foi que um grande percentual de missões aéreas estratégicas atacaram indústrias, geradores de energia, estradas e pontes, em vez de recursos militares. Ao

---

[49] Jason Barlow, "Strategic Paralysis: An Air Power Strategy for the Present", *Airpower Journal*, v. 7, n. 4, 1993. Disponível em: <www.airpower.maxwell.af.mil/airchronicles>.

[50] Ruth Blakeley, "Bomb Now, Die Later", Bristol, Bristol University Department of Politics, 2003, p. 25.

[51] Ellwood Hinman, "The Politics of Coercion, toward a Theory of Coercive Airpower for Post-Cold War Conflict", *Cadre*, Maxwell (AL), Air University Press, n. 14, ago. 2002, p. 11.

366 • Cidades sitiadas

lado das redes militares e de comunicação, infraestruturas urbanas foram alvo da maior parte das bombas. Um planejador de guerra aérea dos Estados Unidos, o tenente-coronel David Deptula, transmitiu uma mensagem para os civis iraquianos por meio da mídia mundial quando os aviões começaram a chegar: "ei, a luz vai voltar assim que vocês se livrarem de Saddam!"[52]. Outro pensador wardeniano, o brigadeiro-general Buster Glosson, explicou que a infraestrutura era o alvo principal porque os militares estado-unidenses queriam "colocar todos os lares em modo autônomo e fazê-los se sentirem isolados... Queríamos bagunçar a mente deles"[53]. Como Colin Rowat sugere, para talvez 110 mil iraquianos, essa "bagunça" acabou se provando fatal[54].

Chris Bolkcom e John Pike, em uma importante análise da Guerra do Golfo de 1991, recordam a centralidade de atacar infraestruturas de dupla utilidade no planejamento da Tempestade no Deserto.

> Desde o início da campanha os responsáveis pelas decisões da Tempestade no Deserto planejaram o bombardeio pesado de áreas industriais e de infraestrutura ligadas às forças militares iraquianas, enquanto deixavam as infraestruturas econômicas básicas do país intactas. Só não ficou aparente, ou foi ignorado, que as infraestruturas militares e civis estavam inextricavelmente interligadas.[55]

A lógica política de "apagar as luzes" gerou muito debate entre os planejadores dos bombardeios da Guerra do Golfo[56]. Aparentemente, alguns previram que a "perda da eletricidade em Bagdá e em outras cidades teria pouco efeito no ânimo popular". Outros argumentaram que "a riqueza criada pelos 'petrodólares' havia tornado a população da cidade psicologicamente dependente das mordomias associadas à energia elétrica"[57].

---

[52] Citado em Colin Rowat, "Iraq: Potential Consequences of War", lista de discussões da Campaign Against Sanctions in Iraq, 8 nov. 2002. Disponível em: <www.casi.org.uk>. Acesso em: 23 jun. 2016.

[53] Idem.

[54] Idem.

[55] Chris Bolkcom e John Pike, *Attack Aircraft Proliferation: Issues for Concern*, Federation of American Scientists, 1993, item 2. Disponível em: <www.fas.org/spp/aircraft>. Acesso em: 23 jun. 2016.

[56] Ruth Blakeley, "Bomb Now, Die Later", cit., p. 25.

[57] Thomas Keaney e Elliot Cohen, *Gulf War Air Power Surveys* (GWAPS), v. 2, n. 2, Washington (DC), Universidade Johns Hopkins e Força Aérea dos Estados Unidos, 1993, p. 23, n. 53.

Sejam quais forem as discordâncias, o principal alvo do ataque aéreo de fato foi o sistema de geração de energia iraquiano. Destruir os meios de produzir eletricidade foi considerado "particularmente atraente porque é algo que não pode ser armazenado"[58]. Durante a operação Tempestade no Deserto, as forças da coalizão fizeram mais de duzentas incursões aéreas contra as usinas elétricas. A destruição foi devastadoramente eficiente. Uma importante avaliação pós-guerra descobriu que

> quase 88% da capacidade de geração instalada do Iraque foi suficientemente prejudicada ou destruída por ataques diretos, ou então foi isolada da rede nacional por ofensivas contra transformadores associados e dispositivos de comutação, para torná-los indisponíveis.[59]

Além disso, "mais da metade dos vinte locais de geração elétrica foram 100% destruídos". Ao final da primeira semana de guerra aérea, "os iraquianos tentaram desligar o que restava da rede de energia nacional. Foi inútil"[60].

Ao fim da guerra, o Iraque tinha míseros 4% do fornecimento de eletricidade pré-guerra. Quatro meses depois, apenas 20% a 25% do nível pré-guerra tinha sido obtido – "mais ou menos análogo ao da década de 1920, antes que o Iraque tivesse acesso à refrigeração e ao tratamento de esgoto"[61].

O subsecretário geral da ONU Martti Ahtisaari, relatando sua visita ao Iraque em março de 1991, ficou claramente abalado pelo que viu.

> Nada do que vimos ou lemos nos preparou de fato para a forma particular de devastação que tinha recaído sobre o país. O conflito recente trouxe resultados quase apocalípticos para uma sociedade economicamente mecanizada. Agora, a maior parte dos meios de sustentação da vida moderna foi destruída ou fragilizada. O Iraque foi, por algum tempo ainda, relegado à era pré-industrial, mas com todas as deficiências da dependência pós-industrial do uso intensivo de energia e tecnologia.[62]

No entanto, o impacto mais devastador da deseletrificação em massa foi indireto. Os sistemas de água e esgoto do Iraque, que dependiam inteiramente de estações de bombeamento elétrico, pararam por completo.

---

[58] Chris Bolkcom e John Pike, *Attack Aircraft Proliferation*, cit., p. 2.

[59] Thomas Keaney e Elliot Cohen, *Gulf War Air Power Surveys*, cit.

[60] Chris Bolkcom e John Pike, *Attack Aircraft Proliferation*, cit., p. 5.

[61] Ibidem, p. 20.

[62] Perez De Cueller, *Relatório S/22366 para o Conselho de Segurança das Nações Unidas* (Nova York, Escritório da ONU para o Programa do Iraque, 1991).

368 • Cidades sitiadas

Quanto ao sistema de geração de energia, as perspectivas de reparo caíram para quase zero por causa das sanções punitivas da coalizão – introduzidas, com a ajuda das resoluções da ONU, pouco antes da guerra. Como resultado, quase todos os itens ou suprimentos necessários para consertos infraestruturais foram classificados, e proibidos, como itens de dupla utilidade com potencial militar. Ironicamente, foi a exploração do mesmíssimo jargão legal escorregadio que legitimou, antes de tudo, a destruição generalizada da infraestrutura. Assim, aqui, a retórica da "dupla utilidade", no início invocada para atacar infraestruturas, fez uma reviravolta adicional perversa e assassina ao impedir que elas fossem reparadas.

Assim como é evidente a culpabilidade dos teóricos de bombardeio dos Estados Unidos em relação ao enorme número de mortes de civis no Iraque, está claro que a catástrofe humanitária desencadeada pelas sanções punitivas era de pleno conhecimento do Departamento de Defesa dos Estados Unidos (DoD). Documentos da Agência de Inteligência de Defesa (DIA) que deixaram de ser sigilosos revelam, por exemplo, a clara ciência do DoD dos terríveis impactos, no Iraque pós-guerra, da desmodernização aérea seguida das sanções ligadas à saúde. Thomas Nagy demonstrou que memorandos da DIA do começo de 1991 previam com clareza o que foi chamado de "completa degradação do sistema de fornecimento de água do Iraque"[63]. Esses memorandos declaram que a impossibilidade de adquirir equipamentos para o tratamento de água em razão do embargo inevitavelmente levaria à escassez de água e alimentos em larga escala, a um colapso na medicina preventiva, a uma incapacidade de descartar lixo e a epidemias de doenças como cólera, diarreia, meningite e tifo.

Isso, por sua vez, de acordo com as previsões, levaria a índices gigantescos de vítimas fatais, "em especial entre as crianças, uma vez que não existe solução adequada para o dilema da purificação de água no Iraque [sob as sanções ao regime]"[64]. O memorando, intitulado "Disease Outbreaks in Iraq" [Surtos de doenças no Iraque] e datado de 21 de fevereiro de 1991[65], afirma que "as condições são favoráveis para surtos de doenças transmissíveis,

---

[63] Thomas Nagy, "The Secret behind the Sanctions: How the US Intentionally Destroyed Iraq's Water Supply", *Progressive*, Madison (WI), set. 2001.

[64] Idem.

[65] Agência de Inteligência de Defesa, "Iraq Water Treatment Vulnerabilities", memorando para a Centcom, arquivo 511, rept. 91, 18 jan. 1991.

em particular nas principais áreas urbanas afetadas pelos bombardeios da coalizão". Apesar de tudo isso, os planejadores foram em frente com a imposição das sanções.

Em 1999, essas previsões se tornaram realidade. A disponibilidade de água potável tinha caído para 50% dos níveis de 1990[66]. Colin Rowat, do Grupo de Pesquisa de Oxford, calcula:

> O número de iraquianos que morreram em 1991 dos efeitos da Guerra do Golfo ou do caos do pós-guerra se aproxima de 205.500. Houve relativamente poucas mortes (cerca de 56 mil militares e 3,5 mil civis) dos efeitos diretos da guerra. O maior contingente de mortes está nas 111 mil atribuíveis aos efeitos adversos de saúde pós-conflito.[67]

Usando um recorte de tempo maior, o Fundo das Nações Unidas para a Infância (Unicef) estima que entre 1991 e 1998 houve, estatisticamente, um índice de mais de 500 mil na chamada "mortalidade em excesso"* entre crianças iraquianas com menos de cinco anos; o índice de mortalidade para esse grupo aumentou seis vezes entre 1990 e 1994[68]. Esses números significam que, "na maior parte do mundo islâmico, a campanha de sanções é considerada genocida"[69].

A segunda Guerra do Golfo, 2003-

Não surpreende que o segundo e mais selvagem ataque de bombardeios aéreos em modelo choque e espanto a que o Iraque foi submetido em 2003 – depois de já ter passado por doze anos de desmodernização e empobrecimento sistemáticos, causados pelas sanções e bombardeios contínuos –

---

[66] Ruth Blakeley, "Targeting Water Treatment Facilities", lista de discussão da Campaign Against Sanctions in Iraq, 24 jan. 2003. Disponível em: <www.casi.org.uk>. Acesso em: 5 jul. 2016.

[67] Colin Rowat, "Iraq: Potential Consequences of War", cit.

* No original, *excess deaths*, que vem do conceito de *excess mortality* ou *mortality displacement*, isto é, o número de mortes causadas por uma doença ou um mal específico ou pela exposição a uma circunstância nociva, como radiação, contaminação do meio ambiente por produtos químicos ou um desastre natural. (N. T.)

[68] Unicef, Anexo II de S/1999/356, seção 18, 1999. Disponível em: <www.un.org/Depts/oip/reports>. Acesso em: 5 jul. 2016.

[69] Thomas Smith, "The New Law of War: Legitimizing Hi-Tech and Infrastructural Violence", *International Studies Quarterly*, v. 46, n. 3, 2002, p. 365.

levou a uma desmodernização ainda mais completa da vida urbana cotidiana no país, ainda que pontos-chave de centralização da infraestrutura tenham sido menos atacados do que em 1991. Da segunda vez, a estratégia de bombardeio, com uma perspectiva das necessidades de extração de petróleo e reconstrução pós-guerra, foi supostamente desenvolvida para "evitar usinas de energia, instalações públicas de fornecimento de água, refinarias, pontes e outras estruturas civis"[70]. No entanto, novas armas, incluindo mísseis de cruzeiro com pulso eletromagnético, foram usadas pela primeira vez não apenas para atacar, mas para aniquilar por completo equipamentos de controle e comunicação de dupla utilidade.

Ainda assim, uma proporção considerável de sistemas de dupla utilidade, como linhas elétricas e de transmissão de energia, redes de mídia e infraestruturas de telecomunicação, foram atacadas e destruídas em 2003. Instalações e antenas de mídia foram destroçadas por novas "armas de ataque passivo" CBU-107 – bombas de fragmentação não explosivas, apelidadas de "varetas de Deus" pela Força Aérea dos Estados Unidos, que fazem chover varetas de metal em sistemas elétricos sensíveis.

Além disso, bombas mais tradicionais foram usadas para destruir o escritório da Al Jazeera em Bagdá em 8 de abril, matando diversos jornalistas – uma ação realizada porque o Pentágono, obstinado pelo domínio da informação, considerou que a cobertura muito bem-sucedida que o canal independente fez das mortes de civis causadas pelos bombardeios estava prejudicando sua própria campanha de propaganda política (ou Psyops [operações psicológicas]). Como David Miller sugere, na estratégia geopolítica estado-unidense atual, "o colapso das distinções entre a mídia informativa independente e as operações psicológicas é impressionante"[71].

Finalmente, assim como no ataque ao Iraque em 1991 e na intervenção da Otan em 1999 em Kosovo, bombas "leves" de grafite foram amplamente usadas nos sistemas de distribuição de eletricidade. Os incêndios resultantes arruinaram por completo muitas estações transformadoras recém-reparadas, criando, mais uma vez, uma séria crise de distribuição de água por causa

---

[70] Human Rights Watch, *Off Target: The Conduct of the War and Civilian Casualties in Iraq* (Washington [DC], Human Rights Watch, 2003). Disponível em: <www.hrw.org>. Acesso em: 23 jun. 2016.

[71] David Miller, "The Domination Effect", *The Guardian*, Londres, 8 jan. 2004.

dos blecautes decorrentes[72]. Além disso, os encanamentos de água antigos e decrépitos nas principais cidades do Iraque muitas vezes se rompiam apenas com os abalos sísmicos das explosões próximas. Em Nassíria, pesquisadores da Human Rights Watch descobriram que "em muitos lugares as pessoas tinham desencavado canos de água e esgoto do lado de fora de suas casas em uma tentativa vã de obter água potável"[73]. Não surpreende que, mais uma vez, grandes quantidades de infecções intestinais originadas da água foram relatadas depois da guerra, um resultado direto do ataque aos sistemas de distribuição elétrica. Em dezembro de 2007, epidemias de cólera estavam ocorrendo em Bagdá, refletindo o fato de que 70% dos iraquianos ainda não tinham acesso a água limpa[74].

Desligando os territórios ocupados

Como vimos no capítulo 7, críticas às políticas israelenses de cerco à Cisjordânia e à Faixa de Gaza se concentraram principalmente nas mortes de civis provocadas por ataques aéreos e de tanques; nas demolições em massa de casas e na destruição de assentamentos com enormes tratores D9 Caterpillar[75]; na imposição de limites extremamente duros sobre os enclaves palestinos e na construção de muros, postos de controle, registros, leis e bancos de dados brutais que lembram o *apartheid*; e na construção de um mundo paralelo de assentamentos grandes e cada vez maiores feitos apenas para judeus, conectados a suas próprias infraestruturas privadas e com zonas-tampão evacuadas e de fogo livre[76].

Muito menos relatado que os anteriores, um programa sistemático e contínuo das forças israelenses acrescenta um novo toque às geografias e políticas da guerra de cerco contemporânea contra civis urbanos: o ataque e a destruição dos sistemas de infraestrutura moderna. Em maio de 2001, por exemplo, Ben Azri, à época ministro do Trabalho de Israel, pediu o desmantelamento de estradas, serviços de utilidade pública e instituições

---

[72] Human Rights Watch, *Off Target*, cit.

[73] Idem.

[74] David Smith, "Cholera Crisis Hits Baghdad", *The Observer*, Londres, 2 dez. 2007.

[75] Ver capítulo 7 deste volume.

[76] Ver Eyal Weizmann, *Hollow Land* (Londres, Verso, 2007).

372 • Cidades sitiadas

culturais palestinos como uma forma de "tornar a vida dos palestinos um inferno"[77]. Em 2002, a Operação Escudo de Defesa transformou as palavras dele em ação. Além das batalhas, ofensivas, detenções e demolições em massa, sua característica principal – perpetuada em todas as operações israelenses posteriores – foi a destruição deliberada de qualquer símbolo de modernidade urbana ou de um proto-Estado palestino.

Sozinha, a primeira grande ofensiva causou danos financeiros à infraestrutura estimados por doadores em cerca de US$ 360 milhões[78].

Durante as operações de 2002, tanques de água eram regularmente castigados por balas. Comunicações eletrônicas foram bombardeadas e sobrecarregadas. O mobiliário de estradas e ruas foi amplamente demolido e destruído. Computadores foram esmagados, e discos rígidos, roubados. Transformadores de eletricidade foram aniquilados. Quaisquer símbolos culturais ou burocráticos de um pretendido Estado palestino foram saqueados. Percorrendo a Cisjordânia em abril de 2002, Amira Hass descreveu as ruínas:

> Terminais de computador estragados, queimados e quebrados empilhados e jogados em quintais, cabos de servidor cortados, discos rígidos desaparecidos, discos e disquetes espalhados e quebrados, impressoras e *scanners* destroçados e desaparecidos, laptops levados, centrais de telefone desaparecidas ou vandalizadas e arquivos em papel queimados, rasgados, espalhados ou desfigurados – quando não levados. Tamanha destruição não foi um capricho nem uma vingança insana. Não vamos nos enganar – aquilo não era uma missão de busca e destruição da "infraestrutura terrorista".[79]

O maior dano à infraestrutura física de cidades, estradas, sistemas hídricos e redes de eletricidade palestinos foi causado por enormes tratores blindados D9 de sessenta toneladas. Como Mark Zeitoun comentou em agosto de 2002, os monstruosos D9 foram modernizados com

> lâminas especiais e pás otimizadas para a demolição de concreto e um poderoso removedor de asfalto na parte traseira. O potente maquinário resultante [...] é a ferramenta ideal para destruir redes elétricas, cavando

---

[77] Ver Stephen Graham, "Lessons in Urbicide", *New Left Review*, v. 2, n. 19, 2003, p. 63-73.

[78] "Israeli Official Calls for Striking Palestinian Infrastructure", *Arabic News*, 6 maio 2001; Rita Giacaman e Abdullatif Husseini, "Life and Health During the Israeli Invasion of the West Bank: The Town of Jenin", *Indymedia Israel*, 22 maio 2002.

[79] Amira Hass, "Operation Destroy the Data", *Ha'aretz*, Tel-Aviv, 24 abr. 2002.

redes dos serviços de água e esgoto subterrâneos, arrancando a fachada de lojas e demolindo carros.[80]

Assim como os bombardeios estado-unidenses contra o Iraque, essas ações são um reflexo direto das mudanças na doutrina militar israelense. Os ataques sistemáticos às infraestruturas civis passaram a ser vistos como um meio de coagir os adversários nas guerras "não tradicionais" contra insurgentes, bem como as populações civis simpatizantes a eles, nas cidades. A doutrina israelense aqui foi clara e marcadamente influenciada pela doutrina estado-unidense centrada no trabalho de John Warden, segundo a qual sociedades adversárias são "sistemas de sistemas" e o ataque a infraestruturas urbanas é um meio de lançar "operações de efeito" para coagir psicologicamente populações inteiras. Teóricos militares israelenses hoje falam no ataque a infraestruturas como meio crucial de realizar uma "guerra difusa", em que não há linhas de frente óbvias. Os almirantes aposentados israelenses Yedidia Groll-Yaari e Haim Assa escreveram recentemente que

Em vez de ser definida pelos parâmetros de linhas de frente e suporte civil, a natureza dos futuros conflitos dos Estados-nação será determinada por objetivos legítimos e pelos efeitos desejados em uma *série de pontos de contato* – sejam eles militares, sejam civis – de infraestrutura.[81]

Dessa maneira, assim como na doutrina dos Estados Unidos, a destruição de infraestrutura civil é vista pelos planejadores militares israelenses como uma das poucas maneiras de exercer pressão nas ações furtivas de insurgentes.

Estrangulando Gaza

Poderia, legitimamente, ser motivo de vergonha para o mundo. Mas o mundo, tomado pela violência e pela injustiça, mal nota.[82]

Ainda que a infraestrutura urbana do Líbano tenha sido devastada em 2006 como parte da nova estratégia de Israel de realizar uma guerra difusa

---

[80] Mark Zeitoun, "IDF Infrastructure Destruction by Bulldozer", *Electronic Intifada*, Jerusalém, 2 ago. 2002.

[81] Yedidia Groll-Yaari e Haim Assa, *Diffused Warfare, The Concept of Virtual Mass* (Haifa, University of Haifa Press, 2007), p. 23.

[82] O subtítulo "Estrangulando Gaza" e a citação foram extraídas de Cesar Chelala, "Strangling Gaza", *Common Dreams,* 15 dez. 2007.

374 • Cidades sitiadas

(contra o Hezbollah, nesse caso), talvez seja a Faixa de Gaza quem oferece o exemplo mais impressionante dos efeitos dessa nova doutrina israelense[83]. Porque é dentro da Faixa de Gaza que Israel levou ao extremo essa estratégia para os Territórios Ocupados. A "guerra difusa" combina um encerramento físico hermético[84], o impedimento da circulação, intenso monitoramento aéreo, ataques aéreos contínuos, a destruição de infraestruturas modernas e incursões opressoras de esquadrões de tanques, acompanhados de ofensivas de artilharia. A ideia é combinar a retirada física e o máximo de controle militar a distância com uma completa absolvição da responsabilidade política, legal, social ou moral pelo destino do 1,4 milhão de habitantes de Gaza[85]. A Faixa de Gaza, escreve Darryl Li, é, assim, um "espaço onde Israel testa e refina diversas técnicas de administração, faz experiências contínuas em busca do equilíbrio perfeito entre o *controle máximo* sobre o território e a *responsabilidade mínima* por sua população não judia". A faixa oferece uma espécie de campo de teste distópico para práticas que podem se tornar cada vez mais relevantes na Cisjordânia conforme a vida palestina se torna cada vez mais fragmentada em um arquipélago de faixas isoladas como Gaza[86].

A nova estratégia de Israel transformou o que era, de fato, uma gigantesca prisão a céu aberto em uma enorme cidade-faixa sitiada onde parece não haver perspectivas de retirada do cerco demográfico. O estrangulamento de Gaza foi drasticamente intensificado depois da evacuação dos assentamentos judaicos naquela região, no fim do verão de 2005, e da eleição de um governo do Hamas em janeiro de 2006[87]. A razão principal para a crise

---

[83] Gaza é uma cidade-faixa expandida e densamente povoada, com 40 km de comprimento por 9,6 km de largura, mais ou menos do tamanho da ilha de Wight, na Inglaterra. Em 2006, a Faixa de Gaza era habitada por 1,4 milhão de pessoas. Delas, 840 mil eram crianças. A densidade populacional de Gaza é uma das mais altas do mundo. No campo de refugiados Jabalya, por exemplo, há aproximadamente 71.427 pessoas por km². Ver Darryl Li, "The Gaza Strip as Laboratory: Notes in the Wake of Disengagement", *Journal of Palestine Studies*, v. 35, n. 2, 2006, p. 40.

[84] Nas palavras de Li, "encerramento" é um termo amplo que inclui várias restrições à circulação de pessoas e produtos, que vão desde a proibição de viagens internacionais até prisões domiciliares em massa ("toque de recolher"). Em Darryl Li, "The Gaza Strip as Laboratory", cit., p. 40.

[85] Idem.

[86] Ibidem, p. 38-43.

[87] Também veio à tona que a posterior tomada da Faixa de Gaza pelo Hamas em junho de 2007 foi uma tentativa de prevenir um eventual golpe da organização rival Fatwa,

Desligando cidades • 375

atual foi o fato de "o povo palestino ter ido às urnas, participado de eleições democráticas, transparentes, justas, livres, inigualadas no mundo árabe, mas votado no *partido errado*"[88] – o Hamas. Israel, a União Europeia, os Estados Unidos e outros doadores de auxílio então decidiram usar sanções econômicas, tarifárias e de auxílio contra o que foi imediatamente considerado um "Estado terrorista". Israel também declarou que Gaza era, daquele momento em diante, um "território hostil" com o qual estava "em guerra"[89]. Essa designação foi a base para a invasão de 2006 e para a invasão muito maior, de 22 dias, de 2008-2009 rotulada "operação Chumbo Fundido".

Em 27 de junho de 2006, dois dias depois que o cabo Gilad Shalit foi feito prisioneiro pelos combatentes palestinos em Rafah, Israel lançou a ofensiva Chuva de Verão contra Gaza. No início dos ataques, o primeiro-ministro de Israel Ehud Olmert declarou que as operações não tinham como objetivo "punir, mas exercer pressão para que o soldado sequestrado seja liberado"[90]. Durante os ataques da Chuva de Verão, a Força de Defesa de Israel também afirmou que

> as metas das operações eram "conter organizações terroristas que incansavelmente disparavam foguetes [caseiros Kassam]" para dentro da fronteira de Israel e que as operações tinham sido "feitas sob medida para evitar mortes de civis".[91]

A segunda afirmação parece especialmente ridícula, uma vez que o uso de artilharia e de bombardeios em um dos ambientes urbanos mais densamente povoados do mundo vai, de modo inevitável, mutilar ou matar grande número de civis. Esse efeito não é nem acidental nem "colateral", considerando que aqueles que realizam essas ações têm plena consciência dessa inevitabilidade. Entre 28 de junho e 13 de setembro de 2006, 290 pessoas, na maioria civis, foram mortas na Faixa de Gaza por ações israelenses.

---

financiado pelos Estados Unidos – que seria uma tentativa de reverter o resultado da eleição democrática. Ver Seumas Milne, "To Blame the Victims for This Killing Spree Defies Both Morality and Sense", *The Guardian*, Londres, 5 mar. 2008.

[88] Jennifer Loewenstein, "Notes from the Field: Return to the Ruin that is Gaza", *Journal of Palestine Studies*, v. 36, n. 3, 2007, p. 23-35.

[89] Karen Koning-Abu Zayd, "This Brutal Siege of Gaza Can only Breed Violence", *The Guardian*, Londres, 23 jan. 2008.

[90] Electronic Intifada, "Israel Invades Gaza: 'Operation Summer Rain'", 27 jun. 2006.

[91] Idem.

376 • Cidades sitiadas

Das 290, 135 eram crianças[92]. Além disso, 750 sofreram ferimentos que as deixaram definitivamente inválidas. As incursões israelenses de 2008, supostamente desenvolvidas para impedir o disparo de foguetes caseiros, mataram mais 323 palestinos, em contraposição com a morte de 7 israelenses, sendo que apenas 2 destes eram civis. (No total, entre 2001 e 2008, os foguetes provocaram a morte de sete civis israelenses.)[93]

Apesar das declarações à imprensa de Israel, é difícil não concluir que essas operações – junto com a invasão posterior "Chumbo Fundido", que matou mais de 1,2 mil moradores de Gaza, incluindo mais de 300 crianças[94] – foram criadas como um enorme exercício de punição coletiva da população de Gaza. Essas declarações reveladoras enfatizam que "é preciso [...] lembrar que o próprio povo palestino elegeu um governo liderado pelo Hamas, uma organização terrorista assassina". Algumas políticas israelenses, como explosões sônicas baixas deliberadamente feitas em Gaza à noite por aeronaves – causando efeitos especialmente traumáticos nas crianças –, foram, sem dúvida, desenvolvidas para aterrorizar a população. Ainda assim, o endurecimento do cerco e da destruição da infraestrutura como parte dos ataques da operação "Chuva de Verão" provou ser muito mais devastador. A importação de alimentos foi restrita, uma ação calamitosa em uma cidade que depende muito de importação e de doações de comida para sua sobrevivência[95]. O suprimento de combustível e de energia também foi cortado. Bombardeios deixaram pontes e estradas intransponíveis. As principais instalações geradoras de energia também foram bombardeadas, resultando na diminuição da água captada e dos serviços de esgoto[96]. Mesmo antes da invasão terrestre de Rafah, a Força Aérea israelense tinha bombardeado uma usina de energia, prejudicando o fornecimento tanto de eletricidade quando de água para grandes áreas de

---

[92] Imogen Kimber, "What Happened to the Gaza Strip?", *IMEMC News*, Palestina, 13 out. 2006. Disponível em: <www.imemc.org>. Acesso em: 23 jun. 2016.

[93] Seumas Milne, "To Blame the Victims for this Killing Spree Defies both Morality and Sense", cit.

[94] Tim McGirk, "Could Israelis Face War Crimes Charges over Gaza?", *Time*, Nova York, 23 jan. 2009.

[95] Na época a ONU estava alimentando 735 mil moradores de Gaza, mais de metade da população do território.

[96] Palestinian Medical Relief Society, "Urgent Appeal for Support to Avert Public Health Disaster in the Gaza Strip", 27 jun. 2007. Disponível em: <www.pmrs.ps>. Acesso em: 23 jun. 2016.

Desligando cidades • 377

Gaza. Finalmente, as peças necessárias para a realização de reparos cruciais à infraestrutura destruída foram submetidas a sanções[97].

Depois dos ataques de 2006, Karen Abu Zayd, comissária-geral em Gaza da Agência das Nações Unidas de Assistência aos Refugiados da Palestina, declarou que a faixa estava "em vias de se tornar o primeiro território intencionalmente reduzido a um estado de abjeta privação, com o conhecimento, a anuência e – alguns diriam – o encorajamento da comunidade internacional"[98]. Ela acrescentou que "a decisão de limitar o combustível e, potencialmente, a eletricidade para a população como um todo constitui uma forma de punição coletiva que representa uma contravenção direta à legislação humanitária"[99]. Enquanto isso, Imogen Kimber, do Centro Internacional de Mídia do Oriente Médio, chamou os ataques de

uma loucura doentia [em que] cortes de energia provocados por bombardeios deliberados ao fornecimento de eletricidade pela Força Aérea israelense tornou a tentativa dos médicos de tratar ferimentos e questões de saúde uma tarefa quase impossível.[100]

Como resultado da Chuva de Verão, muitas instalações de saúde em Gaza pararam de funcionar, uma vez que não possuíam geradores (que, de qualquer modo, em geral seriam inúteis por causa da escassez de combustível). Os efeitos na saúde pública logo se tornaram claros. A Organização Mundial de Saúde (OMS) relatou que "o número total de casos de diarreia aquosa e sanguinolenta entre os refugiados na última semana de junho e na primeira semana de julho [de 2006] aumentou em 163% e 140% [respectivamente] na comparação com o mesmo período no ano anterior"[101]. Os índices de anemia entre as crianças dispararam[102], e os índices já altos

---

[97] Associação de Direitos Civis de Israel, carta ao ministro de Defesa, sem data. Disponível em: <www.phr.org.il>. Acesso em: 23 jun. 2016.

[98] Karen Koning-Abu Zayd, "This Brutal Siege of Gaza Can Only Breed Violence", cit.

[99] Kirsten Zaat, "Isolation of Gaza Must End", Norwegian Refugee Council, *Alert-Net.org*, 29 nov. 2007.

[100] Imogen Kimber, "What happened to the Gaza Strip?", cit.

[101] Canadian Health Professionals, "Statement of Concern for the Public Health Situation in Gaza", carta aberta, 31 jul. 2006. Disponível em: <electronicintifada.net>. Acesso em: 23 jun. 2016.

[102] Care International, "Crisis in Gaza". Disponível em: <www.care-international.org>. Acesso em: 23 jun. 2016.

378 • Cidades sitiadas

de desnutrição infantil e crescimento atrofiado aumentaram ainda mais[103]. Em poucos meses, o sistema público de saúde de Gaza estava à beira do colapso absoluto. Pacientes extremamente doentes não podiam mais viajar para Israel para obter cuidados. Dependentes de diálise começaram a morrer por causa da diminuição na frequência de sessões, uma situação gerada pelos blecautes resultantes do bombardeio a uma estação geradora de eletricidade[104]. Ao fim de março de 2007, no que talvez seja o indicador máximo do estrangulamento da Faixa de Gaza, uma quantidade tão grande de esgoto não tratado se acumulou que as barreiras de retenção sucumbiram, e alguns bairros foram inundados por dejetos humanos. Cinco pessoas se afogaram nesse incidente. Assim, os moradores de Gaza literalmente se tornaram um povo afogado na própria merda[105].

E tudo isso aconteceu *antes* do ataque israelense de 22 dias a Gaza em dezembro de 2008, muito maior e mais brutal, que se concentrou no truque discursivo hoje habitual de rotular todo o tecido urbano da sociedade de Gaza como uma mera "infraestrutura terrorista" a ser destruída por completo. Embora seja crucial enfatizar aqui a agência de gazanos e palestinos em lidar com a estrangulação e a destruição de seus meios modernos de sobrevivência, sob tais condições suas estratégias de superar e resistir à guerra infraestrutural em massa sem dúvida só podem obter efeitos marginais.

Ciberguerra de Estado

De acordo com William Church, antigo diretor do hoje extinto Centro de Estudos da Guerra Infraestrutural, a próxima fronteira da guerra infraestrutural estatal envolve o desenvolvimento da capacidade de realizar ataques ciberterroristas coordenados[106]. "O desafio aqui é conseguir entrar em sistemas de computador que controlam a infraestrutura de um país e, assim, como resultado, manter a infraestrutura civil de uma nação como

---

[103] Jerusalem Post, "Malnutrition Common for Gaza Kids", Jerusalém, 11 abr. 2007.

[104] Canadian Health Professionals, "Statement of Concern for the Public Health Situation in Gaza", cit.

[105] Associated Press, "Four Dead, Thousands Evacuated in Gaza Sewage Flood", 27 mar. 2007.

[106] Gregory Rattray, *Strategic Warfare in Cyberspace* (Cambridge [MA], MIT Press, 2001).

refém", escreve ele[107]. Church afirma que, em 1999, a Otan considerou cortar as conexões de internet da Iugoslávia, mas a ideia foi rejeitada. No entanto, hoje, uma capacidade considerável de usar sistemas de *software* para atacar as infraestruturas fundamentais do oponente está sendo rapidamente desenvolvida, em consonância com o surgimento de uma doutrina estado-unidense de "operações de informações integradas" e guerra de infraestrutura. Essa doutrina engloba tudo, da distribuição de folhetos até a derrubada de websites, passando pela destruição de usinas de energia, pelo lançamento de bombas de pulso eletromagnético que destroem todos os equipamentos eletrônicos de uma vasta área e pelo desenvolvimento de sistemas de monitoramento em escala global como o Echelon.

Manipular sistemas de computador deliberadamente para interromper as infraestruturas civis do oponente é uma ação vista em grande medida como uma nova arma poderosa, um elemento da estratégia estado-unidense mais ampla do "domínio completo"[108]. As Forças Armadas chamam isso de CNA – *computer network attack* [ataque a redes de computador]. Embora os detalhes precisos dessa aptidão emergente se mantenham confidenciais, alguns de seus elementos estão se tornando claros.

Em primeiro lugar, tornou-se visível que um importante programa de pesquisa e desenvolvimento está sendo realizado no Centro Conjunto de Análise de Guerra em Dahlgren, Virgínia, voltado para sistemas de computador e *software* que mantêm as principais infraestruturas de nações de fato ou potencialmente adversárias. O major-general Bruce Wright, vice-diretor de operações de informação do centro, revelou em 2002 que "uma equipe do centro é capaz de dizer não só como uma usina elétrica ou um sistema ferroviário [em um país adversário] é construído, mas também o que exatamente mantém esse sistema em funcionamento e o torna eficiente"[109].

Em segundo lugar, é evidente que durante a invasão do Iraque em 2003 as forças dos Estados Unidos realizaram certas ofensivas de CNA,

---

[107] William Church, "Information Warfare", *International Review of the Red Cross*, n. 837, 2001, p. 205-16.

[108] Departamento de Defesa dos Estados Unidos, *Joint Vision 2020*, Washington (DC), 2000.

[109] Citado em William Church, "Information Warfare", cit., p. 205-16.

380 • Cidades sitiadas

ainda que não tenham sido assim especificadas[110]. Richard Myers, co-mandante-chefe do Comando Espacial dos Estados Unidos, o órgão responsável pelo CNA, admitiu em janeiro de 2000 que "os Estados Unidos já realizaram ataques a redes de computador definidos caso a caso"[111]. Finalmente, a mudança da pesquisa especulativa para a doutrina explícita nessa área foi incorporada na Diretiva Presidencial de Segurança Nacional 16 sobre ataques a redes de computador, assinada por George W. Bush em julho de 2003.

Em 2007, foi anunciado que a Força Aérea dos Estados Unidos tinha criado uma unidade chamada Comando Cibernético, localizada na Base da Força Aérea de Barksdale, na Luisiana. O Comando Cibernético foi encarregado tanto da "defesa da rede cibernética" para a segurança nacional dos Estados Unidos quanto dos "ciberataques" (CNAs) contra sociedades adversárias[112]. Na realidade, esse programa de cinco anos buscava militarizar as infraestruturas eletrônicas globais do mundo; seu objetivo declarado é "obter acesso e controle sobre todo e qualquer computador em rede, em qualquer lugar da Terra"[113]. Lani Kass – ex-major da Força de Defesa de Israel, ex-chefe da Força-Tarefa de Ciberespaço da Força Aérea, e atual assistente especial do chefe do gabinete da Força Aérea – revela que essas doutrinas mais recentes de ciberataque são vistas como uma simples continuação da história de ataques aéreos à infraestrutura social. Ela escreve: "Se você está defendendo no ciber[espaço], já é tarde demais. O ciber é o cumprimento da promessa original de poder aéreo. Se não dominar o ciber, você não pode dominar outras esferas"[114]. Embora a iniciativa do Comando Cibernético da Força Aérea tenha sido suspensa em agosto de 2008, em razão de uma rivalidade interna, habilidades semelhantes estão

---

[110] Dawn Onley, "US Aims to Make War on Iraq's Networks", *Missouri Freedom of Information Center*, Columbia (MO), 2003. Disponível em: <www.nfoic.org>. Acesso em: 6 jul. 2016.

[111] Paul Stone, "Space Command Plans for Computer Network Attack Mission", Departamento de Defesa dos Estados Unidos, 14 jan. 2003. Disponível em: <www.defenselink.mil>. Acesso em: 23 jun. 2016.

[112] Barry Rosenberg, "Cyber Warriors: USAF Cyber Command Grapples with New Frontier Challenges", *C4ISR Journal*, Springfield (VA), 1º ago. 2007.

[113] William J. Astore, "Attention Geeks and Hackers: Uncle Sam's Cyber Force Wants You!", *Tom Dispatch*, 5 jun. 2008.

[114] Idem.

sendo desenvolvidas nas Forças Armadas dos Estados Unidos, espalhadas entre Exército, Marinha e Força Aérea.

Essas iniciativas de promover as habilidades de ciberguerra estado-unidenses foram consideravelmente reforçadas por desenvolvimentos em outras partes, incluindo uma série de grandes "ataques de negação de serviço" contra a Estônia na primavera de 2007, pelo jeito em retaliação pela mudança de uma estátua comemorativa as vítimas de guerra soviéticas em Tallinn[115]. Esses ataques – pelo menos em parte obra de *hackers* ligados ao governo russo, ao que parece – inutilizaram os sites do primeiro-ministro do país e dos bancos estonianos. Planejadores estratégicos dos Estados Unidos também estão monitorando de perto a crescente habilidade das Forças Armadas da China de realizar ataques de ciberguerra sofisticados e contínuos como parte da doutrina chinesa de guerra assimétrica ou "irrestrita". Esses riscos levaram líderes da Otan a declarar, em 2008, que ataques de ciberguerra são um risco tão sério quanto o lançamento de um míssil[116].

A preocupação dos planejadores militares dos Estados Unidos é que a proliferação da ciberguerra prejudique economias avançadas e de alta tecnologia, que dependem de sistemas de infraestrutura computadorizados densos e extremamente interdependentes – tornando-as vulneráveis a ataques de uma ampla gama de organizações governamentais ou não atuando em diversas escalas. Steven Metz, do Instituto de Estudos Estratégicos dos Estados Unidos, afirma que, se ciberataques terroristas ou estatais se tornarem comuns,

> a vantagem tradicional que os governos grandes e ricos têm em conflitos armados pode erodir. Ciberataques requerem equipamentos muito menos caros do que os tradicionais. As habilidades necessárias podem ser extrapoladas diretamente do mundo civil [...]. Se se tornar possível fazer uma guerra usando alguns computadores conectados à internet, uma vasta gama de organizações pode optar por comprar a briga.[117]

Metz sugere até que essas transformações poderiam levar a cenários em que grupos não governamentais obtenham poder equivalente ao de

---

[115] Um "ataque de negação de serviço" tem como objetivo desativar uma rede de comunicação por meio de uma enxurrada de informações inúteis.

[116] Bobbie Johnson, "Nato Says Cyberwarfare Posses as Great a Threat as a Missile Attack", *The Guardian*, Londres, 6 mar. 2008.

[117] Steven Metz, "The Next Twist of the RMA", *Parameters*, v. 30, n. 3, 2000.

382 • Cidades sitiadas

Estados-nação; organizações comerciais realizando ciberataques umas contra as outras, e "brigas de gangue" cibernéticas ocorrendo em servidores mundo afora em vez de em becos[118].

No entanto, em um mundo interconectado, em que sistemas de infraestrutura se ligam fortemente uns aos outros tanto na mesma área quando em outras áreas geográficas, os efeitos de ataques de ciberguerra podem ser completamente imprevisíveis. Hoje está claro que durante o ataque ao Iraque em 2003, por exemplo, a equipe de CNA da Força Aérea dos Estados Unidos cogitou desativar por completo os sistemas financeiros iraquianos. Mas, ao que tudo indica, a ideia foi rejeitada; como a rede iraquiana está fortemente vinculada à francesa, isso significaria que um ataque ao Iraque, por exemplo, poderia facilmente ter levado ao colapso dos caixas eletrônicos da Europa[119]. "Não temos muitos amigos em Paris no momento", brincou um oficial de inteligência dos Estados Unidos, ao comentar a decisão. "Não há necessidade de criar mais problemas se [o então presidente francês] Chirac não conseguir sacar dinheiro do caixa eletrônico!"[120]

Guerra em um mundo estranhamente permeável

Este capítulo definiu o papel central da infraestrutura urbana cotidiana em espaços contemporâneos de guerra e terror no contexto do que o cientista da computação Philip Agre chamou de nosso mundo "estranhamente permeável"[121]. Negligenciadas e despercebidas – contanto que continuem trabalhando –, as infraestruturas cotidianas que sustentam a vida urbana estão cada vez mais no centro da doutrina militar e da violência política contemporânea. Como vimos, em nosso mundo em rápida urbanização, elas se tornaram alvo principal de ataques terroristas catastróficos; elas são cada vez mais fundamentais para as doutrinas militares avançadas, ocidentais ou não, e estão no cerne dos meios contemporâneos pelos quais se projeta algo que só pode ser chamado de terror estatal. Existem também cada vez mais indícios de que Estados-nação já estão ativamente envolvidos em

---

[118] Idem.

[119] Citado em Colin Smith, "US Wrestles with New Weapons", *NewsMax*, West Palm Beach, 13 mar. 2003.

[120] Idem.

[121] Philip E. Agre, "Imagining the Next War", cit.

ataques de baixa complexidade a redes de computadores de modo mais ou menos contínuo – uma atividade que torna indistinto o limite entre guerra e competição econômica.

Além do mais, o tipo de realidade concreta que resulta de ataques a infraestruturas civis banais está longe de ser os detalhes abstratos retratados na teoria militar. Em vez disso, as experiências do Iraque e de Gaza são um poderoso lembrete de que eufemismos teóricos nos distraem do duro fato de que atacar infraestruturas essenciais em sociedades altamente urbanizadas mata os fracos, os idosos e os doentes com tanta eficácia quando um bombardeio. Claro, a diferença é que as mortes são deslocadas no tempo e no espaço, para longe dos olhos caprichosos da grande mídia. É bastante comum que membros da mídia sejam seduzidos pela linguagem específica das coletivas de imprensa militares sobre "operações de efeito", a minimização de "danos colaterais", "armas não letais", o ataque a "infraestruturas terroristas" ou o uso de "pressão psicológica" sobre regimes adversários. Nesse contexto, eu gostaria de fechar este capítulo enfatizando três pontos cruciais.

Novos conceitos de guerra

Quão civilizadora a guerra pode ser de fato, se ela mata milhares de pessoas e destrói a própria infraestrutura da civilização?[122]

O primeiro ponto a enfatizar é que estratégias de desmodernização forçada e ciberataques exigem que reconsideremos noções correntes de guerra. As interseções contemporâneas de violência política e infraestrutura diluem os pares tradicionais de guerra e paz, local e global, esfera civil e esfera militar, interior e exterior de Estados-nação. Enquanto infraestruturas urbanas do dia a dia se tornam vítimas da violência de Estado (e da não estatal), emergem paisagens contínuas e potencialmente sem limites de conflito, risco e ataques imprevisíveis – e até indetectáveis. Muitas teorias e doutrinas militares contemporâneas hoje defendem que, nas palavras de Agre, "a guerra, nesse sentido, está em toda parte e em tudo. Ela é grande e pequena. Não conhece limites no tempo e no espaço. A vida em si é uma guerra"[123].

---

[122] Andreas Behnke, "The Re-enchantment of War in Popular Culture", *Millennium: Journal of International Studies*, v. 34, n. 3, 2006, p. 937.

[123] Philip E. Agre, "Imagining the Next War", cit.

384 • Cidades sitiadas

Uma visão tão irrestrita de guerra está encontrando eco fora dos grupos terroristas e insurgentes e das forças militares de Israel e dos Estados Unidos, que têm sido nosso principal foco aqui. O governo chinês, por exemplo, está fazendo investimentos pesados para desenvolver doutrinas e habilidades de guerra infraestrutural. Uma publicação de 1999 do Exército de Libertação do Povo diz:

> Existe razão para afirmarmos que os ataques financeiros [de 1997] feitos por George Soros na Ásia Oriental, o ataque terrorista [de 1998] contra a embaixada estado-unidense [no Quênia] por Osama bin Laden, o ataque a gás [de 1995] no metrô de Tóquio pelos discípulos da Aum Shinrikyo, e o caos provocado por figuras como Morris Jnr. [um *hacker* de computador] na internet – em que o grau de destruição não é, de maneira nenhuma, inferior ao de uma guerra – representam uma semiguerra, quase guerra, subguerra. [Esses exemplos demonstram] a forma embrionária de outro tipo de guerra. [A guerra] reinvadiu a sociedade humana de uma forma mais complexa, mais ampla, mais oculta e mais sutil.[124]

Essas ideias da guerra como algo literalmente desvinculado do tempo e do espaço – o que Paul James chamou de "metaguerra"[125] – colocam uma doutrina de ramificação dupla no centro da estratégia geopolítica estado-unidense. De um lado, como vimos no capítulo 4, os Estados Unidos enfatizam a defesa tanto das infraestruturas urbanas cotidianas nacionais quanto das conexões estratégicas fundamentais com as outras partes do mundo que sustentam o capitalismo global[126]. Por outro lado, os Estados Unidos se esforçam para desenvolver a habilidade de degradar sistematicamente, ou ao menos a de controlar de longe, a modernidade, a conectividade infraestrutural e o potencial geopolítico do suposto inimigo. Para Agre, tal estratégia é

> o que intelectuais de defesa chamam de guerra infraestrutural, e é a guerra no sentido mais geral possível; guerra que alcança até os menores detalhes da vida cotidiana, redesenhando os arranjos mais básicos de viagem e

---

[124] Qiao Liang e Wang Xiangsui, *Unrestricted Warfare: China's Master Plan to Destroy America* (Cidade do Panamá, Pan American Publishing, 2002), p. 2.

[125] Paul James, "The Age of Meta-War", *Arena Magazine*, n. 64, 2003, p. 4-8.

[126] Ver David Murakami Wood e Jonathan Coaffee, "Security Is Coming Home: Rethinking Scale and Constructing Resilience in the Global Urban Response to Terrorist Risk", *International Relations*, v. 20, n. 4, 2006.

comunicação em uma era em que o dia a dia, em uma sociedade móvel e interconectada, está cada vez mais organizado ao redor desses arranjos.[127]

Quando o objetivo da violência política é usar as redes de infraestrutura urbanas vulneráveis e cruciais para projetar o espetáculo, o horror e a coerção, surge outro desdobramento curioso. Muitas vezes, essas estratégias estão ocultas. Cada vez mais, elas se diluem no mundo "normal", em que sistemas param, serviços sofrem atrasos e infraestruturas exigem reparos contínuos. Em outras palavras, fica cada vez menos claro onde as falhas acidentais acabam e as falhas induzidas de propósito começam. Quando um sistema de metrô, água, internet ou eletricidade sofre uma pane em uma cidade industrial avançada, em geral corre solta a especulação sobre ser a ação de terroristas sombrios e distantes escondidos nas redes de infraestrutura globais, em vez de um prosaico mau funcionamento ou erro humano. Assim, escreve James Der Derian, "a tecnologia de rede oferece aos novos atores os meios para cruzar os limites políticos, econômicos, religiosos e culturais". Essa nova acessibilidade não apenas transforma "a maneira como a guerra é combatida e a paz é estabelecida, mas torna ainda mais difícil manter a própria distinção não só de atos acidentais, incidentais e intencionais, mas também da guerra e da própria paz"[128].

É claro que o problema desses novos imaginários de guerra – como ficou evidente em capítulos anteriores deste livro – é que eles encorajam um aprofundamento da militarização de todos os aspectos das sociedades urbanas contemporâneas. Questões de segurança ressurgem com força; elementos de militarização invadem ainda mais as práticas, arquiteturas e políticas cotidianas da vida urbana. No processo, as políticas de segurança se tornam cada vez menos preocupadas com conflitos territoriais, entre Estados, que resultam em batalhas formalizadas. Em vez disso, se concentram "nos domínios civil, urbano, doméstico e pessoal" em um universo sem limites de risco interminável[129]. A guerra no sentido mais amplo se torna um evento

---

[127] Philip E. Agre, "Imagining the Next War", cit.

[128] James Der Derian, "Network Pathologies", *9/11 INFOinterventions*, InfoTechWar Peace, 2 out. 2003. Disponível em: <www.watsoninstitute.org/infopeace/911>. Acesso em: 23 jun. 2016.

[129] David Murakami Wood e Jonathan Coaffee, "Security Is Coming Home", cit., p. 503-17.

386 • Cidades sitiadas

distanciado e contínuo, sem limites geográficos, reproduzido ao vivo, o tempo todo, na TV e na internet, sugere Philip E. Agre[130].

Sem dúvida, muitos oficiais militares e políticos atualmente perpetuam um discurso de guerra infinita como parte da construção e eternização dos estados de emergência pós-11 de Setembro[131]. Ao invocar o tempo todo "Outros" malignos, não modernos e ocultos, prontos para colocar a sociedade industrial avançada na imobilidade pré-moderna com um toque no teclado, eles tentam legitimar seus próprios esforços, muito mais devastadores, de desmodernizar populações inteiras em cidades pobres na maior parte do mundo, em nome de "minimizar os efeitos colaterais" mediante a transição para armas "não letais" ou "não cinéticas", ou o ataque a "infraestruturas terroristas".

Na mais poderosa das ironias, a estratégia de "desligar cidades" faz a ideologia neoconservadora de guerra permanente parecer estúpida. Ela retrata a violência militar preventiva como um meio de ajudar a *conectar* as sociedades do Oriente Médio e do mundo em desenvolvimento com os frutos do capitalismo neoliberal liderado pelos Estados Unidos, por meio da agência da guerra imperial contínua. Como parte desse chamado belicoso para a invasão estado-unidense do Iraque em 2003, por exemplo, Thomas Barnett[132], teórico neoconservador da geopolítica que vimos no capítulo 2, declarou

> acreditar que o novo paradigma de segurança que delineia esta era [é] "Desconexão define o perigo". Pergunte-me sobre onde a globalização conta com forte conectividade em rede, transações financeiras, fluxos de mídia liberal e segurança coletiva, e eu mostrarei regiões com governos estáveis, crescente qualidade de vida e mais mortes por suicídio do que por assassinato.

Para Barnett, o papel da guerra imperial, expedicionária e permanente é, por meio da força, conectar sociedades além da linha geográfica maniqueísta que separa o suposto "centro funcional" composto de Estados capitalistas neoliberais e "o vão não integrador" dos governos da América Central, da África, do Oriente Médio, da Ásia Central e do Sudeste Asiático, que supostamente se mantiveram desconectados da economia liberal global. Nada mais irônico que a doutrina que corrobora a guerra estado-unidense

---

[130] Phil Agre, "Imagining the Next War", cit.

[131] Ver Giorgio Agamben, "Security and Terror", *Theory and Event*, v. 5, n. 4, 2002, p. 1-2.

[132] Ver capítulo 2 deste volume.

contemporânea enfatize a devastação das mesmas arquiteturas e infraestruturas que possibilitam a conexão com o mundo[133].

É interessante que, conforme os efeitos da devastação das infraestruturas dos supostos adversários foram se tornando conhecidos nos Estados Unidos, passou a haver uma mudança na ênfase, da devastação física completa para uma interrupção temporária e reversível. Em 2003, por exemplo, tentou-se minimamente não aniquilar todo o sistema elétrico do Iraque, como tinha sido feito em 1991 – não por uma preocupação humanitária com a sobrevivência dos urbanoides, e sim para facilitar o processo de instaurar regimes clientelistas. Sem dúvida, infraestruturas intactas facilitam muito a imposição do que Naomi Klein chama de "doutrina de choque", atualmente tão crucial para o capitalismo neoliberal: uma política econômica que consome e se aproveita de geografias, recursos e países depois de desastres naturais ou provocados[134].

Nessas circunstâncias, claro, infraestruturas resilientes são essenciais. Elas são o foco principal da imposição da privatização neoliberal por atacado, na medida em que o capital financeiro se apropria do capital falido de espaços e nações pilhados. Também são fundamentais para uma transição tranquila em direção à exploração predatória de recursos, associada a um dogma fundamental do novo imperialismo: o acúmulo de capital por meio da desapropriação[135]. Como o caso do Iraque pós-2003 demonstra, esse processo em geral mobiliza muita instabilidade e violência, nunca uma simples troca. Resistências, insurgências, gangues criminosas e grupos políticos corruptos de vários tipos tendem a proliferar. Em pouco tempo, no novo contexto, eles próprios se concentram em atacar a infraestrutura urbana e os frutos da exploração de recursos ou se apropriar deles.

Nem tudo é guerra

Meu segundo argumento é que o objetivo de securitizar as sociedades urbanas contra a ameaça infinita, ilimitada e sem origem da guerra

---

[133] Thomas Barnett, "The Pentagon's New Map", *Esquire*, Nova York, v. 139, n. 3, 2003.

[134] Naomi Klein, *The Shock Doctrine: The Rise of Disaster Capitalism* (Londres, Allen Lane, 2007).

[135] Ver David Harvey, *The New Imperialism* (Oxford, Oxford University Press, 2006) [ed. bras.: *O novo imperialismo*, trad. Adail Sobral e Maria Stela Gonçalves, São Paulo, Loyola, 2004].

388 • Cidades sitiadas

infraestrutural corre o risco de se tornar uma obsessão tão esmagadora que acaba sendo usado como base para redesenhar os sistemas comuns que hoje estão expostos a ameaças. Duas preocupações lançam sua grande sombra.

Primeiramente, a própria construção de ameaças sem limites e guerras sem fronteira pode legitimar o esvaziamento maciço, ou até a erradicação, de sociedades democráticas. "O novo conceito de guerra dos intelectuais militares é falho porque começa nos militares e simplesmente segue a lógica da interconexão até a dominação militar envolver todo o resto", alerta Philip Agre[136]. Nesse cenário, tudo é visto como um elemento de guerra. Aliás, nada se mantém do lado de fora da guerra sem fronteiras. Aceitar essa visão é oferecer condições propícias para tendências profundamente antidemocráticas, enquanto coalizões de direita e extrema-direita exigem a suspensão dos procedimentos jurídicos, das normas legais e dos direitos democráticos e, ao mesmo tempo, usam como bode expiatório uma série de ameaças que estão à espreita, invisíveis e onipresentes, nos interstícios técnicos e urbanos do dia a dia.

Uma característica dominante da Guerra ao Terror, sem dúvida, tem sido sua infinita representação dos locais, espaços e sistemas cotidianos da cidade como domínios de onde os "outros" podem surgir a qualquer instante, despertando ameaças à existência de cidades e civilizações "de dentro". Ao retratar os riscos do terrorismo tanto como atos de guerra quanto como ameaças sociais existenciais, e não como crimes internacionais que apresentam enormes riscos à segurança pública, torna-se fácil justificar uma guerra global sem fim, o imperialismo expandido, a violência racializada do Estado, o encarceramento preventivo, a legislação autoritária e a suspensão radical de regras legais e jurídicas. Todos esses elementos de guerra securocrática são consistentes com as tendências recentes, em sociedades como os Estados Unidos e o Reino Unido, do que alguns comentaristas veem como fascismo "leve" ou "incipiente".

Em tal contexto, reações do governo que expandem a securitização da vida cotidiana também servem para aumentar os sentimentos de leve insegurança, potencialmente estabelecendo um ciclo que se autoperpetua. O foco é sempre no que *poderia* ser; nas possibilidades infinitas da *próxima* apropriação terrorista da infraestrutura; na necessidade de ainda *mais* sistemas de monitoramento preventivo ou antecipatório. Como escreveu Richard Sennett:

---

[136] Philip E. Agre, "Imagining the Next War", cit.

Enquanto a máquina do Estado age furtivamente para impedir que essas coisas aconteçam, enquanto suas tecnologias passam a ser integradas ao tecido das práticas de negócios cotidianas, não pode haver um momento definidor em que um cidadão comum pode declarar: "agora eu estou mais seguro".[137]

Essa impossibilidade se mistura ao fato de ser basicamente infrutífero tentar transformar as infraestruturas do dia a dia – que, por definição, só se tornam úteis por meio de sua abertura – em sistemas verdadeiramente seguros que não possam ser atacados nem tomados por terroristas. Seria muito mais eficaz, no longo prazo, trabalhar para criar e desenvolver infraestruturas "que se aliem de forma menos rígida e inclemente, projetadas de maneiras que tornem as interrupções fáceis de enfrentar, mais rápidas de consertar", como defende o sociólogo Langdon Winner[138]. No entanto, o urbanista Matt Hidek destaca que paradigmas militares centralizados de comando e controle têm se infiltrado na administração das infraestruturas civis dos Estados Unidos, em razão dos esforços do Departamento de Segurança Interna e do novo Comando Norte dos Estados Unidos[139].

O perigo aqui, claro, é a diminuição de direitos e liberdades democráticos, e a expansão progressiva rumo a um monitoramento de alcance global que, em sua tentativa de acompanhar as circulações globais, se torne tão ilimitado quanto a suposta ameaça, como discutido no capítulo 4. Essas tendências são movidas pela construção de uma série de ameaças terroristas infraestruturais (reais ou quiméricas), potencializadas pelas chamas da mídia sensacionalista, voyeurista e beligerante. Fundamentalmente, "a guerra no novo sentido – guerra sem começo nem fim, sem frente nem traseira, e sem distinção entre militar e civil – é incompatível com a democracia", escreve Philip E. Agre[140].

No fim das contas, então, as ideias de segurança devem ser radicalmente repensadas de modo que a segurança humana, social e corporal de indivíduos nas cidades, dos sistemas infraestruturais, das biosferas e dos mundos sociais

---

[137] Richard Sennett, "The Age of Anxiety", *The Guardian*, Londres, 23 out. 2004.

[138] Langdon Winner, "Technology, Trust and Terror", em Langdon Winner et al., *The Sarai Reader 3: Shaping Technologies* (Délhi, Sarai Collective/CSDS, 2003). Disponível em: <www.sarai.net>. Acesso em: 23 jun. 2016.

[139] Matt Hidek, "Networked Security in the City: A Call to Action for Planners", *Progressive Planning*, out. 2007. Disponível em: <www.plannersnetwork.org>. Acesso em: 23 jun. 2016.

[140] Philip E. Agre, "Imagining the Next War", cit.

seja o objeto central da governança. Essa visão antropocêntrica de segurança precisa ser contraposta às noções de segurança nacional baseadas em guerra permanente e hipermilitarização, ao retrocesso a enclaves militarizados e ao uso de paradigmas militares em todos os caminhos da vida e da governança. Agre está certo ao dizer que

> o importante é determinar uma distinção entre ação militar, como o exercício do poder de um Estado democrático legítimo dentro de uma estrutura da lei internacional, e a guerra, como a imposição de uma ordem social total que é a antítese da democracia e que, nas atuais condições tecnológicas de guerra, não tem um final em vista.[141]

Vida nua

Meu último ponto é que os esforços, por parte de forças militares oficiais, de destruir sistematicamente as infraestruturas essenciais de sociedades urbanas adversárias requerem muito trabalho discursivo. Aliás, esse trabalho é tão importante quanto os esforços de "mandar fogo no alvo", nas palavras do capitão John Bellflower, do Exército dos Estados Unidos[142]. Claro, com muita frequência, infraestruturas de água, esgoto, eletricidade, transporte e comunicação são atacadas como um suposto modo de destruir a infraestrutura do terrorismo. Tanto Israel quanto os Estados Unidos há muito tempo legitimaram a desmodernização sistemática de sociedades inteiras dessa forma, enquanto urbanoides na Palestina, no Líbano e no Iraque, entre outros, sofreram a espiral das consequências: morte, doenças, pobreza e colapso econômico.

No entanto, ataques terroristas contra cidades ocidentais ou israelenses na verdade não contam com os serviços básicos modernos de cidades iraquianas, palestinas ou libanesas para realizar suas ofensivas. Em vez disso, eles contam com o sistema de ônibus ocidental, com as companhias aéreas, trens e metrôs, infraestruturas financeiras, de telefonia celular e de internet, e assim por diante. Os meios pelos quais os países ricos fazem suas guerras contra as chamadas infraestruturas terroristas nos países pobres serve, então, basicamente para radicalizar e empobrecer sociedades urbanas inteiras, aumentando de maneira drástica o campo de recrutas dispostos a

---

[141] Idem.

[142] John W. Bellflower, "The Indirect Approach", *Armed Forces Journal*, Springfield (VA), jan. 2007.

realizar ou auxiliar mais ataques terroristas contra o Ocidente. De acordo com Tamim Ansary, as expressões "derrotar Estados terroristas" e "destruir as infraestruturas do terrorismo", na prática, "significam apenas 'derrotar Estados' e 'destruir a infraestrutura'"[143]. Sendo assim, no seu cerne, a sistemática desmodernização de sociedades inteiras em nome do "combate ao terror" envolve uma profecia sombria, irônica e que se autorrealiza. Como Derek Gregory[144] afirmou, bebendo na fonte de Giorgio Agamben, a desmodernização de cidades e sociedades inteiras do Oriente Médio é alimentada por um discurso orientalista semelhante, quer ocorra por meio das guerras de Israel contra o Líbano e a Palestina, quer na Guerra ao Terror dos Estados Unidos. Ele faz reviver estereótipos bem-estabelecidos e retrata civis comuns e suas cidades – Cabul, Bagdá, Nablus, Gaza – "de modo que estejam além dos privilégios e das proteções da lei, fazendo com que suas vidas (e mortes) não [sejam] levadas em consideração"[145]. Assim, para além do território nacional cada vez mais fortificado, "a soberania funciona *abandonando* sujeitos, reduzindo-os à vida nua"[146].

Como consequência, na criação forçada de um inferno urbano caótico – por meio do desligamento de cidades e da sujeição delas à desmodernização –, a violência de Estado produz, de maneira perversa, exatamente aquilo que os orientalistas representam: um mundo urbano caótico e desconectado "fora do moderno, figurativa e fisicamente"[147]. Como a cultura ocidental há muito tempo define a figura antimoderna do oriental, a guerra ocidental pode com facilidade se impor como o meio de desmodernizar cidades e sociedades orientalizadas – tudo em nome de defender as infraestruturas da pátria. O resultado é outro ciclo que se autoperpetua, uma vez que, previsivelmente, a raiva e o desespero daqueles que vivem em cidades "desligadas" podem prontamente ser explorados e radicalizados, tornando-os dispostos a cometer violência terrorista contra os perpetradores de seus infortúnios.

---

[143] Tamim Ansary, "A War Won't End Terrorism", *San Francisco Chronicle*, 19 out. 2002.

[144] Derek Gregory, *The Colonial Present* (Oxford, Blackwell, 2004).

[145] Idem, "Defiled Cities", *Singapore Journal of Tropical Geography*, v. 24, n. 3, 2003, p. 311.

[146] Bülent Diken e Carsten Bagge Laustsen, "Camping as a Contemporary Strategy: From Refugee Camps to Gated Communities", *Amid Working Paper Series*, Aalborg, Aalborg University, n. 32, 2002.

[147] Derek Gregory, "Defiled Cities", cit., p. 313.

9
GUERRAS DE CARRO

Onde a política externa cai na estrada

A reação dos Estados Unidos aos eventos de 11 de Setembro configuraram o automóvel como um novo local para a condução de guerra.[1]

Poucos aspectos da vida urbana cotidiana exemplificam tão completamente as profundas conexões entre segurança e militarismo em cidades ricas e tecnologicamente avançadas e também em cidades em desenvolvimento do que a onipresença do automóvel e seus usos. A ligação entre a geopolítica global do petróleo e a vida urbana dos Estados Unidos é muito forte; a vida nas áreas residenciais abastadas nos subúrbios das cidades gera uma dependência única em relação ao automóvel – uma dependência que continua a aumentar conforme as cidades se espalham para o interior distante. Aliás, o transporte é responsável por exatos dois terços do uso estado-unidense do petróleo, e 40% disso por automóveis[2]. Dado o rápido aumento global da automobilização, das viagens aéreas, do transporte marítimo e da logística, da ampla exportação e imitação dos extravagantes modelos estado-unidenses de urbanismo e mobilidade, estima-se que em 2020 o transporte vai ser responsável por 57% da demanda global de petróleo[3].

---

[1] Jeremy Packer, "Automobility and the Driving Force of Warfare: From Public Safety to National Security", em *Architectures of Fear* (Barcelona, Centre de Cultura Contemporània de Barcelona, 2007), p. 107.

[2] David Campbell, "The Biopolitics of Security: Oil, Empire, and the Sports Utility Vehicle", *American Quarterly*, v. 57, n. 3, 2005, p. 952.

[3] National Energy Information Center, "Transportation Energy Use", *International Energy Outlook*, 2001, p. 148. Disponível em: <www.eia.doe.gov>. Acesso em: 2 jul. 2016.

394 • Cidades sitiadas

A construção da sociedade estado-unidense como sociedade arquetípica hiperautomobilizada desde antes da Segunda Guerra Mundial tem sido abastecida – literalmente – pelo fornecimento barato e abundante de petróleo. Esse suprimento foi sustentado ao longo de mais de cinco décadas pela intervenção militar combinada com o apoio político a uma série de regimes de fachada dúbios e autoritários no Oriente Médio, em especial o da Arábia Saudita. A brutalidade do histórico é inescapável. "Desde o início, a extração comercial de petróleo vem acompanhada de uma violência imperial implacável e indistinta, de repetidas guerras e genocídios, além de uma ilegalidade cínica característica da fronteira corporativa", escreve o coletivo Retort[4]. A história da ganância imperial com relação ao petróleo é uma história sangrenta, e muito raramente contada, de desapropriação militarizada e acumulação primitiva de capital[5].

Capítulos recentes dessa corrente saga de imperialismo petroleiro envolveram o desenho de um sistema de produção do que o grupo Retort chama de "escassez organizada"[6]. Essa estratégia equilibra a necessidade de manter os preços do petróleo baixos o bastante para o crescimento contínuo de sociedades capitalistas altamente automobilizadas com a necessidade de mantê-los altos o bastante para a lucratividade dos cartéis de petróleo e das nações da Organização dos Países Exportadores de Petróleo (Opep), em especial "grandes absorvedores" como a Nigéria e a Venezuela[7]. Esse sistema, que hoje precisa lidar com os aumentos vertiginosos e os colapsos financeiros de 2006-2009, atuava nos anos 1990 para possibilitar que os consumidores dos Estados Unidos (e de muitos outros países) passassem a usar veículos muito maiores e a conduzi-los por distâncias muito mais longas em cidades e geografias pessoais muito mais dispersas. Entre 1990 e 2001, por exemplo, o número de quilômetros percorridos em idas às compras nos Estados Unidos aumentou

---

[4] Iain Boal et al., *Afflicted Powers: Capital and Spectacle in a New Age of War* (Londres, Verso, 2006), p. 55.

[5] Ibidem, p. 76.

[6] Ibidem, p. 60.

[7] "Grandes absorvedores" são membros da Opep como Irã, Iraque, Indonésia, Argélia, Venezuela e Nigéria, que têm populações relativamente grandes, rendas *per capita* baixas e outros recursos, e que não têm problema em gastar suas vastas rendas com o petróleo em consumo e investimento. Idem.

em 40%[8]. Em 2003 o estado-unidense médio passava 450 horas por ano atrás do volante[9].

O ícone veicular que tem dominado a interface entre todas essas relações nos anos mais recentes é o veículo utilitário esportivo, ou SUV. De apenas 7% do mercado automobilístico dos Estados Unidos em 1997, os SUVs começaram a superar os automóveis convencionais em vendas no país em 2002[10]. De acordo com uma publicação da Faculdade de Guerra Aérea dos Estados Unidos:

> Em 2003, as vendas de SUVs, ou "caminhonetes leves", nos Estados Unidos chegaram a um recorde de 8.865.894 picapes, vans e SUVs. Isso correspondeu a 53,2% do total de vendas de veículos novos, outra marca inédita. No primeiro mês de 2004, a parcela de mercado detida pelos setenta modelos ou mais de SUVs existentes subiu ainda mais, para 54,6% do total.[11]

As vendas de SUVs caíram rapidamente em 2007-2008 como resultado da crise de crédito nos Estados Unidos e do aumento no preço do petróleo. Consequentemente, muitos fabricantes de carros, acostumados com a lucratividade dos SUVs, passaram a lutar para sobreviver. Mas a disparada das vendas altamente lucrativas de SUVs nos Estados Unidos, que explorou enormes brechas tanto na regulamentação de emissões de poluentes quanto na tributação, oferece um paralelo dramático com as cada vez mais agressivas incursões militares estado-unidenses no Golfo Pérsico entre 1991 e 2010. Como exemplo das conexões entre os Estados Unidos e outras cidades ocidentais, de um lado, e as fronteiras coloniais, de outro, o desenho e o marketing de SUVs se tornaram cada vez mais militarizados conforme as guerras imperiais das Forças Armadas dos Estados Unidos se ampliaram. "Com nomes como Tracker, Equinox, Freestyle, Escape, Defender, Trail Blazer, Navigator, Pathfinder e Warrior, os SUVs povoam as rotas urbanas do cotidiano com representações da fronteira militarizada", sugere David

---

[8] Julian Borger, "Half of Global Car Exhaust Produced by US Vehicles", *The Guardian*, Londres, 29 jun. 2006.

[9] Gary Younge, "Big, Not Clever", *The Guardian*, Londres, 22 abr. 2003.

[10] Andrew Garnar, "Portable Civilizations and Urban Assault Vehicles", *Techné*, v. 5, n. 2, 2000.

[11] John M. Amidon, *America's Strategic Imperative: A National Energy Policy Manhattan Project*, Air War College, Air University, Maxwell (AL), 25 fev. 2005, p. 35. Disponível em: <www.dtic.mil>. Acesso em: 14 jul. 2016.

396 • Cidades sitiadas

Campbell[12]. E mesmo que as vendas de SUVs estejam em baixa no momento, esses veículos encarnam uma mudança mais ampla na cultura material do marketing e do uso do automóvel. Steve Macek destaca que os

> fabricantes de automóveis – que por décadas venderam carros como uma fonte de diversão e juventude, ou como símbolos de progresso tecnológico e modernidade – agora recorrem cada vez mais a promessas de "segurança", "prevenção" e proteção a "famílias" urbanas em perigo como argumentos de vendas".[13]

A popularidade impressionante das SUVs explicitamente militarizadas entre o começo da década de 1990 e 2007-2008 conseguiu piorar os níveis de rendimento do combustível nos Estados Unidos, exacerbar a dependência do petróleo em uma época de níveis cada vez mais baixos de fornecimento, provocar uma grande reação negativa em cidades estado-unidenses por causa da notável incorporação de valores egoístas, antiurbanos e agressivamente hiperindividualistas, e exagerar os níveis já altos de emissões de efeito estufa causadas pelo uso de carros nos Estados Unidos.

Em 2006 estava claro que "o rendimento de combustível de veículos estado-unidenses estava em queda desde 1988, o que significa que as emissões de gás carbônico estavam aumentando, em associação com uma mudança para caminhonetes maiores [SUVs]"[14]. Estima-se também que em 2006, e em grande parte como resultado do *boom* dos SUVs, os Estados Unidos – com cerca de 5% da população do mundo – consumiam cerca de 25% do suprimento mundial de petróleo (21 milhões de barris por dia, de um total de 84 milhões, em comparação com um pouco mais de 17 milhões quando a crise da do petróleo atingiu o país em 1973)[15]. Além disso, os estado-unidenses dirigiam quase um terço dos carros do mundo (202 milhões dos 683 milhões de carros). Considerando que o veículo nacional médio rendia menos de 8,5 quilômetros por litro – um recorde negativo em vinte anos[16] – e produzia, em média, 15% mais gás carbônico do que veículos

---

[12] David Campbell, "The Biopolitics of Security", cit., p. 958.

[13] Steve Macek, *Urban Nightmares: The Media, the Right and the Moral Panic over the City* (Minneapolis [MN], University of Minnesota Press, 2006), p. 273.

[14] Citado em Julian Borger, "Half of Global Car Exhaust Produced by US Vehicles", cit.

[15] Thomas D. Kraemer, *Addicted to Oil: Strategic Implications of American Oil Policy*, US Army Strategic Studies Institute, Carlisle (PA), maio 2006, p. 2.

[16] National Energy Information Center, "Transportation Energy Use", cit., p. 148.

em outras partes do mundo, metade das emissões de gases de escapamento de carros do planeta vinham, portanto, de carros estado-unidenses[17]. Os SUVs se tornaram mais rápidos e mais pesados; a disparada em suas vendas representava, então, o completo fracasso dos fabricantes de automóveis nos Estados Unidos em se beneficiar dos enormes avanços tecnológicos contemporâneos que melhoraram a eficiência no uso de combustível.

Os Estados Unidos possuem menos de 3% das reservas mundiais conhecidas de petróleo[18]. Ao mesmo tempo, uma proporção considerável das importações de petróleo do país derivaram de regiões voláteis como o Oriente Médio, regiões onde a volatilidade está diretamente relacionada à geopolítica global de exploração de petróleo. Assim, o enorme crescimento de vendas de SUVs, que gera cada vez mais dependência de importação de petróleo, tem um impacto direto nas geografias globais de guerra, (in)segurança e poder imperial. Aliás, uma das ironias da Guerra ao Terror tem sido que, no seu decorrer, os Estados Unidos adquiriram bilhões de dólares em petróleo de nações que patrocinam islâmicos radicais – ou se aliam a eles –, os quais fomentam o ódio aos Estados Unidos[19]. David Campbell comenta que, perversamente

> enquanto o país se preparava para ir à guerra contra o Iraque, os Estados Unidos importavam metade de todas as exportações do Iraque (o que satisfazia apenas 8% de suas necessidades), mesmo que isso indiretamente financiasse o regime de Saddam Hussein.[20]

Dado que um aumento modesto de cerca de 1,15 quilômetro por litro na média de eficiência no uso de combustível dos veículos dos estado-unidenses eliminaria por completo a necessidade dos 15-20% de suprimento de petróleo que vem do Oriente Médio[21], seria possível afirmar, como George

---

[17] Julian Borger, "Half of Global Car Exhaust Produced by US Vehicles", cit.

[18] National Commission on Energy Policy, *Oil Shockwave: Oil Crisis Executive Simulation*, (Washington [DC], National Commission on Energy Policy, 2005). Disponível em: <www.secureenergy.org>. Acesso em: 2 jul. 2016.

[19] Philip K. Verleger Jr. *US Energy Policy: In Conflict with the War on Terrorism* (Washington [DC], Institute for International Economics, jan. 2004), p. 1. Disponível em: <www.pkverlegerllc.com>. Acesso em: 2 jul. 2016. Thomas D. Kraemer, *Addicted to Oil*, cit., p. 13.

[20] David Campbell, "The Biopolitics of Security", cit., p. 952.

[21] Paul Salopek, "A Tank of Gas, a World of Trouble", *Chicago Tribune*, 29 jul. 2006.

398 • Cidades sitiadas

Monbiot o fez, que "sem exagero, a guerra com o Iraque foi uma guerra pelos veículos 4×4"[22].

Portanto, na memorável frase de Todd Gitlin, o fenômeno do SUV talvez seja mais bem compreendido como "o local onde a política externa cai na estrada"[23].

Cápsulas para as fronteiras urbanas

Por que o resto do mundo deveria ser feito refém da provisão de energia do lar estado-unidense suburbano com três carros na garagem?[24]

Desemaranhar os múltiplos bumerangues foucaultianos associados ao SUV dentro da estrutura do novo urbanismo militar – nossa tarefa aqui – envolve rastrear as conexões que fundem a automobilidade contemporânea com circuitos mais amplos da cultura popular, poder geopolítico, estratégia militar, (in)segurança energética, guerras por recursos e discursos e tecnologias fortemente militarizados. Claramente, a fabricação, o marketing, a celebração e o uso (em grande parte estado-unidense) de SUVs se misturam com a prática da guerra e da violência de Estado. Essa situação vai muito além da defesa da soberania. Em vez disso, seu foco são a manutenção e securitização de estilos de vida urbana deliberadamente esbanjadores e os processos dominantes de acumulação de capital associados a eles[25] – todos os quais, como vamos ver, se tornam codificados e celebrados como patrióticos.

"É essa centralização da vida da população, em vez da proteção do soberano ou da segurança do território, que é o selo do poder biopolítico e que o distingue do poder soberano", escreve David Campbell[26]. Em uma guerra pelo petróleo, assim como em muitas outras esferas da atividade estatal contemporânea, a violência de Estado – organizada para defender a vida dependente do petróleo das populações ocidentais – opera em zonas

---

[22] George Monbiot, "Driving into the Abyss", *The Guardian*, Londres, 6 jul. 2004.

[23] Citado em David Campbell, "The Biopolitics of Security", cit.

[24] Andrew Ross, "Duct Tape Nation", *Harvard Design Magazine*, n. 20, 2004, p. 2.

[25] Shimshon Bichler e Jonathan Nitzan, "Dominant Capital and the New Wars", *Journal of World-Systems Research*, v. 10, n. 2, 2004, p. 255-327.

[26] David Campbell, "The Biopolitics of Security", p. 945.

cinzentas da legislação. Em nome desse estilo de vida ocidental, normas de soberania de Estado são muitas vezes suspensas, tendo como resultado a probabilidade de que "a busca geopolítica pela segurança energética produza formas novas e intensas de insegurança para aqueles que estão em novas zonas de recursos"[27]. As guerras pelo petróleo, e as mortes resultantes delas, deveriam então ser compreendidas nos termos do conceito de Agamben de "vida nua" – vida que poderia ser extinta com impunidade soberana.

Culturas urbanas automobilísticas tendem a materializar e territorializar a separação entre a cidade doméstica, situada no interior da nação ocidental, e as áreas fronteiriças, amaldiçoadas pelas guerras por recursos em andamento, que giram em torno da exploração de petróleo. Para Campbell, essas zonas "são convencionalmente vistas como lugares distantes e selvagens de insegurança onde a intervenção estrangeira será necessária para garantir que os interesses domésticos sejam assegurados". Longe de enriquecer as populações locais, as formas dominantes de organizar a exploração e os oleodutos marginalizam ainda mais as comunidades nativas empobrecidas, aumentando a insegurança e a violência no processo. O destino desses povos e lugares é então violentamente "subordinado ao privilégio concedido a um recurso (petróleo) que é central ao estilo de vida estado-unidense, cuja segurança é considerada uma questão estratégica fundamental", completa Campbell[28].

A conveniente separação entre os espaços urbanos nacionais do uso do automóvel e as fronteiras coloniais de exploração do petróleo é, no entanto, ilusória. Redes complexas de tecnologia, práticas sociais de uso de automóveis e consumo, e políticas de recursos e formação de identidade fazem surgir vínculos próximos entre os domínios nacionais e os de fronteira. Estes são forjados por meio da violência, da guerra, da tentativa de controle, do cálculo e da financeirização, dos efeitos desestabilizadores, altamente imprevisíveis e globais da poluição causada pelo petróleo, da mudança climática, da produção de biocombustíveis e das inseguranças geradas por amálgamas desses processos. A guerra tem sido tão importante na construção da ordem política das sociedades liberais ocidentais porque ela destaca que a biopolítica do globo "opera como um jogo de estratégia em que o princípio da guerra

---

[27] Idem.

[28] Idem.

400 • Cidades sitiadas

é assimilado pela própria trama das redes socioeconômicas e culturais das relações biopolíticas"[29], como sugerem Michael Hardt e Antonio Negri.

Claro, os SUVs também materializam outra separação, muito mais óbvia, entre "interior" e "exterior": aquela entre o interior encapsulado do próprio veículo, com ar-condicionado e alta tecnologia, e a cidade que fica além do "exoesqueleto extrarrígido" do corpo do SUV, para usar a expressão de Daniel Miller[30]. Como Lieven De Cauter demonstrou, SUVs podem ser compreendidos como tecnologias "capsulares" móveis, criadas para oferecer aos indivíduos neoliberais autônomos a fantasia de controle individual completo e separação libertária completa em relação aos espaços sociais e públicos da vida urbana – espaços que, como existem para além do interior do casulo, se tornam residuais[31].

Ao lado de outros espaços e outras tecnologias capsulares em proliferação nas cidades contemporâneas – comunidades fechadas, condomínios particulares, shopping centers, parques temáticos, aeroportos, espaços públicos privatizados e centros comerciais abertos –, os SUVs são espaços inerentemente suburbanizados, "voltados para dentro, fechados em si mesmos, que deveriam representar segurança, abrigo e higiene (sem de fato serem seguros)", afirma De Cauter[32]. Ignorando de maneira radical seu entorno mais amplo, eles ganham utilidade apenas por contar com redes enormes e complexas de rodovias, estruturas viárias e sistemas de comunicação e GPS, tornando-se, no processo, o que De Cauter chama de "cápsulas em rede"[33].

Para De Cauter, em "civilizações capsulares" como a nossa, o contraste entre o interior de uma cápsula, como um SUV, e o exterior urbano residualizado tende a aumentar (Figura 9.1). Nas palavras dele: "Quanto mais feia e encardida a realidade do lado de fora se torna, mais a hiper-realidade vai dominar o interior da civilização capsular"[34]. Assim, como Shane Gunster colocou:

---

[29] Michael Hardt e Antonio Negri, *Empire* (Cambridge [MA], Harvard University Press, 2000), p. 22 [ed. bras.: *Império*, trad. Berilo Vargas, Rio de Janeiro, Record, 2006].

[30] Daniel Miller, "Forward: Getting behind the Wheel", em Elaine Cardenas e Ellen Gorman (orgs.), *The Hummer: Myths of Consumer Culture* (Lanham [MD], Lexington Books, 2007), p. vii-x.

[31] Lieven De Cauter, *The Capsular Civilization: On the City in the Age of Fear* (Roterdã, nai010, 2004).

[32] Ibidem, p. 81.

[33] Idem.

[34] Ibidem, p. 83.

"Porque *dirigir* nem sempre é um passeio no parque.
As estradas mais difíceis não ficam necessariamente no meio do nada. E não são domadas por caubóis chamados Hoss e Jake, mas por pessoas chamadas Tony e Susan voltando para casa do escritório. E quando a estrada lembra as crateras da Lua, o Sistema de Controle de Navegação do Blazer torna a viagem muito mais fácil e confortável. Não é só por ser pavimentada que uma via é tranquila.
Chevy Blazer: Como uma rocha"

9.1 Um típico anúncio de SUV, descrevendo um espaço externo urbano ameaçador ao redor do casulo de rapidez, força e segurança.

402 • Cidades sitiadas

> [as] incessantes celebrações de um interior luxuoso [de um SUV] protegido por uma carroceria blindada defendem a privatização móvel e agressiva do espaço público no qual aqueles dotados de riqueza e recursos podem usar e desfrutar dos bens ao mesmo tempo que mantêm controle absoluto sobre seu próprio ambiente pessoal.[35]

Da mesma forma, Gunster aponta que os ciclos de retração, encapsulamento e militarização que envolvem a proliferação de SUVs, comunidades fechadas e outros espaços urbanos rígidos tendem a se autoperpetuar. O próprio processo de remoção e de fortificação alimenta o medo da cidade central cada vez mais distante. Gunster escreve:

> Como o medo da criminalidade, por mais irracional que seja, aumentou no mesmo ritmo que a intensificação da violência da grande mídia, o SUV se oferece como uma tecnologia ideal para blindar o eu contra os supostos perigos que estão à espreita do lado de fora.[36]

Como ícone da individuação neoliberal, o SUV ajuda a reconfigurar a vida urbana como uma série interligada de cápsulas móveis construídas, removidas do ambiente social mais amplo, enquanto a conectividade seletiva é mantida por meio de novas tecnologias de controle e monitoramento[37].

No entanto, as percepções que os usuários de SUVs têm de maior segurança são ao mesmo tempo paradoxais e ilusórias. Isso porque tais veículos apenas promovem o aumento de consumo e da dependência do petróleo, o que vai apenas aprofundar as inseguranças e a crise tanto na atualidade como no futuro[38]. Com a suburbanização e o espraiamento – um projeto tão fundamental para a adoção em massa dos SUVs – hoje ameaçados pelo esgotamento do petróleo, o paradoxo é de fato marcante. Jim Kunstler, um influente crítico do espraiamento urbano, está convencido de que "o grande metaciclo do projeto suburbano como um todo", no qual os SUVs hoje desempenham um papel tão importante, "está no fim". Para ele, "as coisas em construção remanescentes são os últimos estertores de um organismo moribundo" – um processo acelerado pela recessão dos Estados Unidos, provocada por uma crise de crédito gerada em grande parte por empréstimos

---

[35] Shane Gunster, "'You Belong Outside': Advertising, Nature, and the SUV", *Ethics & The Environment*, v. 9, n. 2, 2004, p. 4-32.

[36] Ibidem, p. 15.

[37] Lieven De Cauter, *The Capsular Civilization*, cit.

[38] David Campbell, "The Biopolitics of Security", cit., p. 943.

criminosamente negligentes de capital predominantemente fictício para abastecer mais uma grande rodada de espraiamento e êxodo urbano[39]. Kunstler defende que a história das áreas residenciais estado-unidenses, que culmina na compra em massa de SUVs e no espraiamento, precisa ser interpretada pela perspectiva da geopolítica do petróleo:

> A expansão residencial se baseou por completo no fornecimento barato e abundante de petróleo. Não foi por acaso que o projeto suburbano tenha titubeado por um breve período na década de 1970, quando a produção de petróleo dos Estados Unidos entrou em um longo declínio, a Opep aproveitou o momento, e os preços do produto dispararam. Note-se que a última explosão suburbana ocorreu depois de 1990, quando a extração de petróleo do mar do Norte e da baía de Prudhoe estava a todo vapor... Isso desencadeou a fase de clímax dos subúrbios residenciais, representada por coisas como as mansões padronizadas da empresa Toll Brother, de 370 metros quadrados cada, e o auge do SUV supergigante para acompanhar.[40]

US$ 230 no tanque

Nas palavras de John Amidon, um tenente-coronel da Universidade da Força Aérea dos Estados Unidos, "a dependência do petróleo importado se tornou o elefante na sala da política externa [do país dele]: uma consideração estratégica primordial em um mar de questões". O autor alerta que desde 2001 a política energética do país ao mesmo tempo superestimou o suprimento disponível e subestimou gravemente a instabilidade social e política provocada pelas tentativas dos Estados Unidos de administrar "os principais países produtores de petróleo diplomática e militarmente". Ele faz duras críticas ao governo Bush, em particular, por ter subestimado de maneira dramática os custos militares associados à preservação do acesso ao petróleo[41].

Amidon estima que, com o rápido declínio das reservas domésticas estado-unidenses – apesar da decisão polêmica da gestão Bush de perfurar em áreas das reservas naturais do norte do Alasca e de a candidata republicana à vice-presidência de 2008 Sarah Palin ter obtido muito capital político de uma promessa semelhante –, em 2025, dois terços de todo o suprimento

---

[39] Jim Kunstler, "Peak Suburbia", *Clusterfuck Nation*, 25 jun. 2007. Disponível em: <kunstler.com>. Acesso em: 14 jul. 2016.

[40] Idem.

[41] John M. Amidon, *America's Strategic Imperative*, cit.

404 • Cidades sitiadas

de petróleo do país precisarão vir do exterior. Mais especificamente, precisarão vir de áreas do Oriente Médio, da África e da América do Sul muito instáveis e tomadas por conflito. Com a probabilidade de as reservas petrolíferas do mundo estarem praticamente extintas dentro de 22 a 30 anos, e com o enorme aumento em curso no consumo de petróleo na Índia e na China, parece cada vez mais provável que haja uma corrida militarizada para proteger as reservas remanescentes (Figura 9.2).

	2002		2025	
	Estados Unidos	Ásia emergente (principalmente China, Índia, Coreia do Sul)	Estados Unidos	Ásia emergente (principalmente China, Índia, Coreia do Sul)
Importações do Oriente Médio (milhões de barris por dia)	2,3	4,1	5,8	15,1
Total de importações (milhões de barris por dia)	11,3	11,0	21,1	27,4
Consumo total (milhões de barris por dia)	19,7	15,1	32,9	33,6

Fonte: Departamento de Energia dos Estados Unidos (Agência de Informação de Energia)

9.2 Dependência dos Estados Unidos e da "Ásia emergente" (China, Índia e Coreia do Sul) de importações de petróleo do Oriente Médio, 2002 e 2025 (projeção).

O Departamento de Energia dos Estados Unidos, que fez uma projeção global para o suprimento e a demanda de petróleo até 2025, sugere que a procura mundial vai continuar aumentando em um ritmo de 2% ao ano. Boa parte desse crescimento projetado vai se concentrar em economias emergentes como a China e a Índia, e estima-se que o gasto energético nessas regiões mais que dobre em 2025[42]. Um grande mobilizador desse crescimento vai ser o rápido aumento no uso do automóvel nesses dois países. Em 2001, o mundo tinha meio bilhão de carros; em 2030 provavelmente terá mais de um bilhão[43].

No que diz respeito aos Estados Unidos, o Instituto de Estudos Estratégicos do Exército dos Estados Unidos prevê que a importação de petróleo do Oriente Médio vai aumentar em 268%, de 2,3 milhões de barris por dia em 2002 para 5,8 milhões em 2025. O total de importações de petróleo para o mesmo período deve aumentar de 11,3 milhões para 21,1 milhões de barris

---

[42] Thomas D. Kraemer, *Addicted to Oil*, cit., p. 8.

[43] Jonathan Bell (org.), *Carchitecture: When the Car and the City Collide* (Basileia, Birkhäuser, 2001).

por dia, em um contexto de crescimento geral do consumo nos Estados Unidos de 67% (de 19,7 milhões para 32,9 milhões de barris por dia)[44]. Desse crescimento projetado, dois terços vão ocorrer no setor de transportes.

Para compreender todo o custo dessa dependência crescente, precisamos olhar para além da alta dos preços na bomba de gasolina. Em vez disso, precisamos desemaranhar toda a gama de custos diretos e indiretos associados à exploração do petróleo, ao uso desenfreado de energia e às guerras e operações militares ligadas a ela. Talvez seja surpreendente que os economistas de centro-direita estejam entre os mais incisivos aqui. Em um estudo pioneiro recente para a Fundação do Conselho de Defesa Nacional, por exemplo, Milton Copulos tenta avaliar esses custos econômicos diretamente[45]. Ele inclui os custos de manter 18 mil militares estado-unidenses feridos, a US$ 1,5 milhão cada; as perdas econômicas provocadas pelo aumento nos preços de petróleo, em razão da guerra; e os enormes custos diretos das guerras do Iraque e do Afeganistão, que, segundo ele, totalizam US$ 137 bilhões por ano. Copulos conclui que, se todos esses custos recaíssem sobre os consumidores no momento em que abastecessem seus veículos, o petróleo do Oriente Médio custaria US$ 11 por galão, e encher o tanque de um SUV ou Jeep médio custaria pelo menos US$ 230. "O combustível não é caro demais. É barato demais", afirma[46].

Claro, os consumidores estado-unidenses não escapam dos custos indiretos. Eles apenas os enfrentam indiretamente – através de impostos mais altos, aumento da dívida nacional, em grande parte coberta pelas nações asiáticas, e as vulnerabilidades financeiras extremas que se tornaram mais que óbvias com o recente colapso financeiro dos Estados Unidos. No entanto, "alheios aos verdadeiros custos do hábito petrolífero, os motoristas estado-unidenses não veem nenhuma razão óbvia para conter sua glutonia energética"[47] – pelo menos até os custos de fato começarem a se refletir na bomba de combustível.

Um estudo ainda mais abrangente sobre todas as implicações econômicas do fiasco do Iraque foi realizado pelo economista ganhador do prêmio Nobel Joseph Stiglitz[48]. A estimativa conservadora a que ele chegou dos custos totais

---

[44] Thomas D. Kraemer, *Addicted to Oil*, cit.

[45] Citado em Paul Salopek, "A Tank of Gas, a World of Trouble", cit.

[46] Idem.

[47] Idem.

[48] Aida Edemariam, "The True Cost of War", *The Guardian*, Londres, 28 fev. 2008.

406 • Cidades sitiadas

da guerra no Iraque para os Estados Unidos até o começo de 2008 é de apenas US$ 3 trilhões. Ele acredita que o resto do mundo também terá de cobrir um valor semelhante. O detalhamento dos custos para os Estados Unidos inclui US$ 16 bilhões por mês em despesas de manutenção, US$ 1 trilhão em juros do dinheiro emprestado para a guerra (até 2017), US$ 25 bilhões por ano pelos picos nos preços de petróleo causados, de fato, pela guerra, e US$ 19,3 bilhões pagos à Halliburton, uma empresa militar privada. Os custos mensais por lar estado-unidense somam US$ 138[49].

Em meados de 2008, enquanto os preços do petróleo disparavam a níveis inéditos e analistas falavam seriamente que o barril poderia chegar a US$ 200 – uma decuplicação em uma única década –, alguns dos efeitos políticos adversos começavam a se tornar aparentes[50]. Michael Klare, um importante comentarista da área, chegou a prever que, quando combinada a outros fatores – a crise de crédito, o aumento na importação de petróleo, o distanciamento em relação ao dólar como moeda global padrão, uma dependência de capital estrangeiro cada vez maior, déficits catastróficos na balança de pagamentos (exacerbados por esses mesmos aumentos de preço do petróleo) – a subida exponencial no custo do petróleo poderia até levar ao fim do status dos Estados Unidos como superpotência. Para Klare:

> O fato é que a riqueza e o poder dos Estados Unidos por muito tempo dependeram da abundância de petróleo barato. Como resultado desse vício em um petróleo cada vez mais caro, nos tornamos um país diferente, mais fraco e menos próspero. Quer saibamos quer não, o Muro de Berlim da energia já caiu, e os Estados Unidos são uma ex-superpotência em processo.[51]

Cidadão SUV

O individualismo radical e o libertarianismo agressivo e militarizado que dominaram a cultura do SUV têm implicações urbanas ainda mais amplas, no entanto. É preocupante que essas normas culturais estejam sendo usadas como modelo para a redefinição legal de conceitos que vão muito além da paisagem rodoviária. Don Mitchell demonstrou que o que chamou de "modelo SUV de cidadania" tem sido um protótipo para um

---

[49] Idem.

[50] Michael Klare, "America out of Gas", *Tom Dispatch*, 8 maio 2008.

[51] Idem.

novo tipo de cidadania urbana, como aconteceu em decisões judiciais estado-unidenses recentes sobre encontros sociais em ruas e calçadas. Essas decisões têm enfatizado a natureza "puramente atômica" do indivíduo na cidade e sugerido que existe uma necessidade legal de isolar esse indivíduo das contaminações mais amplas da vida urbana – mendicância e agitação política, por exemplo – por meio da ideia de "bolhas" pessoais ou "zonas--tampão" flutuantes nas ruas da cidade[52].

Essa tendência significa que tanto a Suprema Corte quanto as instâncias inferiores dos Estados Unidos hoje decidem que os indivíduos têm o direito de ser "deixados em paz" nas ruas, um direito que antes só se aplicava à propriedade privada. Tal modelo de cidadania, "que se baseia no indivíduo jurídico totalmente privatizado e que o protege, entra em conflito com a cidadania cosmopolita e associativa teorizada e promovida por muitos cientistas políticos", defende Mitchell[53]. Essa transformação é crucial porque, tradicionalmente, "os espaços da cidade são aqueles lugares onde o público se reúne em sua diversidade e onde, presume-se, a interação das diferenças ajuda a criar a possibilidade de transformação democrática"[54].

Santificar legalmente o corpo de uma pessoa em uma rua de forma análoga à cápsula ou bolha fortificada de um SUV é, então, uma proposta profundamente antidemocrática e antiurbana. Mitchell afirma:

> Relações sociais puramente atomizadas marcam o eclipse do cívico. O espaço cívico se torna uma ilusão, pouco mais do que uma representação de uma vida pública que não existe mais. Relações puramente atomizadas, reforçadas por leis "de bolha", representam a apoteose do indivíduo.[55]

Carros blindados para o campo de batalha urbano

> É assustador dirigir ao lado de um H2 [Hummer] amarelo vivo em uma rodovia à noite e ver o reflexo do DVD player exibindo *Procurando Nemo* no rosto das crianças devidamente protegidas pelo cinto de segurança no

---

[52] Don Mitchell, "The SUV Model of Citizenship: Floating Bubbles, Buffer Zones, and the Rise of the 'Purely Atomic' Individual", *Political Geography*, v. 24, n. 1, 2005, p. 77-100.

[53] Ibidem, p. 80.

[54] Ibidem, p. 84.

[55] Ibidem, p. 80.

banco de trás de uma versão compacta de um veículo militar dos Estados Unidos que você acabou de ver na tela da sua própria televisão transportando soldados estado-unidenses para dentro de Tikrit e para fora de Fallujah.[56]

Para entender por que os SUVs se tornaram o veículo mais popular nos Estados Unidos, é necessário explorar como seu significado foi fabricado e consumido no contexto de uma cultura urbana estado-unidense cada vez mais militarizada. Os SUVs foram desenvolvidos e promovidos comercialmente depois da primeira Guerra do Golfo como "veículos de ataque urbanos de luxo" – "cápsulas" blindadas ou "exoesqueletos" projetados para separar habitantes temerosos da cidade incerta e perigosa que existe do lado de fora[57]. "Para as classes médias suburbanas e exurbanas, o SUV é interpretado culturalmente como forte e invencível, porém civilizado", comenta Andrew Garnar[58].

Os SUVs adquiriram esse significado em um contexto no qual os suburbanoides estado-unidenses se afastavam bastante do centro das cidades do país e se tornavam parte de uma cultura que com frequência demoniza os espaços (racializados) deixados para trás. Setha Low capta como o medo dos "outros" pobres ou racializados, para além da associação entre comunidade fechada e SUV fortificado, muitas vezes permeia o trajeto dos suburbanoides para o centro da cidade. Uma participante da pesquisa de Low, "Felicia", diz que, quando sai de sua comunidade fechada e vai para o centro, se sente "ameaçada, só de estar do lado de fora, em áreas urbanas normais". Além do mais, ela admite que sua filha agora

> se sente muito ameaçada quando vê gente pobre. Estávamos andando de carro ao lado de um caminhão com alguns operários... e paramos ao lado deles em um semáforo. [Minha filha] queria que eu acelerasse porque estava com medo de que aquelas pessoas fossem vir pegá-la. Ela as achou assustadoras.[59]

As ansiedades cada vez mais amplas em torno da vida urbana no contexto da Guerra ao Terror se somam ao pânico moral em relação ao crime,

---

[56] Ellen Gorman, "The 'Stop and Stare' Aesthetics of the Hummer: Aesthetic Illusion as an Independent Function", em Elaine Cardenas e Ellen Gorman (orgs.), *The Hummer*, cit., p. 87.

[57] Lieven De Cauter, *The Capsular Civilization*, cit.

[58] Andrew Garnar, "Portable Civilizations and Urban Assault Vehicles", cit., p. 7.

[59] Setha Low, "The New Emotions of Home: Fear, Insecurity and Paranoia", em Michael Sorkin (org.), *Indefensible Space: The Architecture of the National Insecurity State* (Nova York, Routledge, 2007), p. 233-57.

Guerras de carro • 409

à agitação social e à necessidade de fortificação do indivíduo e da família dele contra toda forma de incursão e risco. Entra o SUV, cuidadosamente projetado e promovido para explorar e perpetuar medos do "outro", do gueto, enquanto, ao mesmo tempo, oferece conforto e simbolismo patriótico para o suburbanoides "da nação" que se veem vivenciando um novo tipo de guerra, em que ameaças vagas e que não podem ser conhecidas de antemão são capazes de surgir em toda parte e de qualquer lugar, ameaçando atacar a qualquer instante. Somado a isso, os SUVs se moldaram de maneira poderosa em conformidade com o imaginário estado-unidense do individualismo rústico, do homem da fronteira e do domínio da natureza por meio da tecnologia.

Esses três discursos paralelos – antiurbanismo racializado, insegurança provocada pela Guerra ao Terror e a mitologia da fronteira[60] – geraram uma poderosa mistura cultural. Como escreve Garnar,

> No caso da alienação da classe média em relação ao centro da cidade, o SUV é um veículo de ataque urbano. O motorista é transformado em um soldado, combatendo em um mundo cada vez mais perigoso… Conforme a classe média passa a ver o país como um lugar cada vez mais perigoso, o SUV se torna uma civilização portátil, uma forma de estabilizar o significado do signo do eu suburbano.[61]

É revelador que boa parte da retórica dos usuários, vendedores e comentadores centrados nos SUVs faça uso de analogias militares segundo as quais a própria vida suburbana se resume a uma "guerra" inspirada no darwinismo social que requer o tipo certo de veículo militarizado para garantir alguma chance de sobrevivência. "Não só é uma selva lá fora, é também uma guerra: no campo promocional do SUV os dois se fundem e se tornam uma única coisa", nas palavras de Gunster[62]. Assim, a relação do motorista do SUV com a cidade emerge como "um encontro com um 'outro' hostil e inescrutável"[63]. A cidade lá fora é representada como um espaço brutal e hobbesiano de ameaça e medo, enquanto o casulo do lado de dentro é um refúgio seguro, civilizado e portátil. "Como nômades blindados, [motoristas de SUVs] enfrentam [...] a alienação urbana, a decrepitude da infraestrutura

---

[60] Shane Gunster, "'You Belong Outside'", cit., p. 4-32.

[61] Andrew Garnar, "Portable Civilizations and Urban Assault Vehicles", cit., p. 7.

[62] Shane Gunster, "'You Belong Outside'", cit., p. 20.

[63] Ibidem, p. 25-6.

410 • Cidades sitiadas

e a erosão da comunidade como a encarnação de uma nova fronteira 'não civilizada' em que alguém (aparentemente) tem pouca escolha além de criar zonas móveis de conforto e segurança", escreve Gunster[64].

Longe de ser isolado, no entanto, o casulo do SUV está equipado com as últimas tecnologias de visão, controle, comunicação e navegação derivadas das Forças Armadas, reduzindo ainda mais a necessidade de um contato visual, quanto mais corporal, com a cidade lá fora. (Contato visual, em todo caso, é um processo cada vez mais assimétrico, conforme vidros com película se tornam a regra). Um anúncio para o Infiniti QX4, por exemplo, retrata o veículo imponente emergindo são e salvo de um enorme labirinto de concreto. A legenda declara: "Uma rede de 24 satélites de posicionamento global altamente calibrados para guiar você. 5 milhões de quilômetros de estradas pelos Estados Unidos para explorar. A direção rumo ao futuro"[65].

Assim, o SUV é "colocado contra a cidade nos anúncios"[66]. As paisagens urbanas ameaçadoras representadas nos anúncios sugerem que riscos, perigos e o mal são "um fenômeno tipicamente urbano (ainda que talvez não sejam exclusivos dele), uma ideia que certo segmento dos subúrbios residenciais [dos Estados Unidos] parece aceitar por completo"[67]. Aliás, os anúncios de SUVs ecoam discussões disseminadas sobre os Humvees – veículos militares estado-unidenses – terem ou não a blindagem adequada para proteger seus passageiros contra minas e granadas disparadas por foguetes nas ruas de Bagdá[68]. Os anúncios apresentam seus veículos como armas militares lutando para dominar o espaço nas vias. Enquanto isso, os espaços e os ocupantes das cidades dos Estados Unidos se tornam meros obstáculos a serem colocados de lado ou dominados. "Preciso de um carro com o qual, não importa o que aconteça nesta cidade – terremoto, agitação civil, incêndio, enchente –, eu possa passar através dela, sob ela ou sobre ela", relatou um gerente de entretenimento e proprietário de um Hummer H2 de Los Angeles em 2003[69].

---

[64] Ibidem, p. 12.

[65] Ibidem, p. 25-6.

[66] Andrew Garnar, "Portable Civilizations and Urban Assault Vehicles", cit., p. 7.

[67] Steve Macek, *Urban Nightmares*, cit., p. 276.

[68] Andrew Garnar, "Portable Civilizations and Urban Assault Vehicles", cit., p. 7.

[69] Paul Wilborn, "SUV Backlash? Not for Owners of Oversized Hummers", *CBS News*, 3 fev. 2003.

Assim, desastres naturais se fundem com o caos social urbano iminente. A mistura de cenários resultante "constrói um quadro intenso em que um indivíduo tem pouca escolha a não ser se preparar contra os perigos de um mundo hostil"[70]. O comprador do SUV automaticamente adquire um "charme apocalíptico": resenhas jornalísticas de SUVs costumam expressar fantasias do final do milênio ou em estilo *Mad Max*, perguntando, por exemplo, qual SUV está mais bem equipado "para o apocalipse". Em um artigo intitulado "If the End Is Nigh, What to Drive?" [Se o fim está próximo, o que dirigir?], Jared Holstein, da *Car and Van Magazine*, escreve que

> quando o apocalipse chegar [...] o melhor veículo para ter estacionado na sua garagem pós-apocalíptica é um tanque M1A2 Abrams. Se no entanto você não morar perto o suficiente de um arsenal da Guarda Nacional para arrombar uma trava e sair dirigindo um deles, considere estes outros dez veículos [SUVs].[71]

A febre do Hummer: o uniforme automobilístico

Uma tentativa de entender os Estados Unidos de hoje pode muito bem começar atrás do volante de um Hummer.[72]

Nenhum SUV simbolizou com tanta força a dinâmica de "nacionalismo fortificado"[73] e hiperindividualismo antiurbano quanto o GM Hummer e seus derivados um pouco mais leves, o H2 e o H3 (Figura 9.3). O Hummer original é uma derivação dos Humvees, veículos genuinamente militares que foram tão icônicos durante as muitas incursões e invasões estado-unidenses no Oriente Médio desde o começo dos anos 1990. O Hummer se tornou um veículo cultuado depois que o fisiculturista e astro do cinema – e, mais tarde, governador da Califórnia – Arnold Schwarzenegger convenceu os fabricantes a criar um modelo civil de US$ 100 mil em 1992 após a primeira Guerra do Golfo. À época, aliás, o veículo "tinha publicidade não paga 24 horas por dia", cortesia dos grandes canais de notícias

---

[70] Shane Gunster, "'You Belong Outside'", cit., p. 20.

[71] Jared Holstein, "If the End Is Nigh, What Are You Going to Drive?", *Car and Driver*, Ann Arbor, jun. 2007.

[72] Daniel Miller, "Forward: Getting behind the Wheel", cit.

[73] Idem.

ultrapatrióticos[74]. Para o jornalista de uma revista, o Hummer se mantinha como "o SUV por excelência, mesmo sem as metralhadoras"[75].

9.3 Um Hummer H2 nas ruas de Tóquio.

Com um peso superior a 4,5 mil quilos, um custo mínimo de US$ 50 mil e um rendimento médio de 3,4 a 4,2 quilômetros por litro, o Hummer H1 é gigantesco e esbanjador até para os padrões de um SUV. Em 2002, a General Motors vendeu nos Estados Unidos 18.861 Hummers H2, uma versão um pouco menor, o que fez dele o *best-seller* dos "SUV grandes". Em abril de 2003, no começo da segunda Guerra do Golfo, as vendas tinham aumentado para mais de 3 mil por mês[76]. No entanto, elas despencaram

---

[74] Andrew Garnar, "Portable Civilizations and Urban Assault Vehicles", cit.
[75] Steve Finlay, "Military Vehicles Are Now Cool", *Wards Dealer Business*, 1º ago. 2002. Disponível em: <wardsdealer.com>. Acesso em: 2 jul. 2016.
[76] Danny Hakim, "In their Hummers, Right beside Uncle Sam", *The New York Times*, 5 abr. 2003.

drasticamente com a disparada nos preços do petróleo em 2007-2008, a ponto de a GM tentar até vender a marca, que passou de hiperlucrativa para hiperdeficitária quase do dia para a noite.

Mesmo assim, a potência cultural do Hummer como ícone persevera. Desde o início, o Hummer H2 foi associado muito intimamente à cultura urbana do medo pós-11 de Setembro e a uma política mais ampla de alcance global da Guerra ao Terror do governo Bush. A GM comprou a marca em 1999 e contratou Schwarzenegger para revelar o novo H2 no centro de Manhattan no aniversário de três meses dos atentados de 11 de Setembro[77]. Anúncios mostravam o veículo em ambientes áridos, numa atmosfera à Tempestade no Deserto, com legendas como "Quando o asteroide bater e a civilização ruir, você vai estar pronto"[78]. A mensagem era clara: "Para um mundo cheio de perigos, o H2 protege você com uma armadura. Dirigir um Hummer é uma declaração pessoal unilateral em sintonia com uma política externa unilateral", escreveu um crítico do *New York Times*[79].

A retórica do proprietário de um Hummer em geral mistura fervor hiperpatriótico e individualismo libertário com um desejo agressivo de isolamento contra os riscos e as ameaças da cidade contemporânea. Em abril de 2003, no auge da invasão dos Estados Unidos no Iraque, Sam Bernstein, dono de um Hummer, declarou ao *New York Times*:

> Quando ligo a TV, vejo Humvees de uma ponta a outra e fico orgulhoso. Eles [as tropas] não estão lá em Audis A4. Tenho orgulho do meu país e tenho orgulho de dirigir um produto que está fazendo uma contribuição significativa. Se eu pudesse, compraria um A1 Abrams [tanque], mas não sei se a Califórnia permitiria isso.[80]

Na perspectiva de Rick Schmidt, fundador do IHOG [Grupo Internacional de Proprietários de Hummers]: "Aqueles que atacam um Hummer,

---

[77] Em 2003 Schwarzenegger tinha pelo menos sete Hummers. Uma vez eleito governador da Califórnia, ele deu início a uma política de apoiar o desenvolvimento de Hummers e SUVs "verdes", adaptados a combustíveis alternativos, como o hidrogênio. Essa política foi muito ridicularizada como um oximoro por ativistas ambientais. Ver Amanda Griscom, "The Beat of a Different Hummer: Schwarzenegger's 'Green Hummer' Plan Sparks Cultish Following", *Grist.org*, Seattle, 29 abr. 2004.

[78] Shane Gunster, "'You Belong Outside'", cit., p. 4-32.

[79] James Cobb, "2003 Hummer H2: An Army of One", *The New York Times*, 6 abr. 2003.

[80] Citado em Danny Hakim, "In their Hummers, Right beside Uncle Sam", cit.

com palavras ou atos, [...] prejudicam a bandeira dos Estados Unidos e o que ela representa"[81].

O fervor patriótico que cerca o Hummer é tanto representado quanto fabricado. Clotaire Rapaille, um famoso psicólogo do consumo e consultor para o *design* de automóveis que trabalhou para a GM e outras montadoras, indicou que veículos como o Hummer eram hipermilitarizados a fim de explorar o contexto cultural mais amplo. Ele relatou que a Guerra do Iraque "definitivamente ajudou" a vender Hummers: "Eu disse a eles em Detroit, 'coloquem quatro estrelas no ombro do Hummer, e vai vender mais'. O Hummer é um carro de uniforme. Estamos vivendo um momento de incerteza, e as pessoas gostam de marcas fortes com emoções básicas"[82]. Para Rapaille, o desenho do Hummer é uma materialização inequívoca do darwinismo social e transmite um sinal claro: "Não mexa comigo porque posso esmagar você, posso matar você num instante, então não se aproxime de mim, hein?"[83].

Rapaille fala sobre o desenho e a venda de veículos deliberadamente "reptilianos" – um termo que ele usa para se referir aos desejos primitivos do consumidor de sobrevivência e reprodução, que se tornam exagerados em tempos de guerra[84]. Em uma entrevista para a CBS em 2003, ele defendeu:

> Estamos em guerra. Você não vai à guerra em um Pinto [cupê da Ford] ou num pequeno Volkswagen. Você quer um tanque, você quer, sabe, e eu disse para o povo lá de Detroit, sabe, SUVs – você coloca uma metralhadora no alto, e vai vender melhor.[85]

Gunster resume o olhar de Rapaille sobre o SUV assim:

> [os SUVs são] os veículos mais reptilianos de todos porque sua aparência imponente, até ameaçadora, toca os desejos de sobrevivência e reprodução mais profundos das pessoas [...] [Ele] acredita que "estamos voltando para os tempos medievais", e você pode ver isso no fato de vivermos em guetos com portões e exércitos privados. SUVs são exatamente isso, são carros blindados para o campo de batalha.[86]

---

[81] Idem.

[82] Idem.

[83] Rebecca Leung, "The Thrill of the SUV: Owners Believe Bigger Is Always Better", *CBS News*, 13 jul. 2003.

[84] Shane Gunster, "'You Belong Outside'", cit., p. 15.

[85] Rebecca Leung, "The Thrill of the SUV", cit.

[86] Citado em Shane Gunster, "'You Belong Outside'", cit., p. 15.

Essas evocações de um medievalismo novo e profundamente inseguro dentro dos limites militarizados da cidade doméstica estado-unidense se encaixam nas ideias mais gerais de comentadores de política externa de direita como Robert Kaplan. Ele fala em uma "anarquia vindoura" em escala planetária, que vai reduzir nosso mundo a um conjunto de "cidades selvagens"[87] sem lei em que apenas os mais fortes – e os que se militarizarem de forma mais agressiva – vão sobreviver ou prosperar[88]. Aqui, mais uma vez, a retórica profundamente antiurbana se mistura a fantasias geopolíticas tendo como conexão o SUV. Como George Monbiot brincou no *Guardian*, talvez os patriotas do Hummer, enquanto se movem pelas cidades dos Estados Unidos com seus veículos enormes, "também deveriam demonstrar seu amor pelo país exterminando os transeuntes com uma metralhadora"[89].

O Pentágono "tunado"

Dado o pano de fundo geral, não é de surpreender que, além de usar táticas de recrutamento já conhecidas, como demonstrações aéreas e feiras de carro, as Forças Armadas dos Estados Unidos explorem o Hummer. Com o auxílio de um verdadeiro exército de consultores de relações públicas especializados – e concentrando-se em rapazes latinos e afro-americanos pobres, de longe os recrutas mais prováveis, uma vez que o alistamento entre outros segmentos da sociedade está em declínio –, o icônico Hummer é apresentado como a máxima materialização do novo urbanismo militar. Hummers H2 modificados foram mobilizados como símbolos de uma moda urbana semimilitar para percorrer corridas e feiras de carros, jogos de futebol e festivais de música latina nos Estados Unidos como parte das iniciativas de recrutamento itinerantes. Nas palavras de Nick Turse, esses "carros tunados" são pensados para atrair "soldados descartáveis das minorias"[90].

O Exército, por exemplo, desenvolveu uma frota de H2s modificados que carrega o slogan da corporação em espanhol, "Yo soy el Army" [Eu sou o Exército] (Figura 9.4). Criados para entrar na onda da cultura de

---

[87] Richard J. Norton, "Feral Cities", *Naval War College Review*, v. 65, n. 4, 2003.

[88] Robert Kaplan, "The Coming Anarchy", *Atlantic Monthly*, fev. 1994.

[89] George Monbiot, "Driving into the Abyss", cit.

[90] Nick Turse, *The Complex: How the Military Invades Our Everyday Lives* (Nova York, Metropolitan Books, 2008), p. 143.

modificação de automóveis latina, baseando-se na revista *Lowrider* e em videogames, esses H2s são "[veículos] cromados, com pintura customizada, interior de couro e sistemas de entretenimento exagerados". Essa última parte inclui TVs com telas de 15 polegadas[91].

9.4 O Hummer H2 customizado "Yo soy el Army" [Eu sou o Exército], projetado para aumentar o recrutamento entre as comunidades hispânicas dos Estados Unidos.

Enquanto isso, o Exército modificou outros Hummers para atrair jovens afro-americanos como parte da campanha de recrutamento "Takin'It to the Streets" ["Tomando as Ruas", em tradução livre]. Explorando todos os clichês, esses Hummers têm até uma cesta de basquete regulável acoplada na traseira. Esses veículos são uma tentativa explícita de se apropriar de mensagens e códigos da violência das áreas centrais da cidade e do consumo do hip-hop com o propósito de vender imperativos de uma nação em guerra[92].

---

[91] Idem.

[92] Julie Sze, "The Hummer: Race, Military and Consumption Politics", em Elaine Cardenas e Ellen Gorman (orgs.), *The Hummer*, cit., p. 229.

Não querendo ser superada, a Força Aérea dos Estados Unidos tem 32 "veículos aprimorados de marketing" com base no SUVs Yukon GMC, transformado no SUV chamado Raptor[93], cujo nome vem do caça F-22 de US$ 400 milhões da Força Aérea. Esses veículos têm

> pintura customizada em azul, branco e cinza, repleta de logos da Força Aérea, grades iluminadas, frisos customizados, interior de couro, conjuntos de entretenimento com TVs de tela de plasma de 42 polegadas, DVD player, um sistema de som de espectro total e até um PlayStation 2 da Sony para completar o pacote.[94]

Como os Hummers modificados, o SUV Raptor percorre eventos esportivos e de entretenimento – nesse caso, acompanhado de simuladores de voo de alta tecnologia em enormes caminhonetes "tunadas".

Mad Max 3: Bagdá no Hudson

> Nossos acessórios de moda [...] estão massacrando pessoas no Iraque.[95]

Assim, modificados e comercializados para se adequar às circunstâncias, os Hummers atravessam uma vasta gama de realidades urbanas, do subúrbio residencial à zona de guerra. Quando um desses exemplos glamorosos e espalhafatosos de automóvel "cheio de acessórios" ajuda a recrutar alguns jovens para a causa da guerra, os recrutas logo se veem, como escreve Nick Turse, em "veículos menos deslumbrantes e cheios de acessórios – a menos, claro, que você considere as placas de metal sucateadas que os soldados foram forçados a soldar em seus Humvees não blindados no Iraque"[96].

Para além do nexo Hummer-Humvee, os fabricantes de carros nos Estados Unidos se tornaram quase jocosos em direcionar esforços para a criação – e potencialização – de culturas de modificação e capsularização[97]. Protótipos e veículos-conceito que emergiram após o início da Guerra ao

---

[93] O site da Força Aérea dos Estados Unidos revela que "'Raptor' significa 'Reaching America's Public To Optimize Recruiting'" [Atingir o Público dos Estados Unidos para Otimizar o Recrutamento]. Fonte: <events.airforce.com>.

[94] Nick Turse, *The Complex*, cit., p. 144.

[95] George Monbiot, "Driving into the Abyss", cit.

[96] Nick Turse, *The Complex*, cit., p. 146.

[97] George Monbiot, "Driving into the Abyss", cit.

418 • Cidades sitiadas

Terror se tornaram ainda mais militarizados e blindados, ao mesmo tempo que foram equipados com interiores tecnológicos ainda mais sofisticados e autossuficientes. Uma olhada em seu *design* e suas campanhas de marketing revela, mais uma vez, "como o estrangeiro é reproduzido no doméstico como referência às zonas de fronteira da vida urbana contemporânea"[98].

No Salão do Automóvel de Las Vegas de 2005, por exemplo, a Ford borrou de maneira radical os limites entre fabricação de automóveis e ficção científica urbana e militarizada ao revelar seu SUV SynUS Concept (Figura 9.5). O veículo misturava um visual anos 1950 com mensagens pessimistas e apocalípticas sobre a vida urbana contemporânea e futura[99], traçando paralelos impressionantes com a aparição de SUVs armados em estilo *Mad Max* entre os mercenários da Blackwater nas ruas de cidades iraquianas. O *New York Times* chamou o SynUS de "a retórica mais ousada e honesta" da feira[100]. O *press release* da Ford o descrevia como um "santuário tecnológico" blindado com "um visual intimidador". Mais do que isso, o texto evocava uma geografia imaginária das cidades estado-unidenses, com bairros de luxo ou em rápida gentrificação e predominantemente brancos em áreas centrais, cercados por guetos de minorias fervilhando de ressentimento. "Conforme a população volta para as grandes cidades, você vai precisar de um centro de comando urbano e móvel", declarou a Ford[101].

O texto prosseguia descrevendo as aberturas nas laterais do SynUS, semelhantes a torres de tiro, como "impossíveis de abrir e resistentes a bala". Ao estacionar o SynUS, os motoristas poderiam "acionar" as persianas protetoras sobre o parabrisa e as janelas laterais, ligar as câmeras de vídeo externas e transformar o interior uterino do veículo "em um mini-home theater com assentos com diferentes possibilidades de configuração e uma estação de trabalho multimídia" usando a TV de tela plana de 45 polegadas com acesso à internet, localizada onde o vidro traseiro normalmente ficaria.

"No fim das contas, esse carro é a extensão lógica do marketing do SUV", sugeriu o blogueiro Aaron Naparstek. Em seu cerne, o veículo refletia um ciclo de medo, hiperdesigualdade e militarização exacerbada. "Quanto mais veículos intimidantes e agressivos houver nas vias, mais você vai precisar de

---

[98] David Campbell, "The Biopolitics of Security", cit., p. 943.

[99] Aaron Naparstek, "The Ford Blade Runner", 22 jan. 2005.

[100] Phil Patton, "Sports Cars with Promises to Keep", *New York Times*, 16 jan. 2005.

[101] Citado em Aaron Naparstek, "The Ford Blade Runner", cit.

9.5 O Ford SynUS, um SUV conceito.

um também, se não quiser ser esmagado. É uma corrida armamentista, e o SynUS Ford é a arma mais recente de que você precisa para se defender", escreveu Naparstek. Porém, ele se perguntava se esse centro de comando urbano móvel tinha sido "projetado para urbanoides com medo do terrorismo ou para os próprios terroristas"[102].

Previsivelmente, boa parte da reação ao SynUS evocou sua semelhança com os influentes veículos usados para o nomadismo pós-apocalíptico nos filmes da trilogia *Mad Max*, dos anos 1980. Vemos aí outra conexão entre imagens de automobilidade militarizada doméstica e no exterior. Às vezes a conexão é feita de modo indireto, por meio dos usos muito reais de diversos SUVs modificados e armados nas ruas de cidades iraquianas por corporações militares privadas como a Blackwater[103]. O blog de James Hom, por exemplo, considerou que o SynUS, da Ford, era

---

[102] Idem.

[103] Peter W. Singer, *Corporate Warriors: The Rise of the Privatized Military Industry* (Ithaca [NY], Cornell University Press, 2003).

420 • Cidades sitiadas

meio parecido com os caminhões à *Mad Max* que os mercenários [na época] usavam no Iraque, mas em estilo um pouco mais próximo ao original do fabricante. Aposto que em alguns anos até mesmo miniarmas e armaduras de cerâmica vão aparecer [na maior feira de carros dos Estados Unidos] em Las Vegas![104]

Boa parte da polêmica em torno do papel dos exércitos privados de Bush no Iraque dizia respeito a casos em que essas forças particulares percorriam cidades iraquianas em SUVs armados e blindados, matando civis locais – seja como decorrência de seus esforços de defender a si mesmos e aos comboios que escoltavam, seja por puro entretenimento. O último caso foi demonstrado em vídeos postados no YouTube que mostravam mercenários rindo e fazendo piadas enquanto atiravam em civis a partir de seus SUVs armados[105]. Em setembro de 2007, a Blackwater foi obrigada a deixar o Iraque depois de um incidente em que matou oito civis iraquianos durante a escolta de um comboio diplomático em Bagdá[106].

Algumas reações a imagens que circularam dos SUVs modificados usados por essas patrulhas são interessantes. Em junho de 2006, por exemplo, Todd Lappin postou algumas em seu blog[107]. Ele escreveu:

> Tem um soldado no Iraque postando umas imagens malucas de SUVs e picapes estado-unidenses que foram modificados por empresas privadas de segurança para serem usados como veículos de guerra. São loucos, uma coisa meio "*Mad Max* no estacionamento do Wal-Mart".[108]

As respostas de muitos leitores à postagem de Lappin foram uma mistura de discussões técnicas com soldados estado-unidenses em serviço sobre como eles haviam modificado seus próprios Humvees mal blindados no Iraque, de um lado, e fantasias de transplantar esses veículos para suas pelejas urbanas cotidianas nos Estados Unidos, do outro. Um leitor comentou, entusiasmado: "Esse poderia ser o melhor meio de transporte para a [torcida organizada

---

[104] Blog de James Hom, 28 nov. 2006.

[105] National Public Radio, "Iraq Cancels Blackwater's Operating License", 17 ago. 2007. Disponível em: <www.npr.org>. Acesso em: 2 jul. 2016.

[106] Idem.

[107] Citado em Mark Frauenfelder, "Amazing Mad Max Vehicles in Iraq", *BoingBoing.net*, 1º jun. 2006. Disponível em: <http://boingboing.net/2006/06/01/amazing-mad-max-vehi.html>. Acesso em: 21 jul. 2016.

[108] Idem.

de futebol americano] Raider Nation chegar ao Oakland Coliseum!". Outro perguntava: "Como é que nunca vimos propaganda de um desses?". Outros ainda brincaram que esses veículos "podiam aliviar os congestionamentos nas cidades dos Estados Unidos" ou "matar de medo alguns estado-unidenses a caminho do trabalho", ou que os veículos "definitivamente não [eram] o SUV clássico das donas de casa"[109].

Pedágio urbano para o robô de guerra

> As vias expressas não são apenas imaginadas como vias em que carros são guiados e movimentados; elas também se transformaram em uma máquina de reconhecimento e monitoramento em uma rede de controle mais ampla.[110]

Um paradoxo marca a cultura do automóvel em regiões fronteiriças urbanas no território nacional e no exterior. De um lado, há a celebração dos motoristas de SUVs militarizados como figuras hiperindividualizadas, completamente afastadas de envolvimento ou obrigações para com a cidade, a sociedade ou o planeta como um todo. Por outro lado, algo bem diferente está surgindo: o esforço de fundir montes de carros em unidades coletivamente organizadas e controladas dentro de uma nova cultura de automobilidade orquestrada e até mesmo robotizada.

"O futuro imaginado do automóvel tem uma longa história. E essa história é dominada por uma característica: automóveis serão projetados para conduzir a si mesmos", escreve Jeremy Packer[111]. Ao mesmo tempo, a automobilidade livre e liberada está sendo vista como um problema em uma sociedade visada por terroristas – em especial aqueles armados com o indefectível carro-bomba[112]. Cada vez mais, como parte da mudança em direção a fronteiras onipresentes, discutida no capítulo 4, o direito de se deslocar de carro está se tornando temporário – aceito apenas sob novos regimes de proteção e "segurança" com base em rastreamento digital, perfis, antecipação e controle a distância, tornados tão familiares em viagens de

---

[109] Idem.

[110] Jeremy Packer, "Becoming Bombs: Mobilizing Mobility in the War of Terror", *Cultural Studies*, v. 20, n. 4-5, 2006, p. 385.

[111] Ibidem, p. 386.

[112] Mike Davis, *Budas Wagon: A Brief History of the Car Bomb* (Londres, Verso, 2007).

422 • Cidades sitiadas

avião. "Com essas mudanças, em vez de ser tratado como alguém a ser protegido de uma força exterior e como um indivíduo em si, o cidadão agora é sempre tratado como uma ameaça em potencial" dentro das zonas de fronteira urbanas do território nacional, alerta Packer[113].

Essa mudança depende do uso de tecnologias de comando e controle em estilo militar[114]. Uma intensificação do que podemos chamar de uma "sociedade controlada tecnomilitarista"[115], ela é amplamente vista como um meio de melhorar a segurança das estradas, reduzir congestionamentos e aumentar a proteção de um território nacional altamente automobilizado – e obter tudo isso sem precisar construir um novo sistema viário. No entanto, também é um meio de construir um cenário altamente lucrativo de mercados civis/militares em um contexto de rápida convergência das indústrias de defesa, de segurança, de mídia, automotiva, de entretenimento e eletrônica[116].

A tentativa de integrar carros por meio de novos sensores e novos sistemas de comunicação e navegação é tão militarizada quanto a cultura do SUV, mesmo que de modo diferente. Isso porque o mundo do transporte "inteligente" se integra cada vez mais a projetos militares como a enorme iniciativa do Exército denominada Future Combat Systems [Sistemas de Combate do Futuro]. Como vimos no capítulo 5, essa iniciativa faz uso de GPS, radar e novas tecnologias de computação para robotizar completamente um terço de todos os veículos militares terrestres dos Estados Unidos até 2015[117]. O projeto Combat Zones That See, da Darpa, uma iniciativa para

---

[113] Jeremy Packer, "Becoming Bombs", cit., p. 380.

[114] Idem.

[115] Peter Weibel, "Jordan Crandall: Art and the Cinematographic Imaginary in the Age of Panoptic Data Processing", em Jordan Crandall (org.), *Drive* (Graz, Neue Gallerie am Landesmuseum Joanneum, 2000), p. 8.

[116] Aqui deparamos com a última de uma longa série de tentativas de redefinição das culturas do carro e das estradas visando aos supostos imperativos de segurança nacional. Os exemplos mais famosos incluem o planejamento deliberado da rede de *autobahn* da Alemanha como um meio de mobilização militar nacional e a imitação dessa estratégia na enorme construção interestadual, nos Estados Unidos, de 65 mil quilômetros de "estradas de defesa", em 1956. Esse último projeto foi largamente formatado pela preocupação de que estradas possibilitem a rápida evacuação de centros urbanos, caso ocorra uma guerra nuclear.

[117] Jeremy Packer, "Becoming Bombs", cit., p. 385; ver também IHS Aero and Defense, *Future Combat Systems (FCS)*, informativo, mar. 2007. Disponível em: <aerodefense. ihs.com>.

rastrear todos os veículos em uma cidade ocupada (ver também capítulo 5), é outro bumerangue foucaultiano. "Alguém vai se surpreender se, depois de ser testado no exterior, [Combat Zones That See] for implementado nos Estados Unidos?", pergunta Packer[118].

Vigilância e monitoramento antecipatórios voltados para o uso do carro em cidades nacionais vão ser muito mais fáceis de implementar quando essas cidades já estiverem construindo os grandes sistemas de monitoramento necessários para iniciativas de cobrança de pedágios urbanos e de cobrança para circular em áreas congestionadas. Em Londres, por exemplo, a cobrança de circulação em áreas congestionadas foi muito bem-sucedida em reduzir o tráfego de carros, promover o ciclismo e melhorar a qualidade do ar e a qualidade da vida urbana no centro da cidade. Com base no princípio de que o poluidor deve pagar, também está sendo usada como um mecanismo para penalizar motoristas de SUV. Ao mesmo tempo, no entanto, uma mudança gradual de objetivo está acontecendo: a infraestrutura de monitoramento que possibilita a cobrança de pedágio urbano em Londres agora está sendo consumida pelo apetite aparentemente insaciável do Reino Unido por novos meios de monitoramento digital estatal. De fato, é impressionante a frequência com que "zonas de cobrança de pedágio urbano" – que, por definição, tendem a ficar em centros estratégicos de cidades – se transformam em "zonas de segurança". Os paradigmas que movem esse processo bebem na fonte de doutrinas militares clássicas de "operações centradas na rede" e "comando e controle". Assim, algoritmos de computador continuamente realizam uma "fusão de dados" entre todas as formas de bancos de dados civis numa tentativa de localizar e rastrear "alvos" dentro da massa de "caos" eletrônico da cidade.

Em março de 2008, por exemplo, foi anunciado que os rastros digitais de veículos em movimento e placas de veículos com sensores digitais, que permitem que a cobrança para circulação em áreas congestionadas de Londres funcione, no futuro seria acessado por oficiais do MI5 [Serviço de Inteligência Militar do Reino Unido, seção 5] e da polícia antiterrorismo. O MI5 e a polícia do Reino Unido também estão conectando uma infinidade de sistemas de câmeras de circuito interno – originalmente estabelecidos para administrar o trânsito de maneira geral – à sua sede em Hendon para criar um sistema nacional de rastreamento de veículos com base no

---

[118] Idem.

424 • Cidades sitiadas

reconhecimento da placa. Fazendo jus à sua reputação de maior "sociedade de monitoramento", o Reino Unido é a primeira nação a permitir isso[119].

De acordo com Frank Whiteley, líder da iniciativa, "o que o centro de dados deveria ser capaz de dizer é onde um veículo estava no passado e onde está agora, estivesse ele ou não em um local específico, e as rotas percorridas de e para as cenas do crime"[120]. Esse projeto dá uma ênfase especial a destacar "veículos associados": aqueles que se associam uns com os outros nas estradas. Com a possibilidade de cobrar pedágio em quaisquer vias urbanas no Reino Unido e na União Europeia sendo de fato considerada, o rastreamento dos padrões de mobilidade de sociedades inteiras parece propenso a se intensificar de maneira radical.

Esforços semelhantes para estabelecer o rastreamento de segurança com base em projetos de transporte "inteligente" estão em andamento nos Estados Unidos. Em 2002, como vimos no capítulo 4, o bem-estabelecido sistema E-ZPass, que facilita o acesso a faixas expressas em estradas dos Estados Unidos e do Canadá, foi expandido como um meio de checagem biométrica das pessoas que atravessam a fronteira[121]. Também em 2002, o ITS America, um grupo de corporações que projeta e constrói equipamentos "de transporte inteligente", criou sua própria força-tarefa de segurança nacional para supervisionar a informatização do transporte a fim de auxiliar o aumento da securitização da vida urbana nos Estados Unidos[122]. Em 2007 a cidade de Nova York anunciou um plano de US$ 100 milhões para transformar a área de Lower Manhattan em um "anel de aço" – uma versão muito mais avançada daquele que foi construído no centro financeiro de Londres em reação aos bombardeios do Exército Republicano Irlandês (IRA) na área nos anos 1990. Ao mesmo tempo, o município propõe a criação de um esquema de cobrança de pedágio urbano para todos os veículos que adentrarem Manhattan abaixo da rua 86.

---

[119] Ver Steve Conner, "Britain Will Be First Country to Monitor Every Car Journey", *The Independent*, cit., 22 dez. 2005.

[120] Idem.

[121] Maureen Sirhal, "Homeland Security Chief Touts Benefits of 'E-Z-Pass' System", *National Journal's Technology Daily*, Washington (DC), 13 fev. 2002.

[122] Henry Peyrebrune e Allison L. C. de Cerreño, "Security Applications of Intelligent Transportation Systems: Reflections on September 11 and Implications for New York State", relatório para Assembleia Legislativa do Estado de Nova York, Universidade de Nova York (NYU), Wagner Rudin Center for Transportation Policy and Management, 16 jul. 2002.

A chamada Lower Manhattan Security Initiative [Iniciativa de Segurança de Lower Manhattan] tem como objetivo "oferecer a blindagem mais sofisticada entre todas as regiões urbanas importantes do mundo"[123]. Ela envolveria uma série de bloqueios viários e mais de cem câmeras de circuito interno com reconhecimento automatizado de placas, criadas para rastrear todos os movimentos dos veículos dentro e ao redor da área, e fazer comparações em tempo real com bancos de dados de registros criminais em Washington, DC[124].

Como em Londres, as câmeras de Nova York fariam a conferência do número da placa dos veículos e emitiriam alertas sobre aqueles que fossem suspeitos[125]. Mais de 3 mil câmeras de segurança de calçadas, públicas e particulares, equipadas com *softwares* que fazem varreduras em busca de padrões de atividade "suspeitos", também integrariam o esquema. O professor de direito Jeffrey Rosen enfatiza que, tanto em Londres quanto em Nova York, "de fato existe uma forma de mudança gradual de objetivo, e as câmeras que são aceitas para um propósito são usadas para outro"[126].

Experimentos incrementais como esses em Londres, Nova York e na fronteira entre Estados Unidos e Canadá prefiguram um movimento muito mais substancial e sistemático na direção da automobilidade inteligente baseada em tecnologias de navegação robótica militarizadas. Por exemplo, em uma tentativa de estimular ainda mais o desenvolvimento de veículos terrestres robóticos para serem usados tanto pelas forças militares estado-unidenses quanto nas ruas das cidades dos Estados Unidos, a Darpa (Agência de Projetos de Pesquisa Avançada de Defesa) – braço de pesquisa e desenvolvimento de alta tecnologia do Pentágono – deu início a uma série de competições de veículos robotizados de alta visibilidade. A agência enfatizou que o objetivo da competição de 2007, chamada "Urban Challenge" [Desafio Urbano], era desenvolver "tecnologia que vai manter os combatentes de guerra fora do campo de batalha e longe do perigo"[127].

---

[123] Noah Shachtman, "NYC Is Getting a New High-Tech Defense Perimeter. Let's Hope It Works", *Wired*, São Francisco, v. 16, n. 5, 2008.

[124] Ver Cara Buckley, "New York Plans Surveillance Veil for Downtown", *The New York Times*, 9 jul. 2007.

[125] Idem.

[126] Steven Josselson, "New York's 'Ring of Steel'"; *Gotham Gazette*, Nova York, 4 set. 2007.

[127] Darpa, "What Is Grand Challenge?". Disponível em: <www.darpa.mil>. Acesso em: 2 jul. 2016.

426 • Cidades sitiadas

Foi "a primeira vez na história que veículos verdadeiramente autônomos se encontraram e (principalmente) se evitaram na estrada"[128]. O evento exigia que as equipes participantes construíssem veículos capazes de andar de maneira autônoma no trânsito, dependendo completamente de sistemas de sensores, câmeras, radares, computadores e GPS de bordo. Esses veículos tinham de fazer curvas, ultrapassagens, lidar com o estreitamento de vias e negociar em cruzamentos em um percurso "urbano" fechado de 95 quilômetros dentro e ao redor de uma antiga base militar em Victorville, Califórnia. Para aumentar o desafio, trinta veículos tripulados também percorriam a rota. A Darpa declarou que o Urban Challenge foi de fato inovador, uma vez que foi "a primeira vez que veículos autônomos interagiram o tráfego de veículos tripulados e não tripulados em um ambiente urbano"[129]. Trinta e cinco equipes de 22 estados estado-unidenses participaram da competição, envolvendo consórcios ligados a toda universidade, companhia de defesa e empresa de informática grande ou de alta tecnologia dos Estados Unidos. Corporações e equipes de pesquisa europeias e israelenses também se envolveram intensamente. No primeiro sábado de novembro, onze finalistas fizeram o percurso[130]. Depois de uma competição acirrada, com seis finalistas, a equipe Tartan (uma aliança da General Motors e da Universidade Carnegie Mellon, de Pittsburgh) foi declarada vencedora – ganhando o primeiro prêmio, de US$ 2 milhões, em parte porque seu veículo não só tinha terminado o percurso, mas também respeitado as leis de trânsito da Califórnia.

Ainda que seja improvável que carros não tripulados se tornem disponíveis para os consumidores, na melhor das hipóteses, até 2030, os "robocarros" da Urban Challenge já estão sendo exibidos em salões de automóveis, divulgados como uma forma de "fortalecer a segurança nas vias e eliminar a falha do motorista como causa mais comum de acidentes"[131]. Os vínculos já fortes entre veículos de combate robotizados militarizados

---

[128] Don Jewell, "Victory in Victorville", *GPS World*, Cleveland, 15 nov. 2007. Disponível em: <gpsworld.com/gpsmg>. Acesso em: 2 jul. 2016.

[129] Idem.

[130] Idem.

[131] American National Standards Institute, "Unmanned Vehicle Drives Progress in Transportation Safety", *press release*, 8 jan. 2008. Disponível em: <www.ansi.org>. Acesso em: 2 jul. 2016.

e uma sociedade cada vez mais militarizada em que carros se tornam cada vez mais automatizados e monitorados provavelmente vão se intensificar. Uma equipe de cientistas militares italianos que trabalha com esses cruzamentos afirmou em 2006 que "o Urban Challenge vai proporcionar uma ideia de quanto tempo falta até estarmos sentados nos nossos próprios carros automatizados"[132].

Também está se tornando claro que o Urban Challenge é uma forma de o Pentágono obter a tecnologia mais recente de veículos robotizados e aplicá-la em seu próprio e enorme programa Future Combat Systems para a robotização parcial de veículos do Exército dos Estados Unidos em ambientes de operações urbanas. Como o próprio administrador do Future Combat comentou, "usamos muitos dos tipos de tecnologia de navegação autônoma que os veículos da Darpa utilizam"[133].

Onda de choque do petróleo

As Forças Armadas e a segurança energética são gêmeos inseparáveis.[134]

Outro aspecto da cultura do SUV, e da cultura mais ampla da automobilidade, que precisa ser examinado em ligação com o novo militarismo urbano está relacionado à combinação de rápido aumento da demanda de petróleo e rápida diminuição do suprimento de petróleo. Obviamente, isso cria grandes desafios para a doutrina militar ocidental. Diante da crescente dependência do volátil suprimento vindo do Oriente Médio, da África e da América Latina, como as forças militares dos Estados Unidos e do Ocidente podem garantir a segurança energética – dada a força militar e econômica cada vez maior dos principais competidores, como a China e a Índia, que estão lutando para atender sua própria demanda gigantesca de petróleo? Em suma, como a estratégia militar e política deve reagir ao que tem sido amplamente chamado de "pico do petróleo", e à escassez e ao aumento dramático nos preços do petróleo que ele inevitavelmente vai causar (Figura 9.6)?

---

[132] Massimo Bertozzi, Alberto Broggi e Alessandra Fascoli, "VisLab and the Evolution of Vision-Based UGVs", *IEEE Computer Magazine*, v. 39, n. 12, 2006, p. 38.

[133] Ver Joseph Ogando, "Military MULE", *DesignNews.com*, 11 dez. 2007.

[134] Michael Klare, "The Pentagon as Energy Insecurity Inc.", *Tom Dispatch*, 12 jun. 2008.

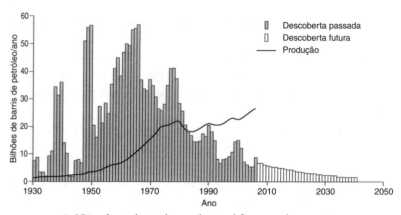

9.6 Pico de produção de petróleo e a diferença cada vez maior entre descoberta e produção.

O imperativo estratégico é destacado por exercícios de simulação que sugerem que até problemas relativamente modestos no fornecimento global de petróleo podem ter implicações amplas e em cascata. Uma simulação de visibilidade especialmente alta, chamada Oil Shockwave [Onda de Choque de Petróleo], foi empreendida em meados de 2005 por um grupo de altos oficiais de segurança nacional dos Estados Unidos para a Comissão Nacional de Política de Energia. Seu diretor, Robert M. Gates, destacou que a principal conclusão da simulação foi que "só é preciso retirar do sistema uma pequena quantidade de petróleo para que haja enormes implicações econômicas e de segurança"[135]. Um déficit de 4% do fornecimento diário, por exemplo – gerado, nesse cenário hipotético, por uma inquietação violenta no delta do Níger, combinada a ataques terroristas simultâneos a portos e infraestruturas de petróleo no Alasca e na Arábia Saudita –, foi suficiente para resultar em um aumento imediato de 177% no preço do petróleo.

Desde os dias de Jimmy Carter, a política externa e militar dos Estados Unidos é organizada em torno do imperativo de usar, em suas famosas palavras, "qualquer meio necessário, incluindo força militar", para salvaguardar o suprimento e o fluxo de petróleo do Golfo Pérsico[136]. A invasão

---

[135] National Commission on Energy Policy, *Oil Shockwave*, cit.
[136] O então presidente dos Estados Unidos Jimmy Carter, 1980, citado em Michael Schwartz, "Why Did We Invade Iraq Anyway? Putting a Country in Your Tank", *Common Dreams*, Portland (ME), 31 out. 2007.

do Iraque foi um resultado direto da imposição de uma nova estratégia de guerra preventiva, desenvolvida por um grupo de neoconservadores e projetada, em parte, para garantir o controle dos Estados Unidos sobre as reservas estratégicas de petróleo tanto no Oriente Médio quanto na bacia do Cáspio, que têm diminuído rapidamente. Como afirmou certa vez o ex-vice-secretário de Defesa Paul Wolfowitz – um coautor fundamental, com Donald Rumsfeld e Dick Cheney, do relatório seminal do Project for a New American Century [Projeto para um Novo Século Estado-Unidense], "Rebuilding America's Defenses" [Reconstruindo as Defesas dos Estados Unidos], de 2000 –, o Iraque "flutua no mar de petróleo"[137]. Mesmo que a exploração do petróleo do Iraque desde a invasão de 2003 tenha causado muita violência e muito caos, o cartel das principais companhias de petróleo conseguiu, no começo de 2008, recuperar enormes concessões de petróleo que havia perdido em 1972, quando o Iraque nacionalizou suas reservas[138].

A decisão de remover Saddam Hussein – tomada, no mais tardar, em janeiro de 2001, muito antes dos atentados de 11 de Setembro[139] – resultou de uma nova e agressiva tentativa de reformular a geopolítica do Oriente Médio usando o poder de fogo militar incontestável dos Estados Unidos, com a perspectiva de obter controle hegemônico sobre as principais reservas de petróleo remanescentes do mundo. Em 2007, o ex-presidente do Federal Reserve [o Banco Central estado-unidense] Alan Greenspan se tornou um dos poucos altos políticos associados à gestão Bush a dizer o que todos sabiam: "A Guerra do Iraque tinha a ver principalmente com petróleo"[140].

A invasão do Iraque é, portanto, um elemento-chave de um novo Grande Jogo em que as principais potências – principalmente os Estados Unidos, a Rússia, a China e, em menor grau, a Índia – lutam para controlar as reservas da bacia do Cáspio, em grande parte inexploradas. Estima-se que essas enormes reservas contenham de 100 bilhões a 243 bilhões de barris de petróleo bruto e valham até US$ 4 trilhões[141]. Em outras palavras,

---

[137] Idem.

[138] Tom Engelhardt, "No Blood for... er... um... The Oil Majors Take a Little Sip of the Ol' Patrimony", *Tom Dispatch*, 22 jun. 2008.

[139] Michael Schwartz, "Why Did We Invade Iraq Anyway?", cit.

[140] Idem.

[141] Lutz Kleveman, "The New Great Game", *The Guardian*, Londres, 20 out. 2003.

430 • Cidades sitiadas

uma das últimas fronteiras de exploração do petróleo do mundo está dentro e ao redor do mar Cáspio[142]. Cada potência está tentando instalar suas próprias bases militares, seus oleodutos e suas empresas petroleiras na região – e, no processo, está forjando rivalidades e alianças por procuração com muitos regimes duvidosos. A Figura 9.7 apresenta um mapa especialmente revelador da centralidade das reservas de petróleo e gás da bacia do Cáspio na estratégia militar e geopolítica recente dos Estados Unidos no Oriente Médio[143].

Uma corrida indecorosa semelhante está acontecendo nas regiões ricas em petróleo da África, na medida em que as principais potências vêm tentando diversificar seu fornecimento para além dos países da Opep[144]. Michael Klare comenta que o Africom, o novo comando militar dos Estados Unidos para a África, está sendo estabelecido com o objetivo específico de lidar com o "problema do petróleo" na Nigéria e na África Ocidental[145].

Klare afirma que a reorganização agressiva das Forças Armadas dos Estados Unidos (e de outros países também) a fim de alcançar e proteger reivindicações concorrentes sobre as reservas mundiais de petróleo remanescentes poderia ter efeitos catastróficos, desencadeando o que ele chama de "energofascismo" – uma mudança do neoliberalismo militar das últimas duas décadas para um fascismo completo organizado em torno do controle de combustíveis fósseis[146]. Ele sugere que as Forças Armadas dos Estados Unidos já estão sendo transformadas em um

---

[142] John M. Amidon, *America's Strategic Imperative*, cit., p. 72.

[143] Michel Chossudovsky aponta que, "em março de 1999, o Congresso dos Estados Unidos adotou o Silk Road Strategy Act [Lei Estratégica da Rota da Seda], que definiu os interesses estratégicos e econômicos mais amplos da nação em uma região que se estende do Mediterrâneo Oriental até a Ásia Central. A Silk Road Strategy (SRS) delineia uma estrutura para o desenvolvimento do império comercial dos Estados Unidos ao longo de um extenso corredor geográfico. Ver Michel Chossudovsky, *America's "War on Terrorism"* (Pincourt [QC], Global Research, 2005).

[144] Michael Watts, "Empire of Oil: Capitalist Dispossession and the Scramble for Africa", *Monthly Review*, v. 58, n. 4, 2006.

[145] Michael Klare, "The Pentagon as Energy Insecurity Inc.", cit.

[146] Ver as obras de Michael Klare, *Blood and Oil* (Londres, Penguin, 2004); e *Rising Powers, Shrinking Planet: The New Geopolitics of Energy* (Nova York, Metropolitan Books, 2008).

Guerras de carro • 431

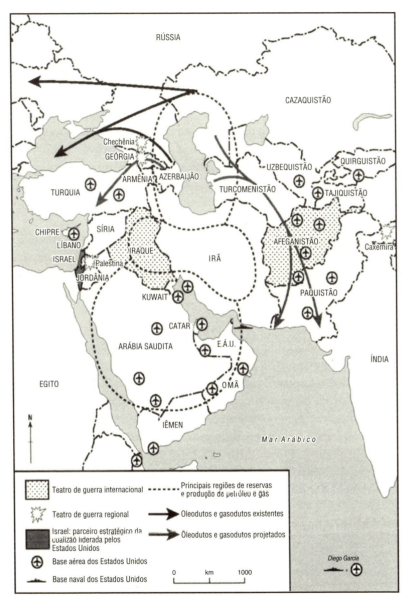

9.7 As guerras do Iraque e do Afeganistão na perspectiva mais ampla da estratégia militar dos Estados Unidos, concentrada nos recursos energéticos mais importantes do mundo no Oriente Médio e na bacia do Cáspio.

432 • Cidades sitiadas

serviço de proteção global ao petróleo cuja missão primordial é defender as fontes de petróleo e de gás natural dos Estados Unidos no exterior enquanto patrulha os principais oleodutos e rotas de suprimento mundiais.

Klare vê um futuro sombrio conforme as forças militares se tornam a primeira opção em um contexto de suprimentos instáveis e em declínio, demanda em disparada, preços voláteis, cortes causados pela insurgência e um redirecionamento maior para os suprimentos remanescentes no Sul global. Como resultado, ele prevê, o mundo vai continuar assistindo a intervenções militares estado-unidenses, caracterizadas pela "constante instalação e substituição de regimes clientelistas, repressão e corrupção sistêmicas, e o contínuo empobrecimento da grande maioria daqueles que têm a má sorte de viver nessas regiões ricas em recursos energéticos".

Há pouca dúvida de que as Forças Armadas dos Estados Unidos estão dedicando muita atenção aos imperativos militares e geopolíticos associados às crescentes crises de segurança energética. Ironicamente, elas são em parte movidas pela necessidade de garantir petróleo para alimentar seu próprio estupendo apetite: as Forças Armadas estado-unidenses em si consumiram 134 milhões de barris de petróleo em 2005, tanto quanto a população inteira da Suécia. "Todo dia, um soldado médio no Iraque usa aproximadamente 27 galões de combustíveis derivados de petróleo", comenta Klare[147].

Em 2000 o Center for Strategic and International Studies [Centro de Estudos Internacionais e Estratégicos] (CSIS) em Washington defendeu que "os Estados Unidos, como única superpotência do mundo, precisam aceitar suas responsabilidades especiais de preservar o acesso aos suprimentos de energia globais"[148]. Entre 2001 e 2009, por meio do Centcom [Comando Central dos Estados Unidos], o governo Bush explorou o discurso da Guerra ao Terror para promover planos muito controversos de construção de uma série de bases impressionante no Azerbaijão, no Quirguistão, na Geórgia, no Cazaquistão e no Uzbequistão (Figura 9.7). Ele ofereceu apoio às Forças Armadas da Nigéria para reprimir os rebeldes no delta do Níger e em seu entorno – rebeldes que estão lutando contra o empobrecimento e a devastação sistemáticos da região, gerados pela exploração de petróleo. E, em 2007, a gestão Bush ajudou a criar uma "força de proteção às instalações petrolíferas" na Arábia Saudita composta de 35 mil pessoas – o ato

---

[147] Michael Klare, "America out of Gas", cit.

[148] Idem, "The Pentagon as Energy Insecurity Inc.", cit.

mais recente dos Estados Unidos em seu esforço de cinquenta anos para proteger a família real saudita em troca de acesso garantido aos estimados 264 bilhões de barris de petróleo do reino. Essa última iniciativa foi uma reação à proliferação de tentativas de sabotagem dentro do reino por terroristas e insurgentes leais à Al Qaeda (ver capítulo 8).

O governo Bush também construiu a infraestrutura militar de catorze bases enormes dentro do Iraque de modo que possa haver uma presença mais ou menos permanente de algo entre 50 mil e 75 mil soldados estado-unidenses fortemente armados (com um número semelhante de terceirizados) para proteger as reservas de petróleo iraquianas mesmo depois de uma "retirada" mais ampla de tropas[149]. Como Ann Wright afirmou, "o Parlamento iraquiano sabe que uma relação de 'segurança duradoura' com os Estados Unidos é um eufemismo para relação de 'lucro duradouro' para as empresas petroleiras dos Estados Unidos" – que obtiveram os direitos e o controle como privilégio, desde a invasão de 2003, garantido por técnicas da "doutrina de choque" de reformulação legal e privatização dos campos e da infraestrutura de petróleo do Iraque. Nas palavras dos consultores de "inteligência geopolítica" da Stratfor, a invasão apresentou ao capital petrolífero dos Estados Unidos uma oportunidade "sublime" de "conseguir ativos baratos"[150].

Os custos dessa estratégia – em vidas humanas, infraestrutura, dólares, mão de obra, destruição ambiental, poluição e a profunda insegurança gerada em regiões ricas em petróleo – são astronômicos. Esses custos, alerta Klare, ameaçam "lançar uma sombra ainda mais escura de energofascismo sobre o nosso mundo"[151]. Até integrantes dos setores militar e de segurança dos Estados Unidos estão começando a questionar por que a conservação radical de energia e o replanejamento de cidades do país de maneiras mais sustentáveis não podem ser adotados como uma alternativa muito mais barata e muito menos sangrenta.

Mais estrategicamente, o Pentágono e outras forças militares ocidentais começaram a pensar seriamente nas implicações de médio e longo prazo das mudanças climáticas, que são em parte geradas, como as pessoas racionais

---

[149] Ann Wright, "An 'Enduring' Relationship for Security and Enduring an Occupation for Oil", 5 dez. 2007. Disponível em: <truthout.org>. Acesso em: 2 jul. 2016.

[150] Ver stratfor.com, citado em Iain Boal et al., *Afflicted Powers*, cit., p. 47.

[151] Michael Klare, "The Pentagon as Energy Insecurity Inc.", cit.

reconhecem, por emissões decorrentes do uso global desenfreado do automóvel e do SUV. É um processo paradoxal, uma vez que Bush passou a maior parte de seus dois mandatos negando a existência das mudanças climáticas[152]. Um relatório do Pentágono de 2003, por exemplo, era intitulado "An Abrupt Climate Change Scenario and Its Implications for United States National Security" [Um cenário de mudança abrupta das condições climáticas e suas implicações para a segurança nacional dos Estados Unidos][153]. Ele previa enormes enchentes, tempestades, migração forçada, escassez de alimentos, fome, crises hídricas e – como resultado da reduzida capacidade de acolhimento de muitas regiões – um crescimento dramático em violentos distúrbios sociais e políticos envolvendo recursos em declínio. Segundo seus autores: "De acordo com a Agência Internacional de Energia, a demanda global por petróleo vai aumentar em 66% nos próximos trinta anos, mas não está claro de onde o fornecimento vai vir"[154].

Peter Schwartz e Doug Randall, autores do relatório, preveem tempos muito difíceis para a segurança militarizada, uma vez que aqueles que têm comida, água, energia e outros recursos mobilizam as técnicas de alta tecnologia do novo urbanismo militar para tentar se separar das massas fora de suas fronteiras geográficas, urbanas ou tecnológicas. Schwartz e Randall preveem que, mais ou menos entre 2025 e 2030,

> é provável que os Estados Unidos e a Austrália construam fortificações de defesa ao redor de seus territórios porque têm os recursos e as reservas para alcançar a autossuficiência. [...] As fronteiras serão fortalecidas ao redor [dos Estados Unidos] para afastar imigrantes faminto indesejáveis das ilhas do Caribe (um problema especialmente severo), do México e da América do Sul.[155]

---

[152] Dave Webb, "Thinking the Worst: The Pentagon Report", em David Cromwell e Mark Levene (orgs.), *Surviving Climate Change: The Struggle to Avert Global Catastrophe*, (Londres, Pluto, 2007).

[153] Peter Schwartz e Doug Randall, "An Abrupt Climate Change Scenario and Its Implications for United States National Security", relatório para o Pentágono, out. 2003. Disponível em: <www.gbn.com>. Acesso em: 2 jul. 2016.

[154] Idem.

[155] Ibidem, p. 18.

Alimentando o carro

O que os biocombustíveis fazem é inegável: eles tiram comida da boca de pessoas famintas e a desviam para que ela seja queimada em forma de combustível no motor dos carros dos consumidores ricos do mundo.[156]

Em 2008, já estava bastante claro que a radical discrepância global entre o crescimento extraordinário do número de carros e o aumento rápido e contínuo da população humana, de um lado, e o declínio e o encarecimento progressivos dos suprimentos de petróleo, de outro, era uma grande fonte de insegurança. Em particular, conforme a escassez de combustíveis fósseis levou a um enorme investimento em biocombustíveis supostamente renováveis e sustentáveis, gerados pela agricultura, começou-se a perceber um efeito direto e considerável disso sobre a fome global. Como parte de suas medidas "verdes", muitos governos se comprometeram com a introdução desses combustíveis – e deram subsídios pesados a eles – como um determinado percentual do suprimento geral. Na superfície, esses compromissos pareceram ser uma forma não só de reduzir as instabilidades políticas causadas pela extração de combustíveis fósseis, mas também de aliviar as emissões do efeito estufa. Sem dúvida uma situação sem reveses.

Mas as realidades do biocombustível ao redor do mundo impressionam por serem sombriamente absurdas. Com efeito, ele representa a apropriação de áreas e mão de obra agrícola escassas – em um planeta com um nível populacional em rápida expansão[157] – pelo automóvel, seus motoristas e seus complexos político-econômicos associados. O biocombustível redireciona as abundantes colheitas globais – a de grãos quebrou todos os recordes em 2007, ao atingir 2,1 bilhões de toneladas – para abastecer a população de 800 milhões de carros (e em expansão) em vez de alimentar a população humana em expansão – ou, como de costume, os mais pobres[158].

Como destaca Simon Jenkins, do *Guardian*, "um tanque [de SUV] de biodiesel requer tantos grãos quanto são necessários para alimentar um

---

[156] Mark Lynas, "Food Crisis: How the Rich Starved the World", *redOrbit*, 22 abr. 2008. Disponível em: <redorbit.com>. Acesso em: 15 jul. 2016.

[157] Como Mark Lynas aponta em "Food Crisis", cit., no período de 2007-2008, a população do mundo crescia a uma taxa de 78 milhões por ano.

[158] George Monbiot, "Credit Crunch? The Real Crisis is Global Hunger. And if You Care, Eat Less", *The Guardian*, Londres, 15 abr. 2008.

436 • Cidades sitiadas

africano por um ano". Em abril de 2008, um terço da produção de grãos nos Estados Unidos, um dos maiores celeiros do mundo, estava sendo subsidiado para a conversão em biocombustível. O Banco Mundial estimou que, por exemplo, a produção de milho aumentou em nível global em mais de 50 milhões de toneladas entre 2004 e 2007. No entanto, nesse mesmo período, o uso de biocombustíveis produzidos a partir do milho só nos Estados Unidos aumentou em 50 milhões de toneladas, o que significa que um único país utilizou praticamente todo o crescimento mundial da safra. Além do mais, em 2009, previa-se que o uso do milho para o etanol nos Estados Unidos aumentaria para 114 milhões de toneladas – quase um terço da safra estimada dos Estados Unidos para aquele ano[159].

Somados ao impacto negativo da mudança climática na agricultura e aos efeitos em cascata do aumento dos preços do barril de petróleo em todos os mercados de safras comerciais que fazem uso intenso dessa matéria-prima, esses crescimentos tiveram um papel fundamental nas grandes altas de preço de alimentos da cesta básica em 2007-2008. Crises de alimentos, fome em massa e protestos em mais de quarenta países foram o resultado direto[160]. De um só golpe, mais de 100 milhões de pessoas foram jogadas para baixo da linha da pobreza[161]. Até um relatório do Banco Mundial, órgão tipicamente austero e economicista, estimou que o avanço do biocombustível era responsável por impressionantes 75% do índice total de 140% de aumento global dos preços de alimentos entre 2002 e o começo de 2008[162]. Jacques Diouf, diretor-geral da Organização das Nações Unidas para a Alimentação e a Agricultura (FAO), relatou em uma reunião emergencial em junho de

---

[159] Mark Lynas, "Food Crisis", cit.

[160] Em 2008, grandes protestos por causa de alimentos ocorreram no Egito, no Haiti (pelo menos quatro pessoas foram mortas na cidade sulista de Les Cayes), na Costa do Marfim, em Camarões (pelo menos quarenta mortes), em Moçambique (pelo menos quatro mortos), no Senegal, na Mauritânia, na Bolívia, na Indonésia, no México, na Índia, em Burkina Faso e no Uzbequistão. Ver Mark Lynas, "Food Crisis", cit. É importante enfatizar que uma das consequências da urbanização é que as pessoas são removidas do envolvimento direto com o cultivo de seus próprios alimentos e, assim, passam a depender dos mercados. Estes têm se tornado cada vez mais globalizados e organizados por grandes corporações e pelo agronegócio. Ver George Monbiot, "Credit Crunch?", cit.

[161] Aditya Chakrabortty, "Secret Report: Biofuel Caused Food Crisis", *The Guardian*, Londres, 4 jul. 2008.

[162] Idem.

2008 que as políticas de biocombustível ocidentais, em especial as estado-unidenses, eram as principais culpadas pela crise:

> Ninguém entende como entre 11 e 12 bilhões de dólares por ano de subsídios [para o biocombustível dos Estados Unidos] e políticas tarifárias protecionistas [dos Estados Unidos] tiveram o efeito de desviar 100 milhões de toneladas de cereais do consumo humano, em grande parte para satisfazer uma sede de combustível para automóveis.[163]

Pior ainda, programas de expansão do biocombustível subsidiados pelo Estado em países como Índia e Indonésia estavam provocando um desmatamento em larga escala (o que desencadeou grandes emissões de gases do efeito estufa), uma expansão no poder do grande agronegócio e a remoção forçosa de comunidades autóctones e pobres de suas terras (que os governos muitas vezes classificam como "terras desperdiçadas"). Almuth Ernsting escreve:

> Dezenas de milhões de hectares no mundo todo foram convertidos para o cultivo de [matéria-prima para] biocombustível. Centenas de milhões de hectares estão na mira de corporações e lobistas do biocombustível. A expropriação em curso tem impactos devastadores na soberania alimentar e na segurança alimentar.[164]

Em resposta, despejos em massa e grandes protestos se tornaram comuns. A comunidade Orang Rimba, nativa da Indonésia, por exemplo, fez manifestações contra o desmatamento da floresta tropical de Sumatra – que sustentou o modo de vida seminômade desse povo por séculos – para a monocultura de óleo de palma destinado ao mercado de combustíveis. Como resultado, muitos Orang Rimba "[agora] são forçados a mendigar ou obter alimentos em plantações, nas quais estão vulneráveis à violência, e sofrem de fome e desnutrição"[165].

Mas o principal absurdo é: alguns dos países que promovem programas de biocombustível para obter moeda forte eram os mesmos que enfrentavam protestos por causa de alimentos e fome em massa. George Monbiot observou, em novembro de 2007, que

---

[163] Julian Borger, "US Attacked at Food Summit over Biofuels", *The Guardian*, Londres, 4 jun. 2008.

[164] Almuth Ernsting, "Biofuels or Biofools?", *Chain Reaction: The National Magazine of Friends of the Earth Australia*, abr. 2008, p. 10-1.

[165] Idem.

438 • Cidades sitiadas

Loucura maior do que essa é impossível. A Suazilândia está tomada pela inanição e recebendo auxílio alimentar emergencial. Quarenta por cento de sua população enfrenta uma severa escassez de alimentos. O que o governo decide exportar? Biocombustível feito de uma de suas colheitas básicas, a mandioca.[166]

É difícil não chegar à conclusão de que, para além da "maquiagem ecológica", a transição deliberada para os biocombustíveis representa – nas palavras de Jean Ziegler, relator especial da ONU pelo direito ao alimento – nada menos do que um "crime contra a humanidade"[167]. A rede global camponesa Via Campesina tira uma conclusão óbvia, mas forte: "Para evitar uma enorme crise alimentar, governos e instituições públicas precisam adotar políticas específicas com o objetivo de proteger a produção da fonte de energia mais importante do mundo: a comida!"[168].

Liberdade do combustível fóssil

À sua própria maneira, os eventos de 11 de Setembro refletem e simbolizam as conexões profundas entre, de um lado, a vida urbana cotidiana nos Estados Unidos e, do outro, a violência gerada pelo conflito geopolítico e pela agressão imperialista, que giram em torno do acesso e do controle do petróleo. Tim Watson escreveu que, desde 11 de Setembro, ele é assombrado por imagens de centenas de veículos abandonados em estações ferroviárias em Nova York, Connecticut e Nova Jersey por trabalhadores a caminho das Torres Gêmeas – veículos que nunca foram retomados. No espaço de um dia,

esses símbolos de mobilidade [se tornaram] imagens de imobilidade e morte. Mas esses carros e SUVs desamparados e caros também representam um ponto nodal entre a economia doméstica dos Estados Unidos e um mercado global de petróleo em que a produção da Arábia Saudita, do Kuwait e do Iraque ainda é muito importante.[169]

Quase quatro anos mais tarde, apenas, quando outra catástrofe ainda mais devastadora assolou uma grande cidade dos Estados Unidos – desta

---

[166] George Monbiot, "An Agricultural Crime against Humanity", *Conservation Magazine*, v. 9, n. 1, 2008. Disponível em: <www.conbio.org>. Acesso em: 2 jul. 2016.

[167] Citado em Mark Lynas, "Food Crisis", cit.

[168] Almuth Ernsting, "Biofuels or Biofools?", cit., p. 10-1.

[169] Tim Watson, "Introduction: Critical Infrastructures after 9/11", *Postcolonial Studies*, v. 6, n. 1, 2003, p. 110.

vez, Nova Orleans –, uma segunda imagem indelével momentaneamente vinculou a aparente banalidade do uso do automóvel urbano aos circuitos globais e fluxos impregnados de poder simbólico. Em 2005, sobreviventes do furacão Katrina, isolados, sem eletricidade e praticamente abandonados pelo governo dos Estados Unidos no calor escaldante das ruas inundadas da cidade, refrescavam-se nos carros com o ar-condicionado ligado e o motor funcionando – até, claro, o combustível no tanque acabar. No meio de uma tempestade provavelmente intensificada pelo aquecimento global, os carros serviram então de ilhas temporárias de frescor enquanto emitiam mais calor e mais gases do efeito estufa.

Assim como os SUVs abandonados nas estações ferroviárias usadas pelos trabalhadores da Nova Inglaterra e de Nova Jersey depois do 11 de Setembro, crises metropolitanas nos Estados Unidos, bem como no resto do mundo urbanizado, se conectam de imediato, por meio das paisagens automotoras em alastramento, à geopolítica global do petróleo. Isso acontece enquanto os consumidores chegam ao topo dos suprimentos de petróleo do mundo, e a intensificação do aquecimento global segue em paralelo com a corrida transnacional altamente militarizada pela exploração e controle do restante das reservas – quase a qualquer custo, aparentemente.

Assim, nos vemos diante de grandes questões práticas, éticas, políticas e filosóficas quando ponderamos como nossa civilização urbana moderna, movida pelo petróleo, pode lidar com colapsos potencialmente rápidos e catastróficos no fornecimento de petróleo no curto ou no médio prazo. Essas questões vão muito além da obsessão da mídia com o modo como as grandes altas no preço do barril levaram ao rápido declínio nas vendas de SUVs, um processo que ameaça a própria existência de veículos icônicos como o Hummer[170]. Na realidade, o problema prioritário é a automobilidade em massa e em expansão, e não apenas a ascensão e a possível queda da cultura do SUV. Uma mudança estilística para veículos menos militarizados e menos monstruosos, no fim das contas, oferece apenas reduções marginais no consumo de petróleo e nas emissões de gases do efeito estufa. Ela não consegue criar as mudanças sistêmicas necessárias para lidar com o aquecimento global, a disparada do petróleo e as depredações e inseguranças geradas pelas guerra do petróleo e pela campanha do biocombustível.

---

[170] Ver Andrew Clark, "End of the Road for Hummer after Sales of 'World's Most Antienvironmental Car' Dive", *The Guardian*, Londres, 4 jun. 2008.

440 • Cidades sitiadas

Mudanças sistêmicas geram questões urgentes. Por exemplo, como um rápido declínio nos suprimentos de petróleo poderia ser administrado de modo que se possa evitar um catastrófico colapso econômico e devastadoras crises de alimentos, e se possa introduzir estilos de vida urbana mais sustentáveis sem a geração de altos níveis de violência política e social? Como as cidades em espraiamento e os sistemas de produção e estilos de vida globalizados – todos dependentes, em todas as etapas, do uso pessoal do automóvel e do combustível fóssil – podem ser radicalmente replanejados e repensados para a vida após os combustíveis fósseis?

Se os políticos contemporâneos estivessem voltados para as inseguranças mais importantes que afligem nosso mundo, em vez de obcecados em combater o terrorismo, eles promoveriam uma guerra global à dependência do combustível fóssil. De modo simultâneo e radical, essa guerra reduziria os níveis globais de fome, de insegurança ecológica, humana e alimentar, e de emissões de gases do efeito estufa. Parte útil dessa guerra seria concentrar-se no flagelo global quase invisível das mortes nas estradas, porque, em escala mundial, os carros matam e ferem muito mais do que ataques terroristas. E esses números estão aumentando. A ONU, por exemplo, prevê que em termos globais, entre 2000 e 2015, 20 milhões de pessoas vão morrer e 200 milhões serão seriamente feridas em acidentes de carro[171].

Questões filosóficas ainda mais fundamentais estão profundamente incrustadas nos enormes desafios de uma transição para uma cultura pós-combustíveis fósseis – por exemplo, a respeito do significado de "liberdade" na civilização urbana ocidental. Agora exportado em um formato modificado para diversas cidades do mundo, esse conceito parece se basear na liberdade de depender totalmente do uso farto de combustíveis fósseis supostamente quase ilimitados. Quem adere a esse conceito também depende dos sistemas globais de militarização e violência política necessários para extrair suprimentos cada vez mais escassos, ainda que os ignore quase por completo. Então, nesse contexto, sem dúvida precisamos revisitar o significado de "liberdade". Aliás, muitos ativistas ambientais hoje defendem essa posição enquanto lutam para "travar" as normas e os axiomas da cultura do combustível fóssil (Figura 9.8).

---

[171] Ver Juliette Jowit, "UN Says Road Deaths Kills as Many as Aids", *The Observer*, Londres, 23 mar. 2008.

9.8 Uma "interferência" ambientalista num anúncio publicitário de petróleo: trocadilho com o nome da empresa Shell e a palavra *hell* ("inferno", em inglês). O mote da campanha diz: "ADVERTÊNCIA: Vício em Petróleo causa mudança climática, financia extremismo violento, prejudica a saúde, diminui a riqueza!".

442 • Cidades sitiadas

Bebendo na fonte de conceitos hegelianos, o filósofo da educação Nigel Tubbs escreve que "minha identidade como pessoa [...] consiste no fato de minha cultura do combustível fóssil me desincumbir de todas as relações sociais e políticas [e] de uma totalidade que eu não mais vejo como ausente, mas como não sendo a minha". Ele acredita que, na atualidade, a ideia de liberdade está efetivamente se destruindo. Os protestos e as guerras que ela perpetua dão a entender que, "na cultura do combustível fóssil, a destruição é a liberdade". Estados políticos de emergência mobilizados em seu nome demonstram que a liberdade do combustível fóssil é, no fim das contas, mais bem compreendida como o que Tubbs chama de uma "espiritualidade totalmente sem deus". De maneira assustadora – e ecoando as previsões de Klare de energofascismo, discutidas aqui –, ele prevê que, nos grandes colapsos sociais que provavelmente vão envolver o esgotamento de petróleo, "o fascismo vai conduzir a crise"[172]. O desafio desencorajador, então, é encontrar maneiras de desenvolver com rapidez novas economias políticas, sistemas governamentais, geografias urbanas e estilos de mobilidade e consumo de modo que a dependência do petróleo possa ser desfeita antes que seja tarde demais, e sem a apropriação de alimentos ou das terras agrícolas do mundo. É para esses projetos inter-relacionados que os estados de emergência deveriam se direcionar, não para corridas militarizadas pelas cada vez mais reduzidas reservas de petróleo do mundo.

---

[172] Nigel Tubbs, "Fossil Fuel Culture", *Parallax*, v. 11, n. 4, 2005, p. 111.

10
CONTRAGEOGRAFIAS

O novo urbanismo antimilitar

Está na hora de desenhar novos mapas.[1]

Como, então, confrontar o novo urbanismo militar? Concentrando-se nos Estados Unidos, com incursões principalmente em Israel e no Reino Unido, este livro oferece um ponto de partida.

Primeiramente, *Cidades sitiadas* tentou expor e solapar a maneira pela qual representações maniqueístas do nosso mundo em urbanização demonizam as cidades como lugares intrinsecamente ameaçadores. O livro explorou em detalhes como as linhas de pensamento militares mais recentes colonizam espaços e locais cotidianos da vida urbana, impondo paradigmas que projetam a própria vida como uma guerra, dentro de um campo de batalha sem limite. Esse tipo de pensamento – xenófobo, profundamente antiurbano e tecnófilo – transforma a diferença no "outro", o "outro" em alvo, e o alvo em violência. Essa lógica permeia a cultura popular, dos automóveis a videogames, cinema, ficção científica e daí em diante até uma fusão de entretenimento, guerra e *design* de armas. Finalmente, esta obra examinou sonhos de fronteiras onipresentes e monitoramento onisciente dentro e para além dos Estados-nação; a desmodernização sistemática de cidades e sociedades consideradas adversárias; fantasias de guerreiros robotizados; e esforços para projetar a experiência e a técnica israelenses como exemplos dignos de ampla imitação.

A perspectiva crítica aqui empregada busca (re)povoar cidades atacadas, revelando-as como locais povoados e encarnados intimamente ligados às

---

[1] Disponível em: <noborder.org/nolager>. Acesso em: 11 jul. 2016.

"nossas" cidades e aos "nossos" lugares. Ao fazê-lo, revelamos as complexas maneiras como as técnicas, tecnologias e fantasias do novo urbanismo militar ganham força por meio de incontáveis "bumerangues foucaultianos". É por meio da exploração desses circuitos que o novo urbanismo militar coloniza as normas da vida cotidiana e os meios de projetar a guerra ou a força contra "outros" demonizados; e é por meio de complexos militares--securitários globais em ascensão que ele se torna uma base para a geração de riqueza. Assim, insistimos, nas palavras de Simon Dalby,

> que pessoas reais vivem nas zonas selvagens/lacunas, pessoas que poderiam ser mais bem atendidas pela ação política e pela insistência de que a paz vem por meios pacíficos, em vez da extensão da guerra como relação social fundamental do nosso tempo.[2]

Agora podemos dar um passo além. A seguir, vamos considerar como "contrageografias" podem ser mobilizadas para desafiar e interromper os circuitos e as lógicas do novo urbanismo militar – com sua separação normatizada de "nós" e "eles", seu fundamentalismo de mercado decadente, sua invocação de uma guerra securocrática permanente e de fronteiras onipresentes, seu imperativo de acumulação por meio da desapropriação, sua diluição das indústrias militar, de entretenimento e de segurança, e sua mobilização de estados de emergência e exceção – com o objetivo de atravessar as zonas cinzentas da legalidade e contornar a geografia.

Dado que o novo urbanismo militar se baseia em ideias maniqueístas e orientalistas de geografia, o que pode ser feito para subverter sua lógica? Dentro da sociedade civil, especialmente nos múltiplos circuitos de mídia ao redor do globo, muitas experiências recentes têm lidado com essa questão. Ainda que esparsas e muitas vezes efêmeras, essas experiências oferecem lições importantes para contestar a militarização urbana. Elas representam um importante complemento para métodos mais tradicionais de resistência e mobilização política – protestos de rua, movimentos sociais, organizações de base e organizações políticas formais cujo objetivo, por exemplo, é a rerregulação de economias ou o redirecionamento do poder estatal. Para começar, as arquiteturas e os discursos que sustentam o novo urbanismo militar precisam ser confrontados nos universos cruciais do discurso público

---

[2] Simon Dalby, "The Pentagon's New Imperial Cartography: Tabloid Realism and the War on Terror", em Derek Gregory e Allan Pred (orgs.), *Violent Geographies* (Nova York, Routledge, 2007), p. 306.

e do espetáculo público, que, em um cenário urbano, podem se beneficiar da presença da mídia transnacional.

Novos domínios públicos

O Estado moderno [...] passou a precisar de uma cidadania fraca. Ele depende cada vez mais da manutenção de um espaço público empobrecido e higienizado, em que apenas os fantasmas de uma sociedade civil mais velha e idiossincrática continuam vivendo.[3]

Se os próprios circuitos do novo urbanismo militar redesenham preventivamente os espaços público e midiático tradicionais em nome da "segurança", quais são as possibilidades de construir domínios públicos novos e eficientes nos quais as contrageografias podem ser mobilizadas? Além do mais, como isso pode ser feito em um mundo de extraordinárias convergência tecnológica e concentração de controle na mídia digital?

Nestes tempos de guerra e império, a ideia de "domínio público" precisa ser levada para além do conceito tradicional de que ele engloba o conteúdo de mídia e o espaço geográfico isento de controle de propriedade, que se combinam para "formar nossa paisagem estética, cultural e intelectual comum"[4]. Em vez de zonas protegidas permanentes de urbanidade ou "de caráter público", organizadas de modo hierárquico por guardiões-chave, os domínios públicos na vida urbana contemporânea transnacional emergem continuamente, são altamente fluidos, pluralizados e organizados por interações entre muitos produtores e consumidores. Os novos domínios públicos por meio dos quais as contrageografias podem ser mantidas precisam forjar colaborações e conexões que atravessem distâncias e diferenças. Eles precisam materializar novos públicos e criar novos espaços de contrageografia, usando as mesmas tecnologias de controle que as forças armadas e os estados de segurança estão usando para criar fronteiras onipresentes.

Patricia Zimmermann comenta que essas colaborações que atravessam diferenças e nações podem "mobilizar metas e solidariedades transnacionais

---

[3] Iain Boal et al., *Afflicted Powers: Capital and Spectacle in a New Age of War* (Londres, Verso, 2006), p. 21.

[4] Patricia Zimmermann, "Public Domains: Engaging Iraq Through Experimental Digitalities", *Framework: The Journal of Cinema and Media*, v. 48, n. 2, 2007, p. 66-83.

446 • Cidades sitiadas

maiores, e com muita frequência combinar práticas analógicas, digitais e físicas em plataformas múltiplas e de forma migratória"[5]. A parte do "físico" é crucial aqui: para expor, desafiar e reverter as arquiteturas em formação dos Estados de segurança nacional, as novas contrageografias necessariamente envolvem a concentração e aglomeração de corpos insurgentes de cidadãos – e seus avatares eletrônicos. Em geral isso acontece nas cidades, e em geral é feito contra edifícios de poder corporativo, militar e estatal; precisa também ter sempre um efeito cascata pelos múltiplos circuitos digitais tão centrais à vida urbana contemporânea. Apenas então um grupo barulhento de blogs, vídeos independentes, videogames subversivos e mídia locativa ou ambiente podem ajudar a reinventar domínios públicos em diversas e múltiplas escalas geográficas.

Experiências e colaborações são necessárias por causa da concentração de propriedade da mídia transnacional – uma concentração que restringe a possibilidade, oferecida por muitos domínios de mídia tradicional, de funcionar como uma base para vozes ou leituras de oposição. Para Zimmermann:

> Nossa era de império, guerra infinita e consolidação de mídia de massa impõe obstáculos enormes para a imaginação, a liberdade e a coletividade. Os espaços públicos para uma mídia pública intervencionista e contestadora diminuem a cada dia. Os domínios públicos parecem esquivos, teóricos, fantasmagóricos e perdidos.[6]

Em vez disso, constelações de espetáculos, simulacros, fetichismo de *commodities* e cultura de celebridades oferecem construções de mídia mais amplas, dentro das quais a guerra se funde com o entretenimento eletrônico.

O noticiário da grande mídia televisiva dos Estados Unidos, por exemplo – que hoje se concentra nas mãos de alguns poucos grupos globais – foi central para a mobilização cultural das geografias maniqueístas que corroboraram a Guerra ao Terror. Zimmermann sugere que essa mídia tradicional

> agora está na área da fabricação: [essa mídia desenvolve] infinitas linhas de produtos de pânico, amnésia e anestesia [...]. E decreta e atribui poder por meio da produção do pânico, [que gera um] encarceramento sistemático da imaginação e da mobilidade.[7]

---

[5] Idem.

[6] Idem.

[7] Idem.

Como resultado, ela argumenta, a esfera pública clássica da nação ou da cidade não é apenas desafiada ou ameaçada: ela se "tornou uma fantasia, uma quimera, uma alucinação coletiva criada pela teoria para impor uma democracia de ficção científica"[8]. Sem dúvida, os esforços para enquadrar repórteres, controlar as imagens de satélite, censurar fotos, plantar representantes militares nos estúdios de TV e demonizar críticos "não patrióticos", todos tão fundamentais para as "operações de informação" da Guerra ao Terror, foram muito facilitados pela consolidação cada vez maior da mídia[9].

Para Zimmermann, esse contexto requer uma reação que envolva "tirar do centro as unidades de homens brancos do império e mobilizar as polivocalidades de 'outros' múltiplos que possam desmontá-lo"[10]. Ainda que essa seja uma tarefa árdua, que requer mobilizações culturais e políticas extremamente fortes as quais não estão em evidência na atualidade, proponho seis caminhos sobrepostos de experimentação contrageográfica que podem ajudar a traçar um rumo.

Exposição

> Tente enxergar o que não é fácil de ver. Repense a invisibilidade; repense como públicos os universos ocultos do poder que não estão sendo nomeados.[11]

O primeiro ponto, e mais óbvio, é que as contrageografias precisam trabalhar para tornar o invisível visível: mapear, visualizar e representar as geografias ocultas do novo urbanismo militar. Quando o oculto é revelado, suas mitologias sedutoras e onipresentes podem ser confrontadas e, potencialmente, revertidas. A guerra, então, talvez não pareça imutável ou inevitável – e culturas que celebram a morte virtualizada e estilizada em uma estrutura hiperpatriótica, que ofusca com violência o destino dos corpos reais, podem ser confrontadas e expostas.

---

[8] Idem.

[9] Patrick Deer, "The Ends of War and the Limits of War Culture", *Social Text*, v. 25, n. 2, 2007, p. 5.

[10] Patricia Zimmermann, "Public Domains", cit.

[11] Zillah Eisenstein, "Feminisms in the Aftermath of September 11", *Social Text*, v. 20, n. 3, 2002, p. 79.

448 • Cidades sitiadas

Patrick Deer defende que "ao mapear a genealogia, a construção e as histórias enterradas de uma cultura de guerra 'pós-moderna', podemos desafiar sua mitologia sedutora"[12]. Esses esforços podem revelar que a "'tradição cultural' que busca tornar a guerra um modo de vida permanente e natural" na verdade é contingente e construída[13]. A tarefa de expor precisa confrontar o fato de que o novo urbanismo militar conta com a violência para ofuscar o que muitas vezes é tabu ou invisível[14]. No entanto, para ter algum efeito, o trabalho de exposição precisa enfrentar a questão espinhosa da construção, manutenção e execução dos estados de negação social que agem com tanta força para ofuscar a realidade[15].

Ironicamente, a circulação em massa de tecnologias de imagem digital pode trazer efeitos inesperados que têm a capacidade de fazer muito para expor a violência do novo urbanismo militar: hoje em dia, muitos dos atos de exposição mais poderosos não são intencionais, pois são causados por vazamentos dos próprios praticantes da guerra. As infames fotos de tortura de Abu Ghraib, que tanto deslegitimaram a Guerra ao Terror, foram, como Patrick Deer nos faz lembrar,

> produzidas pelos próprios guardas como uma espécie de pornô de guerra criado para documentar seus próprios cotidianos, como protetores de tela, como *reality shows* amadores ou uma mutação aterrorizante de programas como *America's Funniest Home Videos.*[16]

Imperativos de exposição se expandem pelos meios da arte, do ativismo, da produção de documentários e da cartografia. A exposição requer geografias que, nas palavras de Derek Gregory, "afirmam a materialidade e corporalidade de lugares" que são o alvo de muitas violências da Guerra ao Terror e da Guerra Longa, e "servem às vozes (e aos silêncios) daqueles que os habitam"[17]. Assim, as cidades podem se tornar muito mais do que alvos verticalizados vistos em mapas, pontos problemáticos e selvagens em

---

[12] Patrick Deer, "The Ends of War and the Limits of War Culture", cit., p. 7.

[13] Idem.

[14] Ibidem, p. 2.

[15] Stanley Cohen, *States of Denial: Knowing about Atrocities and Suffering* (Cambridge, Polity, 2000).

[16] Patrick Deer, "The Ends of War and the Limits of War Culture", cit., p. 2.

[17] Derek Gregory, "Geographies, Publics and Politics", artigo derivado de "Raising Geography's Profile in the Public Debate", encontro anual da Associação de Geógrafos

abstrações geopolíticas, paisagens em vídeo estilizadas em que agitações assassinas são apresentadas como entretenimento. Em vez disso, elas podem surgir como lugares onde de fato se vive, vistos e habitados em solo, em vez de pelo olhar distanciado de visores de câmeras, dispositivos de imagens de satélite, mapas geopolíticos ou consoles de videogame. No processo, os corpos e as vozes dos vivos, assim como os cadáveres dos mortos – talvez incluindo as vidas e os rostos apagados dos soldados mortos e feridos do Ocidente –, podem se tornar centrais para a cena.

Derek Gregory se pergunta o que poderia ter acontecido se contrageografias eficientes, retratando as cidades do Iraque como locais habitados, cheios de vida urbana banal, tivessem sido mobilizadas de modo tão enérgico quanto os implacáveis tambores de guerra e os dossiês de inteligência falsos foram para corroborar a invasão promovida pelos Estados Unidos e pelo Reino Unido em 2002. "Como o público teria visto a guerra?", ele pergunta[18]. O que teria sido possível se tivéssemos podido "recusar a redução brutal de outros lugares e de outros povos a indicadores, em um cálculo autointeressado e oportunista, e, em vez disso, afirmar a importância de uma geografia *cuidadosa* de envolvimento e compreensão"[19]?

Um desafio relacionado é tornar conexões e interdependências visíveis – aquelas redes de exploração, afiliação, dependência e hospitalidade que conectam a vida urbana em cidades ocidentais com as de cidades em outras partes do mundo com muito mais intensidade do que culturas de incitamento da guerra poderiam fazer[20].

O desafio, então, é empregar toda e qualquer estratégia de representação, arte, cartografia, testemunho e ativismo para tornar visíveis "as vidas de estranhos distantes, pessoas que [os espectadores] não conhecem, mas sem as quais sua própria vida seria impossível"[21]. O desafio mais amplo, talvez anterior, é como – depois das campanhas antiglobalização dos anos 1990 e

---

Estado-Unidenses, Filadélfia (PA), mar. 2004. Disponível em: <geography.berkeley.edu>. Acesso em: 11 jul. 2016.

[18] Idem.

[19] Idem. Isso, claro, é um grande desafio, uma vez que estudos sobre o Oriente Médio com perspectiva crítica têm sido sistematicamente reprimidos nos Estados Unidos desde 2001.

[20] Idem.

[21] Idem.

450 • Cidades sitiadas

da precariedade disseminada criada pela globalização neoliberal – conceber solidariedades e dependências que atinjam escalas globais e se estendam pelas periferias globais e pelos centros globais[22]. O sucesso nessas tarefas vai tornar difícil, de fato, retratar populações inteiras como "outros" bárbaros que requerem "ajuda" altamente militarizada (leia-se "invasão") do Ocidente em nome da "liberdade" e da "democracia". Geografias binárias de "nós" e "eles" vão se misturando e confundindo, um processo salutar que a maior parte dos urbanoides vai reconhecer como indispensável para a trama da vida urbana.

Já estão emergindo trabalhos excelentes sobre as geografias das cadeias de produtos, as novas divisões internacionais de trabalho, os serviços *offshore*, bem como sobre questões de guerras por recursos, descarte de resíduos, biocombustíveis, biopirataria, militarização do controle de imigração, crise financeira global, lavouras geneticamente modificadas e a construção global do agronegócio. O mero mapeamento da militarização das fronteiras, e as mortes resultantes de imigrantes "ilegais", é um exemplo forte desse trabalho (Figura 10.1).

Outro é abordar as experiências totalmente diferentes de fronteira para as elites cinéticas e as subclasses cinéticas, sob um estado de guerra securocrática. Stefano Boeri, por exemplo, filmou dois percursos diferentes na Cisjordânia militarizada, entre as mesmas duas cidades: um percurso, rápido e privilegiado, ocorreu na rodovia apenas para judeus; o outro passou por atrasos intermináveis, imobilidade e humilhações do sistema de postos de controle impostos aos palestinos.

Talvez o maior desafio seja expor as divisões globais do trabalho. Como escreveu Brian Holmes:

> Quem trabalha, em que tipo de produção, sob que tipo de sistema financeiro, para o consumo de quem – e quem não tem nem a chance de trabalhar, cujo território continua tragicamente subdesenvolvido e destituído, ou é destruído por poluentes e tecnologias invasivas?[23]

Essa exposição é, porém, bastante difícil, pois as novas divisões internacionais de trabalho associadas à neoliberalização prosperam na produção sistemática da invisibilidade por meio do distanciamento geográfico[24].

---

[22] Robby Herbst, "Hinting at Ways to Work in Current Contexts, an Interview with Brian Holmes", *Journal of Aesthetics and Protest*, v. 1, n. 4, 2007.

[23] Idem.

[24] Derek Gregory, "Geographies, Publics and Politics", cit.

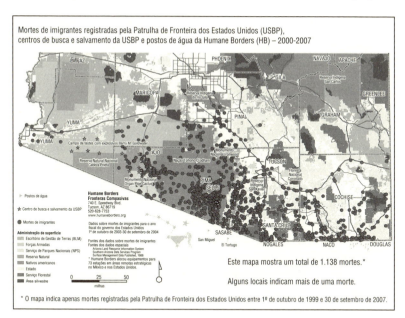

10.1 Mapa da Humane Borders das mortes de imigrantes nos arredores de Tucson, Arizona, de 1º de outubro de 1999 a 30 de setembro de 2007.

Algumas das complexas geografias transnacionais da Guerra ao Terror e seus antecedentes foram expostos de maneira brilhante, em formas criativas e provocadoras, pelo trabalho recente de artistas, ativistas e cartógrafos. A artista Elin O'Hara Slavick, por exemplo, concluiu a tarefa poderosa, mas direta, de tornar visível – em mais de cinquenta mapas artísticos do mundo – todos os lugares bombardeados pelos Estados Unidos[25]. Seus desenhos, ela escreve, "são manifestações de autodidatismo nos temas das intervenções militares, geografia, política, história, cartografia e a linguagem da guerra estado-unidenses"[26].

Uma área especialmente fecunda dos novos trabalhos é o uso de *design* gráfico complexo e "mapeamento cognitivo"[27] para capturar visualmente a dinâmica de militarismo e neoliberalismo transnacional. Um exemplo é o

---

[25] Elin O'Hara Slavick, *Protesting Cartography or Places the United States Has Bombed*, exposição de arte. Disponível em: <www.unc.edu/-eoslavic>.

[26] Idem.

[27] Esse termo invoca o argumento clássico de Fredric Jameson de que a vida urbana "pós-moderna" requer novos "mapas cognitivos" para dar sentido às paisagens de

452 • Cidades sitiadas

surpreendente *A World Map: In Which We See* [Um mapa-múndi: no qual vemos][28], de Ashley Hunt – uma visualização de ponta de circuitos globais de reestruturação neoliberal, exploração, polarização social, encarceramento e militarização. Raras vezes as teorizações sociais mais recentes foram retratadas de maneira tão visual e impressionante.

O coletivo francês Bureau d'Études também publicou uma série de mapas cognitivos brilhantes que capturam as instituições políticas, econômicas, tecnológicas e militares de elite que, em conjunto, orquestram o capitalismo neoliberal. O mapa "infowar/psychic war" [guerra de informação/guerra psicológica], por exemplo, mapeia explicitamente a concentração de controle e a privatização da mídia corporativa transnacional, e a conecta às doutrinas de guerra de informação. Enquanto isso, o projeto do coletivo intitulado *refusal of the biopolice* [a recusa da biopolícia] faz um trabalho parecido ao mapear circuitos transnacionais das tecnologias de monitoramento e de controle.

Os mapas do Bureau d'Études apresentam "um excesso de informação, destruindo certezas subjetivas e exigindo reflexão, exigindo um novo olhar sobre o mundo em que realmente vivemos"[29]. Ao fazê-lo, eles ajudam a revelar as arquiteturas abstratas e em geral invisíveis de poder que operam além do escrutínio e do controle democrático quando atores governamentais, corporativos, de segurança e militares fazem uma polinização cruzada entre si nos circuitos globais de governança neoliberal[30].

Outro exemplo das novas cartografias forçosas de exposição vem do geógrafo Trevor Paglen e do *designer* ativista John Emerson, que produziram mapas do constrangedor sistema global de detenção, rendição extraordinária, encarceramento e tortura da Central Intelligence Agency (CIA) [Agência Central de Inteligência]. "Selected CIA Aircraft Routes and Rendition Flights, 2001-2006" [Rotas de aeronaves e voos de rendição da CIA selecionados, 2001-2006][31] usou dados de voo fornecidos pelo

---

globalização. Ver Fredric Jameson, "Postmodernism or the Cultural Logic of Late Capitalism", *New Left Review I*, n. 146, 1984, p. 53-92.

[28] Ver *An Atlas of Radical Cartography*. Disponível em: <www.an-atlas.com>. Acesso em: 13 jul. 2016.

[29] Brian Holmes, "Maps for the Outside, Bureau d'Études, or the Revenge of the Concept", postagem no mural Inter Activist Info Exchange.

[30] Idem.

[31] Ver <clockshop.org>. Acesso em: 27 jul. 2016.

Federal Aviation Administration e pela Eurocontrol* para mapear os voos que conectam o arquipélago carcerário global. Esses mapas foram expostos publicamente em *outdoors* comuns que havia na beira das principais rodovias ao redor de Los Angeles.

O *outdoor Road to Perdition* [Estrada para a perdição], de 2003, do artista mexicano Marcos Ramirez – instalado em uma importante rua de Reading, Pensilvânia, e que acabou sendo proibido –, destaca a continuidade entre campanhas de bombardeio recentes dos Estados Unidos contra as distantes cidades do Afeganistão e do Iraque, e as realizadas em outras partes nos dois séculos anteriores (Figura 10.2)[32]. *Outdoors* como esse, e outras instalações públicas de arte crítica ou subversiva, tiram poder da maneira como "intervêm em nossas rotinas mundanas e jornadas cotidianas triviais"[33]. Por serem inevitavelmente visíveis, eles chamam atenção para os circuitos invisíveis por meio dos quais o novo urbanismo militar opera.

Cidade do México	3.202 km	1847
Veracruz	3.040 km	1914
Hiroshima	11.194 km	1945
Dresden	4.837 km	1945
Hanói	13.206 km	1972
Cidade do Panamá	3.497 km	1989
Cabul	10.979 km	2001
Bagdá	9.897 km	2003

10.2 Campanha de *outdoor Estrada para a perdição*, de 2003, por Marcos Ramirez, em Reading, Pensilvânia.

Justaposição

O segundo caminho um óbvio, em um mundo de geografias maniqueístas – é o ato de justaposição. Ainda que simples, é uma forma extremamente eficaz de trazer as representações "deles" ou do "outro" que ajudam a fabricar a inimizade e a guerra e legitimar assassinatos oficiais para os espaços domésticos nos centros metropolitanos do poder onde

---

* A Administração Federal da Aviação dos Estados Unidos e sua análoga europeia, respectivamente. (N. E.)

[32] Ver Mike Davis, "Reading (PA) by Bomb Light", *Tom Dispatch*, 18 nov. 2003.

[33] Louise Amoore, "Vigilant Visualities: The Watchful Politics of the War on Terror", *Security Dialogue*, v. 38, n. 2, 2007.

"nós" moramos. Com o objetivo de desmascarar os binários da imaginação geográfica maniqueísta, a tática aqui é afirmar, mais uma vez e com muita clareza, que cidades atacadas não são espaços inimigos demoníacos nem abstratos, e sim mundos civis habitados e encarnados muito parecidos com os espaços urbanos habitados pelos ocidentais.

Quando a Convenção Nacional do Partido Republicano chegou a Nova York em agosto de 2004 – às vésperas do terceiro aniversário dos atentados de 11 de Setembro, o que ela explorou sem o menor pudor –, centenas de protestos ocorreram. Um deles se destacou: a artista Anne-Marie Schleiner e uma colega, usando figurinos de Robocop que evocavam incontáveis filmes de ficção científica futuristas, percorreram Manhattan enquanto projetavam cenas de videogames militares dos Estados Unidos nas ruas e nos prédios da cidade. Os eventos foram transmitidos em tempo real na internet.

Tirando seu nome diretamente do termo militar "military operations on urban terrain" (Mout) [operações militares em terreno urbano)], a *performance* foi intitulada *Operation Urban Terrain* [Operação Terreno Urbano], ou *OUT**. Schleiner declarou que o projeto foi um desafio

> à espiral sem fim de uma guerra ao terror [em um contexto em que] um governo está em guerra com seus próprios cidadãos, com soldados no meio do tecido da vida comum. [*OUT* foi] uma intervenção artística no espaço público de cidades e jogos *on-line*.[34]

A justaposição cartográfica oferece um potencial considerável para a subversão das geografias binárias que sustentam a Guerra ao Terror e a Guerra Longa. Um projeto muito influente nisso é o *You Are Not Here* ["Você não está aqui"][35]. Chamando a si mesmo de "*mash-up* de turismo urbano", ele fornece mapas de Nova York e Tel-Aviv que são coordenados com mapas de Bagdá e da cidade de Gaza, de modo que se torna possível, ao navegar pela cidade "nacional", estar presente na cidade "inimiga" de maneira indireta e criativa. Informações detalhadas sobre locais em Bagdá e em Gaza onde a guerra foi de fato vivenciada são enviados, por celular, para visitantes de Nova York e Tel-Aviv, com os dizeres "You Are Not Here" estampados em locais dessas últimas cidades. Os organizadores do

---

*   Em inglês, a palavra *out* significa "fora". (N. T.)

[34] Ver <www.opensorcery.net/OUT>. Acesso em: 27 jul. 2016.

[35] Ver <youarenothere.org>. Acesso em: 27 jul. 2016.

projeto querem que seus mapas permitam uma navegação nas "ruas de uma cidade" enquanto convidam as pessoas a "se tornar metaturistas de outra cidade [...]. Pela investigação desses pontos, com ou sem o auxílio de um mapa que pode ser baixado, pedestres locais são transformados em turistas de locais estrangeiros"[36].

Um último exemplo de justaposição artística é o projeto *Shadows from Another Place: Baghdad <–> San Francisco* [Sombras de outro lugar: Bagdá<–>São Francisco], de Paula Levine, que sobrepôs mapas das duas cidades enquanto a invasão de 2003 acontecia no Iraque. Ela escreveu:

> A invasão foi um evento simultâneo distante. Apesar de as conexões por meio da mídia reforçarem minha própria expectativa de proximidade e simultaneidade, o espaço físico entre São Francisco e Bagdá se manteve fixo e suficiente para absorver o impacto da invasão que estava acontecendo lá.[37]

Os mapas de Levine foram desenvolvidos com base na internet e no GPS para ajudar o visitante a "imaginar o impacto das mudanças políticas e culturais que ocorrem em um local como se fosse em outro". Eles funcionavam "como sombra de eventos distantes, sobrepondo a paisagens locais o impacto de traumas políticos e culturais, como guerras e mudanças em limites e fronteiras". No processo Levine tinha como objetivo destruir os binários de "estrangeiro" e "doméstico", "ligar o local e o global" e "permitir que transeuntes/visitantes vivenciassem a contiguidade espacial e narrativa entre locais separados e distantes".

Primeiro, mapas e imagens de satélite das duas cidades foram sobrepostos. Então, os bombardeios individuais a Bagdá feitos por caças estado-unidenses durante a primeira onda de Choque e Pavor foram transpostos, pelas coordenadas de GPS, a espaços equivalentes em São Francisco. Cada local "atacado" em São Francisco foi então fisicamente ocupado por um contêiner que incluía informações sobre o projeto de Levine e uma lista dos mais recentes mortos de guerra das forças militares dos Estados Unidos[38].

---

[36] Idem.

[37] Paula Levine, "Shadows from Another Place: Transposed Space", artigo, São Francisco, San Francisco State University, 2005.

[38] Idem.

456 • Cidades sitiadas

Apropriação

Uma terceira estratégia para construir contrageografias envolve as próprias tecnologias de controle que são tão centrais para o novo urbanismo militar e que têm um excelente potencial de apropriação e reconfiguração reversa. Aliás, todo um universo de experimentos nas chamadas mídia "locativa" e "ambiente" busca desafiar culturas contemporâneas de urbanismo militarizado ao explorar novos usos de infraestruturas e tecnologias como o GPS, chips de radiofrequência (RFID), *drones* não tripulados, mapeamento digital, monitoramento por satélite, simulação por vídeo, mineração de dados, comunicação via internet e *wireless* – todos mais ou menos originados de pesquisas militares.

A ênfase aqui é primeiro desmistificar e tornar visíveis as tecnologias invisíveis de controle, rastreamento e monitoramento que hoje em dia permeiam por completo os objetos, arquiteturas, ambientes e infraestruturas cotidianos, e então reutilizá-los de modos contra-hegemônicos. Um ponto de partida chave é afirmar os limites das tecnologias de controle – o fato de que elas nunca funcionam com a efetividade pretendida, e declarada, nas fantasias tecnófilas de onipotência que encontramos ao longo deste livro. Esse fato inevitável confirma o argumento político crucial de que, como Brian Holmes afirmou, "uma sociedade inteira não pode ser controlada pela estimulação e pelo monitoramento individualizados – quanto mais um mundo inteiro"[39]. Para Peter Baker, do *Washington Post*: "Mesmo em nossas críticas, tendemos a reproduzir a perspectiva "de sobrevoo" da imprensa e atribuir poder demais à máquina de guerra", o que tende a nos fazer engolir sonhos tecnófilos ao pé da letra.

> Se queremos desafiar com sucesso os esforços oficiais de tornar a guerra de alta tecnologia uma opção de política externa aceitável, precisamos nos tornar mais íntimos, nos aproximar e testemunhar, do nível micro para o macro, como a obscuridade, a fricção e a confusão generalizada costumam operar em jogos de guerra tanto quanto na guerra.[40]

---

[39] Robby Herbst, "Hinting at Ways to Work in Current Contexts", cit.

[40] Peter Baker, em Jordan Crandall (org.), *Under Fire 2: The Organization and Representation of Violence* (Roterdã, Witte de Witte, 2005), p. 57-8. Para um bom exemplo desses estudos, no nível micro, de como as forças militares de fato usam as novas tecnologias de controle, mídia e ataque, ver Caroline Croser, "Networking Security in the Space of the City: Event-ful Battlespaces and the Contingency of the Encounter", *Theory and Event*, v. 10, n. 2, 2007.

"Chegar mais perto" é crucial para desenvolver uma política de transgredir, resistir, reconfigurar reversamente e até desmontar os vastos sistemas de controle digital intensificado – ou melhor, de *tentativa* de controle – dos quais o novo urbanismo militar depende. O movimento da mídia locativa é especialmente interessante nesse sentido, porque se concentra na atual convergência entre mídia digital e espaços geográficos conforme essa mídia se funde com o pano de fundo geográfico para facilitar a vida urbana digital. Assim, artistas e ativistas de mídia locativa

> recrutam dispositivos informatizados móveis e em rede como GPS, celulares, RFID, além de tecnologias de vestir, para mapear o espaço e intervir em fluxos de dados, [e] se concentram em projetos horizontais, colaborativos e dirigidos pelo usuário para interromper e interrogar um sistema poderoso de observação e controle.[41]

Um fluxo relacionado de experimentações se concentra na reconfiguração reversa de tecnologias de controle. O objetivo desses experimentos é romper as arquiteturas de tecnologia e controle de modo que possam ser reformadas e reutilizadas criativamente. "A reconfiguração reversa precisa ser adicionada às táticas de pirateamento, trotes, colagens, *culture jamming* e *copyleft* como estratégias de resistência e intervenção ao império e ao capital transnacional", escreve Patricia Zimmermann[42]. Aqui encontramos noções de "resistência de espectro total", criadas para reapropriar a mídia militarizada e as tecnologias de controle como forma de se contrapor a noções militares de "dominação de espectro total" por meio dessas mesmas tecnologias[43].

Os exemplos mais conhecidos incluem a reconfiguração reversa de videogames militarizados[44]. No entanto, o mais surpreendente é que Chris Csikszentmihalyi, do MIT, construiu um veículo de reconhecimento não tripulado de reconfiguração reversa – Afghan Explorer [Explorador Afegão] – para ser enviado às zonas de combate mortal da Guerra ao Terror para agir como uma testemunha global e superar restrições feitas à imprensa. Esse

---

[41] Patricia Zimmermann, "Public Domains", cit.

[42] Idem.

[43] Idem.

[44] Zimmermann aponta que "um dos mais famosos é o Velvet Strike, uma modificação antiguerra do Counter Strike, um videogame para múltiplos jogadores em que os participantes se unem a terroristas ou contraterroristas", Patricia Zimmermann, "Public Domains", cit.

458 • Cidades sitiadas

veículo é um "robô autônomo de cruzeiro remoto e captação de imagens de espaços geopolíticos urbanos e rurais em turbulência para coletar informações para o público diante dos controles de imprensa em zonas de guerra por parte do Pentágono"[45].

Enquanto isso, na Áustria, o grupo System-77 Civil Counter-Reconnaissance, liderado pelo artista Marko Peljhan, fez uma reconfiguração reversa de *drones* de monitoramento militar e construiu seu próprio sistema de *drone* usando um veículo comprado pela internet[46]. Segundo o grupo, sua tarefa é uma forma de contramonitoramento[47] – e vai funcionar como "um sistema de contramonitoramento urbano tático [para] monitorar o espaço público". Motivado pela sensação de que na política contemporânea "as verdadeiras questões estão acima da sua cabeça", o *drone* do grupo foi declaradamente criado para se contrapor à violência de Estado contra manifestações legítimas e ativismo urbano[48]. Brian Holmes escreve:

> Basta olhar para a precisão das plantas computadorizadas da cidade, os detalhes em alta resolução das multidões em formação, a amplitude da perspectiva e do controle oferecida pelos olhos do *drone*. E imagine a sensação empolgante da missão na manhã da grande demonstração, quando *você* acaba sendo o operador remoto de um [*drone* não tripulado] AeroVironment Pointer de 1,8 metro de comprimento.[49]

O System-77 explicitamente situa sua iniciativa dentro do novo urbanismo militar, com seus conflitos de baixa intensidade disseminados e sua segurança de alta tecnologia privatizada.

> A violência dos teatros de batalha clássicos é ofuscada pelo aumento dos conflitos de baixa intensidade em sociedades altamente desenvolvidas de democracias capitalistas. A privatização cada vez maior da segurança nesse novo estilo onipresente e onidirecional de confronto pede soluções na direção da transparência e um equilíbrio de poder.[50]

---

[45] Idem.

[46] Ver <s-77ccr.org>. Acesso em: 27 jul. 2016.

[47] Ver Torin Monahan, "Counter-surveillance as Political Intervention?", *Social Semiotics*, v. 16, n. 4, 2006, p. 515-34.

[48] Brian Holmes, "Top-down Surveillance for Grassroots Initiatives!". Disponível em: <s-77ccr.org/freedom.php>. Acesso em: 27 jul. 2016.

[49] Idem.

[50] Jordan Crandall, "Envisioning the Homefront: Militarization, Tracking and Security", *Journal of Visual Culture*, v. 4, n. 1, 2005, p. 19.

Eles veem o projeto como um meio de criar um "olhar fluido para uma avaliação de conflitos sociais estruturais a partir do alto". O *drone* poderia talvez permitir que grupos que organizam protestos civis se protejam da violência e de outros abusos por parte do Estado, porque poderiam convocar a mídia independente para testemunhar os eventos em questão. Além disso, "a observação das forças policiais ou de unidades de controle de tumultos pode significar uma vantagem tática em grandes protestos e atos de desobediência civil"[51]. Em 2004 o *drone* foi usado em Viena.

Até que ponto, então, é possível se apropriar da infraestrutura e da tecnologia que foram desenvolvidas para manter os proveitos imperialistas e militares? Com as infraestruturas e tecnologias de controle agora entremeadas com as culturas do lazer, da diversão, do consumo, da mobilidade e do turismo, essa é uma questão especialmente importante. Quando se considera a palpável erotização do controle, da simulação e das tecnologias de ataque militares na cultura contemporânea predominante, essa questão se torna ainda mais vital. Segundo o artista de mídia Jordan Crandall, "É extremamente desconfortável para os públicos confrontar seus próprios investimentos libidinosos em violência, e eles podem encontrar no meu trabalho posições difíceis da dinâmica por trás de seu próprio prazer *voyeurista*"[52]. Peter Weibel, escrevendo sobre o trabalho de Crandall, desafia a arte e o ativismo a "nos dar [...] uma visão dessa geometria" que liga desejo, ansiedade, medo e o controle e a violência tecnomilitares, de modo a oferecer "um olhar sobre uma zona obscura de novos prazeres e dores dentro da sociedade tecnomilitarmente controlada"[53].

Holmes considera importante conceber sistemas mundiais de tecnologia de comunicação como, de fato, "a infraestrutura imperial" – sistemas que têm origens estritamente militares mas foram liberados em pouco tempo, de modo que setores mais amplos da sociedade civil foram integrados à arquitetura básica[54]. Qualquer uso, ou dependência, do GPS, por exemplo, envolve se

---

[51] Idem.

[52] Idem.

[53] Peter Weibel, "Jordan Crandall: Art and the Cinematographic Imaginary in the Age of Panoptic Data Processing", em Jordan Crandall, *Drive* (Karlsruhe, ZKM, 2002), p. 7.

[54] Brian Holmes, "Drifting through the Grid: Psychogeography and Imperial Infrastructure". Disponível em: <www.springerin.at>. Acesso em: 12 jul. 2016.

460 • Cidades sitiadas

conectar a 3 de 24 satélites lançados e controlados pelas Forças Armadas dos Estados Unidos. No entanto, muito menos reconhecido é o fato de que esse posicionamento também depende de projetos de mapeamento geodésico global organizados pelo Departamento de Defesa dos Estados Unidos desde 1984 e relógios atômicos controlados pelas Forças Armadas estado-unidenses. "Quando se usa o dispositivo de localização, você atende ao chamado. Você é interpolado pela ideologia imperialista"[55], escreve Holmes.

O que isso significa para projetos contrageográficos ou outros que tentam se apropriar do GPS ou de outras tecnologias de rastreamento para tornar as vidas das cidades e as culturas urbanas visíveis de novas maneiras? Com muita frequência, esses projetos representam intervenções superestetizadas, mera "política como decoração", diz Holmes[56]. Eles também deixam de atacar sua própria dependência da infraestrutura imperial desenvolvida para manter o monitoramento, os alvos e os assassinatos globais. "Ainda podemos fazer alguma distinção entre uma sociedade civil planetária articulada pela infraestrutura global e a perspectiva militar que [Jordan] Crandall chama de 'visão armada'?", ele pergunta[57]. Para Holmes, em um mundo onde a mídia digital e a arquitetura militar se fundiram completamente, a subversão social da infraestrutura imperialista se mantém uma questão em aberto.

Interferência

Em quarto lugar, precisamos ver esforços disseminados de "emperrar" o novo urbanismo militar para problematizar e prejudicar suas *performances*, seus espetáculos, circuitos, rituais e ofuscações. Esses esforços precisam se voltar não apenas aos espaços de recrutamento militar, educação militarizante e simulação/entretenimento militarizado, mas também aos espaços em que armamentos e tecnologias de controle são desenvolvidos e produzidos.

A campanha de *outdoors* de 2005 de Karen Fiorito na alameda Sepulveda, em Santa Monica, Califórnia – nosso primeiro exemplo contundente –, atraiu a atenção do público para a convergência entre operações de informação das Forças Armadas e a grande mídia indolente – especificamente

---

[55] Idem.

[56] Idem.

[57] Idem.

a Fox News, da News Corporation – para dar sustentação à Guerra ao Terror (Figura 10.3).

"Canal Shox News
Nós distorcemos, você aceita"

10.3 Campanha de *outdoor* de Karen Fiorito, de 2005, em Santa Monica, Califórnia: uma tentativa de expor e fazer uma interferência na diluição fácil do noticiário das grandes redes de TV e das "operações de informação" militares.

Campanhas de amplo alcance, herdeiras de uma longa história desse ativismo, atacaram a pesquisa e o desenvolvimento militarizados que são realizados em universidades dos Estados Unidos e sustentam com tanta firmeza a guerra securocrática, as fronteiras onipresentes e a Guerra Longa[58]. Dois dos principais centros de trabalho para a robotização de armas – o Instituto de Robótica e seu braço comercial, o Centro Nacional de Engenharia Robótica (NREC) – ficam na Universidade Carnegie Mellon, em Pittsburgh, e ambos foram alvo de uma campanha de interferência (Figura 10.4). (No capítulo 9 já deparamos com o NREC: seu "robocar" foi o vencedor da competição

---

[58] Ver Henry Giroux, *University in Chains: Confronting the Military-Industrial-Academic Complex* (Londres, Routledge, 2007).

Urban Challenge de 2007, promovida pela Darpa.) A campanha da Carnegie Mellon, chamada "Barricade the War Machine" [Barricada contra a Máquina de Guerra], está desafiando a tomada das ciências da engenharia na universidade e na economia local pela pesquisa de robótica militar a serviço do complexo militar-industrial-acadêmico. Também está levantando a questão ética fundamental forçada pela transição para sistemas de armas totalmente autônomos (ver capítulo 5): "Quem assume a responsabilidade moral pelos resultados causados pelos sistemas robóticos autônomos?"[59].

"Não seja uma engrenagem na máquina de guerra da CMU"

10.4 Contrapropaganda da campanha "Barricade the War Machine" [Barricada contra a Máquina de Guerra] na Universidade Carnegie Mellon (CMU), em Pittsburgh.

---

[59] Ver David Meieran, "CMU and the Development of Warfare Robotics", fev. 2007.

Campanhas de interferência muito bem-sucedidas também prejudicaram profundamente os esforços das Forças Armadas dos Estados Unidos de realizar recrutamentos em escolas secundárias do país. A National Network Opposing Militarization of Youth [Rede Nacional de Oposição à Militarização da Juventude] foi especialmente eficiente nisso, assim como as campanhas de contrapropaganda de "An Army of None" [Um Exército de Nenhum] (Figura 10.5)[60]. Muitos postos de recrutamento urbano nos Estados Unidos continuam sendo alvo de protestos. Essas iniciativas têm uma relação próxima com os esforços de veteranos militares radicalizados das guerras no Iraque e no Afeganistão de se mobilizar contra a guerra e a ocupação.

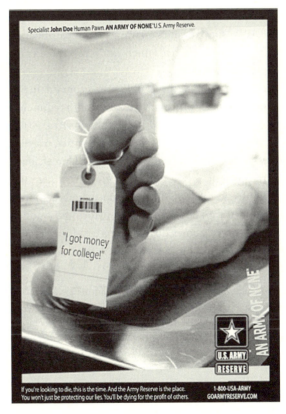

"Especialista João Ninguém Peão Humano. An Army of None, Reserva do Exército dos Estados Unidos."
"Tenho dinheiro para a faculdade!"
"Se você quer morrer, este é o momento. E a Reserva do Exército é o lugar. Você não vai apenas proteger as nossas mentiras. Você vai morrer pelo lucro de outrem."

10.5 As campanhas de contrapropaganda da iniciativa "An Army of None" [Um Exército de Nenhum], cujo objetivo é prejudicar a penetração de recrutadores militares no sistema educacional dos Estados Unidos.

---

[60] Ver <www.nnomy.org> (acesso em: 27 jul. 2016) e também Aimee Allison e David Solnit, *Army of None: Strategies to Counter Military Recruitment, End War and Build a Better World* (Nova York, Seven Stories Press, 2007).

Outro artista de interferência é Micah Ian Wright, que recriou uma vasta gama de pôsteres de propaganda estado-unidense no estilo da Segunda Guerra Mundial para transmitir poderosas mensagens sobre a Guerra ao Terror. Entre os tópicos que ele aborda estão os vínculos entre o uso do SUV e ataques imperialistas; a onda de monitoramento pós-11 de Setembro; os lucros corporativos da guerra; a robotização do assassinato; e o estabelecimento de campos de tortura fora do território estado-unidense (Figura 10.6)[61].

Nossos exemplos finais de interferência desafiam a maneira como o novo urbanismo militar coloniza a cultura popular. Em 2005, por exemplo, a orquestração de uma campanha global levou 60 mil pessoas a trabalhar ao mesmo tempo para atrapalhar as operações eletrônicas da milícia de direita Minuteman Border Fence, cujos simpatizantes estavam à época patrulhando a fronteira dos Estados Unidos com o México em nome do governo estado--unidense em busca de invasores civis "ilegais".

Outras interferências desafiaram a ratificação de uma geografia mani-queísta e o assassinato higienizado de "outros" virtuais por entretenimento que acontecem no videogame do Exército estado-unidense *America's Army*. Ao participar de uma versão para múltiplos jogadores na internet, o artista Joseph DeLappe – professor do Departamento de Arte da Universidade de Nevada em Reno – transformou a participação no jogo tanto em um protesto quanto em uma homenagem aos soldados estado-unidenses mortos no Iraque[62]. Como parte de seu projeto Dead in Iraq [Morto no Iraque], DeLappe inseriu na tela do jogo os nomes dos soldados estado-unidenses mortos recentemente no exercício da função. Rebecca Clarren descreveu as atividades dele no Salon.com:

> ele se cadastra no jogo e não faz nada. Enquanto outros jogadores *on-line* ao redor dele simulam a guerra – e uma hora acabam matando-o –, ele digita na interface do bate-papo do programa – em geral usado pelos *gamers* para discutir estratégia uns com os outros – o nome de cada pessoa morta em serviço no Iraque.[63]

---

[61] Ver <ministryofhomelandsecurity.blogspot.com>. Acesso em: 27 jul. 2016.

[62] Ver Rebecca Clarren, "Virtually Dead in Iraq", *Salon*, 16 set. 2006. Disponível em: <salon.com>. Acesso em: 27 jul. 2016.

[63] Idem.

Contrageografias • 465

"Quanto mais combustível seu SUV usa, mais estrangeiros eu preciso matar! Entendeu agora?"

"Monitoramento significa segurança!
Propaganda de guerra remixada por Micah Ian Wright. Prefácio por J.R. Norton"

"Vitória à vista. Para nossos heroicos empreiteiros militares!
Lucros de guerra são bons para a economia.
Uma mensagem do Ministério de Segurança Nacional"

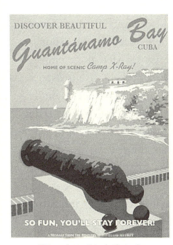

"Descubra a Linda Baía de Guantánamo, Cuba. Terra do pitoresco Camp X-Ray. É tão divertido que você vai ficar para sempre!"

"Guerra wireless. Botões tornaram a matança muito mais fácil.
Uma mensagem do Ministério de Segurança Nacional"

10.6 As influentes "propagandas de guerra remixadas" de Micah Ian Wright.

466 • Cidades sitiadas

Em um contexto um pouco diferente – o que Gilbert Achcar chamou de "choque de barbarismos"[64] –, a interferência também é uma reação relevante aos esforços de islamistas radicais para fomentar o medo e a ansiedade por meio de ataques terroristas assassinos e espetaculares às infraestruturas e circulações básicas de cidades contemporâneas. O grupo "We're Not Afraid" [Não Temos Medo], por exemplo, lançou campanhas em diversas cidades acometidas por esses ataques, como um meio tanto de resistir aos atentados quanto de resistir aos ciclos de securitização que eles geram. Enfatizando um forte senso de cosmopolitismo global, enraizado nas cidades, a mensagem da campanha é de que

> nós que não estamos com medo vamos continuar vivendo a vida da melhor maneira que sabemos. Vamos trabalhar, vamos nos divertir, vamos rir, vamos viver. Não vamos desperdiçar nenhum momento, nem sacrificar um nada de nossa liberdade, por causa do medo.[65]

Sátira

Subverter a militarização e o neoliberalismo por meio da sátira faz parte de uma longa tradição e oferece muitas possibilidades. Inerentemente moralizantes, essas intervenções são especialmente bem-sucedidas em expor as pretensões e os absurdos do poder e da autoridade. Os Yes Men, por exemplo, dedicam-se ao que eles chamam de "correção de identidade". Alguns deles conseguiram se fazer passar por representantes de grandes empresas ou da OMC e apareceram na BBC e em outros canais de notícias, como forma de induzir "constrangimento tático" e destacar os excessos da corrupção e da violência militar e corporativa[66]. Um exemplo impactante dessa abordagem foi uma entrevista ao vivo de quatro minutos para a BBC World News em 3 de dezembro de 2004, na qual Andy Bichlbaum se fez passar por um porta-voz da Dow Chemicals no vigésimo aniversário do acidente industrial letal na fábrica da Dow em Bhopal, Índia[67].

---

[64] Gilbert Achcar, *Clash of Barbarisms: September 11 and the Making of the New World Disorder* (Nova York, Monthly Review Press, 2002).

[65] Citado em Cynthia Weber, "An Aesthetics of Fear: The 7/7 London Bombings, the Sublime, and Werenotafraid.com", *Millennium: Journal of International Studies*, v. 34, n. 3, 2006.

[66] Ver Stephen Wright, "Spy Art: Infiltrating the Real", *Afterimage*, v. 34, n. 1-2, 2006.

[67] Idem.

Esforços notáveis para satirizar os dolorosos absurdos da Guerra ao Terror surgiram do trabalho do *Onion*, um jornal satírico publicado nos Estados Unidos e bastante lido, e reações no Reino Unido a uma série de anúncios antiterror (Figuras 10.7 e 10.8).

Uma das ações mais conhecidas de sátira subversiva contra a Guerra ao Terror abordou os vínculos inseparáveis que existem entre as tecnologias de controle militar e o entretenimento eletrônico. Em 2004, com o ultraje

"Milhares de pessoas tiram fotos todos os dias.
E se uma delas parecer estranha?
Os terroristas usam o monitoramento para planejar ataques, tirando fotos e fazendo anotações sobre medidas de segurança como a localização de câmeras de circuito interno. Se você vir alguém fazendo isso, nós precisamos saber. Deixe que oficiais experientes decidam que medida tomar. Terrorismo. Se suspeitar, denuncie.
Ligue para 0800 789 321
Linha antiterrorismo confidencial"

10.7 Campanha informativa de 2007 da polícia metropolitana de Londres cujo alvo era a supostamente ameaçadora tirada de fotos no centro da cidade.

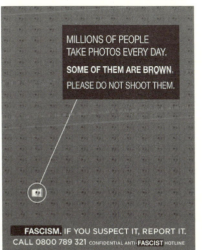

"Milhões de pessoas tiram fotos todos os dias.
Algumas delas têm pele escura.
Por favor, não dispare nelas.
Fascismo. Se suspeitar, denuncie.
Ligue para 0800 789 321
Linha antifascismo confidencial"

10.8 Uma das muitas reações satíricas aos pôsteres da polícia. Essa versão (anônima) faz alusão ao assassinato do brasileiro Jean Charles de Menezes na estação de metrô Stockwell em 2005 pela polícia antiterrorismo.

global diante das então recém-distribuídas imagens de tortura na prisão de Abu Ghraib, uma artista de rua cujo pseudônimo era "Copper Greene" colocou anúncios falsos nas ruas de Los Angeles e Nova York. À primeira vista, eles pareciam ser apenas mais alguns exemplos dos esforços onipresentes da Apple de divulgar sua geração mais recente de iPods. No entanto, olhando mais de perto, ficava claro que esses "anúncios" eram peças de arte de guerrilha sutis e poderosas atacando a invasão dos Estados Unidos ao Iraque.

Entre as três imagens usadas nos anúncios está a infame silhueta do prisioneiro iraquiano encapuzado sendo submetido a uma "eletrocussão falsa" em Abu Ghraib. Nela, como Gene Ray descreve, "os fios brancos do iPod são astutamente reutilizados como alças, fusíveis ou conduítes de eletrocussões simuladas"[68]. Imitando a legenda do anúncio do iPod, a mensagem dizia "iRaque – 10 mil volts no seu bolso, culpado ou inocente". Os pôsteres receberam bastante cobertura da grande mídia e são um excelente exemplo de como "imagens divergentes foram introduzidas na máquina do espetáculo e se multiplicaram como um vírus"[69].

Talvez o esforço satírico mais corajoso, no entanto, seja o trabalho do artista dinamarquês Jakob Boeskov e sua pseudoempresa de armas, Empire North ("A Solução Lógica"). Em 2002, Boeskov conseguiu se infiltrar na primeira grande feira de armas e segurança na China para expor um produto chamado ID Sniper™. Ao lado da "arma" na barraca sem funcionários havia um pôster explicando seu propósito:

> O que é o rifle ID Sniper™? Ele é usado para implantar um microchip-GPS no corpo de um ser humano, utilizando um rifle de alta potência como injetor de longa distância […]. Ao mesmo tempo, uma *camcorder* digital com uma lente de zoom ajustada no escopo tira uma foto de alta resolução do alvo. Essa imagem vai ser armazenada em um cartão de memória para uma análise imagética posterior. A tecnologia do microchip de GPS já está sendo usada para rastrear milhões de animais de estimação em diversos países, e a solução lógica é usá-la em humanos também, quando a situação exigir.

Boeskov descreveu sua sátira da seguinte forma: "O ficcionalismo é uma novíssima forma de arte. O objetivo dele é criar uma nova realidade e dar às

---

[68] Gene Ray, "Tactical Media and the End of the End of History", *Afterimage*, v. 34, n. 1, 2006.

[69] Idem.

pessoas, hoje, uma amostra do futuro"[70]. Ao satirizar a obsessão de saturar a massa e o fluxo da vida urbana com meios de identificar e rastrear alvos humanos, o ID Sniper™ vai direto ao cerne das fantasias tecnófilas que movem o novo urbanismo militar. Que o *display* da Empire North tenha sido aceito como normal no contexto da feira é de fato muito revelador. Uma revista de computadores fez um artigo em profundidade sobre o Sniper[71]. Um representante tentou adquirir o produto. E uma empresa chinesa aparentemente ofereceu capital de risco e um local de fabricação para a Empire North durante o evento.

Num contexto em que implantes subcutâneos de chips para o monitoramento de local de trabalho e do consumo estão crescendo com rapidez, a sátira parece quase prosaica. O jornalista ludibriado a escrever o artigo sério sobre o ID Sniper™ mais tarde disse que "embora o dispositivo sobre o qual escrevi seja sem dúvida falso, tecnologias semelhantes estão quase com certeza sendo pesquisadas ou desenvolvidas"[72]. E, como Holmes sugere, o incômodo é a grande facilidade com que

> tecnologias tão invasivas são aceitas e transformadas em norma. Sob essas condições, o trabalho de um artista como Boeskov se torna uma chance rara de jogar de fato o jogo da governança, abrindo um espaço público para recusar, contestar e desafiar esses novos regimes de rastreamento e registro.[73]

Colaboração

Finalmente, e talvez o mais importante, estratégias de contrageografia que tentam se contrapor ao novo urbanismo militar precisam ir além de novas declarações de cosmopolitismo e democracia[74]. Elas precisam se envolver e colaborar com aqueles que estão no lado que recebe a violência urbicida, a

---

[70] Citado em Julian Bajkowski, "Journalist Suckered by RFID Sniper Rifle 'Fictionism'", *ComputerWorld*, 3 maio 2004. Disponível em: <Computerworld.com>. Acesso em: 27 jul. 2016.

[71] Idem.

[72] Idem.

[73] Ver Brian Holmes, "Signals, Statistics and Social Experiments: The Governance Conflicts of Electronic Media Arts". Disponível em: <www.aec.at/en>. Acesso em: 12 jul. 2016.

[74] Ver Eşref Aksu, "Locating Cosmopolitan Democracy in the Theory-Praxis Nexus", *Alternatives: Global, Local, Political*, v. 32, n. 3, 2007, p. 275-94.

470 • Cidades sitiadas

implacável imposição do fundamentalismo neoliberal e a disseminação do encarceramento em massa, em vez de apenas falar em seu nome[75].

É necessário atuar contra o silenciamento habitual dos "outros" não ocidentais porque, como vimos neste livro, ações de silenciamento muitas vezes são combinadas com representações que legitimam o poder de penetrar e reordenar sociedades em massa, a distância, por meio da guerra, por meio da "modernização" (ou, de fato, desmodernização), ou por meio da imposição violenta de "democracia" ou da "civilização". Negar ao "outro" uma voz leva diretamente a conceber o Sul global como um "espaço abstrato ou patológico pronto para ser adentrado, retrabalhado, reestruturado e transformado"[76] de longe, usando o poderio militar ou tecnológico superior do Ocidente. Trazer visibilidade à voz não ocidental e reconhecer a agência do "outro" são meios de contra-atacar a tendência de negar a sociedades não ocidentais aquilo que David Slater chama de "símbolos legítimos de autoridade e identidade independente" – uma tendência que possibilita a um ato de representação "ser congelado ao redor dos atributos de carência, retrocesso, inércia e violência"[77].

Os urbanistas Stefan Kipfer e Kanishka Goonewardena defendem o que chamam de uma "urbanização de anti-imperialismo" no mundo contemporâneo. Para eles, a maior parte do anti-imperialismo "recai sobre os ombros das próprias populações de favela que carregam o fardo das estratégias neocoloniais e ataques urbicidas". No entanto, um anti--imperialismo urbanizado atuaria nas divisões maniqueístas de Norte e Sul conectando periferias urbanas pós-coloniais – "colônias internas" – em Paris, Londres e outras partes com as estratégias dos pobres urbanos do Sul global: "Como as revoltas nas cidades francesas no fim de 2005 demonstraram, lutas anti-imperialistas nas periferias 'distantes' do nosso mundo em urbanização podem ressoar as aspirações 'anticoloniais' em 'nossas próprias' cidades"[78].

---

[75] Ver Stefan Kipfer e Kanishka Goonewardena, "Colonization and the New Imperialism: On the Meaning of Urbicide Today", *Theory and Event*, v. 10, n. 2, 2007, p. 1-39.

[76] David Slater, *Geopolitics and the Post-Colonial: Rethinking North-South Relations* (Oxford, Blackwell, 2004), p. 222.

[77] Idem.

[78] Idem.

Da mesma forma, Brady Thomas Heiner se pergunta como os números crescentes de internos dentro do que ele chama de "circuito global de encarceramento", seja nos Estados Unidos, no Iraque, no Afeganistão ou em outros lugares, podem ganhar uma voz direta em vez de continuar sendo representados por ativistas no Norte global. Diz Heiner:

> Apenas quando as vozes dos encarcerados atravessarem a cortina de ferro do silêncio e reverberarem pelas ruas e pelos corredores do discurso público será possível reconfigurar de modo *justo* a geografia da globalização. Só então estaremos em posição de construir uma sociedade civil que não exija um arquipélago de instituições carcerárias para servir de "coleta de esgoto" para sua vida.[79]

Os elementos colaborativos do antimilitarismo urbano emergente fazem parte de uma mobilização muito maior de movimentos transnacionais que pedem justiça social dentro de um leque mais amplo de questões. Rejeitando a "globalização vinda de cima" encarnada pela incansável commodificação, privatização, padronização e militarização da vida social pelo neoliberalismo, esses movimentos estão "associados à heterogeneidade, diversidade e participação política da base para o topo"[80]. Coalizões transnacionais de movimentos sociais nas Américas, por exemplo, fizeram muito para expor a violência, a pobreza, a insegurança e a militarização perpetuadas por acordos de "livre comércio". A concentração desses movimentos ao redor de encontros políticos globais nos anos 1990 desempenhou um papel importante em expor as brutais desigualdades e inseguranças perpetuadas pela neoliberalização global[81].

Colaborações urbanas que transcendem a divisão de Norte e Sul já estão especialmente avançadas em cidades que transcendem a linha do Equador política global que separa o Norte e o Sul. Em San Diego-Tijuana, por exemplo, o arquiteto Teddy Cruz desenvolveu uma gama de projetos de arte, mídia e arquitetura criados para fazer uma polinização cruzada dos "dois urbanismos" das cidades conectadas. Ele vê isso como um meio de perturbar o

---

[79] Brady Thomas Heiner, "The American Archipelago: The Global Circuit of Carcerality and Torture", em Gary Backhaus e John Murungi (orgs.), *Colonial and Global Interfacings: Imperial Hegemonies and Democratizing Resistances* (Newcastle, Cambridge Scholares Publishing, 2007), p. 112.

[80] David Slater, *Geopolitics and the Post-Colonial*, cit., p. 219.

[81] Ver Donatella della Porta, *Transnational Protest and Global Activism* (Nova York, Rowman & Littlefield, 2004).

472 • Cidades sitiadas

surgimento de comunidades fechadas, postos de controle militarizados e "a[s] barricada[s] contra a complexidade e a contradição" que se mantêm como "paradigma dominante para uma cidade fortificada pós-11 de Setembro"[82].

Para onde seguir agora?

Pode-se resistir à militarização e à colonização continuadas e incansáveis da vida cotidiana, mas vai ser preciso mais do que desmistificação.[83]

Fraqueza política não é a falta de oposição, mas, em vez disso, a desorganização da divergência.[84]

As muitas contrageografias discutidas aqui podem, então, desempenhar um papel em expor, desmascarar ou erodir o entrincheiramento do novo urbanismo militar pelo globo. Os projetos inteligentes e cáusticos dos artistas nos mostram que é possível interferir nas geografias maniqueístas prevalecentes que transformam distância em diferença e, assim, justificam a violência assassina, o ódio e a guerra. Elementos do que Hardt e Negri chamaram de resistência da "multidão"[85], esses projetos muitas vezes são jocosos, celebratórios e cosmopolitas, e atuam por meio da experiência urbana vivenciada e dos próprios circuitos tecnoculturais de conexão transnacional que sustentam seu alvo, o novo urbanismo militar.

No processo, essas iniciativas reduzem a possibilidade de levar uma vida simples e pacífica no coração de complexos metropolitanos em que a economia e a política são mantidas por atrocidades militares contra cidades distantes[86].

Talvez o mais importante, porém, é que o novo urbanismo antimilitar demonstra que existe uma necessidade urgente de novos e radicais conceitos

---

[82] Teddy Cruz, "Border Postcard: Chronicles from the Edge", Washington (DC), American Institute of Architects, 2005.

[83] Patrick Deer, "The Ends of War and the Limits of War Culture", cit., p.7.

[84] Susan Buck-Morss, em *Under Fire 1: The Organization and Representation of Violence*, (Roterdã, Witte de Witte, 2005), p. 60.

[85] Michael Hardt e Antonio Negri, *Multitude: War and Democracy in the Age of Empire* (Londres, Penguin, 2006) [ed. bras. *Multidão: guerra e democracia na era do império*, trad. Clóvis Marques, Rio de Janeiro, Record, 2005].

[86] Ghassan Hage, "'Comes a Time We Are All Enthusiasm': Understanding Palestinian Suicide Bombers in Times of Exighophobia", *Public Culture*, v. 15, n. 1, 2003, p. 68.

de "segurança", capazes de servir como base conceitual para contrageografias. Em sua base, eles devem se voltar aos fundamentos da segurança urbana, humana, social, biosférica, hídrica e ecológica no contexto de intensificação das interconexões globais, rápida urbanização, extrema volatilidade financeira, crescentes pressão demográfica e esgotamento de recursos, e impressionante crise ambiental[87]. Reimaginar a segurança possibilita reformar a relação entre a diferença e a globalização de modo que ela não dependa do lançamento de guerra coloniais constantes e sem limites contra "outros" que são atacados continuamente dentro e por meio das arquiteturas da hiperdesigualdade.

Mudanças enormes estão à espera, mas os pontos de partida estão claros. Primeiro, precisamos enfatizar a legitimidade e a urgência de contrageografias, e suas políticas de segurança críticas ou radicais. Ao oferecer canais para lidar com as causas da guerra, a hiperdesigualdade e a insegurança, as contrageografias podem ser meios poderosos de desafiar a legitimidade de ideologias de resistência violentas e fundamentalistas. O coletivo Retort defende:

> Uma crítica não ortodoxa, não nostálgica, não rejeicionista, não apocalíptica do moderno. Essa deve ser a tarefa da política de esquerda agora. Caso contrário, a base da oposição ao presente vai ser permanentemente cedida a um ou outro fundamentalismo [cristão ou islâmico].[88]

Aliás, eles estão preocupados que a fraqueza e a confusão da esquerda possam significar que o terrorismo fundamentalista passe a constituir, em muitos casos, ideologias de resistência mais poderosas do que os movimentos sociais e políticos legítimos organizados pela sociedade civil global.

Segundo, a provisão e o controle do Estado não podem mais ser um anátema. Precisamos cuidar para que a infraestrutura socializada, a habitação e o urbanismo mais uma vez se tornem axiomáticos, em uma concepção ressurgente de política de Estado keynesiana, organizada por meio de escalas múltiplas de intervenção para ficar à altura dos contextos de globalização em aceleração.

Terceiro, a economia neoliberal precisa desaparecer – por completo.

Quarto, redistribuição progressiva, justiça social e ambiental, uma política positiva de diversidade e uma ideia de diferença que resista a ser

---

[87] Human Security City Blog, *Human Security for an Urban Century*, Vancouver, 2004. Disponível em: <humansecurity-cities.org>. Acesso em: 27 jul. 2016.

[88] Iain Boal et at., *Afflicted Powers*, cit., p. 177.

violentamente transposta para o "outro"[89] precisam ser conceitos-base, em vez de palavrões confinados às margens políticas.

Finalmente, os horizontes temporais da política precisam ir muito além das vantagens especulativas, das oportunidades de efeito, do "longo agora". Considere-se, afinal, que a intervenção humana na Terra se tornou tão dominante que toda uma nova era geológica – o antropoceno – foi introduzida para lidar com ela[90]. Sem dúvida, políticas culturais, tecnológicas e ambientais precisam ser reforjadas para se equiparar à força do antropoceno. Com a extinção dos combustíveis fósseis à espreita, e a segurança hídrica e alimentar em rápida deterioração, uma política de segurança nova e radical precisa ser tanto local quanto transnacional. Um "cosmopolitismo de baixa energia"[91] exige uma esfera pública revitalizada e democrática em todos os níveis. Ao mesmo tempo, claro, enfrentamos a questão espinhosa da rerregulamentação das finanças e do capital globalizados com base em uma nova política de segurança.

Apesar de ser o arauto do caos e da piora nas condições para o mundo já empobrecido, a atual crise financeira global também pode servir como uma oportunidade. Pelo menos, abre importantes espaços dentro dos quais se pode contestar politicamente a colagem preconcebida de conceitos, mitologias, imaginários e normas que ampararam tanto o novo urbanismo militar quanto seu papel central no capitalismo em neoliberalização das últimas décadas.

Não se pode permitir, no entanto, que a mudança rumo a um controle de Estado renovado do sistema financeiro mundial que emergiu como resultado da crise ocorra sem uma reforma fundamental das arquiteturas políticas e econômicas do planeta. O problema, claro, é que os Estados hoje estão entrelaçados aos circuitos do capital dominante, são tão cúmplices de suas próprias políticas de espetáculo público e sigilo privado, que é improvável que essa reforma venha deles. Enquanto isso, formas emergentes de sociedade civil globalizada, conectando uma miríade de grupos subalternos e

---

[89] Agradeço a David Campbell por enfatizar esse ponto crucial. Ver William Connolly, *Identity/Difference: Democratic Negotiations of Political Paradox* (Minneapolis [MN], University of Minnesota Press, 2002).

[90] Ver Simon Dalby, "Ecological Intervention and Anthropocene Ethics", *Ethics & International Affairs*, v. 21, n. 3, 2007.

[91] Andrew Dobson e David Hayes, "A Politics of Crisis: Low-Energy Cosmopolitanism", *Open Democracy*, 22 out. 2008. Disponível em: <opendemocracy.net>. Acesso em: 27 jul. 2016.

movimentos sociais, ainda não têm a força para ameaçar esses arranjos nem para desafiar as políticas partidárias e regulações econômicas dominantes – mesmo em meio a esta crise[92].

Mesmo que uma política radical de segurança seja mobilizada, eu defenderia a importância de manter um foco analítico nas cidades, na urbanização e na vida urbana, considerando nosso planeta em rápida urbanização. Esse é um excelente ponto de partida para reimaginar a globalização, a diferença e a segurança – e os vínculos entre elas. Isso forçaria uma compreensão mais forte do aprofundamento contínuo das conexões transnacionais e cosmopolitas que marca nossa era, em toda a sua complexidade e ambivalência. Uma política radical de segurança requer uma apreciação das pressões demográficas e das inseguranças geradas pela polarização social extrema, e um domínio do fato de que essa polarização é uma marca inevitável de sociedades baseadas no fundamentalismo de mercado. Enquanto os discursos de segurança padrão continuam preocupados com a governança nacional e supranacional, uma política radical de segurança – voltada para as cidades – requer um profundo reconhecimento da dependência fundamental da vida humana em relação aos processos biosféricos. As cidades e a vida urbana estão visceralmente relacionadas a mudanças climáticas, enchentes, desastres, guerras e crises migratórias; governos e finanças supranacionais são universos mais abstratos, mais virtuais, que tendem, em contraste, a ofuscar sistematicamente a vida cotidiana como ela de fato é vivida.

Para serem significativos para o nosso próprio tempo, novos conceitos de "segurança" precisam rejeitar forçosamente ideias tradicionais de "segurança nacional"[93]. Aqueles que são dependentes dos ditames do neoliberalismo aquisitivo, colonial e violento, forjados no sistema de Estados nacional e supranacional contemporâneo, precisam estar no centro da reconstrução crítica e intelectual[94]. A linguagem da "segurança" e do "humanitarismo" muitas vezes encobriu assassinatos, pilhagem e desapropriação, enquanto complexos de capital militar, corporativo, do

---

[92] Ver Leonie Ansems de Vries, "(The War on) Terrorism: Destruction, Collapse, Mixture, Re-enforcement, Construction", *Cultural Politics*, v. 4, n. 2, p. 183-98.

[93] Ver Keith Krause e Michael Williams (orgs.), *Critical Security Studies: Concepts and Cases* (Nova York, Routledge, 1997).

[94] Ver Willem de Lint e Sirpa Virta, "Security in Ambiguity: Towards a Radical Security Politics", *Theoretical Criminology*, v. 8, n. 4, 2004, p. 465- 89.

476 • Cidades sitiadas

agronegócio, tecnológico, acadêmico e/ou petroquímico geraram enormes inseguranças em terras nacionais e no exterior. De fato, ao se alimentar do caldeirão de medos e ansiedades vivenciados pelos poderosos quando cercados pelas massas marginalizadas, as indústrias de "segurança" vendem tudo, menos segurança. Como o fiasco de Nova Orleans em 2005 demonstrou, discursos hipermilitarizados sobre a necessidade de realizar uma "guerra" contra as ameaças à segurança da existência representadas pelo "terrorismo" partem com facilidade para uma negação radical das ameaças e riscos muito mais urgentes que giram em torno da mudança climática global, da degradação ambiental, da hiperdesigualdade racializada e da violência urbicida de Estado[95].

No entanto, um alerta. Apesar de ilustrar a amplidão das possibilidades emergentes, as iniciativas contrageográficas discutidas anteriormente têm limitações muito reais. Muitas são, por necessidade, muito efêmeras. Muitas chegam a públicos relativamente pequenos de ativistas e artistas já comprometidos. Com algumas notáveis exceções[96], a maioria tende a falar em nome daqueles que enfrentam o baque, os receptores, do novo urbanismo militar, em vez de colaborar com eles e suas próprias resistências. Além disso, quase todas as iniciativas exploradas aqui estão confinadas aos circuitos de artistas e ativistas, e não formam o tipo de coalizões políticas mais amplas necessárias para criar os desafios políticos necessários.

Esses novos domínios públicos experimentais são, assim, como vimos, altamente múltiplos, fluidos e com escalas múltiplas, e essa mesma característica levanta um conjunto de questões importantes: como os circuitos múltiplos de mídia, locações e temas de ativismo, protesto e a resistência podem resultar em mais do que a soma de suas partes? Como esse grupo

---

[95] Ver Stephen Graham, "'Homeland' Insecurities? Katrina and the Politics of Security in Metropolitan America", *Space and Culture*, v. 9, n. 1, 2006, p. 63-7.

[96] Os projetos colaborativos de resistência que ligam os movimentos antiguerra palestinos e israelenses são um bom exemplo aqui. Ver Adi Louria-Hayon, "Existence and the Other: Borders of Identity in Light of the Israeli/Palestinian Conflict", *Afterimage*, v. 34, n. 1-2, 2006, e o projeto "The School of Panamerican Unrest" (2006), organizado pelo artista mexicano radicado em Nova York Pablo Helguera. De acordo com Stephen Wright, ele existe "com a esperança de gerar conexões entre as diferentes regiões das Américas por meio de uma variedade de eventos – discussões, *performances*, exibições e colaborações – através de um fórum nômade que vai atravessar o hemisfério por terra, do Alasca até a Argentina", Stephen Wright, "Spy Art: Infiltrating the Real", *Afterimage*, v. 34, n. 1-2, 2006.

fluido e pluralizado pode ajudar a gerar políticas de segurança radicais que seus constituintes buscam? Como uma totalidade solta e móvel, porém eficiente, pode ser forjada das contrageografias diversas e múltiplas para desafiar e correr paralela aos espaços, circuitos e espetáculos múltiplos tão característicos do novo urbanismo militar? Como, em outras palavras, podemos nomear o inimigo[97]?

Acredito que, se pudermos englobar uma pletora de projetos ativistas dentro de coalizões e movimentos políticos mais amplos, então estilos insurgentes de ativismo e cidadania obteriam o poder de fazer exigências políticas de nível mais alto, aumentando assim a possibilidade de que ideias radicais de segurança possam ser implementadas em um nível significativo. Mas essas sugestões, bem como as questões anteriores, estão além do tema deste livro, cujo esforço foi o de mapear o novo militarismo que atua de modo tão pernicioso ao tornar a vida civil urbana seu alvo principal. Espero que ele tenha conseguido delinear a escala do desafio que um movimento diversificado vai precisar enfrentar[98].

---

[97] Iain Boal et al., *Afflicted Powers*, cit., p. 191.

[98] Citado em Brian Holmes, "Signals, Statistics and Social Experiments", cit.

FONTE DAS IMAGENS

Todos os esforços foram feitos para entrar em contato com os detentores dos direitos das imagens usadas neste livro. A editora e o autor gostariam de estender sua gratidão a todos os que autorizaram a reprodução de seu trabalho aqui. A seguir, oferecemos uma lista parcial de fontes das ilustrações para os pesquisadores.

1.1 Trinta maiores cidades do mundo em 1980, 1990, 2000 e 2010 (projeção). "A World of Cities, an Urbanized World", *State of the World* (Nairóbi, UN--Habitat, 2000).

4.1 Os mundos em ascensão da segurança privada pela Europa e um retrato detalhado da Alemanha. Volker Eick, "Disciplining the Urban Poor". Disponível em: <www.policing-crowds.org/labor/article/volker-eick-disciplining-the-urban-poor>. Acesso em: 28 jul. 2016.

4.2 Urbanismo em zonas internacionais e pontos de passagem. Imagens reproduzidas por cortesia de Jeremy Nemeth.

4.3 População encarcerada em presídios federais dos Estados Unidos, 1910-2004, e a proliferação geográfica desses presídios entre 1950 e 2005. Bureau de Estatísticas do Departamento de Justiça dos Estados Unidos.

4.4 Cartaz anunciando o uso de exames de DNA para conter comportamentos antissociais em meios de transporte públicos em Sheffield, Reino Unido. Reprodução por cortesia de Clive Norris.

4.6 A "Rede de Cidades Globais", centro de pesquisa de Globalização e Cidades do Mundo da Universidade de Loughborough.

4.7 Monitoramento global de internet da NSA. Mapa reproduzido por cortesia da TeleGeography; Ryan Singel, "NSA's Lucky Break: How the US Became Switchboard to the World", *Wired*, 10 out. 2007. Disponível em: <wired.com>. Acesso em: 28 jul. 2016.

480 • Cidades sitiadas

6.2 "Baladia", simulação de uma cidade palestina. No alto: Corpo de Engenheiros do Exército dos Estados Unidos na Europa, verão de 2007. Disponível em: <www.nau.usace.army.mil>. Ao centro: URIEL SINAI/GETTY IMAGES. Ao centro e embaixo: reprodução por cortesia de Adam Broomberg e Oliver Chanarin, 2006.

6.3 Cidade-fantasma em Playas, Novo México. Fotos reproduzidas por cortesia de Steve Rowell/The CLUI Photographic Archive.

6.4 Dados por trás do desenvolvimento de videogames de guerra urbana pelas Forças Armadas dos Estados Unidos. Tim Lenoir, "Taming a Disruptive Technology", *open source*, Universidade Stanford.

7.1 Auxílio total, militar e econômico dos Estados Unidos para Israel, 1949-2006. Shirl McArthur, "A Conservative Estimate of Total Direct US Aid to Israel: $ 108 Billion", *Washington Report on Middle East Affairs*, jul. 2006. Disponível em: <www.wrmea.com/archives/July_2006/0607016.html>. Acesso em: 30 maio 2016.

8.2 Modelo dos cinco anéis, criado por John Warden em 1995. Redesenhado com base em Edward Felker, "Airpower, Chaos and Infrastructure: Lords of the Rings", *Maxwell paper 14*, Maxwell (AL), US Air War College Air University, 1998, p. 12.

8.3 "Um novo modelo de estrutura social". Redesenhado com base em Edward Felker, "Airpower, Chaos and Infrastructure: Lords of the Rings", *Maxwell paper 14*, Maxwell (AL), US Air War College Air University, 1998, p. 12.

8.4 Análise de Patterson dos efeitos em cascata de primeira, segunda e terceira ordem da interrupção de redes de energia elétrica pelas forças estado-unidenses durante guerras urbanas em um "país adversário". Christina Patterson, *Lights Out and Gridlock: The Impact of Urban Infrastructure Disruptions on Military Operations and Non-Combatants* (Washington, Institute for Defense Analyses, 2000).

9.2 Dependência dos Estados Unidos e da "Ásia emergente" (China, Índia e Coreia do Sul) das importações de petróleo do Oriente Médio, 2002 e 2025 (projeção). Dados extraídos de Thomas D. Kraemer, *Addicted to Oil: Strategic Implications of American Oil Policy* (Carlisle [PA], US Army Strategic Studies Institute, 2006), p. 13.

9.5 Ford SynUS. Disponível em: <www.desktopcar.net/wallpaper/27101--2/Ford-SYNus-03.jpg>. Acesso em: 30 maio 2016.

9.6 Pico de produção de petróleo e a diferença cada vez maior entre descoberta e produção. Elaborado com base em Cameron Leckie, "Peak Oil and the Australian Army", *The Australian Army Journal*, v. 4, n. 3, p. 23.

10.1 Mapa da Humane Borders. Disponível em: <www.humaneborders.org>. Acesso em: 30 maio 2016.

Fonte das imagens • 481

10.3 Karen Fiorito, campanha de *outdoor* de 2005. Disponível em: <www.woostercollective.com/2005/06/shox_news_billboard_from_karen.html>. Acesso em: 30 maio 2016.

10.7 Campanha informativa de 2007 da polícia metropolitana de Londres. Disponível em: <www.met.police.uk/campaigns/campaign_ct_2008.htm>. Acesso em: 30 maio 2016.

10.8 Pôster disponível em <www.flickr.com/photos/illegalphotos>. Acesso em: 30 maio 2016.

ÍNDICE REMISSIVO

Os números de página em itálico indicam imagens

11 de Setembro, 25, 94, 97, 101, 102 n., 103 n., 112, 119, 135, 145-8, 184-5, 191, 208-10, 214, 224, 291, 295, 308-9, 326, 331-2, 339, 341, 350-1, 393, 413, 438-9, 454, 464, 472
    como ato de Deus, 104
    consumo econômico como reação a, 130
    e a mídia, 131-2
    nacionalidades na lista de mortos do, 147-8

A

ABC, 136

Abu Ghraib, 117, 137, 176, 178 n., 180, 312, 448, 468

Abu Manneh, Bashir, 307-8

Achcar, Gilbert, 95, 466

Ackerman, Robert, 233

Ackerman, Spencer, 194 n.

Acordos de Oslo, 310

Aegis, defesa aérea, 253

Afeganistão, 88, 114, 137, 194, 239-40, 250, 271, 316, 319, 330, 354, 358, 405, *431*, 453, 463, 471
    simulação de, 272, 290

Afflicted Powers: Capital and Spectacle in a New Age of War, 132 n., 231 n., 286 n., 394 n., 433 n., 445 n., 473 n., 477 n.

África, 50, 56, 67, 113 n., 114, 187, 247, 386, 404, 427, 430

África do Sul, 65, 108, 175, 341

África Ocidental, 187, 430

Afro-americanos
    alvos militares e empregados pelas Forças Armadas, 124, 415-6
    como excedente humano, 181
    e Hummer, 415-6
    e o furacão Katrina, 77, 79, 106 n., 109, 153 n., 164, 181
    e prisão, 177
    retratados pela mídia, 101-2

Agamben, Giorgio, 37 n., 40, 138, 164 n., 165 n., 181 n., 245 n., 313, 386 n., 391, 399

Agência Internacional de Energia, 434

Agier, Michel, 69 n.

agitação civil
    como ameaça terrorista, 143, 292

Agre, Phil, 76 n., 84 n., 185, 345 n., 382, 383 n., 385 n., 386, 388-9

Ahtisaari, Martti, 367

Air and Space Power Chronicles, 223 n., 362

Air Force Magazine, 238 n., 242

Aizenman, N. C., 177 n.

ajuste estrutural (SAP), 53-4, 68, 113 n.

Aksu, Esref, 469 n.

Al Jazeera, 136, 299, 370

Al Qaeda, 74, 94-6, 98-9, 249, 309, 327, 433

Alasca, 107 n., 259, 262, 403, 428, 476 n.

Alcorão, 98

al-Harithi, Ali Qaed Sinan, 327

Allison, Aime, 463 n.

484 • Cidades sitiadas

Alsayyad, Nezar, 209-11

Alvarez, Samantha, 53 n.

alvos monitorados por computador, *ver* mineração de dados

al-Zawahiri, Ayman, 250

Amã, 342

America's Army, 41, 279-82, 284, 464
e recrutas do Exército estado-unidense, 281-2

Amidon, John M., 395 n., 403, 430 n.

Amoore, Louise, 168, 190 n., 191, 204, 207 n., 453 n.

Andrejevic, Marc, 162

Andreu, Paul, 157 n.

Andrews, Andy, 265

Ansary, Tamim, 358 n., 391

Ansems de Vries, Leonie, 350 n., 475 n.

antiglobalização, 74, 76, 119, 449

Antigo Testamento, 96

antiurbanismo, 35, 44, 80, 86, 96-111 *passim*, 165, 407, 409, 415

antropoceno, 474

antropólogos, 87, 167, 235, 311

Appadurai, Arjun, 204
Fear of Small Numbers, 67 n., 68 n., 81, 116 n.
Modernity at Large, 68

apropriação, 456-60

aquecimento global, *ver* mudança climática

árabes, *páthos* dos, 312

Arábia Saudita, 310, 394, 428, *431*, 432, 438

Arafat, Yasser, 309

Arizona Republic, 262 n., 263

Arkin, Ronald, 252

armas de destruição em massa (WMD), 308

armas não letais, 32, 36, 80, 167, 322-6, 360, 383, 386

Armitage, John, 253

Army News Service, 284

Arnold, Kathleen, 162 n.

Arquilla, John, 74 n., 223 n.

arquipélago urbano (Estados Unidos), 108-11

arte, 447-72 *passim*

Arziof, David, 335

Assa, Haim, 373

assistentes pessoais digitais, 128

Astore, William J., 380 n.

atirar para matar, 32, 182, 321, 338-9

Atkinson, Rowland, 100 n., 165 n., 176

Atta, Mohamed, 97

Aum Shinrikyo, grupo, 351, 384

Austrália, 167, 203, 434

Autoridade Palestina, 309

Axe, David, 283 n.

Axtell, Bryan, 277 n., 278

Aziz, Tariq, 221 n.

Aznar, 148

Azri, Ben, 371

B

Barbero, Mike, 266

Backhaus, Gary, 177 n., 471 n.

Baeten, Guy, 100 n., 164, 165 n.

Bagdá, 24, 28, 30, 32-3, 72, 74, 77, 80, 88, 106, 108, 128, 132, 135-6, 157, 180, 182, 188, 194, *195*, 239, 261-2, 279, 291-2, 299, 320, 326, 341, 354, 366, 370-1, 391, 410, 417, 420, *453*, 454-5
simulação de, 277-8

Bajkowski, Julian, 469 n.

Baker, Peter, 456

Baladia, *ver* guerra urbana: cidades de treinamento

Bálcãs, 68, 151

Balko, Radley, 75 n.

Baltimore, 69

Banco Mundial, 53, 55, 189, 436

Bangladesh, 50

Barakat, Matthew, 289 n.

Barakat, Sultan, 345 n.

Baranoski, Edward, 236 n.

Barghouti, Omar, 313

Barlow, Jason, 365 n.

Barnett, Thomas, 112 n., 113-4, 386, 387 n.

Barriot, Patrick, 360 n.

Baudrillard, Jean, 119, 294

Bauman, Zygmunt, 59, 177

Baumholder, *ver* guerra urbana: cidades de treinamento

Índice remissivo • 485

BBC, 298 n., 466

Beckert, Stephan, 206

Behnke, Andreas, 383 n.

Beinin, Joel, 308 n., 309 n.

Beiser, Vince, 266

Bell, Jonathan, 404 n.

Bell Curve: Intelligence and Class Structures in American Life, The (Herrnstein e Murray), 102

Bellamy, Christopher, 221 n.

Bellflower, John W., 84 n., 390 n.

Ben-Horin, Ro'i, 322 n.

Bénit-Gbaffou, Claire, 175 n.

Benjamin, Walter, 294 n.

Berlusconi, governo, 182

Berman, Ilan, 310

Berman, Marshall, 60 n., 69 n., 302

Bernstein, Sam, 413

Bertozzi, Massimo, 427 n.

Bevan, Robert
The Destruction of Memory, 68 n.

Bhabha, Homi, 202 n.

Bhopal, 466

Bialasiewicz, Luiza, 82 n., 112 n., 311 n.

Bíblia, 60

Bichlbaum, Andy, 466

Bichler, Shimshon, 154 n., 340 n., 398 n.

BIDs, 170

Biersteker, Thomas
The Reordering of North America, 145 n., 200 n.

Bigelow, David, 253 n., 254

Bigo, Didier, 158-9, 197

bin Laden, Osama, 86, 97 n., 117, 120, 309, 343, 384

biocombustíveis, 39, 399, 435-6, 438, 450

biometria, 80, 168, 187, 205, 334

biopolítica, 218, 399

Bishara, Azmi, 316

Bishop, Ryan, 63 n., 127

Bisley, Sven, 140 n.

Bismuth, Chantal, 360 n.

Black, Jeremy, 246

Blackmore, Tim, 28 n., 83 n., 84 n., 244 n., 251

Blackwater, 42, 137, 418, 420

Blair, Tony, 148, 299

Blakeley, Ruth, 365, 366 n., 369 n.

Blakely, Edward J., 77 n.

Blanche, Ed, 326 n.

Blandy, Sarah, 176

Blech, Jörg, 239 n., 240 n., 243, 252 n.

Bleiker, Roland, 135 n.

Blum, H. Steve, 270

Boal, Iain, 97 n., 132 n., 231 n., 286 n., 394 n., 433 n., 445 n., 473 n., 477 n.

Boddy, Trevor, 98, 173, 174 n.

Boeing, 38, 187, 337

Boeri, Stefano, 450

Boeskov, Jakob, 468-9

Boggs, Carl, 314

Bolkcom, Chris, 366, 367 n.

bombas de blecaute, 360, 370

Blond, Phillip, 57

Book, Elizabeth, 274 n.

Booth, Dave, 305

Borger, Julian, 306, 327, 395 n., 396 n., 397 n., 437 n.

Bottomley, Anne, 128 n., 169 n.

Bowcott, Owen, 184 n.

Boyd, Terry, 262 n.

Boyle, Phil, 72 n.

Brasil, 172 n., 181, 202 n.

Braudel, Fernand
Capitalism and Material Life, 60 n.

Brave New War: The Next Stage of Terrorism and the End of Globalization (Robb), 208 n.

Bremer, Paul, 118

Brenner, Niel
New State Spaces, 150 n.

Broggi, Alberto, 427 n.

Brom, Shlomo, 309 n.

Brooks, James, 308-9, 310 n.

Broomberg, Adam, 266 n., 269

Brown, Ian
Privacy & Law Enforcement, 186 n.

Brown, Michelle, 176 n., 178 n.

Brown, Todd, 313

Buchanan, Patrick, 308 n.

486 • Cidades sitiadas

Buckley, Cara, 425 n.

Buck-Morss, Susan, 472 n.

Bugeaud, Marshall Thomas Robert
La Guerre des Rues et des Maisons, 62

Bunting, Madeleine, 52 n.

Bureau D'Études, 452

Burke, Jason, 182 n.

Burston, Jonathan, 132 n.

Buruma, Ian, 97 n., 98

Bush, George W., 82, 85, 94, 105, 109, *110*, 130, 299, 309-10, 380, 420, 434

Bush, governo, 96, 102, 107 n., 108-9, 111, 112 n., 113 n., 115, 146, 224, 298, 306, 308, 312, 315-6, 341-2, 403, 413, 429, 432-3

Business Week, 331

Butler, Judith
Precarious Life, 178

C

C3I (comando, controle, comunicação, informação), 126-7

Campbell, David, 159 n., 393 n., 396 n., 397, 398 n., 399, 403 n., 418 n., 474 n.

campo de batalha, 28, 62, 80, 83-4, 85 n., 172, 191, 227, 229, 236, 240, 243, 253, 270, 278, 300, 304, 331, 407, 414, 425, 443

Cancún, 188

Canestaro, Nathan, 71 n.

Caparini, Marina, 139 n.

capitalismo neoliberal, 29, 38, 54, 113 n., 150, 161, 386-7, 452

Car and Van Magazine, 411

Carafano, James, 335 n.

Carpenter, Charli, 240 n.

carro
aumento de quilometragem percorrida por, 394-5
como unidade de controle, 421-2
e a cidade, 399, 406-7
e a sociedade estado-unidense, 393-4
e exploração petrolífera, 399
e guerra, 399
eficiência de combustível de, 396-7
emissões de carbono, 396-7, 434, 439
índice de mortes, 440
número mundial de, 404, 435
ver também petróleo

Carroll, Rory, 170 n.

Carter, Jimmy, 428

Cashwell, James, 261

Castells, Manuel, 65 n.

Cato
The Weaponization of Immigration, 35 n., 81 n.

CBS, 136, 414

Center for Land Use Interpretation, 272, 292

Centro de Informação Israelense para os Direitos Humanos nos Territórios Ocupados, 241

Cerreño, Allison L. C. de, 424 n.

Chakrabortty, Aditya, 436 n.

Chanarin, Oliver, 266 n., 269

Charlaff, Joe, 336 n.

Chaves, Manuel, 262

Chiarelli, Peter, 79 n., 80 n.

China, 185, 381, 404, 427, 429, 468

Chirac, Jacques, 382

Chossudovsky, Michel, 430 n.

Chow, Rey, 77

Church, William, 378-9

CIA, 26, 289, 326, 452

ciberataques, 378-82

cidadania, 28-9, 122, 138, 159, 163-4, 172, 181, 205, 209-11, 216, 245, 251, 313, 445, 477
e SUV, 406-7

cidade
área nacional estranha à, 144-9
boom populacional na, 49-52
e as Forças Armadas dos Estados Unidos, 230
centro do capitalismo militar-industrial, 153-4
como absurdo para videogames de guerra, 291
como alvo duplo, 111
como alvo, 111, 119, 207-8, 260, 277-8, 340
como área complexa de guerra, 223, 225, 226-8, 229, 274
como campo de batalha, 59, 80
como colmeia de jurisdição, 211
como construção militar, 60
como estrangeira, 123
como ilha de segurança, 188
como ninho (ou covil) terrorista, 115, 116 n., 118

como *páthos*, 102-3, 112
como poluente cultural, 81
congresso sobre guerras combatidas na, 303
convergência doméstico-estrangeira, 77, 103, 111
culpar a vítima, 164-5
definida pelo conhecimento do inimigo, 128
desvelamento tecnológico da, 232-4
e carro, 399, 406-7
e democracia, representação errada da, 189
e guerra, 61-3, 73, 86, 91, 221
depois da Guerra Fria, 66-71
e ideias radicais, 79
e produção de relações sociais, 151
e SUV, 400, 402-3, 409-10
escrutínio remoto da, 182
francesa, conjuntos habitacionais ao redor da, 107, 181
medievalismo da, 415
ódio religioso à, 94-6
possibilidade de violência na natureza da, 39
prejudicada pelas fronteiras onipresentes, 215-6
preocupação militar com, 115
privatização emerge da, 210
reorganizada, 211
superar o anonimato da, 192
sustentável, 440
ver também cidades árabes; infraestrutura; megacidades; guerra urbana; urbicídio
cidades árabes, 94, 97 n., 112 n., 115, 117, 260, 269, 275, 279-81, 285-6, 292-4, 299, 314
circuito interno de monitoramento (ou de TV ou de segurança), 36, 41, 127, 168, 172, 182-4, 191, 233-6, 337, 423-5
de próxima geração (NGFR), 183 n.
reconhecimento facial, 183-5, 192, 233
Cisjordânia, 32, 40, 181, 209, 249, 270, 301, 305, 310, 316, 319, 321-2, 324, 326, 342-3, 371-2, 374, 450
simulação de, 268
Citigroup, 56
City Journal, 25, 77, 105, 106 n., 107, 346 n.
Clancey, Greg, 63 n., 69 n., 99 n., 111
Clark, Andrew, 439 n.
Clark, Joe, 289
Clarren, Rebecca, 464
Clash of Civilizations, The (Huntington), 33 n., 35 n., 82 n.

"A Clean Break: A New Strategy for Securing the Realm", 310
Closs-Stevens, Angharad, 148
CNN, 136
Coaffee, John, 72 n., 188 n., 214, 384 n., 385 n.
Cobarrubias, Sebastian, 187 n.
Cobb, James, 413 n.
coeficiente de Gini, 56-7
Coffman, Vance, 293
Cohen, Elliot, 366 n., 367 n.
Cohen, Stanley, 448 n.
Coker, Christopher
The Future of War, 297 n.
colaboração, 469-72
Colasti, Tom, 184 n.
Collings, Deirdre, 319 n.
Collins, John, 116 n.
Collinson, Stephen, 105 n.
Comando Norte, 30, 73 n., 389
comércio, *versus* segurança, 200-1
comunidade fechada, 33, 36, 77, 112, 168, 175, 211, 322, 341, 400, 402, 408, 472
bases estado-unidenses como, 286-8
Iraque como, 322
Israel como, 341
SUV como, 400, 402, 408, 414
comunismo, colapso do, 57, 68
conflito de baixa intensidade, 28, 35, 65, 72, 75, *78*, 80, 121, 143, 166-7, 254, 323, 334, 340-1, 458
Conner, Steve, 424 n.
Connolly, William
Pluralism, 138
Consenso de Washington, 53
Container Security Initiative (CSI), 200-1
contrageografias
apropriação, 456-60
colaboração, 469-72
exposição, 447-53
interferência, 460-6
justaposição, 453-5
sátira, 466-9
Convenção Nacional do Partido Republicano, 454
Cook, Jonathan, 310 n., 311
Crooke, Alastair, 314

488 • Cidades sitiadas

Cooper, Simon, 130 n., 246 n.

Copa do Mundo, 215

Copulos, Milton, 405

Cornia, Giovanni Andrea, 56

Corpo de Guerra Química do Exército dos Estados Unidos, 261

Corrie, Rachel, 325

Côté-Boucher, Karine, 158 n., 204 n.

Cowen, Deborah, 72 n., 122-3, 197 n., 198 n., 199 n., 200 n., 201 n., 202 n.

Crampton, Jeremy W., 219 n.

Crandall, Jordan, 93 n., 99 n., 128-9, 134, 213 n., 253 n., 305 n., 422 n., 456 n., 458 n., 459-60

crime de guerra, 249, 254, 360 n.

crise alimentar, 438

Critique of Everyday Life, The (Lefebvre), 61 n.

Croser, Caroline, 456 n.

Crotts, Derik, 298 n.

Cruz Vermelha, 187

Cruz, Teddy, 187, 471, 472 n.

Csikszentmihalyi, Chris, 457

Czerwinski, Jonah, 335 n.

D

Daca, 50

Dalby, Simon, 114, 145 n., 444, 474 n.

Dalrymple, Theodore, 107-8

Dao, James, 298 n.

Darpa, 183 n., 234-5, 237, 244, 422, 425-7, 462

Dassault Aviation, 188

Davies, Nick, 189 n.

Davis, Daniel, 252 n.

Davis, Mike, 49 n., 54, 56 n., 58-9, 63 n., 113 n., 114, 117 n., 132, 261 n., 355 n., 421 n., 453 n.

Davison, Neil, 323 n.

Dawkins, James, 251 n.

Dawson, Ashley, 75 n., 82, 83 n., 86 n., 88-9, 114 n., 119 n., 223 n., 277 n., 278, 311 n.

De Cauter, Lieven, 400, 402 n., 408 n.

De Cueller, Perez, 367 n.

De Goede, Marieke, 124 n., 155 n., 197 n., 207 n.

Decena, Carlos, 214

Deck, Andrew, 279, 280 n., 281 n.

Deer, Patrick, 84 n., 85, 93 n., 121 n., 142-3, 359 n., 447 n., 448, 472 n.

Defense Horizons, 283

Defense News, 241, 324, 328 n.

Defense Science Board (DSB), 231-2, 233 n.

Defense Watch, 235 n., 237

DefenSoft Planning Systems, 337

DeLappe, Joseph, 464

DeLay, Tom, 100-1, 301 n.

Deleuze, Gilles, 125, 152, 210

DelPiano, Steffan, 279 n., 281 n.

Democracy for Missouri, 285

Departamento de Polícia de Nova York, 29

Der Derian, James, 85, 133 n., 134, 136 n., 247 n., 279 n., 294, 295 n., 297, 385

Der Spiegel, 239 n., 243

desabrigados, 301

desigualdade, 44, 52, 54-7, 67, 70, 138, 171, 175, 212, 418, 471, 473, 476
coeficiente de Gini e, 56-7

desmodernização, 346, 354-7, 359, 364-5, 368-70, 383, 390-1, 443, 470

Dichter, Avi, 326 n.

Dickson, Keith, 70

DigitalLife Expo, 284

Dikeç, Mustafa
Badlands of the Republic, 34, 153 n.

Diken, Bülent, 37 n., 196 n., 216, 391 n.

DiMarco, Louis
Traditions, Changes, and Challenges, 87 n.

Diouf, Jacques, 436

DIRC, 70 n., 226 n.

Disney, 293

dispositivo explosivo improvisado (IED), 88, 235

DNA, perfil de, 138, 186, 233, 244

Dobson, Andrew, 474 n.

documentos de identificação, 320-1

Dow Chemicals, 466

Driver, Felix, 60 n.

Droge, Martha, 76 n., 172 n.

drones, 25-6, 30-1, 36, 41-2, 72, 76, 132, 167, 169, 187-8, 237, 241-3, 248-50, 278, 289-91, 304, 318, 324, 326-9, 334, 456, 458-9
  e crimes de guerra, 249-50

Dubai, 59-60

Dudkevitch, Margot, 325 n.

Dudley, Michael Quinn, 64 n.

Duffield, Mark, 225 n.

Dugway Proving Grounds, 63

E

Easterling, Keller
  Enduring Innocence, 170 n., 200 n.

e-Borders, projeto, 23-4, 26

Echelon, 379

Echevarria, Antulio, 199 n., 200 n.

Economic Times, 139

Edemariam, Aida, 405 n.

Edney, Hazel Trice, 178 n.

Edwards, Paul, 213

efeitos bumerangue, 31-2, 61-2, 78, 155, 178, 183, 205, 230, 296, 322, 398, 423, 444

Egozi, Arieh, 240 n.

Eisenstein, Zillah, 95, 447 n.

Ek, Richard, 81 n.

Elbit, 38, 328, 337

Elden, Stuart, 219 n.

Ellul, Jacques, 96

Emerson, John, 452

Empowered Muslim Youth, 283

encarceramento, 31, 36, 57, 164, 166, 171, 176, 178, 188, 191, 205, 211, 315, 317, 340, 388, 446, 452, 470-1

energia, 39, 41, 46, 161, 200, 208, 264, 278, 346-7, 349, 351, 354-5, 359-60, 364, 365-8, 370, 376-7, 379, 398, 404-6, 427, 432-4, 438, 474

Engel, Richard, 193

Engelhardt, Tom, 429 n.

Enhanced Border Security and Visa Act [Lei de Vistos e Aumento de Segurança de Fronteiras, Estados Unidos], 202

Enriquez, Juan
  The United States of America, 105, 107 n., 108 n.

Environmental Criminology Research Inc. (Ecri), 192

Ernsting, Almuth, 437, 438 n.

espaço e guerra, 93-4

espaço público, 53, 171, 173, 400, 402, 445-6, 458, 469

Espanha, 166, 187
  e a Guerra do Iraque, 148

Estado-nação
  nova função do, 29, 158-60
  privatização que ocorre pelo, 210

Estados Unidos
  ameaças à identidade nacional dos, 35
  arquipélago urbano, 108-11
  ascensão da indústria de defesa dos, 272
  bases militares como comunidades fechadas, 286-8
  cidade como alvo duplo, 111
  circuito interno de monitoramento nos, 183 n.
  colapso financeiro dos, 405
  comércio versus segurança, 200-1
  comunidades fechadas nos, 33, 174-5, 194, 210, 408
  consciência cultural dos, 88
  construção de estradas pelos, 422 n.
  convergência doméstico-estrangeira nos, 74, 77, 103, 111-2, 148
  cultura do carro nos, 393-4
  defesa da guerra infraestrutural, 355, 359, 361-6, 373, 387
  Departamento de Segurança Interna dos, 145, 201, 272, 328, 337, 389
  destruição da cidade, 221
  detentos pelo mundo, 180
  e a fronteira com o Canadá, 204, 328, 424-5
  e a fronteira com o México, 38, 74, 187, 263, 290 n., 328, 337, 434, 464
  e desmodernização, 40
  e Israel, 258, 267-70, 303-43 *passim*, 373
    ajuda para invadir o Iraque, 304-6, 308, 316-21, 326
    armas não letais, 322-3
    ataques assassinos de, 326-8
    auxílio econômico para, 307-8
    catalisam o extremismo islâmico, 342
    diferentes ameaças aos, 342
    lições em guerra urbana dos, 304-11, 324
    nova geometria de ocupação, 329-30
  economia movida pela cidade, 105, 107-8
  Enhanced Border Security and Visa Act, 202

490 • Cidades sitiadas

esforços anticomunismo dos, 63
estados "doadores" versus "tomadores", 107 n.
foco militar urbano, 71-4
forças militares e Hollywood, 132
Guerra do Iraque, 361-71
  "bombardeie agora, morra depois", 365
hegemonia dos, 83, 119
  declínio da, 89
  prejudicada pela guerra urbana, 222, 226, 228, 231-2
imagens banidas dos mortos pela guerra, 136
intolerância dos, 250
Lei da Fundação de Segurança Nacional Estados Unidos-Israel, 335
lei *Posse Comitatus*, 73 n.
limpeza étnica do Iraque pelos, 88
nação suburbana, 145
não são mais uma superpotência, 406
NSA, 206-7
orçamento de defesa dos, 127, 139-40
polarização social nos, 56
polícia militarizada, 167-8
policiamento de protestos nos, 189
política de energia, 403, 428
população encarcerada dos, 57, 177, 179
popularidade do SUV, 408
precedente de segurança dos, 199
preocupação com informação psicológico-militar, 135
produção de grãos dos, 435
recrutas do Exército dos, 281-4
RESTORE Act, 207
revisão da defesa pelo videogame, 278
segurança de aeroporto nos, 202-3
sistema rodoviário dos, 64
sistema de saúde nos, 208
soldados-cidadãos dos, 41
soldados rurais dos, 122-3
SUV e imperialismo, 395, 397, 413
Swat, 75
treinamento de guerra urbana dos, 30
versus civis iraquianos, 83
ver *também* fundamentalismo cristão; cidade; Revolução em Assuntos Militares (RMA); tecnofilia
Estônia, 381
estresse pós-traumático, 285
Evans, Michael, 303 n., 304
exposição, 447-53
E-ZPass, 204, 424

F
Fabricius, Ida, 54 n.
faces do terror, 184-5
Faixa de Gaza, 28, 30, 32, 40, 74, 80, 151, 157, 181, 209, 211, 240-1, 249, 270, 302, 310, 316, 324-6, 337, 342-3, 371, 383, 391, 454
  como laboratório de controle urbano, 319-22, 327, 374
  estrangulamento de, 373-8
  população, 374 n.
  simulação de, 268
Fallujah, 74, 118, 128, 150, 193, 274, 325, 408
Fanon, Frantz
  The Wretched of the Earth, 151
FAO, 436
Farish, Matthew, 64 n.
Farkouh, Russell B., 194 n.
fascismo
  energofascismo, 430, 433, 442
  leve, 388
Fascoli, Alessandra, 427 n.
Featherstone, Steve, 239 n., 251
Feldman, Allen, 131 n., 136, 148, 159, 160 n., 161, 165 n., 171 n., 196 n., 210, 214
Feldman, Jonathan Michel, 155 n.
Felker, Edward, 355 n., 363
Filadélfia, 124
Filkins, Dexter, 306 n., 313 n., 321
filme, 131-2, 136, 215, 244, 247, 260, 265 n., 288, 291, 297, 298 n., 199 n., 314, 419, 454
Finlay, Steve, 412 n.
Finoki, Bryan, 190 n., 259, 296
Fiorito, Karen, 460, *461*
Fisk, Robert, 250, 320
Florida, Richard, 292
  The Rise of the Creative Class, 45, 144
Flusty, Stephen, 169, 215 n.
Flynn, Stephen, 200
FMI, 53, 189
Força de Defesa Israelense (IDF), 268-70, 301-5, 313, 317 n., 325, 327
Ford, 414, 418-9
Forterra Systems, 281
Fórum Econômico Mundial, 188

Índice remissivo • 491

Foucault, Michel, 31, 61, 125, 210
  ver também efeitos bumerangue
Fox News, 133, 137, 461
França, 33-4, 108, *166*, 328
Frank, Thomas, 139 n.
Franklin, H. Bruce, *War Stars*, 230 n.
Franko, Katja, 145 n.
Franze, Mats, 179 n.
Frauenfelder, Mark, 420 n.
Freedman, Des, 132 n.
Freilich, Chuck, 306 n.
Friedman, Thomas, 358
Fundação de Ciência e Tecnologia EUA-Israel (USISTF), 336
Fundação de Pesquisa e Desenvolvimento Industrial Binacional de Israel e dos Estados Unidos, 337
fundamentalismo cristão, 32, 95, 99, 102 n., 104, 108, 473
fundamentalismo de mercado, 54, 57, 74, 138, 141-2, 444, 475
furacão Katrina, 33, 71, 74, 77, 79, 106, 109, 138, 323, 439
  como um ato de Deus, 104
  e reconstrução gentrificada, 153 n.

G

G8, 189
Gallison, Peter, 64 n.
Gannon, Charles
  Rumors of War and Infernal Machines, 245 n.
Garnar, Andrew, 395 n., 408 n., 409, 410 n., 412 n.
Gates, Kelly, 114 n., 184 n., 185
Gates, Robert M., 428
Gelinas, Nicole, 77, 106
General Dynamics, 324
General Motors, 412, 426
Gênova, 74, 188-9
Gentry, John, 248
Gerber, Tony, 265 n.
Geyer, Michael, 121
Giddens, Anthony
  The Nation-State and Violence, 60 n.
Gilbert, David, 60 n.
Gillem, Mark, 286-7

Gilman, Nils, 357 n., 359
Gilroy, Paul, 116 n., 146, 149
Giroux, Henry, 57 n., 79 n., 138, 181 n., 461 n.
Gitlin, Todd, 398
Giuliani, Rudolph, 105
Glenn, Russell, 263 n., 271 n., 272 n., 274 n.
Global Guerrillas, 353 n.
globalização, 24, 44-5, 58, 112, 114, 142-3, 147, 150, 153, 157, 165, 178, 197, *198*, 347, 358, 386, 450, 451-2 n., 471, 473, 475
Glosson, Buster, 366
Glover, Ross, 116 n.
Golan, Gan, 79 n., 189
Goldberg, Bernel, 331 n., 332
Goldenberg, Suzanne, 180 n.
Goldman, Laura, 337 n.
González, Roberto, 87 n., 88
Google Earth, 137
Goonewardena, Kanishka, 33 n., 39 n., 44 n., 45 n., 46 n., 61 n., 65 n., 92 n., 94 n., 144, 150-2, 470
Gordon, Gerald, 337
Gorman, Ellen, 400 n., 408 n., 416 n.
Gorman, Siobhan, 72 n.
Goyette, Carmen, 288
GPS, 28, 41, 117, 125, 128, 168, 226, 248, 355, 400, 422, 426, 455-7, 459-60, 468
Graham, Stephen, 34 n., 37 n., 63 n., 64 n., 75 n., 76 n., 77 n., 118 n., 151 n., 161 n., 163 n., 180 n., 189 n., 202 n., 209 n., 292 n., 348 n., 372 n., 476 n.
Gramsci, 122
Graves-Buckingham, A. P., 324
Gravett, Christopher
  Medieval Siege Warfare, 60 n.
Gray, Chris Hable, 224 n.
  Postmodern War, 133 n.
Gray, John, 149 n.
Gray, Margaret, 214
Grécia, *166*, 187
Greenspan, Alan, 429
Gregory, Derek, 31 n., 43 n., 67 n., 87 n., 88 n., 91 n., 94, 114 n., 116 n., 117 n., 118 n., 119, 120 n., 180 n., 214 n., 260, 281 n., 297 n., 309 n., 315 n., 391 n., 444 n., 448-9, 450 n.

492 • Cidades sitiadas

Griffin, Terry, 240
Griscom, Amanda, 413 n.
Groll-Yaari, Yedidia, 373
Grossman, David, 283
Grozny, 28, 71, 292, 304
Grubbs, Lee, 222
Guantánamo, 176, 180, 287, *465*
Guardian, The, 171, 306, 327, 415, 435
guerra
 a vida como, 76, 383-4
 cibernética, 378-82
 como um espetáculo de mídia, 131-7
 e a cidade, 61-3, 73, 86, 91, 221
 e a cultura do carro, 399
 e espaço, 93-4
 e informação, 84-5, 126, 135, 361, 370, 379, 452-3
 e jogos, 279-80, 291
 e o Hummer, 415-7
 e o petróleo, 398-9
 e o SUV, 397, 417, 420
 e paz, 28, 69, 121, 137, 143, 158, 383, 385, 444
 gera segurança, 295
 lidar com a causa da, 473
 não pode ser vencida, 341
 permanência da, 80, 121, 143, 154, 176, 281, 295, 300, 329, 339-43, 386, 448
  não democrática, 388-90
 reencantada, 297
 robotizada, 236-55 *passim*
  e crimes de guerra, 249
  erros inevitáveis da, 253
 simulada, 464
 total, 62, 122, 261
 ver também guerra assimétrica; Guerra do Golfo; Iraque: guerra dos Estados Unidos contra o; Guerra Longa; Segunda Guerra Mundial; guerra securocrática; guerra urbana
Guerra ao Terror, 42, 80, 85, 94-6, 112-3, 116-7, 119, 136, 147, 174, 178, 183, 192, 224, 272, 287, 294, 302-3, 306, 308, 310-1, 315-7, 326, 331-2, 388, 391, 397, 408-9, 432, 446-8, 451, 454, 457, 461, 464, 467
guerra assimétrica, 28, 35, 232, 381
Guerra do Golfo, 86, 128, 136, 366, 369, 408, 411, 412
guerra justa, 254
Guerra Longa, 28, 85, 87, 232, 249, 252, 329, 448, 454, 461

guerra robotizada, 236-55 *passim*
 e crimes de guerra, 249
 erros inevitáveis da, 253
guerra securocrática, 159-63, 169, 175, 180-1, 186-7, 197, 199, 216-9, 331, 334, 388, 444, 450, 461
guerra total, 62, 122, 261
guerra urbana, 30, 41-2, 61-2, 69-70, 75-6, 118, 152-4, 190, 205, 221-3, 225, 317, 323-5, 327
 agitação civil como, 143, 292
 cidades de treinamento, 257-76 *passim*
  Baladia, 266-70, 324
  Baumholder, 262
  necessidade de imitações de cidades para, 259
  novo propósito da, 261
  Playas, 272-4
  primeiros exemplos de, 260-1
  Rand sobre, 262, 271-4
  Urban Terrain Module, 275-6
  Wired sobre, 266
  Yodaville, 262-4
  Zussman, 264-5
 como o maior desafio do século, 70
 congresso sobre, 303
 e cultura urbana, 87
 e espaço urbano doméstico, 76, 167
 economia da, 330-3
 lições de Israel sobre, 304-11, 324
 videogames para, 276-300 *passim*
  Urban Resolve, 76, 277-8
 ver também cidade: e guerra
Gunster, Shane, 400 n., 402, 409 n., 411 n., 413 n., 414
Gusterson, Hugh, 92 n.
Gutierrez, Laurent, 198 n.

H
Haddad, Toufic, 318
Hadith, 98
Hage, Ghassan, 207, 472
Hajjar, Lisa, 315-7, 327 n.
Hakim, Danny, 412 n., 413 n.
Hall, Mimi, 274 n.
Hall, Wayne Michael, 87
Halliburton, 406
Hamas, 40, 211, 309, 317 n., 342, 374-6
Hamilton, William, 279 n.
Hammes, Thomas
 The Sling and the Stone, 80, 258-9

Hardt, Michael, 400, 472

Harithi, 327

Harris, Aidan, 226, 227 n.

Harris, Jerry, 81 n.

Harris, Nigel, 54 n.

Harvey, David
The New Imperialism, 31 n., 154 n., 387 n.

Hass, Amira, 372

Hauck, Daryl, 204, 205 n., 244 n., 245

Haussmann, barão, 62

Haveman, Jon, 201 n.

Hawkins, Daniel, 265

Hay, James, 162

Hayes, Ben, 140, 187, 188 n., 202 n.
Arming Big Brother, 141 n.

Hayes, David, 474 n.

Hayner, Hannah, 284 n.

Head, Michael, 167 n.

Hebron, 301

Hedges, Chris, 131 n.

Heiner, Brady Thomas, 177 n., 178, 180, 471

Heines, Greg, 291

Helguera, Pablo, 476 n.

Helms, Gesa, 100 n., 165 n.

Henriksen, Thomas, 315 n., 317, 318 n., 320, 325, 329-30

Hebert, Adam, 238 n.

Herbert, Steve, 188

Herbst, Robby, 212 n., 450 n., 456 n.

Herrnstein, Richard
The Bell Curve, 102

Hersh, Seymour, 305, 306 n.

Herz, J. C., 283 n.

Hewish, Mark, 226 n.

Hewit, Ken, 93 n.

Hezbollah, 98, 211, 247, 268, 309, 317, 327, 342, 374
simulação de, 269

Hidek, Matt, 145 n., 389,

Hills, Alice
Future Wars in Cities, 222 n.

Hinkson, John, 346, 349 n., 350

Hinman, Ellwood, 365 n.

Hiroshima, 232, 361, *453*

Hoffman, Bruce, 229

Hoffman, Frank, 248

Hollywood, 132, 258, 260, 264-5, 275-6, 296 n., 298, 314

Holmes, Brian, 212 n., 450, 452 n., 456, 458-60, 469, 477 n.

Holstein, Jared, 411

Holston, James, 211

Hom, Andrew, 194, 196 n., 419, 420 n.

Homeland Security Research Corporation (HSRC),139

Hooper, Barbara, 172, 174 n.

Hopper, Leonard, 76 n., 172 n.

Hotas, 289

Houlgate, Kelly, 70,

Howell, Sally, 33 n., 147

HR 3871, 335

Huber, Peter, 25-7, 106

Human Rights Watch, 370 n., 371

humanitarismo, 360, 475

Hummer, 42, 407, 411-17, 439
como bandeira estado-unidense, 413-4
e guerra, 415-7

Hunt, Ashley, 452

Huntington, Samuel, 35
The Clash of Civilizations, 33, 81, 82 n., 95, 146
Who Are We, 35 n.

Hussein, Saddam, 94, 135, 308-9, 311, 397, 429

Hyndman, Jennifer, 147

I

IACP, 338

IBM, 201 n.

ID Sniper, 468-9

IHOG, 413

imigração
como instrumento de guerra, 81
como terrorismo, 34

incursões assassinas, 326

Independent, The, 57, 221 n., 250, 320, 424

Índia, 139, 181, 351, 404, 427, 429, *431*, 436 n., 437, 466

Indonésia, 119, 209, 277, 394 n., 436 n., 437

Indústrias Aeronáuticas Israelenses (IAI), 328

494 • Cidades sitiadas

informação e guerra, 84-5, 126, 135, 361, 370, 379, 452-3

infraestrutura, 345-392 *passim*
ataques à, 351-4, 362
como arma contra a cidade, 347-8
dependência da cidade em relação à, 345
e ciberatqaues, 378-82
guerra de, 41, 124, 143, 355, 359, 363, 364, 378, 384
dominação dos Estados Unidos, 355, 359-60, 362-4, 366, 373-4, 387
vulnerabilidade da cidade à, 346-7, 351

inimigo
como sistema, 359-63

insetos robóticos, 244

Instituto de Exportação de Israel, 335-6

Instituto de Robótica, 261

interferência, 460-5

internet, 25, 28-9, 41, 84, 117, 129, 131, 135, 138, 143, 163, 169, 199-200, 205-7, 330, 347, 379, 381, 384-6, 390, 418, 454-5, 458, 464

Interpol, 184

Intifada, 38, 135, 315, 317-8, 330

iPod, 129, 468

Iraque, 38, 40, 42, 71, 83-4, 86, 94, 112-3 n., 114, 116, 118, 123, 133-4, 137, 151, 193-4, 222-3, 225, 230-1, 239-40, 243, 247-9, 258, 271-2, 276, 278, 298 n., 299, 309-11, 320-1, 323, 329-30, 354, 356, 361, 373, 379, 382-3, 386-7, 390, 394 n., 397-8, 405-6, 413-4, 417, 420, *431*, 432-3, 438, 449, 453, 455, 463-4, 468, 471
circuito interno de monitoramento, 182-3
civis detidos, 180
e Nova Orleans, 32-3, 77
e petróleo, 429
Estados Unidos versus civis do, 39
guerra como espetáculo de mídia, 132-3
guerra dos Estados Unidos contra o, 361--71
"bombardeie agora, morra depois", 365-9
limpeza étnica pelos estado-unidenses no, 88
noção dos Estados Unidos em relação ao, 87
palestinização do, 317
simulação do, 261, 266, 270, 285-6, 290
sob a aliança Estados Unidos-Israel, 304-8, 311, 315-9, 324-8, 342
União Europeia e a guerra no, 148

Isin, Engin, 162 n.

Islã
radical, 94, 303, 473
Estados Unidos-Israel catalisam, 342

ISR (Inteligência, Monitoramento, Reconhecimento), 232

Israel, 31, 150, 181, 193, 240, 247, 249, 266, 268
armas não letais, 322-3
como exemplo de segurança global, 333-5
como um laboratório global de urbanismo militar, 330, 341
como uma comunidade fechada, 341
e a Palestina, 65, 71, 150, 269, 301-2, 313, 319, 327, 341
atacando a infraestrutura civil, 371-3
e desmodernização, 40
e os Estados Unidos, 258, 267-70, 303-43 *passim*, 373
ajuda a invadir o Iraque, 304-6, 308, 316-321, 325-6
ataques assassinos de, 326-8
auxílio econômico de, 307-8
catalisa o extremismo islâmico, 342
diferentes ameaças a, 342
economia de segurança de, 330
lições de guerra urbana, 304-11, 324
nova geometria de ocupação, 329-30
estrangula Gaza, 373-8

Israel High-Tech Investment Report, 332, 333 n.

Itália, 32, 57, *166,* 182

J

Jacarta
simulação de, 276-7

Jacques, Martin, 99 n.

James, Joy, 57 n., 178 n.

James, Paul, 384

Jameson, Fredric, 44, 91 n., 92, 451 n., 452 n.

Jane's Defence Review, 134, 226 n.

Jardin, Xeni, 323 n.

Jenin, 32, 74, 152, 292, 301, 303-5, 325

Jenkins, Simon, 160 n., 435

Jewell, Don, 426 n.

Johnson, Bobbie, 381 n.,

Johnson, Gordon, 239

Jordan, John, 133 n.,

Josselson, Steven, 425 n.

Jowit, Juliette, 440 n.

Joxe, Alain
Empire of Disorder, 176

Joy, Bill, 347

justaposição, 453-4

K

Kaliski, John, 215

Kampfner, John, 298

Kapelovitz, Dan, 104 n.

Kaplan, Amy, 146, 180

Kaplan, Caren, 130-1

Kaplan, Robert, 114, 290, 291 n., 415
The Coming Anarchy, 44 n., 112 n.

Kass, Lani, 380

Katz, Cindi, 214

Keaney, Thomas, 366 n., 367 n.

Keating, Timothy, 199

Keeley, Graham, 187 n.

Kessler, John, 284 n.

Khoury-Machool, Makram, 317

Keil, Roger, 141 n., 145, 160 n.

Kimber, Imogen, 376 n., 377

King, Anthony
Urbanism, Colonialism and the World Economy, 61 n.

Kingsnorth, Paul, 171

Kinne, Gary, 276

Kipfer, Stefan, 33 n., 39 n., 44 n., 45 n., 61 n., 65 n., 92 n., 94 n., 144, 150-2, 470

Kishan, Daya, 132 n.

Klare, Michael, 406, 427 n., 430, 432-3, 442

Klauser, Francisco, 190 n., 215

Klein, Naomi, 150, 181, 186 n., 315, 331 n., 332 n., 333, 334 n., 339 n., 340-1, 387

Kleveman, Lutz, 429 n.

Klinenberg, Eric, 139 n.

Kobe, Nicole, 24 n.

Kobrin, Stephen, 210 n.

Koning-Abu Zayd, Karen, 375 n., 377 n.

Koskela, Hille, 213

Kosovo, 71, 370,

Kraemer, Thomas, 396 n., 404 n., 405 n.

Kraska, Peter, 75

Krasmann, Susanne, 159 n., 166

Krause, Keith, 475 n.

Kravitz, Ali, 335 n., 337 n.

Kumar, Abhinava, 280, 294 n., 295

Kunstler, Jim, 402-3

L

La Guerre des Rues et des Maisons (Bugeaud), 62

Land, Susan, 280 n.

Lappin, Todd, 420

Larsen, Jeffrey, 334 n.

Las Vegas, 249, 289-90, 296, 418, 420

Lasswell, James, 86

Laustsen, Carston Bagge, 37 n., 196 n., 216, 391 n.

Lawlor, Maryann, 76, 236 n., 238-9, 278 n.

Leet, Martin, 135 n.

Lefebvre, Henri
The Critique of Everyday Life, 61 n.

Legg, Stephen, 219 n.

lei internacional, 255, 307, 316-7, 362, 390

Leman-Langlois, Stephanie, 182 n.

LeMay, Curtis, 357

Lenoir, Tim, 283 n.

Leonard, David, 283 n.

Leonhard, Robert, 230 n.

Leslie, John, 347 n.

Lettice, John, 274 n.

Levine, Paula, 455

Lewer, Nick, 323 n.

Leza, Ted, 262

Li, Darryl, 316, 319, 321 n., 328 n., 374

Liang, Qiao, 384

Líbano, 40, 151, 211, 247, 258, 302, 310, 330, 333, 342, 373, 390-1, *431*
simulação do, 268

liberdade, 36, 119, 138, 260, 280, 289, 308, 312-3, 438, 440, 442, 446, 450, 466

Light, Jennifer
From Warfare to Welfare, 65 n.

Likud, 312

Lind, William, 35, 81

linha do Equador política 187, 471

496 • Cidades sitiadas

Lint, Willem de, 475 n.

Livingston, Ken, 148

lobby de Israel, 342

LOCAAS, 242

Lockheed Martin, 293

Londres, 24, 28, 32, 38-41, 45, *51*, 59, 128, 144, 170, 182, 188, 202 n., 235, 342, 423-4, *467, 470*
    atentados suicida a bomba a, 148, 183, 338-9, 351
    circuito interno de monitoramento em, 183, 425

Long Island, 214

Longarzo, Michael, 191 n., 203

Loredo, Heidi, 276 n.

Los Angeles, *51*, 192, 206, 291, 336, 410, 453, 468
    protestos como ameaças terroristas, 71-2, 74, 292

Lotringer, Sylvere, *Pure War*, 174 n.

Louria-Hayon, Adi, 476 n.

Low, Setha M., 175 n., 408

Low, Setha M., *Behind the Gates*, 175 n.

Loewenstein, Jennifer, 375 n.

Lowrider, 416

Lukaszewiski, James, 134

Luke, Timothy, 348 n., 353 n.

Luttwak, Edward, 83, 253 n.

Lynas, Mark, 435 n., 436 n., 438 n.

Lynch, Jessica, 298 n.

M

Macedonia, Michael R., 283 n.

Macek, Steve, *Urban Nightmares*, 101 n., 103 n., 123 n., 396 n., 410 n.

Madri, 28, 39, 342
    bombas na estação de trem, 148, 351

Maira, Sunaina, 74

Malanga, Steven, 106, 107 n.

Malo, Scott, 275

maniqueísmo, 91 n., 108

Mann, Brian, *Welcome to the Homeland*, 108 n.

Manwaring, Max, *Street Gangs*, 72 n.

Mapping HK (Gutierrez e Portefaix), 198 n.

Marcavage, Michael, 104

Marco Zero, 174

Margalit, Avishai, 97 n., 98

Marine Corps Times, 305

Markusen, Anne, 65 n.

Martin, Randy, 53 n., 82 n., 130

Marvin, Simon, 37 n., 75 n., 161 n., 209 n.

Masse, Todd, 192 n.

Mau, Bruce, 346 n.

Mbembe, Achille, 68, 150, 245 n.

McCarty, Linda, 273

McCue, Colleen, 191 n.

McEnaney, Maura, *Civil Defense Begins at Home*, 63 n.

McGirk, Tim, 376 n.

McIntyre, David H., 85 n.

McNichol, Dan, *The Roads that Built America*, 64 n.

Mearsheimer, John, 342-3

Measor, John, 192 n.

Medieval Siege Warfare (Gravett), 60 n.

Meeks, Daryl, 163 n.

megacidades, 32, 50-1, *52*, 53, 88, 113, 229, 233, 236, 246, 271, 276,

Mehaffy, Michael, 97

Meieran, David, 462 n.

Mekay, Emad, 309 n.

Mendelsohn, Eric, 261

Méndez, Pierre Mesnard y, 61, 127 n., 153 n.

Menezes, Jean Charles de, 32, 182, 339, *467*

Metcalfe, Jonathan, 299 n.

Metz, Steve, 381

México, 109, 436, *451*,
    fronteira entre Estados Unidos e, 38, 74, 187, 263, 290 n., 328, 337, 434 n., 464

Michaeli, Sarit, 241

Michaelis, Patrick, 79 n., 80 n.

mídia, 34 n., 40 n., 77, 79, 85, 96, 101-3, 117-9, 123, 128, 131, 133-7, 141, 155, 185, 189, 218, 247, 252, 275, 293, 295, 297-9, 313, 350-1, 353, 366, 370, 377, 383, 386, 389, 402, 422, 439, 444-6, 452, 455-7, 459-60, 468, 471, 476

Milanovic, Branco, 55 n.

Miles, Donna, 199 n.

militarização
    novas tendências, 124-131 *passim*
        cidadãos soldados, 162, 299-300

contradição transnacional, 141
economia de segurança, 137-41
guerra como espetáculo de mídia, 131-7
interior alheio à cidade, 144-9
principal experiência de, 127-8
rural, 122-4
urbicídio, 149-55

Military Review, 35 n., 79 n., 81 n., 85 n., 194 n., 196 n.

Miller, Daniel, 400 n., 411 n.

Miller, David, 370

Mills, Mark, 25-7, 106, 129

Milne, David, 357

Milne, Seumas, 182 n., 375 n., 376 n.

mineração de dados, 23, 36, 41, 80, 127, 168, 190-2, 207, 233-5, 456

Minority Report – A Nova Lei, 25, 215

Mirzoeff, Nicholas, *Watching Babylon*, 103

Mishra, Pankaj, 301 n., 312 n.

Misselwitz, Phil, 226 n., 258 n.

Mitchell, Don, *The Right to the City*, 216 n.

Mitchell, Tim, 31 n.,

mobiliário de rua, 171, 372

Mogadíscio, 28, 71, 74, 254, 292, 298, 304

Monahan, Torin, 450 n.

Monbiot, George, 102 n., 398, 415, 417, 435, 436 n., 437, 438 n.

Monk, Daniel Bertrand, 56 n., 59 n.

Moore, Nathan, 128 n., 169 n.

Moreh, Arik, 269

Morris, Steven, 323 n.

Moscou, *51*, 351

Moskovic, Israel, 270

Moss, Jesse, 265 n.

Mout, 258, 262 n., 264, 454

mudança climática, 46, 124, 399, 436, *441*, 476

Mugabe, Robert, 151

Muller, Benjamin, 192 n., 193 n., 196, 205

Mumford, Lewis
The City in History, 60 n.

muros, 36, 55, 62, 74, 76, 80, 138, 152, 168-70, 172, 187-8, 190, 193, *195*, 218, 251, 341, 371,

Murphy, Pat, 56 n.

Murray, Charles
The Bell Curve, 102

Murray, Heather, 193

Murungi, John, 177 n., 471 n.

Myers, Richard, 118, 380

N

Nablus, 28, 152, 269, 301, 391

nacionalismo, 32, 122-3, 146-7, 210, 411

Nagasaki, 232, 261

Nagel, Kiara, 153 n., 164 n.

Nagy, Thomas, 368

Nancy, Jean-Luc, 68 n.

nanotecnologia, 84, 244

Naparstek, Aaron, 418-9

National Network Opposing Militarization of Youth, 46

National Security Agency (NSA), 206-7

National Technology Alliance (NTA), 192

Natsios, Deborah, 166 n., 172, 173 n., 190 n.

Naval War College Review, 113, 228 n., 258 n., 415 n.

NBC, 136, 193, 299 n.

Negri, Antonio, 400, 472,

neoliberalismo, 53, 55, 138, 169, 181, 340, 430, 451, 466, 471, 475
e cidadãos-soldado, 130-1
precisa acabar, 473

Netanyahu, Benjamin, 310

New York Times, The, 279 n., 298 n., 306 n., 313, 321, 358 n., 412 n., 413, 418, 425 n.

New Yorker, The, 305, 306 n.

Newman, Richard, 290 n.

Nigéria, 39, 394, 430, 432

Nitzan, Jonathan, 154 n., 340 n., 398 n.

Nixon, Richard, 64

normalidade, 128, 160-3, 168, 212, 234-5
confinamento nacional extremo como, 341

Norton, Richard J., 228 n., 415 n.

Nova Orleans, 32-3, 45 n., 71, 74, 77, 79, 109, 149, 164, 181, 323, 341, 439, 476
e o Iraque, 77
como cidade do pecado, 104-6
reconstrução gentrificada de, 153 n.

498 • Cidades sitiadas

Nova York, 25 n., 28-9, 32, 38-9, 41, *51*, 80, 100-1, 105, 118, 120, 132, 144, 146, 166, 172, *173*, 206, 214, 235, 309, 424-5, 438, 454, 468, 476 n.

NPR, 137

NREC, 461

O

O'Connor, Alice, 106 n.

O'Hagan, Steve, 280

O'Mara, Raymond, 224

O'Neil, Siobhan, 192 n.

O'Sullivan, Arieh, 268 n.

Obama, Barack, 86, 105, 120

Occidentalism (Buruma & Margalit), 97 n., 98 n.

OECD, *The Security Economy*, 140

Oenen, Gijs van, 171-2

Ogando, Joseph, 427 n.

Ok, Henry, 354

Oldenburg, Ann, 279 n.

Olimpíadas, 189, 215

Olmert, Ehud, 375

OMC, 466

Onion, 467

Onley, Dawn, 380

ONU
alimentar Gaza, 376 n.
balançada pela destruição do Iraque, 367
Programa de Habitação, 55
Relatório de Desenvolvimento Humano, 55 n.
sobre crimes alimentares, 438
sobre mortes globais provocadas por carros, 438
sobre vítimas palestinas, 301
State of the World's Cities 2006/2007, 50 n., 151
The State of World Population 2007, 52 n.

Opall-Rome, Barbara, 241 n., 268 n., 269, 270 n., 324 n., 328 n.

Opep, 394, 403

Operação Escudo de Defesa, 301-4, 310, 313, 316, 372

Organização Mundial de Saúde (OMS), 377

orientalismo, 33, 92, 108, 114, 116, 165

Oriente Médio, 26, 113 n., 114, 185, 247, 275, 281, 289, 306-8, 310-1, 342, 386, 391, 394, 397, 404-5, 411, 427, 429, *431*, 449, 480 n.

Oron, Assaf, 313, 314 n.

Otan, 66, 358, 370, 379, 381

"outro", 103, 112, 120, 130, 168, 187, 196, 219, 280, 300, 314, 443, 453, 470, 474

Owens, Mackubin, 99 n.

P

Packer, Jeremy, 73, 393 n., 421 n., 422 n., 423

Paglen, Trevor, 452

Painter, Kate, 182 n.

Palestina, 38, 135, 150, 239, 307, 326, 374, 377, 390-1, *431*,
e Israel, 65, 71, 150, 269, 301-2, 313, 319, 327, 341
infraestrutura civil sob ataque, 258
simulação de, 267, 268, 324

Palin, Sarah, 105, 403

Paquistão, 26, 29, 88, 249-50, 289, 326, 329, *431*

Parenti, Christian, 82 n., 223 n., 225, 231, 237 n., 246 n., 250 n.

Paris, 32, 34, 38, *51*, 62, 107-8, 164, 181, 382, 470

Parks, Lisa, 136 n.

Parr, Adrian, 163 n., 174 n., 216, 219

Parsa, Amir, 93

Pastor Ted, *Primary Purpose*, 103

Patai, Raphael, *The Arab Mind*, 112 n., 117, 312

Patterson, Christina, *364*

Patton, Phil, 418 n.

Pease, Donald E., 311

Peck, Jamie, 106 n.

Peckett, Consuella, 335 n.

Peljhan, Marko, 458

Pendall, David, 84, 85 n.

Pengelley, Rupert, 226

Pequim, Jogos Olímpicos de, 189 n.

Perle, Richard, 310

Perlez, Jane, 164 n.

Peters, Ralph, 86 n., 228-9

Índice remissivo • 499

petróleo, 39, 154, 307, 311, 342, 354, 359, 370, 402-6, 413, 427-36, 438-42
  aumento na demanda global por, 434
  consumo nos Estados Unidos de, 396, 432
  custo de acesso ao, 403-6
  e carros, 393-9, 400-1
  e guerra, 399-40
  e o Iraque, 429
  importações, 403-4
  pico do, 428

Peyrebrune, Henry, 424 n.

Phelps, Fred, 104

Philips, Tom, 175 n.

Phister, Paul, 190 n.

Pieterse, Jan Nederveen, 118 n.

Pike, John, 366, 367 n.

Pincus, Walter, 180 n.

Pinney, Chuck, *UAV Weaponization*, 242 n.

Playas, *ver* guerra urbana: cidades de treinamento

PlayStation, 42, 289-91, 295-6, 417

Plonisch, Igor, 190 n.

Pluralism (Connolly), 138 n.

pobreza, 213-4
  concentração de, 55-6
  e riqueza, 53-4

Poindexter, John, 191

polarização, 54, 56, 67, 89, 93, 102, 171, 209, 218, 452, 475, 489

polícia militarizada, 165-7, 188

política externa, 43, 72, 342, 393, 398, 403, 413, 415, 428, 456

Pollard, Tom, 314

Porta, Donatella della, 471 n.

Portefaix, Valerie, 198 n.

Postmodern War (Gray), 133 n.

Pravecek, Tasha, 334 n.

Pred, Allan, 114 n., 214 n., 444 n.

Predator, *ver drones*

Primary Purpose (Pastor Ted), 103

prisão, 53, 143, 178, 180, 189, 320-1, 374, 468
  campo prisional, 40
  como depósito, 165, 176-8
  população na, 47, 176-8, 179

Privacy & Law Enforcement (Brown), 186 n.

privatização, 53, 56-7, 113 n., 154, 170, 340, 387, 402, 433, 452, 458, 471

Project for a New American Century, 224, 429

protestos, 32, 36, 71-2, 74, 76, 177, 181, 188-9, 214, 235, 250, 292, 322, 436-7, 442, 444, 454, 459, 463

Provoost, Michelle, 64 n.

Pruett, Richard, 191 n., 203

Pryke, Michael, 53 n.

PSYOPS, 370

Puar, Jasbir, 116-7, 314 n.

pulso eletromagnético (EMP), 370, 379

Putin, Vladimir, 349

Q

qualidade de vida, 170-1, 177, 386

questões nucleares, 46, 63-6, 70, 221, 260, 351, 361

Qureshi, Emran, 95 n., 117 n.

R

Rabin, Yitzak, 310

Rafael, 240-1, 324, 334, 335 n.

Rai, Amit, 116-7, 314 n.

Ramallah, 269, 301

Ramirez, Marcos, 453

Rampton, Sheldon, *Weapons of Mass Deception*, 134 n.

Rand, 229, 262, 271, 274-5, 303-4

Randall, Doug, 434

Rao, Vyjayanthi, 351 n.

Rapaille, Clotaire, 414

Rattray, Gregory, 378 n.

Ray, Gene, 53, 468

Raymond, Antonin, 261

Raytheon, 23, 24 n., 26, 29, 37, 42, 204, 242, 289-90

reconhecimento facial, *ver* circuito interno de monitoramento: reconhecimento facial

rede militar-industrial-mídia-entretenimento, 85, 134

Regan, Tom, 299 n.

Reid, Julian, 97

Reilly, William M., 50 n.,

Reino Unido, 23, 26, 29, 31, 149, 161, 164 n., *166*, 204, 338, 388, 449, 467

500 • Cidades sitiadas

circuito interno de monitoramento, 182-6, 423-4
e guerra do Iraque, 117, 148, 309
polarização social, 57
privatização no, 170, 175

rendição extraordinária, 452

Repent America, 104

RESTORE Act (Estados Unidos), 207

Revolução em Assuntos Militares (RMA), 81-4, 86, 142, 223-31 *passim*, 249
negligencia urbanização, 224-5
prejudicada pelo terreno urbano, 226-7, 230
virada urbana da, 224, 229-30, 236, 245-7

Richfield, Paul, 290 n.

Ridgley, Jennifer, 167 n.

riqueza, 56, 60, 105, 130, 148, 158, 366, 402, 406, *441*, 444
concentração de, 55-7
e pobreza, 53

Rizer, Kenneth, 362

Robb, David, 207-10, 297 n.

Robb, John, *Brave New War*,

Roberts, Susan, 208 n.

Robinson, Jenny, 45 n.

rodovia, 204, 407, 450

Rogers, Rick, 285 n.

Rohozinski, Rafal, 319 n.

Rollins, John, 192 n.

Ronfeldt, David, 74 n., 223 n.

Rosas, Gilberto, 166 n.

Rose, David, 177 n.

Rose, Nikolas, 165 n.

Rosen, Jeffrey, 425,

Rosenberg, Barry, 380

Ross, Andrew, 65, 85, 103, 104 n., 398

Ross, Kristin, *Fast Cars, Clean Bodies,* 34

Rostow, Walt, *The Stages of Economic Growth*, 356-7

Rowat, Colin, 366, 369

Rowell, Steve, 272

Roy, Ananya, 209-11

Ruggiero, Vincenzo, 175

Rumsfeld, Donald, 82, 223, 358, 429

Rupert, James, 250 n.

Rússia, 41, 304, 339, 341, 349, 429, *431*

S

Sadr City, *195*, 326

Said, Edward, *Orientalism*, 91 n., 92 n., 116 n.

Salingaros, Nikos, 97

Salon, 358 n., 464

Salopek, Paul, 405 n.

Salter, Mark, 168, 202 n.

Sanchez, Ricardo, 118

sanções, 365, 368-9, 375

Sanders, Ralph, 328 n.

São Paulo, *51*, 172 n., 175, 180

Sassen, Saskia, *The Global City*, 46 n.

sátira, 466-9

saúde pública, 40, 54, 180, 348, 362, 365, 377

Schattle, Duane, 86

Scheer, Robert, 299 n.

Schell, Jonathan, 231

Schimmel, Kimberly, 189 n.

Schleiner, Anne-Marie, 454

Schmidt, Rick, 413

Schmitt, Charles, 194

Schmitt, Eric, 298 n.

Schreier, Fred, 139 n.

Schueller, Malini Johar, 82 n., 223 n., 311

Schwartz, Michael, 428 n., 429 n.

Schwartz, Peter, 434

Schwarzenegger, Arnold, 411, 413

Scott, Ridley, 71 n., 298 n.

Scraton, Phil, 163

Seager, Ashley, 57

Seal, Cheryl, 300

Seattle, 74, 109, 188,

Seavey, Frank, 140 n.

Secor, Anna, 82 n.

Security Economy, The (OECD), 140 n.

Segall, Stu, 276

Segunda Guerra Mundial, 126, 222, 261, 304, 349, 351, 357, 359, 394, 464

segurança aeroportuária, 202-5

segurança nacional, 29, 30, 32, 35, 43, 72, 85 n., 102 n., 118, 126, 138-40, 145, 163, 180, 199-203, 206, 209, 277, 293, 334-5,

337, 357, 380, 390, 422 n., 424, 428, 434, 446, *465*, 475
economia da, 139-40
gastos globais com, 139

segurança *versus* comércio, 200-1

Sells, Michael, 95 n., 117

sem-teto, 164, 171

Sengoopta, Chandak, *Imprint of the Raj*, 31 n.

Sennett, Richard, 388-9

Seri, Guillermina, 217

Servielle, Jean, 70

Shachtman, Noah, 289 n., 354 n., 425 n.

Shaffer, Mark, 262 n., 263

Shalit, Gilad, 375

Shamir, Ronen, 157

Shapiro, Michael, 213, 215 n.

Sharlet, Jeff, 103

Sharon, Ariel, 308-10, 316 n., 327

Shatz, Howard, 201 n.

Shaw, Martin, 62 n., 63

Shenzen, 186

Sheptycki, James, 196

Sherry, Michael, 246

Shifting Fire, 318

Shihade, Magid, 74

Shohat, Ella, 79

Shryock, Andrew, 33 n., 147

Signal, 76, 278 n.

Signs of the Times (blog), 75

Simon, David, 100

Simon, Jonathan, 177

Singel, Ryan, 206 n., 207 n.

Singer, Peter W., 419 n.

Singh, Anne-Marie, 163 n.

sionismo, 302,

Sirhal, Maureen, 424 n.

Síria, 308, 310-1, 327, 329, *431*,
simulação da, 268

sistema de saúde, 208, 347

Skeates, Richard, 104

Sklar, Holly, 57 n.

Slater, David, 470, 471 n.

Slavick, Elin O'Hara, 451

Smith, Colin, 382 n.

Smith, David, 371 n.

Smith, Jacqui, 23-4

Smith, Jeremy Adam, 99 n., 109 n.

Smith, Michael Peter
Transnational Urbanism, 43 n., 142 n.

Smith, Neil, 154, 199 n., 200 n., 201 n.

Smith, Thomas, 369 n.

Snyder, Donald, 331 n.

Snyder, Mary Gail, 77 n.

Soffer, Arnon, 302, 303 n.

Soja, Edward, 174 n., 197

soldados cidadãos, 41, 162, 299-300
e economia neoliberal, 130-1, 339

soldados rurais, 122-3, 155

Solnit, David, 463 n.

Soriano, César, 297 n.

Soros, George, 384

Sparke, Matthew, 82 n., 205

Sparrow, Robert, 242 n., 243 n., 254-5

Sperling, John, 109

Spira, James, 286

Staeheli, Lynn Mitchell, 189 n.

Stages of Economic Growth, The (Rostow), 356

Stahl, Roger, 280, 282 n., 291 n., 295,
296 n., 300

Stam, Robert, 79 n.

Stapleton, Christopher, 275

State of the World's Cities 2006/2007 (ONU),
151 n.

Stauber, John, *Weapons of Mass Deception*,
134 n.

Steele, Dennis, 322

Steinmetz, George, 155 n.

Stiglitz, Joseph, 405

Stocker, Gerfried, 126

Stolley, Richard, 274 n.

Stone, Paul, 380 n.

Stranger, The, 109

Strategic Assessment, 306 n., 309 n., 322 n.,
330 n.

Street, Paul, 101,

Suazilândia, 438

Suffolk, VA, 277, 293

Sul, explosão urbana no, 50

502 • Cidades sitiadas

Sun Tzu, 71, 221 n., 230,

Surveillance Group, 328

Suspect Detection Systems, 337

SUV, 42, 47, 395-439 *passim*
 anúncio de, 401-2, 410
 aumento da parcela de mercado, 395
 características antidemocráticas do, 395,
 398, 400, 407-9, 415
 como uma comunidade fechada, 400,
 402, 408-10, 422, 439
 consumo de grãos do, 435-6
 e a cidade, 395-400, 402-3, 406, 409-1,
 415
 e cidadania, 406-9, 422
 e estado de guerra, 397-8, 412, 414, 418-
 9, 465
 e guerra, 397, 417, 420
 e o apocalipse, 411, 418
 e o imperialismo dos Estados Unidos, 47,
 395, 398, 438, 464, 465
 emissões de carbono, 396-7, 423, 434,
 439
 popularidade, 42, 408

Swat, 75

Swords, 239-40, 243

Sze, Julie, 416 n.

T

Tamari, Dov, 302

Tasse, Roche, 140 n., 187, 188 n., 202 n.

Taw, Jennifer, 229

Taylor, Peter, 46 n., 143, 198

Taylor, Tim, 337

tecnofilia, 24, 82-3, 88, 134, 185, 212, 223-
5, 230, 245-7, 250, 278, 443, 456

tecnologia de identificação, 203-4

tecnologia, 349-54, 355-9
 reapropriação da, 124, 129, 457
 uso civil de tecnologia militar, 127-9

telefones, 125, 129, 131, 206, 372

TeleGeography, 206

Televisão, *ver* TV

Territórios Ocupados, 38, 241, 302, 315-6,
 318, 320-1, 337, 374

terrorismo, 196-7, 202-4, 317-18, 346, 355,
 387-8, 419, 473
 cidades árabes como, 280
 discurso de, 115-6, 118
 e a mídia, 134

e contraterrorismo, 94-5
imigração como, 34-5
induzido por guerras de riqueza, 391
versus dependência de petróleo, 440
versus estado de violência, 39-40
versus mineração de dados, 191
ver também Guerra ao Terror

Thompson, Edward Palmer, 66 n.

Tibaijuk, Anna, 55

Tilley, Nick, 183 n.

Time, 118, 274 n., 376

Tiron, Roxana, 264

Tirpak, John, 242,

"Toda noite, a noite toda", 77

tolerância zero, 75, 171

Tóquio, *51,* 351, 384, *412*

Total Information Awareness (TIA), 191-2

Tov, lmri, 330

Tran, Pierre, 328 n.

tratores D9 Caterpillar, 304, 325, 371

Triano, Leslie, 287

Trusted Borders, 23

TRW Avionics, 328

Tsoukala, Anastassia, 158 n., 159 n.

Tuastad, Dag, 114 n., 116 n., 312 n.

Tubbs, Nigel, 442

Turbiville, Graham, 326

Turner, Bryan, 218

Turquia, *166,* 187, 311, *431*

Turse, Nick, 86 n., 244-5, 291 n., 415, 417

Tussing, Bert, 199 n., 200 n.

TV, 56, 65, 84, 100, 131-7, 190, 236, 264,
 295, 299, 386, 413, 416, 446

Tyson, Ann Scott, 266 n.

U

UAV Weaponization (Pinney), 242 n.

Uday, Anmar, 298

Ullman, Harlan, 361

Ummah, 95, 98

Unicef, 369

Universidade de Loughborough, 198

UNRWA, 377

Urban Resolve, revisão da defesa dos Estados
 Unidos, 76, 277-8

Urban Terrain Module, *ver* guerra urbana: cidades de treinamento

urbanização, 24-5, 27, 43-4, 50, 52, 54, 65, 67, 71, 83, 88-9, 93, 96, 122, 126, 141, 147, 152, 218, 222-3, 225, 227-30, 232, 259, 302-3, 345, 382, 436 n., 470, 473, 475
   e Forças Armadas, 443

urbicídio, 149-51 *passim*, 302, 351

US Army Times, 35

US Marine Corps Gazette, 248 n., 258, 259 n.

USA Today, 117, 273, 274 n., 289, 297, 331 n.

USS Vincennes, 253

V

Vale do Silício, 64

Van Oenen, Gijs, 171-2

Vanderbilt, Tom, *Survival Citiy*, 66

Vane, General, 306

Vant, 289, 290

Vaughan-Williams, Nick, 182 n., 339 n.

Venezuela, 394 n.

Veracini, Lorenzo, 30, 146, 147 n.

Verleger, Philip K., 397 n.

videogames, 41, 129-31, 260, 275, 416, 443, 446, 454, 457
   guerra urbana e, 276-300 *passim*
      alívio de trauma, 285, 299
      cidade como absurdo, 291
      manipulação das notícias, 295
      revisão da defesa dos Estados Unidos, 278
      Urban Resolve, 277-8
   e a economia dos Estados Unidos, 293
   e recrutas militares dos Estados Unidos, 281-3, 284-5

Virilio, Paul, *Pure War*, 174 n.

Virta, Sirpa, 475 n.

Visionics, 184

Visser, Reidar, 321

voo 655 da Iran Air, 253

W

Wacquant, Loïc, 58 n., 180-1

Wade, James, 361

Walsh, Declan, 250 n.

Walt, Stephen, 342

Ward, Kevin, 170

Warden, John, 359-63, 373

Ware Corporation, 264, 265 n.

Warren, Robert, 75, 189, 190 n.

Washington Israel Business Council, 332

Washington Post, 75 n., 177 n., 180 n., 456

Washington, DC, 28, 103, 192, 292, 305, 311, 332, 336, 338, 351, *351*, 425, 432

Watson, Tim, 142, 148, 438

Watts, Michael, 430 n.

Webb, Dave, 434 n.

Weber, Cynthia, 466

Weber, Leanne, 157 n., 203 n.

Weber, Max, *The City*, 60

Weber, Samuel, *Targets of Opportunity*, 157 n.

Weibel, Peter, 422 n., 459

Weitz, Richard, 335

Weizman, Eyal, 31 n., 61 n., 62 n., 66 n., 73 n., 152, 226, 258, 304, 305 n., 326 n., 329, 371 n.

Whitaker, Brian, 112 n.

Whiteley, Frank, 424

Wielhouwer, Peter, 278

Wilborn, Paul, 410

Wilding, Barbara, 339

Williams, Michael, 475 n.

Willis, Bruce, 132

Wilson, Dean, 157 n., 203

Wilson, J. R., 262

Winer, Sam, 299

Winnefeld, James, 272 n.

Winner, Langdon, 389

Wire, The (TV), 100

Wired, 206 n., 266, 283 n., 289, 347 n., 354 n., 425, 479

Wolf, Naomi, 216

Wolfowitz, Paul, 429

Woltering, Robbert, 98 n.

Wood, David Murakami, 72 n., 188 n., 214, 384, 385 n.

Woodward, Rachel, 121 n.

World City Network, 46 n., 143 n.

World Trade Center, 97, 148, *173*, 309, 351

504 • Cidades sitiadas

Wright, Andrew, 356 n.
Wright, Ann, 433
Wright, Bruce, 379
Wright, Chris, 53 n.
Wright, Micah Ian, 464, *465*
Wright, Stephen, 466 n., 476 n.

X
xenofobia, 77, 109, 174
Xiangsui, Wang, 384 n.

Y
Yodaville, *ver* guerra urbana: cidades de treinamento
Young, Jock, 163 n., 165 n., 171, 175 n.
YouTube, 28, 264, 295, 420

Z
Zaat, Kristen, 377 n.
Zais, Mitchell M., 194 n.
zapatistas, 74
Zeitoun, Mark, 372, 373 n.
Zelikow, Philip, 309
Ziegler, Jean, 438
Zimmerman, Patricia, 445-7, 457
zona internacional, *173*, 188, *195*
Zonas de Combate que Enxergam (CTS), 234-5, 238
Zulaika, Joseba, 95-6
Zureik, Elia, 168 n.
Zussman, *ver* guerra urbana: cidades de treinamento

SOBRE O AUTOR

Stephen Graham é professor da disciplina Cidades e Sociedade na School of Architecture, Planning and Landscape da Universidade de Newcastle.

Com uma formação interdisciplinar que une geografia, urbanismo e sociologia da tecnologia, Graham tem desenvolvido, desde o início da década de 1990, perspectivas críticas na área das políticas de infraestrutura, mobilidade, mídia digital, vigilância, segurança, militarismo e verticalidade. Seu foco está em entender como todas essas esferas remodelam as cidades contemporâneas e a vida urbana. Sua obra, traduzida para dezoito idiomas, tem influenciado um amplo leque de debates sobre o urbano, o tecnológico, o social e o político em diversas partes do mundo.

É autor de *Splintering Urbanism* (2001) e *Telecommunications and the City* (1996), ambos com Simon Marvin; *Cybercities Reader* (2003), *Cities, War and Terrorism* (2004), *Disrupted Cities: When Infrastructure Fails* (2009), e, com Colin McFarlane, *Infrastructural Lives* (2009).

Cidades sitiadas: o novo urbanismo militar foi indicado para o prêmio Orwell na categoria de texto político e foi eleito livro da semana pelo jornal londrino *The Guardian*.

Sua pesquisa mais recente se debruça sobre os aspectos políticos da verticalidade e desenvolve uma perspectiva explicitamente tridimensional da geografia política e da materialidade, tanto sobre quanto sob a superfície da Terra.

coordenação Paulo Arantes

OUTROS TÍTULOS DA COLEÇÃO

Abundância e liberdade
Pierre Charbonnier

Até o último homem
Felipe Brito e
Pedro Rocha de Oliveira (orgs.)

Bem-vindo ao deserto do Real!
Slavoj Žižek

Brasil delivery
Leda Paulani

Cidades sitiadas
Stephen Graham

Cinismo e falência da crítica
Vladimir Safatle

Comum
Pierre Dardot e Christian Laval

As contradições do lulismo
André Singer e
Isabel Loureiro (orgs.)

Ditadura: o que resta da transição
Milton Pinheiro (org.)

A era da indeterminação
Francisco de Oliveira e
Cibele Rizek (orgs.)

A escola não é uma empresa
Christian Laval

Estado de exceção
Giorgio Agamben

Evidências do real
Susan Willis

Extinção
Paulo Arantes

Fluxos em cadeia
Rafael Godoi

Guerra e cinema
Paul Virilio

Hegemonia às avessas
Chico de Oliveira, Ruy Braga e
Cibele Rizek (orgs.)

A hipótese comunista
Alain Badiou

Mal-estar, sofrimento e sintoma
Christian Ingo Lenz Dunker

A nova razão do mundo
Pierre Dardot e Christian Laval

O novo tempo do mundo
Paulo Arantes

Opus Dei
Giorgio Agamben

Poder e desaparecimento
Pilar Calveiro

O poder global
José Luís Fiori

O que resta da ditadura
Edson Teles e
Vladimir Safatle (orgs.)

O que resta de Auschwitz
Giorgio Agamben

O reino e a glória
Giorgio Agamben

Rituais de sofrimento
Silvia Viana

Saídas de emergência
Robert Cabanes, Isabel Georges,
Cibele Rizek e Vera S. Telles (orgs.)

São Paulo
Alain Badiou

Tecnopolíticas da vigilância
Fernando Bruno, Bruno Cardoso, Marta Kanashiro, Luciana Guilhon e
Lucas Melgaço (orgs.)

O uso dos corpos
Giorgio Agamben

Videologias
Maria Rita Kehl e Eugênio Bucci

OUTRAS PUBLICAÇÕES DA BOITEMPO

O caderno azul de Jenny: a visita de Marx à Comuna de Paris
MICHAEL LÖWY E OLIVIER BESANCENOT
Tradução de **Fabio Mascaro Querido**
Orelha de Marcelo Ridenti

Camarada
JODI DEAN
Tradução de **Artur Renzo**
Primeira orelha de **Christian Dunker**
Segunda orelha de **Manuela D'Ávila**. Slavoj Žižek, Bruno Bosteels e Mark Fisher
Quarta capa de **Antonio Negri**

O ecossocialismo de Karl Marx
KOHEI SAITO
Tradução de **Pedro Davoglio**
Prefácio de Sabrina Fernandes
Orelha de **Murilo van der Laan**
Quarta capa de **Kevin Anderson** e Michael Heinrich

Marx: uma introdução
JORGE GRESPAN
Orelha de **Ricardo Antunes**

Raça, nação, classe
ÉTIENNE BALIBAR E IMMANUEL WALLERSTEIN
Tradução de **Wanda Caldeira Brant**
Orelha de **Silvio Almeida**

Rosa Luxemburgo e a reinvenção da política
HERNÁN OUVIÑA
Tradução de **Igor Ojeda**
Revisão técnica e apresentação de **Isabel Loureiro**
Prefácio de **Silvia Federici**
Orelha de **Torge Löding**
Coedição de **Fundação Rosa Luxemburgo**

Teoria econômica marxista: uma introdução
OSVALDO COGGIOLA
Orelha de **Jorge Grespan**

MARX-ENGELS

Dialética da natureza
FRIEDRICH ENGELS
Tradução e notas de **Nélio Schneider**
Apresentação de **Ricardo Musse**
Orelha de **Laura Luedy**

ARSENAL LÊNIN

Conselho editorial Antonio Carlos Mazzeo, Antonio Rago, Augusto Buonicore, Ivana Jinkings, Marcos Del Roio, Marly Vianna, Milton Pinheiro, Slavoj Žižek

Imperialismo, estágio superior do capitalismo
VLADÍMIR ILITCH LÊNIN
Tradução de **Edições Avante!**
Revisão da tradução de **Paula Vaz de Almeida**
Prefácio de **Marcelo Fernandes**
Orelha de **Edmilson Costa**

BIBLIOTECA LUKÁCS

Essenciais são os livros não escritos: últimas entrevistas (1966-1971)
GYÖRGY LUKÁCS
Organização, tradução, notas e apresentação de **Ronaldo Vielmi Fortes**
Revisão técnica e apresentação de **Alexandre Aranha Arbia**
Orelha de **Anderson Deo**

ESCRITOS GRAMSCIANOS

Odeio os indiferentes: escritos de 1917
ANTONIO GRAMSCI
Seleção, tradução e aparato crítico de **Daniela Mussi e Alvaro Bianchi**
Orelha de **Guido Liguori**

ESTADO DE SÍTIO

Coordenação de Paulo Arantes

A escola não é uma empresa
CHRISTIAN LAVAL
Tradução de **Mariana Echalar**
Orelha de **Afrânio Catani**

MUNDO DO TRABALHO

Coordenação de Ricardo Antunes

Os laboratórios do trabalho digital
RAFAEL GROHMANN (ORG.)
Orelha de **Ruy Braga**
Quarta capa de **Edemilson Paraná, Muniz Sodré e Nuria Soto**

PANDEMIA CAPITAL

Pandemia: covid-19 e a reinvenção do comunismo
SLAVOJ ŽIŽEK
Tradução de **Artur Renzo**
Prefácio de **Christian Ingo Lenz Dunker**

TINTA VERMELHA

Educação contra a barbárie
FERNANDO CÁSSIO (ORG.)
Com textos de **Alessandro Mariano, Alexandre Linares, Ana Paula Corti, Aniely Silva, bell hooks, Bianca Correa, Bianca Santana, Carolina Catini, Catarina de Almeida Santos, Daniel Cara, Denise Botelho, Eudes Baima, Isabel Frade, José Marcelino de Rezende Pinto, Maria Carlotto, Marina Avelar, Matheus Pichonelli, Pedro Pontual, Rede Brasileira de História Pública, Rede Escola Pública e Universidade, Rodrigo Ratier, Rogério Junqueira, Rudá Ricci, Sérgio Haddad, Silvio Carneiro, Sonia Guajajara, Vera Jacob Chaves**
Apresentação de **Fernando Cássio**
Prólogo de **Fernando Haddad**
Quarta capa de **Mario Sergio Cortella**

MARXISMO E LITERATURA

Coordenação de Michael Löwy

A estrela da manhã
MICHAEL LÖWY
Tradução de **Eliana Aguiar**
Apresentação de **Leandro Konder**
Orelha de **Alex Januário**
Apêndice de **Sergio Lima**

CLÁSSICOS BOITEMPO

O dinheiro
ÉMILE ZOLA
Tradução de **Nair Fonseca e João Alexandre Peschanski**
Orelha de **Mario Sergio Conti**

LITERATURA

Água por todos os lados
LEONARDO PADURA
Seleção e edição dos textos de **Lucía López Coll**
Tradução de **Monica Stahel**
Orelha de **Carlos Marcelo**
Quarta capa de **Wagner Moura**

Charge publicada pela cartunista Laerte na *Folha de S.Paulo*.

Publicado em agosto de 2016, um ano após a chacina que deixou dezenove pessoas mortas em Osasco e Barueri, na Grande São Paulo – dos oito suspeitos do crime, sete policias militares e um guarda-civil, quatro estão presos, aguardando júri popular ou arquivamento do caso, e quatro continuam trabalhando na corporação –, este livro foi composto em Adobe Garamond Pro, corpo 11/13,2, e reimpresso em papel Pólen Soft 70 g/m² pela gráfica Lis, para a Boitempo, em dezembro de 2021, com tiragem de 500 exemplares.